THE ENLIGHTENED ECONOMY

启蒙经济

英国经济史新论

[美] 乔尔·莫克尔 著
(Joel Mokyr)
曾鑫 熊跃根 译

Britain
and the Industrial Revolution
1700–1850

中信出版集团 | 北京

图书在版编目（CIP）数据

启蒙经济：英国经济史新论 /（美）乔尔·莫克尔著；曾鑫，熊跃根译 . -- 北京：中信出版社，2020.7（2025.12 重印）
书名原文：The Enlightened Economy: Britain and the Industrial Revolution 1700–1850
ISBN 978-7-5217-1886-7

Ⅰ . ①启… Ⅱ . ①乔… ②曾… ③熊… Ⅲ . ①经济史—英国— 1700–1850 Ⅳ . ① F156.194

中国版本图书馆 CIP 数据核字（2020）第 082228 号

启蒙经济——英国经济史新论

著　　者：[美] 乔尔·莫克尔
译　　者：曾　鑫　熊跃根
出版发行：中信出版集团股份有限公司
（北京市朝阳区东三环北路27号嘉铭中心　邮编 100020）
承 印 者：嘉业印刷（天津）有限公司

开　　本：787 mm × 1092 mm　1/16　　印　　张：38.5　　字　　数：686 千字
版　　次：2020 年 7 月第 1 版　　印　　次：2025 年 12 月第 5 次印刷
京权图字：01-2019-4528　　审 图 号：GS（2024）2247 号
书　　号：ISBN 978-7-5217-1886-7
定　　价：168.00 元

目录

总　序

作为 CIDEG 文库的主编，我们首先要说明编纂这套丛书的来龙去脉。CIDEG 是清华大学产业发展与环境治理研究中心（Center for Industrial Development and Environmental Governance）的英文简称，成立于 2005 年 9 月的CIDEG，得到了日本丰田汽车公司提供的资金支持。

在清华大学公共管理学院发起设立这样一个公共政策研究中心，是基于一种思考：由于全球化和技术进步，世界变得越来越复杂，很多问题，比如能源、环境、公共卫生等，不光局限在科学领域，还需要其他学科的研究者参与进来，比如经济学、政治学、法学以及工程研究等，进行跨学科的研究。我们需要不同学科学者相互对话的论坛。而且，参加者不应仅仅来自学术圈和学校，也应有政府和企业家。我们希望CIDEG像斯坦福大学著名的经济政策研究中心（Stanford Institute for Economic Policy Research，SIEPR）那样，对能源、环境问题进行经济和政策上的分析。我们认为，大学应该关注基础研究，大学的使命是创造知识，在深层知识的产生上发挥作用。而产业部门的任务是把技术成果商业化，大学和产业之间的连接非常重要。但与此同时，我们不应忘记政府的角色，特别是对于一个发展中的转轨国家，政府职能的定位和边界至关重要。CIDEG 的目标是致力于“制度变革与协调发展”、“资源与能源约束下的可持续发展”和“产业组织、监管及政策”为重点的研究活动，为的是提高中国公共政策与治理研究及教育水平，促进学术界、产业界、非政府组织及政府部门之间的沟通、学习和协调。

2005 年 9 月 28 日，CIDEG 召开了首届国际学术研讨会，会议的主题“中国的可持续发展：产业与环境”正是中国当今的产业和环境状况。

中国的改革开放已经有几十年历程，它所取得的成就令世人瞩目，它为全世界的经济增长贡献了力量，特别是当其他一些欠发达国家经济发展停滞不前的时候。不过，中国今后是否可持续增长，却是世界上许多人关注的问题，因为在中国取得巨大成就的同时，还面临诸多挑战：资源约束和环境制约，腐败对经济发展造成的危害，糟糕的金融服务体系，远远不足的自主创新能力，以及为构建一个和谐社会所必须面对的来自教育、环境、社会保障和医疗卫生等方面的冲突。这些挑战和冲突正是 CIDEG 将开展的重点研究课题。

中国发布的“经济和社会发展‘十一五’规划纲要”提出了对发展模式的调整，号召用科学发展观统领全局，坚持以人为本转变发展观念、创新增长模式、提高增长质量，把经济社会发展切实转入全面协调可持续发展的轨道。这也为 CIDEG 的研究工作的开展提供了一个更有利的前景。

中国对环境治理方面的研究才刚刚起步，中国近年能源消耗的速度远高于实际经济增长速度，这种增长是不可能长时间持续的。最近《京都议定书》开始生效，哪些公共政策措施可以控制二氧化碳和其他污染气体的排放？建立一个排放权的市场是否对控制尾气排放有效？如何资助新环境技术的进步？这些问题不仅需要技术知识，也需要经济学素养。而建立一个环境监管体系，就不仅涉及法律问题和技术问题，更需要对广泛社会问题的考量。环境污染背后的实质是社会成本和价值的重新分配问题，因而要从社会系统的角度考虑环境监管。从发展的角度来看，中国环境污染的源头正在发生改变，监管体系也应该随之改变。

还有公共卫生问题，比如 SARS、疟疾、艾滋病等，这是全球化的另一面。人口流动性的增加加快了疾病传播，如何控制这些病的流行，不仅需要医生的合作，而且涉及许多移民的工作、生活和环境等问题。我们会面对许多类似的公共政策问题，解决方法要看历史因素和经济发展水平，因此要进行国际比较研究。

中国是独特的。但是，由于中国也曾经是一个中央计划经济国家，有些研究需要与过去同是计划经济的中欧和独联体国家相比较。与此同时，日本、韩国、中国和中国台湾有一些共同的特征，在开始阶段农村人口都占很大比重，传统社会规则是农业社群中的人际关系生发出来的。这些社会关系不可能一夜之间改变，这种发展形式和西方经济的发展很不一样，也与俄罗斯等国不太一样。所以，在面对这些既有共同点又有独特性的问题时，比较研究会很有意思。虽然受制于不同的制度框架，但问题是共同的，比如社会保障、养老金、环境问题等。关于社会保障制度的设计，我们可以从新加坡、瑞典和其他国家学到许多经验。在经济高速增长带来的与环境的社会冲突方面，我们可以从日本20世纪60年代后期的环境立法、产业发展协调中学到许多教训和经验。所以，对产业发展和环境治理的研究应该是全球化的。

比较经济制度分析是一种概念工具，有助于理解不同经济制度如何演化。不同制度可能会融合，可能会继续保持差异。产业发展和环境治理政策不一定是普遍适用的，在某些国家可能容易实施，其他国家也许不行，但不同国家之间的交流非常重要。充分利用国际上已有的研究成果，收集和整理这些成果以做进一步的交流，是十分可取的途径。

正是在这一意义上，比较、借鉴和学习也成为CIDEG学术活动中的一项重要内容。根据CIDEG理事长陈清泰的倡议，我们决定翻译并出版这套“CIDEG文库”，介绍不同国家是怎样从农业国家发展为现代国家的；在经济高速发展阶段，是如何处理与环境的矛盾的。这套丛书的内容选择非常宽泛，从学术的到非学术的都在其内，目的就是给中国的读者——学生、学者、官员和企业家以及所有对此感兴趣的人提供更多的信息与知识。CIDEG 理事和学术委员为文库提供了第一批书目，并成立了编委会，今后我们还会陆续选择适当的图书编入文库。为此，我们感谢提供出版书目的 CIDEG 理事和学术委员，以及入选书籍的作者、译者和编辑们。

青木昌彦

吴敬琏

2006 年 4 月 10 日

致　谢

虽然本书的扉页上只会出现我一个人的名字，但是我凭一己之力是无法完成这样一部著作的。在写作本书的六年时间里，我从许多学者的思想和学识中汲取灵感。这些学者人数众多，我无法全部记起来。

不过，我要专门感谢其中一些学者。在经济史研究领域的多位好友中，我的毕生好友 Deirdre N. McCloskey 对我著书期间的思考和研究的影响最大。她阅读了初稿，慷慨地提供了独到、新奇的经济学见解，并给予恰到好处的严厉的爱。我还从才华横溢的社会史学家 Margaret C. Jacob 那学到很多。她专门研究科技问题。经济史学家 Avner Greif 对我的见解和研究工作影响很大。他以前是我的学生，现在成了我的同事和朋友。我还要感谢我的私人朋友，他们能够友善但不留情面地对本书提出批评意见。这其中包括 Robert C. Allen、Maxine Berg、Maristella Botticini、Gregory Clark、Nicholas Crafts、Jack Goldstone、Murat Iyigun、Douglass North、John Nye、Amira Ofer、Cormac Ó Gráda、Nathan Rosenberg、Joachim Voth 和 Jan Luiten van Zanden。在这几年中，他们给予我宝贵的建议和意见，以及精神支持。著书过程漫长，精神支持是不可或缺的。在这段旅程中，他们一直陪伴着我，我无法想象有比他们更好的同伴。在编辑工作的最后阶段，我的毕生好友 Gillian Hutchinson 给予的建议很有价值。当时还有许多其他的朋友阅读了本书尚不成熟的章节，并提供了宝贵的建议，其中包括 Ken Alder、Alice Amsden、Joerg Baten、Dan Bogart、

Stan Engerman、S. R.（Larry）Epstein（已故）、Karla Hoff、Jeff Horn、Tim Leunig、John Lyons、Sarah Maza、David Mitch、Ed Muir、Alessandro Nuvolari、Maarten Prak、Christina Romer、Johan Schot、Kenneth Sokoloff（已故）和 Larry Stewart。

在西北大学，我所在系的许多朋友和同事给予了忠告、建议和意见，让我受益匪浅。这其中包括经济史研讨会常任理事 Louis Cain、Joe Ferrie、Regina Grafe、David Haddock、Lynne Kiesling、Hilarie Lieb 和 Chiaki Moriguchi。在此我还要特别提到西北大学经济系和历史系的许多研究生。当时他们听我讲授本书中尚不成体系或不成熟的内容，并提出许多改进建议。他们的智慧和研究成果让我受益匪浅。我要特别感谢 Ran Abramitzky、Fabio Braggion、Joyce Burnette、Mauricio Drelichman、Haggay Etkes、Kripa Freitas、Tom Geraghty、Elise Lipkowitz、Jason Long、Ralf Meisenzahl、Lyndon Moore、John Parman 和 Tuan-Hwee Sng。Gergely（Gergo）Baics 阅读了整部原稿，并提出了许多有见地和合理的建议，让原稿得到了极大的改进。Alexandru Rus 在我写作后期出现，但是在最后一刻提出许多有益的建议。最后但是同样重要的是，我要感谢足智多谋、精力充沛的 Marianne Hinds Wanamaker。她的出色表现为研究生研究助理工作树立了新的标准。

如果没有本科生协助开展研究工作，我是无法完成这本书的。许多才华横溢且充满热情的年轻人开展痛苦的启蒙运动研究工作，对此我要向他们表示感谢。他们分别是 Elizabeth Brown-Inz、Chip Dickerson、Paul Isaac、Hillary King、Aslam Rawoof 和 Margaret Schumacher。我还要特别感谢 Michael Silver。他的编辑天赋和能力出众，不过他最终选择从事律师行业，这让我深感惋惜。

乔治梅森大学美国市场研究中心 2008 年 6 月在弗吉尼亚州阿灵顿举办专题会议讨论本书初稿，对此我要特别表示感谢。与会的每位学者都做出了巨大贡献，让本书得到进一步的完善。出席会议的学者包括我受人钦佩的恩师 Peter Temin、我多年的好友和芝加哥老乡 Daniel Headrick，以及 Peter Boettke、Philip Hoffman、Claire Morgan 和 John Wallis。

致 谢

在过去15年里，我参与了加拿大高等研究院资助的多个经济学项目。我和这个星球上最杰出的经济学家多次就本书进行交流，并从中深受启发。他们分别是 Daron Acemoglu、George Akerlof、Tim Besley、Elhanan Helpman、Roger Myerson 和 James Robinson。

在此我还要特别感谢西北大学和瑟尔基金会提供的资助。企鹅出版社的 Simon Winder 最先提议我写这本书。尽管最后成书和他最初提议的并不一样，但是我希望他能够感到满意。Beth Humphries 和 Rosamund Howe 对文稿进行细致的编辑，展示出非凡的能力。耶鲁大学出版社的 Robert Baldock 和 Candida Brazil 在后期提出了明智合理的意见。

在过去 17 年里，我一直深情地怀念我已故的同事 Jonathan R. T. Hughes。他对我思想的影响一直延续至今。我猜他本来可能会喜欢这本书，但我永远无法确定。

最后，我还要感谢读到以及没有读到这一献词的所有人。

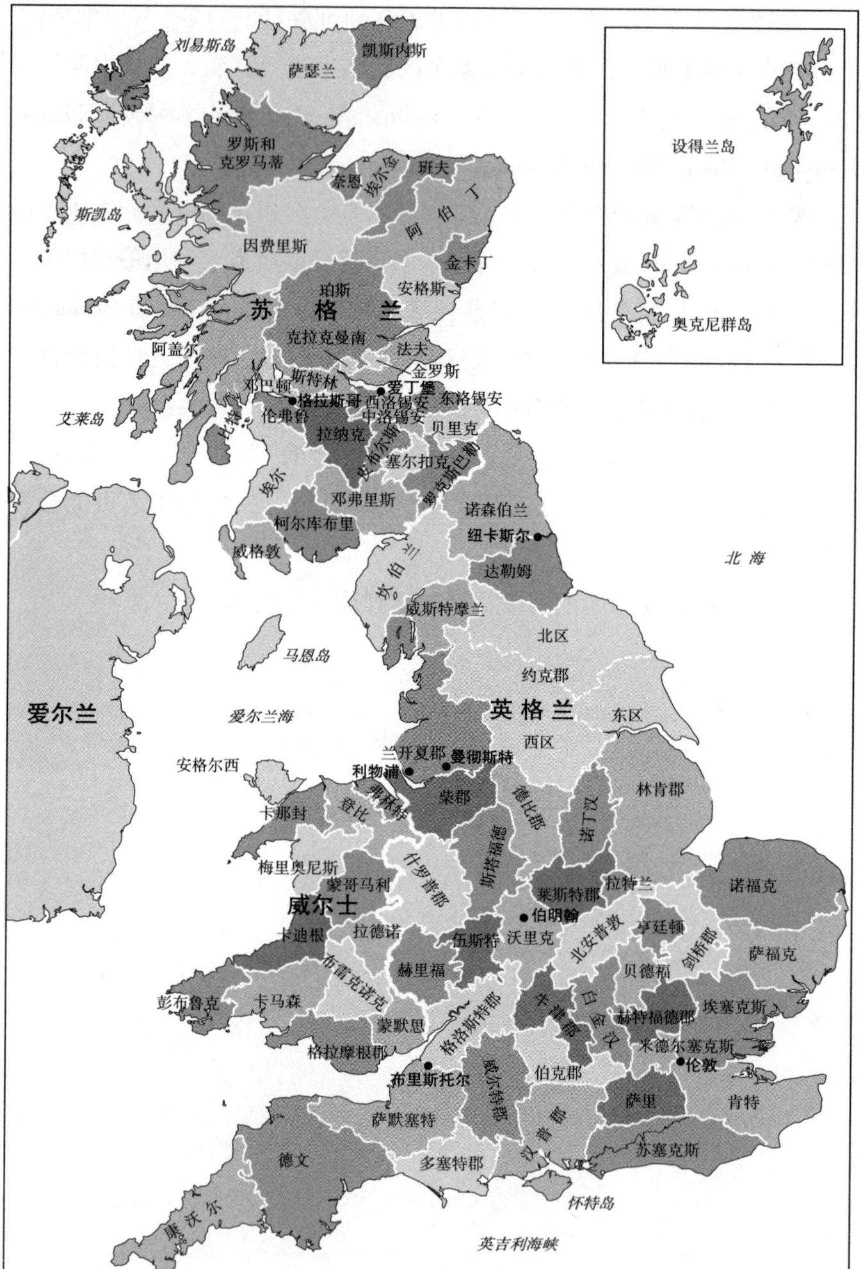

1. 大不列颠各郡地图（1850 年）

注：此书中插附地图系原书插附地图。

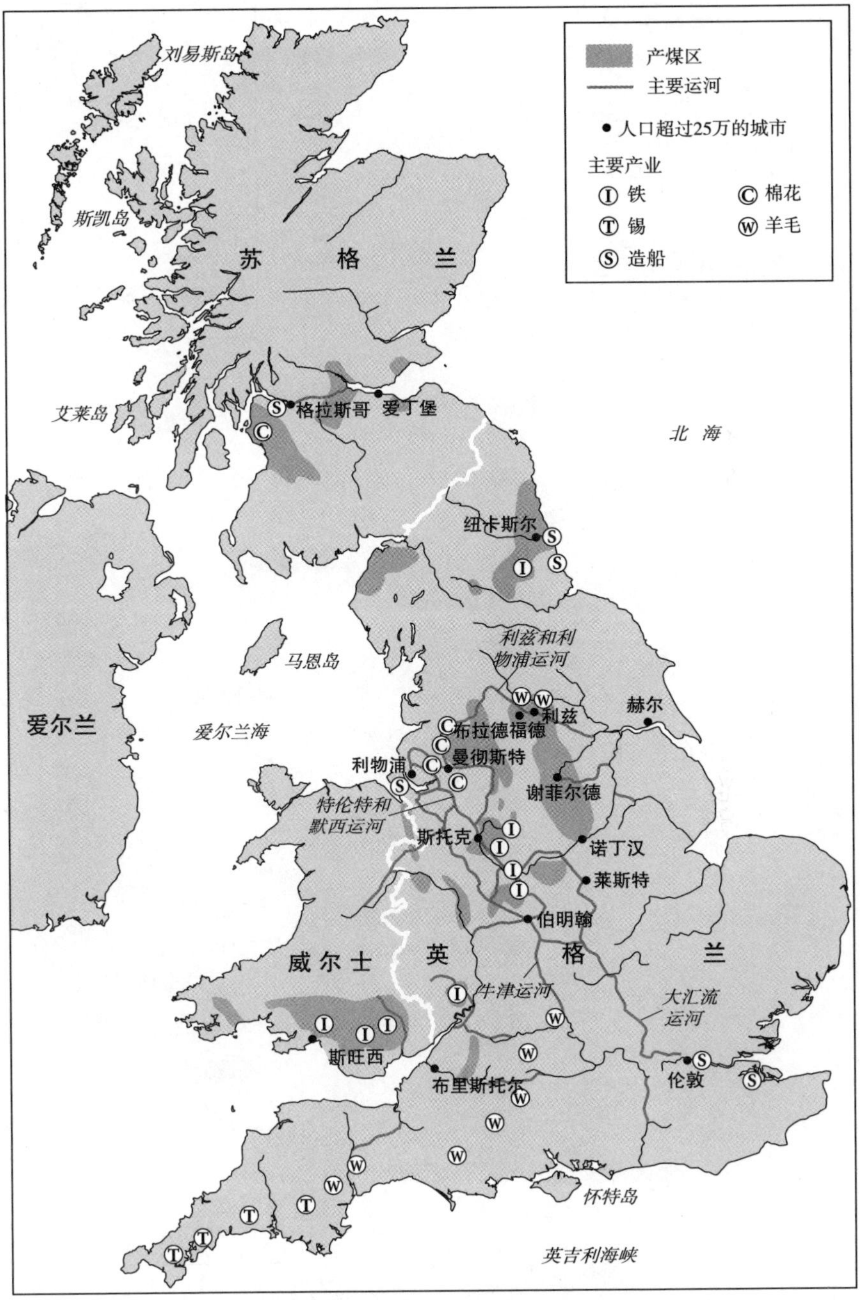

2. 大不列颠工业地图（1850 年）

引　言

经济变化中的意识形态、知识和制度因素

任何时期的经济变化都依赖于人们相信什么，且依赖程度比大多数经济学家认为的要高。从“光荣革命”到水晶宫世界博览会这一期间，英国的经济发展情况就是如此。本书是一部个人解释性著作，分析哪些因素发挥作用，促成现代经济发展萌芽于后来发展成为“工业化世界”的地区。所有人都认为，在“工业化世界”中，英国经济起到了关键作用。本书介绍了英国在1700年之后的一个半世纪中的经济发展情况。本书未能面面俱到：考虑到研究这一时期的文献汗牛充栋，任何研究都应有所侧重，我也斗胆照做。简言之，本书指出，除了地理因素以及市场、政治和社会作用等标准论据外，现代经济增长的起源很大程度上取决于人们的认知和信念，以及这些信念如何影响他们的经济行为。18世纪是启蒙时代，我们有必要充分检视这一事实产生的经济影响。正如黑格尔指出的，思想和哲学启迪着人们构建现实世界；法国大革命和美国独立革命有力地证明了这一点（Himmelfarb，2004，第7页）。不过经济学的情况又如何呢？

意识形态和“文化”是否影响经济结果？这一问题和经济学本身一样古老。马克思和现代自由市场经济学家都认为，信念能够自我调整，以适应经济利益；经济利益本身则很大程度上由技术、人口、地理等更深层的力量决定。极具讽刺意味的是，大多数经济学家和马克思一

样持历史唯物主义观，认为意识形态大体上内生于经济环境，无法影响经济环境。一些经济学家则持完全相反的观点，他们认同约翰·梅纳德·凯恩斯的一句名言，即“与思想的逐渐侵蚀相比，既得利益的力量被过分夸大了。或早或晚或好或坏，危险的不是既得利益，而是思想”（Keynes，[1936]，1964，第 383—384 页）。我将会指出，在历史现实中，两者通过复杂的方式相互作用。在适当的环境中，正如 18 世纪的英国，这一相互作用产生了正向反馈回路，带来了经济史上自农业出现以来的最大变化：工业革命和可持续经济增长的萌芽。

人类的认知和信念与经济活动之间的互动方式具有历史偶然性。我的意思是，它是许多绝非不可避免的局势融合在一起的结果。有人认为统治者和政策制定者的信念非常关键，这似乎再自然不过。政策制定者负责制定有关经济游戏如何运行的规章制度。不过，在工业革命时期，知识分子、科学家、熟练技工、发明家、企业家的信念和理念可能更为重要。当然，理念并非从天而降。商业和城市社会对于创造智识理念（intellectual ideas）而言是必要的，因为它们能够养活一大批凭借智力而不是靠耕作为生的人。这些人的主业是思考和分析，在思想市场中开展竞争（Mokyr，2007）。一些理念最终胜出，而其他的理念却没有。通过这一竞争激烈的自然选择过程，智识环境发生变化，对“现代”政体和经济体的构建产生深远的影响。

为什么一些理念能够最终胜出，成为“主导范式”？这一问题没有简单答案。在合适的“环境”中，一些理念能够胜出；有时虽然环境有利，但是理念迟迟未到或者以失败告终。就像在进化生物学中，我们无法确切了解为什么一些适应力极强的物种能够幸存下来，而一些适应力同样不弱的物种却惨遭淘汰。历史存在某种令人迷惑不解的不确定性。时机和偶然性能够解释最终的结果。当然，如果理念顺应强大的经济利益集团，那么它们具有一定的优势。不过，精英阶层秉持的理念，其演变过程是否存在自主性逻辑（autonomous logic）呢？精英阶层的信念被证明对经济发展非常重要。就结果而言，言辞（rhetoric）是否完全无足轻重？如果认为意识形态只是经济利益的反映，而劝导（persuasion）本身根本不重要，那就大错特错了。历史上许多颇具影响力的知识分子背叛了自己的阶层，其中最突出的例子就是历史唯物论的信徒弗里德里希·恩格斯。总体而言，创造启蒙运动的启蒙哲学家擅长劝导他人，并慢慢地向同时代的社会和经济精英灌输全新的价值观和信念。对于为何制定出台现有政策这一问题，我们在寻找答案时，可以首先回答“符合谁的利益”这一问题，这是一个不错的起点。不过，它绝非终点。如果我们只是一味寻找“何人获益”（cui bono）这一问题的答案，那么会忽视一个显而易见的事实，即某一经济利益集团经常遭遇其他经济利益集团的反对。人们结盟，达成交易，同时还必须考虑运用具有说服力的言辞，来说明什么最有利于“国家”。改革者每前进一步都会遭遇当权者和保守派的反抗，结局充满不确定性。结局并非预先设定或者无法改变；如果没有这些结果，我们是无法解释英国转型的。

有待解释的问题很多。在1700年之后的一个半世纪里，英国经济经历了深刻的变化。到1850年，英国人口数量与1700年相比增加了两倍多。此外，城镇人口所占比例大幅提高（达到45%，而在1700年这一数字仅为18%）。人们向陌生人购买的商品和服务大幅增加。越来越多的人走出家门，在要求员工守时守纪的大企业工作。他们在国内出行时乘坐火车，而不是“驿站马车”（又称公共马车）。人们航海时对帆船的依赖越来越小。家庭内部劳动分工发生了变化，同样，人们与邻居及社会之间的经济关系也发生了变化。早在1700年，市场已经无处不在；到了1850年，市场已占据主导地位。人们通过市场购买日常食物、衣服和住房，同时也通过市场出售自己的劳动，拿出储蓄进行投资。在经济生活的方方面面，人们与陌生人打交道的机会越来越多。他们选择棉质衣服，而不是羊毛或亚麻材质的衣服。同时，尽管人们的住房和食物质量并没有发生巨大的变化，但经过仔细考查，我们会发现其实也有所变化。对这些变化的叙述往往被人指摘为采取了“目的论”的解释方法，即我们叙述变化时，好像发生的所有一切都是为了促成我们最终观察到的结果。涉及这一时期的经济核算工作经常将这一转型描述为成功范例，从而被人指摘存在“扬扬自得”的心态。在本书中，我会小心行事，避免犯下类似的错误，但在某种程度上我仍有可能犯错。史学家在介绍这一变化过程时面临一个显而易见的困境，即是否能够并且应该避免强调，依据大多数标准，特别是当时的标准，这是一个惊人的成功范例？一个不变的事实是，到举办著名的水晶宫世博会（1851 年）时，英国已经成为无可争议的世界经济领袖，享受着突如其来的（尽管昙花一现的）政治威望和霸权，并且有能力确保英国一部分人口中的大多数人过上越来越好的生活。在当时，这一部分人口所占比例不小，且占比还在不断提高。过去只有权贵阶层才能享受（或者以前不为人所知）的奢侈品开始进入越来越多普通民众的日常生活之中。

所有国家的史学家都会对英国在 18 世纪和 19 世纪初发生的情况极感兴趣。说到底，从严格意义上讲，这段历史并不是英国独有的现象。欧洲其他国家和英国一样经历了经济转型，最终海外领地也实现了经济转型。这一时代“创造”了现代经济增长。现代经济增长是人类历史上前所未有的现象；得益于它，大多数人的生活水平超过了满足生存需要的最低消费水平，过上了舒适、安全、闲暇和物质需求得到满足的生活，而在过去仅有少数人能够享受这一切。无论人们认为商业工业主义的兴起、金融资本主义、城市化和技术成就是福还是祸，毋庸置疑的是，它们已是既成事实。在本书讨论的这一时期里，繁荣之树发芽，并首次开花。这一切发生在英国，居于中心的是工业革命。

如果史学家、经济学家和侧重历史的社会学家就世界经济史达成什么共识，那么这一共识就是，归功于工业革命，今天人们所说的现代经济增长始于英国。尽管涉及时机和因果关系的许多细节仍有争议，史学家和经济学家意识到，在 1750 年之后的某个时点，不列颠群岛发生了不可逆转的深刻变化，而且这一变化最终蔓延到西欧大部分地区、北美以及受西方影响的其他地区。在 1700 年，对世界尤其是英国而言，经济增长并不完全是新鲜事物。鲜有学者会对下列说法持异议，即自诺曼征服到 1688 年光荣革命，英国的物质生活水平和经济制度发生了巨大的变化；消费模式日益多样化，总产出实现长期增长。在 1688 年，格里高利·金（King，［1688］，1936）勾勒出首份有关英国经济状况的定量图。然而，依据现代标准，英国经济变化速度极为缓慢。一些人可能会说，这只是“一个程度问题”，但是在经济史中，程度意味着一切，并且经济变化加速问题是有待解释的核心事件。

同样，如果我们将本书讨论的时期里的英国经济史称为“工业革命时代”，这一说法就有误导性，因为这就好像该时期的前夕只是工业革命的前奏，而在它之后的数十年只是工业革命的余波。在现代经济学家看来，工业革命之所以显得突出，是因为回头看，它对全球经济史产生了巨大的影响。不过，我们无须考虑后来出现的现代经济增长，仍可以在很大程度上对英国这一时期的经济史进行介绍、分析、定性，甚至建模。在1700年至1850年间，英国经济发生了很大的变化，但这一切与工业革命毫无关系，或者关系很小。工业革命的出现并不意味着在它之前和期间发生的所有一切必然“引发”甚至推动工业革命，也不代表之后发生的事情都是工业革命造就的。

不过，经济增长问题将继续让经济学家着迷，史学家也无法回避这一问题。在工业革命出现之前，经济增长表现平平，不仅慢于今天经济学家认为的“正常”经济增长，而且存在着质的区别。在当今时代，经济增长严重依赖于技术进步，以及经改良的生产资料、新技能和胜任力（competence）的积累。技术进步和生产资料等要素的积累代表并推动创新。尽管在1750年之前，世界就已取得了技术进步，但它们在推动经济变化方面仅发挥了次要作用。尽管我们很难对上述假设进行量化，但是似乎在工业革命出现之前，当时的经济增长虽表现平平，却基本上仍可以被视为人们熟知的“斯密型经济增长”。斯密型经济增长是基于商业扩张、市场发展、资源配置的完善。亚当·斯密指出，当两个地区或经济体相互开展贸易时，双方都可从专业化分工中受益。自此之后，经济学家一直传授这一观点。在1450年至1750年间，贸易额大幅增长，西欧从中受益尤多。贸易增长很大程度上归功于有用知识的增加：船舶设计和航海技术得到完善，地理知识得到扩充，人们找到了新的贸易路线和贸易伙伴。此外，各种制度得到完善，从而强化了“法治”，进而推动贸易的发展。制度致力于剿灭海盗，完善合同和产权的执行，减少风险，提供信贷、保险和信息，并提供合理的担保，确保贸易伙伴兑现承诺。这些制度是实现斯密型经济增长的一个重要因素。

因此，在工业革命之前，市场在资源配置方面就发挥了较好的作用。经济学教导我们，如果重新配置劳动或资本，使之从低生产率用途转移至高生产率用途，总产出将会提高。通过完善制度框架和市场，我们能够提高资源配置效率。人们在市场中开展经济活动。意大利北部、低地国家、德国南部地区和英格兰曾是现在人们所说的“斯密型经济增长”的受益者，并创造了巨大的财富。当时，商业繁荣发展经常与工业和技术变革挂钩。在 17 世纪黄金年代，荷兰成为富国，这部分归功于该国的航运业和商业；另外一个原因是它依赖于帆布织造、造纸、制糖等依靠或者服务于国际贸易的行业，并且能够通过创新提高生产力和开展竞争。不过，驱动此类发展的引擎通常是商业和制度完善，技术只是提供辅助动力而已。在 1750 年左右，一切都已开始发生变化。对工业革命最贴切的定义是将技术置于经济变革主引擎位置的一系列事件。

许多史学家和经济学家认为马尔萨斯机制主导着前工业革命时代的经济。在马尔萨斯机制下，人口压力导致人均收入停滞不前。一种现代观点认为，现代经济增长克服了此类人口负反馈效应。这一观点特别受经济学家的欢迎，在史学家中也很司空见惯。工业革命的意义在于资源产量增长“跑赢”了人口增长。为什么资源能够胜出？随着资源开采技术的不断提高，人类能够更好地开采一直拥有却无法利用的资源，可用资源以前所未有的速度增加。三个基本因素促成了这一现象。第一个因素是创造力。在马尔萨斯模型描述的“有机经济”中，动植物构成能源基础，四处可见的水力和风力作为补充（Wrigley，1987，1988，2004a）。有人说，在工业革命推动之下，英国经济发生了明显的变化，转而以矿产和化石燃料为物质能源基础，从而增加了可供经济支配的有效资源。铁和后来的钢材取代了木材，煤炭取代了畜力和人力能源。虽然这一观点可能低估了 1700 年之前的经济对风力、水力等无机资源的依赖程度，但是大体上贴切地描述了当时的真实情况。人们本来以为固定不变的土地供应增加了，就可以提供更多的粮食、能源和原材料。在18 世纪，英国加大开采自然资源的力度，这并不是因为它面临来自需求侧的压力，而是因为矿物开采、运输和利用方面的知识在不断增加。第二，英国日益依赖进口资源。英国盛产矿物质，但是矿物质不能当饭吃。不过，英国可以从海外一些国家进口粮食。这些国家拥有更多或更肥沃的土地，因此粮食生产成本更低，这是英国无法比拟的。为换取粮食，英国出口工业制成品和矿物资源。第三，人们终于决定少生孩子。在过去，除了爱尔兰以外，英国人口不断增加，但到了 19 世纪，收入增长速度开始超过人口增长速度，且领先幅度越来越大。当出生率开始下降时，两者之间的差距迅速拉大。

人们经常提到，在马尔萨斯撰写颇具影响力的著作《人口论》（Malthus，1798）时，它已经不适用于当时的情况了。也许事实就是如此，不过我们有理由相信，即便在此之前，他的模型充其量只不过是相当粗糙地近似描述了当时的情况。书中最著名的理论是“工资铁律”。该理论认为，从长远看，人均增长注定失败，因为人口增长将抵消它。在一定程度上，下列证据能够证明这一理论是错误的：尽管依据现代标准，经济增长速度很慢，但从长远看，经济仍保持了增长。农业、矿业和航运业的生产力得到提高；与 1400 年相比，到 1700 年可供英国普通人选择的日常消费品要丰富得多。大多数学者估算 1750 年之前的经济增长率在 0.2% 至 0.3% 之间（Snooks，1994；Maddison，2002，第 46 页、第 90 页）。按照这一增长速度，人均收入每 250 年到 300 年翻一番。

此外，支配人口波动的力量似乎远比人均收入因素要强大：疾病和传染病发病率似乎遵循自身规律，并且可以归因为外源微生物事件，以及马尔萨斯所说的“积极抑制”（positive checks），即死亡率对人口过多问题做出的内生反应（Goldstone，1991）。气候波动同样对生产力产生了显著的影响。此外，一些经济学家，例如荷兰经济学家伊斯特·博斯鲁普，对经典的马尔萨斯模型提出批评。马尔萨斯认为，人口增长会导致收入减少，进而导致人均收入减少。这些经济学家则认为，马尔萨斯低估了社会通过更加密集、高效地利用相对稀缺的资源适应人口压力的能力。

有鉴于此，通过利用更好的技术摆脱马尔萨斯“体制”只是英国经济转型的一个侧面。近年来，越来越多的经济史学家受道格拉斯·诺思创新著述的启迪，开始重视制度因素，即经济游戏规则、此类规则背后的信念，以及人们是否遵守此类规则。在有文字可考的大多数历史时间里，经济增长的头号敌人并不是人口压力，而是剥削者、海盗和寄生虫。经济学家将寄生虫委婉地称为“寻租者”。寻租者不愿从事经济生产活动，认为抢劫和掠夺他人劳动成果会更省力。寻租者包括国王或主教的税吏、拦路抢劫的强盗、腐败官员、贪婪的地方垄断势力、严格控制进入和生产活动的同业公会，或者来自邻国的侵略军等。他们侵略性的寻租行为经常导致经济活动停止，而增长取决于经济活动。在这种情况下，从真正的辩证关系看，增长自掘坟墓，创造了导致自身衰亡的条件。米兰、安特卫普、马格德堡等富裕城市招致强邻的嫉妒和贪欲；后者围攻、洗劫这些城市，并对它们课税。只有威尼斯、荷兰共和国沿海省份等少数地区凭借独特的地理特征，才得以幸免于难，不过即便如此，它们也不得不将大部分经济盈余用于防务。

从两个方面来讲，英国极为幸运。首先，作为一个岛国，它面临的安全威胁没那么紧迫。不过，正如西班牙“无敌舰队”证明的，英国并非高枕无忧，不存在安全威胁。此外，身为岛国并不是抵挡外国侵略者和掠夺者的充分条件（爱尔兰和菲律宾不幸地认识到这一点），但这仍是一个有利条件。此外，仅仅阻止外国劫掠者是不够的，毕竟大多数寻租活动都是地方显要和恶霸开展的。在 17 世纪，英国社会能够极为有效地制约势力最大的地方恶霸，也就是国王。英国人认为，除非征得人民同意，否则统治者不能征收赋税。这一原则体现在 1689 年《权利宣言》第四条款（“未经议会授权，为国王或供其使用而征税……是非法的”），它应被视为英国在制约此类寻租活动方面迈出的重要一步（North and Weingast，1989）。不过在 18 世纪，英国寻租活动非常活跃：管制和限制仍可以通过很多方式攫取我们所说的“生产性”人员创造的财富，将它重新分配给拥有政治影响力或传统特权的人。

在 18 世纪中叶之后，不利于经济发展的再分配活动节节败退。如果不清楚这一点，我们无法正确了解英国在本书讨论的这段时期内的主要经济史。自由主义经济学家抨击重商主义，在反重商主义战役中开辟了一条战线。作为寻租的正式表现形式，重商主义曾一度主宰着欧洲的多数商业政策。亚当·斯密对这一“重商主义体系”进行笔伐。不过在当时，“重商主义”一词还没有出现。在1700年左右的欧洲大部分地区，政府和经济利益团体结盟，相互满足对方的迫切需要。政府获得急需的税收，特殊利益团体则获得保护和其他排他性租金。不过，英国是另外一番景象。当时，垄断势力、工人社团等阻碍人们自由、不受限制地从事经济活动，激起民众日益高涨的厌恶情绪。因此，人们指责政府管制、垄断、特权、对外和殖民贸易中的寻租活动的合法性。当权势力遏制古老特权的决心愈发坚定，这其中包括名不符实的“自由”（即特权）。“自由”赋予特定群体权利，在法人化的城镇行使垄断权，严格管制学徒。

在18世纪，英国经历了诸多变化；基于削弱经济规则及其执行力度的经济自由只是其中之一。在欧洲大陆，法国大革命爆发，并在拿破仑军队的刺刀之下蔓延至其他国家。英国经历的变化必然与这些事件密不可分地交织在一起。在北美，这些变化与下列事件混合交织在一起，即美国革命，以及美国经济增长的制度基础的出现。在英国，戏剧性事件更少，而且不是所有事件都明确指向自由化。尽管如此，英国在犹豫不决中慢慢地发展成为一个更加开放、竞争更为激烈、经济选择更多的社会。等到维多利亚女王登基时，英国已经发展成为人们所期望的自由放任经济体，寻租活动也行将销声匿迹。不过，英国选择信任自由市场，当然有一些人认为这一信任过头了。英国意识到这一制度的智慧。作为所有制度变革之母，这一转变需要赶在经济增长成为常态而非例外之前实现。

一个成功的经济有赖于良好的制度为商业、金融和创新活动提供适当的激励。不过，我们不可能设计出一套普遍适用的“最优”制度。制度应适应环境的变化。因此，重要的是，制度应具备灵活性，能够随着环境变化而变化。这就需要下列两种规则，即确定经济游戏方式的规则，以及在必要时能够尽可能以零成本改变上述规则的规则。换言之，它需要元制度（meta-institutions）。此类元制度能够改变制度，而且人们在自身利益因此受损的情况下也能接受此类变化。制度之所以发生变革，并不是因为这样做有效率，而是因为支持它们的关键人物的理念和信念发生了变化（Greif，2005；North，2005）。尽管一些经济学家可能怀疑文化信念能否为经济变革提供支撑，但是我们在讨论18世纪时无法避开意识形态和制度变革问题。

不过，单单依靠制度变革是不够的。还有一个因素妨碍前工业革命经济体向前发展，并阻挠可持续增长。它们可以选择的技术非常有限。一个事实再明白不过，那就是在许多生产活动相关领域，人类掌握的知识还不够，无法有效地运用技术，解决导致生产力低下的瓶颈问题。当然，我并不是说，在工业革命前，技术处于停滞状态。到了1700年，英国和欧洲其他国家虽未掌握基本的钢铁冶金术，却生产出高品质的钢铁；不了解酵母发酵原理，却酿造出啤酒；不了解遗传学，却能够进行动物育种；不掌握基本化学知识，却能够混合元素和化合物。他们不了解热力学，却能够操控能量；不掌握土壤化学知识，却知道要给土地施肥。人类在试错和机缘巧合中发现了新技术，有时新技术带来了非同寻常的进步。令人吃惊的是，人类与此同时也犯下了一些惊人的错误（特别是在医学和农业技术领域）。在现代经济增长历程中，发展可用技术的问题处于中心地位。正如我们将在后文看到的，将自然知识转化为技术的过程是一条双行道，从实践到理论和从理论到实践这两个过程同样重要（人们对后一过程的讨论更为广泛）。

这并不是说，推动工业革命和经济增长的主要因素是科学突破。学者在下列问题上依然存在分歧，即在工业革命期间，技术进步在多大程度上依赖于科学专业知识（Landes，1969；Musson and Robinson，1969；Jacob，1997）。在解决技术问题方面，科学产生的影响因具体问题和行业的不同而存在很大差异。我们可以利用1600年已有的知识轻松制造出许多与经典工业革命相关联的“小玩意儿浪潮”，当然，蒸汽动力是最显著的例外。在18世纪末和19世纪，科学对生产型经济的相对重要性日益提高，并且在1870年之后变得不可或缺。1870年出现了所谓的第二次工业革命。许多编入书籍和文章中的知识，以及个人之间传递的默会知识虽然不能算作现代意义上的“科学”，但在当时极其重要。人类活动日益依赖于记载在印刷品上或从专家那里获取的有用知识，例如工程设计、机械、涉及作物轮作的自然规律、矿产勘探和开采、测量和航海仪器制造工艺，以及陶土、纸张和金属等材料密集型产品的生产工艺。启蒙运动影响着经济，而这一影响的本质是努力增加有用知识的积累，并将它投向实际用途。

正如迪尔德丽·麦克洛斯基（McCloskey，1994，第242页）指出的，人们在解释工业革命和现代经济增长的起因时，会涉及两个独立的问题。其中一个是“大问题”，即为什么西欧能够取得史上任何社会从未取得的成就，即突破种种负反馈壁垒？此类负反馈壁垒导致1800年之前的大部分民众在极度贫困中苦苦挣扎，而当今西方国家几乎没有人再过着如此贫困的生活了。尽管奥斯曼帝国、中国、印度曾取得令人敬畏的科技成就，但在当时它们已被远远地抛在了后面。对于这一问题，人们给出的答案五花八门。一些答案很奇怪（气候、种族、宗教），另一些答案则看似有理却很难证明，例如文化、社会、帝国和政治。不过，大多数答案都对这一“大问题”进行了解释。在后文中，我将讨论“小问题”，即在欧洲工业启蒙转化为持久经济繁荣的运动中，为什么英国能够成为领袖？

为了了解欧洲史和世界史，这一“小”问题并非无足轻重：到19世纪中叶，英国已经成为世界工厂、无可争议的技术领袖，以及经济和政治权力的源泉。这一切帮助建立了不列颠治下的和平，巩固了大英帝国，并造就了维多利亚时代的辉煌。回顾历史，维多利亚时代是英国真正意义上的黄金时代。当时的同代人非常关注英国。心存不安的法国人认为英国担当领袖是反常现象（法国人认为在正常状态下，领袖应是法国）。经济成就让维多利亚时代的英国人沾沾自喜、自鸣得意，这一情绪持续数十年后才消散。英国凭借经济成就，成为首个以工厂为主导的国家，后来又以铁路为主导，并形成了首个庞大的工业城市无产阶级。在工业革命的帮助之下，伦敦城确立了金融霸权，从而在数十年中主宰着国际银行业。此外，工业革命导致家庭手工业走向衰亡；在整个欧洲，手工业工人与日益便宜的工厂量产产品进行徒劳无益的斗争。经济增长以所有可以想象到的方式改变着人们的生活方式。英国工业革命影响着年轻的美利坚合众国的经济结构，创造对原棉的需求，从而改变了美国南方各州的经济，奴隶制度也得以存续。

如果工业革命是启蒙运动和科学革命奠定的社会和知识基础的自然产物这一基本前提是正确的，那么工业革命则是欧洲的现象，而不仅是英国独有的现象。从这个角度来讲，“大问题”和“小问题”无法独立分开。英国的领袖地位本身对西方经济增长而言可能并非必不可少。没有英国，西方其他经济体同样可以发挥领袖作用，只不过这一进程可能会推迟，并且在具体细节方面会有所不同。在1850年之前的几十年中，英国的领袖地位日益影响着西方世界，在1850年这一影响力达到了顶峰。不过，这一霸权并非处于长期均衡状态；其他经济体拥有必要的资源和手段追赶英国，实现经济现代化。这并不是说它们盲目采取英国的经济模式，即依赖于蒸汽和棉纺织业；每个经济体依据自身情况，找到了属于自己的“通往20世纪之路”。虽然我们承认它们和英国之间存在着区别，但并不否认英国范例对德国、法国、比利时或斯堪的纳维亚企业家和工程师的决策和选择产生了巨大影响。在1820年至1860年间，整个欧洲都承认英国的经济领袖地位。

我们不能因此认定欧洲其他地区“发展缓慢”或“落后”，这不合情理。欧洲大陆各国存在特殊的制约和障碍，在取得像英国一样的成就之前，它们需要克服或消除这些因素；同时它们应坚持走自己的路，实现工业化和生产现代化。一些国家选择了不同的道路，采用不同的技术和工业组织形式。其他国家则需要一场政治变革，以清除制度残骸，例如限制多多的手工业行会、内部关税和农奴制度。这些都是数世纪掠夺性统治和寻租积累下来的。在1815年之后，欧洲大陆经过又一整代人的努力，才终于赶上英国，但显然英国的优势没有一个是特别深刻和持久的。虽然它们可以解释英国为什么能够成为“东方快车”的火车头，但无法很好地解释行进动力来自何处。“东方快车”在19世纪加速，将世界其他地区抛在了后面。那么英国是牵引其他欧洲国家前进的发动机，还是西欧及其旁支（offshoots）乘坐电力火车向前行驶，并且共同为列车提供行进动力呢？

法国大革命如秋风扫落叶一般扫清了旧制度的大部分残骸，为欧洲大陆许多国家的经济成功奠定了基础。到了本文讨论的时期结束之时，即1850年，欧洲大陆整体上仍未赶上英国。不过到了1914年，欧洲大陆终于赶上英国，英国也从“领袖”降格成为“普通一员”。这一陈述方式暗含着一个观念，那就是即使它未开始于英国，也有可能在西欧其他地方开始。尽管它可能来迟，而且确切的模式在许多细节上存在不同，但它终究会出现。在这一解读中，独一无二的实体是欧洲，而不是英国。不过，在欧洲内部，英国发挥着不容置疑的领袖作用。至于英国为什么能够成为领袖以及怎么做到这一点的，这是第二个同时也是略有不同的问题。

我们最终需要在知识和制度领域寻找解答这两个问题的答案，而不是在地理领域。经济博弈在两个层面进行：一是与自然的博弈（技术），二是涉及与其他人互动的博弈（制度）。说到底，与自然的博弈并不是社会博弈，尽管在任何现实历史环境中，它都掺杂着社会因素。在任何时候和任何地方，技术都是事关利用自然现象和规律，设法获取大自然不愿主动赋予的资源。生产活动则涉及利用这些规律，进一步满足人类的物质需求。原则上，即便是鲁滨逊·克鲁索也面临这种问题。在荒岛上，他需要解决衣食住行和药物问题。实际上，这种区分有其局限性。人们传播、分享和交流有用知识，信任和权威等社会关系是市场关系的核心，也是经济发展的中心。在18世纪的英国，成熟的市场经济、制度和技术在多个层面相互作用。在这些纷繁复杂的相互作用中，我们必须解答一个重要的历史问题，即英国有什么特别之处，让它能够发挥独特的作用，成为工业资本主义和19世纪繁荣的摇篮。

在思考这些问题时，我们应避免落入“后视之明偏误”（hindsight bias，又译为后视偏差）。后视之明偏误是指，当我们知道发生了某一事件时，我们会倾向于认定它是不可避免的，并且会重新解读所有先决条件，认为是它们推动结果的出现。要知道，即使一些先决条件不存在，许多事件仍会发生。在18世纪的英国，许多制度仍对经济发展抱有敌意。无论如何，这种敌意必须得到克服。在工业革命前夕，从许多方面而言，英国仍然是一个存在保护主义和管制的经济。如果英国比欧洲其他国家表现更出色，这是因为当时它的地理位置更优越，且准备更充分。不过，英国和其他国家只是存在一定程度的差别，而不是本质性的差别，而且这些差别并非固定不变。工业革命年代是英国技术霸权和它所造就的一切的黄金年代；但和其他经济领袖一样，英国的黄金年代也只是昙花一现。

第一章
1700 年的英国经济

在 18 世纪初，尽管距离工业革命尚有数十年的时间，但是按照当时的标准，英国早已是一个富裕、成熟的经济体。经济学家通常将人均收入或人均 GDP（国内生产总值）作为衡量一国经济的标准，不过数据搜集和核算难度非常大，以至于此类比较本身不足以完全令人信服。据安格斯·麦迪森（Maddison，2002）估算，1700 年英国人均收入为 1 450 美元（按 1990 年价格计算），仅屈居荷兰之后，但将法国、德国和西班牙远远抛在后面。荷兰的人均收入高达 2 110 美元，富裕程度令其他国家汗颜。对于按照 1990 年价格计算 1700 年人均 GDP 的做法，一些怀疑者认为它不加怀疑地依赖于过多夸张的假设。依靠其他数据（和其他同样有力的假设），格雷厄姆·斯努克斯（Snooks，1994）计算得出，英国经济（人均收入）在从《末日审判书》*（1086 年）到格里高利·金统计数据（1688 年）的 600 年间增长了 5.75 倍。这相当于年均增长率为 0.29%。在此之后的很长一段时间里，没有出现年增长率远高于 0.29% 的情况，这一状况一直持续到 1800 年。我们根本无法确定这些数据是否“准确”，因为 GDP 和国民收入核算理念无法真正顾及一个经济体在这么多年取得的种种进展，例如推出新产品，产品质量得到改善，市场交易取代自给自足。当时英格兰非常富裕，工资水平很高，并且拥有广阔、成熟的市场，让许多见识广博的同代人赞叹不已，这一点很能说明问题。人们普

* 正式名称为《土地赋税调查书》或《温彻斯特书》，是英王威廉一世下令进行的全国土地调查情况的汇编，于 1086 年完成。——译者注

遍认为，丹尼尔·笛福是最了解前工业革命时代英国发展状况的作家。虽然他对英国的未来感到担忧，但他在文章中谈到英国富裕程度时深感自豪。半个世纪之后的亚当·斯密坚信，“英格兰每年土地和劳动生产的果实……肯定远比一个多世纪之前的查理二世复辟时期要多……而在王政复辟时期，（它）肯定比我们推想一百年之前的情况要多得多”（Smith，[1776]，1976，第365—366页）。

除了人均收入之外，我们可以检视其他衡量标准，以此说服自己相信，依据当时的标准，与前现代经济相比，英国经济取得了可观的进步。人们经常将前现代经济描绘成贫穷、悲惨的社会，景况惨淡。在这种社会里，所有人辛苦劳作一辈子，却过着悲惨的生活。首先，英国有大批民众生活在都市中心。早在1700年时，伦敦已是一个人口数量高达575 000人的大都市；布里斯托尔（25 000人）、埃克塞特（14 000人）、诺威奇（29 000人）和爱丁堡（40 000人）的人口虽然与伦敦庞大的人口数量相比相形见绌，但也颇具规模（De Vries，1984，第270—272页）。等到丹尼尔·笛福参观约克郡西区的哈利法克斯、利兹等大村庄时，它们已经发展成为繁忙的毛纺织业中心。在当地，大部分人购买粮食，而不是自己种植粮食（Earle，1977，第115页）。如果一个经济体生产的粮食有足够的盈余，能够养活从事商业、工业或管理工作的人，那么它的城市人口规模将非常可观。工商业和管理工作经常与更高的生活水平联系在一起。在大型城镇（人口超过10 000人）人口占比方面，英国依然远低于低地国家。英国只有13.3%的人生活在大型城镇，而荷兰为34%，今天为比利时的地区这一比例则是24%（De Vries，1984，第39页）。不过，这一状况很快就发生了变化。此外，这一数据忽视了生活在英国地方集镇和制造重镇的大批人口，例如伯明翰（7 000人）、伍斯特（9 000人）和剑桥（9 000人）。

通过分析行业分工情况，我们也可以得出相似的结论。在衡量一个经济体的富裕程度时，非农业工人比例是一个相当不错的指标，甚至可以算得上绝对可靠的指标。在1700年，英国非农业工人比例给人留下深刻的印象。务农人口比例估计在30%至1/3之间（Lindert，1980）。尽管这一比例比任何现代工业化国家都要高，但远低于当时的西班牙或俄罗斯。就在 1900 年，俄罗斯仍有 2/3 甚至更高比例的（男性）劳动力从事农业活动。当然，这可归功于英国农业生产力很高。到了 1700 年，英国农业劳动力人均产量很高，只有高产的低地国家曾达到这样的水平。

在 1700 年左右，英国人以什么为生呢？数代史学家不得不依赖于格里高利·金的估算结果。他的著作《对英国现状的自然与政治观察和结论》于 1688 年出版。金的数据显示，当时英国工业化和商业化程度比利用其他资料来源推断得出的结果要低得多：仅有 110 000 名（或 8% 的）成年男性为商人或工匠。彼得·林德特（Lindert，1980）利用教区档案样本，证明金估算结果的脆弱性。他指出，商人和工匠的真正人数在 400 000 左右，这几乎是金估算结果的四倍。经过一系列进一步的修正之后，林德特和威廉姆森（Lindert and Williamson，1982）估计，店主、商贩和工匠人数达到 384 000 人，或者说占到家庭住户的 28%。他们的数字说明，严格意义上的农业人口仅为 227 000 人左右，另外有 285 000 名被定义为“劳动者”的人。即便我们假设有 3/4 的“劳动者”全职或主要从事农业生产活动，在 1700 年，英国农业劳动力占比仅为 32% 左右，比商业和制造业人口比例高不了多少。对于一个“前工业”经济而言，这一比例之低，令人震惊。由于许多手艺人自产自销，因此我们可能很难严格区分商人和工匠。我们也很难获取有关女性的数据，不过几乎所有有工作的女性都是“仆人”，且很可能是家仆。绝大多数女性很可能为人妻或守寡，在家中从事市场和非市场活动。

令人吃惊的是，在 18 世纪初期，英国不再属于“传统经济”，这是因为有为数不少的英国人可以被称为“中产阶级”，或者当时所说的“中等阶层”，当然，这一说法有一定的创作成分在里面。史学家将中等阶层定义为成功增加财产的自耕农和农场主，受益于商业经济发展的商人和工匠，以及一些专业人士（Smail，1994，第 26 页）。这些人的一个重要特征是，他们的生活水平远超出温饱线，并且他们也是中产阶级消费品需求激增的主要推动力。对于同代人而言，这些消费品仍属于奢侈品。英国 1700 年的生活水平远高于中世纪初期，同时也高于除北美殖民地和荷兰以外的西方其他地区。在17世纪，随着殖民地商品和其他进口商品日益普及，商品品种大幅增加。越来越多的人学会了喝茶或热巧克力并加糖，抽烟斗，享用盛放在陶瓷碟中并且加入香料的牛羊肉，身着用进口布料缝制的华服。人们所说的消费者革命显然先于工业革命出现。消费者革命的出现可归因于下列现象：在17世纪，市场涌现许多抢手的新商品，这推动人们努力工作，挣钱购买这些商品，最终刺激家庭收入的增加（De Vries，2008）。经济学家热衷于将它与当今时代实际可支配收入进行比较，这一做法意义不大。在1700年，21世纪人们消费的大部分商品还不存在，因此这一比较基本上没有意义。进行此类比较，相当于间接询问生活在1750年的人们愿意支付多少钱来购买电影放映机或接受肝脏移植手术。同样，比较1700年和1100年也没有什么意义。不过毫无疑问的是，商品种类增加了，产品质量也得到提高。

在18世纪上半叶，英国存在一个富裕的阶级，他们生活水平很高。这与18世纪初同代人的说法相符。瑞士旅行家恺撒·德·索绪尔发现英国人“食量大；相比面包而言，他们更偏爱肉类食物……并且摄取大量的乳制品”和蔬果，“以及各种海鱼和淡水鱼”。由于当时鱼肉保存仍属技术难题，因此人们都是食用干鱼或腌鱼。英国人的住房质量也要好于其他地区。索绪尔还注意到，英国下层阶级“通常穿着入时，衣物都是采用好的布料和亚麻织品缝制的……最穷的人也绝不会赤脚外出……甚至英国的农民也衣食无忧……吃得好，穿得好”（de Saussure，[1726]，1902，第133页、第171页、第112—113页、第219—220页）。乔赛亚·塔克在18世纪50年代末写道：“相比除荷兰以外的其他欧洲国家而言，英国人家中安装了更好的便利设施，通常也购置了更多干净整洁的家具，以及更多种类的家居用品，例如地毯、屏风、窗帘、摇铃……”（Tucker，1758，第26页）。史学家对遗嘱认证文件和其他原始资料进行计量研究后，得出结论认为，时钟、家具、玩具、书籍、地毯、马车、珠宝、餐具、咖啡用具、茶具、画作和其他家居装饰品等耐用消费品增加，并在1680年至1720年间达到顶峰（Weatherill，1988；

Shammas，1990；Styles，1993）。上述大部分商品主要是在中产阶级中间流通，事实上，它们是界定中产阶级的标志物。不过在 18 世纪，它们慢慢在劳动民众中间普及；它们甚至可能普及到没有一技之长的穷人、茅舍农（cottager）和贫民中间，这些人构成处于收入分配最底层的 20% 人群。

此外，英国似乎出现一种趋势，让普通英国人变得更加健康。人口统计数据显示，依据两种最广泛使用的衡量标准，英国人的健康状况要远好于大多数国家。在 1700 年左右，英国人出生时预期寿命约为 37 岁。在 18 世纪的前几十年里，这一数字有所下降，但在 1740 年之后恢复到之前的水平。当时的婴儿死亡率大约为 190‰。当然，如果依据当今时代的标准，这些数据显得很可怕，但按照当时的标准已经算是相当好了。相比之下，法国在 1740 年的人均预期寿命约为 28 岁，婴儿死亡率约为 280‰。俄罗斯、西班牙等国家的情况很可能更加糟糕。

自古以来，饥荒和时疫让英国人心存恐惧，但后来这些问题得到了缓解。在中世纪末期，黑死病困扰着英国人，但在 1665 年最后一次侵袭英国之后销声匿迹。极具致命性的饥荒问题变得日益罕见，部分原因是英国在食物短缺年份能够从欧洲粮食盈余地区进口粮食。笛福在 1709 年写道，“在英国，我们不知道饥荒为何物……它仅仅相当于你的细面粉、你的白面包，简言之，你的小麦变贵了”（1704—1713，1709 年 10 月 20 日发行）。在 18 世纪，死亡率激增的现象仍时有发生，但不如过去严重，发生的频率也更低。根据我们掌握的零星统计资料，按照一些更能衡量生活水平的生物指标，英国人的生活水平好于同时代的欧洲其他国家和亚洲国家（奇怪的是，日本是一个例外）。尽管英国当时非常富裕，但只有伦敦一座真正的大城市，因此与荷兰相比，英国仍算是农村地区。不过在前现代时期，城市地区的死亡率极高，危险重重；这一现象能够解释为什么英国状况相对要好。相对于英国其他地区而言，伦敦的死亡率，特别是儿童和婴儿的死亡率要高很多（Wrigley，1987，第 137 页）。

中产阶级发展壮大，这是英国之后经济发展的关键所在。在研究这一时代的史学著作中，关于资产阶级或中产阶级永恒“崛起”的主题几乎属于老生常谈，在近年来受到正当的批评；这一主题可以追溯到19世纪中叶（Wahrman，1995）。作为一种有意识的政治实体，甚至是一种文化认同的组织概念，中产阶级在18世纪的英国很有可能属于值得商榷的范畴。不过，认同它的18世纪作家（例如丹尼尔·笛福、大卫·休谟）在提到“中产阶级”时，清楚自己指的是什么。他们认为中产阶级属于一个群体，他们遵循一些生产和消费习俗，且拥有一些共同的价值观和信念。18世纪初，英国中产阶级队伍庞大，这意味着英国收入分配相对比较公平（或者至少不平等程度较低）。一些社会极不公平，大批贫穷的农民和工人辛苦劳作，养活少数贵族；这些贵族游手好闲，却过着悠闲、富有的生活。相对更公平的经济体而言，这些社会可能更不易受后来的经济发展的影响。部分原因是中产阶级购买的商品越来越多是技术熟练的工匠生产制造的，或者进口而来，这创造了对各种技能和贸易基础设施的需求；此类技能和贸易基础设施属于现代经济的一部分。不过，中产阶级或“资产阶级”由不同心态的人组成，这些人渴望财富，希望提升自己的社会地位，并且愿意投资于孩子的教育和健康（Doepke and Zilibotti，2008）。因此，到了17世纪末，越来越多中产阶级家庭的孩子得以长大成年，中产阶级队伍也因此逐渐壮大（Clark and Hamilton，2006）。但其他人也遵循和效仿这些价值观，渴望成为资产阶级，过上更好的生活。

衡量1700年英国经济“进步”（它和财富有所不同，但属于近亲关系）的另一个标准是市场在经济生活中的重要性。运行良好的广阔市场带来专业化和贸易收益，确保资源得到更高效的利用，并缓冲作物歉收或家畜疫病等局部性的负面供给冲击。这些市场在三个层面运作。第一是地方层面。人们向当地的面包师购买面包，找鞋匠修鞋，请泥瓦匠修缮屋顶。他们进行此类交易时，通常采用现金支付的方式。第二是国家层面。英国境内的商品交易和运输活动越来越多：伯明翰的皮带扣、枪支、玩具和其他金属器皿，谢菲尔德的餐具，斯塔福德郡的陶器，威尔士和纽卡斯尔的煤炭，斯皮塔福德的丝绸品，以及16世纪和

17 世纪出现的地区专业分工带来的许多其他商品。正如丹尼尔·笛福和许多其他同代人的旅行日记充分证明的，尽管英国路况不佳，且河道航行困难，这些商品仍被运输到各地用于交易。英国的地理环境有利于沿海运输。此外，英国没有设置收费站，这有利于一个全国市场的出现。相比之下，在欧洲大陆，收费站困扰着贸易。第三，到 1700 年，英国国际贸易非常活跃。大多数国际贸易活动始于 1601 年伊丽莎白一世驾崩之后。欧洲认为的地理大发现创造了前所未有的长途贸易。商人将产自数千英里* 以外的商品运至英国，例如糖、香料、茶叶、烟草、鳕鱼、靛蓝、大米和棉花等，不一而足。同样重要的是，18 世纪，英国在作物歉收时，可以向法国、波罗的海地区和欧洲大陆的其他地区购买粮食。尽管粮食价格仍存在波动，但即使在粮食严重短缺的年份，英国也极少出现高死亡率的灾难性事件。英国航运业依赖于从波罗的海地区进口的松脂制品和木材；它的纺织业则依赖于进口的原毛、亚麻、丝绸和棉花。许多学者承袭沃勒斯坦（Wallerstein，1976，1980）的风格，称之为“世界体系”或“全球化”，这可能有点夸张，但是英国在 1688 年光荣革命时无疑已成为世界经济的一部分。当时，世界经济一体化程度比 1485 年时要高。

尽管我们很难找到确切的统计数据，来证明在 1700 年之前的两个世纪中，国际贸易实现了增长，但是我们掌握的有限数据能够有力地证明当时国际贸易在迅速扩张。在 1622 年至 1700 年期间，进出口差不多翻了一番，转口贸易这一新型商业活动已经萌芽。到了 1700 年，长途贸易已经扩展到了加勒比海、北美和亚洲地区。在接下来的一个半世纪里，长途贸易取得了很大发展。对于英国是否真的位于“世界体系”的核心位置，这一问题的答案可以说是见仁见智。持这种看法的人们试图让我们相信英国处于核心位置。虽然贸易活动涵盖大量商品，不过它必然仅限于价值重量比高的商品。真正的“全球化”直到 19 世纪末才开始出现。在全球化中，一个经济体的日常粮食供应和基本原材料有赖

---

* 英制长度单位。1 英里约合 1.6093 千米。——编者注

于进口。一些人认为，鉴于国际贸易增长快于收入增长，且有新地区加入贸易网络，从标准意义上讲，世界一体化程度越来越高；尽管如此，“市场一体化”（依据价格相关性进行衡量）在1820年之前尚未出现（O'Rourke and Williamson，2002b）。

无论当时全球化实现与否，贸易收益都是实实在在的。同代人对此有着很深的认识。威廉·伍德（Wood，1718）炫耀说：“对外贸易是……我们汲取营养的源泉。”托马斯·巴斯顿（Baston，1728）说：“贸易是一位品德高尚的主人，它乐意为所有人效劳……英国所有的幸福和荣耀都取决于对贸易和航运的鼓励和良好管理。”贸易通过多种方式创造财富，但并不是所有方式都为同代人所理解。不过，仍有不少人随大溜，信从重商主义观念，认为贸易之所以大有必要，主要是因为“我们没有矿产，除了对外贸易之外，我们没有其他方式获取财富；实践证明，如果希望通过管理贸易获取财富，那么应当确保出口商品的价值超过我们消耗的国外商品”（A. Z.，1754，第18页）。所有大学生都津津乐道的标准经济学故事是李嘉图贸易收益概念。这一概念成功地证明两个之前独立的经济体（或地区、村庄、个人）如何从相互贸易中受益。在贸易收益问题上，18世纪的英国是一个权威案例。在1817年，李嘉图正式地证明自由贸易通常对双方都有益。在这之前的数十年中，许多政治经济学家及其学生已经直觉地认识到这一点。在18世纪，进口商品从富人慢慢普及到中产阶级消费者，并且种类增加，不再仅限于香料、染料等寥寥数种商品，而是包括大量的日常消费品（茶叶、糖、烟草），甚至还有瓷器、高档纺织品等耐用品（O'Rourke and Williamson，2002a）。除了这些静态收益之外，开放还带来了许多其他好处。它降低了爆发饥荒的风险，让欧洲人能够享受到玉米、火鸡、可可豆、马铃薯等新商品，或者大部分消费者有所耳闻但无力购买的商品，例如糖、香料、棉纺织品。它同时为英国人提供了新的思路。瓷器启发斯塔福德郡的陶工制作更为精美的陶器。从印度进口的印花棉布让英国人知道可以将棉花纺织成质量更佳的纱线。英国人在利用外国理念或者对进口的发明物进行逆向工程时，很少会感到难为情。贸易创造了所谓的“曝光效应”（exposure effects)，激励英国人观察外国人，进行模仿和创新。

现代经济学家非常清楚，一个开放的经济体有着明显的优势。不过，当时的主流经济学说却对此视而不见，并且自由对外贸易经常受到非难。部分原因是贸易经常沦为战争的工具或受害者，因此总是与政治搅和在一起（Nye，2007）。不过最重要的是，人们对贸易的功能持有错误的认识。在当时，人们认为如果英国购买法国的红酒，那么花出去的黄金会让法国国王如虎添翼，从而进一步威胁到英国的利益。人们还认为，进口将导致国内工作岗位被取代，而禁止进口可以扩大地方税基，并防止出现骚乱。这一重商主义观点导致出现无休止的关税、禁令、《航海条例》和其他贸易限制措施。更糟糕的是，在战争期间，私掠巡航成为一种深受欢迎和信赖的武器，这本质上是一种政府支持的海上劫掠活动。对于私掠巡航者来说，这毫无疑问有利可图，但从长远而言，整个经济为此付出了高昂的代价。特殊利益集团不断地左右商业政策，谋求某种关税或补贴，以此扩大他们的“蛋糕”份额，哪怕这会导致国家经济蛋糕变小，因此这是一种寻租行为（Ekelund and Tollison，1997）。在 1700 年至 1850 年期间，它们渐渐败退，这是英国实现长期增长的秘诀中的关键要素。

不过，此类政策有时会不可逆转地改变历史进程。英国对法国红酒征收关税（在 1713 年最终确定下来），导致红酒变得异常昂贵。在英国，麦芽酒和威士忌因此盛行一时，基本上只有少数特权阶层方能享用法国红酒（所谓的干红）。1703 年《梅休因条约》偏袒葡萄牙，为葡萄牙烈性葡萄酒波尔特酒提供优惠待遇，这不利于法国（Nye，2007）。1721 年，英国颁布《棉布法》，禁止使用印度生产的印花棉布，鼓励英国人从事棉布印花业，支持转口贸易（Wadsworth and Mann，1931，第 144 页）。由于激进的重商主义，英国需要建立一支庞大的海军，也需要舰船导航仪器和技术，以及用于制造大炮的钢铁。大炮能够保护舰船的安全。至于这些努力是否产生重大的技术溢出效应，或者是否应被视为错误政策造成的浪费和损失，仍值得探讨，不过它们并不是中性的。

在 17 世纪末，英国不再是一个传统的静态经济体。英国经济出现增长，但以现代标准来衡量，这一增长缓慢、不均衡，并且经常会出现倒退的情况。长期以来，经济学家希望弄清楚为什么在 19 世纪之前，经济未能取得更快的发展，以更快的速度改善人们的生活。人们给出的答案具有启发性，因为在 1700 年之后的数十年里，这些因素显然发生了变化。一个原因是所谓的马尔萨斯负反馈理论。依据这一理论，在马尔萨斯型经济中，随着人们生活水平的提高，人口死亡率下降，或者人口出生率提高，或者两者兼有，从而推动人口增长。人口增长会增加劳动力供给；依据收益递减原则，劳动力供给增加将导致人均收入减少，这实质上构成了负反馈机制。一些现代经济史学家和增长经济学家颇具说服力地重申了原教旨主义的立场，即在前现代经济体中，这导致长期增长注定失败（Galor and Weil，2000；Clark，2007）。即便 1750 年之前的增长情况并非如此暗淡，但马尔萨斯负反馈仍是一个重要因素，这一点不容置疑。

另一种负反馈植根于前现代经济体的制度之中。当一个地区或经济体变得富有，会招致贫穷强邻的觊觎，后者会企图劫掠前者的财富。强邻赤裸裸地实施抢劫或海上劫掠，或者采取更狡猾的手段，例如征收关税、出台《航海条例》或者贸易管制措施。即使这一地区或经济体最终击退外国侵略者，它也不得不承担相关费用，并因此征税，这一切削弱了它的经济实力和活力。这正是 18 世纪荷兰遭遇的基本写照。此外，它的内部也存在着一种风险，即有权有势的个人试图通过征税、垄断或其他手段，重新分配财富，使之有利于自己。这种做法如果达到极端程度，无异于杀鸡取卵，进而形成另一种负反馈。

最后，技术是另外一种限制性约束因素。前现代经济体有时能够带来不同凡响的发明，但此类进步很快稳定下来，形成一种新的主导设计（dominant design），这要归因于大多数发明是试错和碰运气的结果。在当时，基于我们今天所说的科学严谨性的系统研发工作依然极为罕见。在现代，我们习惯于不断改进、调整和完善新技术，这为生产率增长做出了主要贡献。不过在当时，这一过程相当缓慢，并且很快势头会逐渐变弱。

在工业革命之前，人口、制度和知识不足这三个因素阻碍了所有经济体的发展。不过，一些经济体显示出存在已久的种种限制开始瓦解的迹象。在一些国家，一种全新的经济正努力破壳而出。无论从哪方面评估，英国都属于率先出现这一现象的国家之一。但在一开始时，这些迹象不易为人察觉。此外，没有多少证据能够证明，在 1700 年时，有很多英国人意识到根本性的转变即将来临。

尽管英国不再是自然经济，但在 1700 年，它仍保留着传统经济的许多特征。在 18 世纪初，大多数英国人依然生活在农村或小城镇，并且农业仍然是占据主导地位的经济活动。一项更为重要的现代研究成果是区分“农村”和“农业”部门。到 1700 年，靠土地为生的许多人不再是全职农民。一直以来，农业生产活动具有很强的季节性。在农忙时，所有可找到的人手都下地干活；在其他时间，特别是在冬季的几个月里，地里没有多少活可以干。在英国许多地区，特别是西南部诸郡和中部部分地区，农村工业（rural industry），或者同代人所说的“家庭手工业”成为农闲时的职业。在 18 世纪，这些家庭手工业空前繁荣，但在 19 世纪完全式微。编织、纺纱、制钉，以及生产篮子、扫帚和其他简单的工业品成为重要的农闲生产活动。有鉴于此，“工业化”一词用于描绘这一时期并不贴切。事实上，1700 年制造业相关人员占比与 1850 年相差不多。一些人一年中大部分时间都是在自家地里忙活，花在织布或锻铁上的时间只有几周或几个月。其他人基本上属于全职的家庭手工业工人，只有在秋季时才和大家一起收割庄稼。在更为近代的社会中，我们可以观察到广泛的劳动分工现象，但在当时，劳动分工尚未全面确立下来。

在 1700 年，除农业之外的经济生活同样具有季节性。交通运输取决于路况，而道路在天降暴雨时无法通行。当运输中断时，商业的车轮也戛然而止。反复无常的自然影响着各种能源：水磨坊可能面临河水干涸的问题；风车运转取决于风力的大小；即使畜力也取决于饲料供给情况，而庄稼歉收很可能导致饲料短缺。照明成本高，且效果不佳；在冬季的几个月里，黄昏之后的时间就更不适合开展生产活动了。在交通运输设施状况糟糕的社会，季节性失业是导致人们收入低下的一个主要原因。18 世纪的学者关注社会存在的懒散和好逸恶劳问题，认为国家通过改善基础设施，也许能够缓解这一问题。

煤炭帮助英国人免受季节的影响。在伊丽莎白一世登基之初，英国每年煤炭消耗量约为 177 000 吨。到 1700 年，这一数字上升到近 250 万吨，且大部分依然用于家庭采暖。不过到那时，煤炭同样也用于许多工业用途，例如制砖、制作玻璃、制陶、煮皂、煅烧石灰、锻铁、蒸馏和酿酒（Nef，1933）。应该强调指出的是，使用煤炭不足以成为工业革命来临的“标志”。约翰·哈里斯（John Harris，1988）指出，在 18 世纪下半叶，钢铁业停止使用木柴或木炭，转而采用煤基燃料；尽管人们经常认为这是首个转变，但事实是它属于最后的转变。

从技术的角度而言，前现代经济体并非处于静止不变的状态。到 18 世纪初，英国经济迎来了大量技术创新。许多创新只不过是引进或调适其他地方首先探索的新理念而已。在 17 世纪，所谓的“新布”（New Draperies）纺织业兴起于东英吉利，并在整个英格兰北部地区发展普及。新布纺织业是一种以精纺（采用精梳羊毛而不是粗纺羊毛，生产细支纱和轻薄织物）为基础的纺织工业。新布纺织业发展成为重要的出口行业。到了 1700 年，羊毛产业成为英国国际贸易的支柱。在 1700 年之前的几十年中，英国引进创新技术，其中包括针织机和织带机（或者说荷兰织机）。农业也取得了长足进步。不过在 1700 年左右，英国也实现了重大自主创新，其中最引人注目的是 1712 年制成可供使用的纽科门蒸汽机。在纽科门蒸汽机诞生三年之前，亚伯拉罕·达比成功地用焦煤代替木炭熔化铁矿石，不过直到数十年之后，焦煤熔铸技术才实现盈利并在英国得到普及。亚伯拉罕·达比是煤溪谷铸铁厂的创建人，这座工厂注定将成为工业革命的企业典范。不过，18 世纪许多最具影响力的作家，例如丹尼尔·笛福、亚当·斯密几乎没有意识到当时技术领域发展的重要性，更别说预感到即将发生的一切。

在 1700 年前后的数十年中，创新并不局限于工厂，或者造船厂、矿山等少数大型企业。工人在自己家中从事生产活动的家庭手工业同样也实现了技术进步（Berg，1994）。虽然我们将许多发明与工厂制度联系在一起，但是首先进行尝试的是小作坊。在纺织业，飞梭于 1733 年被发明。但我们必须认识到，当一个经济体出现创新者时，并不代表所有人或者多数人愿意进行尝试或冒险，更不用说对新事物称赞有加，因为这样会显得对他们师长和先人的智慧不敬。21 世纪的读者几乎无法想象，在 1700 年左右，工匠或农民进行技术创新时会遭遇什么样的阻碍。当时并不存在任何类似于现代系统性研发的概念。发明者都是有灵感、痴迷的个人，并且大多数人凭一己之力做出发明创造。发明存在巨大的风险，而技术上（更不用说经济上）成功的可能性几近为零。不过，在像 18 世纪英国这样的竞争经济中，一个发展态势是少数有胆识和才华的创新者能够逐渐渗透和接管一个又一个行业。

在 1700 年，英国经济另一个显现活力迹象的领域是资本市场。一些开展资产交易活动的成熟利基市场出现了，尤其是伦敦伦巴第街旁边的“交易巷”。在交易巷，经纪人买进和卖出股份公司（joint-stock company）股票和政府债券。这是一种新兴现象。在克伦威尔时代，此类活动根本不存在。金匠银行家是金融市场的传统中坚力量，之后英格兰银行成立，加入他们的行列。在当时，英格兰银行仍苦苦挣扎，试图排挤竞争对手，但它已开始确立自身地位，在公立和私营部门金融事务上发挥重要角色。公共和私人信贷不再由国王和富人私下商定，而是日益由市场决定。

1700 年，市场在经济生活中占据着重要地位，但从下列重要层面而言，当时的英国仍属于前现代经济，即绝大多数劳动力仍在家中或附近工作，并且为他们工作以及与之共事的人通常是他们的家人。仆人、学徒等家庭外雇员（non-family employees）经常与雇主一家生活在一起，从而成为家庭的一员。诚然，在当时，一些职业的情况并非如此，例如海员、马车夫、矿工，甚至制造业的一些工人，被迫离家外出工作。尽管如此，虽然今天我们将家庭和公司分别定义为消费场所和生产场所，但是这一明确区分并不适用于 1700 年的英国，或者任何其他地方。

尽管如此，一些人所说的资本主义生产关系在 18 世纪初非常常见，并且在此之前的很长一段时间里就是如此。资本主义生产关系建立在雇用他人劳动的基础之上。城市和农村地区的情况都是如此。在城市，工匠雇用学徒和仆人，而农村则出现所谓的“散工”制度。到了1700年，英国形成了劳动力市场。虽然英国劳动力市场在一定程度上受法律和行规的制约和控制，但相比欧洲大陆而言，它受到的困扰要少得多。尽管许多地区和行业依然存在手工业行会，但是在过去几个世纪中，行会控制培训和工序、阻止新进入者，以及执行质量规范和标准等传统的限制性和管制权力已经日益被市场取代。大多数工人继续自谋职业，不过，如果他们的小本生意进展不顺，可以选择为他人工作。越来越多的家庭手工业工人受雇于所谓的兼营批发的制造商，后者经营和控制着一个家庭手工业网络。据估计，在18世纪初，英国大约30%的劳动者在某个时点受雇于正式的劳动力市场，并获得现金形式的报酬。不过，我们无法将大多数工人明确归类为自我雇佣或雇佣劳动者；他们的工作性质随着一年四季和工人生命周期的变化而变化。工人们在青少年时当仆人或工人来赚钱，在成年之后种田或自谋职业。

简言之，依据当时的标准，18世纪初的英国经济成熟、繁荣、商业化，并且生产力高。所有人都认为它是成功的范例。不过，在当时的欧洲，它并非独一无二，并且在接下来一个半世纪取得的经济进步也绝非不可阻挡。如果经济学家可以明确无误地证明，从某种可界定的意义上说，英国经济制度是进步的，且有利于经济发展，这将有所帮助。道格拉斯·诺思、曼瑟尔·奥尔森等学者坚持认为，1688年光荣革命及其产生的影响为18世纪英国经济增长创造了诸多条件，这是因为它牢固地确立了一系列基本原则，且政府依据这些原则确立和保护产权。这一观点存在一定的真实性，但是历史一如既往地纷繁复杂，很难用三言两语说清。尽管英国的一些制度促进和鼓励经济增长，但是其他的大多数制度非但没有支持经济发展，反而起到阻碍作用。换言之，在英国，并非所有制度因素都促进经济和技术的发展。虽然英国最终实现了史无前例的经济增长，但这是通过克服一些制度性先决条件得以实现的，而不是归因于这些条件。

当然，英国是一个尤为尊重产权的国度。英国经济历经种种制度变革，最终推动出台 1689 年《权利法案》，从而极大地限制了王国政府的权力，使之不能随心所欲地统治这个国家。这一国度至少尊重法治，甚至可能一直遵循法治。在 1700 年，英国的日常治理工作下放到地方，主要是由无薪太平绅士等地方治安法官承担。显然，地方治安法官的能力差异很大。合同得到了执行；国家权力保护财产，特别是所有的地产。亚当·斯密（［1776］，1976，第 2 卷，第 49 页）提道："大不列颠法律保证所有人能够享有自己的劳动成果；这一保证足以让任何国家繁荣发展起来。"对于法律和秩序在多大程度上有赖于政府对正式规则的执行，这依然存在一些疑问。我将在后文中反复讨论这一问题。尽管如此，人们与自己并不太了解的人交易时越来越踏实，因为交易双方都明白违背诺言的行为将受到惩罚，交易肯定能够得到履行。

许多受道格拉斯·诺思影响的学者认为，到了 1700 年，英国已经解决了人们所说的"承诺问题"，也就是说英国已经建立了一个社会，让国家拥有事实上的暴力垄断来保护它的公民，且大多数公民有相当的把握，认为国家不会滥用这一垄断权力（Dam，2005，第 84 页）。"谁来保护我们不受保护人的伤害"这一古老的问题得以解决。无论在海内外，产权都必须得到捍卫。英国汉诺威政府积极地保护国民财产免受外国人的侵害。政府因此大举投入，建设一支军队（即最强大的皇家海军）来保护大公司在殖民地的利益，并且与竞争对手国家，特别是法国展开激烈交战。到了 1700 年，也就是大英帝国早年间，这一政策在北美、加勒比海地区、亚洲和其他地区产生了可观的红利。尽管经济史学家对于大英帝国的总体经济效应存在分歧（这当然敦促我们应同时考虑成本和收益），但似乎很难否认，王国政府认为有责任保护它的公民和他们在海外的财产，从而刺激和支持异国商品的长途贸易活动。它的政策推动了市场的开放，带来了利润，特别是对受益于《航海条例》、私掠巡航和海军采购的国内和殖民地企业而言。

启蒙思想家认为，国家的职能是促进繁荣和增长，并鼓励有用知识的形成和传播；这一观点在18世纪逐渐成熟，但其制度表现可以追溯到更早的时期。垄断基本上是王国政府为换取现金而出售给相关方的一种财政工具。始于1624年的英国专利法就是一个例子。在18世纪，它逐步演变成一种认识，即发明者有权享受自己的劳动成果；在这一劳动成果回归公共领域之前，应赋予发明者利用这一知识的专有权。人们逐渐认识到，社会保护发明者，实际上相当于激励和支持潜在的发明者从事有风险的活动，研发新技术。

有时，当政府认为有必要纠正经济中出现的重大问题，或者重新分配资源时，它会主张自己的权力。当人们认为有限责任公司可能助长投机，或许引发社会动荡时，政府通过了著名的《泡沫法》，禁止在未经议会通过的情况下成立此类公司（1720年）。英国重商主义政府通过了许多其他法律；这些法律产生了收入再分配的效果，这其中包括《航海条例》、《高利贷法》、规范用工行为的法律，以及规范消费品质量的法律。议会也通过其他法令，保护英国商业和制造业免受外国竞争者的冲击。这其中包括禁止出口机械和工匠移居国外的法令（于1695年首次通过，在18世纪反复修订）。现实情况经常大不相同。这些限制性法律和法规存在许多豁免情形；一直以来，许多法规很少得到执行，甚至可能它们本来就无法执行。《高利贷法》和《学徒法》等对经济活动的重要限制，尽管很难执行，但可能仍然严重阻碍了商业行为。显然，一些公司不得不遵守相关法律。霍尔银行（Hoare's bank）是伦敦一家主要服务于富人的小型私人银行。当英国政府在1714年将最高利率从6%下调到5%时，它不得不彻底改变其货款方式（Temin and Voth，2008a）。

在17世纪，英国与殖民地的一些贸易被东印度公司、哈德森海湾公司等几家公司独占，这属于政府强制执行的垄断权。不过自1689年以来，这些大型贸易垄断公司处于守势；到1720年，它们控制英国大部分对外贸易的时代已经终结。事实上，在18世纪初期，一个启蒙观点开始深入人心，即“自由”代表着从事特定经济活动的自由，而不是阻止他人加入的自由。到17世纪末，大批外国人，包括昔日主要竞争对手荷兰人，参与到英国航海业和金融业之中（Ormrod，2003，第 92—95 页）。有关自由进入市场的观点逐渐发展，并扩展到整个经济，但这一过程非常缓慢，直到 1800 年，此类观点还未完全为人接受。

在英国重商主义政府的助力之下，伦敦发展成为国际经济活动的多功能商业中心城市。它在 17 世纪最后几十年一举超过阿姆斯特丹，并保持着迅猛的发展势头。我们可以在欧洲大陆观察到更为极端的重商主义现象，当然荷兰除外，例如国营工厂、政府批准和管理的企业。英国则不存在这些现象。早在《国富论》出版的数十年之前，人们就开始对市场产生本能的信任，并认识到最好不要对经济制度加以干预。和现在的情况一样，这一意识形态当时不得不与许多利益集团和“分利联盟”不断地进行斗争。“分利联盟”是曼瑟尔・奥尔森（Olson，1982）创造的术语，用于描述利用国家强制机制将资源重新分配给自己成员的群体。国家本质上利用排他、补贴、价格管控和许多其他机制，重新分配资源。国家的制度结构有助于确定激励措施和收益是否足以引导人们进行生产性活动或再分配活动；这一制度结构经常决定着经济的命运（Baumol，1993，2002）。

在 1700 年，强大的既得利益集团有能力进行游说，它们也的确进行游说，来争取特别豁免、法规和限制措施，让他们能够中饱私囊，不过这是以损害消费者利益为代价的。1688 年，议会最终获得了大多数的自由裁量权。在此之后，它的监管权催生了一些游说团体。这些游说团体以损害广大民众利益为代价，进行寻租活动。例如，在 1722 年，议会取缔布制纽扣，以此扶持同样生产纽扣的丝绸业和马海毛业。议会投票，为地主提供农业出口补贴；经游说之后，殖民地利益集团获得保护和有利的监管。法律调节劳资关系，使之有利于一些人。但法律文本是一回事，现实情况又是另外一回事，18 世纪英国的情况经常就是如此。此外，即便政府易受经济利益集团游说和劝说的影响，但它仍有可能做出提振经济表现的决策，哪怕决策方式可能笨拙，并且决策过程缓慢，经常不尽如人意。在英国，议会经常通过一些法律，以牺牲部分人（或者广大消费者）的利益为代价，使某些群体受益。不过，有时它本能地认识到市场体系运作中存在种种失灵，并试图进行纠正。1706 年通过的《破产法》帮助提高合同执行效率，并且意在减少欺诈和投机行为。1710 年通过的《安妮女王法》明确了作者对自己作品的权利。我们不能由因及果地假定，议会制度正式确立了游说活动，因此相对专制政权而言，立法活动必然更有益于技术进步或经济表现。只不过 18 世纪英国的情况恰好如此。

总的说来，在 1700 年左右，英国经济宛如大杂烩一般，经济自由和限制并存。许多人无法享受我们今天视为正常的权利：非国教教徒不得担任公职；女性不能上大学或从事许多职业，也享受不到许多基本的法律权利。当然，穷人接受教育和运用法律的机会有限，没有投票权，不能担任陪审员，更不用说获得信贷了。与此同时，英国显然已经发展成为一个更加多元化、更具包容性的社会。它曾经因为形而上学问题，经历了数十年毫无意义的流血事件；在此之后，英国人的态度发生了转变，更能宽以待人。虽然它远非一个获得解放的国家，但正如约翰·洛克在 1689 年提到的，“在我们国家，法律终于确立了宽容的原则。只是程度可能未达到你以及像你一样没有野心或嫉妒心的真正基督徒的期望。不过它取得了长足的进步”（Locke，1976，第 3 卷，第 633 页）。它绝不是一个民主国家，更不用说自由市场经济了。然而，在这个国度，言论、择业、居住和结社自由得到行使；经济现状抑制新事物的力量遭到削弱；营利性企业敢于尝试，利用新技术或者生产新产品的现象日益普遍。霍比特（Hoppit，2000，第 8 页）一语中的地指出，在 18 世纪初，信奉异教不再预示着混乱。即使有人不认同英国国教共识，他们也不会遭到驱逐，而是获准留下，追求自己的事业。胡格诺派教徒、犹太人和普法尔茨人（Palatines）等大批难民逃离家园，来到英国。他们和其他外来移民一样心怀出人头地的决心，同时也带去了宝贵的技能。在英国，经济生活中的不确定因素和风险极大地降低了，因此经济波动不再威胁到许多人的生存。这在一定程度上可以归功于济贫制度。到 1700 年，英国济贫制度早已地位巩固，只不过在接下来的一个半世纪里将经历多次转型和变革。

对于 1700 年的英国是否属于“现代”或“传统”经济，这一问题尚无定论。它是一些现代元素和早期时代许多残存物的结合体。这些残存物不再与英国当时不断发展的经济相一致。许多经济交易活动，特别是劳动和资本市场的经济交易活动依然建立在人际关系和个人信誉的基础之上。非人格化市场（impersonal market）是工业社会的特征，而英国仍需要经过数十年，才发展出这一市场。尽管不列颠群岛城市化程度不如荷兰高，教育程度也不如北欧信奉路德教的社会高，但是英国经济具备许多有利于经济增长的元素。尽管同代人并不一定意识到这一点，但它是一个大有希望的社会。不过，在历史的长河中，不乏希望落空的案例。真正的奇迹在于，英国最终取得了成功，这不仅改变了英国的经济，而且改变了整个世界的经济。

第二章
启蒙运动和经济

在18世纪，启蒙运动让英国和西北欧有别于世界其他地区。有关启蒙运动性质和起源的学术研究不胜枚举。但奇怪的是，很少有人将它和随后出现的经济发展联系起来。研究启蒙运动的文献很少关注它在18世纪以及1815年之后对经济变化的影响。启蒙运动是一场思想运动，确立了一系列涉及实然（世界是什么样的）和应然（世界应该成为什么样的）问题的信念与价值观。欧洲的环境孕育了它，而非英国。当然，英国也属于欧洲的一部分。引人注目的是，尽管启蒙运动和工业革命存在明显的关联，且研究启蒙运动和工业革命的文献浩如烟海，但这两类文献几乎不存在任何交集。一位杰出的现代哲学家写道，启蒙运动项目由两项工程组成：一项是旨在建设更美好社会的政治工程，另一项是旨在推动理性思维和自然知识取代宗教的哲学工程（Rorty，2001，第19页）。不过，事实上还存在第三个工程，也就是推动经济创造更多的财富，从而增进当今经济学家所说的经济福利。在启蒙运动的这三大工程中，第三个工程虽然在全球范围内仍属于未竟事业，但到目前为止取得的成就最大。启蒙运动对经济的影响是缓慢的，且不易被人察觉。人们无法在18世纪英国的田地和商店里察觉到它的影响。在1784年，康德描述了它的特性。在此我重述康德的名言：它是启蒙时代，但不是受过启蒙的时代。虽然它对经济的影响非常缓慢，但深刻地渗透到各个角落，难以消除。

如果理念影响了经济结果，那么它们来自何处呢？它们又是如何被人们充分接受，从而发挥重要作用的呢？正如我在另一本书（Mokyr，

2006c，2007）中指出的，思想创新只可能出现在宽容的社会中，因为在这样的社会，即使异常怪僻的人有时提出耸人听闻的想法，也不会被指责提出“异端邪说”和“叛教”而遭遇暴力。依据今天的标准，18 世纪英国的氛围可能并不宽容。但在 1680 年左右，英国人很少会因为针对宗教信仰提出一些被认为亵渎神明的看法，或者提出有违常理的化学知识，而惹上大麻烦。英国思想界已经发展成为竞争激烈的思想市场。在这一市场中，逻辑和证据变得日益重要，“权威”因此处于守势。在思想市场中，经济因素在需求和供给侧发挥作用，但它们无法独自决定结果。意识形态和知识问题取决于社会就劝导制定什么样的标准，也即允许使用哪些证据和逻辑，哪类实验是决定性的，证据在何时是“正确的”，以及“真命题”是指什么。社会就这些问题做出的抉择将在 18 世纪和 19 世纪的知识史中发挥日益重要的作用。

迄今为止，研究工业革命的文献很少关注启蒙运动，这很大程度上是因为学者在研究欧洲经济增长起源问题时接触的都是客观事实，因此不愿意与信念、理念等难以衡量和解释的现象打交道。经济史学家之所以不愿意将启蒙时代的思想变化与工业革命的经济情况联系起来，还有一个原因，那就是人们经常认为启蒙运动主要是法国人的事，而工业革命是英国人的事。这两种说法都会使人产生误解。事实上，许多最重要、最具影响力的启蒙理念源于苏格兰的大学；《国富论》本身是大卫·休谟、卡姆斯勋爵、弗兰西斯·哈奇森等苏格兰启蒙运动巨擘数十年非正统进步思想的结晶。事实上，英国能取得成功，苏格兰功不可没，后者发挥了非同寻常的作用。正如一位史学家评论的，犹如尾巴摇狗，苏格兰反过来开始影响英格兰；在一些领域，苏格兰不只是和英格兰平起平坐，而是胜过英格兰（Colley，1992，第 122—123 页）。苏格兰是一个开放的小王国，和欧洲大陆在思想层面保持紧密联系。直到 18 世纪末，相比伦敦而言，一些苏格兰知识分子可能更熟悉和了解巴黎与阿姆斯特丹。此外，苏格兰最具影响力的政治家是阿盖尔公爵三世。他是一位开明、持世俗理念的律师和知识分子。在他的庇护之下，苏格兰启蒙时代许多独具创见的人才走向巅峰（Emerson，2003）。苏格兰贡献了格外多的启蒙哲学家，以及人数惊人的发明家、工程师、化学家、数学家和医师，这绝非侥幸。

不过，英格兰也有自己的启蒙运动，而且并非所有一切都是舶来品（Porter，2000）。斯帕达福拉（Spadafora，1990，第 3 页）指出，虽然英格兰为启蒙运动奠定了坚实的基础，例如出台“一部赢得海内外广泛赞誉的宪法”、造就工业革命技术奇迹等，但它其实只不过是“借鉴”了进步理念，这一切似乎令人难以置信。英格兰启蒙运动有所不同，因为旧制度的许多残存物已不复存在；此外，正如约翰·罗伯逊（Robertson，2000a）论证的，虽然英格兰超前实现了现代化，但这并没有阻止启蒙运动的出现，而是赋予它不同的特征。英格兰在 18 世纪末出现宗教复兴，此外许多保守价值观得以保留，这一切让英格兰启蒙运动别具特色。正如罗伊·波特（Porter，2000，第 99 页）所说的，在英格兰，启蒙运动孕育于新教内部，而不是为了反对它而生。两者融合在一起，带来了相当开明的基督教；人们利用宗教为自己追求私利的行为辩护。事实证明，这一宗教完全符合工业社会的文化价值观。不过，尽管这场启蒙运动能够与宗教共存，但它并不需要宗教来证明自己；宗教只是一个道德选择问题，而不是思想基础。对于思想史学家而言，这些区别可能重要，但对于经济史学家而言，它们是极为次要的因素。只要启蒙运动盛行于一个国家，它必将播撒下经济进步的种子；而英国的土壤被证明最为肥沃，经济进步的种子率先在英国这块土地上发芽。挑战在于找到现代化超前出现的原因。

有关工业革命是否属于英国的论点更为复杂。从狭义上讲，在一定时期内，这一说法是恰如其分的。但从广义上讲，这一说法具有误导性。英国的大批新技术归功于欧洲其他国家，这些技术依赖的知识更是如此。即使英国没有成为技术领袖，欧洲照样可以实现工业革命，只不过时间会推后，进展要慢，并且在一些重要细节上会有所不同；此外，欧洲在 19 世纪仍然可以实现持续的经济增长。和新技术一样，启蒙运动是一场欧洲运动，而不是发生在某个国家的运动。将启蒙运动置于国家背景之下，有一定的价值（Porter and Teich，1981；Teich and Porter，1996），但这一做法极有可能忽视了一个事实，即人员、理念、知识和技能跨境流动是一件轻而易举的事。国家、政府和个人小心地提防其他国家的一举一动，并且在可能的情况下，不断学习、模仿和调适（例如，Robertson，1997）。

当然，研究启蒙运动的史学家在解释这场运动的本质、发生地和时间、影响力时，出现了很大的分歧。启蒙运动时期的学者流露出的态度、情绪、关切和期望大不相同，经常相互矛盾。这就意味着如果只研究关于这场运动的某一种观点，那几乎没有任何意义。构成启蒙运动的理念各式各样，有时我们很难在活跃于 18 世纪的众多哲学家、社会和道德思想家、科学家中间找到共同之处。不过，它对现代社会特征的影响非同小可。波特认为，应首先将启蒙运动提出的主张视为“宣传”（Porter，1990b，第 22 页）。这一观点使人想起了启蒙运动知识分子的主要目标，即不仅是为了介绍世界，而且也是为了改革和改良世界。令经济学家感到惊讶的是，启蒙运动知识分子取得了成功，其成就甚至可能超出他们最大胆的设想。

一些激进的后现代学者和法兰克福学派一样，对启蒙运动采取专唱反调的态度，指责它是野蛮的前奏曲，有着控制和操纵欲，且专横行事。用艾瑞克·霍布斯鲍姆（Hobsbawm，1997，第 253—265 页）的话来讲，它“肤浅、思想天真，或者说是头戴假发的已故白人（dead white men）为西方帝国主义提供思想基础的阴谋论”，因此不足一提。那些认为米歇尔·福柯的见解或《启蒙辩证法》（Horkheimer and Adorno，[1947]，2002）无可指摘的人，可能会觉得下列观点是“辉格式”*的，不值一提，即经济学家指望靠启蒙运动找到现代经济繁荣和财富的根源。对此，经济史学家所能回应的是，我们需要在某处找到根源，毕竟最终结果是有目共睹的。无论我们认为工业革命是美德和聪明才智战胜贫困，还是背信弃义的资本主义剥削制度获胜，不可否认的是，它从根本上不可逆

* 辉格式意指选择对自己有利的历史事件，或者从历史事件中剥离出对自己有利的观点来论述和证明自己的政见。——译者注

转地改变了历史。认为启蒙运动无论好坏都改变了历史的观点并无新意；新颖之处在于人们一直忽视启蒙运动对受之影响的社会的财富创造能力产生的经济影响。虽然希梅尔法布（Himmelfarb，2004）一直大声疾呼恢复启蒙运动应有的地位，但她并没有明确地将它与工业革命、经济发展，或者带来工业革命和经济发展的技术和制度进步联系起来。

那么启蒙运动是什么？为什么从长远而言它对经济发展很重要？许多学者对启蒙运动给出了五花八门的定义，而罗伊·波特（1981）将它精辟地概括为从探讨“我如何变得更好”逐渐转变为探讨“我如何变得幸福”的过程，这可能抓住了启蒙运动的本质。人们在研究和思考人类状况时，日益务实，且注重物质层面。重要的是，这是一场相信社会进步和人类可完善性的运动。人们对增长和改良抱有信心，并认定创新和有用知识的发展是实现增长和改良的方式，因此也是希望和兴奋的源泉；上述观念是整个启蒙运动最重要的组成部分。正如彼得·盖伊所说的，在启蒙世纪，曾是贬义词的“创新”变成了褒义词（Gay，1969，第3页，强调独创性）。就大多数人的社会进步趋势而言，实际的进步现象在西方世界并不是新事物，而是一种有意识的信念，认为社会有可能不断改善，并有一套详细的方法说明如何带来与启蒙有关的创新。显然，从技术进步和制度变化的角度而言，这一信念与实际的现实在诸多层面相互作用。从这一角度讲，英国的案例代表着不同的事物。英格兰启蒙运动孕育了“最大幸福原则”。人们普遍认为杰里米·边沁提出了这一理论，但边沁本人亲口承认，这实际上是约瑟夫·普利斯特里一个人提出的（Schofield，1997，第208页）。

并非所有的启蒙学者都认同我认为“受到启蒙”的理念。即使身为启蒙运动一员的学者在许多问题上也存在严重分歧。但他们一致认为，从某种可界定的角度看，人类和社会进步是可以实现的，也值得为之努力。对于此类进步能否在他们有生之年得以实现，他们持不同看法。同样重要的是，他们对于如何实现进步有具体的设想，并决心推动这一进程。不同的社会有不同的需要，不同的学者对于如何实现美好生活有不同的解读。不过，正如18世纪英国一位知名史学家所写的，这一“主流心态”正是英国得以成为“首个致力于不断扩大消费的社会”的必要条件（Plumb，1982，第 316 页）。将启蒙时代定义为“理性时代”（age of reason）是扭曲历史；汉普森将它定义为合理的时代（age of reasonableness），而不是理性时代（Hampson，1968，第 157 页），这一描述可能近乎贴切。但是它意味着什么呢？

社会进步的核心是有用知识的增加。康德将启蒙运动定义为“勇于求知”（Kant，1784），将它的意思翻译过来，相当于印在今天汽车保险杠贴纸上的名言警句“质疑威权”。在 1760 年，大卫·休谟在《论技艺的日新月异》中谈到“时代精神”。在他看来，时代精神“唤醒了人类处于昏睡状态的思维，使之兴奋起来……为所有的技艺和科学带来进步”（Hume，[1777]，1985，第 271 页）。约瑟夫·普利斯特里是培根式乐观主义最善于表达、最杰出的英格兰支持者。他认为，“所有事物（特别是任何依赖于科学的事物）近年来以前所未有的速度发展，力求完美……尽管我们可以给人类的心智强加上种种束缚，但是各种各样的知识……将会增加。一代人的智慧是下一代人眼中的荒唐事”（Priestley，1771，第 253 页、第 265 页）。依据这一乐观的看法，人们征服和控制自然的能力不仅能让他们过上更加安逸、舒适的生活，还意味着他们将“日益幸福”（同上，第 6 页）。理查德·普莱斯是一名不信奉国教的牧师，同时也是数学家、人口学家和英格兰启蒙运动的知名人物。他认为他所处的时代（1785 年）是“日趋光明”的时代；避雷针和“浮空器”（气球）等技术进步只是“诸多类似发明”的先兆，“改良的步伐永不停歇，直到它铲除地球上多数最严重的灾祸”（Price，1785，第 4—5 页）。英美启蒙运动的象征本杰明·富兰克林 1743 年呼吁在殖民地成立哲学会（美国哲学会于 1743 年成立，总部设在费城）时，对这一意识形态进行了总结：“对于……思想家（men of speculation）来说，可能会出现诸多观察结果，如果它们得到很好的检视、探讨和完善，可以带来有利于英国种植园或整个人类的发现”（1887，第 1 卷，第 480 页）。人们经常认为有用知识可以提高生产力，进而促进商业和就业。马拉奇·波斯尔思韦特就持这一观点。不过，他也承认有用知识和经济表现是相辅相成的：“当贸易和产业带来财富和荣耀时，学问受到鼓励；知识和科学反过来促进贸易和商业的全面进步。”但他同时也认识到，“这个国家的商业和航海主要依赖于我们的能工巧匠日复一日地完善”（Postlethwayt，1774，第Ⅵ页；词条 *Artificers*）。

正如不少近代学者强调的，依据福柯提出的著名论述，知识在很多层面代表着力量。毫无疑问，人们利用知识获取控制他人的力量；就这一点而言，启蒙运动时代和人类历史其他时期没有任何区别。最重要的区别在于有用知识观；有用知识赋予人类征服自然的力量，而不（只）是征服其他人的力量。尽管受福柯对启蒙运动的态度启发的所有历史文献都刻意忽视此类力量，但它是启蒙运动时期日益重要的核心因素。

有用知识是英国启蒙运动最重要的组成部分。我将它称为有潜力影响技术的有关自然现象和规律的知识。不过，启蒙运动关于“有用性”的概念包括两方面：一是实际用途（即技术）；二是提升人类道德和智识水平，教化民众端正品行。苏格兰大学声称它开设的课程兼顾了这两点（Wood，2003），认为这两者是相辅相成的。在 18 世纪，科学和数学的实际应用变得日益重要。正如保罗·伍德（同上，第 103 页）指出的，不少自然哲学家“打着改良的幌子”，开展一心谋私利的宣传活动，以此寻求资助；但如果科学未能兑现承诺，失望的情绪可能最终导致启蒙运动的这一部分终结*。

然而，有用知识，也就是科学和技术并非一切。社会通过完善制度同样可以取得进步。启蒙思想家全面反思了国家在社会中的角色，并基于“社会契约”“公民社会”等理念为政府和法律制定了恰当的规则（“公民社会”是与亚当·斯密同时代的苏格兰学者亚当·弗格森提出的）。许多人认为，从这一角度来讲，他们早已生活在改良的年代。埃德蒙·劳（1703—1787）、约翰·戈登（1725—1793）等宗教哲学家认为生活和财产比以往任何时候更有保障。普利斯特里在 18 世纪 80 年代写道，他也认为“公民政府学逐渐得到完善”（Spadafora，1990，第 239 页）。

---

* 这一部分指有用的知识。——译者注

法国人孔多塞、英格兰医师和心理学家戴维·哈特利（1705—1757）等学者更具雄心，努力推销进步理念。他们希望能够通过教育改造个人和制度，因为他们认为每个人的可塑性十分强（洛克的白板理论），所以在某种程度上具有改进的潜力。沙夫茨伯里可能是这一领域早期最具影响力的思想家。他认为逻辑和嘲弄能够促使人们摒弃极端立场和不良行为。他相信可以通过理性和知识改进人类习俗和社会制度，不过，他的这一乐观态度在今天看来显得天真幼稚。之后，亚当·斯密、大卫·休谟、伏尔泰、狄德罗等见多识广的启蒙运动学者非常冷静务实地表达了对社会进步的期望。例如，在《论商业》中，休谟担忧经济增长可能会扩大国家权力，以至于社会繁荣以减少自由为代价（Hume，[1777]，1985，第262页）。启蒙运动中许多富有创见的人士充分认识到，进步并非一件板上钉钉、一蹴而就或者没有代价的事情。例如，法国数学家达朗贝尔认为："人类在学习新知识时，很少能够擦亮眼睛，看穿一些令人愉悦的幻想；我们的启蒙通常是以牺牲乐趣为代价……尽管如此，我们不希望拿我们的启蒙来换取我们祖先的……无知"（转引自Gay，1969，第102页）。

一些人认为，个人和制度凭借更好的知识能够实现改良。然而，回顾历史，我们会发现，这些人低估了一个可能性，即人类即使拥有再多的知识，仍有可能做出愚蠢、残忍的决定。他们也未能充分认识到，猜疑和恐惧情绪可能导致人们陷入自我实现的恶性均衡中。在这一均衡状态下，由于担心其他人投机取巧或者"作弊"，人们也会这样做。一些启蒙思想家对社会至善（social perfection）梦寐以求，但它一直以来只不过是镜花水月般的幻想。不过，虽然我们无法对一些事物进行完善或精确微调，仍可以对其进行改进，哪怕我们在进步之路上踉踉跄跄，甚至进两步退一步。在"有用技艺"的进步方面，即便最为积极乐观的启蒙学者也不敢想象之后取得的经济奇迹。回顾历史，经济史学家发现自己认同寂寂无闻的经济学家劳德戴尔伯爵的观点。劳德戴尔伯爵在1804年批评持怀疑态度的大卫·休谟，称后者忽视了"可在人类聪明才智中发掘的无限资源……（以及）道路、运河、桥梁和圈地蕴含的资本”（Lauderdale，1804，第299页）。

18世纪的启蒙运动认同数项基本原则，但这些理念都是地方表述，且在各个地区的表现形式大不相同（Withers，2007，第75页）。英国的启蒙运动（它本身是英格兰和苏格兰启蒙运动的矛盾混合物）在细节和重要之处都有别于欧洲大陆的启蒙运动。不过，孕育于不同地区的各种理念得以交流和传播，这意味着上述差别会随着时间的流逝而消失。理念交流和传播是18世纪“文人共和国”（Republic of Letters）的一项基本原则。虽然巴黎和爱丁堡的化学、伦敦和格拉斯哥的医学可能有所不同，但是科学家会拜读同行的著作和论文，因此随着时间的流逝，他们逐渐地就一些问题达成共识。尽管如此，我们仍可以客观地说，英格兰启蒙运动的特征一定程度上有别于欧洲大陆。前者极为重视经验主义、实用主义和个人功利主义（Porter，1981）。苏格兰启蒙运动为经济和社会进步、公民社会理念提供了更深刻的哲学和科学依据。不过，苏格兰启蒙运动同样坚定地致力于通过政治经济学和运用有用知识来实现经济进步；上述目标可以被纳入培根计划（Baconian program）之中（Robertson，2000b；Sher，2000）。因此，它具有现实意义；此外，当时人们认为，通过开展有着理论基础的技术活动，人类可以实现进步（Campbell，1982，第9—11页；Macdonald，2000，第199页）。无论如何，英国启蒙运动创造了一种意识形态环境，推动技术进步达到前所未有的高度。

在这一启蒙运动范式之中，许多模棱两可的问题仍未得到解决。一个问题是对待非欧洲人的态度。整体而言，18世纪启蒙思想持反帝国主义的立场，并在一定程度上对非欧洲人持尊重态度，但在1830年之后的数十年间，这一态度似乎逐渐恶化，并演变成为新一波殖民主义。另一个问题是跨国主义（transnationalism）。启蒙运动最初立场明确，奉行四海一家的理念与和平主义，但是它置身于充斥着国家和地区竞争的世界里，且在某些关头，此类竞争显然要比启蒙运动的本能强大得多。在当时，兴趣相似的人们超越政治界线，自发地形成人际网络，针对共同感兴趣的问题开展交流和合作。这些网络构成了“文人共和国”（Withers，2007，第47页）。但民族国家的影响挥之不去；在欧洲大陆一些地区，启蒙思想与民族主义掺杂在一起。“社会”改良工作永远不可能与提升国力的努力独立分开。启蒙运动从未消灭民族主义。例如，政治经济学家马拉奇·波斯尔思韦特将萨瓦里·德布吕隆（Savary des Brûlons）的《通用词典》（*Universal Dictionary*）翻译成英文，并进行了修订和扩充。他在《通用词典》第四版引言中旗帜鲜明地支持发展有用知识，确保“只要我们人民的勤奋程度和聪明才智不亚于任何其他国家和帝国，我们的王国就不会沦落到贫困和受辱的境地。作为世界上最伟大的国家，我们不能堕落成为最微不足道、最受人轻视的国家”（Postlethwayt，1774，第1卷，第X页）。特别是在1793年之后，启蒙运动和民族主义之间的冲突导致进步计划严重受挫。这证明波斯尔思韦特的观点蕴含着巨大的能量。在拿破仑倒台之后，这一观点死灰复燃，存续了约一个世纪。启蒙思想家认识到，由互相竞争的国家组成的“欧洲体系”矛盾重重；虽然创新难以抑制，但是国家竞争可能会恶化成为武装冲突。大卫·休谟指出：“分解成为几个小国，这能够阻挡权威和权力前进的步伐，因而有利于科学的发展”（Hume，[1777]，1985，第120页）。

另一个模棱两可的问题涉及这场改良运动服务于谁，也就是说“国家”和“人民”等概念涵盖哪些人。沙夫茨伯里的思想以“人民”为中心。他认为人民是“英联邦的自由公民，他们周游世界，了解一些国家的风俗习惯”。开明的精英人士对下层阶级的态度经常自认为高人一等，甚至居高临下。虽然约翰·布朗牧师（1715—1766）经常批评沙夫茨伯里的哲学观，但他和沙夫茨伯里在如何定义人民这一问题上持相似的观点。他写道，人民是“拥有地产的绅士、享受圣俸的乡村神职人员……为数不少的商人和贸易者”（转引自Porter，2000，第367—368页）。尽管精英阶层认为应为平民百姓的福祉和进步负责，但是他们显然认为自己与有工作的穷人之间存在着巨大的社会鸿沟。在某种程度上，约翰逊·博斯威尔属于开明的保守派。他认为“如果一个郡县有相当比例的民众……过着悲惨的生活，却无能为力，那么这个郡县肯定治安糟糕，治理极差；能否为穷人提供体面的生活，这是对文明的真正考验”（Boswell，1793，第1卷，第Ⅶ页）。与此同时，法国激进的启蒙哲学家霍尔巴赫男爵指出：“为平民百姓著书立说是一件徒劳无益的事；我们只为那些读以察世的人而写……（普通）人不读书，更别说察世了”，因此普罗大众受启蒙的进度非常缓慢（d’Holbach，1786，第295页）。他这一番话代表了不少同人的观点。

在经济领域，一些模棱两可的问题同样令人困扰。人们普遍认为贸易是有利的，但是同时也对可能存在的例外情况感到疑虑和不安。尽管同业公会、国家支持的垄断等公然的排他性寻租活动受到广泛谴责，但人们对不同形式的再分配活动的态度迥异。此外，关注穷人和工人阶层以及如何开展救济工作这一问题也一直存在争议。18世纪的学者未能也无力解决的难题，就是如何区分值得救助的穷人和体格健全的工人，以及社会政策存在的标准道德风险问题。产权问题也是如此：人们不得不在财产所有人的权利和整个社会的利益之间进行权衡。总体而言，孕育于启蒙运动的自由主义政治经济不得不努力解决一个难题，即随着经济迅速发展，如何界定私营和公共部门。尽管人们直觉认为自由放任主义是最佳的默认政策，但同时越来越多的人认识到，由于特例和市场失灵现象太多，制定不容改变的规则是行不通的。另一个令人困惑的问题是女性的经济和社会地位。18世纪的思想家在这一问题上存在不可调和的分歧。因此，在经济生活的许多领域，启蒙思想并没有给出明确的答案。尽管如此，它对许多社会的长期发展产生了巨大的影响。

有人希望探究受启蒙思想影响的人口比例有多大这一问题，这很合理。不过，无论人数多少，答案肯定是启蒙思想只影响到相对少数的人，而且他们都识字，并且会花时间看书，与其他人交流知识问题。有学者建议将英国人口分为两类：一类人须交纳济贫税；另一类人则可免交济贫税，且可能有资格获得救济（Langford，1989，第63页）。但这两个群体经常存在交集，并且在各个郡县的情况有所不同。现代史学家经常将易受启蒙理念影响的阶层称为“文雅社会”（polite society）。文雅社会与中产阶级不太一样，但与后者存在重叠。这一阶层的人员加入文学学会，听讲座和音乐会。他们中的多数人笃信宗教，但是依据当时的标准，他们思想开明、具有包容心。这一阶层当然包括知识分子和专业人士，还包括富裕的农场主、士绅、商人、工程师和其他熟练工匠。如果我们估算出这一阶层的人数，就意味着存在一条明确的分界线，而事实并非如此。不过，我们可以估算他们占英国总人口的10%～15%，这一数值不会错得离谱。马赛厄斯（Mathias，1979，第166—167页）对约瑟夫·马西（Joseph Massie）1760年的估算数据进行了再加工。利用他的研究成果，我们可以计算得出，年收入超过50英镑的家庭占所有家庭的14.2%左右。相对少数的一部分人带来了现代经济巨变，这不足为奇；但我们不能认为这一观点是在发明问题上重拾“英雄”史观，即历史巨变可归功于少数关键人物。英国中产阶级的男性和（少数）女性成员影响着制度的发展，确定研究和实验议程，并决定投资量。他们对经济走向的影响不言而喻。

当然，劝导是一种动力。理念以错综复杂、迂回曲折的方式向上和向下渗透。批评家正确地指出，启蒙运动是一场精英运动；其大多数理念服务于阶级利益。同时，它也是一种意识形态，旨在保护私有财产不受平民百姓的侵害，并为私有财产的发展创造条件。启蒙运动既未主张人人平等，也不奉行民主，因此并不具有现代意义。即便如此，启蒙运动的主要议程是改良整个社会，无论它的诱因是民族主义、基督教义还是功利主义。

第三章
有用知识和技术

启蒙运动对技术实践产生了深远影响，并通过后者影响经济表现。不过，一直以来经济史学家都忽视这一现象，这样做是存在风险的。经济史学家之所以忽视它，可能是因为启蒙运动是一场相对无组织且难以定义的思想运动，也可能是因为人们认为启蒙运动主要是法国人的事情，工业革命才是英国人的事情。最可信的解释是，人们对信念、智识传统（intellectual conventions）与经济事件之间的关联知之甚少。经济学家合乎逻辑地喜欢借由其他经济事件来解释特定的经济事件，赋予增长"内生性"。不过，有时我们在研究长期经济变化时，可以引入思想因素。

我提出"工业启蒙运动"一词用于描绘 18 世纪社会的这一方面（Mokyr，2002）。工业启蒙运动属于启蒙运动的一部分。启蒙运动认为，通过增进人类对自然现象的认识，并将此类知识提供给有能力在生产活动中加以利用的人们，社会能够实现物质进步和经济增长。人们深信，社会凭借"有用技艺"可以实现进步。有用技艺也就是我们今天所说的科学和技术。科学和技术应相辅相成、相互影响。上述信念孕育了人们所说的"培根计划"。培根计划由三部分组成。首先，人类应利用更好的研究设备和科学方法，加快研究长期受关注的自然现象，拓展对宇宙的认识和了解。其次，研究议程应覆盖医学、制造业、航海等更有可能解决实际问题的领域。最后，传播、组织和分类已有知识，尽可能地降低知识获取成本（Mokyr，2005a）。

"培根计划"这一名字非常贴切。弗朗西斯·培根的影响力是工业革命最重要的组成部分。启蒙运动的信念在物质层面追随着培根理念的步伐，即了解自然，进而征服自然。不过，培根理念的渊源要远为复杂。培根认为，科学“是一座宝库，能够彰显造物主的荣耀，并改善人类日常生计状况”（Bacon，1996，第143页）。在培根写下这番话后的数十年里，改善人类状况变得日益重要，造物主的荣耀退居次要位置。正如培根在1592年发表题为“知识颂”的演讲时指出的：“人类的独立自主隐藏在知识之中……现在我们在思想上希望征服自然，但同时有求于她（依赖于她）；不过，如果我们从事发明活动时得到她的指引，那么我们在行动中就能够征服她”（Bacon，1850，第1卷，第80页）。这也许是启蒙运动对于英国经济的本质意义。用一位学者的话说，“培根自然哲学的主要目的是取得大自然无法独力实现的创新”（Zagorin，1998，第97页）。培根提议的计划旨在通过技术进步实现物质进步。这一计划包括运用归纳法和实验法研究自然，创建自然通史，并且重组作为人类活动的科学（Gillispie，1960，第78页）。

众所周知，培根思想对英国科学活动产生了巨大的影响。在17世纪50年代，所谓的“无形学院”（invisible college）汇聚了当时的许多顶尖知识分子。在（斯图亚特）王朝复辟后，他们成立了皇家学会（1660年）。显然，皇家学会受到培根理念的启发。培根提议建立一个科学学会，并称之为“所罗门之宫”。到了1671年，罗伯特·波义耳（Boyle，1744，第3卷，第153—155页）详尽地阐述并完善了培根的理念，同时全面介绍了命题知识和规范性知识之间关键的相互作用，以及这一相互作用为未来带来的巨大希望。他指出，英国经济之所以未能发挥自身潜能，是因为手艺人（工匠）“真正利用的大自然产品与未得到利用的相比而言，只是极少数”（第155页）。他提到，如果人类掌握更多知识，他们也许能够发现从未猜想和想象到的新技术，物理知识将“带来大量有利可图的发明……”，成为整个人类和发明家本人“多产的母亲，带来各种实用的东西”。

这些观念构成了英国工业启蒙运动的核心，同时也深刻地影响着德尼·狄德罗和欧洲大陆其他哲学家的信念。本杰明·富兰克林推测，实验证明电流可能是宇宙最令人敬畏、不可抵抗的自然力（Franklin，1760，第Ⅱ页）。他这一番话代表着许多人的观点。10年之后，普利斯特里完全按照培根的思想方法，思考了知识史。他认为，在这一领域，“人类理解力最具优势……通过获取大自然的能力，提升自身能力……让人类的安全和幸福感每天得到提升”（Priestley，1769，第Ⅳ页）。培根是首位明确为经济扩张提出技术计划的哲学家。18 世纪许多思想家和科学家在字里行间不吝于表达对培根的钦佩之情。苏格兰社会理论家和法学家约翰·米勒将孟德斯鸠称为人类和社会研究领域的“培根勋爵”，这是对孟德斯鸠莫大的褒奖；亚当·斯密则是“牛顿”（转引自 Chitnis，1976，第 93 页）。人们深信，自然哲学的进步终将带来丰硕的成果。虽然当时成效并不明显，但是这一信念仍成为当时流行观点的一部分。美国医生（兼史学家和国会议员）戴维·拉姆齐在讨论 18 世纪医学进步时显得过于乐观。他认为自己见证了基于培根原则的理性医学诞生。培根勋爵被称为“现代科学之父”（转引自 Gay，1969，第 23 页）。据说，迈克尔·法拉第在观摩老师汉弗里·戴维发明的矿井安全灯后，指出这“是一件值得关注的培根精神实例”（转引自 James，2005，第 175 页）。虽然 18 世纪培根主义者着手开展的研究工作过了数十年后方产生回报，但最终的回报是巨大的。我们可以说，弗朗西斯·培根会非常高兴地看到 1820 年左右英国工场和矿井的繁荣景象。

为了取得成效，培根计划创造的知识需满足三项与有用知识相关的标准（有用知识指涉及物质世界的知识）：累积性、共识性和可质疑性（Mokyr，2007）。累积性是显而易见的：除非我们建立各种机制，确保知识代代相传，并将它存储在可存取的设备中，否则存在知识流失的风险（Lipsey、Carlaw and Bekar，2005，第 260 页）。共识性指知识应尽可能严谨，这样的话，当存在相互矛盾的假说或方法时，应尽可能地利用现有标准，或者制定新标准，对它们进行检验，并从中做出选择。可质疑性指世间不存在神圣、不容置疑的知识，任何知识不能单单凭借权威而为人接受，并且人们不会因为质疑和批评流行看法而受到惩罚。启蒙运动起到了不小的作用，推动这三方面的进步。不过，人们为了寻找和获取之前未掌握的知识而付出的知识获取成本严重地影响了有用知识的这三项特征（Mokyr，2005a）。在世间某处，有人掌握着知识，从这一意义上说，知识“存在于世”。但这是不够的。人们还应能够获取知识，这就意味着，当个人有需求，且有能力利用知识时，他应该能够轻易地了解到这一知识存在于世，知道在哪里能够找到它，并且最终以较低的成本获取它。

人们在讨论科学在工业革命中发挥的作用时，采用了现代科学观，不料却发现和重新发现当时的化学和物理无力应对工农业需要带来的挑战，就更不必提生理学和病理学了（Mathias，1979）。这引发不少困惑。正如我们将看到的，当时科学和工业之间的联系是多重的，而且往往是迂回的。不过，如果有人推断认为有用知识对生产技术的长远发展并未产生任何影响，且进步只不过是工匠日常工作的意外收获，基本上属于偶然事件，那他们就误解了生产前沿的真实状况。在技术领域，系统性实验同样被正式认可为一种科学方法。当然，实验大有必要。通过实验活动，人们能够积累大量的实证知识，并在不一定需要了解根本机制的情况下，通过推导的方式，推断出相关规律。不过，此类知识的积累是 1700 年至 1850 年期间技术变化的核心。

在 18 世纪，人们花费大量精力描述无法理解的事物和现象。我们倾向于认为，科学更多是“分析性的”，而不是描述性的。在工业革命之前的一个世纪里，有用知识的发展很大程度上受培根计划的影响。培根计划最为重要的组成部分是三个 C，即清点（counting）、分类（classifying）和整理（cataloguing）。人们在“理解”铁、砖和糖浆等物质的温度、能量、化学亲和势、电压、电容、电阻率和其他特性之前，都会对它们进行测量，并将测量结果制成表格。测量本身在 18 世纪并不算新鲜事物，但是准确性、全面性、可靠性、被测量的现象和数量，以及此类知识的传播显然属于新事物（Heilbron，1990）。蒸汽动力就是一个例子。1718 年，在第一台实用型纽科门蒸汽机面世 6 年之后，亨利·贝顿发布了题为“计算不同直径汽缸的火力（纽科门式）蒸汽机在下列情况下的功率：抽水机蒸汽动力每小时将 48 至 440 豪格海*（hogshead）的水抽取到 15 至

* 液量单位，1 豪格海相当于 56 英加仑，约合 254 升。——编者注

100 码* 的高度”的表格。这篇文章刊登在他编辑的一本杂志上。难以置信的是，这本杂志名为“女士日记”。他非常准确地测量了不同直径气缸的蒸汽机的功率。约翰·西奥菲勒斯·德萨吉利埃（1683—1744）在《实验哲学教程》中复制了贝顿的表格。《实验哲学教程》是 18 世纪上半叶阅读人数最多的应用科学书籍。德萨吉利埃评论：“贝顿先生的表格内容与1717 年以来所有实验结果相符”（Desaguliers，1763，第2 卷，第534页）。贝顿和德萨吉利埃（就此而言，还有瓦特和斯密顿）并未完全“领悟”（无论该词指什么意思）蒸汽机背后的科学原理。但他们都知道，为了更好地利用它，就需要对它进行测量和定量。卡尔·林奈等自然主义者为建立分类体系付出了巨大的努力，这非常符合启蒙运动的精神，即细致的描述和测量。虽然它可能没有替代“领悟”，但它是整个启蒙世界的一条共同主线。卡尔·林奈认为，技术娴熟的自然主义者能够改变农业。许多人也持这一看法，这激励着欧洲各地成立农业协会和农场改良组织。到了 18 世纪下半叶，植物学、园艺学和农艺学携手合作，通过出版物、会议和示范园，推出新作物、调整轮作、改良工具和完善管理。当然，这些自然史学者只是满足了极少数农业精英的需求，但当人们看到这些技术更具成效时，其他人最终会模仿。

启蒙知识分子笃信理性和效率，并经常以这一信念为指导。为了测量具有经济重要性的自然现象，他们尝试测量人类的工作和努力，希望以此提高人类的工作效率。在 18 世纪，科学家反复尝试测量人们能够承担的工作量，并确定多大的工作量是合理的；其中知名度最高的科学家为德萨吉利埃本人、法国人夏尔·库仑和他的同事让－查理斯·波达（Ferguson，1971）。在 19 世纪，查尔斯·巴贝奇先于弗雷德里克·温斯洛·泰勒计算出铲土工人的效率。在当时，人类理性精神和效率达到荒谬的地步，这可能是后代对启蒙运动的一些文化态度持有异议的一个原因。当时，随着技术的进步，蛮力（brute strength）作为衡量生产率的标准，慢慢地变得越来越无关紧要。尽管如此，当时存在一种潮流，

* 英制长度单位，1 码约合 0.9144 米。——编者注

过度机械化地看待人和工作。人类实现进步的能力受到各种制约，在启蒙运动之后的数十年中，人们才逐渐了解具体存在哪些制约因素。事实上，这在很大程度上仍属于未竟事业。

除了纯粹的经验主义，人们一直希望能够像牛顿解释天体运动一样，精确、全面地了解特定技术运行的深层次原理。越来越多的人相信，人类应探索和发现一般科学原理，因为这在一定程度上能够为机械设备设计和操作、化学工艺、航海、医学和其他可能取得重大进步的领域助上一臂之力。换言之，尽管许多知识不严谨且受人质疑，牛顿取得的成就让人们看到希望，认为人类能够通过实验和数理逻辑不断提升知识的严谨性，并最终就世界运行的基本原理达成共识。科林·麦克劳林将牛顿理想化，称后者为了达成共识，"特别厌恶争论"，并且"公正冷静地权衡事物的前因后果"（MacLaurin，1750，第 13—14 页）。

对于人们应该如何发现这些原理，这是一个存在争议的问题。不过人们普遍认为，应形成基于仔细观察的实验主义者—计量方法，这是知识进步的关键所在。在 1720 年之后，这一努力一定程度上变成了"皇家学会贵族化的实验主义"（Stewart，1998，第 273 页），并且与经济的日常需要保持距离。不过工程师们在英国的矿井、工场、铁厂开展实验，观测什么起作用、什么不起作用，然后向世界公开实验结果。这些工程师包括瓦特、斯密顿和数百位籍籍无名的工匠。在 18 世纪，此类通力协作并非新鲜事物，不过协作的程度和范围是前所未有的；尽管这并非英国独有的现象，但英国人是这方面的佼佼者。

虽然这一工业启蒙计划获得一些欧洲国家政府的支持，但是整体而言，它是个人在私营部门开展的一场运动。人们跨越国界，在他们认为的"文人共和国"进行交流和合作。在 1789 年以前，知识在私人网络内部和网络之间流通。此类私人网络承认国界的存在，但按照自己的规则行事。这为史学家提供了一个非同寻常的范例，即一套共同的公理驱动私序制度（private-order institution）实现进步。值得注意的是，在英国，这是一场自发的运动。英国政府很少参与有关技术进步的具体细节，而是将自己的职能限定在以下三个方面：一是重点关注几个显而易见的难题，认为解决这些问题显然符合英国国家利益，这其中包括海上测量经度问题；二是当一些发明者创造出非常有用的发明，但本人因为种种原因未能从中获利时，对他们进行奖励；三是确保抵制势力不会采取非法手段阻挠创新。

正式制度凭借专利制度，在一定程度上强制执行知识产权，保护发明者，从而支持有用知识的发展。不过当涉及知识产权问题时，这一新的意识形态发现自己纠结徘徊于相互冲突的观点之间（Machlup and Penrose，1950）。一种观点是发自肺腑地反对垄断和任何限制自由进入的因素。不过，由于人们对专利是否真的属于垄断心存疑虑，因此这一反对情绪有所缓和。这一本能因下列培根式信念而得到强化，即人类应共享有用知识，且知识积累根本上是一项需要通力合作的事业。在这一理想世界之中，限制人们使用有用知识的专利制度并不可取。不过这一观点与下列一系列启蒙原则相冲突。第一项原则是理念"为人所拥有"，因此属于神圣不可侵犯的私有财产。其次，依据自然正义原则，为社会做出贡献的人理应获得奖励。最后，技术进步是一件好事；专利强有力地激励人们开展研究活动，且鼓励人们毫无保留地披露研究成果，进而推动削减获取成本。所有这一切都受到质疑：发明真的是"私有财产"，或者一种应尽可能与他人分享的知识？有用知识的进步对激励有多敏感？专利是不是鼓励创新的最佳方式？私有财产本身被视为一项自然法则，也是一项基本人权。1790 年，法国国民议会在一份宣言中，将知识产权列为私有财产。在数年之前，美国宪法做出类似的规定。此外，启蒙哲学家无法回避的一个观点是如果社会希望推动技术变化，它应为发明活动提供经济激励。人们承认，为了实现进步，不可能同时确保"公正"和行必要之事，这两者存在难以调和的冲突。

在某种程度上，工业启蒙是科学革命通过其他手段的必然延续。不过它更具体、务实。其幕后是人们信念日益坚定，认为自然哲学除了满足好奇心和证明造物主的伟大之外，还应推动发展有用技艺和改善物质条件。换言之，有用知识是务实目标和认知目标兼有。在第三版《实验哲学教程》（第一版，1734—1744）的序言中，德萨吉利埃写道，科学的职责是探索天地万物，厘清其中的因果关系。不过他随后补充道，

“通过技能，让艺术和自然服务于生活的需要”（1763，第1卷，第Ⅲ页）。因此，实用手册、技术词典、百科全书、书籍以惊人的速度增加，介绍如何生产商品、什么效果最佳、如何将自然哲学运用于技术。到18世纪80年代，撰写此类书籍开始成为英国的一种时尚；外文书籍一经面世，迅速被翻译成为英文。表3.1对18世纪出版的图书主题进行分析［基于18世纪经典古籍全文资料库（ECCO）提供的分类］，显示“科学、技术、医学”类别的书籍比例从1701年至1710年间的5.5%上升到1790年至1799年间的9%。在这一期间，不列颠群岛出版的书籍绝对数量增至3倍，这代表着此类主题的书籍总数增至5倍。

表3.1　不列颠群岛每年出版的书籍数量，每10年且按主题分类（平均数和百分比）

10年	总数	历史和地理	美术	社会科学	医学科技	文学	宗教和哲学	法律	一般参考文献
1701—1710	1045.1 (100)	72.6 (6.9)	11.5 (1.1)	217.1 (20.8)	58 (5.5)	193.1 (18.5)	399.1 (38.2)	72.8 (7.0)	20.9 (2.0)
1711—1720	1179.3 (100)	82.2 (7.0)	9.3 (0.8)	289 (24.5)	61.4 (5.2)	240.3 (20.4)	415.8 (35.3)	58.9 (5.0)	22.4 (1.9)
1721—1730	1003 (100)	89.8 (9.0)	18 (1.8)	162.5 (16.2)	92.5 (9.22)	259.1 (25.8)	308.2 (30.7)	46 (4.6)	26.9 (2.7)
1731—1740	1065.7 (100)	85.3 (8.0)	22.2 (2.08)	166.7 (15.6)	80.7 (7.6)	311.7 (29.2)	311 (29.2)	57.5 (5.4)	30.6 (2.9)
1741—1750	1184.6 (100)	107.2 (9.0)	16.9 (1.4)	220.2 (18.6)	95.3 (8.0)	301 (25.4)	349.7 (29.5)	67 (5.7)	27.3 (2.3)
1751—1760	1355.6 (100)	124 (9.1)	26.8 (2.0)	219.6 (16.2)	108.9 (8.0)	375.2 (27.7)	345.2 (25.5)	120.3 (8.9)	35.6 (2.6)
1761—1770	1666.1 (100)	152.8 (9.2)	39.9 (2.4)	234.8 (14.1)	123.1 (7.4)	481.7 (28.9)	345.8 (20.8)	248.5 (14.9)	39.5 (2.4)
1771—1780	1823 (100)	193.5 (10.6)	44.2 (2.4)	278.2 (15.3)	162.4 (8.9)	609.6 (33.4)	381.1 (20.9)	88.8 (4.9)	65.2 (3.6)
1781—1790	2153.4 (100)	242.9 (11.3)	56.7 (2.6)	403.2 (18.7)	190.7 (8.9)	686.5 (31.9)	412.4 (19.2)	98.4 (4.6)	62.6 (2.9)
1791—1800	2978.5 (100)	309 (10.4)	58.1 (2.0)	648.1 (21.8)	268.5 (9.0)	853.7 (28.7)	625.9 (21.0)	129.7 (4.4)	85.5 (2.9)

资料来源：依据18世纪经典古籍全文资料库（ECCO）计算得出的结果，由托马斯—盖尔汇编。

如果科学革命时期的典范之作是牛顿的《原理》，那么工业启蒙运动则是《法国大百科全书》。这一巨著包括大量关于技术问题的插图，同时也充斥着政治激进的思想。工程师和技能娴熟的技术人员向科学家学习如何细致翔实地汇报实验和观测结果。在17世纪末和18世纪，启蒙文化空前颂扬工匠、农民、化学家、仪器工程师、测量师、航海家和其他人的手工艺，并将其编纂成册。当然，一些人认为此类公开手工艺会危及他们的收入来源，并试图对自己掌握的知识保密。不过在18世纪，科技辞典、汇编和期刊的数量激增，讨论医学、农业、生产器具、抽水机、水磨、电力和漂白等不同主题的文章得以刊登。

经济史学家对此类书面著作的重要性看法不一。我们不清楚哪些人真正读过这些作品，更不清楚读者的受益程度有多高。书籍和期刊包含"编纂"的知识。显然，无论书面著作上的技术插图多么丰富翔实，人们在开展生产活动时，仅仅依赖书本上的知识是远远不够的。还需要其他知识。这种默会知识需要人际接触，例如师徒关系，或者传递默会知识的场所。技术前沿领域需要当时的顶尖发明家和工程师进行互动，同时也需要"自然哲学家"提供最好的知识。出于这一原因，除了传播编纂知识的技术性出版物之外，当时还存在社会组织和学校。它们补充了此类出版物，反映了社会对默会知识的需求。有关此类学会的理念可以追溯到培根有关"所罗门之宫"的著名构想。依据培根的构想，专家汇聚一堂，组成研究机构，一起开展分类和实验工作。在培根逝世之后，非正式的组织开始兴起，例如以塞缪尔·哈特利布为中心的圈子。这一圈子包括深受培根理念影响的学者和爱好者，其中包括约翰·杜利、威廉·配第、约翰·伊夫林。这一群体直接关注经济进步问题。一篇经典的文章（Houghton，1941，第39页）一语中的地指出，培根"激励他们运用知识满足中产阶级社会迫在眉睫的实际需要"，这让他们受益匪浅。皇家学会从一开始就明确试图遵循这一模式。学会创始人托马斯·斯普拉特主教1667年在《英国皇家学会史》中写道："我只想提起一位伟人，他就是培根勋爵。他真正预见到了这一方兴未艾的事业有多宏伟”（Sprat，[1667]，1702，第35页）。

在18世纪，得益于启蒙运动，地方哲学学会如雨后春笋般涌现。尽管它们取名为哲学会，但学会成员在聚会时主要讨论实际和技术问题，或者举办讲座，讨论抽水机、纺织机、化学、作物产量和类似问题。此类学会由私人利益主体自发成立，并未得到政府的多少支持或鼓励。从一开始，皇家学会就对实际技术问题展示出无限的热情。“皇家学会的职责和计划是通过实验，完善自然知识，以及所有有用技艺、产品、机械操作、发动机和发明”（转引自Lyons，1944，第41页）。罗伯特·胡克在《显微图谱》序言中写道，皇家学会院士“具有一个特有的优点，即他们中许多人喜欢交谈和交流。这是一个很好的预兆，意味着在他们的努力之下，哲学从理论转化为实践，从而确保商人从中受益”（转引自Lyons，1944，第41—42页）。在1700年之后，皇家学会对实际问题的痴迷之情有所减弱，转而关注更为抽象的问题。不过在18世纪，其他组织纷纷成立，其中不少设在小城镇；它们很快与作为技术进步中心的伦敦相抗衡。尽管伦敦规模庞大；但是工业启蒙运动和它孕育的智识活动具有明显的地方特征，出现在英国其他城镇的科学研究社团，或者苏格兰格拉斯哥和爱丁堡的大学里。这些机构通常设在工业中心附近，成为自然哲学家、工程师、企业家交流有用知识的中心。

在18世纪，苏格兰的智识生活总体上要比英国活跃。苏格兰首个学会（“肯兰俱乐部”，这一名字来自它首次聚会所在的酒馆）的历史可以追溯至1716年。在它之后，苏格兰农业知识改良者协会（1723）、格拉斯哥政治经济俱乐部（成立于1743年）、文学会（1752年）先后成立。在文学会，约瑟夫·布莱克首次阐述了对潜热理论的见解。爱丁堡文人学士（literati）指一群爱丁堡知识分子；他们宣称以改良苏格兰社会为目标，并在这方面发挥了领袖作用。不过由于他们接受了英格兰和苏格兰合并的观念，他们的影响力最终得以扩大到南面的英格兰，对英国工业启蒙运动产生格外重大的影响（Herman，2001）。

在 18 世纪，英国地方小城镇也纷纷成立各种学会，只不过名气稍小。这和当时整个西欧地区的情况相似。在 18 世纪中叶前后，考文垂、诺威奇、巴斯、纽卡斯尔、布里斯托、约克等城镇纷纷成立了此类学会（Elliott，2003，第 377—378 页）。北安普敦哲学会最著名的会员威廉·希普利将它称为“微型皇家学会”，称它的会员“沉迷于各种各样的自然知识之中”（转引自 Allan，1979，第 169 页）。许多学会执行培根计划，通过举办技术讲座、公开实验等活动，发展“大众科学”。不过并非所有学会都专心致志地发展有用技艺。一些学会仅仅是政治集会场所和饮酒俱乐部。甚至有一些学会表面上致力于追求有用知识，但在许多情况下更多的是社交聚会场所，而不是科研机构；如果认为它们会开展科研工作，那可能是一种奢望。不过不应低估这些学会发挥的社交作用。通过这些聚会场所，学者（savant）和工场主（fabricant）进行了培根所说的“求因”知识和“求果”知识之间的对话。参与生产活动的人员介绍他们的需要和问题，科学家则向生产商介绍各种主题的最佳实践知识（在 18 世纪的英国，此类知识通常比较匮乏）。不过这些学会强调它们开展的活动具有实用性，这一迹象本身就能够说明时代精神。

在英格兰正规学会中，名气最大的是伯明翰月光社、曼彻斯特文哲会和它的后继者伦敦牧师会咖啡馆*。月光社是最著名的例子。它的会员包括约瑟夫·普利斯特里、伊拉斯谟斯·达尔文等科学家，和马修·博尔顿、乔赛亚·韦奇伍德等实业家。詹姆斯·瓦特等工程师或詹姆斯·凯尔等化学家则兼顾科研和实业，为这一沟通的桥梁提供支撑。此类组织为人们讨论自然哲学提供了平台；一旦建立联系，人们可以在其他地方讨论工程、机械、化学等共同关注的实质问题。有人称它们促进了工业革命的发展，对此我们不必当真。曼彻斯特文哲会（现存历史最悠久的学会）成立于 1781 年。当然在它之前的数十年中，工业界和科学界的要人早已在这座城市建立了不少非正式的人际关系网。这一学

* 又音译为查普特咖啡馆，位于伦敦牧师会礼堂附近。——译者注

会代表着工业启蒙运动的期望和理想。它的社会功能也同样值得关注。正如阿诺德·萨克雷（Thackray，1974，第 693 页）所说的，在曼彻斯特，跻身新贵阶层的商人和制造业者关注科学问题，以此彰显自己的存在感，证明自己的正当性。由于科学是自然话语，而非道德话语，它为城市精英阶层本来可能相互敌对的群体提供中立的共同点，传递和展示了“文化一致性和社会凝聚力”，从而将自己与工人阶级、地主精英区分开。同样值得一提的是成立于 1717 年的斯皮塔佛德数学学会。它是一个“自下而上型”工匠组织（许多会员是来自法国的胡格诺派难民）。他们对自然哲学，特别是电流和化学现象着迷。该学会在伦敦东区的酒馆和客栈举行集会。它的规则是启蒙时代种种信念的鲜明范例。任何人只要师从学会会员，就有责任教授他人。学会设立了奇特有趣的“象征性罚款”制度。在这一制度下，每当一名会员提出一个问题，其他人必须找到答案，否则将交纳罚金。曼彻斯特和奥尔德姆也同样成立了类似的学会，满足工匠特别是纺织工的需求（O’Day，1982，第 212 页）。知识大有用处，人类应尽一切可能传播知识。斯皮塔佛德数学学会的许多会员最终跻身为皇家学会院士，并在《尼科尔森期刊》（*Nicholson’s Journal*）等受人尊重的杂志上发表文章（Stewart，1998，第 289—292 页）。在乔治三世登基之初，地方图书馆得以迅速发展，是对科学学会的补充。利兹、布拉德福德、赫尔分别于 1768 年、1774 年、1775 年设立图书馆。学校和教会图书馆，以及所谓的读书俱乐部是对地方图书馆的补充。人们发现，获取对自己有用的现有知识变得越来越容易。

在这些机构兴起之前和期间，人们在非正式的场合中互动。在 17 世纪下半叶，英格兰咖啡馆应运而生，成为知识分子精英的聚会地点。当时，这些人被称为“艺术能手”（virtuosi），是喜好识字知书的绅士，愿意和志同道合者一起交流看法。约翰·霍顿（1645—1705）是一名药剂师，同时也是一位秉承工业启蒙运动优良传统的早期学者。他在 1699 年写道，“咖啡馆促进技艺、商业和其他知识的发展；因为在这里，勤学好问者只要有心，一晚上能够学到不少东西，其效果胜过苦读一个月的书”（转引自 Cowan，2005，第 99 页）。酒馆和共济会会所经常举行科技专题讲座活动，民众也愿意花上一笔钱听取讲座。在 1750 年之前，最有名的授课者是前文提到的约翰·西奥菲勒斯·德萨吉利埃。他是胡格诺派教徒移民的后代，他的讲座得到皇家学会的资助。玛格丽特·雅各布（Jacob，1997，第 113 页）提到，德萨吉利埃率先强调，蒸汽动力可以节省劳动成本，从而提高利润。这一观点在今天看来显得平淡无奇，不过它证明当时人们开始意识到经济合理性和技术进步相匹配的重要性。他是当时英格兰智识生活的知名人物和炙手可热的技术顾问，也是英国共济会运动的创始人。没有人会将德萨吉利埃视为科学先驱。他本人没有提出新的理念，而是帮助传播理念。不过在当时的实验文化氛围里，他研究并帮助编纂一些观察到的技术规律，例如上冲式水磨相对于下冲式水磨的优点（Hills，1970，第 98 页）。正因为如此，他和其他人代表着对工业启蒙运动最重要的工作：传播和获取有用知识的精粹。

德萨吉利埃并非孤军奋战。威廉·惠斯顿是牛顿拥护者中的佼佼者，并在 1702 年接替牛顿成为剑桥大学的卢卡斯数学教授。他“为当地听众讲座时，将科学、上帝、千禧年等话题结合在一起”。纽卡斯尔文法学校校长詹姆斯·朱林为当地绅士提供他们感兴趣的煤矿和铅矿课程（Stewart，1992，第 147 页）。亚当·沃克的课程包含 12 次讲座，介绍“机械、力学、流体力学、气体学、化学、光学、电力和物质的一般性质”。他在进行巡回讲座时携带一台偌大的仪器，向绅士和女士分别收取一几尼* 和半几尼的费用（Musson and Robinson，1969，第 105 页）。其他有名的英国演讲师还包括苏格兰仪器工程师和博学者詹姆斯·弗格森、化学家和医师彼得·肖、仪器工程师弗朗西斯·高克斯、仪器工程师本杰明·马丁、斯蒂芬·德曼布雷（德萨吉利埃的门徒）、剑桥大学的理查德·沃森牧师。斯蒂芬·德曼布雷在法国和英国授课，后来成为乔城王室天文台台长。在 18 世纪 60 年代，理查德·沃森的化

---

* 一种英国货币，1 几尼等于 1.05 英镑。——编者注

学讲座大获成功，有人因为他的座椅破旧为他提供 100 英镑的资助（Stewart，1992）。英国不乏有偿传播知识的博学者，即使在地方层面情况也是如此。曼彻斯特外科医生理查德·凯在 1737 年至 1751 年写下的日记让我们能够一窥此类体验，证明人们愿意支付一几尼听取涵盖力学、电引力、气体力学和天文学知识的一系列讲座（O'Day，1982，第 211 页）。对此类讲座的需求是否旺盛，一定程度上取决于当地经济情况，以及有用知识的地位。相比商业气息浓厚的布里斯托尔，在伯明翰等主要从事五金器具和机械生产活动的城市，居民更愿意花钱听讲座（Jones，2008，第 73 页）。

在 18 世纪的英国，对大众科学的需求来源多样化。于尔根·哈贝马斯（Habermas，1991）阐释过启蒙时代社会史。一些社会史学家受他的影响，认为大众科学属于新兴"公共领域"的一部分。大众科学属于商业化休闲的一部分。对于中产阶级，特别是地方城镇的中产阶级而言，它还属于风雅文化的一部分；人们表现出或假装对科学感兴趣，以证明自己有教养。"人们可以'花钱购买'启蒙理性，然后四处宣扬自己是公共理性话语俱乐部的一员"（Elliott，2003，第 366 页）。我们不清楚哪些人听讲座，更别提他们从中学到了什么。如果有人认为讲座能够激发绝大多数听众的技术领悟力，这很荒谬。不过对于少数人而言，这种传播知识的方法可能有所裨益。一些务实的个人可能从中发现对自身事业有帮助的技术或其他知识、理念或设备，对此我们不能轻率地予以否认。毕竟，大众科学包括大量的有用知识，并且经常涉及演示新型设备和仪器模型。毫无疑问，有人相信，掌握此类知识是有益的。大众科学凸显了改良的氛围，这是基本的培根式信念，即人类运用有用知识改善生活是一种善举。在 18 世纪，促进工匠和自然哲学家交流的多座桥梁应运而生；大众科学可被视为其中的一座桥梁。在当时，工匠从事生产活动，自然哲学家试图了解工匠技术的工作原理和改进方法。文雅的中产阶级社会接受了下列观念，即改良和进步是体面的，甚至是受人尊敬的话题。思考和谈论发动机、化学品等单调无趣的话题已成为与绅士身份相称的活动；从事相关领域工作的人进而身价大增。从这层意义上说，启蒙运动取得了惊人的成就。人们可以想象，通过聆听弦乐四重奏，文雅社会同样也可以取得类似的效果，但是民众渴望了解有用知识，大众科学从而得以普及。

成立于1754年的技艺学会具有特殊的意义。它的目标明确，致力于传播已有的技术知识；通过积极的奖励计划，增进此类知识；鼓励会员以通信、发表期刊文章、组织会议等方式，交流看法。学会创始人威廉·希普利认为，学会的目标是“鉴于国家财富、荣誉、实力和繁荣很大程度上取决于知识、有用技艺的改良和制造品等……充分意识到适当的鼓励和奖励有利于激发人们竞争和勤奋的精神，数位（人士）决意成立（技艺学会），促进此类生产、发明或改良活动，帮助穷人实现就业，并增进贸易”。学会的目标反映出启蒙运动在终极目标上持模棱两可的态度：它是为了改善人类命运，还是为了更好地与法国竞争？斯蒂芬·哈勒斯是学会最活跃的会员之一，也是英国18世纪最杰出的科学家之一，还是顶尖的生理学家。虽然我们很难衡量学会的影响力，但是毋庸置疑，它提高了英国发明家的社会地位，增进了有创造力的人才和才学之士之间的交流，从而促进了发明活动。

随着此类机构的活动成果为世人了解，人们日益相信它们大有必要，能够传播有用知识，并且为研究自然现象的科学家和将研究成果应用于日常生活的人建立沟通渠道。1799年，工业启蒙运动的典范人物约瑟夫·班克斯爵士和本杰明·汤普森（伦福德伯爵）成立了皇家研究院。皇家研究院致力于研究工作，并负责举办公开科技讲座。在19世纪的前10年中，泰斗级人物汉弗里·戴维主导着这些讲座。从许多方面而言，他是工业启蒙运动的典范人物。数年之后，地质学会、皇家工程师学会和类似机构纷纷成立。不过到了18世纪下半叶，历史最悠久、最负盛名的皇家学会对技术的热情消失大半。它担心自身声誉为无耻商人所利用，宁愿发挥更为有限的作用，家长式地倡导物质进步，避免沾染上商业气息。不过英国的制度非常灵活；当一个机构不再起作用时，其他组织应运而生。

当旧制度不再奏效时，英国制度能够实现自我改造。英国科学促进会就是这样一个引人注目的例子。当时，科学界的领袖人士日益认为，皇家学会过于排外；垄断是不可取的，即使科学领域的情况也是如此。在这一背景之下，科学促进会于 1831 年应运而生。它代表着辉格党秉持的温和圣公会教义价值观。它明确致力于协调英国各地科学学会的数据和信息搜集工作。协会创始人是苏格兰科学家和学者型企业家大卫·布儒斯特（1781—1868）。他强调，协会应每年在不同地点举行年会。英国科学促进会的组织者和秘书威廉·哈考特（1789—1871）是弗朗西斯·培根的仰慕者。协会第 G 组（机械科学组，成立于 1836 年）发表论文，探讨关于铁路、铁船的技术问题，并将当时一些最杰出的工程师招至麾下。由于英国科学促进会内部的权术斗争错综复杂，机械科学的地位不如理论知识。尽管如此，用研究这一协会的史学家的话说，它是"维多利亚时代早期物质进步的象征……实现了培根有关运用知识造福人类的梦想；它表明，通过将理论和实践结合在一起，英国资本主义工业能够维持自身优势"（Morrell and Thackray，1981，第 266 页）。由此可见，辉格党的改革和复兴精神深入人心。

不是所有这些机构都会对实际技术进步产生直接的重大影响。不过总体情况是，人们强烈感受到对教与学的需要，并且对传播有用知识存在需求。传播有用知识是工业启蒙运动的一个特征。这一切导致知识获取的成本下降。威廉·戈德温（Godwin，1798，第 282—283 页）在 1789 年说道："当知识传播足够广泛，知识的敌人再也没有机会压制它。科学垄断基本上寿终正寝。由于书籍成倍增加变得容易，且书籍价格低廉，所有人都能够获得它们。"

工业启蒙运动为知识分子和生产者、"学者"及"工场主"搭建了多座交流的桥梁。总之，"文化"通过多种方式影响技术，并在长期内影响经济进步；上述沟通渠道则是最显而易见的方式。在苏格兰，大学扮演这一角色。和英格兰的大学不同的是，苏格兰高等教育机构致力于研究医学、化学、物理、政治经济等有用技艺。有权有势的政客依然控制着这些大学；苏格兰启蒙运动的重心是科学和医学，这是因为它的资助人显然也受启蒙思想的影响，认为这是正确的发展方向（Wood，

2006）。格拉斯哥文学学会徒有其名，是格拉斯哥的教授与商人、工程师会面的场所，曾促成化学教授约瑟夫·布莱克和年轻的仪器工程师詹姆斯·瓦特的会面。此类机构既不开放，也不民主：它们完全封闭，只接纳兴趣和社会地位相似的男士。不过在此类机构内部，知识交流强度达到前所未有的水平，且此类交流以提升经济为目标。格拉斯哥自然哲学教授约翰·安德森坚信应向普罗大众传播科学知识。他开设了一系列“不穿托加袍的通俗讲座”*，深受机械工和工匠的欢迎。它们对经济的主要影响是无法估量、微妙的；它们促成有着不同兴趣和背景的人进行互动，交流和比较知识，通过协同效应创造更多的知识。在18世纪，英国制度就像一个熔炉，将这些成分转换成经济效益。

工业启蒙运动和所有文化运动一样，属于人类创造物；不过所有人将这一时代精神视为司空见惯的事物，适应于它，进而强化它。从这层意义上讲，它也许可被视为一种制度。经济学家认为，制度是理性行为者未经协调的行动达成的“自我执行”均衡状态。不过显而易见的是，相对其他人而言，一些人更能体现这一时代精神。驱动他们的动机并不简单。入门经济学中简单的收入最大化微积分理论不足以描述它们。在这一过程中，四个无处不在的人类激励因素发挥着作用。第一个激励因素是人类的好奇心，它是技术进步最难以捉摸的组成部分。乍一看，它似乎是一种共性，人类对物质进步的强烈欲望不一定能够驱动它。第二个激励因素是雄心壮志：人们渴望凭借自己出众的能力和素质，折服同行。在当时，一些杰出的企业家和发明家就是如此。第三个激励因素是贪婪。当与贪婪结合在一起时，好奇心和雄心壮志有可能将技术创造力转化为生产率越来越高的活动。最后，一些关键人物受利他主义的激励，渴望改良社会。这一激励因素经常以深厚的宗教或民族主义信念为支撑。

在大众观念和理想化的传记中，技术“巨星”的一生得到了颂扬，例如詹姆斯·瓦特、理查德·阿克赖特、乔希亚·韦奇伍德、约翰·哈

---

* 托加袍为古罗马市民穿的宽松大袍。——译者注

里森、斯蒂芬森父子等著名发明家。不过在其他名人身上，通过更好地获取知识，实现机械改良的精神得到了体现。他们拥有出众的技术天赋和能力，能够从其掌握的知识中榨取所有的经济价值，这让我们惊叹不已。约翰·斯密顿就是一个例子。他是工业革命一位杰出的发明家，只不过他的才能未能得到充分赏识。人们普遍认为他是土木工程行业事实上的奠基人。相比18世纪其他人而言，斯密顿也许更能够代表工业启蒙运动的意义所在。他的名声不如他的同事和朋友詹姆斯·瓦特；也未能取得惊人的突破，让他的名字得以载入高中教科书中。不过，他在港湾工程、桥梁建造、水磨、蒸汽车、运河、灯塔等领域做出了不小的贡献。律师出身的斯密顿是一位出类拔萃的经验主义者；他主动学习并了解当时相关领域的科技进展情况，还拜读了科林·麦克劳林、安托万·帕朗的数学著作。1750年，他一搬到伦敦，就开始参加皇家学会会议。他于1771年成立一个后来以其名字命名的工程师协会。此外，他代表着工业启蒙运动的跨国性质。他前往低地国家，研究那里的运河和港口系统；此外，尽管他坚信应该对所有理论预测进行经验检验，但他仍自学法语，阅读法国水力学理论家的理论文章。他是最早认识到下列问题的人之一，即在检测工艺系统改良情况时，每次只能改变其中一个组成部分，同时保持其他组成部分不变。在此类工艺系统中，进步是渐进积累的，而不是革命性的。斯密顿的发明成就不如詹姆斯·瓦特惊人，不过他对水磨进行改良，大幅提高了它的效率。斯密顿协会的会员形形色色，包括斯密顿本人和他的接班人威廉·杰索普等职业工程师，马修·博尔顿、乔赛亚·韦奇伍德等对技术问题有着浓厚兴趣的商人，以及仪器工程师、测量师和其他技术专家等熟练工匠。如果希望培根计划取得成功，这些人必须建立联系。

和瓦特以及其他当时活跃在英国的工程师一样，斯密顿认识到，为了实现技术突破，仅仅掌握有关自然现象的知识是不够的。他认为，鉴于此类知识能够提高效率和利润，非常有必要提供某种经济激励。他指出，实用工程学必须关注科学辩论，因为错误经常“在工作中误导技艺从业者；他们每天工作，且需要投入大量的资金”。工业启蒙运动制定出一套新的标准，用于评估工程、设备的效率和商业可行性。市场成为终极裁判，而不是政府官员或爱挑剔的审美家。在这方面，英国工程师和欧洲大陆的工程师有所不同。在欧洲大陆，相比工业实用性而言，优雅、精密、对国家的用途往往更为重要。英国工业启蒙运动最重要的特征是有意识地推动有用知识从自然哲学家（科学家）流向工程师和技术人员。不过此类渠道需要制度的支持。斯密顿的职业生涯证明此类现象的兴起。他开创了“咨询工程师”这一职业。

正如人们经常承认的，苏格兰盛产工业启蒙运动的标志性人物。一位名气略小的代表人物是苏格兰农场主和散文家詹姆斯·安德森（1738—1809）。他写的实用性文章题材广泛，涉及烟囱、用材树木的种植、阿伯丁农村地区的农业状况，以及殖民地给母国带来的高成本。他发明了双马拉式犁具，并在自家农场使用这一农具。他与杰里米·边沁关系很好，边沁的作品深受他的影响。安德森在其最为翔实的政治经济学著作（Anderson，1777）中，理由充分地支持均衡增长，称制造业发展壮大是刺激传统产业的主要因素。

深得工业启蒙运动精髓的另一位典范人物是伊拉斯谟斯·达尔文。伊拉斯谟斯是查尔斯·达尔文的祖父，后者提出了自然选择理论。伊拉斯谟斯是月光社的创始人之一。他近乎宗教般虔诚地相信技术进步，坚信它能够促进人类福祉。他写下大量的诗歌称颂技术进步。他认为进步是一种自然现象，而知识的进步能够确保人类持续不断地取得进步。达尔文对这一过程的信心不是建立在神意史观*之上，而是他亲眼看见的创新（McNeil，1987）。他同伯明翰和苏格兰的工业家关系密切，同时还出版了农业著作《植物学》（1800年）。

月光社和其他协会的一个主要目标是，创建多个渠道，确保现有的有用知识流向能够富有成效地利用它们的人员手中。苏格兰医师威廉·斯莫尔对所有技术性事务非常感兴趣。在1775年，他不幸英年早逝，

* 神意史观认为上帝管控历史进程并将继续提供引导。有时也被称为“基督教徒历史观”。——译者注

但生前一直是月光社社交活动中的焦点人物。他在美国威廉与玛丽学院任教数年。他的学生托马斯·杰斐逊回忆他时，写道："能有威廉·斯莫尔博士这样的数学教授，是我人生非常宝贵的财富，可能决定了我的人生发展轨迹。他是苏格兰人，精通大多数的有用科学；他乐于交流，也善于与他人交流；他颇具绅士风度，且视野开阔、思想开明"（转引自 Chandler，1934，第 305 页）。斯莫尔和本杰明·富兰克林等人保持通信联系，讨论科学问题。此外，他介绍詹姆斯·瓦特和马修·博尔顿互相认识，此举对技术史产生了深远的影响。

这些例子说明了一件极为重要的事情：工业启蒙运动既不是寥寥可数的发明家和工程师完成英雄壮举的舞台，也不是工人阶层参与其中的大众现象。它是少数人的事情，仅限于为数不多的技术精英。这些技术精英通常是训练有素、有文化的男性（在当时，女性对这场运动的影响力有限）。虽然有少数知名发明家出身于工人阶层，经过一番奋斗方有所成就，但大多数人显然接受过良好教育，并且享有特权（Khan and Sokoloff，2005）。当然，尽管只有最成功和最有名的人物的传记流传于世，但是我们没有理由认为，他们的生活和动机不能代表事迹和著作未能留存于世的其他人。

为了充分了解工业启蒙运动的重要性，我们应当知道，在大部分有文字可考的历史中，下列两类人之间的交流很少或者不存在：一是聪明、受过良好教育和有文化的人，二是在田间和工厂劳作的工人阶层。双方因为社会阶层、政治权力、语言和法律地位不同而互不往来，因此很少会想到可以向对方学到很多东西。观测星空的希腊天文学家掌握的知识能够解决航海难题，但他们对此并不了解或者不感兴趣。阿拉伯光学研究者在撰写光学文章时，从未意识到他们可以利用自己掌握的知识制作眼镜。可以说，在希腊和罗马古典文明、中国宋明两朝或伊斯兰世界，自然哲学家和工匠生活在不同的世界中。

在英国，工业启蒙运动一劳久逸地终结了这一状况，不过理论家和工匠之间的确切关系仍存在争议。英国化学家约瑟夫·布莱克不太愿意过多地赞誉哲学家，认为他们闭门造车，很少做出对人类有用的发现。

另一方面，布莱克认为，虽然农民只是研究土壤类型，改进犁具，但是他们应被称为“哲学家，不过人们也可以将他们称为乡村哲学家”（转引自 Jacob and Stewart，2004，第 117 页）。约瑟夫·普利斯特里（1768，第 22 页）认为，“相比以前而言，当时的礼节让饱学之士和没有文化的人进行交流时无须拘泥于形式”。汉弗里·戴维在 1802 年写道：“由于传授知识的方式成倍增加，科学家和生产商日益打成一片”（Davy，[1802]，1840，第 2 卷，第 321 页）。当然，并不是所有人都是这样想的，并且当时进展非常缓慢。曼德维尔（Mandeville，[1724]，1755，第 121 页）仍然认为，“发明和改进技艺的人，与探究万事之理的人几乎不属于同一类人”。不过，在《国富论》（[1757]，1978，第 570 页）的“初稿”中，亚当·斯密着重指出，“心灵手巧的技艺者”能够在一定程度上熟练地运用已知技术，不过对于发现完全的未知技术，这一工作“属于思想和事物观比技艺者更为开阔的人”。在 1799 年，伦福德伯爵不耐烦地指出：“社会上有两类人最为截然不同，他们之间的界线也最为明显：一类是哲学家，另一类是从事技艺和生产活动的人”，这阻碍了“他们之间的所有联系和交流”。他寄希望于 1799 年成立的皇家学会能够“促进和巩固”科学与技艺之间的联合，指引“它们共同努力，改良农业、制造业和商业，并且让家庭过上更舒适的生活”（Rumford，1876，第 743—745 页）。

伦福德的看法过于悲观。当时，有用知识市场已然兴起。人们在这一市场中交易技术知识和咨询服务。在许多著名的生产商和工程师看来，咨询最优秀和聪明的科学家是家常便饭。在大多数情况下，科学家乐意为工业家提供建议。康沃尔郡数学家戴维斯·吉迪（后来改名为吉尔伯特）就是一个不错的例子。他是多位工程师的咨询顾问，这些工程师试图削弱博尔顿和瓦特对蒸汽机行业的控制。当瓦特起诉竞争对手时，吉迪作为专家证人出庭作证。钟表和仪器制造商约翰·怀特赫斯特是月光社的创社成员。他担任德比郡主要工业企业的顾问。他在气体力学、机械学、水力学方面的技能深受大家的欢迎。约瑟夫·普利斯特里向同为“疯子”的韦奇伍德、博尔顿提供有偿咨询服务（Schofield，1963，第 22 页、第 201 页；Elliott，2000，第 83 页）。亨利·科特从未接受过良好的教育，但他发明了搅拌式炼铁法；对于工业革命而言，这一工艺的重要性不亚于瓦特的分离式冷凝器。在工作中，科特也向约瑟夫·布莱克请教（Clow and Clow，1992）。另外一位知名的咨询工程师是彼得·尤尔特。他是爱丁堡自然哲学家约翰·罗比森的表亲。尤尔特也为塞缪尔·奥尔德诺、塞缪尔·格瑞格等许多企业家工作。尤尔特一开始是博尔顿和瓦特的销售代表。博尔顿和瓦特公司几乎向每家使用公司仪器的客户提供咨询服务，并派遣工程师帮助安装和维护机器设备。

启蒙思想家认为，交流和传播已有的知识，其重要性不亚于增加知识和更好地了解自然。这既是因为于人们认为工匠能够受益于科学家和数学家掌握的有用知识，也是因为培根计划本质上是一项集体事业。在这项事业中，所有专家专注于解决难题，然后和其他人分享发明成果。从这一角度而言，它践行着“知识分工”的理念，“知识分工”和亚当·斯密提出的“劳动分工”很相似。斯密让“劳动分工”成为常规词汇。斯密（[1757]，1978，第570页）直截了当地提出：“思考社会的进步……就像所有行业分成了许多部门……而且大大增进科学的内容。”这一理论风靡一时。亚当·斯密的推广者和追随者杜格尔德·斯图尔特在1815年《大英百科全书》中的一篇文章里提道：“（印刷）机器发挥作用，大大增加了科学探究者的人数，推动整个文明世界自由地交流思想，从而极大地助推知识进步；效果……与下列因素成正比，即数量增加带来的力量，加上智力劳动分工和分配带来的力量”（Stewart，1854，第1卷，第504页）。许多科学家持相同的观点。约瑟夫·普利斯特里在1768年写道：“如果通过这种方式，一种技艺或科学发展过大，但在合理时间内不易为人们所理解，那么应对它进行适宜的细分。这样可以对所有知识进行细分和拓展。正如培根勋爵所说的，知识就是力量，人的力量将得到提升……人类将极大地提高自身生活环境的安逸舒适度”（Priestley，1768，第7页）。因此，工业启蒙运动代表着一种乌托邦式的信仰，即通过增加有用知识，人类可以建设一个更舒适安全的世界。这场运动还开出药方，详细说明如何通过专业分工和知识分工，建设这样一个世界。

不过现实情况异乎寻常：至少在短期内，培根计划并未取得成功。

总体而言，在18世纪，人们寄希望于科研活动能够迅速带来技术回报，但这一希望落空了。在接下来的数十年，甚至一个世纪中，人类无法填补科学和大多数重要经济活动的琐碎生产细节之间存在的鸿沟。当然，我们可以找到几个案例，证明科学洞见确实丰富了工业革命重要人物的知识。詹姆斯·瓦特身处的格拉斯哥科学氛围提高了他的技术能力。他与布莱克及其同事约翰·罗比森保持直接联系。正如狄金森和詹金斯在纪念文集中提到的，“我们只能说，布莱克和罗比森提供了知识，瓦特则从中受益”（Dickinson and Jenkins，[1927]，1969，第16页）。布莱克的潜热理论帮助瓦特计算应该注入多少水，避免导致气缸过度冷却。不过更有意思的是，得益于威廉·卡伦的重大发现，瓦特才认识到有必要安装分离式冷凝器。卡伦发现，在真空环境中，水的沸点要低很多，甚至仅为微低温；此时水会释放蒸汽，导致真空气缸受损（Hills，1989，第53页）。我们还可以列举出其他例证。在一定程度上，氯漂白技术、经度测量均得益于之前取得的科学进步。漂白技术有赖于瑞士化学家卡尔·威廉·舍勒和法国人克劳德·贝托莱的发现。在海上测量经度时，人们需要掌握大量的天文学和数学知识。形式（formal）水力学促进了水力的发展（Reynolds，1983，尤其是第233—248页）。不过，尽管存在一些例外情况，但是18世纪的科学更善于解释已投入使用的技术的运行原理，而不是发展新的技术。从长远而言，其价值无法估量，因为此类解释工作带来了一系列的改进、调适和拓展，从而为提高生产率奠定了基础。

不过，与伽利略掌握的力学知识相比，第一次工业革命的大多数技术进步所需的力学知识相差无几。在1800年前，制造业和农业仍取得种种创新，且大多数创新并不是得益于科学做出了不可或缺的贡献。苏格兰化学家威廉·卡伦预测，化学理论将带来可指导实用技艺创新的原则。卡伦这一预言只是为了谋取私利，用研究18世纪化学的权威专家的经典比喻来说，“更像是期票，而不是已兑现的成就”（Golinski，1992，第29页）。从很多方面而言，卡伦和他得意门生约瑟夫·布莱克代表着工业启蒙运动最好和最糟糕的一面。卡伦认为，知识的职能是改善经济，针对农业、地质学、制造业提出建议。他秉承培根计划的最佳传统，宣扬为了推动技术实践向前发展，有必要完善基础科学（Donovan，1982）。他们还为当时许多知名工程师和化学家提供培训和咨询。不过成效并非立竿见影。当时制造商需要了解褪色和一些织物更容易上色的原因，但是最佳实践化学并没有给他们提供多大帮助（Keyser，1990，第222页）。以医学、冶金学、农业为例，在1800年之前，这些领域并未取得什么进步。尽管普通人仍然将蒸汽动力发展与形式科学联系在一起，但两者之间的直接联系很薄弱。

正如科恩（Cohen，2004，第123页）明确指出的，尽管培根计划早期的支持者满怀希望，但是世界远比他们了解的要混乱和复杂。从牛顿时代到拉瓦锡时代，人类未能提出任何耀眼的新见解。科学家掌握的知识不够，也缺乏工具来快速学习。在18世纪，许多发明更多得益于默会手工艺才能、经验驱动型见解、试错和机缘巧合，而不是任何坚实的科学基础。这一点在机械工程学、铁矿业、煤矿业体现得尤为明显。约翰·哈里斯和其他学者坚称，经验和实用知识对木工和基于燃料的工艺等行业尤为重要。在这些行业，原材料五花八门；当存在细小的差别时，人们需要进行相应的调整，而这些调整只能通过非正式的方式学习掌握。工人学习搅炼工艺是“通过动手实践，而不是高谈阔论。他们养成沉默寡言的习惯，并且这一习惯伴随他们一生”（Gale，1961—1962，第9页）。在18世纪80年代，炼铁技术得到了完善。相比科学而言，经验、心灵手巧、想象力和直觉带来了更多的新技术。

当时的人们深信，系统性的有用知识和自然哲学是经济发展的关键所在。尽管人们的希望屡次落空，但是这一信念并没有因此消减。相反，在启蒙时代的欧洲，特别是英国，这一信念日益高涨。没有什么比电学研究更能说明问题了。当时许多科学家痴迷于电学研究工作（Home，2003，第234—237页）。除了避雷针之外，电学研究工作并没有取得多大成效，不过科学家锲而不舍，坚信研究工作最终会带来经济效益，哪怕当时他们并不清楚是什么样的效益。培根计划基于两项不可动摇的公理：一是有用知识的增长能够解决许多社会和经济问题；二是广泛传播现有知识能够大幅提高效率。当时人们也知道应该如何达成这一目标。单靠手工艺知识是不够的。自然哲学家为手工业经济注入新的知识，并将不同的行业联系起来。如果没有他们付出的努力，手工业经济最终可能恢复到技术静止状态。

正如亚当·斯密所说，为了取得重大突破，局外人经常是大有必要的。局外人指来自不同背景的科学家或聪明人。棉纺织业三项重大突破分别归功于一名理发师、一名钟表匠和一名牧师。当然，如果没有优秀的工匠实现他们的设计、维护和修理它，并思考如何让它运行得再好一点，那么这些新的见解可能就像达·芬奇设计的奇妙机器一样，被束之高阁，不可能成为现实。我们不应纠结于技术进步到底归功于理论家还是实践者，而是应当看到他们之间存在着重要的互补关系。他们能够相互作用，生产出更好的产品，这就足以解释英国为何能够取得如此大的技术成就。

启蒙运动在多大程度上是工业革命的“因”呢？如果智识环境未发生变化，那么与工业革命联系在一起的发明可能不会出现。正如坎贝尔（Campbell, 1982，第22页）所说的，启蒙运动的经济影响力取决于目标及其实现之间的关系。至少在18世纪，许多目标无法实现。不过他认为启蒙时代的经济发展属于巧合，和启蒙运动不存在因果关系。这一观点似乎有些短视。首先，一些发明受到了科学的启发，或者归功于科学家。工业启蒙运动的一项基本原则是两者之间的紧密协作。此外，人们在知识获取成本不断下降的世界中开展发明活动，这也是启蒙运动的关键原则。这意味着，发明成果得以快速传播；其他发明家也能够获取它们，进一步完善它们，或者将它们重组为新的应用。当时的技术进步归功于技工、五金商人、化学家，但他们绝非知识分子，更不用说“受到了启蒙”。不过在他们所处的环境中，启蒙运动的影响力无处不在。我们无法证明，启蒙运动引发的文化和社会变化影响到了每一位发明家，不过受其影响的人数稳步上升。

有鉴于此，得益于启蒙运动，工业革命揭开了现代经济增长的序幕，并且避免成为又一起昙花一现的技术事件。在过去，当主导设计出现之后，新技术甚至是突破性技术很快在它们的基础之上成形；之后过了一段时间，进步以失败告终。在工业革命之前，发明活动只是昙花一现的孤立事件，而非持续不断的过程。我们可以想象一个反事实的世界，其中西欧各经济体在1800年或1810年左右达到新的均衡，新型棉纺工场、低压蒸汽机和搅炼炉成为主导设计，形成一系列新颖却稳定的工业技术。不过在现实中，技术得以继续发展。持续的进步影响着新兴行业和部门，例如航海、印刷、化学制品、五金、食品保存、造纸等。工业革命标志着人类首次实现连续和可持续的技术进步和改进。得益于18世纪的智识和意识形态变化，几项重大发明成果引发了宏观经济的巨变。

第四章
启蒙政治经济

除了技术之外，启蒙运动还影响着社会的制度结构，进而间接地影响收入分配和资源配置方式。不过我们很难对此类影响进行量化。总而言之，启蒙思想一直以来极为关注政治经济问题。在 18 世纪下半叶，大多数有影响力的知识分子日益反对现代经济学家所说的寻租活动。寻租指利用政治权力重新分配财富，而不是创造财富。这场运动影响着英国经济的长期变化，这是因为在它的引导之下，人们发挥自身创造力和干劲来增进国家繁荣和社会福祉，而不是开展寻租活动。

大量研究制度变化问题的文献关注经济利益，以及确保收入分配有利于某一群体的政治权力。因此，这类文献重点关注相关的问题，例如一个群体兑现对其他群体做出的承诺的能力，以及利益集团解决集体谈判问题的能力（Acemoglu、Johnson and Robinson，2005a）。毫无疑问，此类问题具有重要的历史意义，但它们没有给意识形态留下多少空间。不过欧洲启蒙史证明了道格拉斯·诺思（North，2005）的论点：人们对自身所处世界的认知，以及他们认为支配着社会的那些原则发挥了关键作用，影响着制度。正如阿西莫格鲁和罗宾逊（Acemoglu and Robinson，2006）指出的，个人利益影响着制度的选择，这是客观事实。他们认为，由于制度必然包括特定的资源配置和收入分配方式，所以人们偏好特定的制度。不过这只是问题的一个侧面。对于社会运行方式、制度的意义，以及哪些制度是公平公正且合情合理的，人们有着自己的看法。最终，此类信念帮助人们决定选择何种制度，以及哪些制度得以存续。不过信念并非永恒不变：人们乐于学习、听从劝导，愿意通过新的方式了解现实世界。就像20世纪一样，在18世纪，思想市场存在着竞争。在这一市场中，思想革新者为受过教育的消费者提供新的思想产品。在18世纪，思想市场向有文化的精英阶层“出售”的最重要的产品是启蒙运动。那么，意识形态是如何影响制度的呢？制度变化又是如何影响着经济表现的呢？

在18世纪初，英国依然顽固地奉行重商主义原则。这些原则在很多方面为寻租活动提供了正当理由（Ekelund and Tollison，1981）。启蒙思想挑战了重商主义世界的基本假设：经济博弈，尤其是国家之间的贸易，均为零和博弈；也就是说，当一个代理人或经济体获益时，另一方的利益必然受损。亚当·斯密严厉地批评了这一观点，他指出：“一些国家被灌输了一个观点，即它们的利益在于以邻为壑。每个国家对贸易伙伴国的繁荣景象怀恨在心，认为它们的获利是以本国利益受损为代价的”（[1776]，1976，第1卷，第519页）。根据重商主义思维方式，财富能够带来权力，因为财富可以用于建造船只，雇用雇佣兵。同时，也有人认为权力能够带来财富，因为国家可以凭借军力将竞争对手驱逐出市场。如果其他国家行事方式相似，那么这一世界观完全说得通。亚当·斯密也充分认识到，《航海条例》等类似法案导致国际贸易减少，从而给经济造成惨重的代价。不过他也知道，在这个充满敌意的世界里，此类法案对于防务而言是大有必要的（同上，第484页）。不过在18世纪，这一体系受到了人们的抨击。有人认为它是自利政策，让少数商人和制造商受益，同时损害了整个经济；同时它自我应验，带来代价日益高昂的战争和贸易壁垒。乔赛亚·塔克认为，没有什么比发动战争获取贸易的行为更为荒谬了。他指出：“贸易永远追随廉价商品的脚步，而不是通过征服得以实现”（Tucker，1763，第41页）。启蒙运动学者提出了“文明商业”的概念。孟德斯鸠让这一概念广为人知。它指“文明国家联盟”进行和平、互利的交换，让所有参与方变得富裕，境况得到改善（Howe，2002，第195页）。事实上，孟德斯鸠认为：“和平是贸易的天然结果。当两国建立贸易关系，它们相互依存、互利互惠。因为一方从买进获利，而另一方从卖出获利。因此两国和睦关系建立在相互需求的基础之上”（1768，第2卷，第238—240页）。他希望，国家能够权衡利益得失，战胜对战争的激情（Hirschman，1977，第79—80页）。

此类信念与18世纪英国商业政策存在矛盾。正如17世纪温和重商主义经济学家乔赛亚·蔡尔德（1630—1699）所说的，英国商业政策基于通商是“一种战争”的理念（Gay，1969，第346页）。虽然丹尼尔·笛福是一位有判断力的旁观者，但他同样也持零和博弈的立场，认为“法国贸易和财富在过去50年得以大增；英国、荷兰、西班牙、佛兰德斯和欧洲其他贸易地区的贸易和财富大减……这是因为法国征服了我们的贸易，只不过这一问题未得到世界的应有关注。然而，法国大获全胜，这就像一股毒流，对我们的繁荣造成灾难性后果”（Defoe，1705，第1卷，第385页）。《航海条例》和其他重商主义措施在17世纪执行的许多政策限制了对外贸易的范围，进而对它加以束缚。英国重商主义更多是外交政策需要和特殊寻租利益相结合的结果，而不是起因于深层次的分析性经济思想。英国为了争夺殖民地、贸易路线和商业垄断，不惜与其他国家开战。启蒙思想家日益坚信，为了争夺国外资源和殖民地而开战的行为通常意义不大（亚当·斯密严厉批评殖民冒险活动）。自由贸易的概念生根发芽，取而代之。颇具影响力的王室法庭庭长曼斯菲尔德勋爵是自由贸易者，甚至支持与敌国进行贸易（Oldham，2004）。在当时，主导观念认为，为了实现经济繁荣，关键在于国家间实现自由贸易，劳动力市场不受监管和限制，废除垄断和种种所谓的“特权”（现实中的特殊交易），建立粮食和其他生活必需品的自由市场，并推行其他改革。这些开创性理念经过很长一段时间才被世人接受，其间还克服了强大的阻力。在历经曲折和挫败之后，这些理念渐渐在英国确立下来；没有它们，我们无法想象英国经济能够实现持续增长。

为了实现经济持续增长，启蒙运动激发的制度改革极为重要。在详尽解释之前，我需要说明两点。首先，18世纪的英国仍然保留寻租型重商主义社会的诸多特征。启蒙思想家，特别是亚当·斯密对当时常见的经济做法极其不满。不过我们应记住，在 18 世纪中叶，英国领先于欧洲大陆竞争对手，建立了启蒙思想家支持的自由开放型市场经济。在这一经济中，再分配活动的整体规模相当有限。英国早已拥有自由的内部贸易、软弱的同业公会、相对有效的财政制度，以及一个坚定地致力于产权保护的政府。其次，启蒙运动是一场欧洲运动，而不是英国独有的运动。法国革命者为了争取改革，不得不攻占巴士底狱。事实上，并且经常在法律意义上，许多改革措施早已成为英国的惯常做法。因此，相对其他地区而言，英国向一系列“启蒙”程度更高的制度过渡时，付出的成本要少得多。不过英国仍需要许多其他改革，这一定程度上是对技术进步及其促进因素的回应。不过启蒙运动理念为改革者提供了他们所需的思想和修辞工具；自由政治经济理念作为启蒙运动最引以为豪的产物，以某种方式影响着他们。亚当·斯密的著作是这场运动的核心要素。一位权威人士认为，《国富论》是“启蒙运动最重要的文献……其影响力远远越出苏格兰，触及德意志邦国、美利坚合众国。经济学家以它的名义著书立说，政治家则以它的名义制定政策”（Gay，1969，第 360 页、第 368 页）。不过，亚当·斯密的著作标志着半个世纪启蒙思想达到巅峰。在这个半世纪里，先后涌现出孟德斯鸠、杜尔哥、重农主义者、彼得罗·维里等意大利知识分子，以及大卫·休谟、凯姆斯勋爵等众多苏格兰思想家。

在工业革命时期，英国未发生的情况和发生了的情况同样引人关注。1789 年，法国大革命爆发，引发了政治和社会混乱，深远、直接地影响到几乎所有的欧洲国家，这一局面一直延续到 1815 年的滑铁卢战役。不过英国是唯一几乎未受波及的欧洲国家。这些事件显著地影响了欧洲大陆的经济和技术发展，可能导致它倒退很多年，这也有助于解释英国能够在起跑线上领先一步。代价高昂的战争只是这一混乱局面的一个侧面。在法国和其他地区，大批最具才华的发明家和科学家的职业生涯中断，或者投身于公职。最知名的例子是安托万·拉瓦锡被处死一事。拉瓦锡是他所处时代最伟大的科学家（他被处死的原因与他的科学事业毫无关联）。我们还可以列举许多其他案例，证明许多才华横溢的人因为政治和军事事件而分心。我们不知道的是，如果身处更安宁的年代，有多少足智多谋、抱负不凡的年轻人会选择投身于制造业或商海，而不是被迫在军队或政界谋得一官半职。此外，虽然佛兰德斯、阿尔萨斯等地区更易受政治冲击的影响，但同时也导致荷兰等欧洲大陆最发达的一些地区也会因为政治冲击严重倒退。经济战争（私掠船巡航和后来的封锁）导致国际贸易中断。尽管英国经济因此受损，但是它凭借自身的海军优势，确保能够不对等地分摊战争成本。在英国国内，税负和生活成本扶摇直上，政治自由受挫。不过这片土地幸免于战火，政权稳定从未受到严重的威胁。

英国没有爆发革命，这一点意义重大。可以说，当暴力政治革命席卷欧洲其他地区时，英国能够独善其身，这是因为，即便不发生此类革命，它也能应付下去。相对于 1789 年之后奉行激进主义的法国而言，英国是一个保守的社会，并且能够在不引发暴力和动乱的情况下，无与伦比地改造自身制度结构，当然，爱尔兰问题是一个例外。其他国家因为深层次的制度变化而陷入动荡和暴力之中，例如选举和投票权法律、土地所有权的经济结构和分配、奴隶交易权和蓄奴权的废除。在英国，这些制度变化基本上通过和平商议得以实现。人们容易产生误解，以为激进分子、辉格党、自由派托利党和“高级”托利党之间存在分歧，是因为缺乏共识。事实上，他们在重大问题上达成一致，或者至少在如何处理分歧上达成一致。政府应勤俭尽责地治理国家，革除特权和恩庇现象，至少在一定程度上消释日益直言不讳的激进批评者的怒气（Harling，1996）。博伊德·希尔顿指出，即便政治立场迥异的群体，例如追求幸福最大化的功利主义者，和主要专注于救赎问题的福音派基督教徒，也能够在许多问题上达成一致（Hilton，2006，第 332—333 页）。

随着工业革命的加速进行，议会逐渐拆除了旧的制度结构，以适应工业化程度更高、技术日益复杂的社会。议会于 1814 年废除了《工匠法》；1822 年废除《航海条例》中的目录条款（此类条款强制规定发往第三方市场的英国殖民地商品必须过境英国）；1824 年废除禁止工匠移居他国的法律；1824 年放宽机械产品出口禁令，并于 1843 年废除这一禁令；1825 年废除了《泡沫法》；贸易自由化于 19 世纪 20 年代初萌芽，缓慢向前发展，最终分别在 1846 年和 1849 年废除了《谷物法》和具有极端重商主义色彩的《航海条例》残存部分。虽然《高利贷法》直到 1845 年才终于被废除，但在此之前，这一陈腐的限制性法律已经基本形同虚设；事实上，早在 1833 年，汇票已经豁免于这一法律。

在其他领域，自由主义理念带来了政策变化。到了 18 世纪末，垄断问题受到了严厉的谴责。亚当·斯密（［1776］，1976，第 1 卷，第 165 页）将垄断问题称为“良性管理的大敌”。威廉·戈德温、乔赛亚·塔克等学者视它们为十足的社会弊病。东印度公司的垄断地位遭到了极大的削弱；在 1875 年“叛乱”* 之后，它完全失去了存在的理由。在 19 世纪 30 年代，英国全面改革了被亲商自由主义思想家视为眼中钉的《济贫法》，解放了天主教徒**，并且彻底革新了选举制度和地方政府架构。1774 年，苏格兰农奴制度被废除（不过直到 1799 年，奴役制残存的痕迹才得以彻底清除）。在 18 世纪，这一过时的制度祸害着矿工和盐工。议会宣布，这些法令将“洗刷容忍这一奴役状态存在于自由国家的耻辱”（转引自 Smout，1969，第 406 页）。1807 年，英国出台引人注目的立法，取缔奴隶贸易。启蒙运动著述反对奴隶制的声浪日益高涨，而 1807 年法令让有利可图的奴隶贩卖活动戛然而止（Cuenca，2004，第 46 页）。1833 年，整个大英帝国正式废除奴隶制度。从纯经济的角度看，英国政府的反奴隶制政策令人困惑不解。首先，它代表着立法者的思维模式发生变化，很难用“谁从中受益?”这一论点来解释。

应该强调的是，启蒙思想并不意味着全面取代已有的国家治理理念。政治行动的动机很相似。当权的地主和商业利益群体首先关心的是自身利益，然后是英国在欧洲和世界的利益和地位。不过，对于如何追求这些利益以及采取何种手段，他们的看法发生了变化。他们对所要创造的世界的内隐或潜意识的想法受到师长、书籍和社会互动的影响，这些因

---

* 即印度民族起义。——译者注

** 英国于 1829 年通过《天主教徒解放法案》。——译者注

素塑造了统治阶级的信念和态度。正如哈林（Harling，1996，第162—163页）指出的，1815年之后的改革派政治家是复杂的个体；他们认为，为了建设一个有道德的社会，应取消特权和再分配资源的权力。依据现代标准，工业革命时期的英国并未秉持自由主义，它也不是民主国家。不过，它开始缓慢地向这些方向变化，只是相比而言，它朝着自由主义方向行进的速度要更快。此外，英国能够进行变革，适应不断变化的环境和信念。同时，它还能够在很大程度上维持法治的基本架构和政治权力结构。当然，政治稳定并不一定是有利于经济发展的积极因素。在反动、保守的专制政权下，例如19世纪大部分时间的俄罗斯，稳定并不是一件好事。

在18世纪末和19世纪初，英国政治体制并非方方面面都很开明。英国的税收为累退制，且税率非常高（在代价高昂的拿破仑战争期间，税负进一步加重），不过，与欧洲大部分地区无效、扭曲的税制不同，英国税负从未被视为一种负担，令人感到不快。英国政府信用良好，因此即使大笔举债，它支付的利息也要低于其他国家。在法国大革命战争和拿破仑战争期间，英国度过了一段艰难的岁月。在此期间，它面临物价飞涨、国际贸易中断、《结社法》（禁止工人组建工会）、严厉的政治镇压、征收所得税等问题。不过这些只是临时的应急措施。1824年，《结社法》被废除（之后出现罢工浪潮）。英国无须取缔同业公会、破除国内关税壁垒、取消欧洲大陆统治阶级享有的“特权”、制定法律保护迁徙或职业选择自由、解放农奴，或者全面重组土地产权结构，以实现耕种合理化，或者统一令人无所适从的地方度量衡，更不必说涉及自由从事工商业活动的法律、诉讼程序和数百种或大或小的障碍。此外，正如上文提到的，在法国大革命和拿破仑战争期间，欧洲大陆付出了更惨痛的代价。除了战争和贸易中断造成的代价，许多地区还遭遇广泛征地等严重侵犯产权的问题、兵役制以及总体通胀。这一切并不意味着英国社会是专门为经济增长和技术进步而设计的。不过与欧洲其他地区相比，它在这一方面的优势非常明显。

当时在英国，如果有人赚到钱，他知道自己能够支配大部分的钱。金钱可以买到很多东西。在18世纪，奢侈品琳琅满目；人们大举兴建乔治王朝建筑风格的乡间宅邸，且住宅里装饰有画作、奢华的家具和精美的餐具。在英国，富人甚至“暴发户”能够买到难以获得但颇具吸引力的商品——社会声望。亚当·斯密在《道德情操论》（1759）中指出：“‘改善自身处境’的好处……一直是人们关注和认可的对象”（第2章），也就是社会认可和赞许。在弗雷德·赫希（Hirsch，1976）看来，社会生产有形商品和“地位”商品；通过提高生产力，社会可以增加供应有形商品，而地位商品是基于个人的“相对收入”和社会地位。依据定义，地位商品的供应非常没有弹性（一些人将它解读为零和博弈）。在18世纪的英格兰，商人和工业家在发家致富之后，可以花钱买到令人垂涎的地位，成为贵族精英阶层的一员，从而拥有乡间宅邸、贵族头衔、上层阶级成员所拥有的社会地位装饰品（social trimmings）。理查德·阿克赖特是一位跻身新贵阶层的伟大企业家。在一开始，他只不过是普雷斯顿的理发师和假发商；在他去世时，已经打拼成为富有的乡绅，是农村地主精英阶层受人尊敬的一员。在19世纪的英国，皮尔、迪斯雷利、格莱斯顿等最具影响力的政客均出身于此类新贵家庭。

在1793年之后，受启蒙运动启发的政策严重受挫，面临重商主义学说的抵制。尽管如此，斯密、休谟、乔赛亚·塔克、雅各布·范德林特（卒于1740年）等自由贸易思想家的学说对1780年后的许多英国杰出政治家产生了决定性影响。在1789年之后法国爆发一系列事件，导致皮特政府诉诸镇压政策，这掩盖了《国富论》对欧洲各地政策制定者产生的影响。不过我们不能因为上述事件而忽略它们的长期影响。杜格尔德·斯图尔特是19世纪初“辉格党原则”的主要支持者。同时，他在爱丁堡大学担任教授，不仅教学有方，且能言善辩。他的授课让斯密的思想成为所有经济理论的源泉。斯图尔特“让《国富论》几乎成为数代在爱丁堡学习的思想家、经济学家和政治家的‘圣经’。他们则将《国富论》的影响力传播到牛津、剑桥、伦敦和英语世界的其他地区”（Herman，2001，第229—230页；另参阅Rothschild，2001）。帕麦斯顿* 首相、约翰·拉塞

* 又译为巴麦尊。——译者注

尔首相和多位高官均师出斯图尔特。事实上，后来成为帕麦斯顿子爵的亨利·坦普尔年轻时曾寄宿在斯图尔特家。著名的辉格党政治经济学家和议员弗朗西斯·霍纳写道："培根勋爵和杜格尔德·斯图尔特让我或多或少成为有远见卓识的人"（转引自 Chitnis，1986，第 71 页）。斯图尔特的另一位高徒是苏格兰辉格党法官和政治家亨利·科伯恩。他在多年后追忆斯图尔特时写道："虽然他没有天资或独创能力不足，但他坚守学术操守，能够冷静思考、学风扎实……在所处的研究领域，他始终如一地伟大、令人着迷……于我而言，他的授课就好似开启了天堂之门"（Cockburn，1856，第 29 页、第 30 页、第 32 页）。在斯密的追随者中，并非只有斯图尔特具有影响力。格拉斯哥市辉格党法学教授约翰·米勒是斯密的密友，他卓有成效的授课体现了这位大师的思想。他的许多学生同样成为有权有势的政治家，例如墨尔本子爵威廉·兰姆。他是辉格党人，在 1834 年至 1841 年担任英国首相一职（Chitnis，1986）。

亚当·斯密和苏格兰启蒙运动的其他思想家影响着政治家。这是启蒙思想影响公共政策的一个可识别的途径。虽然威廉·皮特并未摒弃一些重商主义观点，认为《航海条例》对于"维护整个帝国的辉煌和繁荣而言大有必要"，但他本人对斯密极为赞赏。据说，皮特和到访伦敦的斯密说："阁下，我们都是您的学生，只有等您就座之后才敢坐下"（Ross，1998，第 XXV 页；Ross，1995，第 375—376 页）。不过这一故事可能是杜撰的。在斯密去世两年之后，皮特在下议院提到"我们时代一位学者的著作。不幸的是，他已不在人世（我指的是《国富论》的作者）。他知识渊博，哲学研究功力深厚，能够为商业史或政治经济制度相关的所有问题提供最佳解决方案"（Pitt，1808，第 1 卷，第 357—359 页）。贸易委员会秘书长乔治·查默斯和他的同事查尔斯·詹金逊（后来被授予利物浦伯爵爵位，他的大儿子罗伯特·詹金逊成为英国首相）也深受斯密微妙但明确的自由主义思想的影响（Crowley，1990，第 341 页）。谢尔本伯爵是 18 世纪 80 年代另一位热忱的改革者和自由贸易者。他是皮特的前任和良师益友。在晚年时，他于 1795 年致信杜格尔德·斯图尔特时提到，他年轻时曾和斯密同行前往伦敦，这一旅程

“对我大半生的影响宛如光明和黑暗之间的区别。由于他的理论非常新颖，再加上我自己年少且抱有成见，当时我根本无法理解他的理论。他充满善意、颇具说服力地主张自己的理论，它们在我心中扎下根来，不过数年之后我才完全为之折服”（Ross，1998，第147页）。有时，谢尔本被认为是“首位自由主义政治家”。虽然他本人未发挥作用，但对皮特的经济政策影响很大（Hilton，2006，第117页）。他也是激进知识分子理查德·普赖斯的朋友。不足为奇的是，谢尔本是工业启蒙运动的典型支持者，并且非常支持新兴制造商在威斯敏斯特开展的政治游说活动。他和伯明翰制造商塞缪尔·加伯特保持了长达40年的通信。加伯特在伦敦成立了首个大获成功的政治游说组织。皮特的表亲和外交大臣威廉·格伦维尔也深受斯密学说的影响。他反对面粉价格管制，称这会导致面粉短缺。他再三向首相指出自由贸易的好处，并极大地影响着弗朗西斯·霍纳、亨利·布鲁克·帕奈尔、大卫·李嘉图等年轻辉格党议员。这些议员对19世纪二三十年代的改革运动产生了决定性的影响。在其学生和追随者的努力之下，斯密的成果产生了巨大的影响，成为启蒙运动通过说服有权有势的人而改变现实的一个例证。

在19世纪20年代利物浦伯爵的“自由主义托利党”政府中，威廉·赫斯基森最具影响力。他公开宣称自己是斯密主义者。他在经济史学家中享有盛名，不过这主要是因为他在利物浦—曼彻斯特铁路开通仪式上遭火车碾轧致死，成为史上首位铁路事故遇难者。他通过了一系列削减关税的措施，并推动重振19世纪20年代的改革运动。在19世纪20年代，启蒙运动促成了更极端激进的改革运动。在这场运动中，约瑟夫·休谟、约翰·韦德、弗朗西斯·普莱斯等思想理论家在政治经济学的启发和激励之下，奋力争取通过改革法案。令人吃惊的历史事实并不是社会对这些激进人士持宽容态度（不过普莱斯支持采用避孕措施，他因为这一令人无法容忍的举动而落下“坏人”的恶名；他本人有16个孩子），而是这些人最终成功地执行了他们的自由主义计划。

我们不能将1820年之后的经济改革的意识形态背景想得过于简单。我们至少可以区分启蒙运动启发的三场改革运动。它们在重点和目标上大不相同。政治经济学和意识形态对于如何和何时破除重商主义、殖民地和国内管制（internal regulation）的命运，存在分歧。除了纯粹的斯密主义者之外，还存在所谓的基督教政治经济学家。前者遵循的主要指导原则是和平、繁荣、自由贸易之间存在着很强的互补关系。后者则将启蒙运动的逻辑与东山再起的福音教相结合。这场宗教运动是一场奇特的智识运动，同时又具有浓郁的英国特色。它将机械论世界观与回归虔诚结合在一起，创造了“神学功利主义”（Hilton，2006，第314页）。一位学者认为，尽管地主精英阶层的世界观具有民族主义、周期性的特征，且比18世纪苏格兰启蒙运动期望的水平要高，但是在这一学派的影响之下，他们转变成为自由贸易的信仰者（Howe，2002）。博伊德·希尔顿（Hilton，1977）主张，除了启蒙运动，还存在“赎罪运动”。这场运动是对雅各宾主义做出的宗教反应，激励一些学者因为自由贸易的内在道德观而支持它。在这些学者中，左派有李嘉图的信徒和边沁主义者。他们对自由贸易更加笃信不已。他们暗示，拥有地产的贵族阶层本质上是寄生虫。《谷物法》就是为他们而出台的。托马斯·霍吉斯金等知识分子的立场更为激进。霍吉斯金认为，所有技术创新源自工人阶级的聪明才智；如果工人能够获取中产阶级掌握的知识，他们就不再需要雇主了。在19世纪20年代，他出版发行了《技工杂志》，大获成功。启蒙运动坚信，有用知识具有解放的力量。不过这一信念的逻辑被推到了极致。赫斯基森、皮尔等自由主义托利党人认为，寻租是进步社会的主要敌人；“只有人们破除垄断、养老金和其他形式的控制，社会才能够实现自我管理”（Hilton，1979，第607页）。在这场运动中，皮尔的立场非常关键。他清楚地认识到，“自由贸易促进经济稳健发展”（同上，第606页）。

不过归根到底，这些理念只不过是在阐述18世纪的启蒙思想；没有休谟、斯密及其追随者的影响，我们无法想象自由市场经济意识形态和支持它的政治经济学能够在19世纪上半叶兴起。

不断变化的意识形态对英国政策和制度的影响开始慢慢显现。到1720年，除东印度公司以外的大型垄断性贸易公司的黄金时代基本已经结束。不过，人们开始非常缓慢地接受了一个观念，即人们应能够自由地进入某一行业或职业，这属于天赋权利。1720 年《泡沫法》规定，成立股份制企业需经议会批准。这一法案旨在限制寻租活动。罗恩·哈里斯（Ron Harris, 2000，第 135 页）指出，在组建股份制企业时，面临的主要障碍不是难以说服议会投票通过私营公司法案，而在于筹集所需的资金，以克服来自现有公司或其他既得利益集团的阻力。在 18 世纪的大部分时间内，不同群体仍拥有充裕的机会通过特别利益立法。这些立法以损害多数人的利益为代价，让少数人受益。得益于政治压力、骚乱（或者发生骚乱的危险），此类立法经常得以通过。一个声名狼藉的例子是议会在所谓的印花棉布骚乱之后，通过了 1700 年和 1721 年《棉布法》，禁止进口和销售白色印花棉布。这一法律是应毛织和丝绸业工匠的要求而通过的，最终于 1774 年被废除。在毛织品业的要求下，议会曾于 1666 年通过一部法律，规定装殓死者的寿衣或裹尸衣须为毛织品。该法充其量只是断断续续得到执行。它最终于 1814 年被废除。

到了 17 世纪末，变革的种子早已播下。国际贸易垄断行为受到越来越多的抨击，洛克有关自然法和个人自由的理念在 1688 年后流传于世。只不过在 18 世纪和 19 世纪的大部分时间里，人们仍需不懈斗争，来争取自由贸易（Ormrod，2003，第 126—127 页；Nye，2007）。虽然洛克本人仍然旗帜鲜明地站在重商主义阵营一边，不过在 18 世纪，反重商主义观点的影响力与日俱增。在 1770 年之后，英国经济政策的长期趋势是建设一个更开放、更具竞争力的社会。不过在 18 世纪八九十年代，由于人们认为启蒙哲学家与美国革命党人、法国雅各宾派结盟，启蒙思想遭遇挫折。

不过在 1820 年之后，启蒙思想影响力与日俱增的趋势显然得到恢复。一个最恶名昭彰的帝国主义寻租例子就是东印度公司。人们对“奈鲍”* 的寻租做法非常反感，这反映出 18 世纪的意识形态风向正在发生转变。1773 年《东印度公司法》确立了有关东印度公司受王国政

---

* nabobs，指当时在印度发了大财的英国人。——译者注

府管理的原则。此外，皮特的1784年和1786年《东印度公司法》规定王国政府负责任免总督，且政府控制的特别委员会负责决定所有重大政策。这些法案削弱了东印度公司的自治权。议会分别于1813年和1833年通过两部法令，终结了东印度公司的正式垄断权。在1820年之后，英国几乎不存在任何垄断的迹象，当然英格兰银行是个例外。英格兰银行发挥着日益重要的作用，成为政府的左膀右臂。

在技术变革的政治经济学领域，自由主义思想几乎大获全胜。自大约1750年起，政府立场坚定地扶持新技术，并坚决反对企图通过立法维护自身地位的既得利益集团。在纺织业，最大的阻力来自毛纺业。在工业革命前夕，棉纺业规模相对较小，因此这一行业的权力组织根基相比而言不够牢固。但毛纺业规模相对较大，并且拥有古老的专业组织和管理传统。毛纺业劳动者试图借助政界的力量，阻止新机器的进入。1776年，工人向下议院请愿，要求取缔珍妮纺纱机。他们称，这些纺纱机威胁到“勤劳的穷人”的生计。各种团体和游说组织一再向议会请愿，要求执行旧的法规，或者出台新法规，对纺纱机设置障碍。不过议会并未予以理会。1809年，议会废除了管理毛纺业雇佣行为的陈旧法律，并于1814年废除了历史长达250年的《工匠法》。任何形式的寻租活动都无一例外地陷入困境。正如多年之后保尔·芒图一语中的指出的，“无论阻力是出自本能或经过深思熟虑，采取和平或暴力的形式，显然它是不可能得偿所愿的”（Mantoux，［1905］，1961，第408页）。议会高效、严厉地处置挑战法律和秩序的行为，这是地方政府无力做到的。我们可以说，18世纪90年代通过的《结社法》也取得了同样的成效，尽管人们很难认为这一严酷、专制的法令是“开明的”。由于英国突然爆发经济危机，博尔顿多家动力织机工厂在1826年遭遇暴徒攻击。政府迅速行动，出动炮兵和骑兵，确保维持所有工业城市的社会秩序，并保护财产（Lewis，2001，第72—73页）。在19世纪30年代，四轮马车车主、运河公司、收费道路公司（turnpike trusts）和异端人士激烈地开展游说，反对建造铁路，但都徒劳无功。

在本书讨论的这一时期的大部分时间内，拥有地产和商业财富的人掌控着英国整个国家。他们致力于发展有用知识，以此实现进步。工人最有可能成为此类变化的受害者。他们没有投票权，也没有多少选择。在多数情况下，启蒙思想很少关注他们的利益，并认为当社会实现进步时，水涨众船高。事实上情况并非如此；许多小船失事或搁浅了。人们后来才认识到，资本主义生产活动可能导致劳资冲突。在 1850 年之前，英国政府明确站在资本方一边，而不是工人一边。

当然，启蒙思想并非铁板一块地认为技术是推动人类进步的力量。18 世纪也兴起了一种思潮。它认为，技术违背了自然规律，与社会格格不入；社会进步和改良应向后看，而不是向前看。欧洲知识分子从卢梭那里继承了这一思想。科贝特、卡莱尔等秉持浪漫主义传统的激进学者都认同这一思潮，认为工业化说好听是构成危险，说不好听就是有害、具有毁灭性。其他启蒙思想家认识到，技术变革经常具有破坏性，并可能引发社会紧张关系。随着时间的流逝，他们渐渐地被迫接受一个事实，即市场可能会失灵，不可能始终如一地带来他们希望看到的结果。

在 18 世纪末和 19 世纪初，有关社会能够取得进步这一信念遭遇挫折，不过这只是暂时现象。导致出现这一局面的因素有法国大革命和之后的一系列战争，以及人们日益相信马尔萨斯人口论。归因于法国大革命以及英国日益高涨的反感情绪，启蒙思想家最珍视的一些信念日益受到怀疑（Rothschild，2001）。在英国，皮特的反恐立法（anti－terror legislation）* 严重限制了言论自由和结社权，例如利兹和普雷斯顿的学术团体遭到镇压。在 18 世纪 80 年代，人们短暂地看到了与法国扩大自由贸易的希望，但这一形势发生逆转。在拿破仑战争高潮时期，私掠船巡航和封锁等老的做法死灰复燃，经济战争达到了新的高度。此外，知识分子同属一个超越国境和国家忠诚的文人共和国这一启蒙观念最终不得不让位于国家利益、政治理由等严肃问题。一直以来，这一观念脆弱，

---

* 指皮特执政期间颁布的煽动性集会法令（Seditious Meetings Act，限制个人在公众场合集合的权利）、1799 年《结社法》（Combination Act 1799，限制支持国会改革的党社规模）等。——译者注

显得天真幼稚。拉瓦锡等人倡导“科学决不交战”的信念。这在今天看来似乎很天真。英国和欧洲大陆在1793年至1814年处于交战状态；这严重地干扰了信息交流和技术流通，损害了双方的利益（Lipkowitz，2008）。虽然原始形态的重商主义可能已然败退，但是以牺牲他国利益为代价促进本国利益的民族主义观念的抵抗力更强。同时，在1815年之后，“文人共和国”的跨国主义彻底回归，成为西方世界开展科学研究工作的常规方式。在19世纪30年代，英国科学促进协会特意邀请外国科学家，以此证明它秉持科学不存在地域界线的理念。这一经典的启蒙观念已成为传统观念的一部分。不过跨国主义并不完全代表合作。在讨论有用知识的效用时，必然会涉及与外国人开展竞争的问题。在辩论科研工作的优先目标时，有人拿英国制度与外国制度进行比较，使之相形见绌（Morell and Thackray，1981，第379页、第385页）。

出人意料的是，政治经济学同样也对启蒙计划持怀疑和模棱两可的态度。在18世纪，启蒙计划认为，除了某些特例之外，如果各国能够改革本国制度，采取更和平开明的态度，并避免战争，那么经济进步是有可能实现的。不过这一乐观的看法遭遇悲观的马尔萨斯主义的挑战。当时马尔萨斯主义的影响力与日俱增。政治经济学发生了变化。虽然它依然致力于自由贸易和合理的政策，以最大限度地减少寻租，但是它不再那么乐观，不再深信人类有可能实现长期进步。取而代之的是，“稳态”（stationary state）的概念主宰着经济思想，不过在当时这一概念已经开始无法贴切地描述英国经济了。

当然，最激烈的争论涉及对外贸易问题。受启蒙运动影响的地区开始实现自由贸易，并采取更开明的政策，不过这一过程存在曲折，且各个地方情况不一。西欧大部分地区支持自由贸易。其他地区实施自由贸易，进而推动它在英国获胜，而不是反过来（Nye，2007）。在大多数国家，自由贸易只取得局部、短暂的胜利。英国是唯一忠诚于自由贸易的经济体，这一情况一直持续到1931年。自由贸易支持者分为三类。第一类支持者受政治经济学家的影响，认为对于作为一个整体的英国经济而言，自由贸易是经济上的理智选择。第二类支持者认同科布登的看法，即自由贸易“往往将人类团结在和平的范畴之内”（转引自Grampp，1987b，第252页）。第三类支持者寄希望于自由贸易能够削弱地主阶层，从而（再次）扩大投票权。

不过，启蒙思想家的立场并不像人们认为的那样，都旗帜鲜明地支持自由贸易。启蒙运动倡导“建立一个文明的国家联盟”（Howe，2002，第195页），并反对休谟所说的“贸易的嫉妒”促成的任何商业政策。大多数启蒙运动学者和大卫·休谟一样，认识到贸易政策和战争政策遵循不同的逻辑；贸易是正和游戏，而战争必然要分出胜负（Hont，2005，第6页）。斯密和休谟充分认识到，他们生活在一个并不完美的世界里，国际政治的残酷现实和商业利益经常发生冲突。当然，启蒙运动的学者在商业政策上从来没有达成一致（Irwin，1996）。法兰西斯·哈奇森非常信奉经济自由理念，但他并没有将这一理念运用于对外贸易。大卫·休谟本人绝非重商主义者，但在这一问题上却左右摇摆，指出“对德国亚麻制品征税，能够鼓励国内制造业，从而使我们的人口和工业成倍增长”（Hume，[1777]，1985，第98页）。和斯密不同的是，休谟并不认为自由贸易利益具有普世性，或者基于一个一般性论据。休谟也不认为，虽然自由贸易在某一时刻是有益的，但这一情况并非永恒不变，而是不断变化的。在欧洲其他地区，人们对自由贸易的疑虑更为明显。例如，那不勒斯学者怀疑，自由贸易能否给没有海外帝国的小型城邦国家带来好处（Robertson，1997）。虽然时至今天仍有人斥责埃德蒙·伯克，将他视为主要的反启蒙思想家，但事实上伯克本人满腔热情地支持自由贸易和自由市场。

我们无法证明，重商主义之所以在19世纪上半叶销声匿迹，是因为启蒙运动的影响力以及它催生的自由主义意识形态。计量政治学家和经济学家针对英国1846年废除《谷物法》一事开展实证研究。研究结果显示，反对《谷物法》的利己主义游说势力发展壮大，加上地主投资非农业资产的能力日益增强，这一切推动了自由贸易的发展。非农业资产保护地主免受租金下滑的影响（Schonhardt-Bailey，1996）。资产市场得以发展，从而打破了在位者和不愿意支持新技术和制度改革的立场之间的关联。在位者无须击退新兴部门，而是可以通过投资收费道路、运河、棉纺厂和后来的铁路，轻而易举地加入其中。这是从意识形态的角度解释英国为什么废除《谷物法》，不过有人从理论和历史层面提出强有力的反对意见（Anderson and Tollison，1985；McKeown，1989）。一派认为自由主义改革是启蒙运动意识形态和自由主义政治经济学的产物，而另一派则认为它只不过是占支配地位的工业资产阶级的强权行为。两派之间的争论似乎得出假两难推理。劝导是自由贸易论者获胜的关键，但是劝导涉及双方运用的有关理论和证据的修辞规约，以及各方倾向于相信恰好符合自身利益的理论。因此，重点不在于经济利益并非决定政策的重要因素，而在于意识形态和利益相互补充，而不是相互取代。只要有政策变化，差不多就会有受益者和受损者。各方争取在政策变化问题上没有直接利害关系的人，或者说可以某种方式被说服投票反对他们钱袋子的人。这一争取的结果必然会受主流观点的影响（Grampp，1987a）。

一些人认为意识形态并没有在自由主义立法中发挥任何作用。他们认为，主要问题在于废除《谷物法》只不过是一项事业的最后几步之一。这一项持续数十年的事业削弱和调整了国家的作用，使之从一个再分配机构转变成为更加仁慈（benevolent）的机构，负责纠正市场失灵和不公平问题。如果《谷物法》是1815年至1850年唯一被废除的法令，那么否认启蒙运动的意识形态产生重要影响的论点可能更具说服力。早在1820年，议会就一份支持自由贸易理念的原则声明进行投票。该声明获得两党的广泛支持。显而易见的是，休谟、斯密及其追随者的“经济理念”影响着利物浦伯爵等政策制定者。政客们表示他们依据这些理念行动，“显然他们委实如此”（Grampp，1987a，第87页）。一些关键人物最初是保护主义者，但最终被说服，转而支持自由贸易。贸易委员会秘书詹姆斯·迪肯·休谟是自由贸易改革的倡导人之一。他一开始支持《谷物法》，但后来改变立场。罗伯特·皮尔突然改变立场，这对于成功废除《谷物法》而言更为关键。他最初是《谷物法》的支持者（他认为该法是自由贸易一般情况下的例外），但他在19世纪40年代改变了看法，不过这更多是务实政策考量的结果，而不是抽象推理的结果（Irwin，1989）。但我们很难断定，这一切在多大程度上可归功于当权者相信（或学习并了解）贸易通常有益于贸易双方，任何阻碍贸易的行为都会给社会造成巨大代价这一启蒙理念。我们也难以判断这在多大程度上是因为影响力与日俱增的工业阶级的狭隘经济利益。两者似乎缺一不可。没有其中一方，另一方可能无法奏效。

启蒙思想导致欧洲意识形态发生种种变化，其中一个显著的结果是不列颠治下的和平。虽然这一结果不常为人了解，但它在拿破仑倒台之后的一个世纪里影响着欧洲。反法同盟战争结束之后，英国崛起成为欧洲最强大的国家。不过它很少利用这些有利条件，将自己的意愿和霸权强加于欧洲邻国身上。18 世纪出现的掠夺性战争在欧洲变得日益罕见。不过事情本来可以不必如此：英国可能足够强大到将自身经济意志强加于欧洲其他国家身上。不过英国认为，和平商业活动更符合自身利益。汉诺威王朝时期的英国实施高压政策，利用海军力量和外国雇佣兵维护自身狭隘的经济利益。不过此类政策逐渐被倡导和平市场竞争的自由主义信念取代。

当然，有人可能提出反对意见，认为此类政策之所以吸引英国，是因为它已经成为技术领袖和“世界工厂”，能够凭借价廉物美的商品战胜其他经济体。这是一个利己主义的信条。获得领袖地位的国家支持自由贸易政策；一些国家认为自己需要获得保护，以此进行效仿。这仅适用于纺织品、机械设备等与工业革命最密切相关的商品，不太适用于其他商品。不过政策制定者、知识分子和企业家愈发倾向于让市场自行制定交易规则，而不是主要依赖炮舰，除非认为其他国家拒绝遵守规则。换言之，竞争游戏将在竞争激烈的自由市场中进行，其中生产率是主要的控制变量。政府没有必要采取粗暴的方式支持这些努力。

简言之，通过拓展有用知识和合理改革制度这两个概念，社会和经济进步带来了增长。有必要着重强调此处主张的论点。第一次工业革命仅仅在一定程度上归功于启蒙运动和 18 世纪的科学。18 世纪七八十年代的大多数重大发明归功于心灵手巧、具有独创性的英国技工，而不是培根计划；得益于启蒙运动，技术突破转化成为源源不断的创新，并最终开启了一个经济持续增长的新世界。同样，英国没有出现任何的制度反馈来抵消技术进步产生的影响，这是启蒙运动的功劳。有人可能推测，如果启蒙运动只产生其中一种影响，那么19世纪的英国经济增长最终可能受阻。

18世纪的中国就是一个例子。当时，中国拥有成功的商业制度和繁荣的（国内）贸易，但它缺乏一场工业革命。在此之前，中国人展示出惊人的科技能力。到英国工业革命时期，中国技术水平陷入停滞状态。等到了1840年鸦片战争时期（英国“开明的”外交政策显然仅适用于欧洲地区），两国科技能力差距是有目共睹的。1792年，英国真诚地希望将工业革命“出口”至中国。当时，乔治·马戛尔尼伯爵作为使节出访中国，希望展示启蒙运动时代取得的惊人成就，并为英国商品打开中国市场。中国基本上拒绝了这一机会。马戛尔尼未能像60年后佩里上将打开日本国门一样，打开中国国门。可能是马戛尔尼搞砸了。当时他主要携带的是科学仪器，到头来也没有展示多少价廉物美的工业产品，而博尔顿等制造商希望他能多带些这样的产品（Berg，2006）。不过在当时，中国统治阶层对欧洲人兴趣索然。中国没有派遣使节前往英国，学习并了解它的创新成果。即使欧洲的商品和技术在19世纪被购买和模仿，但是引进与启蒙运动相关的政治意识形态完全是另外一回事。

此外，如果没有制度改革，技术不可能凭一己之力将英国改造成为当时的经济增长发动机。拉丁美洲和俄罗斯的经验向世界证明，如果一个国家未能先改革制度，制定激励措施和经济游戏规则，那么即使它掌握了现代科技技术，也不一定能够像最富有的工业化国家一样，实现经济增长。由于启蒙运动，两种相辅相成的转型实现了协同效应。我们可以在这一协同效应中找到现代经济增长的根源。

第五章

启蒙运动和工业革命

工业革命在18世纪英国经济史学中占据着非常显赫的地位，以至于有时文献给人的感觉是，当时英国经济没有发生其他事情。研究这一时期经济史的文献都是在工业革命的背景之下，讨论农业、金融、商业政策等主题，甚至赋予它们“革命性质”。不过这一做法极具误导性。除了一些关键领域和地区之外，英国的日常物质生活几乎一如既往。1800年，普通英国人可能只是依稀地意识到，重大变化即将发生。经济史学家指出，在包括“三巨头”（斯密、马尔萨斯和李嘉图）在内的政治经济学家的著述中，没有多少迹象显示他们意识到英国即将迎来重大变化。经济学家可能并不是最有能力察觉经济现实巨变的人。此外，他们可能过于关注货币、价格、价值和交易本质等问题，以至于未能注意到，技术进步不断加速，实现常规化这一重要的经济变化就在他们眼皮底下发生。不过这是可以理解的，因为我们可以定义为“革命性”的那些变化一开始仅局限于几个地区和产业，而且我们也是在事后才认识到它的全面影响。

不过，一些见多识广、才智过人的观察家却察觉到，世界正以前所未有的速度发生着变化。当然，一些身处其中的制造商也感受到了这一点。乔赛亚·韦奇伍德在1767年致信朋友时写道，一场“革命即将来临”，并敦促他“参与其中，从中受益”（Wedgwood，1973，第1卷，第164—165页）。韦奇伍德是开明制造商的典范，他所说的“革命”指的是他了如指掌的陶瓷业。到拿破仑统治时代结束时，一些见多识广的观察家意识到大部分工业部门正经历着巨变。苏格兰商人和统计学家帕特里克·科洪（Colquhoun，1815，第68—69页）宣布："在过去30年，大英帝国制造业取得了巨大进步，令人叹为观止。它的速度……令人难以置信。蒸汽机得到改进，不过更重要的是，在资本和技能的激励下，制造精巧的机器为毛纺织业和棉纺织业提供种种便利，这一切是完全无法计量的。"他的这一番话广为人知。制造商和慈善家罗伯特·欧文（Owen，[1815]，1927，第120页、第121页）指出："各种制造品遍及整个国家，赋予它的居民新的特性……这一变化主要归功于将棉花贸易引入该国的机械发明……这一制造业现象的直接影响是大英帝国的财富、产业、人口、政治影响力得以迅速提升。"科学家也有同样的感受。汉弗里·戴维在1802年指出："我们期盼迎来一个人们可以抱有合理期望的时代，一个已看到黎明曙光的艳阳天"。到1830年，托马斯·巴宾顿·麦考利预测，一个世纪之后，英国人衣食住状况将得到改善，且人口数量将达到5 000万，而这一切将归功于"依据尚不为人所知的原理建造的机器"（转引自McCloskey，1994，第243页）。在维多利亚女王执政的前几十年中，对于英国大多数见多识广的人而言，辉格党主义关于改良和进步的思想已经不言而喻。

不过在当时，大多数英国人并不认为自己生活的时代正在经历深刻的经济变革。简·奥斯丁生活所在的英格兰南部农牧区就鲜有工业变革的迹象。当时，工业革命仍处于起步阶段，只是一种局部现象。经济史学家一直强调，在工业革命时期，宏观经济变化是有限的。与此同时，一些学者则呼吁全面摒弃工业革命这一概念。他们指出，工业革命既不具有工业特征，也称不上是一场革命；它没有带来经济增长，而只是取得一些非常有限的技术成就，因此我们不应使用这样一个概念。

大多数研究工业革命的学者并不认同这一看法。部分原因是，一旦术语被人接受，就具有了自己的生命力和惯性；虽然有少数人不认同一些术语，但这不足以让整个学术界完全摒弃它们。同样，虽然"中世纪"和"科学革命"等术语一直被人诟病，但是它们仍然流传于世。与此同时，经济史学家认为，在1760年至1830年期间（T·S·阿什顿定义的工业革命"经典"时期），英国经历了深刻的重大变化。尽管早期人们过分强调技术突变，更不必说宏观经济的彻底变化了，但是当时确确实实发生了巨变，不可逆转地改变了英国商品和服务的生产方式。虽然工业革命理念的具体内涵可能因此发生变化，但是这一概念帮助我们整理思路的有用性并未减少。

什么是工业革命呢？对此，学者有着不同的定义，具体取决于他们著书立说时所处的环境，以及他们关注的问题。不过有三四个学派脱颖而出。尽管它们并非相互排斥，但它们关注的重点和经济领域有所不同。一个学派重点关注技术变革，认为工业革命由一连串成功的创新组成，属于前所未有的现象。在相对较短的时期内，我所说的“重大发明”给一些行业带来革命性变化。这些重大发明推动商品价格大幅下降，新产品得到开发，渐进性的次要发明和改良源源不断地产生，新技术变得更有效，并在新兴行业得到应用。此外，重大发明还减少了事故和燃料消耗，缩短停工期，刺激消费，提高产品的吸引力、耐用性、可靠性和用户友好性。此类发明首先出现在棉纺织业，接着是其他纺织业，铁、玻璃、陶瓷等材料行业，能源生产和应用领域，以及一大批其他小型行业。通常这些发明是接连涌现的。阿尔弗雷德·诺思·怀特黑德曾指出，19 世纪最伟大的发明是发明了发明的方法，其次是研发、改良和微调发明，使之切实地提高生产力和经济福利（Mowery and Rosenberg，1998，第1 页及以后各页）。他的这一番话被世人广泛引用。

对于研究企业、劳动力、经济生产组织等问题的史学家而言，工业革命有着不同的含义。对于一些史学家而言，工业革命并非现代经济增长的黎明。他们认为，在这一时代，虽然工厂制度得以建立，工业无产阶级开始崛起，城市制造中心也出现了，但伴随而来的是污秽的街道、拥挤不堪的住房，儿童和妇女不得不在烟囱工场* 长时间工作。在他们看来，在工业革命时代，大多数家庭手工业已消亡，独立自由的工匠被迫加入雇佣劳动大军，被剥夺公民权利的城市无产阶级受尽剥削，不得

* smokestacked mills，应指通常以燃煤为动力、使用过时技术并严重污染环境的工场。可参阅烟囱工业一词。——译者注

不服从规训和严格的工作时间表。这是一个物化和异化的时代；人们丧失了个性，成为无差异工业劳动力的一部分。对于其他人而言，工业革命是经济流动性、自由市场和高效配置资源取得胜利的过程。在这一时代，足智多谋、勤劳肯干的人们获得的回报越来越多；企业家、创新者、消费者享受着人类天赋才能和运行良好的市场带来的回报和恩惠。总之，对于关注企业微观经济的经济学家而言，工厂制度的崛起一直都是工业革命的中心事件。

第三个学派认为工业革命主要是一个经济增长过程。这一“综合”观遭到越来越多的批评。更确切地讲，这一工业革命观认为，在1760年之后，技术进步实现加速，进而提高了关键部门的生产力，而这些部门正是投资和经济出人意料地实现井喷式增长或“起飞”的支柱。不过最终，人们达成一定的共识，认为工业革命首先意味着技术是增长的引擎，且前者能够凭借一己之力推进一个没有上限的进程。一直以来，人们详细调查研究纺织、炼铁、能源和其他行业的诸多重大发明，并经常将它们与工业革命的精髓联系在一起。不过归根结底，这些重大发明仅局限于英国经济规模有限的部门。在1760年，棉纺织业仍属于边缘行业，与毛纺织业相比规模很小。但纺纱、印花、梳棉和后来的棉织技术取得了飞速进步；到了19世纪中叶，棉纺织业已经发展成为英国纺织业的支柱。不过在18世纪的最后几十年，它对英国整体经济的影响并不大，与它的相对规模成正比。其他“现代”行业的情况也是如此。在蒸汽、制陶、玻璃、炼铁和机床等行业，创新速度非常快。

发展的引擎从一挡起步，刚开始时前行速度非常缓慢，并且面临重重困难。在技术变革面世几十年之后，人们才真正感受到它们对综合变量的影响。只有在下列情况下，新技术对总体经济的影响方得以显现：新技术得到改良和发展，找到新的应用，与已有技术、其他新技术组合在一起，并开始扩散到之前处于停滞状态的行业；此外，许多采用新技术的新机器得以面世。蒸汽动力是今天经济学家所说的“通用技术”的经典案例。它是英国实现经济增长和提高生产力的主要原因。不过，这基本上是1850年之后才发生的事情（这距离首台蒸汽机面世已有一个多世纪)。此外，直到19世纪30年代，蒸汽动力才真正应用于运输业(Von Tunzelmann，1978；Crafts，2004)。许多其他重大发明效果也存在滞后效应，例如亚伯拉罕·达比的焦煤炼铁技术（1712)、埃德蒙·卡特赖特的动力织机（1785)。造成滞后的原因很多，不过此类发明通常需要其他的小发明（改进和调适)，才能让一个好的理念得以大规模付诸实践，或者它们需要补充要素，例如操作和维护新设备的能力。

为了达到预期效果，大多数技术在面世之后，需要“微调”，适应当地环境和要求，并且和劳资双方的能力相匹配。通常只有在互补技术得到完善之后，一种技术才可能实现盈利。达比的焦煤炼铁技术需要更好的风箱和驱动风箱的动力设备，才变得完全切实可行。这一切距离达比首次利用焦煤炼铁整整有半个世纪。在此期间，新技术改进和细微改良的步伐异常缓慢，这是因为基础知识（或者“认识基础”）在工业革命初期阶段依然非常有限。在某种程度上，生产技术的改进速度取决于人们对技术工作原理和方式的了解程度。在1800年左右，人们对大多数工艺的了解仍然有限。正如我们看到的，农业的情况就是如此。此外，这一情况还发生在食品加工、化学、炼钢、精密机械、医药等诸多产业，以及建筑和制衣等传统行业。在18世纪，最佳实践知识不足以让大多数行业实现快速进步。不过在工业革命初期阶段，许多有用知识仅包括经验、系统实验、实用技术目录表、介绍特定材料在不同温度下表现情况的报告、有关查找和修理机器故障的知识，以及有关最优时间、压力和形态的清单。当时并没有统一的原理来解释这些知识为什么能够行之有效。一旦人们更好地了解实际应用技术的科学基础，这一过程就会变得更加高效。生产力能否持续提升，这有赖于川流不息的小的渐进性创新。同时，人类需要更好地理解创新背后的根本自然力量。

而且由于整个社会了解和掌握的知识不够，一些非常棘手的问题过了几十年后才得到解决。其中一些问题是纯机械方面的。例如，缝纫机是一个技术难题，直到19世纪50年代才制造出切实可用的缝纫机。尽管当时急需摘棉机，但直到20世纪这一机器才真正得到完善。完全可互换零件的情况也是如此。此类零部件对精密度和一致性的要求非常高，而在19世纪中叶之前，大多数机床达不到这一要求。一些创新取决于人们对基础过程的了解程度，例如合成染料、工业用电和家庭用电。尽管当时最优秀的人才竭尽全力，但在1850年之前，人们对化学和物理过程的了解不足以实现创新。在19世纪最后30年中，微生物学取得成功。在此之前，医学没有取得多少进步。生产技术涉及熟练利用能源、原料和有机体。为了快速解决生产技术问题，并适应不断变化的环境，人们需要掌握必要的知识，但在当时此类知识才开始慢慢出现。

因此，在工业革命初期阶段，增长和生产力变化不大；一些计算结果显示，它们几乎可以忽略不计（Antrás and Voth，2003）。工业革命毕竟只是一个开端。我们不能只是对它本身进行评价，还应考虑到它产生的影响。真正重要的并不是1765年至1800年间涌现出重大发明浪潮，而是这一过程在后来并未以失败告终。在欧洲和亚洲，一些社会曾涌现出一大批重大发明。这些发明带来了实质性的经济变化。在15世纪，航运、印刷机、铸铁、航海和火药应用领域的重大发明对社会和经济活动产生了广泛的影响。不过最终，这一创新进程开始减速；在有限的知识基础消耗殆尽之后，此类创新活动愈发难以得到进一步的改进。相比之下，工业革命在1800年之后加速前进，不断地完善引发这场运动的发明，同时还持续寻找全新的创新途径。如果说棉纺工艺、炼铁、固定式蒸汽机主导着前几十年，那么在第二阶段，发明浪潮席卷了其他纺织品、煤气照明、更先进的机械工程、复杂的机器制造工具、高压蒸汽机，以及后来的电报、船舶设计、化学和许多其他领域。18世纪的“经典”工业革命并不是一种全新的现象。相比之下，19世纪的第二次和第三次浪潮是前所未有的现象，构成了经济史上的巨变。在这两次浪潮中，技术持续进步成为可持续经济增长的核心。造成这一现象的原因是什么呢？

工业革命对宏观经济的影响必然是缓慢、滞后的。与此同时，一些微观经济数据显示，在1750年后出现了明显的加速，甚至是突变。在18世纪中叶之后的某个时点，许多看似不相干的重要变量似乎实现了“起飞”。英国专利数量在1757年左右出现了明确无误的转折点

(Sullivan, 1989)。在18世纪40年代和50年代，每年取得的平均专利数量为8.5件和9.9件。到了60年代，这一数字为22.1件，到了80年代则增至51.2件（Mitchell, 1975，第438页）。经初步统计，在18世纪上半叶，每年图书出版数量维持在1 000种左右；到了1790年，这一数字增至3 000种（参见表3.1）。在18世纪30年代，（成功的）收费道路申请的数量为25件，在40年代则为38件，到了50年代和60年代则骤升到170件（Bogart, 2005b，第457页）。另外一个例证是地方银行，其数量从1750年的10家左右剧增到1800年的近400家。在1711年至1760年间，英国每年的破产案件数量变化不大，平均为209起；但到18世纪80年代，这一数字骤增至539起，然后在90年代英国陷入金融恐慌时，破产数量进一步激增（Hoppit, 1987，第45页）。一个相当惊人的例子是1700年至1820年间的土木工程（主要是水力）项目数量和造价，如表5.1所示。

表5.1 1700—1829年土木工程项目

10年[a]	工程数量	总造价（名义千英镑）[b]	10年	工程数量	总造价（名义千英镑）[b]
1700—1709	3	3	1770—1779	27	1 288
1710—1719	4	105	1780—1789	23	1 237
1720—1729	13	193	1790—1799	47	8 778
1730—1739	13	409	1800—1809	29	5 440
1740—1749	3	9	1810—1819	34	9 868
1750—1759	12	281	1820—1829	47	6 631
1760—1769	35	1 693			

注：a. 10年中某一年开工的项目。

b. 对于没有造价数据的项目，赋予这10年的项目造价平均值。

资料来源：依据Skempton et al.（2002），App. II中的数据计算而来。

这些数据显示，在1760年左右出现了显著的突变。使用上述任何一组数据来衡量变化，都会招致人们的批评。鉴于只有少数的重要发明获得专利，并且申请专利的倾向随时间而变化，专利统计数字并不能完全反映发明的速度。图书出版数量可能是由供给和/或需求因素决定的，而且显然不会对经济产生短期影响；收费道路公司的情况反映了一系列可能完全独立于技术变革的制度因素；土木工程项目是政治和经济决策共同作用的结果。这些数据呈现高波动性的特征。不过，正是因为这些数据存在很大差异，它们能够反映18世纪中叶一系列令人难以忽略的突变。一些人认为，工业革命基本上只是经济史学家杜撰的事件，这些学者被钢铁和棉花指数式增长所蒙蔽；其实它只是"大多数人眼中的小变化"（Clark，1985，第66页）。不过，他们应当认识到，虽然并不是整个经济都发生了变化，但是变化也不仅仅局限于棉花业和金属业。

为了理解工业革命，我们应考虑它的智识和制度背景，以及它的经济状况。无论人们视启蒙运动为文化分水岭，或者认为它具有连续性，毫无疑问的是，英国经济和技术精英阶层的精神世界之前发生的变化构成了工业革命的背景。英国社会这片沃土孕育了新的思维方式。在英国，创新和创业机会日益成为个人能否成功的关键因素。首先，智识环境发生了变化，知识分子和生产者能够交流沟通。当然，这并不是一种全新的现象，也不是仅仅局限于英国。我们在中世纪可以找到先例。正如研究中世纪技术问题的伟大史学家林恩·怀特所说，当时的修道士是"首批不介意指甲缝里沾上泥土的知识分子"（White，1968，第65页）。在16世纪和17世纪，这一差距进一步缩小。科学家日益关注实际问题，特别是占星术和炼金术。虽然科学家在这两个领域付出了大量的脑力劳动，但是回报不尽如人意。

对于关注生产变化的经济学家而言，直到1750年之后，这一现象的威力才开始显现，这一点是显而易见的。当时，在思想进步的制造商和工程师队伍中，越来越多的人求知欲强，追求进步，并且通常精通机械学和化学。曼彻斯特棉纺厂厂主乔治·李的工场率先采用煤气照明；罗伯特·欧文本人将他称为"当时最具科学精神的人之一"（Musson and Robinson，1969，第99页）。韦奇伍德的合作伙伴托马斯·本特利是一位名副其实的知识分子。他的法语和意大利语非常流利，并且是著名的沃灵顿不信奉国教者学院的创始人和董事。威廉·斯特拉特也是开明工厂主的典范。他是传奇人物、德比市棉纺织厂厂主杰迪戴亚·斯特拉特的长子。他受过良好教育，博览群书。同时，他也是经验丰富的建筑师，设计过防火建筑，还对热力工程特别感兴趣。他的朋友包括伊拉斯谟斯·达尔文、边沁兄弟和罗伯特·欧文。1817 年，威廉·斯特拉特因为个人成就而入选英国皇家学会，这对于身为制造商的他而言是非同寻常的荣耀。名声稍逊的工业革命人物，比如查尔斯·沃利·贝奇，本身是一位脚踏实地的务实工程师（他设计了位于什鲁斯伯里附近的迪塞灵顿的一家防火型纺织厂）。他出身于一个非常开明的家庭，肯定受到了启蒙运动价值观和信念的影响。他的父亲罗伯特·贝奇是一位颇具造诣的激进知识分子、小说家和造纸商。他也是伊拉斯谟斯·达尔文、伯明翰史学家威廉·赫顿的朋友。无论当时的“工程师和企业家身体里”是否住着一位哲学家（Stewart，2008，第 25 页），人们日益了解和尊重有用机械和化学知识的价值。事实上，这是启蒙时代带来现代经济增长的一个途径。

开明的工业家清楚自己缺乏哪方面的知识，并且向科学家征询意见，无论这些意见有用与否。我们之前谈到了 18 世纪有关科学协会和非正式会面场所的独特现象；它们让有着不同资历和背景的人得以汇聚一堂。不过尤为重要的是非正式的关系和通信；生产者通过此类交流获取当时最好的知识。如果正如现代学者所说，启蒙运动首先涉及交流，那么此类交流对长期经济表现极为重要。

饱学之士和生产者之间的交流可以呈现为合伙关系的形式。正如前文提到的，一些合作关系非常有名，例如瓦特和约瑟夫·布莱克之间的友谊。布莱克是专业的应用科学家，就水质分析、靛类染料、煮糖等五花八门的问题为陶瓷工、柏油生产商、铅矿主和蒸馏酒商提供咨询服务。瓦特和詹姆斯·基尔的合作关系同样能够说明科学发挥着重要作用。基尔是苏格兰的专业化学家。瓦特聘请他为索霍工厂的顾问。基尔在 45 岁破产后，利用自己掌握的实用化学知识下海经商，经过一番奋斗，拥有了英国最成功的碱厂。这家工厂位于伯明翰运河附近。苏格兰制造商聘请医师和化学家威廉·卡伦帮助他们解决各种问题。卡伦研究盐萃取、石灰漂白、纺织品染料生产等问题。矿山测量员和工程师约翰·巴德勒和汉弗里·戴维齐心协作，研制安全灯。电报先驱威廉·库克和伦敦物理学教授查尔斯·惠斯通密切合作。顶尖工程师威廉·费尔贝恩与数学家伊顿·霍奇金森、罗伯特·史蒂芬森合作，研制出用于建造大不列颠管形桥的材料。这座铁路大桥横跨梅奈海峡。著名的苏格兰物理学家、工程师威廉·兰金与格拉斯哥造船工程师詹姆斯·罗伯特·内皮尔合作研发发动机。许多早期业界巨头的通信和著述显示，他们非常渴望与科学家交流，无论是以通信还是见面的方式。这些巨头包括陶瓷器制造商乔赛亚·韦奇伍德、利兹市毛纺厂主本杰明·戈特和亚麻纺织厂主约翰·马歇尔、铁厂主理查德·克劳谢和威廉·雷诺兹。即便是实践经验相对丰富的工程师和生产者也与他们心目中的专家进行交流，征求他们的建议，例如高压蒸汽机发明者理查德·特里维西克、搅拌式炼铁法发明者亨利·科特。这些众所周知的友谊只是冰山一角，大多数合作不为世人所知。科学家愿意走出象牙塔，与工业家接触，这非同寻常。1810 年，天文学家威廉·赫歇尔曾带着他的儿子约翰去参观瓦特的索霍工厂。许多开明的科学家决定撸起袖子，帮助解决工程和机械设备问题。工业家下定决心，主动积极地向科学家寻求建议，并尽可能地加以利用。工业家的这一决心正是工业革命的象征。不过这并不意味着科学家给出的建议都是合理、富有成效的。同时，在历经数十年的努力和热切希望之后，培根计划终于在 18 世纪最后几十年结出一些果实。

在其他情况下，富有创造力、心灵手巧的自然哲学家尝试从事发明创造工作。汉弗里·戴维、克劳德·贝托莱、本杰明·富兰克林等许多科学家拒绝利用自己的发明成果牟利，而是将它们贡献出来，用于改善他人的生活（不过他们经常坚持要求获得认可和荣誉）。不过，他们的创业能力与知识水平、创造力并不相称。邓唐纳德伯爵是一位性情古怪但才华横溢的科学家。他获得一种生产煤焦油的化学工艺专利。他耗尽家中财力，推广自己的发明，但以失败告终。不过他的发明最终取得巨大成功。约翰·罗巴克是詹姆斯·瓦特的首位生意合作伙伴。罗巴克率先使用铅室法制取硫酸。不过他最终也沦落到破产的境地。罗巴克曾在爱丁堡学习医学和化学。他不屈不挠地致力于利用有用知识，实现改良，不过他是一个不称职的商人。他为人乐观、干劲十足、秉持进步的信念，且能力出众。和当时许多帮助取得技术突破的人一样，他做出了巨大贡献，几乎惠及整个社会，但唯独自己不是受益者。罗巴克帮助建成卡伦铁厂，自己却不得不从中退出。这家工厂最终发展成为英国钢铁工业最成功的企业之一。

即便在市场相对自由、发达的社会，创新者做出的贡献和回报也很少成正比。至少从这种意义上，当时的情况与今天相差无几。据诺德豪斯（Nordhaus，2004）估计，在现代美国，发明家本人也仅获得2.2%的发明盈余。在18世纪，发明家的处境肯定更加不妙。瓦特、阿克赖特、斯特拉特、基尔、皮尔等少数发明家在去世时很富有，想必也是志得意满。不过其他发明家即便出了名，也很少有名利双收的。在当时，知识还不是一种按市场价格交易的商品。即便进行交易，其价格也很少能够体现给社会带来的好处。如果存在社会和个人净收益相背离的现象，那必然发生在工业革命时期。技术精英阶层对经济其他部门产生巨大的影响，与他们的人数远不成比例。历史巨变通常归功于少数人。

不过，工业启蒙运动之所以取得成功，是因为在这些伟人的背后有一支更庞大的队伍，其中包括科学作家、修补工、工程师、讲师、机械师和实验哲学家。虽然他们难以与约瑟夫·普利斯特里、约翰·道尔顿、迈克尔·法拉第同日而语，但他们能够站在伟人的肩膀上。他们宣扬有用知识这一新教义的文化和价值观，让自然哲学家牢记自己肩负责任，传播能够为他人所用的知识。他们不一定支持新兴工业资产阶级或者资本主义思想，尽管他们可能与之关联。更确切地讲，他们坚信人类可以实现进步；有用知识如果得到传播和普及，能够改善人类状况。威廉·尼科尔森（1753—1815）就是一个典型例子。尼科尔森一开始为乔赛亚·韦奇伍德工作。他的一些贡献具有独创性：他率先认识到伏打电堆（发明于1800年）能够用于化学研究，并发现了电化学反应。汉弗里·戴维在电化学反应实验领域声名鹊起。他获得了多项重要专利，包括棉布印花机、用于测量液体密度的液体比重计。不过他的主要成就在于推广其他人的研究成果。他将继拉瓦锡之后的两位法国顶尖化学家让-安托万·沙普塔、安托万-弗朗索瓦·福克罗的著述翻译成英文，并将它们编入《化学基本原理》。汉弗里·戴维还是牧师会咖啡馆协会会员，并最终成为协会会长。牧师会咖啡馆协会是伦敦诸多非正式科学协会之一，其会员和伯明翰月光社会员存在重叠。汉弗里是其他发明家的专利代理人。1800 年左右，他在伦敦苏豪广场经营一家“科学学校”。学校广告宣称，“学校提供人们很少从小就掌握的实用科学知识”；它每周开设自然哲学、化学课程，“展示和介绍有用技艺工具、工艺和操作，以及社会日常活动”。更重要的是，尼科尔森是《自然哲学、化学和艺术期刊》（*Natural Philosophy*, *Chemistry*, *and the Arts*，当时人们常称之为《尼科尔森期刊》）的创始人和编辑。期刊于 1797 年开始出版发行，是首份真正意义上的科学期刊。期刊刊登了当时大多数顶尖科学家的研究成果，以简讯形式公布重大发现，其作用相当于今天的《自然》或《科学》杂志。多尔顿、琼斯·贝采里乌斯、戴维·伦福德、乔治·凯利等顶尖科学家均在这一期刊发表研究成果和见解。尼科尔森求知欲强、抱负不凡。如果说经济动机起到了一定作用，推动他努力工作，可是他却未能如愿以偿，获得经济回报。正如戈林斯基（Golinski，2004）所说，尼科尔森未能发财致富，而是遭受“设计者的共同命运”，即不断付出，却没有获得物质回报。不过正是像他这样的人创造了一个新的世界。在这一世界里，人们能够获取有用知识，寻找有利可图的创新技术变得司空见惯，科学议程也日益重视经济效益。在维多利亚时代的英国，人们干劲十足，践行启蒙运动有关降低知识获取成本的理念。1828 年创立的《雅典娜神庙》周刊就是一个例证。它定价不高，发行量大。杂志的主编是查尔斯·温德沃思·迪尔克。这份杂志同时刊登文学评论和介绍科技进步情况的详细评述文章（包括开尔文男爵撰写的散文），主要面向普通的外行读者。

化学家弗雷德里克·阿库姆赋予工业革命略有不同的特质。他出生于德国，童年时移居伦敦，以供应科学设备和翻译科学书籍为生，同时他也是 F. A. 温莎的顾问。F. A. 温莎（原名为文策尔）也是德国移民，是英国煤气照明先驱之一。阿库姆与尼科尔森关系密切，经常在后者的期刊上发表文章。1820 年，他出版了轰动一时的《论食物掺假和厨房毒物》。在这本小册子中，他利用自己掌握的化学知识，揭发英国酿酒师、面包师、杂货商和其他食品加工商经常对食品掺假，并在食物中加入各种有毒化学品。不过阿库姆最后落得悲惨的下场（他被发现在图书馆偷撕书页，最终灰溜溜地离开英国，这正中了许多仇人的下怀）。启蒙思想家认识到自由、不受约束的市场有时可能产生不利于社会，甚至危险的结果；阿库姆曝光食物安全问题就是一个早期的例证。

有用知识进入公共领域的方式是西欧的一个重要特征。这一特征在英国非常突出，但不仅限于英国。鉴于 17 世纪取得种种重大突破，人们预期，新的科学知识将得以出版，并进入公共领域。在之前的几个世纪里，自然哲学家经常对知识秘而不宣，认为此类知识以某种方式传递力量，或者以深刻、神秘的方式赋予知识拥有者优势（Eamon，1994）。这样的习惯肯定会阻碍人们传播和获取知识。早在 1700 年之前，对知识秘而不宣的文化就开始消退。当时，基于“依据优先权授予荣誉”（credit by priority）原则的开放科学得以确立。牛顿和莱布尼茨因微积分创始人头衔归属问题闹得满城风雨，这就是一个例证。任何一种科学发现成果都应予以发表、交流和进入公共领域。当然也有性情怪僻的科学家拒绝公布自己的成果（例如首位皇家天文学家约翰·佛兰斯蒂德、18 世纪下半叶病态害羞的顶尖化学家亨利·卡文迪什）。当出现这种罕见的情况时，其他人会提出异议。

虽然秉持理想主义的利他者希望自己掌握的知识能够让人类变得富有，但主要负责开放科学工作的人并不是他们，而是一群雄心勃勃、勤勉努力且目标明确的人。不过，除了这一常规的金钱激励机制，还有一个更复杂的机制对它进行补充。这种机制包括同行认可、从事自己热爱的事业带来的满足感。科学家获得的荣誉包括声望和资助，例如在大学任教或在宫廷担任一官半职，有时获得统治者或富人赠予的一笔养老金（David，2004）。伦福德伯爵、约瑟夫·普利斯特里、汉弗里·戴维等科学家取得了极富洞见力的工业发明，不过他们通常希望获得荣誉，而不是从中获利。贝托莱自愿与一些有见识的苏格人分享有关氯气漂白性能的知识。后者将他的研究成果商业化，很快实现盈利。贝托莱写信给苏格兰人詹姆斯·瓦特时提道："当一个人热爱科学时，他不太需要财富，因为财富只会破坏他的幸福感"（转引自 Musson and Robinson，1969，第 266 页）。迈克尔·法拉第唯一申请专利的发明是他设计的改良型灯塔烟囱，并且将这一专利转让给他的哥哥罗伯特。威廉·沃勒斯顿取得了两项专利，但都与他主攻的稀有金属领域无关。鲍勒和莫鲁斯（Bowler and Morus，2005，第 320—321 页）提到一群"具有绅士风度的专家"。这些专家引领着有用知识的发展工作，但没有以此为生，并且对那些从中谋利的人心存疑虑。与此同时，并不富裕的发明家需要获得资助，例如成为大学教授，或者从政府、企业或富人那里获得资助。绅士发明家视发明为有趣的娱乐活动，几乎懒得申请专利。例如，理查德·罗威尔·埃奇沃思一生只取得一项专利。他宁愿将发明交由技艺协会打理，协会则就未获得专利的发明向他颁发各种奖章。更出人意料的是，一些企业家出于信念拒绝取得专利。约翰·伦尼、约翰·斯密顿等工业革命时期的伟大工程师基本上不愿与专利制度打交道。小亚伯拉罕·达比拒绝申请焦煤炼铁法专利。据说，他给出的理由是"他不会剥夺公众使用这一发明成果的权利"（转引自 MacLeod，1988，第 185 页）。一个世纪之后，理查德·特里维西克同样没有获得高压蒸汽机的专利。工程师和企业家希望被视为淡泊金钱的哲学家，并遵守绅士行为准则（Miller，1999，第 191 页）。这一绅士观是英国社会的一个重要特征。英国社会营造了信任氛围，让经济更具活力和效率，并推动了有用知识的积累。

涉及有用知识积累的经济活动也许能够和现在所说的"开放源代码"体系相提并论。在这一体系中，个人参与开发大型项目的组件，努力做出重要贡献，借此树立名声。名声又经常与资助息息相关，因此对个人大有用处；不过回报与发现为社会做出的净贡献并不成比例（David，2004）。一个人的名望经常取决于他的同行和同事；出版物、讲座、通信和科学会议都是为他们发行或举行的。不过在工业启蒙运动中，一些人的使命是推广令人敬畏的科学精英人士的研究成果，让人们能够利用这些成果。

对于严格意义上的技术知识（我将它称之为规范性知识），此类知识的传播工作更复杂。在条件合适的情况下，发明成果可以带来可观的收入；但是如果所有人都能获取这一知识，那么发明者的收入就会减少。许多人认为，应建立技术知识产权，以便在一定程度上解决这一两难问题。不过正如我们看到的，这一做法存在争议。专利并不是确保发明产生收入流的唯一方法。即使没有专利，发明者仍会在研制周期上领先于竞争对手，只不过这一先发优势取决于竞争对手能否轻松地对发明进行逆向工程。显然，保密也可以延长发明者在研制周期上的优势。一些发明者不顾一切地对生产工艺保密，坩埚炼钢法（1740）的发明者本杰明·亨茨曼就是一个极其著名的例子。乔赛亚·韦奇伍德为了保密，不让工人了解其他部门的工序，并且孤立新进员工，直到能够确定他们不是工业间谍为止。不过，只有当竞争对手无法对产品实施逆向工程时，此类保密的做法才能奏效。即使在当时，人们都清楚这一做法也只是碰运气而已。史学家证明，焦煤炼铁技术普及速度缓慢，其原因并不是达比成功地保守住秘密，而是因为其他冶炼厂未意识到达比拥有的成本优势。亨茨曼最终成为工业间谍活动的受害者。据维多利亚时代的技术先驱传记作家塞缪尔·斯迈尔斯的描述（可能是杜撰的故事），亨茨曼的竞争对手乔装成乞丐，在一个狂风暴雨的夜晚，利用亨茨曼员工的恻隐之心，混入看守森严的炼钢厂，假装取暖，借此接近了炉膛。

不管怎样，保密显然不足以保护知识产权。理查德·罗伯茨是19世纪上半叶的一位顶尖工程师。他认为“任何商业机密都无法长久得到保护。一夸脱*麦芽酒下肚，就能够创造奇迹，让人吐露商业机密”（Great Britain，1864，第81页）。发明家申请专利，希望以此获得收入，来补偿他付出的努力。专利同样为发明者提供时间。如果发明需要

* 容量单位，主要在英国、美国及爱尔兰使用。1英制夸脱等于1/32蒲式耳，约合1.1365升。——编者注

进一步的研发，发明者在申请专利后，就不会因为竞争压力，而贸然将不成熟的产品投入市场。马修·博尔顿（成功地）游说议会通过一部专利保密法案（private bill），将瓦特机器的专利期延长至25年，直到1800年才失效。瓦特-博尔顿专利案例同时证明了专利造成的社会成本。由于瓦特顽固地拒绝试验高压蒸汽机，也不让其他人进行类似的试验，这一领域的工作就此止步。瓦特本人也因为别人拥有蒸汽机曲柄装置的专利而受挫，不过这一限制促使他取得另一项发明，即“太阳与行星”曲柄齿轮传动系统。在瓦特专利失效之后的数年里，高压蒸汽机的研究工作得以恢复。人们研制出一种蒸汽机，在19世纪20年代为史蒂芬森火车头提供动力。

不过，在取得专利的同时，发明者也将发明说明书和技术细节资料纳入公共领域。最初的法律并没有此类规定。大约在1734年之后，申请专利时提交专利说明书成为惯例。从1778年起，专利说明书成为强制性要求。在1778年，法官曼斯菲尔德勋爵在审理莱尔德特诉约翰逊案中，裁定专利说明书应足够准确、翔实，能够向掌握技术知识的人充分解释发明的相关情况。任何人支付一定费用，并经过一番折腾之后，都可以阅读到所有专利发明的完整详细说明，只不过他们无法加以利用。在19世纪就专利制度展开的辩论中，人们经常有力地指出，如果没有专利制度，许多新发明可能秘而不宣，公众无法获取相关的知识，整个创新进程的步伐因而可能放缓。不过当时人们并不清楚，专利说明书应确切包括什么内容。发明者可能试图操控说明书。一种方式是在说明书里加入过多的内容（从而扩大垄断权覆盖范围）；其次是同时隐瞒关键的细节，防止他人侵权。因此当时的专利说明书质量可谓良莠不齐（Robinson，1972）。

不过，求知欲和事业心强的人可以在许多其他地方获取技术知识。使用超前的说法，工业启蒙运动创造了一系列搜索引擎，也就是包罗万象的大部头书。对于它们，人们不会从头读到尾，而是有选择地阅读，寻找事实或数据。其中最常见的是百科全书。百科全书按照字母顺序编排内容。百科全书并非英国的专利，而是在整个欧洲大陆普及。首部介绍有用技艺的百科全书是约翰·哈里斯的《技术词典》(1704)。这部词典涵盖大量的技术问题。在《技术词典》之后，最出名的英语技术词典是伊弗雷姆·钱伯斯的《百科全书》。这部百科全书于1728年首次出版，之后多次再版重印。政治经济学家马拉奇·波斯尔思韦特(约1707—1767)在1751至1755年间出版了《通商贸易通用词典》(大部分内容是从法语版《商业通用词典》中抄袭过来的)。在词典中，他表示，此书的目的在于"全面激发这一国家的通用技艺和工业精神"(Postlethwayt，1774，第X页)。

当时人们希望采取一种方式，有效地编排有用知识；这些百科全书可能只是雏形。它们轻历史和传记，重酿酒、蜡烛制作和染色工艺等。它们含有数百幅版画、互见条目和索引。托马斯·克罗克的《综合大词典》(1764—1766)就是一个极佳的例子。该大词典共三卷，明确向读者承诺，词典"解释人类方方面面的知识，并以最轻松寻常的方式，消除人们在学习掌握任何一种文科或机械技艺时遇到的困难"。1771年，第一版《大英百科全书》面世(当时仅有三卷)，与狄德罗和达朗贝尔在18世纪50年代出版的大部头《百科全书》相比，有些相形见绌*。这一启蒙运动经典巨著的盗版在英国热销不已。

在18世纪下半叶，专业技术参考书籍也极受欢迎。在这方面，法国人似乎付出了更多的努力。在科学家瑞尼·瑞欧莫激励下，法国皇家科学院编撰出版了《艺术和工艺说明》。瑞欧莫具备工业启蒙运动的许多优秀品质。《艺术和工艺说明》这部共80卷的参考书涵盖当时几乎所有行业，且许多卷被翻译成了英文。对于未翻译的部分，英国人则阅读原文。每个领域都出版了参考书和手册。它们内容极为翔实，包含无数的图表，并对仪器和工艺进行细致的描述。在工业启蒙运动面前，语言的界限和国界不值一提。在欧洲，只要人们希望获得知识，且愿意阅读和了解知识，或者聘请饱学之士，他们就能掌握知识。

---

* 原著中为 Grande Encyclopédie，该词指1886年至1902年间出版的《法国大百科全书》。经查证，应为作者笔误，实际应为 L'Encyclopédie。——译者注

这种经过整理的知识的流动对技术实践的确切影响难以评估，且在短期内影响可能不大。确定对此类书籍的需求的性质，并不是一件容易的事。在很大程度上，这一需求可能仅仅是求知欲强、聪明的商人、食利者和地主的爱好。用一位学者的话说，它一定程度上可能只是百无聊赖的资产阶级暴发户的“知识偷窥癖”。当百科全书出版时，书里的内容可能早已过时。毫无疑问，当时许多商人和制造商严重高估了最佳实践知识能给他们带来的好处。不过有证据显示，关键人物获得经过系统整理的知识后，变得有学识，并受到了启迪。对此，我们不能视而不见。当斯密顿、韦奇伍德遇到难题时，会向法国政府请教。数学家兼医师托马斯·扬（1773—1829）和化学家、物理学家迈克尔·法拉第正是受百科全书文章的启发，得以开展他们日后的工作。他们是工业启蒙运动后期最重要的人物。

此外，知识获取的成本很重要。毕竟许多发明类似于已有技术，且与之相结合，或者综合不同领域的知识，也就是我们说的技术混合或重组。一些发明家有志于解决特定技术难题，但不确定能在哪个意想不到的角落找到答案，因此不得不通晓其他领域的大量实践知识。早在工业革命之前的一个世纪，这一现象就已经存在。约瑟夫·莫克森在 17 世纪 70 年代写道：“哲学家能够改进行业本身……我认为一个行业可以借鉴其他行业的成就，从中受益”（Moxon，［1677］，1703，前言）。如果人们能够容易地获取其他领域的有用知识，那么此类发明更有可能实现。一个典型的例子就是亨利·科特发明的搅拌式炼铁法，这是经典工业革命的重大突破之一（1785）。他按照其他人之前尝试使用反射炉的做法（应用于玻璃工业），以正确的方式将多种已知工艺结合在一起，从而达到预期效果。另一个案例是塞缪尔·克朗普顿发明的“骡机”（1779）。骡机名副其实，兼具珍妮机和精纺机两者的优点。在 19 世纪初，专业化的职业发明家开始出现。他们通常是外行，之前与工业没有任何关联。亚当·斯密表示，发明家经常是“思想家，他们的职业不是动手实践，而是观察万物”（［1776］，1976，第 14 页）。一个世纪之后，亨利·贝塞麦依然认同斯密的看法（Jewkes、Sawers and Stillerman，

1969，第96页）。经计算，在1790年至1830年间，英国纺织业约一半的专利发明的发明者并非纺织制造商或纺织工（Dutton，1984，第123页）。当理查德·罗伯茨为曼彻斯特市建造电磁铁时（他之前没有任何相关经验），他能够获取精心整理的文字资料，并请教在曼彻斯特文哲会认识的专家和同事。对于外行而言，能否获取知识，这一点非常关键。他们的独特能力是“观察万物”。

* * *

正如之前提到的，工业革命基本上只是一种局部现象。至少在铁路时代来临之前，英国大部分地区并未受到它的影响。经济史学家展开争论的一个问题便是，工业革命究竟是主要发生在少数几个幸运的行业中，偶然的机械化机遇带来极为有限的技术进步和生产力提高，还是这一现象早在初期阶段，就已席卷整个经济，不可能由一个或数个意外的发明主导。正如迪尔德丽·麦克洛斯基（1981，第118页）所说，“工业革命不是蒸汽时代、棉花时代，或者钢铁时代。它是进步的时代。”特明也提出类似的观点（Temin，1997）。正如我在下文将指出的，这一观点更多地对应于工业革命和启蒙时代全面融合在一起的观点。人们致力于进步，在农业、医学、能源、交通运输、材料等诸多领域付出技术努力。不过，当时有许多工艺和技术瓶颈亟待改善和解决，而这涉及人类知之甚少且复杂混乱的自然现象。这些问题并不是能够一蹴而就得到解决的。两类行业实现了进步。在第一类行业，人们解决工艺和技术瓶颈问题时遇到的阻力较小，例如棉纺织业。在第二类行业，知识取得长足的发展，改良成为现实，例如水力学。在医药、农业等难题重重的行业，以及难以实现机械化的纺织行业（例如毛织和粗纺梳毛），进步则显得缓慢。不过此类结果都是事后的，而非事前的。人们做出广泛努力，希望实现技术进步。

在18世纪最后40年里，英国大部分行业仍不属于现代部门，也几乎未发生任何技术变革。我们很难精确计算现代部门的工人人数，其原因有三：一是随着时间流逝，这一数字迅速发生变化；二是许多工人每年不止从事一份工作；三是对一些行业的分类存在争议。此外，许多商品是新老行业开展协作和劳动分工的结果。因此，一些传统经济行业事实上受益于造就早期工厂的技术进步。这在纺织业尤为明显。虽然在18世纪80年代，纺纱和梳棉实现了机械化，但数十年来，织造仍为家庭手工业生产活动，并由独立的手织机织工承担。在1820年左右，随着动力织布机得到完善，工厂逐渐裁减手织机织工；手织机织工的没落是工业革命最引人注目的悲剧之一（Bythell，1978）。不过到了19世纪中叶，纺织业、制鞋和手套业、“玩具”业（小型五金制品）、皮带业和类似行业仍是工匠的天下。这些工匠小打小闹，作坊最多雇用几个工人或学徒。他们的作坊经常与自家房屋相连，并且很少使用机械化设备。采用蒸汽动力的行业不仅限于纺织业。不过直到1830年，蒸汽动力和水力提供的动力才大致相当（约165 000马力）；即便到了1850年，蒸汽动力仍未能得到广泛应用。经计算，在1841年，棉纺织业约2/3的工人受雇于工厂；在毛纺和精纺业、金属行业，这一数字则分别为1/2和1/3。

所谓的传统部门有能力实现变化和扩张。在18世纪，欧洲部分地区的农村家庭手工业快速扩张。这一扩张有时被称为“原始工业化”，往往发生在人口密度高的地区，或者土质较差的地区。在这些地区，农业劳动力的生产率相对较低，特别是在淡季。这为低技能生产活动的扩张创造了机会。在农村地区，纺纱工、手织机织工、制钉工、编织工、纽扣制造工、编篮工和类似职业数量也因此激增。家庭手工业的优势显而易见。首先，鉴于农业生产活动具有季节性，农民在农闲时没有多少农活可以干，因此可以利用这段时间从事家庭手工业活动。其次，在农村，家庭手工业不会受到束缚。相比之下，在英国一些历史更悠久的自治城镇，市镇制度仍然对工业设置各种束缚。最后，家庭其他成员可以加入家庭小型企业。

在工业革命前夕，农村工业部门规模有多大呢？鉴于农业劳动力需求具有季节性特征，许多农业工人只是兼职的工业工人。仅这一因素就让任何数字变得经不起推敲。更肯定的是，农村工业实现了地方专业分工：西南部诸郡专门生产毛织品，兰开夏郡专门从事棉纺织，伯明翰附近地区专门生产五金器具，莱斯特郡专门从事纬编生产（袜子）。上述的多数生产活动，特别是棉纺织业和精纺业，都是由所谓的包买商（putting-out entrepreneurs）负责组织和协调。包买商论件计酬，并为工人提供原材料和生产工具，然后负责销售制成品。大多数产品销往海外。在工业革命之前，这些兼营批发的制造商相当于节点，连接分散在各地的生产商和消费者。他们提供周转资金，并负责销售。不过，正如弗朗索瓦·克鲁泽（Crouzet，1985）所说的，他们并不是严格意义上的工业家。可以说工业革命目睹了工业主义的兴起，而不是工业的兴起。并非整个家庭手工业部门都是由这些兼营批发的制造商经营。工匠和工人，特别是毛纺织业的小型家庭布商，一直存续到19世纪。他们保持一定的独立性，并不是包买商雇用的全职工人。家庭手工业广泛存在于农村。这一现象提醒我们，工业革命并不是工业化本身，而是一个逐渐转型的过程，即工人走出家门，进入集中管理的作坊和工厂。

我们很难对这一观点进行量化。这是因为如果工业化意味着工人走出家门，进入制造业，那么我们就遇到一个问题，即在工厂出现之前，大多数农村产业工人是兼职的农民。他们经常在小菜园里种菜，在农忙季节干农活，在农闲季节从事加工生产活动。如果我们将他们计算为兼职生产工人，那么我们需要了解他们从事生产活动的平均时间比例。18世纪的文献资料基本上没有涉及这一方面。有一点似乎很清楚：当工厂招聘工人时，这些家庭手工业构成了劳动力来源。这些工人至少在一定程度上了解工业产品，能够熟练操作生产工具和设备。此外，他们直接或者通过兼营批发的制造商出售自家生产的商品，因此非常了解市场。通常首先进入工厂工作的是原始工业家庭的儿童和妇女。

早期的工厂虽然引入新机器，但同时也使用简单的工具和设备，因此一些家庭手工业技能在这些工厂也有用武之地。事实上，在许多早期的工厂，工人们在一个大房间里一起干活儿，并且干的活儿和以前在家中干的活儿相差无几。原始工业还涉及“各种资本主义制度”，例如熟悉市场和供应商的商人和企业家；金融、运输、海外关系等服务基础设施；辅助工匠。工匠本可以成为向工厂过渡的一个因素。此外，尽管工厂变得更常见，但是它们经常将大部分活儿外包给附近的家庭工人。在工业革命的初期阶段，许多工业企业家同时雇用工厂工人和散工。在一些地区，原始工业非常发达，特别是兰开夏郡、柴郡、约克郡西区。这些地区从一种工业顺利地过渡到另一种。我们可以观察到欧洲大陆（尽管时间稍晚）存在相似的关联，特别是瑞士高山区、弗兰德斯低地、莱茵兰、奥地利帝国的波希米亚省份。在这些地区，家庭手工业高度集中，这相当于提供（弹性供应的）廉价劳动力。此外，在这些地区，市场渗透度高，而且当地兼营批发的制造商拥有营销技能和资本，使当地具有一定的优势。

不过，并不是所有因原始工业而出名的地区都实现了过渡。例如，在 1750 年，约克郡和西南部诸郡的毛织业形成分庭抗礼之势。毛织厂曾一度高度集中在约克郡。与此同时，西南部诸郡慢慢地去工业化。这一缺乏一致性的现象导致唐纳德·科尔曼（Coleman，1983）等人不以为然，认为原始工业化只不过是“多余的概念”。不过，其他学者持不同的意见，认为尽管家庭手工业的提前出现并不是现代工业兴起的充分或必要条件，但上述现象存在着逻辑和历史联系。

第六章
英国技术领袖地位的缘起

对于造就现代工业时代的技术革命，如果不首先了解它的智识基础，那么我们就无法充分理解它。不过，见多识广、具有发明才能的人带来了发明和改良成果，为社会开启大门，却无法强迫社会迈过门槛。为了理解工业革命，以及英国为何能够在这场革命中发挥引领作用，我们需要深入地了解进步的经济根源。启蒙运动并非英国独有的现象，是一种西欧现象。在1750年，它蔓延到中欧和东欧地区，但是未能影响到奥斯曼帝国和南欧大部分地区。此外，英国也没有大包大揽所有的技术创新。在蒸汽动力、棉纺工艺、钢铁生产等技术进步最显著的领域，英国保持着领先地位。尽管如此，许多其他重大发明，特别是化学制品领域的重大发明均来自法国和其他地区，而工业革命的成功恰恰归因于这些发明。在造纸、食品加工、化学制品，以及亚麻制品和丝绸等纺织业，英国更像是学生，而不是老师。不过，虽然英国没有包揽所有的发明，但在数十年的时间里，它在下列领域拥有了不小的优势：研发国内外的发明成果，将新的理念成功地应用于商业用途，并为它们找到新的应用。在1820年之后，英国从法国引进了氯气漂白、亚麻湿纺法、煤气照明、食品装罐、雅卡尔织布机等诸多发明成果，并将它们广泛应用于本国丝绸行业。英国执行力很强，取得了不小的经济成就，从而成为欧洲羡慕的对象。那么为什么英国能够成为领袖呢？英国的哪些优势是其他国家不具备的呢？

显然，英国的优势主要在经济供给侧，而不是需求侧。别忘了，相对英国而言，荷兰更富裕，法国国土面积更大，西班牙则拥有更多的殖民地，因此这些国家在需求侧方面更具优势。更重要的是，经济并不会因为消费需求增加而实现发展。事实上，所有经济体都渴望获得更多的收入，而关键在于它们是否有能力满足这一愿望。当然，在较低的抽象层面上，需求因素和市场规模帮助决定资源的配置方式，技术变革速度可能同样取决于这些因素。

我们凭借一张简单的地图，就可以知道英国具有一定的优势。英国是一个岛国，因此相对于其他国家而言，不易被外敌入侵。自 1066 年以来，外敌入侵从未得逞（这不包括“光荣革命”。这场革命应算作国内政变，而不是敌国入侵）。有人可以合情合理地反驳指出，当时的人们并不清楚英国这一优势，不得不耗资采取防护措施。不过与低地国家相比，英国经济受战争直接影响的程度要小。英国是一个岛国，这意味着它的海运经济、造船和辅助产业规模庞大，沿海航运运输相对便宜。英国得天独厚，拥有丰富的煤矿和铁矿资源，而且这两种矿产资源产地相距不远。此外，英国的自然资源不仅限于煤矿和铁矿。它还拥有铜、锌、铅等有色金属、漂白土、优质的耐火黏土，以及明矾等用于制作媒染剂的材料（Harris，1998，第 557 页）。

许多学者认为，能源正是长期经济发展的核心所在（Malanima，2006）。煤炭产量以令人目眩的速度增加：1700 年的总产量约为 300 万吨；到了 1775 年，这一数字达到将近 900 万，1800 年则为 1 500 万吨，到了 1850 年年产量超过 6 000 万吨。在一个半世纪，煤炭产量增长了 20 倍。许多学者（例如 Pomeranz，2000；Wrigley，2004a，2009）指出，英国非常幸运，拥有丰富的煤炭资源。这一点很关键，让英国得以发展成为成功的工业化国家；相比之下，同时期中国等国家工业化则以失败告终。相对木材而言，煤炭的能效更高，价格也更便宜。此外，它还能节省用地，让英国能够减少林业用地，转为其他用途。此外，煤炭的使用激励人们开发新技术，用于开采和使用煤炭。正如表 6.1 所示，煤炭资源分布在英国大部分地区，而且没有哪一个地区的煤炭产量占据优势。

表 6.1　1700—1850 年英国煤炭产量增长情况，按地区划分

	1700 年	1750 年	1775 年	1800	1815 年	1830 年	1850 年[a]
苏格兰	450	715	1 000	2 000	2 500	3 000	8 100
坎伯兰郡	25	350	450	500	520	560	900
兰开夏郡	80	350	900	1 400	2 800	4 000	9 600
北威尔士	25	80	110	150	350	600	1 400
南威尔士	80	140	650	1 700	2 750	4 400	10 600
西南地区	150	180	250	445	610	800	1 400
东米德兰兹	75	140	250	750	1 400	1 700	3 400
西米德兰兹	510	820	1 400	2 550	3 990	5 600	10 900
约克郡	300	500	850	1 100	1 950	2 800	6 700
东北地区	1 290	1 955	2 990	4 450	5 395	6 915	15 200
总计	2 985	5 230	8 850	15 045	22 265	30 375	68 400

注：a. 涉及 1850 年至 1855 年。

资料来源：Flinn（1984，第 26 页）；Church（1984，第 3 页）。

无论从理论还是实证的角度看，人们都不应轻易接受地理决定论。在工业革命时期，除了蒸汽机、生铁熔炼和加工之外，煤炭用于全新用途的情况并不多见。煤炭的大多数用途先于工业革命出现，无论是家庭供暖还是工业应用。在工业革命期间，得以攻克的主要技术瓶颈是矿石冶炼问题。由于铁矿石含有大量的氧化物，冶炼时需要纯碳；当碳燃烧时，氧物质与碳发生反应，生成二氧化碳挥发掉，剩下（或多或少的）纯铁。在 1709 年之前，唯一合适的燃料是木炭。不过木炭取决于木材供应情况，并且运输起来很麻烦。1709 年，亚伯拉罕·达比首次采用焦煤取代木炭，用于炼铁工艺。在 1760 年之后的工业革命期间，这一工艺大受欢迎。焦煤则是煤炭的衍生物。

更重要的是，煤炭能够提供热能。不过，机械化和其他工业生产活动都需要做功。工业启蒙运动取得诸多重大成就，其中包括通过蒸汽机，更高效地将一种形式的能量转换为另外一种形式的能量。我们可以利用燃料效率这一具体的标准来衡量进步。许多一流的科学家致力于解决这一难题，从克里斯蒂安·惠更斯和他的助手丹尼斯·帕潘到 19 世纪的萨迪·卡诺、开尔文男爵、兰金。这一研究工作主要在英国开展，

这一定程度上归因于英国拥有丰富、廉价的燃料（Allen，2009）。煤炭利用技术能够出现在煤炭资源丰富的国家，这是理所当然的。不过，这一机制是否足以合理地解释整个工业革命，尚待分晓。我将在第十二章讨论这一问题。兰开夏郡煤炭资源丰富，但它的铁矿石质量低劣，并且储量有限（Timmins，1998，第101页）。

诚然，蒸汽动力带来了翻天覆地的变化，但工业革命并非绝对"需要"蒸汽动力（在很长一段时间里，许多领域的制造活动继续依赖于水力）。此外，蒸汽动力也并非完全依赖于煤炭（当时蒸汽机能够也的确使用泥煤和木材作为燃料，不过它们的每磅燃料效率更低）。此外，英国可以进口矿产品和原材料。英国本土不生产原棉，一开始只能从小亚细亚进口，后来越来越多地从北美进口。高质量的条形铁矿石则从瑞典和西班牙进口。原毛、丝绸和亚麻也依赖于进口。不过和炼铁、蒸汽领域一样，英国在纺织业的技术优势也同样明显。在荷兰交通通达的地区，煤炭资源并不丰富，因此很大程度上依赖于从英国港口进口的煤炭。不过阿姆斯特丹的煤价并不比伦敦高多少。瑞士也没有煤炭资源，因此专注于煤炭派不上用场的行业。

在近期的一篇论文中，克拉克和杰克斯（Clark and Jacks，2007）重新审视了煤炭在工业革命中发挥的作用。他们得出结论，认为煤炭开采业基本上是一个消极因素，它的生产率在1710年至1869年间几乎没有增长。煤炭产量之所以增加，主要原因是需求增加了，而不是因为煤炭业自身能力受到了重大冲击。克拉克和杰克斯也许低估了这一部门的技术进步程度，特别是约翰·巴德勒在1810年左右推出的混合式通风技术。这一技术为矿井提供新鲜空气，减少通风炉可能造成的危险。在短短数年之内，这一技术在英国整个东北地区得到了广泛的运用（Heesom，2004）。当易采煤层资源枯竭时，煤炭价格必然上涨，不过煤炭开采技术取得了进步，从而抵消了价格的上涨。当然，虽然煤炭弹性供应意味着英国不会存在能源短缺的问题，但是我们有必要认识到，英国还有其他选项。英国本来可以节约使用燃料，专攻低能耗产业，并且使用其他能源，例如波罗的海地区的木材、能效更高的水力和风力。只是这些能源的成本可能更高。不过克拉克和杰克斯证明，英国经济不会因为这一成本差异而蒙受巨大损失（约GDP的2%）。无论选择哪种确切的反事实条件陈述，“没有煤炭就没有工业革命”的推论似乎都站不住脚。

这并不是说，在其他条件相同的情况下，地理环境因素不是一种优势。这一优势意味着，得益于自身有利的资源基础，英国从（主要）基于有机物的经济转型为（主要）基于矿物的经济时，这一转型进程更快、更深入。不过，无论是在当时还是现在，地理环境和贸易可以相互替代。同时，贸易和技术相互补充。最重要的是，自然资源和技术相互补充。煤炭和铁矿是矿物经济的主要要素。自有史以来，它们一直埋藏在英国的地下。自然禀赋因素突然在一些行业变得非常关键，造成这一现象的并不是地理因素，而是知识的变化。知识的变化推高了煤炭需求，让煤炭开采成为现实，当然，矿井必须排水，这对蒸汽动力的出现产生强烈的集中影响。此外，康沃尔郡铜矿和锡矿的情况也是如此。最早的蒸汽机非常低效，只能在煤矿矿井附近作业，因此煤矿位置决定着实际历史发展轨迹。尽管如此，煤炭使用本身并没有促进将化石能源转化为动能的知识的增长，而此类知识的增长推动了煤炭的使用。

这一原理同样适用于盐。这一古老的商品是矿物经济的另一个要素。不过在18世纪，它的用途发生了变化。早在1736年，法国化学家发现食盐在一定程度上是苏打（碳酸钠）的“基”。碳酸钠是玻璃和制皂业的重要原材料。直到18世纪晚期，苏打都是利用“有机”原材料（海草）制成的。不过在18世纪最后十几年里，人们狂热地开展研究，试图通过蒸馏法，利用盐制取碱。1785年，尼古拉斯·勒布朗让盐和硫酸发生反应，制造出一种原材料，该原材料经过进一步加工后合成苏打（Multhauf，1978，第140—143页）。尽管当时科学并不完善，但它产生了影响，启发人类极大地改善盐的使用，从而刺激这种矿物质的产量，并降低诸多苏打消耗行业的投入成本。英国的快速发展得益于欧洲大陆的科学，以及英国自身能力和有利的制度环境。利物浦化学家詹姆斯·马斯普拉特（1793—1886）采用勒布朗制碱法，使之成为令人不快但利润滚滚的行业。马斯普拉特本人的化学功底一般，但他向合作伙伴乔赛亚斯·甘布勒（1775—1848）学习，取长补短。甘布勒是爱尔兰人，曾在格拉斯哥市学习。

随着技术向前发展，且自由贸易运动得以确立，地理距离因素逐渐遭到削弱，我们赋予地理的角色也因此弱化。自然资源的存在具有偶然性。虽然它有一定的重要性，但在解释英国为什么能够成为经济领袖这一现象时，它充其量只不过是一个次级因素。如果不存在煤炭资源，英国可能需要找到一种替代能源，那么水力和风力肯定会发挥更大的作用。化石燃料的存在会产生重大的经济和环境影响，但它本身不会“造就”经济增长。正是人类的聪明才智造就了经济增长。

经常有人说，煤炭用途增多，煤炭利用技术取得发展，这一切可归因于木材供应的耗尽。人们认为，如果英国没那么幸运，没有如此丰富的煤炭资源，那么它的经济历史有可能被改写。在这一段时期内，英国是木材的重度消费国，显然当时人们担心树木会因此枯竭。不过正如迈克尔·弗林指出的，木材价格方面的证据并不能证明18世纪存在木材严重短缺的问题（Flinn，1959，1978；另参阅 Hammersley，1973）。在18世纪，亚伯拉罕·达比首次将焦煤炼铁工艺运用于商业用途。在这之前的半个世纪里，英国木炭的价格非但没有大涨，反而在接下来的半个世纪里下跌了。因此，刺激人们使用焦炭作为替代品的原因并不是木炭价格的上涨（Malanima，2003，第96页）。如果人们真切地感受到木材短缺问题，那么木材价格会持续上涨，从而促使英国农民种植更多的树木，或者从波罗的海地区进口的木材会增加。18世纪研究农村经济的专家威廉·马歇尔（1745—1818）指出：“如果没有来自国外的木材供应，到今天，这座岛屿上的用材树木可能一棵不剩”（Marshall，1785，第2页）。英国森林覆盖面积约为200万英亩，是欧洲森林覆盖率最低的国家。不过基础经济学证明，这并不一定意味着危机。正是因为增加本地木材供应并不能带来利润，所以英国土地所有者才尽可能将土地用于种植其他作物。如果没有煤炭，木材价格上涨幅度可能更大（这取决于从海外进口的木材数量和价格情况），英国可能会将更多的土地用于种植树木。里格利（Wrigley，1988，第54—55页；2009，第92—94页）估算，如果木材提供了与英国消耗的煤炭相当的能量，那么1750年英国森林覆盖率应达到13%；在1850年，如果由木材提供英国当年所消耗的能量，则英国森林覆盖率需达到50%以上。不过里格利忽视了一个可能性：假设英国没有煤炭资源，燃料价格昂贵，那么它可能会采用更多的节能技术，或者重新排列产出组合，转而生产耗能更少的产品。在某种程度上，情况就是如此。此外，里格利还没有考虑到木材进口增加的情况。在1784—1786年至1854—1856年，木材进口价值增加了近11倍，在进口商品中的占比从4%增至6.4%（Davis，1979，第110—111页、第124—125页）。在当时，英国依赖于从美国进口的棉花。它本可以从波罗的海地区和加拿大进口更多的木材，来实现工业化，当然这需要付出一定的代价，但代价不会太高。

林业和其他部门一样，都受启蒙经济的影响。这意味着，假如没有煤炭资源，当时植树技术可能要发达得多。英国从世界其他地方引进了新的品种。在1781年至1807年间，托马斯·威廉·科克位于诺福克郡霍尔克姆村的庄园引进了49个品种、不少于200万株的幼苗。人们在探究煤炭使用增加的起因时，不仅需要考虑到假定存在的木材供应危机，还应特别考虑到，煤炭这一能效更高的燃料的运输和使用技术不断得到改进。不过应注意的是，尽管煤炭实际能效更高（依据每磅产生的卡路里），但是这并不必然意味着其经济效率更高。这同时还取决于替代燃料的成本。

我们在思考地理因素的作用和重要性时，可以采取略有不同的方式，即忽略从“有机”经济转型为“矿物”经济等术语，考虑地理事件如何推动创新阶层将创造力和注意力聚集于特定方向。有用知识只流向特定轨道，这一定程度上归因于自然环境的需求。例如，煤矿之所以重要，并不仅仅是因为它们提供了一种价廉物美的燃料。在18世纪，人们认为采矿是英国经济的高科技部门。它不仅吸引并培养了工程人才，而且它的正向技术溢出效应扩散到其他部门，尤其是蒸汽动力。在18世纪10年代，纽卡斯尔矿山开始采用纽科门蒸汽机。不过在1740年之后，这一蒸汽机才变得常见。矿山测量员和工程师是当时的技术奇才，经常向矿山所有者提供有关投资方案的建议。最杰出的矿山测量员，例如杜伦郡的约翰·巴德勒，为英国各地的客户提供咨询意见，名利双收。许多早期的铁路工程师也是采矿业出身，这并非偶然。

矿井容易发生透水事故，这就需要持续不断地向外抽水。抽水机是一种对工程精度和材料品质要求很高的设备。它适合于最早一批蒸汽机的应用。因此矿井作为一种聚焦装置（focusing devices），引导英国工程师发挥聪明才智，解决有待攻克的难题。一些工程师才能出众，认识到抽水机既能解决矿井透水问题，也可以将早期蒸汽机提供的往复运动转换为旋转运动，提高蒸汽机的效率，实现在煤矿矿井口以外的地方作业，从而广泛用于解决工业动力问题。在其他地区，矿产勘探推动了有用知识的发展。人类发现地层规律，绘制地质图，更严谨地开展勘探工作（Winchester，2001）。

地理偶然性因素也是英国海洋经济得以发展的原因之一，它同时也刺激了帆布织造、制钉、锯木业等辅助产业的发展。海洋经济给英国带来了造船厂和高水平的木工业。它将钟表匠的精确性和天文学家的计算法完美结合在一起，进而刺激航海仪器制造业的发展。技术的路径依赖性质意味着，此类巧合有时是重要的决定性因素。因此，自然环境应被视为经济增长的转向机制，而不是引擎。不过，正如所有司机明白无误地知道，汽车最终抵达何处，以及行驶速度有多快，这一切同时取决于司机的驾驶技术，以及汽车发动机的可靠性和功率。如果没有发动机，司机再小心驾驶也没用。例如，爱尔兰和英国一样濒临大海，但前者未能发展海洋部门，也没有出现随之而来的溢出效应。

许多英国工业家和企业家之所以大获成功，除了他们才智出众、一心创业之外，还因为他们有能力、有意愿学习和充分利用他人理念。尽管汉诺威王室遭人诟病的缺点颇多，但是不存在“非我所创”* 这一文化自大的缺点。在当时，推动英国技术进步的诸多重大见解和理念源于

* 指不愿意使用外人发明的东西。——译者注

欧洲大陆。托马斯·洛巴设在德比市的捻丝工厂就是一个恰如其分的例子。这一工厂是建立在从意大利“借鉴”技术的基础之上。洛巴在1718年取得捻丝技术专利，并在1720年建厂。当时并不存在跨国执行知识产权的机制。因此英国毫不客气地照搬他国技术，同时其他国家也抄袭它的技术。英国的能工巧匠一如既往地进行尝试，进一步改进和细微改良他国技术。曾造访英国的瑞士制造商让·瑞希纳在1766年提到，一件完美的产品应该由法国人负责发明，英格兰人负责制造（转引自Wadsworth and Mann，1931，第413页）。在这一问题上，他可能只是重复一个普遍的观点。丹尼尔·笛福也曾表达同样的观点，指出：“英国人……以改进技艺闻名于世，而不是发明”。此外，在《英国商业方略》中，笛福指出，“在技艺、贸易、国家治理，以及我们擅长且远胜邻国的几乎所有出众之处，我们取得了巨大进步，而这一切实际上是建立在他人发明成果的基础之上”（Defoe，［1726—1927］，2001，第162页）。大卫·休谟指出，“我们（在过去两个世纪）取得了各种进步，这一切都归功于我们能够模仿外国人……尽管我们的生产商采用先进的技术，但对于每一项技艺，我们每天都在使用邻国的发明和改进成果”（Hume，［1777］，1985，第328页）。对于上述说法，我们应持严重保留的态度。在当时一些前沿技术领域，英国制造商处于领先地位，例如煤炭使用、蒸汽、金属矿、纺织品。与此同时，他们在其他领域落后于人，特别是在化学知识、玻璃制造、造纸、高端纺织业。

当英国落后于人时，它展示出令人不可思议的能力，能够发现其他国家的发明成果，解决这些发明存在的缺陷和问题，使之发挥作用，然后加以利用，从中获利。当英国引进一项发明时，例如勒布朗制碱法、卷筒纸制造、罐装食品或氯漂白，它会开展一系列“小发明”活动，对这项发明加以改进。一个较早的案例是反射炉。万诺乔·比林古乔（Vanoccio Biringuccio）在1540年首次描述了如何将反射炉应用于吹制玻璃，17世纪初英国开始采用这一技术。到了1700年，英国一些不知名的技术工匠将反射炉成功地应用于冶炼有色金属，后来再应用于搅拌炼铁。即便是前文提到的洛巴捻丝厂在细节之处也是依赖于本国的能力。德比市工程师乔治·索罗科尔德参与建造洛巴捻丝厂。他在水利工程建造方面经验丰富，是18世纪上半叶最积极勤奋的工程师之一。在一个世纪之后，英国纺织技工掌握并改进了法国纺织业的两项最重要的发明，即德·吉拉德的湿纺法、雅卡尔的织布机。

在1780年至1815年期间，欧洲大陆陷入动荡。与此同时，英国社会维持着和平（尽管当时政府出台了一些强硬的措施）；政府坚定地支持发明家，反对技术保守主义，而且它的制度提供一个高效（但远非严密）的体制，奖励有进取心和发明才能的人。这一切在一定程度上可以解释英国为什么能够成为领袖。此外，得益于这一奖励体制，具有发明才能和进取心的个人能够更容易地利用市场，推销自己的想法。在过去，行会控制并限制工匠如何运用自身技能。行会遭到削弱，再加上个人获得了更大的自由和流动性，这为足智多谋、雄心勃勃的年轻人提供了种种机遇。

不过为了有效地利用知识，人类不仅需要获取知识，而且要有动力创造和获取新技术，同时还需要具备一项能力，以运用技术并执行技术设计图中的“指令”。工匠和工程师使用的多数知识属于“默会”知识。此类知识并没有正式记载在生产“配方”上，而是基于经验或模仿的小技巧和技术秘诀。约翰·哈里斯（1992，第33页）将默会技能描绘为“不可分析的专业技能，行业‘诀窍’”。迈克尔·波兰尼（Polanyi，1962）在很早之前就提出了这一观点。哈里斯对煤炭和钢铁业的了解可能影响了他的观点，不过这一观点很大程度上适用于五金工业、纺织业、仪器制造业和工程技术业。哈里斯指出，当时，英国国内对这些技能习以为常；通常外国游客才会留意这些技能，这其中包括工业间谍（Polanyi，第26页；另参阅Harris，1998）。哈里斯以英国搅炼工的胜任力为例，指出他们不仅需要技能，还需要经验和“近乎艺术判断力的能力”。他补充道，外国人很难引进这一胜任力，原因是英国技术熟练的搅炼工掌握着相关知识。他们“在煤烟缭绕的生活环境中”掌握了必要的煤炭炼铁技能，对这些技能习以为常，觉得无须进行解释（Harris，1992，第28页、第30页）。曼彻斯特棉纺织生产商约翰·肯尼迪在 1824 年写道："如果手下没有人能够修理和管理机器"，那么他无法使用这些机器（转引自 Jacob and Reid，2001，第 293 页）。

在工业革命前夕，英国拥有一大批技术熟练的技工和技术人员。他们心灵手巧，具有机械方面的天赋，因而被选中，接受学徒培训。当然，其他国家也拥有此类人才，只不过英国似乎在这方面得天独厚。欧洲大陆对此感到羡慕和失落，这体现在莱布尼茨颇具预见性的话语当中。他在 1670 年写道："虽然我们德国人首先发明机械、自然和其他技艺和科学，但在推广和改进方面却落后于人，因此没有什么值得称道的"（转引自 William Clark，1991）。法国政治经济学家让 - 巴蒂斯特 · 萨伊敏锐地观察到了当时各个经济体的情况。在 1803 年，他提道："英国拥有巨大的财富，这更多地归功于它的工人非常优秀，并且冒险家拥有不可思议的实际技能，能够有效地利用知识，而并非在科学知识方面取得了进展，当然它在这一方面也处于领先地位"（Say，[1803]，1821，第 1 卷，第 32—33 页）。瑞士人恺撒 · 德 · 索绪尔在 75 年前提道："英国工人在各地都享有盛誉，且实至名归。他们追求完美，虽然没有发明创造力，但能够极好地改进和完善法国人和德国人的发明成果"（de Saussure，[1726]，1902，第 218 页，1727 年 5 月 29 日的信件）。在一个世纪之后，伟大的工程师约翰 · 法雷证实："英格兰人和苏格兰人的想象力不如外国人。他们的主要才能是利用和完善新理念"（Great Britain，1829，第 153 页）。法雷本人写了一部关于蒸汽动力的重要著作。他还说，之所以出现这种情况，是因为"国外在落实和运用发明方面远不如我们"。更准确的评价可能是，虽然外国人，至少是北大西洋各国民众的想象力不亚于英国人，但是他们所处的经济环境未能像英国一样提供种种机遇和激励。

英国拥有大批能干、技术熟练的技工，这为它提供了各种机遇。乔赛亚 · 塔克观察敏锐，他在 1758 年指出，"（英国）工人人数众多，且经验更为丰富，因此能够更好地进行模仿，从而在各种制造品方面胜过其他国家的技工"（Tucker，1758，第 26 页）。18 世纪中叶出版的一本书（原作者为法国人，后来一位英格兰人进行修订）扬扬自得地夸口："没有人能够更好地改进机械技艺……（在英格兰）这里生产出最好的时钟、手表、晴雨表、体温计、气泵和各种数学仪器……他们发明利用藤椅和蒸汽机印刷物品和亚麻布等。他们对玻璃、锡器、红铜制品、黄铜制品、陶制品、牛角制品进行改进，效果达到令人钦佩的地步……他们擅长于抛光铁器，并利用这一技术制造各种有用、光亮的器皿；在这一方面，他们胜过所有其他国家”（Miège，［1701］，1748，第136页）。

尽管未能像詹姆斯·瓦特、理查德·阿克赖特一样闻名全国，一些技艺精湛的工业家、工程师、工匠也获得了应有的声誉。我们首先应提到什罗普郡煤溪谷的达比家族。作为铁器制造商，他们为大批纽科门蒸汽机生产和供应汽缸，并建造了塞文河铁桥。这座大桥于1781年开通，是工业革命最知名的技术“盛事”之一。另一个例子是约翰·威尔金森。他的布拉德利工厂发明了新型镗床。这种机床能够生产制造博尔顿和瓦特所需的蒸汽机汽缸，精度无与伦比。此外，他率先安装了工业蒸汽机用于驱动风箱。在18世纪60年代，查尔斯·加斯科因收购了位于苏格兰福尔柯克的卡伦铁厂，通过不懈的改进和审慎管理，最终救活了这家濒临倒闭的工厂。尽管加斯科因最终去了俄罗斯，经营一家铁厂，但是卡伦铁厂在1814年时发展成为欧洲最大的铁厂，雇用了2 000多名工人，并生产制造出有名的臼炮，帮助英国打败了拿破仑。我们还应提到康沃尔工程师亚瑟·伍尔夫，他是复式蒸汽机的发明者。此外还有布赖恩·唐金，他因改进机械化造纸机而闻名于世，他还发明了转速表、钢尖钢笔和罐头内壁用金属锡。在机器制造业，最出名的机工是约瑟夫·布拉默和他颇具天赋的学徒亨利·莫兹利。他们两人被视为英国机床制造工业之父。

其他一些熟练技工尽管名气较小，但他们的重要贡献或者发明才能足以让他们名留青史。这其中包括一批精通数学的仪器工程师。例如，光学仪器工程师约翰·多隆德（1707—1761），他是丝绸纺织工出身，业余时制作光学仪器，但后来因为在消色透镜方面做出重大贡献而荣获科普利奖章*（1761）；活跃的仪器工程师、科学讲师和企业家弗朗西

* 科普利奖章是英国皇家学会颁发的最古老的科学奖之一。——译者注

斯·霍克斯比（1688—1763）；数学家约翰·哈德利（1682—1744），他制造出精确度更高、名为哈德利象限仪（或者说八分仪）的导航仪；土木工程师、机器安装工人和仪器工程师托马斯·约曼，他凭借高超的技术能力，帮助史蒂芬·黑尔斯发明了通风机；一流的仪器工程师杰西·拉姆斯登（1735—1800），他设计了空前精密和用户友好的测绘和测量仪器；以及爱德华·特劳顿（1753—1835），他在拉姆斯登逝世后成为伦敦最好的仪器工程师。约翰·怀特赫斯特是月光社成员，后来成为伦敦的度量衡监察员。威廉·默多克是杰出的工程师，是瓦特信赖的助理。他的发明成果包括煤气照明、含铁水泥，以及对蒸汽动力和压缩空气泵的重大改进。最后还有德比郡工程师和企业家本杰明·奥特拉姆。他因支持铁轨作为运输工具而闻名于世。过去有人错以为“电车轨道”（tram）一词源于他的名字。这些人是出类拔萃的发明家可以依赖的第二梯队人才。

机器安装工人的能力给人留下深刻的印象。英国机器安装工人（特别是苏格兰的机器安装工人）通常也是经验丰富的工程师。威廉·费尔贝恩本人也是机器安装工人出身。他表示，18 世纪英国的机器安装工人“造诣和智力超群”；典型的机器安装工人本可以成为“不错的算术家。他们了解一些几何、水准测量和测定法方面的知识，并且掌握足够的应用机械知识”（转引自 Musson and Robinson，1969，第 73 页）。约翰·伦尼（1761—1821）是机器安装工人出身，他将滑动舱口盖应用于水轮上，并建造了伦敦的多座大桥。他的学徒彼得·尤尔特（1767—1842）同样也是机器安装工人出身，为博尔顿和瓦特工作过，之后为纺织厂厂主塞缪尔·奥尔德诺效力，最终晋升为皇家造船厂的总工程师。什罗普郡的威廉·黑兹尔丁（1763—1840）是铁匠的先驱，他的工厂为建筑物提供大型铁铸件。脱粒机的发明者是苏格兰人安德鲁·米克尔，他也是机器安装工人出身。

在他们之后是第三梯队人才。这一人才队伍规模更加庞大，主要成员是姓名不详的工匠和技工。他们是工业革命大军籍籍无名的步兵。虽然他们并未出现在名人词典中，但他们为技术进步提供了不可或缺的工艺。他们天生心灵手巧，而且其技术能力绝不是从学校学习掌握的。他们经验丰富、技能高超，还掌握了有关能源和材料的实用知识，使理念转化为产品成为可能。他们中间有机械师、技艺精湛的钟表和仪器制造者、金工、木工、玩具制造者、玻璃切割工和其他专业人员。他们能够生产出尺寸规格和用材非常精确的零部件，看得懂设计图，会计算速度，并且了解容差、阻力、摩擦、润滑、机械部件相互耦合等知识。此外，这一队伍还包括应用化学家、医生、经验丰富的农民。应用化学家能够熟练操作实验室设备，使用各种酸性物。医生的意见有时能够救人性命，尽管没有人知道其中的原理。农民尝试饲养新品种的家畜，施肥，安装排水系统，种植饲料作物。

一些工匠勤勉研究，摆脱了默默无名的命运。亚历山大·奇泽姆就是一个例子。他担任巡回讲演人威廉·刘易斯的技术助理，之后效力于乔赛亚·韦奇伍德，成为实验化学家和工厂助理，发挥自己的专长（Stewart，2008）。斯肯普顿等人（Skempton et al. 2002）让许多工程师和技工得以名垂千古。他们整理的传记汇编证明英国的能工巧匠队伍非同寻常、令人难忘。在有些情况下，我们可以通过了解一家公司的管理情况，一窥这一现象。当纽科门来到英格兰中部地区，安装蒸汽机时，他和他的助手“对水泵茫然不知所措。不过他们离伯明翰很近，那里有许多具有创造力、令人敬佩的工人伸出援助之手。在工人们的帮助下，他们很快找到生产制造泵阀、阀瓣和泵斗的方法”（Desaguliers，1734—1744，第2卷，第533页）。在博尔顿和瓦特位于索霍的工厂，技艺精湛的“镟工”和“钳工”需要接受多年的学徒培训，然后充当助手，之后才有资格独立操作设备（Roll，［1930］，1968，第181—183页）。人们对这家工厂了解颇多。一个例子是约翰·萨瑟恩。他是一名能干的绘图员和技工，是瓦特的得力助手，终生为博尔顿和瓦特效力（Crouzet，1985，第132—133页）。詹姆斯·劳森也是索霍工厂深受信赖的员工。尽管他身体欠佳，但多次被委以重任（Griffiths，1992，第114页）。1794年，瓦特谈及聘请的技术人员时提到，许多工人受过“机器安装工人、建筑师、勘测员等”类似技能的训练，实际技能和技巧从一个职业溢出到了另外一个职业（转引自Jones，2008，第126—127页）。由于劳动力流动未受到限制，英国经济能够很好地利用这些优势。

英国非常幸运，能够拥有一个能工巧匠阶层。相对其他国家而言，英国这一阶层更为庞大，给人留下深刻的印象。如果没有分包商供应严格按照说明书生产的零部件和制备材料，或者没有“手巧”的工人反复执行设计图中的方案，技术不可能成为现实。此外，这些工人虽姓氏不详但颇具才干。他们中间的佼佼者带来了源源不断的未被记录但不可或缺的小发明。有了这些小发明，发明成果才能够适应当地需要和环境，从而发挥更好的作用。如果没有他们，英国不可能成为世界工厂。当然，并非所有工匠都显著地受工业革命的影响。许多人只关注自身所在行业的技术细节。正如我们所处的时代一样，鲜有工程师是知识分子。其他人则是受教育程度不高的工匠，他们凭借非凡的实际技能而声名远播。马修·默里是他所处时代最具才华的机械工程师之一，也是詹姆斯·瓦特的劲敌。人们称他“结构性文盲”（Skempton et al.，2002，第462页），不过他可能是一个例外情况（Allen，2009，第260页）。胜任力和新想法是相辅相成的。对英国而言，两者缺一不可。不过，许多挑起生产重担的人接受过良好教育，且发表过涉及各种主题的文章。约翰·肯尼迪（1769—1855）是19世纪前几十年兰开夏郡最成功的棉织品生产商之一。他本人是一名技术熟练、具有发明才能的工程师。他也是曼彻斯特文哲会活跃的成员，曾就《济贫法》和棉纺织业对工人阶级的影响发表过一篇文章。

英国和其他国家的不同之处不仅在于机械技能水平或优势，还在于此类技能的分布情况。欧洲大陆各国政府（主要是军队）招揽了主要的工程人才。英国能够取得技术领袖地位，关键得益于一批技术人才，以及他们日常开展的工作。英国政府通常不会采取咄咄逼人的立场，对技术人才的工作指手画脚。在欧洲大陆的大部分地区，工程师在军队、政府文职部门、学校或行政机关服务于国家。法国的“工程师”通常是军人。在英国，有着相似兴趣爱好和能力的人们需要在私营部门寻找工作。他们设计出更高效的磨坊和灯塔，制造更精密的手表、更高效的纺纱机，或者勘探煤层。在英国，科学和科学家的社会地位有异于欧洲大陆。一些史学家仍然认为下列观点是合理的，即英国科学家务实，秉持培根传统，而法国科学家遵循卡笛尔传统，注重理论和抽象问题，两者形成了对比（Kuhn，1977，第137页；也可参见Inkster，1991，第42页）。此类一概而论的观点必然存在风险：许多法国知识分子和科学家，尤其是伟大的德尼·狄德罗，非常钦佩培根以及他取得的巨大成就。到了1750年，亲英派伏尔泰及其追随者倡导的经验主义传统在整个欧洲大获全胜，只不过各国风格有所不同。鉴于瑞欧莫、拉普拉斯、拉瓦锡等法国科学家致力于实验和应用工作，关于各国科学风格存在不同这种一概而论的观点值得怀疑。

总而言之，英国制造工艺出众，为本国和引进的创新成果提供了支撑，帮助开创了工业革命。英国熟练技工和工程师应用、调适和微调发明的能力尤为出众。这些技能属于默会型，不易在国家之间转移。法国科学家和工业家让-安托万·沙普塔提到，在许多制造部门，英国占据了支配地位；即使法国进口了英国的机器，它仍然无法与后者竞争，且其产品价格是英国的两倍。这可以归因于两个因素：一是法国人在习俗、“手巧”（灵巧）和许多细节方面不如英国人；二是尽管博学之士能够加速工业缓慢的前进步伐，但经验是不可替代的（Chaptal，1819，第2卷，第430—431页）。

此外，随着大批新机器和机械设备的面世，相关的技能需求不断增长，不过当时技能供应似乎足以满足这一需求。如果工业革命带来了经济学家所说的技能增加（skill-augmenting）现象（即新技术需要更多的技能），并且此类技能的供给有限，那么我们会观察到，训练有素的工人工资的技能溢价会剧增。当然问题在于，如果没有评估一个完整的技能市场模型，我们就不能轻易地将这一比率变化的历史轨迹归因于需求或供给因素。不过，如果我们假定技术是技能市场的原动力，同时也清楚技能供给显著地滞后于工资增长（这是因为人们掌握技能需要花费时间），那么毫无疑问的是，如果工业革命导致市场对技能工人的需求出现净增长，那么当时会出现技能溢价增加的现象。不过，关于技能工人和非技能工人工资比率的已知信息明确显示，在1750年至1850年间技能比率显著下滑（Clark，2005，

2007)。事实上，对工资溢价的研究证实，它在1450年至1900年期间变化不大，不过西欧地区要远低于东南欧和亚洲地区；这意味着欧洲更有能力培养此类技能和能力。在文化程度不那么重要的时代，此类技能和能力经常与人力资本联系在一起（Van Zanden，2009）。英国的情况更是如此。显然，“技能”作为一种生产要素，它的供给非常有弹性。不过，这和下列解释并不矛盾，即英国发明家和工程师能够设计出设备，使少数训练有素的工人在设计和任务上具有独创性，而大多数操作工可能是未受过训练的［参阅Mokyr（2005b）了解具体信息］。

英国取得如此大的技术成就，一个关键因素是它拥有一大批能干的技工，从而在采用新技术和利用小发明改进完善新技术时，拥有比较优势。一些人评价工业革命时，会想到詹姆斯·瓦特、理查德·阿克赖特、亨利·科特取得的里程碑式重大发明成果。对于这些人而言，上述观点可能显得离经叛道，不过应该指出的是，英国能够在小发明和重大发明两个领域拥有绝对优势，并同时在其中一个领域拥有比较优势。但是，我们还不清楚英国是否在重大发明方面拥有绝对优势。我们可以确定净贸易流向，以此检验英国在小发明方面拥有比较优势的假设。各个经济体往往专攻自身拥有比较优势的领域。大致说来，英国既是重大发明的净进口国，也是小发明和小改进的出口国；这体现为数百名英国熟练工人和技师前往欧洲大陆（Henderson，1954），以及欧洲大陆各国在18世纪向英国派遣间谍，偷师工业生产工艺的细节（Harris，1998）。在1815年之后，德国人和法国人源源不断地前往英国，参观伯明翰索霍工厂等工业场所。朴次茅斯发达的造船厂给他们留下尤为深刻的印象。该造船厂是英国大师级应用工程师亨利·莫兹利在战争期间设计的。这一专业化只不过是一种集中趋势，但是大体上，它的特征非常明显。英国对重大发明持拿来主义，不过它也会对抄袭而来的发明进行改进和完善。当欧洲大陆各经济体反过来效仿英国时，它们会发现自己的理念得到了极大的改进、精细的完善和调试，变得经济实用。

在商品、要素和知识跨国流动的所有案例中，分工情况并非完美无缺。特别是在18世纪，许多外国发明家和工匠抵达英国，同时也有英国技师和技工前往欧洲大陆。有用知识的交流经常是双向的。正如人们预期的，此类交流发生在贸易伙伴之间的差异不会太大的贸易区。一些外国发明家和工程师最终定居英国，他们能够说明此类迁徙的性质。许多人是在欧洲革命爆发前夕或期间抵达英国的，他们发现本国环境不利于事业发展。其中最有名的是瑞士人艾梅·阿尔甘。他发明了具有革命性的油灯，但这一发明未能吸引巴黎人的兴趣。他在18世纪80年代来到英国。虽然阿尔甘和马修·博尔顿关系不错，并且他的发明大获成功，但他并未受到商业之神的青睐。约翰·雅各布·霍尔扎菲尔出生于阿尔萨斯，1787年定居伦敦。他制造和出售车床，大获成功。瑞典工程师和发明家约翰·埃里克森在1826年来到伦敦，直到1839年才去了美国。此外还有瓦龙人* 约翰·约瑟夫·梅林。他拥有多项专利，其中包括四轮滑冰鞋、乐器、转架烤肉炉和轮椅。他是詹姆斯·考克斯“机械博物馆”背后的技术天才。这家博物馆位于查令十字街附近的春园，于1772年对外开放，展示各种令人不可思议的发明。撒克逊人、马车制造工鲁道夫·阿克曼（1764—1834）在1787年定居伦敦。他完善了马车的转向装置。在伦敦时，他打造出新型马车，并率先采用高级平版印刷术印刷彩色书籍。英国从法国引进的最重要的人才是布鲁内尔父子。马克·伊桑巴德·布鲁内尔在1793年逃离法国（他同情保皇派，并娶了一名英格兰女子为妻），1799年定居伦敦。他获得了自由，有机会参与许多创新工程，名声大振。不过，他没有因此过上富裕的生活，不得不依赖妻儿的接济。他的儿子伊桑巴德·金德姆·布鲁内尔可能是当时顶尖的土木工程师。简言之，尽管英国是技术知识的主要生产国，它也会抓住一切机会引进技术知识。与此同时，英国熟练技工却净流入欧洲大陆。大批英国技工在欧洲大陆的公司担任经理、工程师或顾问。

那么英国的优势在哪里呢？为了理解英国的优势，我们需要了解，欧洲在工业革命之前如何开展制造活动。大多数制造品是由工匠生产

---

* 主要居住在比利时东南和南部以及邻近的某些法国地区的一个民族。——译者注

的，主要是为了满足当地市场需求。从波兰的维斯瓦河到爱尔兰多尼戈尔的山脉，在这片传统的欧洲土地上，面包师、水车工、裁缝、铁匠、泥瓦匠、鞋匠、木匠等传统手工艺人从事本行工作。拉花机工、香水调配师、钟表匠、陶器工、瓷器工、镜子和玻璃生产者、假发制造者、糖果师傅、军械师等技术工人传统上服务于权贵阶层和军队。他们中最幸运的人则为宫廷服务。到了1700年，他们的客户越来越多地来自更广泛、更普通的人群。技术工人都经过精心挑选，接受过长时间的学徒培训，代表着当时工业人力资本的最先进水平。

到了18世纪初，英国培养了一大批技术工人。他们的技能在后来发挥着重要作用。三个行业尤为突出，具有核心重要性。一类是钟表和仪器制造行业。在1685年“南特诏书”* 被废除后，法国许多从业者移民至英国，这一切拜宗教偏执和政治愚蠢行为所赐。“南特诏书”被废之后，法国新教徒不再拥有宗教自由。在18世纪的发明创作中，胡格诺派工匠发挥着重要的作用（Landes，1983，第219页）。钟表和仪器制作师训练有素，制作工艺精湛，能够选用合适的材料。他们了解轮齿、弹簧、滑轮和杠杆，掌握机械学的可能性和限制的艺术。18世纪一些伟大的发明家是钟表匠出身，其中包括詹姆斯·瓦特、约翰·凯（和发明飞梭的约翰·凯并非同一个人）、本杰明·亨茨曼。瓦特为理查德·阿克赖特提供了关键的技术帮助。亨茨曼在1740年发明了坩埚炼钢法，让谢菲尔德市在接下来的一个世纪里发展成为世界炼钢中心。毫无疑问，最出名的是约翰·哈里森。他发明的航海天文钟（研制时间从1735年持续到1762年）解决了海上测量经度的难题。不过，杰出人物的独创力之所以能够产生长远的影响，这离不开知名度较低、但颇具能力的人。后者能够反复地落实在一众设计方案中胜出的方案，同时对之做进一步的改良，从而制造出可靠、价格实惠的产品。以航海天文钟为例。钟表匠托马斯·厄恩肖和约翰·阿诺德进一步改进了哈里森原型机。他们的锁簧式天文钟擒纵装置（在1779年至1783年间发明的）让航海天文钟量产成为可能。正如前文所述，随着英国航运业

---

* 又译为南特敕令。——译者注

的不断发展，一大批技工也应运而生：锯工、造船工、木匠、制帆工、制绳工及航海仪器的制作者。航运业受到《航海条例》的保护。此外，商业水平不断提高，为航运业提供支撑。第三个行业是前文提到的采矿业。这一行业需要专业的工程师、土地勘测员、抽水机和铁轨。用唐纳德·卡德韦尔（Cardwell，1972，第 74 页）的话说，采矿业汇集了最棘手的技术问题，例如矿井水害防治、运土、勘探、化学、木材和金属部件切割和装配，以及利用大功率机器进行吊装、运送等作业。利用光滑轨道（最初是木轨，后来为铁轨）移动拖车这一重要创意源自采矿业。大批熟练技工是矿工和铁匠出身。尽管当时煤炭价格居高不下，但是康沃尔郡在 1777 年之后成功地采用了博尔顿 - 瓦特蒸汽机。这说明当地胜任力是制约蒸汽机普及的瓶颈。康沃尔采矿工程师一开始在伯明翰* 高级员工的正确指导之下，很快学会操作蒸汽机，并在不久之后对它们加以改进，使之适应当地环境。

如果蒸汽机要与人力、畜力展开竞争，并且标准制品批量生产得以实现，那么此类技能必须事先存在。法裔美国人路易·西蒙在 19 世纪初访问英国时，发现“英国人擅长实用机械学，世界上可能没有哪个国家能够如此广泛地应用这门科学”（Simond，［1815］，1968，第 123 页）。此类工业提供了工业革命期间不可或缺的技能。在 1850 年之前，英国是欧洲的技术领袖，这很大程度上有赖于技术工匠的存在。英国的工匠人数超过其他国家。尽管如此，在英国，最优秀的工匠非常受重视；成功的雇主，其中最出名的是博尔顿和瓦特，小心地提防其他人挖走自己最优秀的员工。意在阻止工匠移居他国的法律反映了这一观念。

这些供给因素能够说明很多问题。不过此类技能的发展和传播还取决于是否存在充足的需求。在极为贫困或极度不平等的社会，大多数人挣扎在生计边缘，他们的大部分收入都花在食、住和基本生活必需品上。这样的社会不可能会有钟表匠和精陶工。英国的独特之处在于，一个庞大的中产阶级先于工业革命出现，其中包括大批商人、专业人士、富裕的农民和工匠。他们消费更多的耐用消费品和其他“中产阶级商

---

* 博尔顿和瓦特的索霍工厂位于伯明翰。——译者注

品”，例如时钟、音乐盒、瓷器和挂毯等。这些商品要求高水平的精密技能，从而为大批工匠提供生计（他们同样属于中产阶级）。这些工匠的能力非常关键，确保发明家的创新理念成为现实，并且按照设计的那样起作用。在工业革命之前的一个世纪里，人们在选购耐用消费品时，需求发生了变化，从重视材质转变为重视工艺（De Vries，2008，第146页）。为了满足这一需求，英国顶级工匠需要掌握高超的技能。最伟大的仪器工程师詹姆斯·瓦特宣扬自己能够制造“各类数学仪器和乐器，以及各种玩具”。在18世纪60年代，此类产品在格拉斯哥市肯定有消费群体（转引自Hart，1949，第63页）。

一些现代学者认为，工匠可以带来经济变化所需的大多数技术变革（Berg，2007；Hilaire-Pérez，2007）。工匠是有用知识发展不可或缺的一个环节，也是英国的主要优势所在。尽管如此，他们很难凭借一己之力引发工业革命。下列三个因素结合在一起，方能引发工业革命：一是科学家、工程师和发明家创造的有用知识；二是熟练技工的供给情况；三是为企业家提供适当激励的制度环境。一个纯粹的工匠知识型社会终究会恢复到技术均衡状态，相反，如果在一个社会中，工匠世界不断感受到外来者带来新知识的冲击，那么这个社会就不会回到技术均衡态。蒸汽史能够证明这一点。根据各种流传的说法，纽科门只是一名工匠。他在埃克塞特当工程师学徒之后，发明了划时代的设备，这给同代人留下深刻印象。约翰·西奥菲勒斯·德萨吉利埃称赞纽科门和他的助手约翰·卡利研制出切实可行的蒸汽机，但同时高高在上地指出，尽管他们“既不是了解其中原理的哲学家，也不是能够计算功率或者制造精密部件的数学家，但幸运的是，他们能够在无意中找到他们寻找的东西”（Desaguliers，1734—1744，第2卷，第533页）。在斯密顿和瓦特等接受过更好训练的人开始对蒸汽机进行改进，且技术和科学之间持续交流的势头逐渐增强之后，蒸汽机不再只是抽水机。

改进工作通常有赖于对广博（而不只是深奥）知识的归纳总结，或者来自一个完全不同领域的洞见，不过此类洞见不太可能来自专业技工。讲师威廉·刘易斯专门讲授化学实验。他提道：“所有技艺有着共同的原理，但人们不能期望技艺从事者能够提供相关知识，这是徒然的。这些人只知道将原理应用于本职工作……我们只有推动技艺之间的相互交流，方能取得进步，实现改进。”此外，他还写道：“当一种技艺，乃至它的通用工艺取得新发现和改进时，通常几乎不为从事其他技艺的人们所了解。因此，工人很少能够利用本来可以从相关技艺获取的优势”（Lewis，1763，第 XIII—XIV 页）。波斯尔思韦特（Postlethwayt，1774，艺术类条目）认为，“制造和机械技艺最重大的改进更多归功于饱学之士的真正发明……而不是技工、生产者和工匠”。亚当·斯密十分认同这一观点。标准意义上的工匠能够严格按照技术规格进行设计，让复杂的装置运行，且运行得更好，因此他们对发明家而言是不可缺少的。从这层意思来讲，胜任力和“有用知识”增加之间存在深厚的互补关系；英国之所以能够成为欧洲的技术领袖，是因为它两者兼备。

随着熟练工匠凋零，胜任力资源容易随之大幅损耗。在 18 世纪的英国，技能主要通过学徒制代代相传。技术精湛的工匠不仅生产出高品质的产品，还带出青出于蓝胜于蓝的徒弟。技能的传授不同于其他形式的人力资本。技能市场会遭遇诸多难题，有待每代人来解决。这一问题在一定程度上与信贷市场有关。年轻人除非将未来的收益或劳务作为抵押，否则很难借到钱，师徒契约就是一种抵押。另外一个问题是家长或监护人通常决定着年轻人的命运。如果父母已故或无力抚养，那么子女的前程则岌岌可危。出于这一原因，英国地方政府认为自己应对所谓的贫民学徒负责，有时甚至违背他们的意愿，强行将他们安置在别人家中。贫民学徒其实是童工，不太可能接受到很多培训。太平绅士和济贫会委员对这些儿童拥有不小的权力。典型的英国济贫制度和学徒制度之间存在重叠的现象。最后，由于师徒契约条款不可能面面俱到，很难对交换物进行衡量，且双方之间的交换并不是同时进行的，所以敲竹杠、学徒逃跑，以及师傅收了父母的钱却不好好对待或训练学徒的情况屡见不鲜。沃利斯（Wallis，2008）表示，大批学徒在学徒期未满时就离开了师傅。他指出，很多学徒提前离开是经师徒双方同意的，这可能是因为法律规定的七年学徒期限不太合适。学徒培训工作通过示范、模仿和各种系统性指导展开。在其他国家，强大的行会经常帮助强制执行旨在规范师徒关系的规定。在英国，大多数行会在18世纪丢掉或摒弃了这一责任。因此我们可能认为，这一制度极其不奏效，而且英国熟练技工供给不足。但事实上，正如我们看到的，实际情况正好相反。学徒制无须行会执行。事实上，如果没有行会，学徒制这一培训工具可能更加有效。

一些学者（例如Humphries，2003；2009，第8章）表示，英国之所以与众不同，得益于各种制度的存在，其中包括学徒制。学徒制解释了为什么“实用技能”和帮助造就了工业革命的能工巧匠集中出现在英国这一独特现象。英国法律规定，学徒（或者其父母）和传授手工艺的师傅必须签订正式契约（不消说，此类契约需要缴纳印花税）。此类契约难以执行。事实上，许多师徒相互起诉，这证明人们对违约问题怨声载道（Rushton，1991）。事实上，原始资料可能往往会凸显这一非典型现象。米奇（Mitch，2004，第340页）估计，在1700年，在21岁的男性中，超过1/4的人完成了学徒培训。另一个估计结果是，在18世纪，不少于2/3的男孩完成了学徒培训（Humphries，2009，第9章，表9.1）。尽管这些只是粗略的估算结果，不过它们同样意味着学徒制极为实用。汉弗莱斯（Humphries，2003）指出，契约条款符合师傅和学徒双方的利益；换言之，契约是自动执行的。这一安排机制尽可能地为双方遵守契约提供好的激励；尽管不小比例的学徒培训取消了，但是作为工匠向下一代传授技能的主要渠道，学徒制仍然发挥着其应有的作用。至少在这方面，现代学术研究成果推翻了亚当·斯密的观点，即长时间的学徒培训“完全没有必要”（［1776］，1976，第1卷，第139页）。

正如前面提到的，一种值得尊敬的经济史传统思想主张，行会制度发挥着极为重要的作用，确保技能代代相传。不过，我们很难在英国的经历中找到佐证这一观点的例子。L. D·施瓦茨表示，英国行会对学徒制的控制日渐削弱，但是学徒制得以保留（Schwarz，1992，第218页）。我们很难确定这一切具体发生在什么时间，且各地和各行业的情况大不相同。斯内尔（Snell，1985）表示，对于18世纪英国行会衰落这一基本事实，存在着种种相互矛盾的观点，这是其他史学研究主题不存在的现象。最重要的是，人口流动加速削弱了行会排挤他人的权力；城市行会控制的许多活动能够并且确实搬离了它们的势力范围，涌入农村地区或不受行会控制的城镇。很多行业和大部分农村地区很少受行会规定的影响，因此当时存在的机制有利于创新。正式的行会经常被非正式的工匠协会取代。这些协会力图通过自愿合规的方式，确保质量标准。

英国的行会远非铁板一块，也并不是都对技术进步持敌意。即便行会企图阻挠令它们感到恐惧的进步，这一努力最终也以失败告终。在18世纪初，英国外省裁缝行会竭尽全力试图阻止成衣的普及，但与此同时成衣经常在行会成员中普及。这证明行会愈发无力执行排斥性限制措施；但此类措施抑制了欧洲其他地区的经济变化（Lemire，1997，第44—49页）。一些史学家信奉“原始工业模式”，认为人们试图逃脱城市行规的束缚，从而在很大程度上推动了农村家庭手工业的崛起。不过更合理的解释是，工业搬离城市是为了寻找廉价的劳动力和场地，从而削弱了行会。当经济活动迁移至白教堂、斯皮塔佛德等郊区时，伦敦行会“制服公会”发现自身权力遭到削弱。尽管如此，这些行会的持久力惊人，并且和英国诸多制度一样，展现出非凡的灵活性和与时俱进的能力。

一些行会规定，学徒必须满师后方能入会。这一规定事实上可以激励渴望留下来的学徒努力完成培训。这一限制在1814年被废除，但是学徒制得以存续，并且很好地适应了19世纪的经济环境变化。在伯明翰等行会鲜见的地方，师徒契约似乎更具成效。在这些地方，师徒契约是非正式的，通常基于口头约定和信任。这一制度一直存续到了19世纪。在当时，行会实际上已经退出历史舞台。显然，英国经济很大程度上依赖于此类运行良好的非正式私序制度。

到了18世纪下半叶，英国制度在面对环境变化时，展现出固有的灵活性和响应能力。学徒制就是一个例证。它能够随着经济需要的变化而变化。根据法律规定，学徒在七年内受师傅的“管束”。师傅向学徒传授手艺秘诀和诀窍的同时，向他们灌输道德和宗教价值观。在契约式学徒制度之下，学徒在满师后必须为师傅工作。这一制度属于有价值的人力资本投资。当学徒“寄宿”时，其父母通常需要额外支付食宿费用。在1750年后，此类安排开始衰微。在城市地区，越来越多的学徒和父母居住在一起。在18世纪末，特别是城市地区，非寄宿学徒制更为常见。在学徒即将出师时，师傅会给他们发放工资，以此鼓励他们期满之后留下来。为了鼓励学徒不违约，师傅可能会提供其他的激励措施，其中包括促成自家亲戚和学徒结婚；在18世纪，师傅甚至将学徒提拔为合伙人。一些学徒跟着师傅完成学徒期培训，从而在当地赢得“可靠”的好名声。在当时的经济中，好名声是人们取得商业成功的关键所在，因此属于宝贵的资产。他们同时还获得“定居权”(settlement)。定居权是教区提供的地方性公民权利，让人们在有需要时能够获得贫困救济。

在18世纪，随着大型企业的出现，最优秀的学徒能够在企业获得晋升。在博尔顿的索霍工厂、韦奇伍德的埃特鲁斯坎陶器厂等现代企业，情况就是如此。一方面，在低技能行业，此类规定很少得到执行。在1777年，接受过学徒培训的印花布印染工比例低于10%；原因很简单，即此类培训不再是必需的了。另一方面，一些学徒根据自身技能需要，师从多个师傅。因此瓦特曾建议，如果青年男子希望接受培训成为土木工程师，应“在14岁时师从细木工匠练手，学习几何学……同时，他还应该在铁匠铺工作，学习锻造和锉光”（转引自Robinson，1962，第196页)。在18世纪下半叶，学徒期大幅缩短（Snell，1985，第235页)。

这些技能能够存在于英国，具有一定的历史偶然性，且在某种程度上可归功于学徒制这一运行良好的私序经济制度。无论如何，历史现实以及上一个世纪支配英国经济的各种制度，决定了英国在工业革命时代具备的能力。然而，过去运行良好的旧制度正被取代，成为新经济的一部分。技能市场的新进入者威胁着历史悠久的契约式学徒制（学徒期固定，一般为14年)；技能传授方式发生了变化，不再是通过传统的正式学徒培训机制。既得利益集团对现状面临的这一威胁日渐担忧，半心半意地试图巩固行将消亡的旧制度。例如，1773 年《斯皮塔佛德法》禁止伦敦丝绸纺织工同时招收两名以上的学徒（Clapham，1916）。此类限制性法律与日渐占据主导地位的自由主义经济意识形态相悖。在大卫·李嘉图、威廉·赫斯基森的影响下，《斯皮塔佛德法》于 1824 年被废除。到了 19 世纪中叶，在许多行业，“学徒”和“工人”之间的差别几乎可以忽略不计（Kirby，2003，第 66—67 页）。当然，由于没有好的职业技术学校传授高级技能，英国制造部门依赖的技工和工程师仍然按照过时的方式接受训练。不过技能分布不均衡现象日益严重。对于越来越多的产业工人而言，就业所需的技能不如态度和品行重要。

在 18 世纪，英国制造业对创新的宽容度越来越高，这更加有益于创新。在这一时期，一些人成为专业发明家，成为亨利·贝塞麦、托马斯·爱迪生的先驱，值得敬仰。约翰·怀特是首台纺纱机的发明者，也因为发明炮筒镗床和其他装置而出名。他的纺纱机（在 1738 年与刘易斯·保罗一起获得专利）虽然未能正常工作，却是后来的纺纱机的先驱。显然很多人致力于解决机械纺织问题。钢铁工业的情况也是如此。在亨利·科特之前的数十年中，许多铁匠试图将生铁炼制成锻铁。许多早已被人遗忘的铁匠（例如理查德·雷诺兹和亚伯拉罕·达比三世雇用在煤溪谷工厂干活的克拉尼奇兄弟）取得了一系列发明，让这一“生铁加工”工艺大获成功。这些工匠不断改进锻铁工艺，直至它最终被科特的炼铁法取代（Hyde，1977）。有关全职发明家的观念成为英国工业社会的一个特征。全职发明家将解决问题视为己任。约翰·凯发明了令人瞩目的飞梭（他未能保护其发明免受专利侵权）。此外，他还发明了抽水风车，以及“无需太大火力”的制盐工艺。塞缪尔·克朗普顿是骡机的发明者。他写道，他花费了“至少四年半的时间。在我的其他工作允许的情况下，我将所有的时间、脑力和资金投入这方面”（转引自 Baines，1835，第 199 页）。克朗普顿从未为自己的发明申请专利。不过后来议会向他提供补偿，以此承认他所做的贡献。到 18 世纪末，这些人在工业启蒙运动中获得了声望和工作。

有必要强调的是，工业革命造就了一个精英阶层。这一小群人具有创造才能、抱负不凡、勤勉努力，能够打破陈规。他们有财力实现自己的想法，并找到能够帮助他们的人。我并不是要重拾塞缪尔·斯迈尔斯等维多利亚时代传记作者的英雄主义诠释法，将这一现象完全归功于少数名人。正如卢卡斯（Lucas，2002，170 页）指出的："一小群有闲暇的贵族可以创造出希腊哲学或者葡萄牙航海术，但工业革命可不是这样实现的。"英国伟大的发明家站在提供精良工具和精湛工艺的人的肩膀之上。尽管如此，即便这些关键人物也只是占少数。这数万名训练有素的工人精英接受学徒培训，有时也接受非正规学习。在机器制造业，博尔顿和瓦特、莫兹利和菲尔德、马修·默里和伍兹（利兹市）等数家公司吸引许多最具天赋的学徒，这些公司显然在生成和普及创新方面发挥着极为重要的作用。亨利·莫兹利的工厂位于伦敦，被称为"志向远大的年轻工程师的麦加圣地"（Musson，1980，第 90 页）。

从这种意义上说，科技史很像一个进化系统。例外、异常和反常现象才是推动变革的因素。小概率事件和与众不同的个人被放大，成为这一变革进程中的关键要素。尽管这可能和我们的民主本能相违背，但是对工业革命而言，这一期间大多数的英国工人可能无足轻重。尽管人们普遍认为，大多数劳动力的平均"素质"（从技术培训的角度而言）与新技术的发展和使用之间的关联程度很高，但实际情况并非如此。社会内部的知识分布非常不均衡，不过只要分布的右尾（upper tail）有足够的行动，且知识获取成本足够低，此类不均衡现象并不会进一步阻碍技术进步。有证据显示，同代人认识到了这一点。利兹市机械制造商彼得·费尔贝恩（他的哥哥是威廉·费尔贝恩名气更大）在 1841 年证实，他采取劳动分工的做法，因此能够雇用工作能力较差的工人，让他们和"很多非常优秀的员工"一道工作（Great Britain，1841，第 211 页，q. 3113）。

总之，英国之所以能够成为工业革命领袖，是因为相比欧洲其他国家而言，它能够更好地利用本国人力和自然资源禀赋，而这归功于启蒙运动的巨大协同效应：培根有用知识计划结合了下列观点，即承认更好的制度能够带来更好的激励措施（Mokyr，2006b）。总体而言，英国启蒙运动更加注重实效、更加务实，因此英国相对其他经济体而言更具优势。我们很难衡量此类差别，并且它们的总体影响也不明显。显然，在英国，启蒙运动能够和政治现状达成更为和平的和解。有漫画将启蒙知识分子描绘成一群团结一致、坚决与旧制度斗争的知识分子。对英国来说，这一描绘并不能反映它的实际情况，因此显得极其荒谬。在英国，启蒙知识分子很少采取极度激进的立场。大部分人接受甚至信奉宗教，并且设法从内部推行改革。当然，在欧洲大陆，许多启蒙知识分子也未从事地下颠覆活动。许多顶尖的启蒙哲学家过着舒适的生活，颇具影响力。即使他们与当局发生冲突，双方关系很少会恶化到敌对状态。正如盖伊（Gay，1966，第 24 页）所说的，“与敌人密切、亲善地交往”，这带来了 1789 年之前的改革努力，但大部分努力遭遇强有力的反对，并以失败告终（Scott，1990）。重要的是，在英国，国家并不是敌人，至少在 18 世纪 90 年代爆发雅各宾恐慌事件之前不是。理念自由流通，并以各种各样的方式影响着文化、制度和日常生活。区别在于英国领先于欧洲竞争对手一步，并且在 1789 年至 1815 年期间没有像其他国家一样折腾。不过，最后其他国家看到了英国成功的原因，找到了适合自己的道路，实施相似的计划，并迎头赶上。欧洲大陆启蒙运动有着崇英情结，这反映出人们认识到英国拥有其他国家缺乏的优势。法国数学家夏尔·迪潘（1784—1873）曾在 18 世纪 10 年代访问英国。他想知道英国实现繁荣的原因。他认为，“为了让法国受益，我们作为法国人理应了解”其中的原因。他指出，“以技能治国取得的成就不亚于以人治取得的成就”（Dupin，1825，第 1 卷，第Ⅺ页）。

第七章
工业革命的技术变革

工业革命并非局限于某一个行业，它影响着诸多产品和工艺，只不过变化是参差不齐的。制造业的一些部门，甚至同一行业的一些工艺受机械化和技术进步影响的时间和速度都有所不同。到了 1850 年，大批行业经历了转型。一些行业起步更早，而另外一些行业则只是稍稍受到周边变化的影响。在所谓的第二次工业革命期间，工业全面现代化进程开始提档加速。人们一般认为，第二次工业革命始于 1860 年左右。钢铁、电力、化工、量产可互换零件生产过程等行业受第二次工业革命的影响。在 19 世纪上半叶，人们早已认识到，这些领域的改良能够给英国经济带来种种机遇，但在 1850 年，这些机遇依然是人们力所不及的。尽管如此，人们可以想象得到，即使没有 1850 年之前打下的基础，这些进步仍有可能实现。

在民众看来，18 世纪的工业革命很大程度上与蒸汽动力联系在一起。这一看法虽然正确，但同时也有误导性。它之所以正确，是因为蒸汽机是人类最具革命性的发明之一，它在之后的岁月里产生了巨大的影响力。同时代的人就是这样认为的。它的象征意义是名副其实的。法国伟大的科学家萨迪·卡诺被称为蒸汽动力学（现在被称为热力学）的奠基人。他在 1824 年写道：“如果今天抢走英格兰的蒸汽机，这相当于剥夺它的铁矿和煤炭资源，切断它的财富来源，摧毁它实现繁荣的手段，削弱它的实力”（Carnot，1824，第 4 页）。蒸汽机是启蒙运动最出众的机器。它是令人惊叹的设备。它证明，人类通过支配自然，能够对蒸汽动力加以利用。它功率强大，运行时声浪震耳，是一种新奇的事物，激发了民众的想象力。有了 19 世纪的物理学，我们可以默认，蒸汽机代表着人类首次在可控的情况下将热能转化为功，并为矿产的开发利用创造了前所未有的机遇，使之能够为生产活动提供动力，而不仅仅是热能。它对人类物质条件产生巨大的影响。纵观人类历史，鲜有其他发明可以与之相提并论。

在我们看来，蒸汽机是工业革命的关键发明。得益于这一发明，工人从艰苦重复的体力劳动中解脱出来；使用蒸汽机的人也变得富裕。随着商品和服务价格降低，且质量最终得到提高，消费者从中受益最大。从长远看，毫无疑问，情况就是如此。自 1850 年起，蒸汽动力推动着多数的大规模生产活动，并且越来越高比例的运输工具有赖于它。不过，应该强调指出的是，在经典意义上的工业革命期间，蒸汽动力对工业和生产力的直接效果是非常有限的。在 1830 年之前，非动物性能源，特别是水力能够轻易担负蒸汽动力完成的大部分工作（实际情况基本上也是如此）。估量所谓的社会节余（蒸汽动力相对于次好技术的纯经济收益）的计算结果显示，在 1830 年以前，蒸汽动力对整体经济的影响可以忽略不计（von Tunzelmann，1978；Crafts，2004）。

如果我们认为技术进步应包括突破性创新，且此类创新对大部分经济领域产生重大影响，那么上述说法是自相矛盾的。虽然此类“通用技术”是罕见的，但是一旦面世，它们可以与许多已有技术结合起来，并催生出许多新用途，进而影响大部分经济领域。微处理器可能是最佳的案例。它通过各种方式进入消费者或生产商的生活。一些史学家认为蒸汽就是这样一种技术。蒸汽肯定是一种多用途技术，应用于多个行业（矿业、纺织业、制陶业、锯木业、食品加工业），后来还应用于铁路和蒸汽轮船。不过它没有进入消费者家中，也未影响农业、建筑业和大多数制造业等经济领域。当然，它的影响力与日俱增。一直到 1770 年，纽科门蒸汽机仍是大材小用，几乎仅仅应用于煤炭非常廉价的地区矿井排水作业。在 1769 年之后，瓦特和其他人对它进行了改进，使之成为工业动力来源。瓦特的改进工作包括分离冷凝器、双动式、蒸汽套管、

"太阳与行星"曲柄齿轮。这些改进极大地提高了蒸汽机的效率、通用性和可靠性，使之易于安装、维护和检修。最终，高压、复合气缸工作和其他改进使蒸汽成为运输工具的动力源。不过直到1830年，蒸汽火车才正式应用于交通运输事业。此外，直到19世纪50年代，蒸汽动力得以大规模运用于航运业。当时格拉斯哥人约翰·艾尔德和威廉·兰金密切合作，研制出螺旋桨和混合船用蒸汽机。

尽管蒸汽动力实现全面经济效应的过程非常缓慢，但它最终成为一种不可阻挡的力量，决定着现代社会的形态。如果没有基础科学发现的支撑，蒸汽动力不可能存在于世。许多基础科学发现来自欧洲大陆（包括丹尼斯·帕潘建造的首台蒸汽机模型）。它的主要成就在于将热量（热能）转化为可控的功（动能），这是所有发动机的作用。这是人类取得的最卓越的技术成就之一。在17世纪最后30多年中，人们会漫不经心地谈到它，但没有充分认识到它的重要性，直到托马斯·萨弗里在1705年研制出"矿工之友"（与其说是发动机，不如说是汽动真空泵），托马斯·纽科门1712年在达德利堡制造出第一台蒸汽机。虽然大名鼎鼎的纽科门蒸汽机在今天看来笨重、低效，但在当时却是一项了不起的成就。地球为我们提供了丰富的能源。生产技术主要是为了利用这些能源。蒸汽机、后来的内燃机、柴油机和涡轮机都是利用煤炭和石油蕴含的能量，将它转化为功。在此之前，人们能够利用热能（通过燃烧）和功（利用畜力、水力和风力），但无法实现两者之间的相互转换。热能和功相互转换是一个全新的理念，物理学家和工程师经过多年之后才充分认识到他们取得了多么重大的成就。后来，斯密顿、瓦特、伍尔夫、特里维西克等工程师孜孜不倦，提高蒸汽机的效率，扩大它的用途，并将早期蒸汽机的往复运动转换为产业工艺所需的旋转运动。直到19世纪中叶，人们才真正弄懂有关蒸汽机原理、蒸汽动力工作方式、能源转换方式的理论知识。一直到1827年，约翰·法莱仍将蒸汽机视为蒸汽压力发动机，而不是热力发动机。法莱是当时最出色的蒸汽机力学原理解释者。10年之后，法国工程师弗朗索瓦·马利·庞布尔写下《蒸汽机械理论》一书。该书成为权威著作，并被翻译成德语和英语。

不过该书也对蒸汽机原理存在同样的误解。

到 19 世纪中叶，这一切发生了变化。在 1843 年，曼彻斯特人詹姆斯·普雷斯科特·焦耳发表了一篇论文，证明热功当量。到了 19 世纪 40 年代末，热力学思想初具雏形，并最终解释清楚蒸汽机的真正功能。蒸汽机能效（或者说功率，衡量标准为燃烧一蒲式耳* 煤炭可以将多少磅的水提高一英尺**）从 1820 年的 2 800 万磅提高到 1859 年的 8 000 万磅（Hills，1989，第 131 页）。不过蒸汽动力的资本成本在 19 世纪三四十年代基本保持不变。直到 19 世纪下半叶，蒸汽动力才对英国经济产生显著的影响。克拉夫茨（Crafts，2004）估计，在 1830 年至 1850 年期间，对蒸汽机的各种改进产生的社会节余约占每年 GDP 的 0.3%，且在此之前这一占比更低；不过到了 1850 年至 1870 年，这一比例骤增至 1.2%。正如阿瑟·克拉克所说的，技术创新的影响在短期内被高估，但在长期内又被低估。

不过蒸汽动力只是能源革命的一部分。在工业革命期间，水力技术同样得到极大的改进，且个中原因大同小异，即一些人对科学感兴趣，同时又具备数学技能以及实验、计算和推理能力，他们希望了解水车运行原理、决定水车功效的因素。这让我们能够很好地理解工业革命的性质。在当时，水力是蒸汽动力最强劲的竞争对手。他们的研究成果最终让水车得到改进。在英国，约翰·斯密顿和约翰·伦尼两位工程师对水力技术做出最重要的改进。他们设计出所谓的中射式水轮。这一水轮结合了上射式水轮高效的优点，以及下射式水轮灵活、适应性强的优点。随着铸铁件日益普及，再加上对叶片角度进行适当的调整，水车的功效同样得到了提高。法国工程师蓬斯莱设计了所谓的蓬斯莱水轮。这一水轮采用弯曲叶片。理论水力学逐渐与水轮实际设计融合在一起。人类开展试验，仔细分析数据，尽可能以形式推理作为支持，以此实现所渴望

---

* 一种计量单位，1 英制蒲式耳等于 8 加仑，约合 36.3677 升/27.216 千克。——编者注

** 旧时写作“呎”，是英国及前殖民地和英联邦国家使用的长度单位。1 英尺约合 0.3048 米。——编者注

的改良，这正是启蒙运动的本质所在，也是推动所有动力技术实现改进的力量。水力可能算不上优胜者，最终不敌燃烧化石燃料的发动机。尽管如此，在那个时代，人们尽可能对所有技术加以改进，因此水力技术能够并且的确得到了改进。尽管风力基本上不适用于工业生产活动，但人们也对它进行过试验。1755 年，斯密顿在韦克菲尔德建造一座风力榨油厂。英国人向荷兰人学习，建造了几家风力造纸厂。1791 年，斯托克波特市建造了一座风力纺纱厂。风力无法提供纺织厂所需的匀速，最终作为一种工业动力被人摒弃（Hills，1994，第 177 页、第 190 页、第 210 页）。尽管如此，在当时它似乎值得试验。

棉纺织业是与工业革命联系最广泛的又一个产业。与能源和化工不同，纺织机械很少涉及需要运用数学公式的复杂科学。正如唐纳德·卡德韦尔（1994，第 186 页）所说的，这一新技术不会涉及任何“可能难住阿基米德”的原理。但在这一领域，相关的改进工作同样要求人们熟悉其他活动中运用的技术，倚重试验、手工技巧，以及相信只要改进成功，事情可以做得更好，个人利益可以得到保障。当然，纺纱是一门古老的技术。尽管早在中世纪人们已经使用手纺车，并且取得一些进步，但是纺纱仍属于手工活动。在纺纱过程中，工人靠手指分捻，纺出纱线，因此工人的手指起到了关键的作用。最终纺纱技术取得了重大突破，从而摆脱了对工人手指的依赖。有三个人的名字将永远与这一重大突破联系在一起。第一位是理查德·阿克赖特。他发明了所谓的精纺机。精纺机利用滚轴牵伸纤维丝。他认识到需要两对间距适当的滚轴（瓦特未能意识到这一点）。滚轴间距应根据棉花长度（或者说“棉纤维”）进行相应的调整。阿克赖特还将铅坠放置在滚轴之上，防止棉花并条不匀。精纺机生产出来的纱线结实，适于对棉纤物进行整经，这是一项实质性的改进。第二位是詹姆斯·哈格里夫斯。他发明了著名的珍妮纺纱机。这种纺纱机通过旋转纺锭捻纱，将粗纱从绕线管抽出来；同时利用金属牵引杆代替工人手指，通过所谓的导纱铁丝将细纱穿向纺锭。珍妮纺纱机体积小、价格便宜，为小生产商所使用。型号更小的珍妮机则适合家庭纺纱工在家中使用：到 1811 年，英国有150 000 多台珍妮机（Hills，1970，第58—59页）。第三位是塞缪尔·克朗普顿。在经过多年的努力之后，他在1779年将精纺机和珍妮机合二为一，研制出骡机。骡机的名字非常贴切，将珍妮纺纱机和精纺机优点完美地结合在一起，既具有前者的速度，又能像后者一样生产出高质量的纱线。骡机成为有史以来最著名的发明之一，在当时与蒸汽动力争夺工业革命发明典范的称号。它是一种工艺创新，允许以更低的成本生产棉纱。同时，它也是产品创新。它生产出的产品（细支纱）质量非常高，英国棉纺织业得以战胜了印度精美的平纹细布。在1779年至1850年，骡机历经了数十次渐进式的改进，其间聪明但寂寂无闻的技工和技师解决了它在运行中出现的无数机械问题。

不过棉纺工艺和蒸汽技术很像，都只是同辈之首。在棉纺织业和其他纺织业，改进非常普遍，且新机器得以引进。一些新机器对棉纺机进行改进，并与之竞争；一些则对它们进行补充，并且解决了生产技术的瓶颈问题。在纺织品制备工序中，纺纱排在编织之前，但在梳棉之后。梳棉工序是对棉花进行分梳，使棉花纤维平行伸直，最后制成棉条盘入条筒中。阿克赖特在获得精纺机专利六年之后，又获得一种梳棉机的专利。棉花纺织还需经历织造、漂白、印染和轧棉工序。在18世纪，所有这些工序都取得了进展。织造工序最难以实现机械化。随着纺纱机生产出越来越多的纱线，手摇织布工变得非常抢手，迎来了长达数十年的黄金期。手摇织布机也得到了不小的改进，例如在1802年采用托马斯·约翰逊发明的脚踏式织机。英国在小发明方面拥有比较优势，这归功于像托马斯·约翰逊这样颇具能力和发明才能的技工。约翰逊是“一位颇具发明才能的年轻人”，他的同事称他为“魔术师”。他为斯托克波特市的威廉·拉德克利夫效力。他的另一项发明是浆纱机，在经纱安装上织布机之前上浆，从而将手摇织布工的生产率提高了近50%（Day and McNeil，1996，第386页、第583页；Timmins，1998，第130页）。虽然此类发明并未带来蒸汽动力驱动型的全面机械化的大型工厂，但它们证明了人类只要一心开展研究工作，就能够解决公认的瓶颈问题。埃德蒙·卡特赖特在1785年首次构想出动力织布机。在1815年之后，动力织布机的技术问题逐渐得到解决，这一切很大程度上归功于理查德·罗伯茨的出色工作。之后，棉纺织业机械化水到渠成。棉织品生产以惊人的速度发展。它从非主流的外来织品发展成为英国纺织业最重要的产品。

现在我们较好地了解英国棉纺织业取得巨大成功的确切原因。奥布莱恩、格里菲思和亨特（O'Brien、Griffiths and Hunt，1991）表示，尽管英国出台了《棉布法》，但是兰开夏郡、德比郡（按照推测只生产粗斜纹布等混纺织物）的棉纺织业规模足够庞大，棉纺织试验得以成为一项值得投入的事业。在1736年《曼彻斯特法令》中，议会明确削弱《棉布法》的效力，允许人们穿着粗斜纹布和其他印花混纺织品衣物。这为棉纱业提供了足够的机会，让机械棉纺试验变成一项值得投入的事业（Ormrod，2003，第172页）。不过，我们很难了解为什么这些法律的通过而不是它们的削弱在1760年之后促进了机械化棉纺织业的发展。

无论如何，到了18世纪中叶，与毛纺织业相比，棉纺织业仍属于边缘产业。棉纺织业之所以取得成功，可更多地归功于棉花纤维的特性，而不是因为当地行业获得了保护（这本来应更有利于《棉布法》旨在保护的粗斜纹布业实现大规模扩张）。得益于棉花纤维的特性，机械纺纱问题相比亚麻布或羊毛而言更容易得到解决（但也不是一件易事）。英国需要进口棉花。北美为英国供应棉花，且供给为弹性，这归功于后来成为美利坚合众国的南部拥有大片适宜种植棉花的土地、轧棉机和大批奴隶。在需求侧方面，棉织品可以染色、印花、容易洗熨；人们认为棉织品舒适和时髦。正如我们看到的，英国拥有大批技术精湛、颇具才能的工程师和工匠，他们是英国棉纺织业领先于其他地区实现腾飞的主要原因。此外，英国能够从海外进口原材料，这也是一个影响因素。不过我们不能受“后见之明偏误”的影响。否则我们会误认为，英国解决了这些问题，就代表着其他地方没有能力解决这些问题。欧洲大陆发明家对所有其他纺织品的纺织工艺做出了重大贡献，克朗普顿、卡特赖特的成就并未超出欧洲大陆最优秀技工的能力范围。

其他纺织业也受到棉纺织业发展状况的影响。不过由于羊毛、亚麻、丝绸的物理特征与棉布有所不同，不同材料或工艺的技术瓶颈问题得到解决的速度也有所不同。因此，在精纺毛纱（梳羊毛）业，棉纺工艺机器运行得很好，不过梳毛工艺被证明是难以实现机械化的技术。由于羊毛纤维机械纺织难度很高，手摇纺织机在毛纺业存续的时间超过棉纺织业。毛织品生产商面临的问题是，由于棉纺织品价格不断下跌，且品质得到改善，其他纺织品逐渐被棉布取代。不过，到了 1850 年，羊毛和亚麻纺织事实上已经实现机械化，只有一些小众纺织市场仍然采用家庭生产的方式。许多发明来自国外，例如德·吉拉德的亚麻湿纺法、海尔曼羊毛精梳机。唯一抵挡住技术变革冲击的行业是制衣业：裁缝和缝纫女工在家中和小作坊里劳作，继续利用工厂生产的面料制作衣服。

在工业革命中，一项最具独创性和吸引力的发明是 1804 年法国人改进完善的雅卡尔织布机。尽管它主要生产高档、价格不菲的丝绸和精纺毛织品，但是它和蒸汽动力一样，利用了一项具有革命性的技术原理，且这一原理的潜力直到很久之后才得到充分发挥。约瑟夫·马利·雅卡尔在雅克·德·沃康桑和其他人早期工作成果的基础之上，为织布机设计程序，使之能够编织布匹图案。这一程序写在打孔卡片上，是人类首次应用二进制信息编码。雅卡尔织布机和传统拉花机差别很大。雅卡尔织布机不再需要拉线工（帮助纺织工选择和提拉经纱，而经纱与纬纱以交叉通过方式抱合而成）。此外，雅卡尔织布机可以在数分钟之内改变图案，并且可以编织出各种图案、效果和颜色的布匹，这是拉花机力所不及的。拉花机过去一度用于编织布匹图案。在 19 世纪二三十年代，英国纺织工大规模采用雅卡尔织布机。此外，查尔斯·巴贝奇在这一技术的启发下，制造出著名的分析机，这是人类首次尝试建造计算机。

在制铁业，工业革命的“伟大发明”同样不断涌现。铁至少称得上是一种通用材料，甚至可能算得上是一种通用技术。在当时，人们基本上只有靠铁材，才能制造出硬度和强度比木头更高的产品。在 18 世纪和19世纪，在铁材的大多数用途中，没有其他材料可以取代它。在工业革命之前，炼铁高炉生产出一种名为生铁的物质。它含碳量高，因此坚硬、易碎。人们在18世纪10年代就开始采用焦煤炼铁法，不过它直到50年代才得到广泛运用。这一技术降低了生铁价格，人们得以在更多应用中使用铸铁。当时还有一项知名度较低的成就，即开始利用铸铁作为建筑材料。什鲁斯伯里工程师和建筑师查尔斯·伍利·贝奇（1751—1822）在1796年至1797年间建造了迪塞灵顿麻纺厂，这是首座采用铸铁结构的大型建筑。人们之所以采用铁作为建筑材料，不是出于成本方面的考虑，而更多是因为纺织厂加大使用蒸汽动力，从而增加了引发火灾的危险。这一创新意义重大，预示着19世纪末高层建筑施工法的来临。

炼铁行业面临的瓶颈问题是如何将生铁冶炼成含碳量低的锻铁。此类锻铁可用于多种用途。数个世纪以来，这一工艺主要由小型铸造厂完成，成本高且耗时。亨利·科特在1785年解决了这一问题。他将用于制造玻璃的反射炉与槽轧辊结合在一起，并采用焦煤（净化煤）作为燃料。我们很难将科特视为启蒙运动的代表人物。约瑟夫·布莱克写信给他的朋友詹姆斯·瓦特时提到，科特是“一个平庸的英国人，不懂科学”。他的发现可归功于“天生的心灵手巧和实验天赋”（转引自Coleman and MacLeod，1986，第603页）。不过，科特特意向布莱克请教。科特认识到，如果布莱克了解相关的知识，就应该向他请教。更重要的是，科特肯定能够接触到当时的大量工业实践知识。毕竟他能够将它们重新组合成一种技术，以此解决一个有名的问题，并且同时避免了一些易犯的错误。在经过数次改进和微调之后，科特搅拌式炼铁法风靡英国整个冶金业。锻铁供给情况发生了惊人的变化。锻铁价格下跌，同时质量得到改善。19世纪炼铁工艺继续得到改进。詹姆斯·尼尔森的“热鼓风”技术在1829年得到完善。这一技术使炼铁高炉燃料消耗量减少了2/3，苏格兰中西部地区也因此成为英国最有效率的生铁生产地区（Whatley，1997，第33页）。搅炼工约瑟夫·霍尔（出乎自己的意料）发现，如果在搅炼过程中加入废铁或铁锈，可以使铁液剧烈沸腾，从而生产出优质的产品。

在19世纪30年代，霍尔位于黑乡蒂普顿的工厂采用了“湿搅炼”，这是对搅拌式炼铁法的重大改进。在当时，整个炼铁业迅速采用了这一工艺。尽管霍尔凭借试错的方式发明了这一技术，但是在当时，形式知识让越来越多受命运青睐的人蓄势待发。

在纺织业，最引人注目的进步发生在棉纺织业。尽管如此，它的改良精神最终影响到其他行业。有色金属提炼、加工和使用技术同样取得进步，只不过知名度不如钢铁技术。托马斯·威廉斯（1737—1802）把持着铜工业。他后来成为威尔士最富有的人。尽管他本人不是发明家，但他广交最优秀的人才。他在1778年获得从矿石中提取砷的工艺的专利。这一工艺比常见工艺要省事，且成本更低。在18世纪80年代初，他的工人解决了生产硬冷轧紫铜铬铁的问题；这一发明帮助解决了铜皮夹板船金属间电蚀作用的问题（J. R. Harris，1966；2004）。这一创新证明对航运业具有重大意义：铜皮夹板商船占比从1777年的0增加到1786年的3.25%，再到1816年的18%（Rees，1971，第87页）。他采用威尔士铜提炼法，利用反射炉，以焦煤作为燃料，通过六个步骤熔炼矿石。人们甚至付出努力，希望改进稀有金属利用技术。威廉·沃勒斯顿（1766—1828）迎难而上，力图让白金变得可锻，能够应用于制枪、实验室设备等一系列行业。许多造诣颇深的科学家将自己掌握的技能运用到工艺中，而沃勒斯顿不同于他们，能够严守工艺秘密，从自己的事业中受益颇多。

不过，并不是所有此类问题都得到了解决：钢铁是介于生铁和锻铁之间的一种化学中间体。在本书讨论的时期内，钢铁一直未能实现低成本生产。钢铁坚硬、柔韧，是许多产品不可缺少的原料。不过，当时遇到的障碍是最优质的钢铁价格居高不下。谢菲尔德市钟表匠本杰明·亨茨曼在1740年完善了所谓的坩埚炼钢法，人们从而能够生产相当数量的优质钢铁。亨茨曼利用焦煤和反射炉产生足够高的温度，加热泡钢（利用木炭层对铁条进行长时间加热后生成的不均匀材料）到熔点。他利用这一工艺，生产出坩埚钢（铸钢）。很快，市场对这种钢材的需求旺盛。亨茨曼工艺的优势在于，它不仅能生产出更均质的产品（这对于钢等产品而言非常重要，因为钢是含碳量约为2%的铁碳合金），而且能制造出更高的温度，从而更好地去除杂质。对于许多工业用途而言，运用亨茨曼工艺生产出来的钢产品仍然过于昂贵。直到19世纪下半叶，人们才生产出物美价廉的钢产品。不过作为18世纪早期具有开创性的发明之一，亨茨曼工艺是值得一提的重大进步。在生产机器零件、切割工具、器械、弹簧，以及任何需要有韧性、耐用材料的产品时，钢材是必不可少的材料。虽然坩埚钢是一项重要的技术催化剂，却经常被经济史学家忽视。坩埚钢品质非常高。尽管英国在19世纪采用了多种廉价大块钢铁的生产工艺，但是谢菲尔德在很长一段时间内仍继续生产大量的坩埚钢。亨茨曼在默会知识世界中工作。他不是基于科学分析，而是基于经验和直觉，在数据的驱动之下，本能地知道哪些工艺奏效。人们更全面地理解钢铁性质和制造钢铁的最佳工艺，这属于启蒙运动计划的一部分，对欧洲大陆科学家尤其有吸引力。到了19世纪二三十年代，钢作为铁碳混合物的化学性质逐渐为人所知。如果未能掌握这一知识，我们很难想象炼钢业能够取得进步。

今天我们所说的化学工业的情况也大同小异。纺织品需要染色，不过槐蓝、菘蓝、茜草等用于制作染料的植物种植和加工成本都非常高。在当时，人们没有能力制作人造染料来取代天然染料。启蒙时代化学工业成功地解决了漂白这个瓶颈问题。漂白一直是棘手的问题，要求阳光与特定酸性物质相互作用，也就是所谓的草地曝晒漂白法。但英国的阳光并不充裕，也无法从国外进口阳光。氯漂白工艺是纺织品化学染整加工工艺中的主要发明。它很好地说明了工业启蒙运动的国际性质，以及英国社会的特征。这些特征让英国成为首个利用这一发明的国家。这一发明本身来自欧洲大陆。瑞典化学家卡尔·威廉·舍勒在1774年发现氯气，拉瓦锡的明星弟子克劳德·贝托莱则发现了氯气的漂白性能。当有关这一发明的新闻传到英国后，英国最优秀的工程师詹姆斯·瓦特和最成功的企业家、瓦特的合作伙伴马修·博尔顿在1786年前往巴黎，让贝托莱演示这一技术。英国工业家（包括瓦特的岳父、漂白业者詹姆斯·麦克格瑞格）着手将这一发明转化为可行的工业技术，这一过程涉及我们今天所说的大量“开发”工作。在1799年，苏格兰漂白业者查尔斯·坦南特将氯和熟石灰混合，生产出漂白粉。这一产品大获成功，草地曝晒漂白法在短短几年之内销声匿迹。贝托莱在1790年写道：“在历史上，首次有一项试验在四年内取得成功，生产出了不起的产品”（转引自 Musson and Robinson，1969，第337页）。当然，如果将这一发明称之为“科学服务于技术”的典范，这并不准确。虽然当时科学和科学家起到了一定的作用，但是化学知识极不完善，许多现实落实工作仍然取决于技术开发的试错演变过程。在这一过程中，灵感和汗水远比科学认识更重要。

陶瓷业是人类在努力实现物质进步过程中取得的又一大重要突破。在当时，瓷器生产过程中的确切化学反应（中国人在第一个千禧年发明了瓷器）并不为人们了解，所以欧洲主要通过试错的方式取得进步。韦奇伍德在历经数千次试验之后发明了彩色碧玉细炻器，它被称为陶瓷史上自中国发明瓷器以来最重大的创新（Reilly，1992，第153页）。不过显而易见的是，这一领域的进步不再仅限于能力卓越的工匠的偶然发现。韦奇伍德向当时最优秀的科学家征求建议。他本人发明了高温计，并因此在1783年当选英国皇家学会院士。他的主要竞争对手是康沃尔郡的药剂师威廉·库克沃西。库克沃西是一位学识渊博的知识分子，与约翰·斯密顿、约瑟夫·班克斯等人交好。并非所有科学知识都能够有效地推进工业向前发展。当时迷信和愚昧无知的问题很常见，其中一个例子就是库克沃西深信探矿杖能够探测到金属矿脉的位置。这些问题仍有待有用知识破解。毫无疑问，自18世纪40年代英国首次采用撒克逊瓷器制作技术以来，这一行业在1800年时取得了长足的进步。在除铁材以外的材料使用方面，英国也取得了广泛的进展。另一个例子是混凝纸浆的使用。伯明翰生产商亨利·克莱在1772年获得这一产品的专利。当人们利用一种名为“黑漆”的黑色物质对它上漆后，使之变得足够结实，成为用于制作家具和家用品的通用材料。

正如弗朗西斯·培根深信的，英国制造部门在多个层面感受到了

“进步时代”的迹象。进步时代标志着人类凭借聪明才智和知识，能够支配自然，改善人类物质条件。但并不只有制造业取得了创新。工业革命时期一些惊人的创新为工业领域以外的古老问题提供了全新的解决方案。这些创新也体现了工业启蒙运动希望运用有用知识，冲破大自然束缚的决心。人类飞行问题就是一个例子。自底得勒斯（希腊神话中的建筑师和雕刻家）起，人类一直梦想着在空中翱翔。1783 年 11 月 21 日，两位勇敢的法国人皮拉特·德罗泽、达尔朗德侯爵乘坐热气球飞行，这是人类凭借观察、聪明才智和对物理知识的初步了解，首次战胜地心引力。直到一个世纪之后，人们将气球和轻型发动机结合起来，制造出飞艇，此时乘气球飞行才具有经济意义。不过在当时，它产生的心理效应不容低估。在展览会上和节日里，人们都会放气球，娱乐民众。新的飞行记录成为好的新闻题材。它们能够吸引和娱乐民众，激发他们对技术和技术成就的敬畏与惊叹之情，让他们相信人脑拥有无限潜力，能够改善人类状况。

另外一个贴切的例子是测量经度问题。自 15 世纪中叶以来，欧洲人开始乘船探索世界。他们利用一套仪具测量太阳或恒星的角度，以此确定观察点的纬度。不过这一技术只为人们提供纬度坐标。尽管到 1700 年时，人们已经相当了解测量经度的相关理论，但实际操作难度很大。其中一项技术是制作航海天文历。船员们凭借这一翔实的资料表，能够根据特定恒星的位置，计算他们所在位置的经度。这是德国天文学家托比亚斯·迈耶尔于 1755 年发明的技术。皇家天文学家内维尔·马斯基林设计出表格。这些表格由计算能力很强的“计算员”汇总在一起，能够让海员在 30 分钟内准确计算出海上所处的位置；相比之下，运用迈耶尔的技术则需要 4 个小时（Croarken，2002）。另一个选项是船上携带一个时钟，时钟显示一个特定固定点的精确时间。通过比较固定点时间和船只所处位置的时间（通过观察太阳高度确定时间），人们可以计算出经度。不过当时人们面临的困难是如何制作一个足够精准且能够在不稳定航船上正常运行的计时器。经度委员会于 1714 年成立，旨在解决这一难题。委员会承诺为“能够测量海上经度的人士”提供高达2万英镑的巨额奖金。在历经数十年的试验之后，约翰·哈里森在1760年制作完成一台足够精准的计时器，从而解决了测量经度的问题。不过他经过15年多次向国王和诺斯勋爵申诉之后，方拿到这笔奖金。尽管海军上校詹姆斯·库克在第二次和第三次出海前往南半球时使用了H4（即航海表），但早期的航海计时器仍然非常昂贵。到了18世纪末，英国钟表匠对计时器做出了进一步的改进。它们的价格降低了，并且得到了更广泛的使用。当时定位错误引发的沉船事故得以大幅减少。它是人类取得的又一场胜利。一直以来，人们凭借机械创造力和试验，再加上刚好足够的理论和数学知识，解决了各种棘手问题。同时，它也代表着高水平的技术精密度和数学能给社会带来极大的实用价值。精确性和可靠性成为新的流行词语。对于时钟、水泵、科学仪器和化合物而言，过去“差不多”的观念再也行不通了。这同样也是工业启蒙运动秉持的一项原则（Heilbron，1990）。

人类运用有用知识解决技术难题的另一例子是照明问题。现代观察家也许会惊讶地发现，尽管夜间照明是一个普遍性的问题，但是在很长一段时间内，人类在照明技术领域取得的进步少得可怜。人类需要是发明之母，这句老生常谈的话具有误导性。照明技术就是一个反例。早期的油灯使用菜籽油和类似的燃料。这种油灯油烟重，且灯光昏暗。虽然脂烛价格低，用途广泛，但是它的照明效果不佳。蜡烛照明效果非常好，但价格更贵。大约20年之后照明技术迎来了巨变。在18世纪，人们认为煤气可用于照明、供暖等许多有用的目的。在1730年左右，人们开始了解到，煤炭可以分解成多种成分，其中包括可燃的煤气。不过在当时，人们进行燃烧煤气的实验活动，主要是为了去除煤气，而不是为了利用煤炭生产煤气，达到利用煤炭能源的目的。最终，人们发现能够以可控的方式燃烧煤气；煤气能够提供稳定、清洁的火焰，从而得以用于有益的用途。在1780年左右，阿奇博尔德·科克伦（邓唐纳德伯爵）点燃柏油炉中的煤气，娱乐他的朋友。对于如何以切实可行的方式将煤气应用于有用的目的，大部分的原创见解来自欧洲大陆。法国人菲利普·勒庞在1799年取得一项工艺的专利。这项工艺涉及从木材中蒸馏提取煤气，并使之冷却。他提议在一种被称为热灯的玻璃装置中燃烧煤气。人们向热灯中分别注入煤气和空气进行燃烧，并用特殊的容器收集质量较重的木煤气副产品。德国人弗里德里克·温泽是英国煤气行业顶尖的企业家。首部关于煤气行业的技术读本是由另外一位德国人弗雷德里克·阿库姆撰写的。不过和氯漂白情况相似，英国人凭借自己的才智和技巧才将这一理念化为现实。詹姆斯·瓦特的得力干将威廉·默多克对这项技术进行改进（在一定程度上是通过利用炼焦煤的副产品煤成气，而不是木煤气）。煤气照明从而成为现实，它首先应用于工厂和剧院，然后普及到街道和寻常人家。到了 19 世纪中叶，人口数量超过 2 500 人的大多数城镇，以及一些小城镇都有了煤气照明（Falkus，1967，第 500 页）。虽然这场革命悄无声息、未被人赞颂，但是正因为得益于它，工业革命运动才能够从真正意义上驱散黑暗。当时，在时代精神感召之下，人们认为道德能够增强效用。《泰晤士报》感叹道，自航海以来，不列颠王国还没有如此重要的发明（转引自 Falkus，1982，第 226 页）。当人们生活品质骤然得到改善时，它通常未能在正式的 GDP 估算数据中得到充分体现。不过，无论此类数据将它纳入其中与否，当物质条件得到改善时，经济学家都会予以承认（Nordhaus，1997）。相比过去的照明技术，燃气灯更便宜、更易于使用，光线更稳定和明亮，引发火灾的风险也要小得多。此外，它的价格不断下跌，从 1820 年的 3 000 英镑每百万流明小时降到 1850 年的 500 英镑（Fouquet and Pearson，2006，第 158 页）。在拿破仑战争结束之后，政府将过剩的步枪枪管用于建造煤气设施管道，从而加速了煤气照明的出现。到了 1829 年，英国拥有 200 家公立煤气公司和多家私营公司；虽然有人提出使用煤气烧饭的想法，不过真正实施起来很慢（Chaloner，1963，第 128—129 页）。

令人注目的是，老的油灯技术和全新的煤气照明技术齐头并进。在 1782 年，法国人艾梅·阿尔甘发明了一种获得极大改进的燃油灯。它采用空心供气的圆形灯芯和灯罩，确保供氧足，且基本不冒烟。虽然阿尔甘师从拉瓦锡，但他的这一发明主要靠创造力，没有或者很少涉及形式科学。在19世纪初，情况发生了变化。法国化学家米歇尔－欧仁·谢弗勒尔发现脂肪酸的性质，人们因此生产出更坚硬、纯度更高的脂肪酸（硬脂酸）。硬脂酸是蜡烛的主要成分，它燃烧时间更长，光线更明亮，并且基本无烟无味。烛光的实际成本估计从1760年的15 000英镑每百万流明小时跌到了19世纪20年代的4 000英镑（按不变价格计算）（Fouquet and Pearson，2006，第153页）。

对于其他行业而言，同样也是进步的时代。有鉴于当时许多行业实现了进步，认为工业革命仅局限于少数几个行业，因此微不足道的论点是站不住脚的。不过在1830年之前，产生重大宏观经济影响的行业寥寥无几。在许多活动中，人类取得了有希望的技术进步，不过在经过数年或数十年的时间之后，这些技术才变得切实可行。人们需要先解决存在的缺陷，并通过一系列日积月累的改进，让新理念变得切实可行。食品保存行业的情况就是如此。和许多其他行业一样，有关食品保存的创新理念源自法国。法国督政府在1795年悬赏12 000法郎解决食品保存问题。在巨额奖金的吸引下，尼古拉·阿佩尔耗费10年时间攻克了这一难题，并在1809年赢得了这笔奖金。他从未获取专利，但是他的英国竞争对手申请了相关专利。在1813年，一家名为唐金、霍尔和甘布尔的公司成立，为英国皇家海军、后来的北极探险家等客户生产供应薄铁皮“盒装”食品。在之后数十年中，罐装食品价格过高，且质量不佳，因此未能成为大众消费商品。不过，它证明人们相信改良能够让个人和社会受益。罐装食品就是当时的一个典范。

或许我们还考虑另外一种产品水泥。在1756年，约翰·斯密顿开始一系列实验，观测哪种形态的石灰在水中迅速沉淀。他凭经验发现石灰沉淀速度与石灰黏土含量有关。他通过添加小卵石（当时被奇怪地称为“聚合物”）和细磨的砖块，研制出“水硬性水泥”，也就是今天所说的混凝土。在19世纪20年代，利兹市砖瓦匠约瑟夫·阿斯普丁在高温下烧制石灰细粉和黏土，生产出的水泥能够满足优质建筑所需的高强度。这一新产品被称为波特兰水泥（在1824年获得了专利）。训练有素的化学家艾萨克·查尔斯·约翰逊在19世纪40年代对这一工艺做出了一些重大改进。尽管世人未将波特兰水泥称为工业革命取得的重大进展，但毫不夸张地说，它是建筑行业的基础材料。在工业革命之前，法国人牢牢占据着窗户（平板）玻璃业的领袖地位。在 1688 年左右，圣戈班公司为凡尔赛宫制作窗户时，学会了铸造平板玻璃。1776 年，英国人在兰开夏郡的圣海伦皇家玻璃公司开始了类似的进程。但直到皮尔金顿兄弟在 1826 年接管这家公司之后，它才真正取得成功。他们的竞争对手钱斯兄弟公司（成立于 1824 年，位于斯梅西克市）也同样采用了现代技术。

在这一期间，造纸业也取得了实质性进步。在 18 世纪，英国造纸业引进的唯一重大创新是 1680 年左右发明的“荷兰式打纸浆机”。这一机器的滚轴装有刀片或刀齿，从而缩短了碎屑制备时间。在 1750 年后，这一发明在英国得到了广泛的运用。在 1738 年至 1800 年间，纸产量增加了 3 倍，这大部分归功于生产率的提高（Coleman，1958，第 111 页）。造纸业早在 1786 年就采用了蒸汽动力。尽管当时水力仍是一种切实可行的动力源，但是赫尔附近的一家工场选择安装了功率为 10 马力的博尔顿—瓦特蒸汽机。18 世纪末机械业实现了突破，并且这一突破再次出现在法国。在 1799 年，尼可拉斯－路易·罗伯特获得了卷筒纸制作技术专利。这一技术利用铁丝网环带制造卷纸，并将卷纸切割成纸张。过去的手工作业因为这一技术实现了机械化。极具创造才能的工程师布赖恩·唐金对这一机器加以改进。改进后的机器被命名为福德林尼尔造纸机。亨利·福德林尼尔是一位伦敦出版商。他一开始为研发这一机器提供资金，但在 1810 年因此破产，不过造纸业机械化进程继续向前推进，在接下来的 20 年中，机械化逐渐统治了造纸业；到了 1850 年，手工造纸萎缩成为小众市场，在英国纸产量中所占份额不足 10%。不过，品质最好的纸张仍是手工制作的。用于印刷、包装和书写等日常用途的纸张不仅价格下降，而且“在光洁度、强度、匀度方面均得到了明显的改善”（Coleman，1958，第 205 页）。

机械化处在工业革命的中心。正如罗森伯格（Rosenberg，1976，第 9—31 页）评价美国机械化情况时所说的，得益于质量更好的机床和机床制造者的技能，机械化方成为可能。与其他行业一样，英国的机械工程师拥有先进的技能和广博的实用知识，在这个时代，技巧和经验仍可以代替正规的数学和物理训练。英国拥有出色的工具制作者，其中最有名的是沃灵顿的彼得·斯塔布斯。他制作的金属锉刀质量上乘。他在锉刀上刻有自己名字的缩写（他的产品不可避免地遭人仿造）。正如麦克劳德和努沃拉里（MacLeod and Nuvolari，2009）强调的，机械工程是工业革命的核心活动，带来了大量创新。罗尔特（Rolt，1970，第 94 页）强调指出，工程技术的进步受制于两个因素：机械工厂是否有能力将发明转化为实物；精密性和优质材料本质上会自动传播。车床和切削机操作员学习制作动力驱动型机器。此类机器可应用于其他行业，且操作工人无须掌握太多技能。不过，许多机床无法取代训练有素的技工的娴熟技能和稳定的双手。机床发挥着补充作用，让技工能够完成本来无法独立完成的工作。兰开夏郡棉织业涌现出一大批杰出的先进纺织机器生产商，其中的佼佼者包括亨利·普拉特（1793—1842）、艾萨克·多布森、彼得·罗思韦尔、塞缪尔·李斯。他们证明英国在这一领域拥有突出的能力。普拉特专门生产梳棉机。多布森和罗思韦尔是合作伙伴，在博尔顿市生产骡机。李斯在霍尔特生产滚轴和纱锭（Timmins，1998，第 104 页）。

大部分设备实现了标准化。由于启蒙运动非常关注度量衡合理化改革和协同问题，有关标准化的理念应运而生。在生产活动中，标准化对精度和容差要求高，因此不易实现。进步的关键在于专用工具。和专业分工相似，批量生产活动要求机床设计专业化。冲床、钻头、水泵、起重机和许多其他形式的机械设备都是批量生产。曼彻斯特接近最好的机械设备客户，因此成为这一行业的中心。英国工程师秉持标准化的传统，亨利·莫兹利和他的学徒约瑟夫·惠特沃斯就是其中的典范。莫兹利痴迷于螺栓头和螺纹标准化。惠特沃思在全国范围内推广机械生产标准化，助推机械生产现代化，并且通过零部件模块化，为现代大规模生产奠定基础。正如马森（Musson，1975）和其他学者所说的，虽然人们广泛认为英国在这一领域的技术落后于人，最终将大规模生产的优势地位拱手让给了美国，但是这一看法根本不准确。到 1841 年，议会委员会可以自豪地报告说，1820 年之后的机具是“当代最好的发明之一”；“利用此类机具制造出来的机械设备质量更佳、价格更便宜……机具引发了机械设备和机具制造业革命”（Great Britain，1841，第Ⅶ页）。一位机床制造业领袖认为，它对制造业的发展产生了巨大的影响，能够与蒸汽机相提并论；不过他的这一观点失之偏颇（Nasmyth，1841，第 397 页）。机床利用“机械装置”取代人手操作金属切削工具。尽管它们由低技能的工人操作，但实现了当时无法想象的精密度。在工业革命早期阶段，机械工程师主要在小工场工作，有时身处中心辐射型的外包网络，为大型制造商效力（Cookson，1997，第 5 页）。

英国机械工程业大获成功，这是说明英国技术领袖地位的关键所在。英国凭借一个非常不正规的培训制度，培养出最优秀的专业人才。一些人是通过接受学徒培训或者加入知名的示范中心，例如亨利·莫兹利在伦敦的工场；另一些人则依靠自学成才和天生的心灵手巧。乔治·史蒂芬森制造的“火箭号”蒸汽火车赢得了雨山比赛。他完全是通过自学掌握了工程技术，且对数学知识了解甚少，基本没有多少写作技能。在这一行业，有许多人同样也只接受过非正式的培训。甚至斯密顿称自己是“自学成才”，当然这一说法并不完全准确。斯密顿感到遗憾，认为自己在实际“机械哲学”方面缺乏正规的训练（Skempton et al.，2002，第 624 页）。当时，这一行业基本上依赖于机械直觉和高超的胜任力。在 19 世纪中叶之前，尽管这一行业与形式科学或数学之间的联系并非完全不存在，但是这一联系仍然很脆弱。相比正规学校和大学而言，英国非正规教育体系和工匠层面的合作发挥着更大的作用。有鉴于此，英国机械工程业大获成功，这并非出人意料。

工业革命时代的技术进步在多大程度上依赖于科学知识呢？由于不存在任何线性因果关系，因此上述问题似乎是一个不适合提出的问题。与此相反，科学和技术以诸多方式相互作用和互为滋养。工程师和技工经常向科学家学习，反之亦然。此外，此类相互作用的性质因行业或产品的差异而不同。工业启蒙运动强调发展和传播各种有用知识，无论是理论、实验或实践知识。

当时的地质研究快速发展。这就是一个富有启发性的例子，能够说明启蒙运动是如何影响英国经济的。在18世纪晚期，旨在推动知识传播的组织如雨后春笋般涌现，从纽卡斯尔、康沃尔郡的地方学会，到伦敦市地位更高的地质学会（Marsden and Smith，2005，第33—35页）。地质学会旗帜鲜明地致力于培根合作式事实收集计划。它编制了一个庞大的地质数据库，用于测绘工作（Laudan，1990，第316页）。当时，人们尚未明确地了解地质层结构。因此，地质学会所做的工作是启蒙运动“3C”工作*的典型例子。纽卡斯尔文哲会（成立于1793年）主要致力于解决地质问题，尽管它取名为文哲会。1815年，乔治·史蒂芬森在文哲会首次展示他发明的安全灯。学会创始人是学识渊博的上帝一位论派牧师威廉·特纳。他是英国启蒙运动影响地方文化的一个很好的例子。除了撰写煤矿开采方面的文章，特纳还讲授金属、化学、玻璃制造方面的课程（Musson and Robinson，1969，第161—162页）。这场运动最重要的成果是培养出一批“实用型专业人才”、矿山测量员和土木工程师。他们具有本书定义的胜任力，并且掌握当时最佳实践地质科学知识。这主要是一场重实效的实证型运动。它很大程度上基于准确观察和测绘，寻找可加以利用的规律，同时与采矿业者密切开展合作。采矿业者认识到，如果采矿认知基础得以扩大，他们可以从中获得潜在的利润。矿产资源勘探和开采工作因此更加系统化，减少对没有科学依据的试错和实验的依赖。新兴地质学最有名的成果是威廉·史密斯在1815年制作的地质图，以及伦敦地质学会1820年出版的地图。毫不夸张地说，新兴的地质学与英国采矿和交通运输部门建立起了互惠互利的关系。史密斯、托马斯·索普威思（1803—1879）等地质学家和勘测员向此类行业人员请教，实用型专业人才也为地质学研究做出了诸多贡献（Veneer，2006，第80页）。

说在工业革命最初几十年的“狂飙突进”**之后，持续的技术进步是

---

* 即清点、分类和编目。——译者注

** 狂飙突进运动是指18世纪60年代晚期到80年代早期德国新兴资产阶级城市青年发动的一次文学解放运动，也是德国启蒙运动的第一次高潮。——译者注

由有用知识的积累所推动和支持的，并不等于说技术进步在某种程度上依赖于形式科学。就严格意义上的科学而言，它产生的影响仍然相当有限。不过在19世纪上半叶，各种有用知识应用于越来越多行业的生产活动，进而提高了它们的生产率。一个例子是著名的矿井安全灯。戴维于1815年发明了安全灯。安全灯让工人能够开采深部煤层。正如著名的矿山测量员约翰·巴德勒风趣地指出的，没有安全灯，深部煤层“永远不可能见到天日”（转引自James，2005，第212页）。有人认为，虽然戴维掌握了相当可观的化学知识，但对他发明安全灯没有任何直接的帮助（同上，第201页）。不过，如果我们扩展有用知识的范畴，使之不仅限于形式科学，而是同时包括诀窍、小发明、奏效的经验法则，以及对热能、阻力、润滑、塑性、机械的深入了解，那么我们可以清楚地看到，不断增加的有用知识是19世纪诸多技术进步背后的因素。例如，到那时，人们已经多年详尽地研究与热能以及特定材料在受热情况下的反应相关的知识体系。这一知识基础不可能对戴维毫无用处（Jacob，即将发表）。工程师乔治·史蒂芬森在差不多的时间里独立设计出非常相似的安全灯（这导致他和戴维因发明优先问题发生争吵，场面非常难看），这一事实为上述假设提供了例证。乔治·史蒂芬森本人没有多少科学抱负。背景知识的积累让这一发明在当时得以实现。这能够很好地解释为什么会出现这一巧合事件。查尔斯·麦金托什（1766—1843）在应用化学领域取得的成就也是如此。他取得的成就让橡胶和橡胶制品得到广泛应用。麦金托什并不是第一个认识到橡胶可以用于制作防水纺织品（雨衣）的人，但他掌握的基本应用化学知识比竞争对手要稍好（Clow and Clow，1992，第253页）。麦金托什的合伙人托马斯·汉考克（1786—1865）在不依靠美国人查尔斯·古德伊尔的情况下，于1842年独立发现了橡胶硫化工序。

对于另一位苏格兰人詹姆斯·尼尔森（一度也是麦金托什的合作伙伴）而言，在他取得成就的过程中，有用知识的积累也发挥了作用。尼尔森同样不是训练有素的科学家，只是经验丰富的从业工程师，他的发明是试错的结果，而不是逻辑推理的结果。但他在格拉斯哥上过化学课，了解法国科学家盖-吕萨克在气体膨胀方面的研究成果，这为他提供灵感和指引（Clow and Clow，1952，第354页）。在水泥行业，《李氏百科全书》（*Ree's Encyclopedia*）1819年的一篇文章详细地描述了水泥硬化的化学过程。一位现代专家认为这一描述“不同寻常地敏锐”（Halstead，1961—1962，第43页）。当然，直到19世纪50年代，水泥的水凝性才得到充分的解释。不过，新化学在这一领域起到了不小的作用。在19世纪30年代，已经持续数十年的电学研究开始取得回报。汉斯·克里斯蒂安·奥斯特、约瑟夫·亨利等科学家的研究带来了电报的发展。

在1815年之后，更好、更广泛的命题知识带来了相当可观的回报，钢铁业就是受益者。贝托莱、蒙热和范德蒙德于1789年在法国发表了一篇题为“论不同金属状态下的铁”（Mémoire sur la fer consideré dans ses differens états métalliques）的论文，解释了钢铁的科学性质。对英国钢铁制造商而言，这篇著名的论文可能过于深奥。它并没有产生立竿见影的效果。它“深奥难懂，除了早已掌握炼钢工艺的人之外”（Harris，1998，第220页）。但在五年后，英国化学家和医生托马斯·贝多斯发表了一篇以此为基础的论文，到1820年，这篇论文已经广为人知，并发表于《技艺、制造业和农业汇编》（Boussingault，1821，第369页）。这表明，所有关注这一问题的化学家都采纳了这一想法。迈克尔·法拉第等科学家对伍茨钢（铁矿石直接生产的高品质钢铁）的结晶性质加大研究，从而加深了人们对钢铁材料特征的了解。到了19世纪60年代，贝塞麦炼钢法和西门子—马丁炼钢法出现了，从而能够生产出廉价钢铁。正如C. S. 史密斯（Smith，1964，第174页）所说的：“在了解碳的性质之后，贝塞麦发现自己能够容易地控制工艺。不像马丁炼钢法，他的发明并不是从理论推导出来的。”

在1800年之后，技术和科学相辅相成，开始支配着英国经济创新进程，并最终支配着整个经济（Mokyr，2002）。1848年，约翰·斯图亚特·穆勒认为：“人类支配自然的能力不受限制地持续增强”，这是下列事实的自然结果，即“现在（1848年），人类凭借切合实际的独创力，将越来越多的物理知识转化为物质力量”，并且“在科学理论建立短短数年之后，现代最了不起的发明就横空出世”（Mill，［1848］，1929，第696页）。

工业革命史学倾向于关注“工艺创新”。在这一创新中，效率得到提高，成本随之下降。不过，许多经济史学家，尤其是玛克辛·伯格（Berg，2005）强调指出，这只是现实情况的一个侧面。英国制造商会根据顾客不断变化的偏好生产商品，同时给商品“贴上商标”，让顾客知道自己买的是哪家的商品。在研究文献中，有一种老生常谈的观点认为，法国制造商迎合“奢侈品位”，英国制造商则重视价格因素，生产各种廉价、千篇一律且没有特色的产品，以此实现批量生产的规模经济。这一看法过于片面。技术带来了物美价廉的商品，以及富有美感的设计。在18世纪，英国精心筹划，有意识地试图抢夺法国制造商在奢侈品方面的传统优势。产品创新属于这一创新努力举足轻重的一部分。产品创新包括装饰、点缀、上色、迎合定制商品时尚潮流（或者看似定制产品的批量生产商品）。除了韦奇伍德在伯斯勒姆的“现代”工厂生产的知名陶瓷品之外，英国“小产品”的种类大幅增加。虽然每种小产品在国民经济核算中的占比无足轻重，但所有这些产品总体上提高了日益壮大的中产阶级的生活水平：纽扣、皮带扣、手套、门把手、枝形吊灯、墙纸、玩具、印花布和棉制品、高档家具、刀叉餐具、表链（Berg，2005）。此类商品的质量得到改善，这在一定程度上体现在标准化和迎合新时尚潮流方面。不过，英国制造商足够变通，能够迅速适应相当富有的消费者不断变化的兴致和需求，从广义上来讲，这本身也是技术能力的一种标志。

生产商吸引和满足顾客的能力与日俱进。这可以回答一个问题：随着工业革命生产出数量持续增加的产品，此类产品的需求来自何方。生产商凭借这种能力，生产出绝对物美价廉的产品。在这一努力中，技术和组织相结合。企业家塞缪尔·奥尔德诺专门生产优质平纹细布和印花棉布，其顾客“主要是追求时尚的人”。奥尔德诺安排人员检查每块布料，并建立一套先进的记账制度，确保如果经纱工艺不佳，可以追查到具体的经手人。其他行业也采取质量控制法，例如韦奇伍德的陶器厂、博尔顿和瓦特的索霍工厂（由于无法保证质量，工厂在1795年停止外包生产蒸汽机零部件），以及阿奇博尔德·肯里克位于西布罗米奇的五金铸造厂（于1791年建厂）。肯里克的工厂专门生产炊具等高品质凹形器皿。制造商生产出更具吸引力、耐用且价格合理的商品，这表明，无论消费者是否清楚自己的需求，制造商都能够满足他们的需求。

需求有深厚的内涵，不仅仅只是满足生理需要。消费扮演着特殊的角色，能够反映一个人的地位和志向。棉纺织业淋漓尽致地体现了这一点。当然，纺织品需求分布情况基本上反映了收入分配和社会等级状况。不过，在这一社会等级制度无形的接缝处，人们希望社会进步，并且效仿社会地位更高的人。到了18世纪中叶，时尚的重要性突显，这一情况被外国游客注意到，并催生了相当可观的时尚研究文献。着装等级制度和收入分配很相似，具有连续性。因此，人们借助服装发出信号，表明自己正沿着社会经济阶梯向上攀登，这是一个合意的选择。人们表明自己属于绅士阶层和“文雅社会”，这对商业经济的运行大有帮助。棉织品是理想的选择。它可以染色，印上各种形状的流行图案，从而为人们提供一种手段，来模仿社会阶层更高的人，并与社会阶层更低的人保持距离。但价格是最重要的因素。在18世纪，有关大众成衣的理念开始兴起。在19世纪初，市场早已出售睡衣、礼帽、衬裙和类似的产品。棉织衣物的增加无疑刺激了这一趋势的发展（Lemire，1991，第161—200页）。启蒙时代一些创新的知名度较小，其中包括时髦但价格不贵的成衣。但成衣和生产布料的机械纺纱机一样，预示着一种生产制度的来临，这种生产制度完全有别于过去定制毛织品的做法。

* * *

尽管一些学者提出异议，认为工业革命这种说法属于“用语不当”，但是有关工业革命的理念仍是英国和世界经济史的一个重要概念。从狭义的角度讲，它并不是只和工业相关，也算不上是一场革命。但从很多方面而言，它是一部仍在上演的现代经济增长大剧的序幕，同时也给社会带来了影响深远的变化。我们不应误以为英国作为先驱者发挥着不可或缺的作用。不过，在1750年至1850年，最重要的剧情发生在英国。正如后文将详细介绍的，在1850年之前，它已然发展成为一个截然不同的经济体。但是对于1700年至1850年的英国工业史而言（更别提经济史了），工业革命并非全部。尽管从事后看，工业革命似乎是当时的重大事件，但对于同代人而言，技术变革的重要性才开始慢慢显现。在1850年，没有人清楚地认识到，新的经济时代已经来临。

第八章

英国和世界：一个开放的经济

启蒙运动和早期秉承重商主义传统的学者非常关注对外贸易和支付、帝国经济等重要议题。重商主义和自由主义经济学家均承认，国际贸易对英国经济非常重要，但是他们在贸易如何影响财富，以及哪种政策恰当等问题上看法迥异。现代学者同样也非常关注这些问题，只不过他们关注的重点有所不同。对外贸易发挥了何种确切的作用？大英帝国在本国经济成就中扮演什么样的角色？工业革命是对外贸易的产物吗？依据当时的标准，除了战争时期外，英国是一个开放的经济体。一个经济体向世界其他地区开放，通常更具活力和增长潜力。但这绝不代表着，对外贸易（无论归功于殖民地政策或其他因素）在某种意义上“引发了”工业革命。一些学者（近期的 Inikori，2002；Cuenca，2004）坚持这一观点。

国际贸易是经济增长的“根基”吗？技术变革和生产力提高带来了大量的贸易，而不是反过来。有鉴于此，尽管现代工业和对外贸易齐头并进，但是我们不能因此推断出任何因果关系。鉴于英国至少完全依赖于原棉进口，提出如果英国是一个封闭型经济体，结局是否会截然不同这样的反事实问题意义并不大。对于工业发展而言，棉布出口也非常重要。工业革命扩大了贸易。得益于纺纱和其他棉纺织业的技术变革，棉布价格下跌，原棉需求因此迅速增加。在供给侧生产力提高或产品质量改善之后，许多纺织产品在世界市场更具竞争力，进而出口至国外。如果工业革命仅仅局限于棉纺织业，那么有关开放极其重要的论点不容置疑。不过，工业革命远非局限于一个产业（Temin，1997）。如果没有棉花，工业革命仍然会发生，只是它的具体形式会有所不同。

那么，英国对世界开放是如何帮助它取得经济成功的呢？当然，建设一个全面开放的经济，确保贸易和流动不受阻碍，这只是一个启蒙理想。启蒙运动的理想是建设一个国际性、普适性（universalist）、进步导向型的经济。但在18世纪的大部分时间里，英国仍是一个受重商主义观念支配的帝国。通过专业分工以及进口各种原材料和物资，贸易增加了资源。这些原材料和物资包括美国的棉花、加勒比海地区的蔗糖、加拿大的木材、大西洋鳕鱼，以及先后从瑞典和西班牙进口的优质条形铁矿石。英国人从境外地区进口自然资源，这些地区有时被称为“鬼田”。在需求侧，英国经济对外开放，与世界其他地区开展贸易，这意味着相比封闭型经济而言，英国制造品的进出口比价（相对价格）下跌速度要慢得多。尽管如此，在1815年之后，进出口比价的确下跌了，只不过下跌速度慢于封闭型经济。在这一方面，经济开放起到多大的作用呢？对于技术进步最迅速的商品，最狭义的贸易防止它们的价格下跌过快。哈利（Harley，2004，第194页）因为这一效应得出一个结论，认为如果英国自给自足，它仅会损失约6%的GDP。此类估计采取极简主义的方法，可能忽略了贸易一些更有趣的影响。

进出口比价的变化首先意味着，英国人与其他国家的消费者分享聪明才智带来的好处。但这不能证明，没有外国需求，英国就不会出现工业革命。决定进行创新的是企业家，而不是整个工业。每位生产商对商品价格的控制力很少或者为零，他们只是希望胜过竞争对手。无论是封闭型或开放型经济，创新都会出现，只不过前提是它拥有足够的竞争力。然而，在封闭型经济中，创新部门的利润耗尽得更早，因此它们能达到的最终规模会更小。有鉴于此，对于英国创新而言，开放型经济必然是一个积极的因素。芬德利和奥罗克（Findlay and O'Rourke，2007，第339页）合乎情理地指出，如果没有贸易，工业制成品相对于农产品的价格可能会下跌得更快，从而拖慢增长进程，导致增长速度远低于实际速度，1815年之后数十年的情况尤为如此。在这种情况下，可能会爆发类似于马尔萨斯危机的事件。近期有学者基于可计算一般均衡模型进行了反事实研究（Clark、O'Rourke and Taylor，2008），计算结果证实了这一点。只是我们因此不能推断认为，如果英国完全依赖于国内市场，工业革命根本不会出现。在开放型经济中，技术进步的一些好处以产品价格下跌的形式，转移给了外国消费者。在封闭型经济中，本国消费者独享技术进步带来的种种好处。

英国经济对外开放，持续不断地关注来自国外的竞争，从而激励它提高效率，进而提升其经济表现。在1773年，马修·博尔顿写道，伯明翰制造商通过机械化和提高效率，就能够打败欧洲大陆的竞争对手（Uglow，2002，第212页）。文艺活动组织者伊丽莎白·蒙塔古夫人在1771年致信博尔顿，敦促他“在品位方面胜过法国人一筹，并且推出实用的发明和精美的产品，为祖国增光添彩”（转引自Berg，2005，第176—177页）。乔赛亚·韦奇伍德怀疑他们能否“在伯斯勒姆征服法国”。他和博尔顿同为月光社会员。我们不清楚，与外国生产商竞争是否有别于与本国生产商竞争。不过，英国人对外国竞争对手感到担忧，这确实影响了政府的创新政策。

然而，从长远看，开放影响经济发展的主要方式是从海外引进有用知识和理念，从而产生有益的影响。这些知识和理念包括拉瓦锡的新化学、菲利普·德·吉拉德的湿纺工艺，以及注射天花患者的血液能够让人获得抵抗天花病毒的免疫力的理念（在18世纪20年代从奥斯曼帝国引进）。贸易创造了所谓的曝光效应——当英国进口印花棉布、瓷器等海外商品时，这些商品作为聚焦装置，向本地民众展示什么是可以实现的。英国人首先模仿抄袭，然后改进。开放不仅局限于贸易，它还涉及英国公民前往海外，阅读翻译成英语的外国书籍，接待外国客人，同时学习外国生产工艺。在1792年出使中国的前夕，马戛尔尼伯爵认为，对于现在成为英国文明标签的所有重大发明，中国人其实早已了解掌握；尽管“他们中间的一些实干家能够在数年内获取大量的信息，但是如果勤勉积极的英国生产商能够掌握这些信息，那么大清帝国的总收入无法与英国相提并论”（转引自Berg，2006，第276页）。

英国人有意愿有能力吸纳其他国家的理念，并利用海外资源。一些学者因此声称，工业革命完全是其他国家努力的结果。有人提出“英国工业化的中国起源”论，将英国描述为“模仿他人的后发国家”(Hobson，2004，第9章)。此类观点言过其实，在一定程度上是基于误解。提出此类观点的学者热衷于揭露和贬低他们认为的“欧洲中心论”。英国工业革命在世界各地获取技术灵感，例如中国、南美、非洲、欧洲其他国家。但一个事实无法改变，即在1850年之前，相比发源地而言，英国能够更好地利用这些创意。约翰·法雷带着几分自豪之情指出，外国发明在英国得到改进后，即使再回到起源地，也不可能像在英国一样得到广泛、有利可图的利用（Great Britain，1829，第153页)。不过，欧洲取得了许多独创性突破。下列说法根本就不正确，即中国人差一点就发明了蒸汽机。尽管中国人可能对大气压有着直观的感受，但是没有记录显示他们发现了纽科门蒸汽机得以运转的定律(Deng，2004)。中国技术问题专家李约瑟指出：“纽科门……似乎要比（人们以前认为的）更有独创性，并且更加欧洲化……他脱颖而出，成为欧洲现代科技史的典型代表人物”（Needham，1970，第136页、第202页)。工业启蒙运动的指导思想是，相比创意源自何地这一问题，如何调适和改进它们，特别是如何利用它们为企业家赚钱，并“改善人类日常生计”更为重要。

英国贸易和长期经济发展之间存在一个更为微妙但更具说服力的机制。这一机制基于下列观点，即在1450年之后的数个世纪中，贸易扩张(最终归功于船运和航海技术的改进）给欧洲各国带来了深远的社会和经济变化。具体而言，人们认为，在大西洋海港和周边地区，贸易创造了一个迅速壮大的中产阶级，包括商人、工匠、财务代理人等；他们对意识形态和政治制度的长期影响具有重要的意义（Acemoglu、Johnson and Robinson，2005b)。这些商人、造船师、保险经纪人、财务代理人和其他中产阶级成员要求政治让步（political concession)，要求自身财产得到保护，并尽可能地改变长期政治局势。关于这一论点，艾伦（Allen，2009)提出不同的看法。他认为，国际贸易帮助提高了英国人的工资水平，从而刺激了劳动节约型技术变革。我将在第十二章讨论这一问题。

英国存在一个以城市居民为主的中产阶级，这是1700年之后英国经济发展的核心因素。但长途贸易对中产阶级的发展产生何种确切的影响，仍有待确定。毕竟，法国、葡萄牙、西班牙、荷兰都参与长途贸易，且经历了中产阶级的崛起，但是它们的中产阶级的影响力要小得多。在1500年至1750年期间，中产阶级和城镇化在多大程度上是长途贸易的产物？它们又在多大程度上可归因于农业变革、国内贸易、制造业技术进步等国内因素？此外，商业利益集团索要特权、垄断和排他性权利。它们无异于让英国陷入重商主义寻租型经济的均衡状态，而这是一条经济死路。那么，为什么英国没有出现这一状况？

当然，英国对外开放，这本身并不是由命运预先决定的，而是政治、文化、制度和技术等因素共同作用的结果，一定程度上也可归因于地理因素。在重商主义时代，英国政府奉行一系列政策。在现代经济学家看来，这些政策似乎自相矛盾。英国政府旗帜鲜明地支持长途贸易，例如维持一支强大的海军，利用武力保护并且在可能的情况下扩大商业机会（Ormrod，2003；O'Brien，2006）。与此同时，它为了维护国内寻租游说团体的利益，依然沿用保护主义的做法。《航海条例》（直到1849年至1854年方最终被废除）、禁止机械工匠移居国外和出口机械设备的规定（不过似乎成效不大）就是例子。《谷物法》和其他关税在一定程度上旨在保护地方利益，同时多少也是一种政治举措，用于区别对待敌（通常为法国和荷兰）友。强硬的"蓝水"政策导致英国屡次卷入与欧洲大陆或北美的军事冲突，扰乱了正常的国际商品流通，不过，此类战争并未像1914—1918年的一战一样，引发贸易全面崩溃。殖民政策是否正如重商主义者认为的，保护和刺激贸易发展，抑或导致贸易成本大幅上升，从而最终阻碍了贸易流通（Findlay and O'Rourke，2007，第307页）呢？

* * *

1700—1850年，英国政府在对外贸易领域发挥着重要作用。政府对贸易进行监管、控制和征税。在工业革命时期的大部分时间里，英国商业政策维持着重商主义思维倾向。这些政策是否激发了工业化？在

18 世纪和 19 世纪初，英国进口保持增长。但这掩盖了一个事实，英国大部分新增的工业产出一定程度上属于“进口替代”，即海外本来能够生产出物美价廉的产品，但因为关税或非关税壁垒原因无法进入英国国内市场。这其中包括棉布、亚麻制品、丝绸、纸张、玻璃、陶瓷、染料。不过，许多关税扶持着本国替代品。因此，本地酿酒商强烈支持对法国红酒征税（Nye，2007）。自亚当·斯密起，经济学家总体上对此类政策持悲观态度。他们意识到，尽管保护主义措施有利于一些行业和企业主，但是它们最终可能损害消费者的经济福利，而且可能导致其他国家采取报复行动。

一些史学家，特别是已故的保罗·巴洛克（Bairoch，1989）认为，保护主义可能对工业发展产生有益的影响；同时它确保创新企业家能够占领国内市场，因此可能是工业革命的一个积极因素。此类论点很难予以证明：如果没有保护主义，技术创新会怎样？很少有人指出，在完全封闭的经济中，工业革命同样能够快速向前发展。如果英国希望出口工业产品，那么它同时也需要进口产品。有人可能会指出，如果英国允许进口免税棉花等原材料，同时禁止进口棉布，那么国内制造商就会扩大生产很容易受技术进步和“干中学”影响的产品，因此相比充分自由贸易型经济而言，英国的创新活动将会更多。不过，在很多年里，英国在棉纺织品领域几乎没有竞争对手，而这正是因为它相比其他经济体而言更具效率。在 1790 年之后，原棉进口增长惊人，这无疑是棉纺织技术发展的结果，而不是它的原因。

与此同时，保护政策可能意味着国内市场竞争程度更低，生产商提高效率（或者进行创新）的压力要小。例如，《棉布法》禁止进口和穿用印度印花棉布，这是否鼓励进口替代，最终推动英国棉纺织业实现惊人的发展？抑或如果英国棉纺织业面对印度廉价纺织品的激烈竞争，它仍会取得重大发明，且创新速度更快？纺织细支棉纱的创意无疑源自人们观察从印度进口的手工纺织品。保护主义不仅阻碍竞争，还将创新拒之门外。《棉布法》最终于 1774 年被废除，当时正值棉织业机械化处于起步阶段。没有证据证明，当时这一立法很重要。英国机纺棉织品要比印度生产的任何棉织品更具竞争力。

正如我们看到的，对国际贸易而言，启蒙运动的意义在于，人们认识到贸易是正和博弈，且这一观点慢慢取代贸易本质上是零和博弈的重商主义假定。对外贸易曾是重商主义寻租活动的核心。《谷物法》于1670年出台，并在1815年死灰复燃。此类法律是寻租地主取得的最大成就。许多其他关税有着明确的寻租动机，也就是不惜损害生产商或消费者的利益，将资源转移给坐享其成的人。《航海条例》强制规定进口商品只能由英国船只负责运输，以此让英国托运人和相关辅助服务行业受益。农业补贴制度是揭露英国商业政策寻租性质的极佳例子。自威廉三世和玛丽二世执政以来，这一补贴制度一直属于《谷物法》制度的一部分。通过这一补贴制度，英国政府为它的主要选民大地主提供补贴。奇怪的是，大多数计算结果显示，尽管英国是谷物价格最贵的欧洲国家之一，但是由于政府提供补贴，英国在1760年之前一直都是谷物出口大国，特别是相对于荷兰而言。政府补贴扭曲了市场运行，损害了英国消费者和制造商的利益。消费者在购买面包时不得不支付更高的价格，制造商也不得不向工人支付更高的工资。由于荷兰竞争对手能够购买获得补贴的英国麦芽和大麦，英国蒸馏酒酿造商和啤酒酿造商的利益也受损。欧洲大部分国家的政府反其道而行之，试图设定最高价格，以此防止城市爆发粮食骚乱（Persson，2000），不过，这种做法同样会产生扭曲效应。这属于重商主义政策导致的愚蠢行为。

在18世纪以及19世纪的很长一段时间里，一些盎格鲁撒克逊“自由主义”支持者主张推行内部自由贸易，同时继续为对外贸易提供一定程度的保护。大卫·休谟在这一问题上态度明确。许多其他的启蒙思想家，例如苏格兰人詹姆斯·安德森（1739—1808）发挥着重要作用。安德森极大地影响了杰里米·边沁的态度。在后期阶段，启蒙运动在后斯密政治经济学的启发和指引之下，将自由主义扩展至对外贸易领域。诚然，在这一问题上，斯密和他的追随者可以向许多先驱者学习，例如尼古拉斯·巴尔本（Barbon，1690）和雅各布·范德林特（Vanderlint，1734）。这些先驱激烈地批评重商主义思想和政策。但自由主义的胜利姗姗来迟，通往自由贸易的道路漫长崎岖（Nye，2007）。当然，正如我们在第二章看到的，启蒙思想对自由贸易运动的影响力是不容置疑的。人们出于不同的原因支持自由贸易。一种原因是有人支持建设一个杰斐逊式的“美德”共和国。这在英国具有浓郁的宗教含义。另一种原因是有人希望在和平、互利交换的基础上，打造世界经济秩序，让稳定的公民社会实现全面繁荣和进步。这是威廉·赫斯基森等人所持的观点。关税和运输成本以对称的方式运作：两者都是向海外运输货物的成本。当运输和贸易成本达到特定水平时，人们预期削减关税能够增加贸易额，并改善国民福利。这一基本洞见在1750年属于异端邪说，但在1820年之后就成为流行观点。

这一切来得并不迅速。从许多方面而言，法国大革命战争和拿破仑战争意味着，受启蒙运动启发的政策在前进道路上遭遇了挫折。1815年，当反法同盟战争结束之时，英国关税极高，且《谷物法》死灰复燃。此外，它需要摆脱新重商主义思维的影响。英国与美法两国交战导致这一思维短暂地死灰复燃。一些特殊利益集团依然势力强大，拒绝让步。当然，地主是这场论战的主力军。他们坚称，在战争期间，农产品价格居高不下，诱使他们在农业资本方面进行大量投入，因此他们有权获得一定程度的保护。不过，并不是只有地主这样想。自17世纪末以来，英国对红酒征收高额关税，有效地将法国红酒拒之门外（由于是按容量征收关税，因此对法国低度红酒的影响大于西班牙和葡萄牙红酒）。其结果是英国人在18世纪学会喝啤酒和度数更高的酒精饮料。1696年，英国征收高额关税的目的是削弱法国，这是重商主义零和博弈世界观的一部分。到了1815年，这一观点开始式微，不过啤酒酿造商和蒸馏酒酿造商仍是不容小觑的势力。在随后的数十年中，自由贸易者缓慢但逐渐地取得胜利，关税逐步取消。不过，直到维多利亚时代晚期的数十年中，“自由贸易经济”才得以全面崛起（Nye，2007）。

当然，自由贸易最终能够获胜，经济利益同样发挥了重要作用。约翰·斯图亚特·穆勒指出，一项高尚的事业很少能成功，除非一些人的利益与之息息相关。不过，存在冲突的利益群体不得不在“权力走廊”

一决胜负。我们不能认为经济理念和意识形态的影响力是无法证明、难以量化的，因此不重要，这一观点毫无根据。既得利益集团和代表他们的游说团体经常起着推波助澜的作用，推动制度变迁。不过，理念和说服力有助于解释为什么一个游说团体能够成功说服未表态人群，而其他游说团体则不行。英国经济夹在两个群体之间，一方支持自由贸易和自由放任经济，另一方则认为一定程度的国家干预是有必要的。这些群体并非相互排斥。一些利益集团表面上为其他集团争取自由贸易，但实际上却是利用诡辩法，为自己争取特殊待遇，这和今天的情况极其相似。皮尔等多位自由贸易支持者发现，出于实际原因，需要开设特例。皮尔在职业生涯的大部分时间内支持自由贸易。总体上，启蒙运动支持通过自由市场，推动经济活动的合理化改革。但它并不是以一种声音说话；包括亚当·斯密在内的启蒙运动领袖承认，自由放任经济存在模棱两可的地方，且与基于功利主义的理性经济不相容。

让局面变得更复杂的是，关税不仅仅保护了与政界关系良好的行业，而且也让企业家发财致富。虽然一些“开明”的领导人读过《国富论》，但他们也不得不承认，关税是实现政府账目平衡的一种有效方式。关税是政府征税的方便之道。相对累退营业税（regressive sales tax）、直接所得税或者不动产税而言，关税带来的政治代价要小。事实上，英国在1700年突然转变成为高关税型经济，其初衷是为了增加财政收入。英国应该如何兼顾自由贸易原则和自身财政需要呢？另外，亚当·斯密本人也承认，当国家利益或政策处于紧要关头时，有必要采取保护措施。例如，在1700年之后，英国政府希望扶持忠诚的胡格诺派教徒把持的爱尔兰亚麻业，减少对“战略性商品”（对于战舰物资供应而言，亚麻帆布和制绳用大麻纤维非常关键）进口的依赖，英国亚麻业因此受到保护，无须与欧洲大陆对手竞争。简言之，关税保护体现了重商主义的真正本质：财政需要和特殊利益汇集在一起。我们可以考虑“以邻为壑”的动机。许多重商主义理论家认为，英国经济当时受结构性失业问题的困扰，于是他们鼓吹出台保护政策，认为出口为国内提供就业机会，而进口减少就业机会。在这种情况下，自由贸易居然还有胜算，这可能令人感到震惊。这证明了启蒙思想家下列有力的言论，即尽管存在各种支持保护主义的势力，但是他们能够落实自由贸易方案。

总之，在18世纪末之前，英国奉行保护主义和重商主义，但是保护主义这一庞然大物的盔甲开始出现数道裂缝。1786—1792年，英法贸易自由化昙花一现，但很快，1793—1815年的战争和封锁导致两国贸易中断多年。紧随战争而来的是一系列高关税，例如英国声名狼藉的《谷物法》死灰复燃。但在1815年之后，由于后斯密政治经济学的影响力日益增强，再加上新兴工商业精英阶层的政治权力与日俱增，新自由主义慢慢得势。在19世纪20年代，英国开始小心翼翼地向前行进，推行自由贸易，不过直到40年代末，这一努力方取得显著成效，《谷物法》和《航海条例》因此被废除。正如我们看到的，自由贸易是一个错综复杂的问题，涉及财政考量、国家安全问题、有关收入分配的辩论，以及对粮食供应的担忧。维多利亚时代的自由贸易论者，如理查德·科布登和约翰·布莱特，以及1815年后的自由派托利党人的职业生涯，代表着经济利益和自由主义意识形态的混合体，最终为自由贸易赢得了胜利。

自由贸易前进的道路漫长崎岖。经济思想可能对政策制定者产生了影响，1773年《伯克法》就是一个早期的迹象。这一法律对《谷物法》进行修正。自15世纪以来，《谷物法》一直以某种形式存在于法律制度中。1672年，该法律得到扩展，增加了有关向出口商提供"出口津贴"（即补贴）的规定，并在1689年成为永久性法律。《伯克法》试图简化《谷物法》，规定当国内谷物价格足够高时（每夸脱44先令*），则削减出口津贴；如果国内价格达到每夸脱48先令，则将进口关税减少到名义上的每夸脱6便士。1786年，英国与法国签署了《艾登通商条约》，这是商业政策受启蒙运动影响的首个明确征兆。如果不是因为法国大革命从中干扰，英国商业政策和国际经济关系可能会朝着条约设定的方向发展。如前所述，欧洲历史一个极具讽刺意味的情况是，启蒙

---

* 英国旧辅币单位，1英镑=20先令，1先令=12便士，在1971年英国货币改革时被废除。——编者注

运动触发的种种事件致使英国启蒙政策严重受挫。英国人对雅各宾派引发的政治动荡感到担忧，并且害怕法国人入侵英国，从而导致许多方面出现倒退。战争导致价格和资源配置发生变化。具体而言，战争推高了农产品价格，英国地主因此大力投资于农业，希望从中获利；在战争结束之后，他们和欧洲大陆制造业者一样，要求获得保护。由此导致的结果是，英国于1815年出台新的《谷物法》。该法律在一段时间里开倒车，再次保护政治背景深厚的行业。虽然《谷物法》取消了出口补贴（这可能是最令人反感的寻租行为），但同时规定当价格下跌至每夸脱80先令时，禁止谷物进口。不过这一情况只维持了短暂的时间。1822年，《谷物法》规定，当价格高于70先令时允许进口谷物。《谷物法》的效力因此遭到削弱。1828年，这项禁令被一项复杂的分级关税制度取代，该制度旨在将国内价格维持在每夸脱70～80先令。1842年，皮尔对这一制度进行调整，之后被废除。

意识形态对政策的影响极为复杂，商业政策就是一个极好的例证。正如约翰·奈（Nye，2007）证明的，依据非常合理的标准，在19世纪的大部分时间内，英国算不上自由贸易国家，它的关税保护率总体上要远远高于法国。不过，这本身并不足以证明启蒙理念未产生任何影响。诚然，在1815年时，英国的平均关税率（计算为总关税收入在进口中的占比）远高于法国。不过，这主要是因为英国税赋重，而且政府当时决心偿清国债，发现海关关税收入来得方便（McCloskey，1980）。在1820年至1850年间，英国平均关税率从60%左右下跌至20%，因此到了19世纪中叶，英法两国的关税率相当。英国的重商主义观点和保护主义利益集团依然强大，并顽固抵抗，但从长远而言，它们注定要失败。自由主义政治经济学派的经济学家遵循斯密和李嘉图颇具影响力的著述，帮助说服政治家摒弃鲁莽的重商主义做法，并扩大开放。当然，英国缓慢、不情愿地摒弃保护和管制措施。但太多的既得利益势力会因此利益受损，所以在废除这些措施时，它们必然会进行反击。不过，启蒙运动留下了大量的意识形态遗产，此外工业中产阶级日益自信。在1815年之后的数十年中，上述两个因素结合在一起，产生了日益有力的影响。英国缓慢、有时不情愿地放弃了重商主义，接受了启蒙哲学家梦寐以求的世界性开放政策。到那时，英国已经取得了举足轻重的地位，成为世界各国尊敬和羡慕的对象。

因此，英国经济开放是一个重要的组成部分。不过，国内市场对工业革命而言极为重要。1750 年，英国人口开始增长。虽然英国普通民众直到 19 世纪才变得相当富有，但是当时消费者人数增加，他们的收入来源也增多了，从而创造了一个前所未有、不断扩张的市场。到 18 世纪时，英国交通运输系统已非常发达。它有沿海船运，还有一个运行良好的私营道路和运河系统。这些道路和运河是企业家和地方要员在政府帮助下建造的。毫无疑问，英国交通运输系统为技术进步助了一臂之力，推动人员和理念以更低成本、更快速度流动。此外，在一体化程度更高的市场中，创新效益实现倍增效应。保护技术落后的“小众产品”的难度变得更大。在一体化市场中，产品和投入的标准化水平与日俱增，人们也学会了购买外地生产商生产的产品（Szostak，1991）。

一些学者（例如 Inikori，2002）认为，英国并非一体化市场，而是由多个相对孤立的地区经济体组成。此类描述似是而非，因为如果 18 世纪英国有什么特征，那就是区域专业化。随着交通运输状况得到改善，地区间贸易变得日益重要，进而为区域专业化提供了保障。伯明翰生产制造金属器具，西南部诸郡生产毛织品，斯塔福德郡生产陶瓷，莱斯特郡则生产袜子。地区之间的边界线并非铜墙铁壁。庞大的伦敦城作为全国性市场，交易着来自英国各地的产品。当然，贸易水平很大程度上取决于运输成本。除非采用沿海船运的方式，否则大部分笨重货物只能在短距离内交易。不过，随着交通运输状况在 1750 年得到改善，地域界线变得日益不重要。正如我在第十章介绍的，交通运输业和其他为数不多的行业一样，受益于有用知识的扩展。

当苏格兰于 1707 年全面并入英国时，不列颠群岛成为法定的一体化市场。但爱尔兰依然被视为殖民地，直到 1800 年它彻底并入英国。研究文献特有争议的一个问题是，对工业革命而言，国内需求的重要性比国外市场要大多少（Mokyr，1998a；Cuenca，2004）。初步的经济分析显示，英国制造商毫不在意客户来自英国、欧洲大陆或者殖民地。但对整个经济而言，贸易部门非常重要。考虑到对外贸易与海外国家的关系非常重要，工业革命和国际贸易之间的关联成为许多人讨论的主题。在这里，存在两个应独立分开的问题：一个问题是英国工业革命发生在一个开放型经济中，因此得到增强和巩固；此外，英国与欧洲和更为遥远地区的伙伴开展商品和劳务贸易活动，刺激和加速了工业革命。另外一个问题是大英帝国的重要性，即对一些贸易伙伴的实际政治控制。

在本书讨论的整个时期内，对外贸易扩张速度要快于总产量的增加速度。在1700年左右，进出口总额估计分别为580万和440万英镑；在1772年至1774年期间，这一数字分别达到了1270万和990万英镑。在1851年之前，它已经增加到了6 700万英镑。由于衡量方式不同，严格地讲，这些数据不具备可比性。不过，即使对它们进行相应的调整，也并不会实质性地改变总体情况。正如第四章提到的，在开放型经济中，商品能够进入外国市场，因此相比封闭型经济而言，那些技术进步速度最快的商品，其相对价格下跌速度更慢。虽然国际贸易并非工业化成功必不可少的因素，但是它缓冲了供给曲线向外移动最多的商品的相对价格下跌速度，因此肯定起到了作用。

在1700年至1770年间，对外贸易额增加了不止一倍，但这与工业革命的关系不大，而更多归功于英国与本国殖民地及其他国家殖民地之间的大西洋贸易不断增加。这一定程度上与长途贸易的组织和技术有关。尽管帆船在1850年之前占据支配地位，但是船运成本不断下降，这可归功于三个因素：一是船舶设计和运行更高效；二是航行设备得到改进，从而减少了船舶失事，并提高了航行速度；三是促进信息和资金流通的制度更具效力。英国对外贸易增加，一定程度上还可归功于政治因素：英国政府坚定、旗帜鲜明地支持贸易。支持贸易的政策并不代表“自由贸易”，而是恰恰相反。在18世纪，它首先意味着与英国主要对手荷兰、西班牙、法国进行残酷无情的竞争。英国严格执行《航海条例》（首份《航海条例》于1651年通过），从而帮助它逐渐削弱荷兰人在转口贸易领域的支配地位。18世纪的政治和军事活动旨在削弱荷兰和后来的法国的竞争力。英国海军颇具战斗力，是英国最终取得霸权地位的一个重要因素。英国于 1696 年设立了贸易委员会，作为管理和控制殖民地的工具。殖民地贸易和欧洲贸易紧密相连。对于 18 世纪殖民地贸易而言，波罗的海地区的木材和其他松脂制品非常关键。殖民地商品转口贸易（由于《航海条例》禁止英国殖民地和欧洲大陆开展直接贸易，转口贸易成为必然的选项）成为国际商品流通的必要部分。戴维·奥姆罗德（Ormrod，2003）等史学家认为，至少在工业革命致使经济增长机制发生剧变之前，经济增长受制于两个因素：地缘政治，以及凭借外交政策和军事力量在商业竞争中获得优势的能力。

* * *

对外贸易是一回事，帝国主义是另外一回事。尽管亚当·斯密等知识渊博的思想家产生疑虑，但是在 18 世纪的大部分时间里，重商主义者认为，就繁荣和商业而言，帝国和支撑帝国的强大军事机器是不可缺少的。现代史学家经常也持相同的看法。许多学者强调，大英帝国和殖民地贸易对英国经济发展非常重要，是 18 世纪发展的一个核心因素，甚至是引发工业革命的原因（Inikori，2002；O'Brien，2006）。不过，对于在 18 世纪的大部分时间里，英国在殖民地经营项目方面是否明确占据支配地位，尚无定论。《乌得勒支和约》（1713）和《巴黎和约》（1763）确立了英国在南亚和美洲的主导地位（其中包括“阿西恩托”，即向西班牙殖民地贩卖奴隶的权利）。但 1783 年的《凡尔赛和约》极大地削弱了英国的主导地位。在加勒比海地区，法国可能更成功，在 1793 年之前一直控制着富饶的圣多明戈岛屿，这一岛屿是最大的蔗糖出口殖民地。在 1715 年至 1784 年，法国对外贸易的发展快于英国。西班牙和葡萄牙的美洲殖民地市场要大于英国殖民地。相对于母国面积而言，英属印度殖民地要逊色于荷兰在亚洲的殖民地。帝国控制似乎未在其他地区引发工业革命。除了英国，瑞士和比利时是欧洲大陆两个成功的非帝国主义工业化国家。荷兰和葡萄牙虽然控制着广袤、富庶的殖民地，但仍落后于人。在18世纪，殖民地市场因为规模问题，尚未成为必不可少的因素。在1784年至1786年，英国13.3%的出口产品流入亚洲（主要是印度），这一份额在1854年至1856年之前基本保持不变。当然，英国殖民地政策最终被证明非常成功。到了19世纪初，法国和荷兰沦落为殖民地贸易的小配角。法国痛失加拿大、印度、圣多明戈殖民地。不过在1760年时，人们很难预测到这一切。

当然，大英帝国发挥着重要作用，在一些方面影响着18世纪英国经济的发展。这必须归功于商业、船运业和一些服务或依赖于长途航运的制造业部门的扩张。这为企业家带来了丰厚的利润，也让广大消费者受益颇多。它带来了大量的消费品，在1800年之前，这些消费品的价格远远低于1650年。在工业革命之前，它是许多英国城镇得以发展的重要因素。布里斯托尔和伦敦在18世纪得以发展壮大，很大程度上归功于殖民地贸易。格拉斯哥、纽卡斯尔、伦敦、布里斯托尔得以发展成为造船中心，同样可归功于殖民地贸易。伍尔维奇和朴次茅斯的皇家海军造船厂尤其值得关注。它们可能是英国最大的雇主，也是重要的创新场所。

对于外国部门在英国经济发展中发挥何种作用，存在两种截然不同的观点：一种观点认为外国部门发挥有力的作用，另一种观点则认为其作用微弱。有关“微弱作用”的观点强调，得益于英国海军及其执行的政策，英国能够以更优惠的价格进口殖民地和其他外国产品，运费和保险费更低，并且产品供应更加可靠；同时英国日益质优价廉的商品能够找到更可靠的市场。英国海军为长途贸易创造了一个安全的环境，并消灭了横行海上的海盗和私掠船。在18世纪20年代，大西洋海域上的海盗被歼灭；此外，在必要时启用护航制度保护蔗糖运输船（Crowhurst，1977，第80页、第150页、第204—205页）。英国动用炮舰，确保海外的当地统治者尊重英国商人的财产，更不必说王国政府的财产了。经济学家无须说服也会认同以下观点，即国际贸易聊胜于无；自由贸易需要得到执行机制的支持，而国家能够最有效地提供此类机制。蓝水政策基于下列信念，即一支强大的海军能够为贸易提供支持。由于亚当·斯密和19世纪政治经济学解释的种种原因，贸易带来了增长。

许多学者观点更为激进，试图将18世纪英国重商主义和帝国主义与随后的经济增长联系起来，认为它以某种方式将“海外贸易和帝国主义带来的好处”最大化（O’Brien，2006，第387页）。帕特里克·奥布莱恩（1988，1994，2006）和戴维·奥姆罗德（2003），以及最近的芬德利和奥罗克（2007）都认为，汉诺威时代的英国在18世纪奉行咄咄逼人、有效的外交政策，拥有一支强大的海军，并且对它的对手持毫不妥协的态度，从而打造一个全球性经济帝国，这一帝国对长期增长产生了深远的影响。这一观点与艾瑞克·霍布斯鲍姆（Hobsbawm，1968，第50页）的论点大同小异。霍布斯鲍姆认为，英国18世纪的政策带来了“任何国家所能取得的最大胜利”，不过他的这一立场至少是存在争议的。他还坚信，战争往往（通过削弱竞争）提振出口，不过他没有援引任何证据来证明这一点。除了“在此之后，因此之故”（post-hoc-ergo-propter-hoc）的逻辑之外，这一解释乏善可陈。它未认识到，战争和保护主义措施作为上述咄咄逼人政策造成的必然结果，本身是扰乱和危害正常贸易的主要因素。它也未能认识到，国家或地区之间的贸易让各方受益；政治控制除非用于执行合同和产权，否则在通常情况下不可能增加总体贸易收益。亚当·斯密和之后的无数经济学家都明白这一道理。启蒙运动奉行的国际贸易原则的一个要旨是，国际贸易是正和博弈；博弈双方均能够从中受益，且一方不会因为另一方获益而受损。当然，一方可能试图通过军事优势、立法或财政措施，获得远高出一般水平的贸易收益份额。此类政策会扭曲价格，抑制商品流通，招致其他国家同样的报复，最终可能伤害整个贸易。如果重商主义政策恶化成为彻底的战争，那么这些政策带来的代价将会加重。

在英国重商主义世界中，全球优先级排序是显而易见的：英格兰（在1707年之后则为英国）的利益高于一切。包括爱尔兰在内的殖民地则处于中间位置。它们服务于不列颠的需要，但地位高于竞争对手国家。英国和爱尔兰之间的贸易存在不对称的问题，损害了爱尔兰人的利益，让他们感到愤怒。英国企图将类似的措施强加给北美殖民地，但最终因此大栽跟头。处于最底层的是贸易“伙伴”。英国人经常将他们视为对手和竞争者，而不是贸易对象。这并不是说支持贸易的政策并没有产生有益的效果。它们减少了贸易的内在风险，消除了一些交易和私人执法成本，并帮助传播信息。通过这种方式，英国的重商主义政策可能对贸易增长产生了积极的影响。尽管殖民地贸易在18世纪增进了一些英国人的财富和福利，但是这并不代表它惠及整个国家，更别说在一定程度上引发了工业革命。值得关注的是，这一激励是否抵消了这些政策显而易见的高成本，以及它是否比那些自由主义程度更高的政策更有效。在18世纪，英国发动战争很大程度上是为了争夺殖民地或殖民地贸易，它也因此成为欧洲税赋最重的国家。战争本应保护贸易，但实际上它导致贸易中断。毕竟交战双方动用了私掠船（获得政府资助的海盗，他们击沉船只并掠走船上货物），之后出台禁运和贸易限制措施。一些学者似乎忘记了一点，即汉诺威王室对外战争的巨大开支属于成本，而非收益。战舰耗资巨大。在18世纪80年代，每艘战舰耗资5万英镑左右，远远高于建造棉纺厂的成本。即使英国不威胁对贸易伙伴动武，贸易也能够出现，实际情况也确实如此。霍布斯鲍姆（1968，第54页）认为，工业革命“产生于贸易，特别是与欠发达世界的贸易”。这一观点似乎不准确、不全面。它忽视了启蒙运动，以及技术进步的深层次原因。有人坚信，帝国是英国经济取得成功的一个关键因素。这一看法可能在某种程度上将帝国和开放混为一谈。开放并不一定需要政治统治。此外，虽然实施政治控制为奉行殖民主义的国家提供一定的贸易优势，但是付出的代价也不菲。1815年，维也纳会议召开，为欧洲缔造了和平。在之后的岁月里，所有人都看到一方对另一方进行政治控制并不是双方实现互惠互利交易的必要条件这一启蒙理念是正确的。

一些人认为，大英帝国是解答“为什么是英国”这一问题的答案。不过这一观点存在一个逻辑困境：尽管在工业革命之前，与大英帝国开展贸易可能很重要，但是在1780年之后，虽然这些贸易本来应该是最有必要的，但其重要性反而大减（Cain and Hopkins，1980，第474页）。在工业革命初期阶段，大英帝国痛失13个美洲殖民地，遭遇了最重大的外交政策惨败。尽管如此，工业革命的步伐没有因此放慢。年轻的美利坚合众国尽管实现了政治独立，但仍坚定地继续留在英国商业势力范围内，直到欧洲错综复杂的形势导致两国在 1807 年至 1814 年间几次短暂的分道扬镳（事实上，两国贸易数次大规模中断，这是因为英国无情地动用海上优势，导致杰斐逊政府在 1806 年至 1807 年间实施禁运）。两国经济关系在 1812 年至 1815 年出现暂时中断，然后在 1861 年至 1865 年再次中断。这给双方造成巨大的经济痛苦。

即使没有政治控制或者英国海军的支持，英国只要有足够的财力，仍可以从世界其他地方获得所需的物资。工业革命并不需要建立英属印度殖民地或者控制加拿大，也无须依赖于加勒比海地区生产的廉价蔗糖。启蒙思想家整体上对殖民主义持怀疑态度。詹姆斯·穆勒等更为激进的思想家断然支持摒弃殖民主义。杰里米·边沁认为，如果没有殖民地，西班牙的境况可能会更好。他认为，为了让少数人受益，限制性的殖民贸易导致资源错配，推高价格，限制了西班牙的发展（Cain，2006）。如果殖民地获得独立，西班牙和它们之间的贸易额实际上会不减反增（转引自 Engerman，2004，第 266 页）。苏格兰政治经济学家詹姆斯·安德森对英国殖民地持相同的看法（Anderson，1782，第 60—98 页）。我们有理由指出，历史证明他的观点是正确的。当然，印度和加勒比海市场充斥着英国工厂生产的廉价纺织品。不过在英国取得大部分技术成就之前，这些市场并非十分重要。帝国市场对一些产业而言非常重要，并在 18 世纪期间变得日益重要。不过，它们的重要性不如外国市场，更遑论英国国内市场。在 1726 年至 1730 年，殖民地市场占英国出口的 16.2%；到了 1781 年至 1785 年，这一比例增加到 39.4%，不过其中至少一半的份额来自即将成为美利坚合众国的市场。在 19 世纪 40 年代，亚洲、非洲和西印度洋群岛殖民地市场分别占制造业出口和总出口份额的 24.4% 和 25.4%。在所有时期，英国一半以上的出口商品流入欧洲和美国。

对于这一论点而言，一个特定的反事实显得十分重要：如果英国未建立帝国，但它的所有竞争对手都建立帝国，那么敌对国家将控制航运路线和基本原材料，从而可能导致英国陷入不利局面。不过，考虑到

1770 年全球帝国格局，如果当时的世界实现更自由的贸易，并且殖民和掠夺性战争更少，是不是有可能更有利于经济发展和工业化呢？战争也许能够带来一些好处，但这些好处是否足以支付战争成本呢？如果这些好处基本上以损害他国利益为代价，那么会不会因此产生政治影响，最终推高成本？在技术进步的驱动之下，英国发展成为更现代的经济体。归根结底，在这一过程中，帝国是一个干扰因素，而不是推动进步的因素。与其说蓝水政策推动了经济发展，倒不如说是一种倒退现象。亚当·斯密（[1776]，1976，第2卷，第110页）率先指出，殖民地导致英国商业无法关注其他地区；殖民地投机事业并未创造更多的贸易，反而扭曲了贸易。总的来说，启蒙思想认识到，帝国战争无法证明这些成本是正当的。启蒙思想家本杰明·富兰克林令人信服地表达了自己对这一问题的看法。他在 1783 年致函约瑟夫·班克斯时指出，从来不存在好的战争或坏的和平。他感慨道："如果战争开支用于公用事业，人类的生活便利和舒适度将得到极大的提高！"（Franklin，[1783]，1907，第 9 卷，第 74 页）。以杰里米·边沁为首的许多启蒙思想家都认同这一看法。

一些学者认为，加勒比海地区的奴隶和蔗糖贸易带来了巨额利润，事实也的确如此。商业利益、造船业、银行业、保险服务业、服务于三角殖民地贸易（指西非、北美以及南美之间的三角贸易）的相关行业繁荣发展；布里斯托尔和利物浦市也因此发展起来。利物浦和曼彻斯特之间的联系并不能证明埃里克·威廉斯的一个著名论断，即曼彻斯特"严重依赖于三角贸易"。近期的研究（Inikori，2002）也未能证明威廉斯下列说法有根据，即三角贸易产生的利润"是英格兰资本积累的主要来源之一，为工业革命提供资金"（Williams，1944，第 52 页）。事实上，最近有学者分析研究了威廉斯的论文（Findlay and O'Rourke，2007，第 337 页）。尽管他们持赞同态度，但得出的结论认为，它"反映了采用的理论框架不合适"。有人认为，在加勒比海地区剥削非洲奴隶，这对英国经济非常重要。这一观点可能反映了我们的一种感觉，即它对奴隶本人、非洲以及奴隶被贩卖到的地区非常重要。不过，这并不意味着它对英国和作为三角贸易体系主要受益方的其他欧洲经济体而言同等重要。虽然西印度群岛蔗糖经济规模庞大，特别是在大获成功的牙买加和巴巴多斯殖民地，但英国绝不是唯一在新世界甘蔗种植园剥削非洲奴隶的欧洲经济体。生产蔗糖的殖民地怎么能够解释工业革命发生在英国，而不是法国或葡萄牙呢（Eltis and Engerman，2000）？在帝国主义史上，受害者和作恶者各自的历史呈现不公平和残忍的不对称性。英国与印度或爱尔兰的经济关系就存在这一不对称性。约翰·罗伯特·西利（John Robert Seeley）在 1883 年表示，在 18 世纪，“英格兰的历史不是发生在英格兰，而是发生在美洲和亚洲”（转引自 Findlay and O'Rourke，2007，第 230 页）。就经济史而言，西利这句被广泛引用的话属于胡说八道。

英国的爱尔兰政策可能有代表性，能够说明英国人如何对待非英国的世界。1699 年，在英格兰西南地区羊毛生产郡县特殊利益集团的鼓动之下，政府禁止爱尔兰向英国出口加工毛织品，并规定爱尔兰原毛只能在当地市场出售。英国认为爱尔兰应该生产亚麻。在本书讨论的整个时期内，英国视爱尔兰为低风险的农产品供给方，以及销售本国商品的市场（Thomas，1985）。尽管 1810 年出台了《联合法案》，但是英国人从未将爱尔兰视为英国的一部分。在 1845 年至 1850 年期间，爱尔兰遭遇可怕的大饥荒，但它基本上只能靠自己想办法应对。尽管这些政策冷酷无情、极不公平，但我们很难证明它们本身是英国工业革命的一个关键因素。

有人认为，北美奴隶制度这一大西洋贸易要素对工业革命而言非常关键（Inikori，2002，第 8 章）。在 1780 年之前，英国进口的（些许）原棉大部分来自西印度群岛，不过显然当地原棉种植潜力有限。在 18 世纪 80 年代，棉纺织业取得了多项发明。在此之后，这一产业需要有弹性的供给源，并开始日益依赖于美国南方地区。简言之，如果没有美国的奴隶劳动力，我们很难想象英国大幅上升的原棉需求能够得到满足。我们可以想象一些反事实的情景。例如，如果美国南方地区雇用更多的白人移民劳工，或者从中东进口更多的棉花，这可能会推高原棉价格，其他纺织品则能够支撑更长的时间。尽管一些原棉供给工序能够实现机械化（例如 1793 年发明的轧棉机），美国南方棉花种植和采摘仍采用劳动密集型的手工方式。随着棉花需求上升，美国种植园迅速改种这一作物。这导致劳动力需求上升，人们也因此开始使用非裔奴隶来满足这一需求。从这个角度来说，奴隶制度对工业革命真的很“重要”；但这一重要性并不是18世纪三角贸易的结果。棉纺织业的情况就是如此。许多其他技术进步，无论成功与否，并非如此依赖于帝国制度。不过，反向效应更为强劲。如果没有英国工业革命，后来成为美国南方各州的地区的黑人奴隶历史可能会被改写。美国奴隶制度本身没有引发工业革命，相反，工业革命是美国奴隶制度在1780年之后依然存在的主要原因。

对于18世纪的英国生产商和消费者而言，与更遥远的经济体开展贸易的相对重要性日益增加。到了1785年，在英国从所有国家（包括爱尔兰）进口的商品中，从欧洲以外地区进口的商品占1/3左右，这一份额在拿破仑战争期间显著增加。到了19世纪中叶，从欧洲以外地区进口的商品占比达到70%，而当时与爱尔兰的贸易计算为“国内”贸易（Davis，1979，第93页）。其中原材料占了很大的份额。生产商依赖于美洲的原棉和染料、加拿大的木材、瑞典的优质铁、波罗的海地区的松脂制品。

消费者购买加勒比海地区的蔗糖、亚洲的丝绸和其他优质纺织品（直到英国生产商学会如何竞争过它们）。茶叶、烟草、皮草、朗姆酒、稻米、花色纺织品的贸易量不断增加，其中一些属于转口商品。不过，英国消费者越来越渴望购买外国货，也能够买到越来越多的外国货。为了支付这一切，英国人出口工业制成品和航运服务。印度最终成为英国生产商的主要市场。当时还存在大量的“第三方运输业务”，其中包括18世纪利润丰厚的奴隶贸易。奴隶贸易帮助利物浦的兴起。19世纪奴隶贸易被取缔之后，英国商人发现鸦片贸易利润日益丰厚。他们向中国消费者出售印度种植的鸦片。当中国政府开展禁烟运动，英国政府发动了臭名昭著的鸦片战争，在1840年至1841年间利用炮舰攻打中国这个孤立无援的大国。显然，英国的重商主义心态在历经启蒙运动之后并未消失，当然对欧洲其他国家持这一心态的情况越来越少。

总之，我们很难证实“国外部门发挥有力作用”的论点，即工业革命和长期技术变革可归功于庞大的国外部门，以及支持国外部门的积极重商主义政策。长期技术变革是工业革命的核心所在。工业启蒙作为长期进步的根基，并非依赖于殖民地贸易和重商主义政策，虽然当时科学讲座的听众喝着加了加勒比海地区生产的蔗糖的印度茶。相反，尽管18世纪的启蒙哲学家并非都和亚当·斯密一样具有远见，但是重商主义和启蒙运动在长期内无法共存。在18世纪大部分时间里，英国实施帝国重商主义这一顽固、强硬的外交政策。帝国重商主义首先是一种寻租制度。在这一制度下，英国纳税人和消费者不得不承担相关费用，用于建设基础设施和提供支持，让一小撮商人和“奈鲍”的利润最大化。为了换取军事保护和排他性政策，作为寻租制度受益方的特殊利益集团上缴一部分租金，用于支付国家的部分开支。剩下的开支则由纳税人承担。权贵阶层从中受益，但是以损害消费者和外国人的利益为代价。英国国家债务水平增加，用于维持一支海军来保护英国在海外的利益。不过，帝国制度带来的大部分好处落入社会一小撮人手中。为了让持续增长激发最大潜能，英国最终必须铲除重商主义。

假设“国外部门发挥有力作用”的必要条件是贸易（而不是民众更加普遍接受国外理念）与技术变革之间存在直接关联，但是我们更难确定这一点。经常有人主张，外国市场的激励某种程度上触发了技术进步，从而建立一个正反馈机制。在这一机制下，贸易和不断改进的技术相辅相成。这一论点似乎言之有理。马修·博尔顿在1769年致信詹姆斯·瓦特时写道：“仅为三个郡制造蒸汽机，并不值得你这么努力和付出。不过我觉得为整个世界制作蒸汽机是一项非常值得付出的事业”（转引自Roll，［1930］，1968，第14页）。不过在很长一段时间里，蒸汽蒸汽机的海外销量非常有限。导致这一局面有三个原因：一是蒸汽机天然不便于运输；二是英国出台相关法律禁止出口机械设备；三是政治冲突导致世界贸易经常中断。博尔顿只得满足于大不列颠群岛的市场。相关记录显示，这一市场已经足够大了。

事实上，关于出口推动技术进步的论点似乎存在漏洞，原因是在1776年至1815年期间，对外贸易经常中断，而这一时期与经典工业革命的大部分时间重合。英国先后经历了美国大革命、与欧洲大陆超过20年的战争、1806年美国禁运令、与美国的另一场战争。这一切导致英国丧失了所依赖的出口市场。英国商人被驱逐出传统的欧洲市场，也“发现”了南美市场，并在1806年至1808年间向蒙得维的亚、布宜诺斯艾利斯、里约热内卢出口大量商品。然而这些倒霉的商人不得不以白菜价出售商品，损失惨重（Heaton，1946）。约翰·雷姆赛·麦克库洛赫（McCulloch，1864，第272页）曾描述了英国商人试图向里约销售冰鞋，这一做法注定要失败。在此期间，贸易流通受到严重干扰，英国在1797年被迫放弃金本位制。私掠船、封锁、军事行动导致当时极为重要的外国市场变得不可靠，充满了不确定性。虽然有学者将这一时期描绘成商业扩张期（Cuenca，2004），但其使用的统计数据往好里说也只是存疑而已。当时保险费及运费暴涨。尽管如此，技术进步的步伐似乎几乎没有因此受影响。虽然英国在拿破仑战争期间经历了一段艰难岁月，但它在世界贸易中的相对地位日益巩固。英国对外贸易中断了近40年，情况非常严重，以至于伟大的经济学家大卫·李嘉图在1817年出版的《政治经济学及赋税原理》中专门有一整章介绍“论贸易渠道的突变”。尽管如此，英国在经历了25年的战争和封锁之后，发展壮大，成为欧洲大陆邻国羡慕的对象。

有人认为，世界需求与日俱增和技术革新之间存在着强有力的因果联系。不过，基本的经济分析显示更有可能的是技术革新推动世界需求增加。在过去（和现在），技术进步的逻辑在于它在很大程度上创造了自己的市场。随着技术进步凭借一己之力推动经济发展，它提高了生产力，增加了实际收入，进而提供大部分的国内市场。提高生产力还意味着产品价格下跌，从而吸引国内和海外市场更多的顾客。出口市场的原始形态至多带来二阶效应。我们很难想象这一时期出现过下列一种发明，即国内市场无法提供足够的需求，来支付它的研发成本，哪怕出口市场能够帮助防止价格随后下跌。物美价廉的产品更能够吸引消费者，并且通过淘汰竞争对手，获取利润。顾客越多，利润就越高。除非改用创新技术所需的间接投资过高，且国内市场不够大，否则生产商都会进行创新。经济扩张的基础是社会是否有意愿和能力拓展并利用所掌握的有用知识，提高生产力。如果相比贸易伙伴而言，它可以更好、更快地拓展并利用有用知识，那么它就能够创造出驱动李嘉图贸易模式的比较优势（Temin，1997）。毫无疑问，在工业革命时期，纺织业、炼铁业和能源产业的情况就是如此。

当然，需求因素肯定有其重要性。除非人们认为产品有销路，否则他们怎么可能会投入精力和资金，冒着风险研发新技术呢？这看似有理，但是英国当时的专利档案充斥着各种根本没有销路的发明，例如由铁柱制成的救生衣、各种旨在治疗肾结石的专利药品。博尔顿和韦奇伍德能够准确地判断哪些产品有销路，而当时许多发明家做不到这一点。但昆卡（Cuenca，2004）等学者的观点有所不同，他们强调出口导向型经济增长的重要性。他们的论点表明，对于发明家而言，国内市场不够大，因此他们寄希望于向海外出售产品，发明活动才得以开展。此类论点可能适用于荷兰、瑞士等小型经济体，但对于人口众多（且不断增长）的大不列颠群岛等大型经济体而言，似乎显得不合情理。当然，殖民地和国外市场是一种红利，但是在1776年至1815年间，这些市场充满了不确定性，在大部分时间里指望不上。

兰开夏郡的纺纱工、康沃尔郡的采矿技工、格拉斯哥的科学家和技工、斯塔福德郡的陶器工、伦敦的仪器工程师是英国经济发展的真正根基。史蒂芬森父子、布鲁内尔父子等伟大工程师发明和建造了蒸汽火车和轮船，进而推动和刺激了国际贸易的发展，所有重商主义法律加在一起都不如他们发挥的作用大。聪明才智和创新促进了出口和贸易，而不是反过来。工业启蒙运动的杰出人物展示他们如何利用日积月累的有用知识，进行改良、合理化改革和创新。其余的就像是解说词，其实并不重要。

* * *

在1820年至1860年期间，英国的贸易自由程度较高，且愈发依赖于国外市场。这表明它必须摒弃重商主义。当然，在一定程度上，这一因果关系可以倒置：鉴于英国当时享受着全球专业化和交易带来的好处，摒弃重商主义被视为明智之举。引领世界技术发展的国家无须顾虑亚历山大·汉密尔顿或弗里德里希·李斯特提出的“幼稚产业”论。但我们不能轻视启蒙运动的意识形态因素。毕竟，尽管普鲁士等欧洲其他国家未能和英国一样，拥有庞大的殖民地和强大的海军实力，但是它们同样致力于自由贸易。

事实上，经济史学家（McCloskey，1980；Irwin，1988；如欲了解不同的观点，请参阅 Nye，2007）一直认为，由于大英帝国领土辽阔、富庶，它可以影响国际商品的价格。如果英国制造商和商人能够推动出台一项政府政策，共谋勾结和协同行动，那么他们也许能够设定“最优关税”，提高英国商品交易的进出口比价。但是现实中并不存在这一政策，这意味着英国收入本可以更高。正如经济文献显示的，此类最优关税事实上根本不存在，而只是一种在全球层面开展的寻租行为。在这种情况下，关税会提高英国人的收入（只是可能），但英国公民得到的好处要小于英国贸易伙伴遭受的损失，这意味着总体而言存在福利净损失。上述因素并不是人们反对此类政策的唯一理由。由于无法准确地确定相关的弹性，因此很难设定恰到好处的最优关税水平。此外，正如奈指出的，在 19 世纪上半叶，英国的关税水平可能早已超过最优关税水平。更严重的是，有关最优关税的想法源于一种极有可能出现的局面，即贸易伙伴可能做出反应，征收报复性关税，最终导致总体贸易水平和所有人的福利受损（Irwin，1988，第 1159—1160 页）。不管怎样，无论出于意识形态或者其他原因，英国非常慷慨，允许其他国家以更低的价格购买英国的商品，从而分享英国一流技术带来的好处。

对外贸易虽然在战争期间明显倒退，但仍保持增长势头，成为 1700 年至 1850 年间的一个标志。我们很难估算或评估对外贸易与收入的比率，或者工业出口产品与总工业产出的比率。表 8. 1 列出我们所能搜集到的最好数据。有两件事非常明确。首先，出口在总产出中的占比确实增加了，并且出人意料的是，相比经典工业革命期间，在 1700 年至

表 8.1　1700 年至 1851 年出口增长

年份	总出口（百万英镑）	名义 GDP（仅计算英格兰）	出口在 GDP 中的占比（%）	工业出口在工业产品中的占比（%）（克拉夫茨）	工业出口在工业产品中的占比（%）（昆卡）	
1700	3.8	65.4	5.8	24.4	13[a]	20[b]
1760	8.3	92.0	9.0	35.2	18	28
1780	8.7	116.6	7.5	21.8	25	33
1801	28.4	230.9	12.3	34.4	40	40
1831	38.9	372.4	10.4	21.9	49	45
1851	67.3	505.5	13.3	24.7	69[c]	n. a.

注：a. 该栏采用了克拉夫茨对工业产出的估算结果。

b. 该栏采用了昆卡对工业产出的估算结果。

c. 实际点估计（昆卡的所有其他数据是每 11 年的平均数据，以日期为中心）。

资料来源：依据 Davis（1979，第 88—89 页）、Crafts（1985，第 132 页）和 Cuenca（1997，表 1）数据计算得来。名义 GDP 数值（仅包括英格兰）来自克拉克的私人通信。

1760 年间以及 1830 年至 1850 年间的增长幅度要更大。其次，工业出口产品占比取决于采用哪种工业产出估算方式。显然，我们无法准确评估出口市场增长对工业部门的重要性，这有点为时过早。我们可以更确信进口发挥了重要作用。对于关键产业而言，原棉是不可或缺的投入要素。英国还进口其他原材料：西班牙的羊毛和矿石，波罗的海地区的原亚麻，爱尔兰的家畜。此外，英国在庄稼歉收时进口法国和东欧地区的粮食。表 8.2 总结了这些数据。即便在工业革命初期，英国对外贸易早已实现高度专业化，其中制造业在出口中占据主导地位。与此同时，英国的粮食和原料依赖于进口（表 8.2 中未包括从爱尔兰进口的商品的数据，因此低估了依赖程度）。这一切使人印象深刻。当谈到英国依赖于外国原材料时，人们经常会联想到原棉。不过，即便达到峰值，进口棉花价值在进口原材料中的占比不超过四分之一。正如我们所看到的，工业部门不仅限于棉纺织业。无论怎样，随着英国专业化水平提高，人口不断增加，尽管它在农业上颇具效率，但仍会选择进口农产品。为了进口粮食，英国不得不出口。

表 8.2　1784 年至 1846 年对外贸易组成（不包括爱尔兰）

	1784—1786	1814—1816	1844—1846[a]
进口			
原材料£（%）	9 585（47.0%）	36 408（56.2%）	51 033（62.2%）
食品£（%）	8 657（42.5%）	27 602（42.6%）	27 386（33.4%）
工业品£（%）	2 144（10.5%）	731（1.1%）	3 544（4.3%）
总额	20 386（100%）	64 741（100%）	81 963（100%）
出口			
原材料£（%）	867（6.8%）	1 460（3.3%）	5 177（8.9%）
食品£（%）	1 165（9.2%）	4 995（11.2%）	1 809（3.1%）
工业品£（%）	10 658（84.0%）	38 019（85.5%）	51 434（88.0%）
总额	12 690（100%）	44 474（100%）	58 420（100%）

注：a. 数据包括对爱尔兰的进口。
资料来源：Davis（1979）。

从总体经济层面看，国际贸易、要素积累、相对价格、分配和人口因素能够相互影响。为了研究总体经济，经济学家需要相当复杂的模型。经济学传授的一个知识是，当一个体系发生某种变化时，初始反应可能有别于新的最终均衡状态。在这一均衡状态下，各种反馈、影响和相互作用得以全面展现。我们可以采取经济学家所说的可计算一般均衡法（CGE），严谨地分析不同变量之间的全面因果定量关系。这一方法允许不同市场因为一些外部“冲击”而开展复杂的互动。此类冲击包括战争、法律的制定、税收或关税的变化，甚至生产力的提高。这类分析得出见解是需要付出代价的：它们假设许多摩擦和成本并不存在，也未考虑闲置资源。历史正统主义者发现它提出的许多假设难以接受。不过，为了获得更好的见解，简化现实情况是我们必须付出的代价。遵循上述告诫，这一方法能够提供一些见解，允许经济史学家进行逻辑推理。如果没有这些见解，逻辑推理则要完全依赖于附带意见和直觉。

最近的模型最重要的特征可能是将英国经济视为开放型经济。一般均衡模型很大程度上取决于我们假定英国经济为封闭型还是开放型；许多适用于开放型经济的因素并不适用于封闭型经济。一个例子就是农业在工业化进程中发挥的作用。松山（Matsuyama，1992）严谨地证实了经济史学家普遍存在的一种直觉知识，即农业生产力和工业化速度之间的关系取决于经济的开放程度。在封闭型经济中，制造业取决于农业生产力的提高，以及它是否有能力生产盈余产品，允许将资源从农业配置到工业，并为工业产品提供市场。人们曾认为，先出现的“农业革命”是英国工业化的必要前提。不过在开放型经济中，这一观点显然是错误的：英国可以进口粮食，并用工业品支付粮食进口。事实上，在开放型经济中，生产力很高的农业部门向经济传递出其比较优势在种植业的信号。在短期内，专门生产农产品对经济有益，但是如果未来农业需求增长或技术进步放慢，经济体可能会放弃工业化（未预见到的）优势。在小型开放经济体中，高生产力的农业部门会阻碍工业化进程，导致它滞后数十年。1815 年之后的荷兰就是一个例子（Mokyr，1976）。尽管英国农业生产力很高，但是它之所以实现工业化，是因为制造业的生产力越来越高。松山的模式恰当地表明，在开放型经济中，工业革命的出现不能归因于农业生产力的提高，而是尽管农业生产力提高了，工业革命仍然出现了。

不过，此类模型并不能一直反映历史现实。其中一个原因是英国经济既不是完全开放型（交通运输成本可以忽略不计），也不是封闭型（交通运输成本非常高）。它不是一个小型开放经济体，而是能够并且确实影响着世界价格的经济体。因此，随着它购买更多的农产品，同时出售更多的工业品，进出口比价（即农产品相对于工业品的价格）不利于它。此外，我们还需考虑对分配和储蓄的影响。克拉夫茨和哈利（Crafts and Harley，2004）采用了一个可计算的一般均衡模型，模拟下列情形，即假如农业进口不可增加（并且保持 1770 年的水平不变，比 1851 年的实际水平要低约 85% 左右），英国不得不自己养活自己（例如它的农业关税达到更高的水平），那么英国经济将会发生什么变化。农产品价格相对工业品价格而言会上涨，地主因此获利。由于地主是高储蓄群体，因此 1841 年的反事实资本存量可能要高 18%。工业出口可能要下跌三分之一，但是正是这一原因，英国进出口比价下跌幅度要低于实际情况，由此可以得出一个令人不安的结论，即当存在抑制贸易的关税时，人均国民生产总值可能更高。克拉夫茨和哈利赶紧补充指出，他们并不是真正相信这一结论，并且“通常的情况恰好相反”（同上，第96页）。

可计算一般均衡模型有时得出出人意料的结论，但对于一些经济学家而言，它们并非那么地违反直觉。这些经济学家训练有素，认识到二阶或更高阶的“回合”经常彻底改变我们直觉上认为的初始效应。尽管如此，有关高关税带来高收入的结论很大程度上取决于世界价格对英国贸易变化的反应程度。反应程度越小（即英国相对世界其他地区的份额越小），关税对经济的伤害更加明显。此外，克拉夫茨—哈利模型衡量了英国发生的变化对它产生的影响，但没有考虑对世界其他地区的影响。一个更为全面的模型应考虑到“其他”受影响的经济体，即世界其他地区。英国减少农业进口，可能会让英国收入略有所增加，但世界收入却非如此。这一模型考虑到收入分配的变化对资本形成的影响，但它没有考虑上文讨论的资本市场复杂性问题。显然，这一模型假设地主拥有更多的储蓄。由于当时部门间资金流动依然受限，所以上述大部分储蓄可能找不到回报丰厚的投资项目。放宽假设条件可能会显著地影响结论。

第九章
启蒙时代的农业

耕种世界如此平凡世俗，似乎与知识分子的思想圈风马牛不相及。不过，除非人们拥有足够的粮食养活自己，否则经济无法实现启蒙。当然，我们很难定义“足够”一词。不过，如果英国粮食供给在本书讨论的时期内的某个时间点耗尽，那么整个经济启蒙进程会戛然而止，这一点应该是显而易见的。然而，当时粮食供给并未耗尽。显然，英国农业部门发挥了作用，避免出现此类灾难，而这出乎当时许多人的意料。那么，英国农业部门发挥了什么样的作用呢？英国是否存在能够与工业启蒙运动相提并论的农业启蒙运动呢？

英国农耕史是近几十年来专家思想发生重大变化的领域之一，但至今仍有争议。多年以来，涉及英国农耕业的传统观点认为，在农业革命期间，组织和技术变化提高了生产力，农业部门得以在不影响粮食生产的情况下，大幅减少劳动力。人们经常认为，农业革命发生在工业革命之前和期间的一个世纪左右的时间里。农业部门裁减的工人能够从事商品生产和劳务活动，从而帮助实现经济现代化。这一观点站得住脚，与理论和其他国家的经历相一致。许多学者仍然坚持认为，1700 年至 1850 的英国农业发展配得上“农业革命”这一广泛使用的术语。不过，问题在于它与现有的大部分证据并不相符，且大多数专家已摒弃了这一概念。关于总体农业经济的数据不足，也导致我们很难衡量农业总产出和投入。有鉴于此，知识渊博而又明智的学者不会继续在这一问题上存在严重分歧。这一看似无害的问题之所以存在争议，原因之一是这一领域极难获得可靠的代表性数据；第二个可能更为深层次的原因是，虽然学者承认1700—1850年是一个农业改良时代，且在此期间，启蒙运动关于进步的信念无疑影响着农业实践，但是多用途的耕种技术并未取得惊人突破来提高各种农作物产量。虽然关于耕种实践的有用知识有所增加，且农业部门进行了制度改革，但两者似乎均未产生显著的效果。尽管如此，农业部门还是取得了一些进步，且与过去相比要进步不少，只不过仍逊色于其他部门。

对于18世纪之前的英国农耕业，地方的研究非常翔实。此类研究显示，早在18世纪和19世纪技术革命之前，英国人能够高效地生产粮食和原材料（Allen，2004）。这一研究结果符合既定事实：在1700年左右，约1/3的英国人以从事农事生产活动为生。即使不考虑对外贸易因素，实际上英国农民生产的粮食也足够养活自己和另外两个人。当时还没有出现化学肥料、杀虫剂、农业机械设备，以及翔实的遗传学、土壤化学、害虫生物学知识，而这一切是21世纪农业生产力得以提高的基础。尽管如此，在当时，英国农民极富生产力，表现优于其他国家的农民，这令人震惊。近期有学者比较了英法两国农耕业的情况。结果显示，在1705年，英国人均农作物产量是法国的两倍，并且每英亩的农作物产量要高50%。到1775年，这一差距显著扩大，两国劳动生产率比达到4.3∶1，土地生产率比达到2.5∶1（Brunt，2006a，第15页）。鉴于数据并不可靠，我们不能过分拘泥于上述数据。但显然，两国之间的差距反映出英国农业优势非常明显。

英国一系列农业技术适用于不同类型的土壤，从而确保农业生产力处于高位。总的来说，它涉及农耕业和畜牧业之间紧密的相互作用。人们越来越多地采用牲畜厩养的方式，给家畜喂养饲料作物。因此家畜更加健康、壮实，并且生产出更多的畜肥，用于农作物施肥。更好的工具、用具、一些新型农作物和治水技术均发挥了作用。然而，农业进步的核心是农作物轮作方式发生了变化。轮作法可以达成多个目的，其中包括破除病害循环、管控风险。但最重要的是，轮作法有助于恢复土壤中的矿物质含量，特别是有效的氮素含量（并非所有的氮素都会被植物吸收）。两类轮作法最重要：一类是著名的诺福克轮作法，即交替种植牲畜饲料作物（苜蓿和芜菁）和粮食作物（大麦和小麦）。英国17世纪中叶从荷兰引进这一技术。到了1710年，一半的农民种植了芜菁。芜菁为牲畜提供饲料，可间接地提高土壤肥力。苜蓿是一种神奇的作物，能够将“矿化型”（即有效的）氮素存储至土壤中，进而提高土壤的肥力（Allen，2008）。第二类是所谓的“轮作经营法”，它与第一种轮作法大不相同。在这一轮作法中，土地在多年用于种植谷类作物之后，转换成为牧场，而这一情况将持续数十年，以此恢复土壤氮素含量。在1700年，这一技术依然广泛使用，但是随着更先进的技术取而代之，它最终遭到淘汰。对于此类轮作法何时引进以及普及程度如何，仍然存在争议。

现在有一些证据显示，英国农业生产力在1700年左右已经很高，事实上早在中世纪时情况就是如此。拉姆齐庄园给我们留下了大量证据，证明14世纪上半叶的农业劳动生产力与19世纪初持平（Karakacili，2004）。拉姆齐庄园位于中英格兰东部的亨廷顿郡。当然，拉姆齐修道院可能一直有着极高的生产力。坎贝尔的研究成果（Campbell，1983）显示，中世纪时，各地的农业生产力差异很大。不过，坎贝尔和奥弗顿（Campbell and Overton，1993）发现，诺福克郡的土地生产率一直未超过14世纪第一个10年的水平，且这一状况一直持续到1710年左右。由于这一地区处在农业技术的前沿，可能不具代表性。如果将一个时期的最佳实践耕作与另一个时期的普通实践耕作进行比较，可能产生具有误导性的结果。尽管如此，到了1700年，英国平均耕作水平能够与同时代其他地区最高水平相媲美。有人认为，英国在18世纪出现了类似于工业革命的农业革命。但是为这一概念进行辩护变得越来越难。相反，现代研究显示，人均产出和全要素生产率增长很大程度上开始于17世纪。当时英国农民学会了使用低地国家以前开发的农业技术，而这些技术是低地国家在1700年之前取得惊人经济发展的一个原因。人均产出和全要素生产率在18世纪继续保持快速增长。根据各种流传的说法，到1800年，取得的进步令人惊艳。不过，学者对18世纪生产率是否实现加速增长不太可能达成共识，更别说它的确切时间和增长幅度了。

在1700年之后的一个半世纪中，英国农业经历了哪些变化呢？英国农业发生了诸多变化，但是它们能否等同于一场“革命”，这就见仁见智了。首先，在这一时期，英国敞田制农业最终销声匿迹。英国中世纪的农业（以及欧洲大陆1850年之前的大部分农业）采用了“敞田制”。在这一制度之下，耕地不设篱笆或栅栏，农民一起耕种，在庄稼收割之后耕地转为公用（收获后的留茬地和其他公共用地主要用于放牧公有牲畜）。敞田通常指未连在一起的土地，也就是分散的小块土地，它需要农民密切开展合作。到都铎王朝时期，这一制度早已呈现日薄西山的态势。敞田圈地（将分散的条田合并成相连的农田，其中由围栏或篱笆隔开，并且分配公共用地，供私人耕作）逐渐减少了采用此类耕作方式的土地比例。据估计，到1700年，英国境内仅有29%左右的田地为敞田。到1850年，这一比例下跌至8%左右。在1700年至1850年，超过20%的土地被圈地。在1760年之前，圈地几乎全是自发自愿的行为。但在18世纪最后30多年中，为了完成一些地区（主要是英格兰中部地区）的圈地进程，议会圈地变得大有必要。这些地区的农民抵制圈地，因此只得通过胁迫手段来完成圈地。

尽管议会早在1604年就开始圈地工作，但在1703年之前通过的圈地议案寥寥无几。相比之下，在1760年至1800年，1 800份圈地议案得以通过。议会圈地工作经常涉及全面勘查存在争议的土地，核对地契和租约，对土地重新布局。只有当土地所有人提交圈地议案，申请启动圈地程序之后，议会方能开展圈地工作。一经批准，议案要求议会任命特派员，负责重新分配敞田（经常是分散的小块田地）、荒地、公有土地、放牧地。特派员通常是技术娴熟的全职专业人员。他们会聘请勘测员和法律专家。在圈地程序结束时，必须设立篱笆或围栏将新划分的土地圈围起来，修改地租契约和什一税，并重新分配一些土地。按每英亩计算，小块土地的圈围成本要高于大块土地。此外，小农使用公用土地的比例很高。有鉴于此，有人认为圈地运动歧视小农和“茅舍农”，导致他们沦落为事实上的农村无产阶级。议会圈地是英国独有的现象。圈地运动因此被认为是英国例外主义的一部分。直到19世纪，欧洲大陆大部分地区仍想方设法解决错综复杂的敞田问题。英国具备独特的能力，能够根据经济形势需要改变其制度。圈地运动就是其中一个例证。

议会圈地运动是执行产权还是侵犯产权，这值得商榷。问题在于，在敞田制农业中，有关“产权”的定义不如今天明晰。土地所有人可以“拥有”土地，但是只要公簿持有农（copyholder）或自由持有农（freeholder）支付租金，那么他们对公地或他人的土地拥有不可剥夺的使用权。在庄稼收割之后，邻居有权在他人田地上放牧。当此类“法定权利”被废除时，土地所有人能够获得赔偿。当此类权利为传统权利，特别是涉及公用土地使用权（佃农持有但并非正式拥有的土地）时，人们在圈地过程中丧失此类权利，且没有获得赔偿。不过，圈地运动有赢家也有输家，这是显而易见的。输家主要是小农。他们在过去曾经拥有非正式的习俗权利，但是圈地运动冷酷无情地废除了此类权利。输家还包括需要在自家土地周围安装价格不菲的围栏或篱笆的人，以及之前依靠公共用地和荒地增加收入和燃料的人（主要是妇女）。

在很多年中，人们认为圈地运动是英国农业发展的关键所在。在经济学家看来，从表面上看这一论点有着令人信服的逻辑。敞田似乎意味着低效的产权，充斥着负面的溢出效应和邻里效应。在敞田制度下，人们需要与相邻土地的所有人进行烦琐的谈判，导致所有决策者束手束脚，难以有所作为。此外，由于敞田处于分散状态，人们无法在耕作时广泛利用规模经济效应，例如改良土地、购置更先进的工具、进行劳动管理。不过，尽管经济学家有着直觉感受，且阿瑟·杨格等同时代学者热情支持圈地运动，但是没有多少真凭实据能够证实圈地运动是先进技术或优良农作物得以推广普及的必要条件，或者圈地运动通过其他方式显著地提高了农业生产力。随着学者对敞田问题的研究逐渐深入，他们愈发认识到敞田制农业能够带来技术进步和高效组织，并提高生产力（McCloskey，1972；Turner，1986；Allen，1992）。现代学者认为，圈地运动并非绝对能够提高农业生产或者人均产出，或者创造一支庞大的过剩劳动大军。过剩的工人别无选择，只能离开农村，到城市工场寻找工作。这一结论与早期的主流研究观点大不相同。利用这些经济史学家精心搜集的证据，我们可以得出一个非常无说服力的结论，即尽管圈地通常用途更为广泛，且能够采用经改良的耕种技术，但是它带来的好处远不像圈地运动支持者声称的那么大。圈地运动首先改变了土地地形、农业生产组织、农业劳动力的社会构成。这些变化举足轻重，不过它们的影响是渐进的、局部性的。至于它们是否等同于一场“农业革命”，则值得怀疑。

在经历圈地和土地兼并之后，平均农业占地面积增加了。在1700年，敞田型农场平均面积为65英亩左右。到了1800年，英格兰南部地区增加到150英亩，北部则可能达到100英亩。这些大型的合并农场被圈地，由职业管理者依据基于市场的新原则进行管理。到19世纪初，英国自耕农逐渐销声匿迹，而法国、德国西部地区和低地国家的自耕农却不断发展壮大。在英国，一种资本主义制度取代了自耕农。在这一新的制度下，地主拥有土地，并将土地租赁给佃户；佃户基本上相当于企业家，雇用日工干活，并提供大部分的生产经验、牲畜和周转资金。具有讽刺意味的是，在这一方面，英国农业更像欧洲易北河以东地区的大庄园式农场，而不是欧洲大陆西部地区的独立农民。差别在于英国土地制度非常高效，雇用了自由的工资劳动者，且管理者基本上是见多识广的聪明企业家，而不是领主或其管家。到了1790年，英国约3/4的土地由此类佃农耕作，在拿破仑战争中的经济繁荣高峰期，自耕农比例下跌至20%（Chambers and Mingay，1966，第132页）。成年男子在农业劳动力中的占比日益提高。儿童、妇女和住家仆人承担大部分劳动的“家庭经济”日益式微。当时大部分劳动力为季节性雇工，表明这一管理方法非常有效。由于农闲季节没有多少农活，因此雇主没有必要花钱雇用工资劳动者。英国耕地变化的起因远不是马克思认为的那样。马克思指出，在他著述之前的数个世纪里，英国农业已经呈现无产阶级化的特点。他的这一观点并非完全错误。不过与欧洲其他地方相比，英国耕地制度非常成功。不过威廉·科贝特专爱唱反调，他认为，“当农场主成为绅士，他们的劳工沦落为奴隶”（Cobbett，1821）。

如果没有农业革命，我们很难解释英国耕地经济如何能够养活本国快速增长的人口。英国人口在18世纪中叶左右开始增加，且增长势头一直持续到20世纪。从一个层面来讲，这容易理解：农业革命提高了农业产出。表9.1总结了各种估算方法。虽然这些估算方法有所不同，但它们都证明了，农业产出和人口几乎保持相同的增长速度；其中一个估算结果为144%（1700年至1831年），另一个则为185%（1700年至1850年）（Overton，1996b，第75页）。农业部门劳动生产力差不多翻了一番。粮食供应不足问题非常严重。有大量证据显示，在18世纪下半叶，天气状况恶化。在1740/1741年大歉收到多灾多难的1816/1817年期间，英国庄稼歉收的频率极高。这在一定程度上可归咎于遥远地区的火山活动，从冰岛到印尼群岛的坦博拉火山。坦博拉火山曾于1815年爆发，造成毁灭性的后果，影响了全球气候模式。不过，尽管粮食价格高涨造成民生困苦，但是鲜有证据能够证明英国真的发生过饥荒。

表9.1　1700—1850年英格兰农业产量估值（1700年=100）

	1700	1750	1800	1850
人口法	100	121	159	272
需求法	100	143[a]	172	244
物量法				
农作物	100	129	188	303
肉类	100	124	166	253
乳品	100	179	244	320
总额	100	127	191	285
人口	100	114	171	331
人均，需求法	100	106	93	82
人均，物量法	100	111	101	86

注：a. 1760年。

人口法：假定人均消费量固定，并考虑到进出口情况。

需求法：依据人口推算产量，并考虑到价格和收入变动情况。

物量法：基于同时代估算结果。

资料来源：Overton（1996，第75页）。

正如之前提到的，马尔萨斯和之后的两代政治经济学家认为，农业部门增加粮食供应的速度跟不上人口增长速度，最终将导致整个经济停滞不前。人们认为，虽然得益于有利的“供给冲击”，经济能够实现某种形式的增长，但是这只能短暂地提高人均收入。有利的“供给冲击”改善了经济状况，其中包括制度、技术或完全自发的改善（例如气候状况的改善）。马尔萨斯模型预测，随着民众日益富裕，人口开始增长；人口增长可归因于人们衣食住条件得到改善，不易受饥荒和疾病的影响，或者当人们收入提高时，他们能够早结婚，养育更多的孩子。不管怎样，人口增加开始对土地和其他供给固定不变的自然资源产生压力，例如清洁水资源或木材，最终导致收入跌回至供给冲击之前的水平。无论通过预防性抑制（降低出生率）或者积极抑制（死亡率上升），人口都会停止增长。人口数量随着粮食生产能力的提高而增加。经济史学家一再指出，鉴于19世纪的情况，这些预测被证明是错误的。不过这一可怕的预测哪里出错了呢？

欧洲一些地区从海外引进并种植新作物。这些作物营养价值更高。在18世纪，爱尔兰和低地国家消耗越来越多的马铃薯。考虑到每英亩马铃薯提供的卡路里是谷类食物的3～4倍（更不必说马铃薯提供维生素C等其他营养功效，不过当时的人们并不了解这一点），在耕地面积不变的情况下，种植马铃薯能够养活更多的人。奇怪的是，相比之下，英国人对种植马铃薯并不热心。在1800年，仅有2%的作物地用于种植马铃薯，不过，人们可能利用小块园地种植了更多的马铃薯。在19世纪，英国为什么如此不愿意种植马铃薯？这一现象一直没有得到令人满意的解释。一种可能性是英国富庶且生产力高，因此有资本不种植马铃薯，毕竟人们广泛认为只有穷人才会吃马铃薯（马铃薯缺乏收入弹性）。在英国，即使穷人也吃得起面包（英国人到很晚之后才迷上炸鱼薯条）。那么，英国又是如何养活不断增加的人口呢？

一个原因是土地面积并非像马尔萨斯认为的那样，保持固定不变。问题的关键不在于不列颠岛的面积有多大，而是取决于可耕作土地的面积和集约度。表9.2显示耕地总面积从1700年1 100万英亩增加到1850年的1 460万英亩，牧场和草地从1 000万英亩左右增加到1 600万英亩。林地和荒地面积因此减少。它在一定程度上是圈地运动的结果。耕作集约度是农业生产力增长的另一个原因。公有土地耕作状况保持良好的可能性很小，这一点似乎是可信的。一旦圈地将这些土地归个人所有和控制，改良土壤是合算的。不过，增加的耕地面积大于被圈地的荒地和公用土地面积。英国耕地面积增加可以解释为什么农业雇佣人数在18世纪并没有下跌。总的来说，农业土地和资本密集度增加了（每英亩使用的劳动力减少，特别是除成年男性劳动力以外的劳动力）。不过，由于耕地总面积增加，农业就业人口绝对规模保持大致不变（但由于劳动力总量在1750年之后快速增长，农业就业人口占比下滑了）。

表9.2　1700—1850年英国农业土地、劳动力和资本

	1700	1800	1850
土地：（百万英亩）			
耕地	11	11.6	14.6
牧场和草地	10	17.5	16.0
林地和矮林	3	1.6	1.5
森林、公园、公用土地	3		
荒地	10	6.5	3.0
建筑、水路、道路	1	1.3	2.2
劳动力（千人）			
男性	612	643	985
女性	488	411	395
男孩	453	351	144
资本			
建筑物	112	143	232
工具	10	10	14
农场马匹	20	18	22
其他牲畜	41	71	85

资料来源：Allen（2004，第104页、第105页、第107页）。

此外，耕地变得更高产。奇怪的是，证据似乎显示，小麦每英亩产量（小麦是英国的主要粮食作物）在1700年至1800年间几乎没有增加（这可能是因为小麦每英亩产量早已达到很高的水平）。在整个18世纪，小麦产量增加了36%。不过奥弗顿（Overton，1996a，第5—6页）指出，这并不能很好地说明总生产力情况，原因是小麦每英亩产量增加可能只是劳动或其他投入增加的结果，并且只考虑了实际播种小麦的土地。在18世纪和19世纪初，豆类、大麦、燕麦等其他作物和饲料作物的产量持续增加（同上，第6页；Turner、Beckett and Afton，2001，第162—166页）。可耕地和牧场灵活组合，提高了生产力。人们在作物之间种植苜蓿，用于吸收和固定大气中的氮气分子，以此增加土壤肥力。此外，英国引入菜豆和其他豆科作物，从长远而言，这极大地提高了土壤肥力（Allen，2008）。尽管相关原理直到19世纪才真正为人了解，但在当时苜蓿和土壤肥力之间的实证关系众所周知。

这一生产率增长不仅增加了英国人的粮食供给，而且改善了牲畜饲料的营养价值。英国人种植更多的改良型牧草、苜蓿、野豌豆、芜菁、饲料甜菜等饲料作物。英国牲畜因此养得膘肥体壮。这一切都应该被视为生产率增长。此外，牲畜吃得好，生产的肥料也就更多。采用轮作经营法种植的许多饲料作物特别适合萨福克郡、诺福克郡等地区的轻质砂土。在18世纪，这些创新得到推广普及。在此之前，由于缺乏足够的肥料，许多轻质土壤肥力很低，因此不适合耕作或者耕作率很低。这些地区还采用了施泥灰技术，即施用泥灰土，将砂质土壤地区的细砂土黏合在一起。种植在砂质土壤的块根作物不适应西部更加肥沃和黏重的土壤。最终的结果是，过去生产力最低的地区的农业生产力增幅最大，低产土壤的产量达到了高产土壤的水平。虽然各个农场的情况大不相同，但是整体效果颇为显著。

牲畜是欧洲农业史的重要组成部分，英国的情况尤为如此。贾雷德·戴蒙德（Diamond，1997）等世界史学家指出，在解释欧洲经济成功史时，人们必然会提到一个现象，即欧洲和亚洲一些地区养殖大型农畜。鉴于多方面的原因，牲畜是英国农业的重要组成部分。首先，它们提供一系列重要产品，例如肉品、乳制品和原材料。其次，它们为农具（尤其是犁具）提供动力，并且将农产品驮运到市场出售。第三，它们是氮素供应源，在维持土壤肥力方面发挥着不可或缺的作用。当时，在促进耕地作物增产方面，农家粪肥发挥的作用最为显著。此类粪肥可恢复土壤氮素含量，帮助提高作物产量。因此牲畜集产品、资本存量和半成品为一体。人们选育牲畜，在繁茂的牧草地上放牧，改良饲料作物，从而提高了牲畜质量。这对整个耕种部门和其他部门产生了深远的影响。尽管这一时期牲畜数量并没有增加多少，但是畜禽产品数量增加了150%（Overton，1996a，第 13 页）。牲畜选择育种（selective breeding）在 18 世纪大获成功，是当时最有趣的技术突破之一。

由于没有全国农业产出的统计数据，我们很难估计 1700 年至 1850 年的英国农业总产出。这就像玩拼图游戏时发现大部分的拼图碎片丢失了一样。表 9.1 总结了主要的研究成果。尼古拉斯·克拉夫茨（1985）首创的研究方法假定，农产品需求随着人口、收入和偏好决定的需求变化而变化；尽管无法观察到供给情况，我们可以通过观察价格情况，推断出供给情况。这一研究方法的逻辑是运用经济分析解答历史问题。我们清楚地了解这一时期英国的人口数量。虽然我们不清楚他们的膳食结构，但是如果当时真的发生过粮食严重短缺的问题（一些年份曾遭遇这一情况），那么它会以粮食价格上涨的形式表现出来。即使当时没有政府机构搜集所有农场的数据，我们仍可以假定价格和需求之间存在着特定的关系，从而就供给情况得出相当可靠的估值。换言之，经济学家往往根据供求情况预测价格，而经济史学家则是搜集价格数据，对需求情况进行有根据的预测，进而推断出供给的历史发展轨迹。利用这一方法，我们可以轻易地证明，18 世纪英国农业产出增长速度非常缓慢（年增长率为 0.2%），且远远落后于人口增长率。不过从 1800 年至 1850 年，农业产出加速增长，年增长率达到 1.1%，稍高于人口增长率。这些数字说明，使用“农业革命”这一术语描述 1750 年之后农业部门发展的情况，似乎有些夸大。但农业部门的表现比人们近期认为的要好。

这一基于价格的研究方法远非尽善尽美。它对影响价格数据的其他因素非常敏感。事实上，在18世纪晚期，由于气候恶劣接连造成严重的农作物歉收，农产品价格异常高。此外，在开放型经济中，价格并不完全是由国内因素决定的。其他经济体发生的事件，以及战争或政治动荡导致的国际贸易中断也会影响价格。因此这些数据有可能低估了18世纪下半叶农业生产率增长的情况。另外一种研究方法是利用留存下来的农场数据，将它们放大，以此计算整个国家的产出。不过这一方法存在代表性问题，以及经济学家认为的“幸存者偏差”问题。管理最完善（因此生产力最高）的农场的数据可能最准确翔实，并且这些数据最有可能保留下来，为经济史学家所用。此外，这些数据对这一时期早期的产量估算结果非常敏感，且容易高估18世纪农场产量增长情况。不过，此类误差不会大到完全推翻增长记录。从长期看，这一“物量法”（volume method）得出的结果和需求法得出的结果并非大不相同，这很能说明问题。

总之，虽然在短期内情况并非一直如此，但是在1750年之后，农业产出跟上了人口快速增长的步伐，这一势头一直持续到18世纪末。不过，在1800年之后，农业产出开始有所落后。尽管如此，不像爱尔兰，英国的食品篮子（food basket）似乎没有恶化，这是一项相当了不起的成就。当时，爱尔兰依赖于单一的高产量作物养活日益增长的人口。事实上，英国凭借本国出色的农业表现，避免了中国在18世纪遭受的厄运。当时，中国土地面临与日俱增的压力，最终付出了沉重的生态环境代价，导致它养活本国人口的能力倒退。爱尔兰在1846年暴发了马铃薯晚疫病，这一不可预料的偶然事件导致马铃薯歉收。虽然我们很难将这一事件视为不可避免的“马尔萨斯灾难”，但显而易见的是，爱尔兰依赖马铃薯，最终发展成为一个完全不同的农业社会。从某种意义上讲，爱尔兰是“押注”在单一高产作物上。英国在1850年之前实现了养活本国人口的目标。与此同时，英国从事土地耕作的人口并没有增加，它既没有押注在某一种高产作物上，也没有真正给人留下深刻印象并带来农业技术变革的发明，例如化学肥料、全面机械化，或者改变

20 世纪种植业的杀虫剂。英国农业产出增长可归功于劳动生产率的提高，而这归功于三个因素，即生产规模的变化、组织方式，以及农业技术相对渐进的改良。当本国农业产量不足时，它依靠进口。英国从凯尔特外缘地区* 和欧洲大陆进口粮食，以此弥补本国粮食的不足（Thomas，1985）。

如表 9.2 所示，下列三个因素推动农业劳动生产率的提高。第一个因素是上文提到的耕地面积增加。在人口快速增长的时期，当劳动力固定不变时，耕地面积增加意味着农业部门土地和劳动力比率事实上提高了，这与马尔萨斯模型预测的情况正好相反。第二个因素是农业资本的增加。当人均资本增加时，劳动生产率也随之提高。第三个因素是农业生产效率不断提高。效率提高可以表现为两种形式：每单位投入能够种植更多的作物，或者出现了全新作物。随着时间的流逝，第二种形式的效率提高很难衡量和比较。不过，英国农业追求进步，能够接纳新型作物的事实是不容否认的。之前的休耕地开始种植“填闲作物”，例如饲料作物、干豆、圆白菜、甘蓝，以及大头菜、芜菁等根茎类作物等。即使每英亩的产量没有增加，但是现有土地得到了更有效的利用。

新式工具、经重新设计的老式工具或者采用更好材质的旧式工具也推动着农业进步。罗瑟拉姆犁是首个“标准化”农具。这一铁制农具源于荷兰，通常没有轮子。相比之前的设计而言，罗瑟拉姆犁翻土效果更好，且所需的耕畜更少。此外，由于犁头硬度高，即便存在磨损问题，依然很锋利。这一农具是泰特伯里的特格韦尔、伊普斯威奇的兰塞姆等技艺精湛的制造者而不是当地工匠制造出来的。它在 1730 年获得了专利，到了 18 世纪最后 30 多年中得到广泛使用。启蒙运动和农具交集在一起，这一本来不可能出现的现象体现在苏格兰犁匠詹姆斯·斯莫尔（约 1740—1793）的职业生涯中。斯莫尔使用一种犁板，打造出得到极大改良的犁具。人们通过长期试验，又对这一犁板的形状进行了优

---

* 统指苏格兰高地的苏格兰人、爱尔兰人、威尔士人和康沃尔人，或者他们居住的地区，因为这些地区属于英国的外缘地区，故有此称。这词常带有贬义。——译者注

化。斯莫尔认为他的发明应惠及所有人，因此著书介绍这一发明，并拒绝申请相关专利（Day and McNeil，1996，第648页）。近期有学者重新整理并利用阿瑟·杨格搜集的资料，研究结果显示，得益于犁具设计的改进，翻耕技术在1700年至1850年间取得了重大进步（Brunt，2003）。在19世纪初，人们对犁具做了进一步改良，发明了安装自磨刃犁铧的犁具。另一项改良农具在19世纪初得到广泛使用，即杰斯洛·图尔发明的谷物条播机。这一有名的农具在18世纪的大部分时间被世人忽视。先进农场还使用其他农具，例如脱粒机、风扬机、饲料切割机、田间镇压机、芜菁切割机和饲料制备机。虽然并非每家农场都拥有所有这些农具，但是最佳实践工艺树立了很高的标准。

农业部门的社会结构发生了种种变化，这可能归因于效率得到了提高。罗伯特·布伦纳（Brenner，1985）提出了一下颇有说服力的论点，即“小农”农业竞争力不足，无法保证耕作活动高效展开；只有资本主义耕作方式凭借强有力的竞争力和高效的农业管理，方能取得英国农业达到的劳动生产率水平。不过，现代研究已经推翻了过去针对“农民”的刻板保守的偏见，并且证明，在面对市场机遇和价格时，农民的表现比人们想象的要更为机敏和敏锐。尽管如此，总体而言，英国资本主义耕种结构显然产生了有利的效率影响，例如职业佃农雇用工资劳动者打理的大型农场。虽然18世纪英国“追求改良的地主”或许不能代表农村生活，但是他们在“士绅阶级”中间越来越常见。士绅阶层由乡绅组成。这些乡绅的庄园规模相对较小，但是控制着英国近一半的耕地。许多地主坚持比较、整理和传播“农耕改良”知识。即使地主不直接参与农业改良工作，但是他们通常懂行，知道聘请合适的人选。18世纪的地主支持农业改良只是为了获利，这一点比以往任何时期都要明显。农业改良带来了更高的租金，这正是地主希望看到的。在18世纪末，英国农业和耕种改良协会如雨后春笋般涌现，这足以说明启蒙时代对耕作业的重要性。

奇怪的是，苏格兰和爱尔兰在18世纪初就成立了致力于农业改良的正式协会，而英格兰在这一方面却落后于人。在1723年至1784年，苏格兰至少成立了 14 家类似的协会。到了 1834 年，这一数量达到 136 家。在英格兰，自 18 世纪 70 年代起，这一运动开始蓬勃发展，大批地方民办组织应运而生。这些组织举行展览会，颁发奖品，并为农民建立专业图书馆。农业启蒙运动的最终成果是 1793 年成立了农业委员会。委员会负责调查和汇报农业实务。不过，由于管理不当、资金不足等问题，它的工作表现不尽如人意。委员会首任主席是性情怪僻但才华横溢的苏格兰人约翰·辛克莱。伊拉斯谟斯·达尔文曾将关于农业的长篇大作献给辛克莱。尽管委员会最终令人失望，但是它反映了农场主与日俱增的团结意识，并推进了他们的一个观念，即他们代表着所谓的"地主利益集团"。委员会最重要的职责是支持农业改良和技术交流。它为 1838 年成立皇家农业协会铺平了道路。1783 年成立的迪席莱协会和 1798 年成立的史密斯菲尔德俱乐部专门研究牲畜饲养问题。在此之前，最活跃的英国农业组织可能是技艺学会。它鼓励各个农耕领域进行创新和普及创新成果，例如改良型农具、土壤化学和马铃薯种植的推广。到了 1835 年，英国此类协会数量超过了 90 家。首先，此类协会是进步信念的象征，展示了科学在实现进步方面发挥的作用。同时，它们还鼓励创新者，推广普及有用知识和成功的技术。改良者相互通信，并在阿瑟·杨格的《农业年刊》和 1800 年创办于爱丁堡的《农场主杂志》上投稿。农业和经济其他部门一样，展现出追求有用知识的精神和对进步的信念。

无论农业知识是否取得了预期结果，它在 1750 年之后以前所未有的速度积累和传播。人们成立正式和非正式组织，并举办展览、牲畜博览会和集市活动。对农业感兴趣的人们借此开展合作和建立关系，交换意见，交流实验和研究成果。诺福克郡的托马斯·科克等人成为这一改良时代的象征。甚至乔治三世本人对农耕活动也有着浓厚的兴趣，在伦敦城外的邱园开辟了试验农场。他也因此获得了"农夫乔治"的绰号。在整个 18 世纪，英国出版了各种期刊、手册和书籍，公布新发现，总结现有农耕技术知识。尽管此类出版物的受众并不大，但保持不断扩大的势头。威廉·埃利斯在 1731 年出版的《现代农夫和农耕实践》中提供了一系列建议，与阿瑟·杨格最畅销的著作《农场主日历》（Young,

1770）异曲同工。在18世纪最后10年里，两位巨头阿瑟·杨格和他的劲敌威廉·马歇尔（1745—1818）收集了大量信息。他们细致地搜集数据和信息，开展农业试验活动。这些努力几乎都是以经验为依据，且讲究实效。尽管按照一些纯粹主义者的标准，它们可能算不上“形式”科学，但是它们仍然属于“有用知识”的一部分。

人们深信实干家和知识分子应开展合作，这能够为社会带来极大的好处。这一信念显然渗透到了农业部门。马歇尔事实上是一些追求改良的地主的农业顾问，同时也是《每月评论》的农业记者。早在土壤化学和植物生理学取得长足进步，引领技术进一步向前发展之前，人们就对系统的农耕知识有极大的需求。就此而言，启蒙农耕活动属于18世纪英国农业社会的一部分。

在18世纪，特别是1750年之后的数十年中，随着农产品价格不断上涨，农业被列入启蒙欧洲的科学议程。就像启蒙运动的其他方面一样，它并非仅仅局限于大不列颠群岛。法国人痴迷于农业改良的发展前景，甚至创造了“田园狂”一词来描述人们对农耕活动日益浓厚的兴趣。俄国女皇叶卡捷琳娜大帝受法国启蒙运动的影响，邀请德国著名农学家J. C. 舒巴特到俄罗斯，帮助传播他的农作改良理念。不过，当时大多数重要的实践作家都是英国人。所有对启蒙农耕感兴趣的人都拜读过他们的著作，并且钦佩他们。引人注目的是，他们主动与自然哲学家建立日益紧密的联系。杨格在准备试验时，主动向18世纪70年代英国顶尖科学家约瑟夫·普利斯特里寻求帮助。许多顶尖的科学家对农耕有着浓厚的兴趣。杰出的化学家汉弗里·戴维受人委托，开办了一系列土壤化学讲座，并因此出版了《农业化学原理》（1813）一书。该书成为标准读本，直到1840年被冯·李比希的著作取而代之。苏格兰化学家阿奇博尔德·科克伦（邓唐纳德伯爵九世）富有创造力，在1795年时出版名为“证明农业和化学之间存在密切关联”的论著。此类著作多为实证或教材性质。汉弗里·戴维承认这一领域“尚处于襁褓之中”，他的大部分工作为实证性质。实际上，一些人努力向读者系统地分析相关的原理。

与其他领域的有用知识得到发展一样，这一领域的先驱者多为苏格兰人。其中一位苏格兰人是《农业和植物原理》（1765 年）的作者弗朗西斯·贺姆。另一位是卡姆斯勋爵，他著有《乡绅——通过验证理性原则努力改良农业》（1776）一书。卡姆斯认为，如果设立农业委员会传播有用的农耕知识（例如最佳轮作法、优化农场规模、开垦荒地等），将推动“人口和工业发展……极大地提高国库收入。英格兰将因此变得繁荣、强大，哪怕美洲殖民地的忘恩负义者最终叛变得逞，英格兰也不会因为丧失殖民地而变得窘迫”（Kames，1776，第 378 页）。地质学家詹姆斯·赫顿（1726—1797）同样也是一名实践农学家。他写了一部名为“农业原理”的书，原稿长达 1 000 页，但未能完稿（也未出版）。苏格兰农业协会和大学、地主阶级保持紧密联系，从而在某种程度上调节了有用知识的供给关系。除了杨格、马歇尔等世人公认的专家出版农业巨著之外，在 1750 年至 1850 年间越来越多的专著、论文、期刊文章、使用手册、农艺百科全书、农事技术词典面世。在反法同盟战争之后爆发了农业危机，民众对农业研究的兴趣大减。不过到了 19 世纪 30 年代和 40 年代，农业研究活动得以复苏。在当时，研究活动更加严谨和专业，并且更多地以形式科学为基础。

有人可能合理地怀疑，所有这些书面资料是否真的有助于提高农业生产率。弗朗西斯·贺姆（Home，1756，第 2—3 页）指出，科学和实践之间依然存在着巨大的鸿沟，“总体上，从事（农牧）技艺的人从未接受过科学的熏陶，学会观察或者归纳总结，获得真知”。不过他著书立说，翔实地介绍他的农业试验工作。伏尔泰在著作《哲学辞典》（1816，第 3 卷 ，第 91 页）中，严厉地指出，尽管在 1750 年之后有许多实用的农业书籍，所有人都在看，但是唯独不包括农民。查尔斯·吉利斯皮（Gillispie，1980，第 367 页）推断，“在作者、出版商和读者圈以外”，信息流通的影响力可能很小。试图证明这场思想骚动和生产率提高之间存在任何直接关联的做法是错误的。这些书籍很少是基于实践经验。阿瑟·杨格（1772，第 158 页）哀叹道，当时缺少一部“农牧业综合专著或辞典，让年轻的耕种者发现它提供的意见和一群农场主一样可靠”。他余生致力于弥补这一空白，不过他提出的许多见解受到现代学者的质疑（Allen and Ó Gráda，1988）。相比之下，马歇尔的著作更多是基于个人经验，因此学者对其评价至今仍然很高。总之，有人认为这场思想运动似乎只影响了农业部门的少数领域，除了一些特例之外，它对总产出的影响并不大，且这一影响力很晚才显现，但此类观点并不成立。

持此类怀疑态度的人并未看到“农业启蒙运动”的真正意义所在。它让我们同样了解到18世纪英国经济有用知识需求侧和供给侧的情况。“启蒙经济”不仅限于制造、运输、采矿等现代部门。它最惊人的成就可能出现在制造部门，但最重要的是，它的本质是将有用知识应用于技术，使之无论用于何种行业或用途，都能够更好地发挥作用。农业启蒙运动之所以重要，在一定程度上是因为大农场主和乡绅引领着这场运动，而不是城市和工业资产阶级。后者经常被认为身处前沿阵地，将系统的有用知识和科学应用于生产活动。许多英国农场主渴望掌握此类知识，这反映了当时的人们普遍认为此类改良是切实可行的。尽管在这一时期的大部分时间里，农耕书籍的价格超出大多数农民的承受范围，但是农民俱乐部和农业协会经营的租书图书馆和阅览室越来越多地提供此类书籍。虽然只有少数农民会阅读此类书籍，但从长期看这可能无关要紧。通过个人关系网络和其他几乎看不到的渠道，知识得以传播和扩散。由此产生的结果是，受马尔萨斯影响的政治经济学家的可怕预言并未实现；19世纪末的知识爆炸现象最终导致西方农业出现了与之相反的生产过剩问题。

我们甚至不应轻率地全面否定农业启蒙运动在1830年之前产生的影响。对于农耕等活动，我们容易低估人们学习和模仿他人的重要性。霍尔克姆村的科克鼓励人们参观他的公园农场，“因为归功于他们，我才获得自己掌握的知识，并且能够向佃农传播改良技术，从中获得满足感”（转引自Beckett，1989，第572页）。科克经营着一家示范农场。他持续进行试验，并坚持不懈地推动技术进步。农场参观者和他相互学习取经。科克还举办了正式的剪羊毛活动。当时所有知名的农学家和一些最杰出的科学家相聚一堂，交换意见。在40多年中，此类聚会成为年度社交活动。汉弗里·戴维、约瑟夫·班克斯等知名科学家在不同时期出席过这一活动。正如贝克特（Beckett，1989）指出的，此类聚会和其他类似活动事实上属于农展会，它们为参与者提供了分享经验和知识的机会。

这样的集会体现了启蒙运动的一个信念，即实干家和理论（“哲学”）家可以相互学习；此类互动和交流也是有用知识增长的根基。弗朗西斯·贺姆（1756，第177页）甚至建议从爱丁堡协会会员中挑选五人，成立一个委员会，负责“搜集独立试验结果”进行发表。为了鼓励人们提交试验成果，贺姆建议委员会“向开展最具独创性和实用性农业试验的人提供一项或多项荣誉或物质奖励”。显然，人们尤为关注农耕领域的知识获取问题。农耕很大程度上取决于当地土壤和地势情况。通过这种方式获取的许多见解成为维多利亚女王时代广施化肥耕作法（high farming，又译为高度农业）的基础。具有历史讽刺意味的是，农业启蒙运动在未来方产生回报，而英国的未来并不在农耕业。但是，它意义重大，标志着人们坚信能够取得经济进步，并日益明白应该如何实现经济进步。

启蒙农耕业密切关注和致力于经济进步和创新，在深入了解自然过程运行原理的基础上，专注于改良和合理化改革。不过18世纪农业产出增长并未受这些努力的影响。当时，应用于农业的大多数有用知识并不是我们承认的形式科学，而仍然是对自然规律和“什么起作用”的编目和列举。当时没有生物化学、生理学、微生物学、遗传学、昆虫学、形式统计学或其他科学，而农业改良家需要掌握此类知识，方能了解为何一些技术的效果要好于其他技术。因此，人们主要通过试错和试验实现进步。虽然有关什么起作用或不起作用的知识得以积累，但没人清楚其中的原理。因此，即使顶尖的农学家也经常不清楚什么不起作用，从而很难去伪存真。1850年，杰出的自然哲学家、园艺师和启蒙运动代表人物约瑟夫·班克斯撰写了一份小册子，确定祸害一时的小麦霉病为真菌病。但农民们直到19世纪下半叶才了解到这一诊断结果。

由于当时还未研制出有效的灭菌剂，因此不清楚这一洞见带来了什么好处。不过，值得注意的是，同时代科学仍对当时最具破坏性的真菌一无所知，而这一真菌正是造成19世纪40年代爱尔兰马铃薯疫病的罪魁祸首。

在当时，使用粪肥增加土壤肥力的情况也是如此。这是一种最基本的耕作法。伟大的农学家阿瑟·杨格（1772，第168页）心怀希望地感叹道，尽管当时农民基本上不了解每块土地的“特有偏好”，但是也许“有一天人们通过试验，能够了解所有土壤和它们所影响的蔬菜的性质……自然哲学的这一迫切需求有待一位培根式的人物来解决”。卡姆斯（1776，第5页）也深切地感受到这一点：“尽管农业非常依赖于机器的力量，但是我斗胆断言，它更加依赖于化学。没有化学知识，我们永远无法确定农业定律。”此类知识超出了杨格和同时代人的能力范围，不过对此类知识的需求前所未有地高涨。到了18世纪中叶，法国人让–巴普蒂斯特·布森戈、吉森大学教授尤斯图斯·冯·李比希率领的德国有机化学家、英国约翰·贝内特·劳斯的研究成果揭示了土壤化学的秘密。有关英国农业使用非农肥料的现代研究结果显示，在1700年农场购买了大量肥料，且它们的投入在接下来的一个半世纪中没有显著增加。有趣的是，农场主购买大量肥料，极大地提高了农场土壤的氮素水平。与此同时，他们也购入煤烟、灰烬等城市工业废料，但是它们的效力很低。市场采购的肥料供应只能勉强跟上种植面积的扩张速度。尽管肥料防止产量下跌，但它并未推动农业革命的发生（Brunt，2007）。

18世纪的许多有用知识，无论被称为“科学”知识与否，在今天看来都属于伪科学。现代科技史学家可能持谨慎态度，不轻易评判知识“正确”与否。他们非常清楚，我们认为的“真理”可能在后代看来也是错误的，就像我们眼中的三个世纪之前的科学理论一样。当时人们基于一些观点和信念提出建议，而基于此类建议的技术根本不起作用，因此至少我们可以将它们归类为“无效”知识。发明家和早期农业改良家杰斯洛·图尔（Jethro Tull，1674—1741）声称空气是最好的肥料。阿瑟·杨格是一位杰出的编纂者，编纂了英国游记和耕种法资料。他深信敞田制耕作法根本不可能带来技术进步。不过，如果正确地分析他的数据，我们会发现无法证实他的这一观点（Allen and Ó Gráda，1988）。但1700年至1850年的英国农业史、工业史和交通运输史能够说明拓展和搜集有用知识是带来持续物质进步的关键所在。如果知识不正确，则在可能的情况下对它进行试验和修正；如果知识不完整，则进行拓展。尽管按照现代标准，当时可用的知识并不完备，但一些领域取得了令人印象深刻的成就。杰斯洛·图尔试图在没有帮工的情况下独立耕作（他非常不信任雇农）。他下定决心要确定红豆草的最优播种率。在持续观察和试验的过程中，他发明了能够节约种子的条播机，因此名声大噪（当时红豆草种子价格昂贵）。此外，他还发明了马拉犁具。图尔的名著《马力中耕农新法》于1731年出版。满怀热情地开展各种试验的进步农场主对图尔本人评价颇高。

人们基于经验和试验，实现改良，进而发家致富。这一文化淋漓尽致地体现在家畜育种领域。在孟德尔之前的一个多世纪里，人们并不了解家畜繁殖遗传学。不过，农民知道牲畜的特征并不是完全由环境和偶然性决定的，而是与其父母的特征存在某种神秘的关联。牲畜经过优良育种，且饲养得更好，就能够生产更多更好的乳制品和肉品。一些作物（例如芜菁）虽然不适于人类食用，但是在作物轮种中发挥了重要作用，且可以作为牲畜饲料。许多牲畜以此类作物为食，它们生产的肥料可以提高土壤肥力，而且能够提供更多的畜力来提高土地翻耕质量。

尽管其他人也进行选择育种，但是这一活动将永远与罗伯特·贝克韦尔（1725—1795）联系在一起。选择育种的成本高，且不易成功。选育技术本质是让具备优良特性的动物进行杂交繁育，同时无情地淘汰不理想的品种。系统选育人员取得种种成功，这一点不容置疑。他们改善了牲畜的效力。由于牲畜的用途并非单一，所以经常需要对不同特性进行取舍。英国绵羊通常成为餐桌上的美食，而不是用于生产羊毛。因此贝克韦尔的新莱斯特绵羊虽然羊毛品质一般，但产肉多，长膘早，且肉质最好的部位易长膘。贝克韦尔花了15年的时间进行试验，成功培育出肉骨比率高的品种。在英国这个喜好羊肉的国家，这一品种大受欢迎。到1780年，他的公羊配种收费价格达到100几尼。约翰·埃尔曼培育出的南岗无角短毛羊成熟早，并且生产优质的短羊毛，非常适合于梳毛。约瑟夫·班克斯满腔热情，希望改良绵羊品种。他在1811年成立了美利奴羊协会，旨在推动在英国饲育西班牙美利奴羊。不过这一努力以失败告终。英国毛纺业日益依赖于进口羊毛。

畜牛育种领域也取得了进步。短角牛是许多约克郡育种人员努力取得的成果。它用途广泛，适合用于生产奶制品和育肥。如果给短角牛喂养饲料作物，它就能够早成熟。在19世纪上半叶，混合耕作法生产出大量的饲料作物。贝克韦尔和他的同事罗伯特·福勒培育出“待宰”长角牛。这一品种的牛成熟早，能使牛肉产量最大化，但这以损害长角牛的生育力和产奶量为代价。当时英国还成功培育出海福特牛。这一品种的优势在于能够放牧。人们在培育猪种时采用了同样的方法，并大获成功，确保猪获得优良的特性。甚至猎犬也得到了改良，这归功于杰出的猎狐犬育种学家雨果·梅内尔（1735—1808）的选择育种法。虽然猎犬没有为提高农业生产力做出重大贡献，但是在当时有闲阶级中间非常受宠。出人意料的是，尽管农民的大部分粗活重活依赖于马匹，但是英国在马种培育方面的成就相当有限。农民似乎“将就着使用非良种马和杂种马”（Brown and Beecham，1989，第351页）。在18世纪80年代，阿瑟·杨格抱怨称农场主不得不使用轻型马车挽用马。尽管如此，18世纪末通过精心培育的萨克福马、夏尔黑马有了极大的改良。据格霍尔德（Gerhold，1996a，第501—502页）推测，挽畜得到显著的改良；在1724年至1816—1821年间，挽用马的成本下跌了20%至30%。鉴于大多数马匹一生被不同的人驱使，且会用于不同的用途，人们很少像培育绵羊和畜牛一样，培育用于专门用途的马种。总之，尽管当时人们掌握的动物生理学知识有限，更遑论遗传学，但是在1750年至1850年间，牲畜育种领域取得了令人印象深刻的成就。

园艺领域同样充溢着创新的活力。尽管园艺活动通常被经济史学家所忽视，但它是英国首要关注的领域。英国人通过实验、比较、交换和效仿，培育新的花卉和灌木品种。在 16 世纪中叶，适合栽培的园林植物品种仅有数百种。到了 1839 年，这一数量增加到 18 000 种。在 1789 年，莱斯特一名种子推销员出售 16 种豌豆、13 种菜豆等。普拉姆（J. H. Plumb，1982，第 326 页）在总结 18 世纪园艺发展历程时指出："人们不再认为花卉、蔬菜或树木是创造领域静止不变的事物，它们不断发展，不断改良……这一切归功于人类的实验活动。"当然，在这一时期的大部分时间里，此类活动仅限于一小群有闲绅士阶层。他们将园艺作为一种业余爱好。不过在当时，通常是少数人创造出有用知识，其他人能够获取、调适和使用这些知识。有用知识慢慢地扮演日益重要的经济角色。伟大的园艺师约翰·克劳迪斯·路登（1783—1843）等人发表著作，分享园艺师的经验。路登出版了多套畅销丛书，其中包括《园艺百科全书》（1822）、《农业百科全书》（1825）和《园艺师杂志》（该期刊自 1826 年开始发行）。景观园艺师汉弗莱·雷普顿富有创新精神，出版了多部颇具影响力的著作。他同时也是一名成功的景观顾问，实际上是出售自己的知识。

总之，在 1850 年，英国涉及动植物的有用知识数量是 1700 年时的数倍。我们需要解释为什么它在数十年中对农业生产力的影响很小。首先，并不是所有人都热衷于改良。一些英国大地主深入参与关于作物、种子、牲畜、排水系统以及农业重组、土地使用、圈围敞田必要性等问题的漫长讨论。我们可以突出这些例子，来支持一个假设，即对于一个进步的农场部门而言，所有权集中和相对大型的农场非常关键。不过，持改良态度的大地主并不多见。大体上，大多数地主只是被动行事，聘请好的管家，并与佃农签订长期租约，让他们能够安心地开展资本密集型改良工作。地主有时借钱给佃农进行此类投资。简言之，他们创造有利的环境，确保主动有为的改良者能够充分获取有助于提高农耕效率的知识，发家致富。尽管存在一些有名的特例，但是最积极的改良者通常为小士绅、大佃户和大自耕农。

在制造业，技术改良无情地淘汰效率低下的竞争者。和制造业不同的是，农耕业最佳实践技术的传播受到了制约。农业和制造业技术存在一个重大的区别。机械设备和化工工艺基本上不受当地环境的影响。蒸汽机、蜡烛制造者的制备容器、梳毛工的工具在任何地方都能使用。在农业部门，土壤条件、地形、微气候的细微差别，以及其他地方差异都会决定新技术能否发挥作用。这导致农业技术普及速度极为缓慢（霍尔克姆村的科克表示，“他的改良成果以每年一英里的速度前进”）；甚至相邻地区的技术实践经常大相径庭。经济学家詹姆斯·凯尔德（Caird，[1852]，1967）在1850年和1851年考察了英国农业状况，描述了各种农业方法在成熟度和进步方面存在的巨大差异。他惊诧地注意到，一些农场在使用新式农具和排水系统，而旁边的农场却仍在使用落后的技术（第499页）。技术改良进展缓慢，且呈现局部性和不平衡的特征。用一位学者的妙语来讲，这一时期的农业进步是“谨慎折中的试验势力与习惯和惰性势力之间的消耗战”的最终结果（Walton，1984，第32页）。因此，农业未能取得广泛的进步，未能像炼铁业和纺纱业一样取得重大发明。到了1850年，约翰·贝内特·劳斯的洛桑农业实验站开始运行。不过，除非人类加深对植物生长机理的理论认识，否则农业试验活动会面临收益递减的问题。

此外，农业还受制于技术瓶颈。在19世纪末轻型蒸汽机出现之前，以马匹为主的大型家畜为农耕活动提供动力。翻耕、收割等许多农活必须在田间地头完成。尽管蒸汽动力可用于完成脱粒等农活，但是在1850年，田地里的重活主要靠马力和人力完成。当时，美国已开始慢慢地采用机械（马拉）收割机。由于英国地形更为复杂，机械收割机尚未得到广泛应用（David，1975b）。其他的劳动密集型重活难活超出了当时人们的能力范围，即便提供丰厚的奖励，也无法得到解决。一直到1879年，皇家农业协会还设立奖项，鼓励人们发明一种高效挤奶机，只不过没人报名申请。

19世纪初兴起了一种农耕模式，即当时人们所说的“广施化肥耕作法”（用现代经济学家的术语来讲就是最佳实践技术）。它基于下列三个因素：成熟的区域依赖型作物轮作法、大量施用肥料，以及耕地和牧畜之间复杂的相互作用。它使用改良型农具。这些农具更耐用，设计更合理，更易操作，并且价格通常也更便宜。“广施化肥耕作”制度力争成为当时最好的耕作制度，并且愿意接纳新的理念、技术、材料和工具。与1700年相比，到了1850年，英国农业的商业化、资本主义化和资本密集程度更高，且几乎完全置身于市场经济的环境之中。见多识广的商人以牟利为主要目标，经营着农业。在经济学家提出的经济制度范式中，行为主体理性、见多识广且追求利益最大，他们依靠最佳实践技术，在竞争激烈的世界中开展经济活动。英国农业是最接近这一范式的经济制度。但具有讽刺意味的是，这一制度行将消亡。

金钱是农耕变革背后的推动力。虽然一些持改良观念的地主可能发现这一工作充满智力挑战，或者能够带来道德满足感，但是毫无疑问的是，对金钱的渴望是人们发起这场运动的主要动机。地主收取的租金是作物价值和作物生产总成本（包括农民的利润和利息）之间的差额。租金是人们为土地自然属性支付的费用。不过通过改良，人们能够强化这些属性。对于地主而言，排水系统、土地兼并、公荒地改良带来的回报非常可观，但此类投资对总生产力的贡献相对较小。事实上，在本书讨论的时期内，租金大涨。近期对这一时期每英亩土地租金的研究结果显示，1700年至1724年的租金指数为15.7（1825年至1849年为100），这意味着租金在这一时期上涨了5倍（Turner、Beckett and Afton，1997，第165页）。在剔除物价变动因素后，实际租金在1750—1815年价格上涨期间有所下降，之后急剧上升。实际租金对价格变动非常敏感，这意味着名义租金并非总能快速地适应各种变化，而这在很大程度上是因为人们通常签订合同或依据习俗来确定名义租金。

农业租金不断上涨，这是多个发展趋势造成的结果。圈地起到了不小的作用。它提高了农民高效使用土地的能力。此外，圈地还涉及修改租约，根据现实情况调整租金。不过地主同样拥有政治影响力，正如我们看到的，他们能够推动议会通过关税法案，以此保护其收入。到了19世纪中叶，英国6/7的农田由佃农耕种，只有1/7的农田为自耕农所有。考虑到地主原则上可以拒绝续租，从而收回土地，开尔德等人纳闷是什么样的激励因素推动佃农开展土地改良工作。这类土地改良的产权根植于基于信任的非正式合约和默契。令人吃惊的是，这一制度安排似乎大体上发挥了成效。租佃权和长期租约确实存在，但相对而言并不多见。和爱尔兰不同的是，英国的地主阶级与职业佃农和农民阶层整体上和谐相处。

随着经济的变迁，人们对土地、地主及其经济职能的看法也在不断变化。人们日益将土地视为一种普通资产，认为土地购置成本高，因此应当产生收益流。不过在许多人的眼里，土地仍是一种特殊资产，能够为土地所有人带来社会地位或声望。他们还认为，应合理经营管理土地，使之产生收入。在 18 世纪，一些地主被视为技术试验者。地主有责任了解其他地方使用的技术，将它们应用于自己的土地之上，并设法对它们加以改进。到了 19 世纪初，专业人员担负这一职责。如果地主比佃农更容易获得长期信贷，那么前者负责提供固定资本，并为佃农提供长期租约和合同，从而激励后者进行改良，维持土地肥力。佃农负责日常农耕工作。人们日益诟病限定继承权、长子继承权等妨碍土地所有权的传统因素，认为它们不利于人们以资本主义的方式合理开发利用土地。

总之，对于 1700 年至 1850 年间的英国农业表现，近期学术研究的看法毁誉参半。在 1700 年之前（以及可能更早之前），英国农业效率早已达到非常高的水平。因此，尽管在 18 世纪，除了一些地区之外，英国狂热地追求改良和进步，但是成效并不大。这多半是因为当时人们掌握的知识有限，英国农耕业生产力因此达到了极限。当时人们没有能力将机械动力应用于田地农活，建造农业机械设备的难度大，对作物生长过程中矿物质和土壤化学相互作用的方式缺乏了解，且无力有效地应对病虫害和兽疫问题。这一切导致进一步提升农作物产量的空间受限。如果农业技术未能像棉织业或蒸汽动力一样取得突破，这并不是因为当时人们没有尝试。即便 18 世纪的农民了解当时的最佳实践科学，但大多数技术问题对于他们而言太难了，以致无力解决。在 19 世纪，“释放”农业生产力的工作是在 1840 年至 1880 年间完成的。不过到了 19 世纪末，农业已经不可逆转地丧失了在英国经济中的中心地位。

那么在1700年至1850年，英国是如何养活迅速扩张的人口呢？这一问题的答案不止一个。首先，英国人口在1750年之后才开始真正增长，并且在18世纪上半叶，英国不存在人口问题。在正常年份，英国粮食自给自足。当粮食歉收时，它通过进口弥补不足。相比之下，1760年至1816年间危机频发。当时，英国人口快速增长，同时遭遇严重的粮食歉收、气候极为恶劣等问题，并卷入一系列战争。这些战争有时导致进口变得困难。英国农民展示出很强的能力，能够对有利的市场情况做出反应。一些农民生活在大型城市市场附近，有机会出售高价值作物。他们设法提高农耕的生产力和收益。为此，他们启用了未开垦地，而不是强化小麦栽培，提高它的亩产量。通过兼并土地和圈地，改良种子和牲畜，人们对大量土地进行重新布局。但总的说来，人口增长和工业化导致粮食和原料需求快速增长，且增长速度超过农产品供给的增长速度。英国开始日益依赖于粮食进口，这不仅发生在歉收年份，还出现在越来越像平常年景的年份。英国人在1914至1918年，以及1940年至1945年付出惨痛代价后才认识到，如果遵循比较优势原则，并且依赖粮食进口，那么进口在战争期间易受敌方敌对行为的影响。

我们不应夸大这一问题。即使在与法国交战期间，英国仍能够从欧洲大陆进口粮食。拿破仑并不希望英国人挨饿。在英国粮食短缺的年份，他应该向英国出售粮食，从而减少英国资助军队的黄金，这才符合他的战略利益。英国还从德国、波罗的海地区进口粮食。此外，英国从爱尔兰进口大量粮食。由于马铃薯利用土壤中的成分合成碳水化合物的效率惊人，爱尔兰尽管非常贫困，但仍能够出口大量的剩余农产品。在1824年至1826年，英国70%的谷物是从爱尔兰进口的。不过有那么几次，特别是在1800年至1801年，以及1816年至1817年等艰难年份，英国的粮食供给少到了令人不安的地步。但总体来看，大不列颠再也没有出现饥荒引发人口灾难事件。当然，爱尔兰的情况则大相径庭。

有关英国农业表现的争论属于水杯是半空还是半满的经典问题，答案取决于个人的态度。我们很难找到令人信服的证据，证明在1850年之前，英国人比1770年时吃得更好。就此而言，一个半世纪的农耕热、政治操纵、涉及农耕问题的狂热讨论和著述并未产生多大的成效。不过在这一时期，英国人口增至三倍，从650万增加到2 100万左右。鉴于当时英国经济处于前现代水平，且国际贸易水平相对较低，如果启蒙运动不认为有用知识非常重要，那么我们无法想象英国人口能够快速持续地增长。我们可以将英国农业史总结如下：一个高效的基于市场的地方性农村经济虽然有能力为普通英国人提供极其安全和高品质的生活，但是对于英国而言，最终的理性选择是依赖进口，从而使经济更上一层楼。

尽管英国农业取得诸多成就，但我们有理由保持谨慎的态度，不能因此认为农业是英国经济发展中不可或缺的动态要素。在19世纪末之前，尽管阿瑟·杨格、威廉·马歇尔、约翰·辛克莱等人付出了巨大的努力，农业取得了令人印象深刻的局部成就，但是英国农业并未实现“革命”。它还无法突破束缚着传统农业的障碍。能源业、纺织业和交通运输业也曾面临这一状况。在经济和技术长期发展历程中，人类很难通过彻底改良，来满足最基本的需要。我们或许可以依据没有发生的事情的重要性，来评估启蒙时代和工业革命时期农业在英国经济中发挥的作用。在20世纪50年代，一些学者认为，英国生产力因创新和组织变革得以大幅提高，但事实并非如此。经济学家认为一个成功的农业部门肩负着数项传统的动态职能：一是将农业劳动力释放到非农职业；二是提供日益便宜的粮食和原材料；三是为工业用品提供日益庞大的市场。不过，此类职能的重要性似乎相当有限。相反，我们应强调下列因素的重要性，即有用知识、开放、人口变化、具有经济效率的制度的发展。农业革命并不是经济发展或工业化的必要“前提条件”。农业并未“释放”劳动力到制造业（人口增加和家庭手工业做到了这一点）。农耕部门也未发挥关键作用，创造了对工业产品和服务的需求。有人以为工业产品和服务在工业化进程中发挥了重要作用（这事实上归因于价格下跌和自生自发的市场）。英国农业部门也没有为制造业提供所有的原材料（原棉和越来越多的木材是从国外进口的）。另一方面，虽然需求快速增加、气候条件恶劣，并且国际贸易时常中断，但是英国农业能够跟上人口增长步伐，基本上能够稳定地供应粮食，并且在长期内防止实际工资下跌。尽管马尔萨斯做出悲观的预测，但是英国并没有出现严重的饥荒。到这个时候，它的发展道路完全有别于命运多舛的邻居爱尔兰，从而幸免于类似1845至1850年爱尔兰大饥荒的灾难。

此外，非农业部门不断向前发展，需要农业经济生产和供应大量产品：羊毛、皮革、牛脂、酿酒用的大麦、用于制作刷子和扫帚的稻草。运输部门需要马匹。到了18世纪末，马匹几乎完全取代牛成为挽畜。马匹以燕麦为食，燕麦相当于18世纪的石油。在1800年，约1/3用于种植谷类作物的土地用于种植燕麦，且大部分燕麦用于喂马。尽管人们经常认为工业革命从可再生能源过渡到化石能源，但是当时燕麦产量急剧增加，这反映了英国经济更加依赖可再生能源。

归根结底，尽管英国农业生产力很高，但是它在农耕领域并不具备比较优势。在1850年之后，随着英国日益依赖进口粮食，农耕部门规模缩减。从经济角度而言，这一专业化分工完全合情合理。事实上，如果不是因为当时存在保护措施且运输成本高，英国甚至可以更早实现专业化分工。经济史学家在评估英国在1700年至1850年的表现时，惊诧地发现英国农耕非常发达。到1815年，英国可能拥有世界上最多产、最先进的农耕业，但是英国为了追求最佳利益，仍将它弃之一旁，转而专注于自己最擅长的制造业和服务业。这一例子展示了绝对优势和比较优势之间的差别，是经济学教师能够想到的最佳案例之一。

第十章
服务部门：商业和运输

对于当时而言，“服务部门”这一术语略显超前。21 世纪经常被称为后工业时代，是服务业占据主导地位的时代。伟大的经济史学家罗纳德·马克斯·哈特威尔（Hartwell，1971）曾感慨道，服务业是当时英国经济史“被忽视的变量”；我们对这一变量在工业革命期间的情况了解相当有限，而相比之下，关于制造业和农业的研究成果不胜枚举。

在 1700 年至 1850 年间，并非所有的生产活动都发生在农业、制造业等实体部门。在 1700 年，服务业已颇具规模（在 1688 年估计占到国民产值（national product）的 34%，参阅 Deane and Cole，1969，第 156 页），并且规模不断扩大。由于资料模棱两可，而且我们无法明确界定服务部门具体包括哪些行业，我们很难对精确的数字信以为真。李（Lee，1986，第 9—11 页、第 98—100 页）计算得出，除了 1815 年至 1840 年以外，服务业对总增长的贡献率至少与制造业持平。就业增长的情况同样如此。从某种程度上来讲，将劳动力划分为服务业的劳动者，这一做法忽视了许多工人在不同行业兼职的难题。工人的行业分布达到了前所未有的专业化水平。尽管这些估算结果并不精确，但仍值得我们注意。首先，19 世纪中叶英国劳动人口最常见的职业是家仆。在工业化世界，除了少数人仍然充当家仆之外，这一职业已经基本销声匿迹。不过 1841 年人口普查结果显示，当年英国劳动力总人数为 1 600 万，其中“家仆”人数仍达到 984 357 人，成为从业人数最多的职业，稍微领先于“农业工人”（960 382 人），是“各类棉纺织工人”（213 944 人）的近 5 倍。1841 年，运输业是就业大户，共雇用了 33 867 名成年搬运工和车夫，以及 45 915 名上岸海员（人口普查未统计海上船员人数）。与今天相比，当时教育、金融、政府、健康卫生等其他服务业的规模仍然很小。尽管这些行业的规模不如农业等部门，但它们为英国经济做出了极大的贡献，就像是确保发动机运行良好的润滑剂一样。据称，拿破仑曾轻蔑地说英国只不过是一个“小店主之国”。事实证明这一说法并没有错。实际上，“小店主之国”一词是亚当·斯密发明的，拿破仑可能听说过。英国是商业国家，其中贸易、航运、运输业扮演着非常重要的角色。启蒙运动秉持的基本理念是，系统地积累并合理地使用有用知识，实现进步和富裕。这一理念同样在服务业发挥了重大作用，但不如在纺织业或五金制造业中发挥的作用明显或切实。不过，英国绝不是从商业国家自动转变成实现持续技术进步和工业化的国家。在创造现代经济增长方面，服务业起到了什么样的作用呢?

* * *

据格里高利·金（［1688］，1936）的估计，在英国 550 万的人口中，店主及其家人达到 180 000 人，另有 5 400 名“批发商或海边贸易商”。当时总共有 4.2% 的人口从事“商业”活动。约有 240 000 人从事他所说的“工匠和手工艺者”职业，其中许多人兼职出售自己生产的产品。现代研究成果（Lindert，1980，第 702—703 页）确认，在 1688 年时，大约 9.6% 的男性从事可归类于“商业类”的职业。在 1700 年，这一比例为 8.3%。在 1755 年，商业职业的比例增加到 13%。不过，之后这一比例似乎保持稳定不变，甚至相对人口而言稍有所下降。1811 年人口普查显示仅有 5.9% 的人口属于商业阶层，不过林德特和威廉姆森（1982）的计算结果显示，1802 年商人和店主的总人数达到 205 800 人，约占家庭住户的 10%。虽然 1841 年和 1851 年的人口普查更可靠，但是它们对工人进行分类的方式反常、前后不一致，导致此类计算变得复杂。对于 1841 年人口普查涉及的成年男性，如果总计所有的商业职业，我们会发现有 305 625 名或者说 16.7% 的就业男性从事

“杂货商”“经销商”“旧物商”等逾20种申报的商业职业。对于成年女性，这一比例为3.55%（主要是在年龄超过20岁的女性中，有45%的人受雇为“仆人”）。这些数据严重低估了真实情况。这一估算未包括大批将自己归类为同时从事制造业和商业职业的人员，例如114名“钢笔生产者和经销商”。一些工匠独立生产和销售器具。从事此类职业的人数不少（其中有243 000名成年男性为面包师和鞋匠）。早在工业革命之前，英国已经是一个依赖于市场的商业化国家，当时供给能够满足需求，货币实现流通，信贷得到广泛使用，竞争经常处于白热化状态。

尽管如此，在1700年至1850年间，商业发生了显著的变化。城镇化必然意味着顾客人数增加。顾客自己很少或根本不种植粮食，而是完全依靠购买粮食。不过在此期间，职业专业化程度越来越高，许多职业开始越来越多地像现代意义上的职业：有人负责生产制造，有人负责维修，还有人负责销售。这些职能慢慢地独立分开，不过这一进程到1850年时仍远未完成。英国的商店让外国游客感到震惊。1706年，法国人德·苏里尼（可能为化名）认为，古罗马的“工艺美术品商店数量不及伦敦的1/4”（de Souligné，1706，第100—101页）。德国游客冯·阿兴霍尔茨（von Archenholz，[1785]，1797，第145页）在1780年左右写道，在伦敦，“商店和仓库林立，延绵一英里，这一景象蔚为壮观”。即便在商业部门内部，专业化分工程度也越来越高，一些部门的批发商和零售商开始独立分开。随着市场实现一体化，且一些商品的“全国市场”得以出现，越来越多的人向陌生人购买商品。在伊丽莎白一世时期，木匠和制刷工能够满足当地普通家庭的大部分需要。在18世纪，许多商品开始有了地区或全国市场。到了18世纪末，弗雷德里克·艾登发现，在伊丽莎白一世时代，农夫身着自家缝制的粗糙的亚麻衣物；不过到了他生活所在的时代，这一情况仅存在于北部郡县和苏格兰。在英格兰中部地区和南部郡县，工人的大部分衣物都是从商店购买而来的。在北部地区，仍有许多体面的人“一生从未买过袜子、外套或背心穿”（Eden，1797，第1卷，第120—121页、第554—555页）。

“道义经济”（moral economy）慢慢让位于一种更为成熟、复杂且不涉及个人情感的经济制度。在道义经济中，人们基本上只和熟人做生意。当时许多人谴责这一纯真丧失的现象，怀疑中间商投机倒把，并公开表达对供需法则的疑虑之情。在当时，今天所有商学院教授的理念得以慢慢流行起来，例如“营销”“广告宣传”。专门出售羊毛制品的服装店开张了，巡回推销员带着样品和绘图冲向不断扩展的市场。商人经常向顾客宣称，商品世界非常美好，是唯一值得期盼的世界。在 18 世纪，商人开始发放名片，卓有成效地向顾客宣传他们的商品，同时委婉地提醒赊账的顾客及时还钱（Hubbard，2009）。

著名的陶器匠乔赛亚·韦奇伍德将营销理念运用得淋漓尽致。他利用人们附庸风雅的心理，以及商人和中产阶级羡慕贵族的心理，进行营销。这是一些人认为的操纵消费者行为的早期案例。韦奇伍德的营销策略包括肆无忌惮地展出以位高权重者为目标消费群体的奢侈品，吸引失意者和从无建树者效仿购买。不过，人们容易夸大韦奇伍德的代表性。从很多方面来讲，他非同寻常，是一位具有非凡想象力和胆识的企业家，几乎没有人可以与他相提并论。但他树立了一个榜样。印刷、餐具、钟表、高端纺织品、日用器具等行业均采取积极的营销策略，就更不用提出售特效药的医生和药剂师了。广告商不知羞耻地宣称贵族和皇室成员使用了自己的产品，真真假假分辨不清。马修·博尔顿在通信中提到国王的建筑师、钟表匠、刀匠和医师，显然他培植了此类关系（Robinson，1963，第 50 页）。营销发展成为一个产业。一个有名的例子是剃须刀推销员乔治·帕克伍德。他在 18 世纪 90 年代中期进行广告宣传活动，“坚持不懈地将品牌烙印在公众脑海里”（McKendrick，1982，第 148 页）。对新闻报纸而言，广告成为日益重要的收入来源。地方新闻报纸充斥着形形色色的广告，吸引附庸风雅之士的注意力，并向他们介绍“大都市品位”，也就是伦敦的品位。广告宣传看似与启蒙理念搭不上边，不过其意义在于推广工业启蒙运动的核心价值观，即自由竞争、独创性和信息传播。当然，广告有时也是为了故弄玄虚和操纵消费者。

随着运输成本在 18 世纪末不断下降，伦敦消费文化开始传播到地方小城镇，这些小城镇尽可能仿而效之。咖啡馆、戏剧团和租赁图书店在英国各地纷纷兴起。取名为特鲁里街*之类名字的剧院在小城市出现。一名游客在1781年拜访哈利法克斯市时，对当地书店的质量感到震惊。在工业革命期间，伦敦也许算不上是工业和技术领袖，但它依然能够决定需求模式。羊毛产业的情况尤为如此，它们日益迎合、知晓和操纵时尚。棉纺织业大获成功，这一定程度上归功于棉纺品上能够印制印花图案，并上色，进而吸引顾客。1783年，托马斯·贝尔利用铜柱，完善了棉布图案印制技术。约翰逊博士叹息道："承诺，信誓旦旦的承诺是广告宣传的灵魂所在。我记得一种质量极好的洗涤球，它让剃须刀剃须效果顺滑。美容液商贩出售一种护肤液，它能够消除粉刺和雀斑，滋润丰盈肌肤；不过他极为憎恨夸大其词，坦承它无法让年满50岁的女士恢复到15岁的花季之容……宣传广告业现在几近完美，很难再提出什么改进建议了"（Johnson，［1759］，1800，第1卷，第135—137页）。这一言论在21世纪看来可能显得有点滑稽，清楚地说明了商业广告在当时已经司空见惯。

零售商开辟新的途径，拓展客户。旅行推销员带着样品四处推销，并在乡村旅社展示他们的样品。博尔顿（毗邻曼彻斯特市）等地设立仓库和展览室，不过最终大部分此类活动都转移到市区。一些制造商设立永久性的展览室（例如罗杰斯父子在谢菲尔德的餐具工厂）。1775年，哈利法克斯成立了共有300个房间的布料交易所，人们在此进行交易和交流信息。公司日益倚重海外代理商帮助它们在海外推销产品。一些制造商自产自销，其他制造商则依靠批发商。批发贸易在18世纪渐渐兴起。不过到了1850年，它和零售业已经泾渭分明。在当时，市场营销逐渐扩张，优质的新产品面世，消费者有了更多的选择，且商品更为便宜。这一切导致的结果就是消费主义成为18世纪英国的重要社会力量。不过，有人认为这实际上是物质主义。它影响每位消费者选择市场生产的商品或者自给自足，并且推动消费者偏好购买商品。家庭需要现金购买商品，这

---

* 英国一家著名的皇家剧院位于伦敦的特鲁里街。——译者注

意味着家庭成员在外工作时间更长，或者出售自制的商品，而不是留作己用。这引发了人们所说的“勤勉革命”，即人们对消费品的渴望推动市场导向型劳动供给实现增长（De Vries，1993，1994，2008）。

* * *

人们认为，在1700年至1850年，英国发生了多场“革命”，其中运输革命扮演了关键角色。这场革命潜移默化、无处不在地影响着其他部门。此外，它自身受到改变英国经济的制度和技术进步的影响。运输是一项技术，不过人们需要通过特殊的方式，组织和协调运输活动，并为之提供资金。运输通常需要大量的间接投资和网络布局。在这一网络中，存在互补和竞争关系的交通线路通常距离很近。现代运输史见证了19世纪20年代末的铁路发展历程。一些史学家将铁路视为现代化和经济增长的主要驱动力。实际情况比人们认为的要复杂，也比人们认为的要简单：运输发展不仅限于铁路，而且铁路在当时的影响力并不如一些人认为的那么显著。正如我就农业和工业蒸汽动力提出的论点一样，改变英国经济的真正因素是人们努力追求进步，而不是这一努力的各种表现形式。早在蒸汽火车出现之前，运输成本就已经开始下降。因此在18世纪，英国道路修筑得更好，四轮马车得到改进，大幅减少了国内旅行时间。在18世纪50年代中期，乘坐马车从伦敦到爱丁堡仍需要10～12天的时间；到了1836年（就在马车被铁路取代之前），同样的路程仅需45.5个小时。

我们很难评估运输改善对经济发展产生的确切影响。当一个国家内部实现商品和生产要素流动时，地区专业化成为可能。正如经济学家不厌其烦地解释的那样，地区专业化让所有地区受益。当运输状况得到改善，资本和劳动力会得到更好的配置。在运输网络发展之后，英国劳动力流动性更大。工人可以四处寻找工作。有时，他们可以前往偏远地区工作，无须忍受长途跋涉之苦。甚至连资本似乎也对运输发展变得敏感，在18世纪变得更具流动性（Buchinsky and Polak，1993）。亚当·斯密著名的劳动分工理论取决于相当低的市场运输成本：他提出的

“市场范围”（the extent of the market）概念必须在运输能力的背景下进行定义。不过，当时还存在更微妙的间接效应：在18世纪的大部分时间里，英国的地区多样性仍然突显；意识形态、政治和文化体现了地方、国家和普世价值观和利益（Langton，1984）。虽然交通运输得到改善，能够消除此类文化异质性，但是多样性从未被完全消除。事实上，专业化可能强化了地区之间的差别，不仅仅是制造业地区和农业地区之间的差别，还有兰开夏郡纺织业和黑乡五金业之间的差别。

更好的运输削弱甚至可能破除了地方垄断势力，迫使生产商和商人相互竞争，从而提高效率，加速新技术的传播普及。良好的运输推动大型市场一体化，从而鼓励创造和批量生产标准化产品，进而鼓励人们加大对营销和管理的投入（Szostak，1991）。在企业城（one-company-town），雇主可以依仗买家垄断地位，剥削员工，而一条好的铁路是这些雇主的死敌。更微妙且不易为人观察到的是，当运输状况得到改善时，理念和知识能够更自由地流通，从而影响知识获取成本。在收费道路建成之后，博尔顿和瓦特在1786年从伯明翰到巴黎仅花了短短六天时间（Jones，2008，第27页）。在过去，理念和信息通过书籍、杂志、信函和人员传播，因此只能以物体运动速度传播。在互联网时代，传播速度这一制约因素容易为人忽视。正如约翰·哈里斯（1992）指出的，在18世纪，随着技术工人从一个地区迁移到另一个地区，大量的手工艺默会知识得以传播。此外，“工业间谍活动”是获取知识的一种重要手段。咨询工程师、矿山测量员等专业人员能够往返于不同工地之间。顾问工程师负责维修早期的蒸汽机和其他机械设备。矿山测量员帮助修建复杂的深矿井。巡回讲演者在英国四处传播知识和技术。顾问和专家四处旅行，帮助传播技术。瓦特的雇员经常行走于连接康沃尔郡和英格兰中南部地区的道路之上。书籍、杂志、小册子和信函流通变得更容易，且速度更快。当发明家和技工能够很好地获取其他地区使用的技术、交换意见，并将迥异的理念融合成为全新的理念时，技术改良速度变得更快。但为了实现这一点，他们需要很好的获取渠道，而这正是更好的运输所能提供的。

在铁路面世之前，运输包括陆路运输、海运和内河水路。这三种运输模式存在着尚未解决的技术和组织难题。在本文讨论的时期内，大量解决方案涌现出来，只不过它们可能都不如铁路引人注目和壮观。不过，虽然有时表面上看变化不为人注目，但它们产生的经济效应非常深远、无处不在。运输业带来的变化至少是看得见、摸得着的，并且史学家将它们记载了下来。

在铁路出现之前的一个世纪里，道路运输得到极大改善。1700 年至 1850 年期间，和其他经济部门一样，运输部门的进步并非来自一项惊人的突破，而是归功于多个原因。技术在许多层面得到改进：道路修建得更好，马车制作得更精良，挽畜更膘肥体壮。但是，制度和组织的改进同样重要。客运公司和货运公司凭借“干中学”或规模经济，得以发展壮大（Gerhold，1996a，第 502 页）。不过，运输业最重大的进展起源于收费道路公司的演进。传统上，地方政府（教区）肩负着建造和养护道路的职责。两难困境在于外地过客或他们的顾客享受着免费道路带来的大部分好处。当地政府除非能够向他们收费，否则没有动力投入资源修建道路。这其中涉及一个显而易见的协调问题，即当一条道路穿过多个教区时，每个教区只负责通过本教区的路段。当地方政府改善本地道路状况时，道路质量没有必要超过相邻教区的路段。道路的平均质量因此下降到最穷或者最吝啬的教区路段的质量，这就是今天我们所说的“逐底竞争”现象。

收费道路公司在 17 世纪兴起，它们是极好的制度创新案例。议会通过法令成立收费道路公司。此类法令允许地方政府向收费道路使用者征收通行费，用于维护道路质量。由于议会负责调控通行费，因此收费道路几乎不属于自由市场，但它极大地改进了教区建立的混乱体制以及修建的劣质道路状况。议会在 1663 年通过法令设立第一家收费道路公司。但是在 17 世纪，这些公司主要存在于伦敦地区。在 1750 年至 1770 年期间，“收费道路潮”达到高峰，英国大部分地区均修建了收费道路。在 19 世纪 30 年代中期之前，英国约 22 000 英里的道路变成了收费道路（虽然大约只占整个道路网的 17%，但包括通往伦敦等大城市的大部分重要道路)，道路状况得到了显著改善（Bogart，2005a，2005b)。博加特（Bogart，2005a，第501页）利用质量最佳的可用数据，证明收费道路公司在改善道路质量的同时，降低了运输成本；收费道路公司效应紧随道路运输技术变革而来。他运用了社会节余研究方法，证明在1820年左右，也就是收费道路时代到来的前夕，收费道路公司通过降低运输成本，为国民收入贡献了约一个百分点，并且这还未算入前文中讨论的间接溢出效应，因为此类效应很难衡量。此外，通过比较收费道路和依然由教区管理的道路（并且剔除不可避免的选择偏差因素)，博加特(2005b）证明，收费道路公司事实上增加了道路改造方面的投资，而不仅仅是取代可能从其他渠道获得的资金。公司记录中的证据对博加特搜集的定量证据进行补充：在18世纪80年代和90年代，尽管运河费用更低，但由于通过收费道路运输棉纺织品更快、更可靠，人们选择收费道路（Freeman，1980)。

收费道路运动在时间上几乎与工业革命相吻合。它非常重要，能够帮助我们了解这一时代。它不可能是棉纺织业、蒸汽业或炼铁业发展的结果，事实上这些行业在后来方取得发展。此外，它对经济的影响有限，因此不可能依靠一己之力取得技术发展。我们可以得出的唯一结论是，更深层次的现象驱动着两者，其中包括运用有用知识解决实际问题的能力，以及通过改革低效的陈旧制度，推动经济平稳运行的政治意愿。英国的制度能够在未引发流血事件和政治动荡的情况下，重塑自我，推动经济发展。这一能力是启蒙运动在英国大获成功的重要因素。

制度进步绝不是线性和直接的，这一特征比技术进步还要明显。正如我们看到的，人类寻求进步，但在很多方面遭遇顽固的阻力，即“棘手的”技术问题。鉴于当时的知识基础水平，此类问题不易解决。即便这些问题得到了解决，有关进步的事后概念可能会起到误导的作用。人类坚持不懈地追求改良，虽然有时在一些领域取得进步，但最终被证明是死胡同。道路交通和运河就是一个案例。在18世纪，英格兰境内的公共马车交通得到了快速发展。（夏季）每周离开伦敦的公共马车数量为465辆，其中394辆行程距离少于60英里。到1783年，这一数量增加到

5 805 辆，其中 3 735 辆的行程距离少于 60 英里（Austen，1981，第 26 页）。在 18 世纪 60 年代初，公共马车的平均速度很慢，时速不超过 4 英里。不过到了 19 世纪 30 年代初，马车时速达到 8 英里（Jackman，[1916]，1962，第 683—701 页；Bogart，2005a，第 484 页）。虽然长途旅行成本并没有下降多少，不过对运输而言，成本并非一切。在首条铁路修建出来之前的一个世纪里，马车发车频率、可靠性、速度和舒适度均得到显著提高。尽管公共马车费用不低，且乘坐并不舒适，但它是英国人的主要出行方式。一位学者在 18 世纪 30 年代左右写道，处于工业化进程中的地区，马车提供交通联系，有助于破除障碍，赋予这些地区前所未有的团结力和凝聚力。有关城际客运服务定时、可靠和频率高的理念源自公共马车，而不是铁路（Dickinson，1959，第 10—11 页）。当铁路来临时，乘客已经做好了相应的准备。不过与此同时，收费道路的重要性随之降低。

在启蒙时代，交通运输状况得到改善，信息获取成本下降。大量信息通过私人信函得以传递。书信时代需要良好的邮政服务。在 1683 年，伦敦军械制造商威廉·杜克瓦成立了伦敦便士邮局（或译为芬尼邮局）。不过在寻租时代，自然垄断企业经常与创收性政府企业混淆在一起。王国政府撤销了他的特许状，并接管这一企业。在 18 世纪，邮政服务通过旁道邮局逐渐扩展（免除了经由伦敦的需要）。设立旁道邮局是康沃尔郡邮政员工拉尔夫·艾伦的主意。他是 18 世纪上半叶一位成功的企业家，只不过不太出名。他出钱购买了英国所有旁道邮局的经营权。艾伦于 1764 年去世。到那时，英格兰和威尔士的大部分地区每天都能够收到邮件（Headrick，2000，第 187 页）。

随着 1784 年邮递马车投入使用，邮局成为陆运的一个因素。邮递马车是约翰·帕默尔发明的，它采用了马车制造者约翰·贝赞特在 1795 年提出的创新设计。贝赞特使用了著名的“邮车轮轴”，防止车轮意外脱落。帕尔默是一位相当执着的巴斯剧场老板。他对邮递慢如蜗牛的速度感到沮丧，凭借一己之力，硬逼着皮特政府对邮政服务进行改革。邮政车运送邮件和乘客，不过载客人数不多。竞争对邮政业非常有益，特别是长途业务。这一进程在 18 世纪 80 年代中期完成。邮递马车得到长足的改进，非常守时，且速度快。此外，它昼夜兼行，仅在更换马匹时会停车。它们免缴收费道路通行费，且优先于其他交通工具通行。邮政系统经历了全面改革。帕尔默被认为是当时最有名的改良者之一，并在1813年获得5万英镑的拨款。1840年，罗兰·希尔成立了国家便士邮局。它成为高效便利邮政系统的标准，也说明了维多利亚社会对交通便利的重视程度。

运输改良还包括更好的筑路技术。工业革命时期因筑路技术进步而闻名。筑路工程师“三巨头”分别为约翰·梅特卡夫（John Metcalf，1717—1810）、托马斯·特尔福德（Thomas Telford，1757—1834）和约翰·劳登·麦克亚当（John Loudon MacAdam，1756—1836）。梅特卡夫最出名的技术是利用道路两边的水渠排水。特尔福德修筑马路时，地基采用大小均匀的石头铺底，然后在路面铺上小碎石，利用马蹄和车轮将它们压实；这一“碎石铺路法”让他获得不朽的名声，并流传到英国之外的地区。麦克亚当提出修建中间稍微凸起的道路，道路坡度缓和有助于马匹省力，这属于道路改造的重要组成部分。不过路面耐久性和易排水性只是道路改造的两个技术方面。其他形式的进步同样重要。日益见多识广、经验丰富的工程师和运输部门完美地结合在一起，建造更为先进的桥梁就是一个例子。其中最出色的是特尔福德设计的威尔士梅奈海峡吊桥。这一壮观的大桥于1826年完工。

随着道路状况得到改善，马车设计更合理、更轻便，马匹更加强壮耐劳，速度也更快（Gerhold，1996a）。表10.1提供了陆路运输生产率指数（通过成本进行逆向衡量），显示两条可能不具代表性的特定路线的陆路运输效率（从利兹到伦敦市货车，从伦敦到埃克塞特的四轮马车）在1700年至1830年左右提高了约两倍，并且在18世纪中叶加速最明显。考虑到道路技术要在很久之后才能实现真正非连续的突破，例如沥青、充气轮胎和内燃机，这是一项非常了不起的成就。英国国内运输改善是知识和理念持续传播的重要组成部分。对启蒙经济而言，知识和理念不可或缺。不过除此之外，如果一个社会希望通过竞争和专业化实现经济效益，商品流通是大有必要的。伯明翰等工业城镇附近没有港口或畅通的河道。对它们而言，道路交通改善非常关键。在1700年至1750年间，伯明翰人口增加了两倍，然后在1750年至1800年间又增加了两倍。它在1775年成为英格兰第三大城市，紧随伦敦和布里斯托尔之后。它能够将生产的纽扣和玩具运送到整个王国，借此发展成为英国的五金制品中心。

表10.1　道路运输生产率增加

	利兹至伦敦货车的费用指数（1693-1702年＝100）	伦敦至埃克塞特四轮马车的费用指数（1658年＝100）
1700—1709	102.0	
1710—1719	92.3	
1720—1729	95.4	119[a]
1730—1739	96.8	
1740—1749	82.4	
1750—1759	62.3	73[b]
1760—1769	51.2	47[c]
1770—1779	50.9	46.3[d]
1780—1789	51.2	41.6[e]
1790—1799	46.4	
1800—1809	44.0	
1810—1814	47.8	35.7[f]
1820	43.2	23
1825	36.2	
1838	30.9	

注：a. 1728年。

b. 1757年。

c. 1760—1767年的平均值。

d. 1776—1778年的平均值。

e. 1786—1788年的平均值。

f. 1810—1814年的平均值。

资料来源：Gerhold（1996a，第494页、第508页）。

相比制造部门而言，运输部门更能说明技术和制度因素是如何相互作用的；任何人试图厘清技术因素或制度因素的效果，都会遭遇经济学家所说的“不可分割性”（non-separability）问题。格霍尔德（1996a，第 506 页）认为，运输成本下降并不能归因于收费道路公司的出现；即便没有这些公司，其他道路管理机构或者教区也有可能采用麦克亚当等人的新技术。不过，博加特证明收费道路公司非常重要，这说明制度变化和技术进步之间存在着强有力的协同效应。在这方面，运输部门是英国启蒙经济的缩影。

在工业革命时代，最宏伟、造价最高的工程是运河建造工程。在许多方面，国内水路工程并不吸引人，总体来说，它们的技术陈旧、不引人注意。运河主要用于笨重、运行缓慢的货船通航。它基本上是为了满足当地运输需要，平均运程估计为 26 英里或者更短。它们和收费道路很相似，需要征得议会的批准。运河建造和修护成本很高，并且在建造渡槽、堤坝、桥梁、水闸、隧道时高度依赖工程师的聪明才智。早期的运河仍是由地主投资建造的。他们的投资份额占到运河总投资的 40% 以上。在 1780 年至 1815 年期间，他们的投资份额下跌到 22%，制造商的份额占到 15%（Hawke and Higgins，1981，第 233 页）。

许多运河工程是工业革命经济史上的轰动性事件，尤其是 1759 年完工的布里奇沃特运河。这一著名的运河将布里奇沃特公爵在沃斯利的矿井与曼彻斯特连接起来。尽管它名气不小，但属于小型地方工程。不过，它使曼彻斯特的煤价下跌一半，并发出强有力的信号，向世人证明了运河的盈利能力和可行性。更为重要的是大干流运河（连接特伦特河和默西河）。大干流运河连接英格兰东西海岸，是在乔赛亚·韦奇伍德倡议下开建的，于 1777 年完工。它和 18 世纪许多运河一样，都是由伟大工程师詹姆斯·布林德利负责设计和修建。大获成功的伯明翰运河在 1768 年获准开建，并在 1772 年完工。到 1800 年，伯明翰成为“运河四通八达的克里姆林宫”（Jackman，[1916]，1962，第 370 页）。在 1793 年，人们不惧挑战，迎难而上，修建了大汇流运河，将英格兰中部地区的运河网络与伦敦相连。大汇流运河于 1805 年完工，将两地的距离缩短了近 60 英里。切斯特运河拥有两座大型铁渡槽。它们由非凡的托马斯·特尔福德建造，分别位于威尔士东部的庞特卡萨鲁岩和奇克。

运河驳船靠马匹沿着牵道牵拉行进，因此运行缓慢。不过它们可以用于运输煤炭、砖块、石灰、盐、木材、黏土、矿石等大件重载货物，因此对经济持续发展极为重要。内陆水道在1760年达1 400英里，在1830年则达到3 900英里左右，增加了近两倍。不过它们带来的好处分布不均：运河属于地方事务，主要是为了满足当地需要；相邻公司之间缺乏合作，令它们的顾客不胜其烦。运河公司“地方观念极强”（Turnbull，1987，第541页）。一位当代作家提到，“没有哪座城市更能像曼彻斯特、利物浦一样享受运河带来的好处”（转引自Harris，1956，第158页）。在改良时代，人们决心利用工程方面的最佳有用知识，推动经济进步。这一决心体现在18世纪最后几十年中，运河突飞猛进地发展的事实上。尽管英国耗费数十年时间才建成一个覆盖全国的运河网络，但是最终整个国家享受到了它带来的经济一体化好处。事实上，人们完全可以怀疑，如果没有这个运河网络，英国在多大程度上能够利用本国丰富的煤炭资源。

一个不错的案例是利兹—利物浦运河工程，说明运河的成本和收益问题。这一工程于1770年动工，全长127英里，横穿奔宁山脉。在1777年到1790年间，运河公司资金短缺，工程因此一度中断，直到1816年才完工。不过，运河的部分水道早在1774年就投入使用了。在詹姆斯·布林德利和他的伙伴约翰·朗博瑟姆（斯密顿的另一位高徒）的鼓励和领导之下，它成为史无前例的工程壮举，让同时代人赞叹不已。由于地势复杂，这一运河至少需要91个水闸，并在福尔里奇修建长达1 630码*的隧道。不过运河大获成功，将英格兰处于工业化进程中的兰开夏郡和约克郡之间的运输成本减少了近八成（Baines，1875）。和大部分运河一样，它的成本很高，因此有必要成立公司。不过由于股东出资额大，因此只有富有的投资者（主要为约克郡本地地主）参与这一工程，并且控制它的技术参数。

地方显要人物的财力资源和创业活力驱动着运河时代向前发展。他们聘请了布林德利、威廉·杰索普、托马斯·特尔福德、詹姆斯·格林

* 英制长度单位，1码约合91.44厘米。——编者注

等专业工程师设计运河。与此同时，他们克服来自既得利益集团的顽固抵抗，后者在竞争中注定要成为输家。工程行业取得了巨大的技术进步，这体现在蔚为壮观的庞特卡萨鲁岩渡槽上。直至今日，它仍是英国最长、最高的渡槽。特尔福德和杰索普在1795年至1805年建造完成了这一渡槽。它是首个大量使用铸铁作为建筑材料的工程。

英国内陆水道取得了一场又一场胜利，而且许多水道产生了可观的利润。这一状况一直持续到火车时代的到来。可以预料的是，随着铁路时代的来临，运河建设步伐放慢，并最终完全停止。不过，经济史学家一直将运河视为铁路的“次好”替换物。在严冬时期，运河结冰，导致船只运行更慢，此外，不像早期的火车，运河并不存在令人兴奋的技术革新。不过，对于利用运河运载的货物，运输速度没那么重要。假如没有铁路，工业增长和经济进步可能会戛然而止的观点是站不住脚的。运河和收费道路一样，最终因为耗资巨大而走进死胡同，不过它们在很长一段时间内仍然用于特定目的。当然，经济进步史不可避免地充斥着此类“失败案例”。在技术驱动型增长的世界中，失败的例子比比皆是，这是在进步过程中人们必然要付出的成本。

沿海航运被称为“运输世界的灰姑娘”（Armstrong，1996）。显然，它同样也缺乏浪漫主义色彩，未出现轰动性事件或英雄，但这并不意味着它对英国经济不重要。据约翰·阿姆斯特朗（Armstrong，1987，第176页）计算，一直到1910年，沿海船舶占到国内货运量（以吨英里为计量单位）的59%，铁路占到39%的份额，运河则仅占到2%。尽管我们缺乏可靠的数据，但是在19世纪上半叶，沿海航运规模可能只大不小。不消说，虽然吨英里并不是衡量运输强度的最佳计量单位，但是它凸显了沿海航运作为远距离运输大宗笨重货物的廉价方式的重要性。在运输谷物、砖块、沙子、铁矿石、煤炭等大宗笨重货物时，它是最廉价的运输方式，从而助力英国实现经济一体化，增进地区专业化分工和效率。《鲍德温伦敦名录》于1768年出版，列举英格兰和威尔士至少580处水路可抵达的地方，其中大部分地方拥有港口。酿酒、玻璃、制砖、制盐等能源密集型产业得益于沿海航运，能够在远离矿场的地方作业。沿海航运给伦敦人带来了取暖用煤，但同时造成伦敦雾霾问题日益严重。它也是英国航运业的主要需求来源：在 18 世纪上半叶，从纽卡斯尔等东北港口发运至伦敦的年均煤炭量约为 50 万吨，超过出口谷物和煤炭的总吨数。谷物和煤炭是英国排名前两位大宗出口货物。当然，沿海航运距离更短，不过沿海航运的船舶在各方面都要适宜航海。

沿海和跨英吉利海峡航运技术进步程度与深海航运不相上下，并且沿海船舶引领了一些航运技术进步。一旦蒸汽动力成为可能，沿海船舶加以利用，就可减少对反复无常的风力和潮汐的依赖。早在 1821 年，英国从事沿海贸易的蒸汽机船达 188 艘，它们的吨位在接下来一个世纪里增加了 9 倍。尽管它们的航行需求可能有别于越洋航运，但远非微不足道。在铁路来临之前，如果没有沿海航运，我们很难想象许多地区如何能够运输工业化和城镇化所需的燃料和建筑材料。运河更适合短途运输，不管如何，对于运河而言，沿海航船更多是起到了补充作用，而不是竞争对手。沿海航运还运载大批旅客，英国北部地区的情况尤为如此。沿海航运虽然速度慢，但相比陆路运输而言，更加舒适和便宜。

19 世纪初，伦敦港进行翻修，并建造码头区。这一工程是当时具有代表性的运输改良案例。乔治·希伯特、罗伯特·米利根等伦敦商人推动改造西印度码头。这些商人与加勒比海地区联系紧密。议会通过法案，批准（于 1799 年）开工，并任命土木工程师威廉·杰索普为主管工程师。杰索普是约翰·斯密顿的高徒，也是大汇流运河的总工程师。约翰·伦尼担任工程顾问。此外，项目还使用理查德·特里维西克本人设计研发的高压蒸汽机，用于开展疏浚作业。当时人们刚开始将高压蒸汽机用于工程项目（Burton，2000，第 113—120 页）。1903 年，面积更小的东印度码头获批开建。在 1802 年至 1805 年间，（伦尼负责在）沃平建造了伦敦码头。在 19 世纪 20 年代，由特尔福德设计和监督的圣凯瑟琳码头得以建成。

对经济史学家和当时的人们而言，铁路是能够绝妙地定义现代性的发明物。在铁路出现之前，人们的行进速度无法超过快马，且只有少数人体验过快马的速度。公共马车速度慢，费用高且不舒适。火车速度更快、更便宜，并且覆盖以前难以通达的地方。和工业革命时期许多其他发展一样，它们本质上服务于大众，为所有人提供一度只有富贵阶层才能享受到的服务。在 1830 年客运火车开通之前，大多数人徒步出行。和通信技术一样，铁路缩小了世界的距离，且程度可能超过自帆船以来的任何发明。从视觉和听觉的角度而言，火车极具冲击力和震撼力，而且人们只需花一点钱就能体验乘坐火车的感觉。铁路迅速发展，乃至覆盖了英国最偏僻宁静的乡村地区。这充分说明世界变化步伐不断加快，并且从长期看，没有任何一个地方能够超然于外。不过，铁路是一个非常有趣的现象：首先它带来并解决了诸多技术难题；其次，铁路修建和运营是一项规模和复杂程度前所未有的工程，必然会产生经济和制度影响。

木制轨道能够最小化轮车运载重件货物时产生的摩擦力。这一发明可以追溯到中世纪初，并且在 18 世纪末广泛应用于英国矿井。自 18 世纪以来，煤矿使用光滑轨道，最小化了轨道表面与车轮产生的摩擦力。理查德·雷诺兹（亚伯拉罕·达比二世的合伙人）早在 1768 年就用铁轨取代木轨，不过，由于当时搅拌式炼铁法还没有面世，铁轨无法推广普及。到了 19 世纪头 10 年，英国估计修建了 300 英里的铁路轨道，这时距离成功的火车头面世还有数十年时间（Bagwell，1974，第 90 页）。首条“通用”铁路（由杰索普建造）是 1805 年完工的萨里马拉铁路。著名的“曼布尔斯”铁路位于斯旺西，是首条载客铁路。尽管它们未产生丰厚的经济回报，但是证明了这一运输方式蕴含的潜力。1825 年，连接斯托克顿和达林顿的铁路首次采用了蒸汽动力（同时使用马力和蒸汽动力）。但是人们通常认为 1830 年利物浦至曼彻斯特铁路的开通开启了铁路时代。

这条铁路无疑是工业革命的产物。它采用的两项核心技术分别为蒸汽机和铁轨。在 1830 年首条蒸汽铁路正式开通时，这两项技术并不属于全新技术。驱动火车头的蒸汽机是高压蒸汽机，由理查德·特里维西克、亚瑟·伍尔夫等工程师在 19 世纪前几十年研发而成。许多蒸汽机采用当时所说的“强劲蒸汽”。特里维西克的洞见在于没有使用瓦特的分离冷凝器，因为分离冷凝器适合更轻便、体积更小的蒸汽机。杰出的工程师乔治·史蒂芬森和罗伯特·史蒂芬森父子专门采用了蒸汽机，利用创新的多管锅炉，制造出蒸汽火车头。此外，工程师就新技术提出了自己的见解，帮助解决了复杂的铁路技术问题，例如制动装置、齿轮、车轴、轨距、车钩和弹簧。不过，铁路也带来了全新的问题，其中最突出的是如何快速实现远距离通信，协调火车运行。电报是首个利用电现象的大规模技术。它约比火车晚 10 年出现，和火车一样属于重大创新。如果存在技术共生的案例，那么电报和火车就是。

铁路是英国工程能力的巅峰成就。它并未涉及太多科学，乃至形式数学。火车设计者和建造者基本上或根本没有接受过正规教育，不过他们拥有天赋，并且能够向好的老师取经，从而能够深刻地理解什么起作用、什么不起作用。首批火车模型由理查德·特里维西克建造。他所学的一切主要来自在康沃尔矿区工作的父亲和叔叔（Burton，2000，第 28 页）。乔治·史蒂芬森接受的正规教育更少。他、约翰·布伦金索普（经常被视为首个火车头的建造者）、威廉·赫德利受训成为实用型采矿工程师。赫德利设计了“喷气比利”（Puffing Billy）火车头的半成品原型模型。另一位铁路先驱者蒂莫西·哈克沃斯当过他父亲（铁匠）的学徒，并且也在煤矿工作过。虽然铁路技术问题通常复杂棘手，但是可以利用传统的实证工程技术加以解决。在工业革命期间，此类实证工程技术让英国制造业受益匪浅。不过，对未来技术进步而言，这并不是一个前景光明的策略。

铁路技术挑战可以与经济和制度挑战相提并论。首先，建造铁路网是自埃及金字塔工程以来耗资最大、最雄心勃勃的间接投资工程。每个国家考虑修建铁路网时，都会面临谁有能力和意愿提供资金并进行管理的难题。与其他具备社会间接资本特征的投资项目一样，国家在铁路建设工程中扮演的角色并不明确。到 19 世纪 30 年代，英国秉持自由主义，因此政府不愿意沿循比利时、普鲁士等欧陆国家政府积极参与铁路工程筹资和修建的模式。英国向公众出售证券，为铁路融资。但显而易见的是，这一部门采取完全自由放任政策是不现实的。议会仍需批准每家铁路公司。此外，有名的《1844 年铁路法》对铁路公司自由运营进行一定的限制。该法由时任贸易委员会主席威廉·格莱斯顿起草，对铁路收费价格进行限制，并实施一直沿用至 20 世纪的安全规定。虽然一些必要的协调工作可以私下开展，但是政府有必要提供相关的支持。一个恰当的例子是数家铁路公司在 1842 年成立的铁路清算所。铁路清算所负责计算各家铁路公司客货车行驶到其他公司铁路时所需支付的费用。它还设立了让所有人受益的技术标准，例如铁路时刻表采取格林尼治标准时间，以及各种技术标准。在 1850 年，清算所成员公司不得不启用《铁路清算法》，迫使一些顽抗的公司参与这一计划。

英国铁路网是一个庞大的投资项目。现在我介绍一些背景情况。在 19 世纪 20 年代，英国道路、港口和运河等运输投资吸收了约 15% 的资本形成总额。到了 19 世纪 40 年代末，当铁路修建热潮达到顶峰时，这一比例猛增，即使在最低水平时也达到了 40% ~45%，一些人甚至估计这一比例可能达到 54%。不管哪种估算结果更为准确，与维持现有上层建筑的巨大成本相比，它都增加了一个数量级。对证券持有人的分析结果显示，商人和地主持有大量的股票和债券。他们不一定是积极主导工业革命的阶层，但可能间接获益最多。英国经济能够为这一巨大工程筹措资金，这真的令人印象深刻。鉴于铁路网从零开始，关注它的增长速度自然意义不大。1830 年，英国铁轨长度不到 200 千米。在 1850 年，铁轨长度达到 9 800 千米，1900 年则达到 30 000 千米。完成这一工程需要大幅度地重新配置资源。在 1845 年至 1849 年间，英国铁路建设热潮达到顶峰，雇用了近 25 万男性工人，占到男性劳动力的 4% 左右（Mitchell，1964，第 323 页）。许多工人是爱尔兰移民。其他工人可能是年轻男性；在 19 世纪 40 年代时，他们在国内制造业的工作前景黯淡。

铁路造价高，这部分归因于首席工程师罗伯特·史蒂芬森和伊桑巴德·K·布鲁内尔恣意挥霍投资者的资金。史蒂芬森估计，伦敦至利物浦铁路的建造成本将稍高于每英里 21 000 英镑，但实际成本超过每英里 50 000 英镑。布鲁内尔将伦敦至布里斯托尔铁路的建造成本低估了 150%。第三位工程师约瑟夫·洛克要节俭得多，愿意沿着陡峭的坡道修建铁路，从而节省成本。不过，在他的方法得到普及之前，大量股东资金惨遭浪费。此外，铁路公司修建了建筑师设计的奢华火车站，导致成本远远超出必要水平。此类火车站可能意在吸引心存顾虑、不愿乘坐火车的乘客，不过它们增加了建造总成本（Rolt，1970，第 1 章）。

铁路也带来了其他新的制度问题，涉及协调技术标准，确保不同铁路能够相连。其中最广为人知的是铁路轨距问题。各家铁路公司采用不同的轨距标准，由此导致的后果是，它们的列车无法在其他公司的铁轨上行进；乘客和货物需在终点换车和换装。当时存在两种轨距标准。一种是乔治·史蒂芬森在 1830 年开通的曼彻斯特至利物浦铁路上采用的标准（1 435 毫米，即 4 英尺 8. 5 英寸）；另一种是大西部铁路所有人伊桑巴德·K·布鲁内尔首选的宽轨距。随后人们就这些轨距标准的优缺点进行了长时间的辩论，这一现象有时被称为“轨距之战”。有人认为宽轨距为火车提供了更多的稳定性，权威人士查尔斯·巴贝奇支持这一观点。不过最终，这两种轨距标准的差别远不如轨距不兼容造成的损失重要，因此议会不得不强制推行一种标准。1845 年，一个特别委员会建议所有新建铁路线采用窄轨距（史蒂芬森采用的轨距）。大西部铁路作为最后一家采用宽轨距的公司，在 1892 年改用窄轨距标准。虽然选择史蒂芬森轨距作为标准更像是“在多种标准中随机选择一种”，不过在当时的情况下，轨距标准多样化造成效率低下，成本高昂，因此政府机构有必要从中协调（Puffert，2009，第 48 页）。这是涉及网络外部性问题的一个早期历史案例。显然，即使维多利亚时代最支持自由放任经济的英国人也会认为，相比市场而言，公正的局外人更能够有效地仲裁此类争端（Siddall，1969）。

对于英国经济的总体发展而言，铁路具有何种确切的量化意义，仍然存在争议。在 1830 年，制造业的区位模式早已确定。在中期内，铁路的出现并未改变这一局面，事实上，在修建铁路时，制造中心的位置是一个决定性因素。经济学家提出了社会节余的概念。所谓社会节余是指社会开发出新技术时，相比现有次优技术获得的总净收益。他们指出，地铁导致地貌发生了显著的变化，并在一定程度上改变了人们的生活方式；这一切是实现社会节余的方式，而不是增加了社会节余。加里·霍克（Hawke，1970）采用这一方法计算英国铁路在1865年产生的社会节余净额。他估计总节余占到GDP的6%～10%。在1850年，铁路的社会节余约占GDP的2.5%（Gourvish，1980，第34页），尚未对英国经济产生翻天覆地的影响。直到19世纪五六十年代，铁路产生的经济影响才充分显现。不过，这些数据是否可靠，还取决于估算它们时所做的假设。这些估算结果高度依赖于乘客舒适度的赋值情况。1865年，货运产生的社会节余仅占GDP的4%左右，而客运服务产生的社会节余占GDP的1.5%～6%，具体取决于乘客对舒适度的赋值情况。更高的数字遭到了有力的批评（Gourvish，1988，第81页）。近年来，福尔曼－佩克（Foreman-Peck，1991）重新检视了有关1865年铁路社会节余的计算结果，考虑了它们对增强劳动力流动性、提高资本形成的间接效应。佩克发现，无论进行何种调整，这些计算结果基本上保持稳健，但随后数十年的社会节余可能被低估了。洛伊尼希（Leunig，2006）开展研究，更有效地修改了这些数据。他计算了乘客乘坐火车节省的时间，估计在1865年铁路为英国GDP做出约2%的贡献。火车乘客能够更快、更安全地抵达目的地。甚至有人认为这一估算结果是总经济福利或“社会节余”的下限。如果三等座乘客在没有火车的时候徒步出行，那么他们乘坐火车出行显然能够节省体力，从而进一步改善他们的福祉。

远洋航运是一种古老的活动，但在本书讨论的时期内，它同样经历了全面的转型。在1700年，英国仍然屈居于海上霸主荷兰之后。英国实施《航海条例》，采取咄咄逼人的重商主义政策，从而逐渐把持了有利可图的转口贸易（转口贸易相当于航运业务出口，属于“无形出口”）。在18世纪初，英国航运在北海、波罗的海、大西洋贸易中逐步击败其他国家（Ormrod，2003，第60—66页）。英国能够在公海称霸，这一定程度上归因于三个因素：一是英国海军强大，能够保护英国利益；二是英国在战争期间有效地开展私掠船巡航活动，干扰荷兰和法国贸易；三是英国海事部门日益高效地进行融资、投保和开展业务。皇家贸易保险公司与其姊妹公司伦敦保险公司于1720年成立。从此，英国保险公司能够与荷兰保险公司抗衡。不断扩张的日不落殖民帝国日益依赖于英国航运服务。荷兰资本家大举投资英国航运业，这证明了后者的效率。尽管英国政府出台具有破坏性的重商主义政策，干扰和限制贸易，但是英国航运业大获成功，这在很大程度上表明英国经济日益开放，船员技能高超，并且重商主义制度能够组织海运业务和为之融资。《航海条例》确保英国航运业从货物运输业务中受益。不过，即使政府没有出台任何优惠政策，英国海事部门的效率不断提高，也能确保航运业与长途贸易保持同步增长。

远洋航运部门出现技术革命的时间相对较晚。蒸汽动力很晚才应用于船舶，可能比早期实验者设想的要晚。虽然“萨凡纳”号蒸汽船早在1819年就首次横渡大西洋，但经过数十年之后，安装辅助蒸汽机的帆船才横渡海洋。当时一个有待解决的难题是桨轮问题。桨轮用于驱动蒸汽船，它在开阔水域表现不佳。在经过数十年的改良之后，螺旋桨在19世纪50年代得到完善。另外一个技术障碍是船用蒸汽机产生的高气压异常危险。锅炉用水含有盐分，而盐分会腐蚀汽缸，可能导致锅炉爆炸。表面冷凝器分离用于冷却冷凝器的水分和冷凝器里的水分。人们在19世纪30年代研发出这一仪器，不过它被证明是一个棘手的难题（尽管英国一些最优秀的人才致力于解决这一难题，其中包括威廉·汤姆森和后来的开尔文男爵）。直到19世纪60年代，蒸汽机才在远洋航运业得到全面应用。最早的蒸汽机船严重依赖于风帆，蒸汽机只是起到辅助作用。这是真正意义上的混合技术。不过，到了19世纪30年代，明轮蒸汽机船（“蒸汽班轮”）提供与欧洲大陆、爱尔兰的定期航行业务。

尽管直到19世纪下半叶，蒸汽动力才全面应用于远洋航行，但是当时的人们早已发现了它的潜力，将它视为新技术提升启蒙力量的例证。萨迪·卡诺在1824年写道：“蒸汽轮船安全快捷，这一全新技艺可归功于蒸汽机。得益于这一技艺，人类能够航行穿越内海和新旧大陆内河，建立及时、定期的联系。蒸汽轮船航行拉近了相距最为遥远的国家之间的距离。地球各国因此合为一体，成为同一个国家的居民”（Carnot，1824，第 4 页）。

整个运输部门的一个显著特征是，就像我们在蒸汽动力和水力领域看到的那样，“旧技术”展现出非凡的自我改造能力。这不仅是因为旧技术受到竞争对手的威胁，而是因为一种经济中普遍存在的现象影响着航海等传统技术，那就是人们能够更好地获取知识，并且深入了解可用技术的细节。决定性因素不是形式“科学”，而是经改良的工程技术和材料，以及有用知识更为顺畅的流通。事实上，在 1820 年至 1860 年间，帆船在经过两个世纪的缓慢变化之后，发生了翻天覆地的变化。随着风帆尺寸变小、数量增加，帆船变得更加灵活，行进速度更快，且需要的船员人数更少，从而极大地降低了成本。金属配件取代了木制配件，采用包铜防止铁制船身出现海洋附生物，索具经过重新设计，减少了船舶建造和运行成本。当时的最佳实践知识用于解决显而易见的技术难题。造船术的一个代表性进步是约翰·斯科特·拉塞尔提出的船舶设计“波形”理论。尽管这一理论存在缺陷，且不再为人接受，但拉塞尔得以建造出流线型更强、效能更好的船舶。英国造船厂成功地挑战美国快速帆船。当时美国的快速帆船颇具技术含量，在 1850 年之前是世界顶级的帆船。

随着材料价格下降，以及人们对材料性能的了解加深，造船材料迎来了根本性变革。当 1787 年铁厂主约翰·威尔金森在煤溪谷塞文河将第一艘铁船下水时，一大群人在围观，都觉得铁船会沉入水底。在一开始时，铁船的构造更像木船，其横向铁架没有利用镀铁的固有强度。人们不得不从头学习造船术。到 19 世纪中叶，铁材取代木材，成为主要的造船材料。自造船业诞生伊始，木质结构船舶体积受限。当船体构造采用铁材（后来采用钢材），船舶体积的问题一劳永逸地得到了解决。据估算，从 1811/1830 年至 1852/1858 年，远洋货运费用以每年 0.88% 的速度下跌。这多半归功于木帆船设计取得了诸多细微的技术改进、港口设施得到改造，以及人们日益依赖于拖船（Harley，1988，第 861 页）。虽然大型帆船最终从海面上销声匿迹，但这并不能抹杀人们为了改进最终“不成功”的旧设计而付出的努力和取得的成就。尽管许多老的技术后来被淘汰，但是我们不应忽视它们。虽然在 1650 年至 1850 年间，木帆船设计变化不大，但是随着新知识影响着古老的造船技术，木帆船生产效率突然大幅提高。

远洋航运向前发展，运费也相应下降，这一切产生了深远的影响。在 1850 年之前，国际贸易额保持增长，且增长速度远快于产出增长，这在很大程度上归功于运输成本的下降。不过，质量更好的船舶带来了意想不到的结果，而运费下跌不能完全反映出这些结果，在 19 世纪之初，人们从英国寄信至加尔各答并收到回信需要长达两年的时间，这一定程度上归因于季风导致船舶很难在胡格利河上逆流航行。到了 1840 年，随着辅助蒸汽系统解决了逆流航行问题，单程环绕非洲的时间缩短到 6 周。与此同时，“复仇女神号”蒸汽明轮炮舰出人意料地沿着长江逆流而上，凭借先进的火力击溃清军战舰，从而决定了鸦片战争的结局，这令人不快地证明了当时东西方之间的技术鸿沟。

第十一章
服务部门：金融和个人服务

一直到1850年，从就业以及对总体经济的贡献而言，金融业和保险业只是英国经济相对次要的部门。毋庸赘言，这本身并不意味着它们不重要。许多史学家指出，虽然商业和金融部门的创新活动不如制造业或航运业引人注目、触手可及，但是前者对经济的重要性被低估了。尽管金融业没有出现类似于“骡机”、纽科门蒸汽机那样的重大发明，但这并不能说明这一行业没有创新。事实上，金融创新虽然在一些方面有别于技术创新，但同样也是人类对进步信念的一种表现形式。在过去，人们经常认为，金融是一种润滑剂，而不是推动力。若果真如此，那么金融在经济发展中发挥的作用与它在国民生产总值或就业中所占的权重不成正比。这就好像单凭机油相对于汽车的重量，我们无从了解机油起到了何等重要的作用。在工业革命期间，金融机构广泛存在于英国。正如我们看到的，当铁路（以及之前的运河）等长期投资项目需要金融机构提供资金时，这些机构能够迅速转型。如果我们依据一项狭隘的标准评判正规金融机构，即它们为工厂厂房设备投资做出的贡献，那么这些机构在工业革命中发挥的作用相当小。在1815年之后，许多处于工业化进程中的地区资金供给充裕，但是高风险意味着“银行家要解决的问题不是如何吸纳资金，而是找到信誉足够好的贷款对象”(Chapman，1979，第60页)。就此而言，英国许多最具创新力的企业信贷受限。当时主要的困难在于如何解决标准的风险资本短缺问题，而不是一般资本供应问题。

英国银行按照地理区位可以细分为城市银行（设在伦敦）和地方

银行（设在首都以外的城镇和农村）。城市银行在 18 世纪初已经非常活跃，主要开展商业票据贴现业务，为国际贸易提供信贷，贷款给与政界关系良好的人。在实现任何收入之前，间接投资（overhead investment）需要一大笔初始投资，因此自然不可能通过自筹资金取得发展。运河、收税和铁路等项目的情况就是如此。间接投资活动主要由私营部门展开，严重依赖于金融部门。

那么银行在 18 世纪和 19 世纪承担什么职能呢？它们主要承担两项职能：一是连接储户和投资者，确保资金流向有需要的人；二是帮助提供系统流动性，推进交易进程。当时的银行基本上提供此类服务。不过我们很难确定银行业务对英国经济现代化是否不可或缺。部分原因是银行受到制约。普通银行不得组建有限责任实体，或者在伦敦地区开展业务。除了所谓的伦敦私人银行之外，英格兰银行垄断了伦敦地区的业务。

最早的金融机构是开设在伦敦的私营商业银行，它们“就像大象一样，虽然难以描述，但容易被人认出来”（Davies，2002，第 345 页）。这些机构脱胎于 17 世纪的金匠。在 18 世纪末，伦敦大约有 15 家金融机构。它们业务遍及全球，且海外业务占很大比例，主要涉及向外国政府和基建项目提供贷款。除了放贷业务之外，它们还经常开展中介、咨询、政治谈判等业务。它们的大部分业务经常靠自己。许多商业银行家是外国人，其中犹太人占比很高。最有名的商业银行包括巴林、霍普、罗斯柴尔德银行。巴林家族于 1717 年从不来梅来到英国，霍普家族于 1795 年从荷兰逃抵英国，罗斯柴尔德家族于 1798 年从法兰克福抵达英国。此类机构发挥了重要作用，为英国不断发展的海外市场提供金融服务保障，同时支持将英国人的储蓄出口至海外。不过，它们和伦敦城其他金融机构一样，似乎不愿意向英国技术进步行业提供风险资本。此外，除了充当“代理银行”之外，它们对英国首都以外的地区的其他业务兴趣索然。一直到最近，人们对这些私营银行的活动都了解甚少，不过特明和沃斯（Temin and Voth，2008b）的研究揭示了霍尔银行的情况。他们得出结论，认为基本上只有少数特权人士才能够获得贷款；这些银行在经济发展中充其量发挥着很一般的作用；国家在 18 世纪初严重干预资本市场，对工业化起到阻碍作用，而不是助推作用。

在 18 世纪初，伦敦在银行业中占据支配地位，推动地方银行兴起。地方银行是典型的英格兰机构。在 18 世纪下半叶地方银行突然崛起，说明英国私序机构适应能力很强；它们不受中央机构的协调或监管，政治革命并不是它们出现的必要条件。不过，当条件适宜，机遇来临时，这些银行几乎横空出世。它们取代了当地提供非正式业务的商人、公证员和律师。当时的律师提供信贷交易中介业务。1750 年，在工业革命前夕，地方银行非常少见，可能顶多十几家左右。到了 1775 年，地方银行达到 100 家，1800 年则增至 370 家，到 1815 年这一数字上升到 800 家左右。当地商人、企业家、店主、工匠，甚至酒馆老板逐渐进入地方银行业，不过他们大多数是小打小闹，只是为当地服务。在 1800 年左右，地方银行的平均规模（按资本总额计算）为 10 000 英镑左右。每家地方银行在伦敦设有代理商或代理行，协助开展汇票办理和贴现业务。地方银行通常还承担许多其他业务。不过，由于法律禁止地方银行实行股份制和有限责任制，它们在面对经济波动和金融恐慌时不堪一击。它们须遵守有别于设在伦敦的银行的规定。例如，如果地方银行希望发行钞票，那么合伙人不得超过六人；在 1826 年《地方银行法》出台之前，它们不能组成公司。《地方银行法》允许地方银行成为股份银行，不过前提条件是它们须设在离伦敦 65 英里或更远的地区。这一规定相当于是对英格兰银行垄断地位低头让步。即便如此，它们依然不能全面实行有限责任制，而这正是股份公司的主要特征。在 1825 年至 1826 年的金融危机中，许多地方银行倒闭。不过在 10 年的时间里，股份银行数量从无到有，增加到 100 多家。

地方银行承担着特定职能，为英国首都以外的地区商业资本主义的发展提供便利；其中一些职能是显而易见的。地方银行发行的钞票在当地流通，对供应不足的硬币进行补充。这肯定是地方银行为经济做出的主要贡献。此外，地方银行也提供信贷，为当地制造商和商人往来业务提供便利。1774 年，英国政府回收几尼和半几尼进行重铸，地方银行发行的交易工具需求紧俏。因此，尽管当年爆发了小型商业萧条事件，仍有一大批新银行成立（Ashton，1955，第 183 页）。至于它们在推动英国过渡到工业资本主义过程中发挥了何种作用，这还难有定论。农村地区的地方银行充当存款银行，将它们的资金转移到伦敦代理银行。代理银行将这些资金作为短期贷款提供给城市地区的地方银行，不过这对工业金融的贡献可能很小。近期的研究成果（Brunt，2006b）显示，至少一些地方银行掌握了高风险行业（例如铜矿开采）的一些内幕信息，并对这些行业进行投资；从这一角度而言，这些银行与现代风险资本家有相似之处。在兰开夏郡和约克郡，当地银行和纺织业企业家打成一片，相互支持。他们中许多人同时涉足银行和纺织业（Hudson，1986，第 20 页）。这一点意味着，工业革命时期的英国银行系统不像维多利亚时代那样保守。不过从其他方面而言，这一类比显得有些牵强。在今天，风险投资公司有能力投资没有盈利效能的项目，不过前提是成功的项目能够给公司带来超高的回报率。相比之下，当时的地方银行无法做到这一点。

当然，一些地方银行投资于高科技产业。在危机期间，特别是 18 世纪 90 年代、1825/1826 年、1837 年金融大恐慌中，许多投资纺织厂和其他高科技行业的银行倒闭了。这表明地方银行当时对现代部门进行了投资。例如，茶商家族公司塞缪尔·琼斯公司在曼彻斯特开设了一家银行，向不断发展的纺织业提供贷款，不过他们在 1793 年经济危机中遇到了麻烦。由于法律禁止地方银行成为有限责任公司，因此当一个合伙人出事，整个公司会受连累而倒闭。这正是地方银行如此脆弱的原因。地方银行是英国企业家阶层关系网盘根错节的重要例子。许多企业拉银行家入伙。许多银行成为多家企业的合伙人。事实上，许多地方银行是其他业务活动的意外连带结果，而不是相反。它们与工业革命的关联稍显脆弱。例如，在工业革命重心所在地兰开夏郡，地方银行相对少见。有人可能会推测，如果地方银行在纺织业现代化进程中发挥更为重要的作用，那么可能会呈现不同的地理格局。

地方银行的另一项职能是为日常交易活动提供流动性。在 18 世纪的英国，人们普遍报怨小面额货币短缺。英国货币化的成熟经济居然存在这一缺点，乍看之下可能令人意外。由于小面额货币短缺问题非常严重，许多工业家不得不发行代币或者纸币。这些代币或纸币通常在当地流通。企业经常以实物或支票形式向工人支付工资，这一制度在当时被称为“实物工资制”。支票只能在职工商店使用。外国硬币同样流通广泛。在这方面，地方银行在1775年之前（当年面值低于1英镑的钞票被取缔）发行的小面额钞票填补了这一巨大空白。人们担心小银行的可靠性和稳定性，推动出台新的法律，禁止它们发行面值低于5英镑的小面额钞票，从而取缔了它们作为小面额货币发行方的职能。地方银行业务法律法规几经变化。在1826年，未设在伦敦的地方银行获准组成公司，开设活期存款业务。除此之外，它们并未受到多少监管和监督，这种情况一直持续到1884年《银行特许法》出台。1838年，地方银行数量达到1 100家。显然，它们成为英国经济运行不可或缺的组成部分。

英国的银行业务主要涉及票据贴现，即银行承兑商人和制造商的汇票以透支的形式向卖方提供现金。此类业务为经济持续提供短期信贷，且可多次展期。对于商业部门而言，地方银行和伦敦银行有着显而易见的现实意义；没有它们，中长途贸易根本不可能实现。正如之前提到的，对制造业而言，银行的价值主要在于提供流动资本。除非制造商能够贷款，否则他们需要靠自筹资金，用于发放工资，向燃料和原材料供应商付款，承担与偏远市场交易相关的可变成本。这一切会导致他们减少对厂房、固定设备和机械设备的投资。不过即使在1780年，只有少数制造商需要大额贷款，用于投资机械设备等固定资产；至于其他的，金融部门能够满足他们的需要。

在大多数情况下，银行和其他金融机构向私人借款人放贷仅限于短期证券。此外，它们偏好政府统一公债等流动资产。由于储户可以随时取钱，且当时不存在正式的最终贷款人，因此所有金融机构不得不维持高水平的流动性准备金。在工业革命的初期阶段，工业资本需求量不大，因此这些私人资本尚有能力为一些固定投资和购置机器提供资金。不过它们的影响力并不大。我们不能因此贸然低估银行在工业化进程中发挥的作用。对约克郡羊毛业的研究显示，制造商有时能够从当地银行获得可观的贷款，当然，前提条件是此类贷款在银行资产中的占比不会过高。不过，当银行家本人或亲属直接参与羊毛业，银行有时就不会如此慎重行事了（Hudson，1986，第 219 页）。对不同银行而言，“占比过高”的含义有所不同。一些银行家未能把握好度，为此付出代价，同时还会连累储户。但英国大多数银行开展贷款业务时持保守态度，只提供商业票据贴现业务，并且基本上只向熟客放贷。有时人们谴责称，此类内部放贷的做法不公正，讲究裙带关系。不过，现代金融经济学指出，它是克服信息不对称问题的主要工具。信息不对称是指借款方了解自己的基本情况，而贷款方不掌握此类信息，因此从一开始就不愿意提供贷款。即便数十年过后，到了 19 世纪末，依赖于信誉良好的客户仍是资本市场的一种重要工具（Braggion，2006）。

汇票在 1697 年取得合法地位，成为大型商业交易活动的主要金融工具。汇票贴现成为向商人提供短期信贷的一种主要方式。伦敦银行专门开展海外贸易的票据贴现业务，并成为地方银行的代理商。这些“贴现行”主要集中在伦敦伦巴第街，它们逐渐发展成为英国货币市场的战略性要素。贴现市场在 18 世纪一开始发展速度较慢，但到了最后几十年开始加速前进。当时，一些贴现经纪人逐渐退出其他银行业务，专注于这一业务。1826 年，法律规定只有专业的汇票经纪人才有资格开展银行汇票再贴现业务。这推动专业化贴现市场的兴起。这一市场后来发展成为英国金融中心和后来的国际金融中心的核心业务。

英国最大的银行是英格兰银行，成立于 1694 年，主要是为政府提供信贷。当时颇具胆识的苏格兰人威廉·佩特森提议筹建英格兰银行。英国一直关注荷兰银行和金融业务，英格兰银行显然受此启发。在英格兰银行的早期历程中，它并非我们今天想象的中央银行，拥有高度独立性的政府监管机构。相反，它是一家私营金融机构，充当国王的财政代理人，同时还发行钞票，维持储蓄。它最重要的资产是与议会维持良好的关系。议会沿袭寻租传统，利用政治影响力，帮助英格兰银行抵挡竞争。在早期，英格兰银行的董事和股东多为执政党辉格党成员。在 1697 年，当英法战争处在关键时刻之时，英格兰银行筹措一大笔经费，支持议会。作为回报，它获得了其他金融机构无法享受的特权，其中包括全面免税、对伪造英格兰银行钞票者处以极刑（这相当于它发行的钞票与国王发行的货币享有同等地位）。在1708年之前，议会禁止六人以上组成的联合体从事任何银行业务活动。在1720年南海泡沫事件中，（托利党主导的）一家金融机构试图挑战英格兰银行作为政府主要金融部门的地位。不过南海泡沫事件以惨败收场，英格兰银行的地位因此变得坚不可摧。直到1826年，它一直是英格兰唯一的股份制银行，享受着垄断地位带来的许多其他好处。在工业革命期间，英格兰的银行业务分布状况相当奇特：一家强大的股份制银行和大量分散在各地的小型私营金融机构（Grossman，2009，第174—218页）。

英格兰银行能够在短期内筹集大笔资金，以优惠条件借贷给政府，因此它从一开始对政府的财政至关重要。它之所以能够做到这一点，是因为它获得了前所未有的担保，确保政府会偿还其提供的贷款：如果税收不足，财政部无须征得议会的批准，有权调拨额外的资金。因此，这实质上意味着一项可信的承诺，即英国政府将会偿还债务。政府从而能够在整个19世纪以优惠条件贷款。英格兰银行趁政府发生财政紧急事件的时刻，缠着当局，要求为它提供特权和特别立法。在1694年至1844年间，它的特许状共延期九次，且延期基本上发生在政府需要更多资金之时（Broz and Grossman，2004）。

它很快成为政府的主要银行，政府用于支付债务利息的专款直接经由英格兰银行。它负责向公众出售政府债券，从中获取可观的利润。其副业是利用自己的特权地位，开展其他银行业务。在私人银行业务领域，它需要和其他银行开展竞争。尽管如此，其他银行在发行钞票时面临种种限制，这让英格兰银行处于有利地位。在18世纪，随着政府日益依赖于债务，英格兰银行发展壮大，它与政府的关系变得更为紧密。不过，相对其他贷款来源，政府向英格兰银行的直接借款减少。英格兰银行的职能在1790年开始发生变化。

在18世纪，英格兰银行发行的钞票开始慢慢地确立起正式支付手段的地位。在1759年之前，这些钞票都是大面额（面值从20英镑到

1 000英镑）。不过，后来由于战争导致黄金短缺，英格兰银行逐渐开始发行面额更小的钞票，这些钞票流通更广。在18世纪90年代，面额为5英镑、1英镑和2英镑的钞票先后进入流通领域。这些钞票充当交易工具。在1797年，英国政府暂停了可兑换的做法*。在此之后，英格兰银行发行的银币和钞票成为最广泛使用的交易工具。其他代币和外国硬币同样广泛流通，不过1817年的法令查禁此类代币。在1826年至1844年期间，限制其他银行业务的规定被废除。这些规定曾在18世纪为英格兰银行提供保护。1833年《英格兰银行法》规定，英格兰银行发行的面额大于5英镑的钞票为法定货币。这一规定是对英格兰银行的补偿。当时，政府允许在伦敦65英里以内开设股份制银行（不过这些银行不得发行钞票），并且废除限制发行面额小于50英镑的纸币的种种规定。

英格兰银行的发展历程反映了英国在1700年至1850年从重商主义经济发展成为自由主义经济的制度变迁过程。刚开始的时候，英格兰银行基本上只不过是一家寻租型垄断公司，凭借政治影响力获取特权和排他性权利。但在当时，一种启蒙观念的影响力与日俱增，即除非此类垄断势力服务于明确的公共目标，并因此成为国家的一部分，否则它们缺乏正当性。和其他垄断势力不同的是，英格兰银行的地位受到保护，得以存续。不过，它渐渐转型发展成为公共机构，为其他人的经济活动提供润滑剂，并减少自由市场金融机构造成的不稳定性。英格兰银行的发展历程一定程度上反映了启蒙运动意识形态的影响力。特权和租金为社会责任和下列意识所取代，即有必要创建相应的制度，支持自由企业市场经济。到了1844年，人们逐渐认识到，在一些领域，特别是货币和金融市场，自由市场制度需要得到帮助。这些领域包括提供流动性、维持流动性提供机构的稳定性和可靠性。自由市场原教旨主义立场因此有所缓和。

在19世纪初，一种观点开始成熟，即鉴于银行部门可能对经济产生固有的不稳定影响，中央银行应对私营银行产生的流动性进行监管。

---

* 指英格兰银行发行的钞票可兑换为黄金。——译者注

在1793年至1797年爆发的数次危机中，英格兰银行作为最后贷款人的职能不甚明了。从另一方面来说，在1825年，英格兰银行似乎已经接受了这一职责（Grossman，2009，第240页）。1825年，利物浦政府说服英格兰银行扩大流动性，防止危机进一步恶化。许多人对这一体系的运作方式不满，从而推动1844年《银行特许法》的出台。该法大幅度改进这一体系，但是限制英格兰银行在危机期间作为贷款人的灵活性。这导致了1847年和1857年的经济危机期间，法令暂停实施，同时英格兰银行事实上承担了最后贷款人的职能。

很多人真心关注经济运行情况，而不是在意自己腰包鼓不鼓。他们就货币供给问题进行了严肃辩论。辩论的焦点是黄金、高能货币供给和钞票之间的联系。钞票履行着货币的大多数实际职能。问题在于如何限制纸币的发行，这是所谓的“通货学派”一直关注的问题。他们遭到所谓的“银行学派”（托马斯·图克为带头人）的反对。这些自由派经济学家认为，应允许货币供应自然扩张，适应“贸易的需要”；没有理由担心货币供应过度扩张问题。通货学派领袖塞缪尔·琼斯－劳埃德（后来的奥弗斯通男爵）起草了1844年《银行特许法》的大部分内容。该法令确立了中央银行业务的一些要素。鉴于该法令限制其他银行进一步发行纸币，英格兰银行自此确立了发行纸币的垄断地位（不过在之后的数十年中，其他银行尚存的纸币仍在流通之中。）这一法令规定，英格兰银行发行钞票的业务自此与它的一般银行业务分开，此举实际上相当于承认它是公共机构。尽管这一法令并没有赋予英格兰银行过多控制货币基础的权力（在金本位制之下，货币基础取决于国际收支和世界黄金供给情况），但是它意味着英格兰银行发行的钞票能够成为法定货币，并且能够控制流通货币的数量。虽然通货学派表面上似乎取胜，但是表象容易让人产生错觉。如果通货学派关于限制货币发行的理念取胜，那么流动性供应在1844年之后可能会成为瓶颈问题，严重制约英国经济发展；此外，英格兰银行作为最后贷款人的能力也会因此受损。事实上，《银行特许法》允许的货币灵活性比最初设想的要大，这多半是因为法令起草人对货币的定义混乱，且过于狭隘。在19世纪下半叶，活期存款账户（活期存款）快速扩张，确保了流动性的弹性供给，而这正是英国工业化经济所需的。无论怎样，三年之后，在 1847 年金融大恐慌期间，该法令暂停实施。这也许能够证明两点：一是在起草法案时，人们对实际情况了解不够充分；二是为了纠正此类错误，制度灵活性是大有必要的。

除了银行之外，金融部门还包括保险和证券市场。在这一时期，保险业只提供死亡险、火险和船只失事险三种意外险。火灾保险业得到了广泛的研究。这一行业在一些方面取得了惊人的发展。一些学者为了重新构建国民核算，假定人口增长可以代替服务业增长。不过，火险业发展历程必然无法证明这一假定（Pearson，2005，第 28 页）。在一些时期，火险数量快速增长。奇怪的是，这一增长和我们传统上认为与工业革命相关联的时期匹配：火灾保险业在 18 世纪五六十年代快速发展，然后减速直到 1810 年左右，之后投保实物资产水平从人均 28 英镑左右增加到 1850 年的人均 80 英镑。城镇化和工业化增加了火灾隐患，越来越多的财产因此面临火灾风险，这一切推动火灾保险业快速发展。新型工业技术带来了锅炉爆炸、化学制品仓库起火等风险。保险业主要雇用的是按业务提成的经纪人。到了 1850 年，13 000 人受雇为保险销售员。我们无法充分衡量保险行业的确切规模。但据皮尔森（Pearson，2005）估计，到了 1850 年，英国约一半的“可保财产”实现了投保，只不过可能不是全价投保。

饶有趣味的是，19 世纪的火险部门因为产业组织的壮举而闻名。产业组织被视为资本主义社会的一个前兆。在 1815 年之后，火灾保险业竞争非常激烈，引发了惨烈的价格战，导致盈利水平很低。为了减少此类竞争，大公司共谋勾结，积极开展了一系列合并与收购活动。在 19 世纪 40 年代，大公司达成共识，操纵价格，以此恢复盈利水平。最终这些公司成立了火灾保险公司委员会。这一组织类似于卡特尔，控制火灾保险行业长达一个多世纪。此举更像是 19 世纪末的行为。正如皮尔森（2005，第 364 页）所说，这些策略呈现“特别‘现代化’的风格”。不过与此同时，面对日新月异的经济，火灾保险业在计算风险、搜集和加工数据方面墨守成规，且承保技术几乎一成不变。当时，在其他领域，人们日益深入地了解统计数据和概率知识。同样惊人的是，尽管财产犯罪率相当高，没有一家成功的公司提供防盗险。为什么当时火灾保险大获成功，但没有防盗险，这依然是一个未解之谜。

海事保险的历史比火险要悠久，前者早在中世纪的意大利就已得到广泛的交易。到了 17 世纪末，海事保险业在伦敦伦巴第街蓬勃发展。在 18 世纪的英国，这一行业出现了由伦敦劳合社（Lloyd's）* 主导的独特现象。1688 年，劳埃德咖啡馆的名字首次被人提到。四年之后，咖啡馆老板托马斯·劳埃德搬到伦巴第街，不久便开始出版发行《劳埃德船舶目录》。这一目录每周整理汇编航运信息。依据这些信息，保险商确定承保份额，然后在保险单底部签名。“保险单签署人”（又译为承保人）一词就是由此而来的。大多数承保人为个人，不过他们需要与两家“垄断”股份公司竞争。这两家公司于 1720 年获得特许成立；作为交换，每家公司向英国国库上缴了 300 000 英镑。海事保险业务在劳埃德咖啡馆开展，并在 18 世纪稳步发展壮大。没有证据显示，劳埃德咖啡馆在早期针对这一市场出台任何正式的规则或规定，不过它显然节省了交易和信息成本。在 18 世纪 70 年代，这一非正式机构日益无法满足不断扩大的业务；在 1774 年，这一市场搬至皇家交易所，并创立了一个更正式的机构。当时也采用标准化的承保表格，这一表格被沿用了数十年。海事保险行业历经了法国大革命和拿破仑战争的艰苦岁月，得以幸存（当时损失和保费因此不断上涨）。在启蒙意识形态的影响下，反对市场进入壁垒和特权的声浪日益高涨。在 1825 年《泡沫法》被废除之后，多家股份公司得以成立（劳埃德咖啡馆直到 1871 年方组成法人社团）。和火灾保险不同的是，海事保险业竞争仍然很激烈。在整个 19 世纪，它为日益依赖于航运业的英国经济提供必要的保险服务。伦敦劳合社是这一行业的中心组织机构。这一英国独有的机构为海事保险市场运行提供保障和支撑，设定游戏规则，并且足够灵活，能够适应

* 劳合社前身为劳埃德咖啡馆。——译者注

不断变化的环境。

人寿保险业欣欣向荣，并在18世纪末和19世纪初发生了重大的变化。在1800年时，这一行业的投保金额仅为1 000万英镑左右，但到了1850年增至1.5亿英镑。有人认为，人寿保险业在18世纪得以发展壮大，与资产阶级谨慎行事和中产阶级力行节俭相关。不过越来越多的证据证明这一解释值得怀疑。与之相反，18世纪初的人寿保险业至少在一定程度上带有几分赌博性质，人们对他们其中一员或第三者的死亡日期下赌注。1774年《人寿保险法》（又称《赌博法》）禁止投保人为没有直接利益关系的第三方办理保险。不过随着时间的流逝，这一行业发生了变化；人寿保险逐渐成为金融网络的一部分，为贷款提供抵押，成为富人和企业家阶层扩大信用透支的一种手段。正如一家人寿保险公司1828年在招股说明书中指出的，人寿保险保单“针对个人因他人去世而蒙受的任何经济损失、索赔或不便提供赔偿”（转引自 Pearson, 1990, 242页）。即便到了1850年，人寿保险仍不属于大众商品；其客户主要是地主、专业人员和商人。作为金融市场的一部分，或者说一种主要的储蓄形式，它当时仍属于边缘商品。

不过，对于本书涉及的历史记述而言，人寿保险很重要。在启蒙时代，任何有用知识应运用于商品和劳务生产活动，因此有用知识也应该运用于保险业，这是一种司空见惯的观念。形式数学和人口统计学是支撑保险业精算技能的认知基础的重要组成部分。数学家亚伯拉罕·德莫佛（1667—1754）是胡格诺派难民，在英国度过其一生。他因提出中心极限定理而闻名，并出版了《论人寿年金》（de Moivre, 1725），此书在他生前出了四版。在书中，他为计算保单价值的数学问题提供了解决方法。保单价值取决于利率和预期寿命。在18世纪40年代，苏格兰教会的两位牧师为教会神职人员的遗孀和遗孤建立保险基金，这是此类理念应用于实践的一个早期案例。这一保险基金项目的启动者是见多识广的牧师和业余人口学家罗伯特·华莱士（1697—1771）和亚历山大·韦伯斯特（1707—1784）。韦伯斯特从苏格兰教区搜集资料，华莱士进行初步的计算。但他们发现这一工作超出他们自身的数学能力范围，因此向数学家科林·麦克劳林寻求帮助。麦克劳林利用微积分和概率论，制订出一份保险计划。这一计划从统计角度说准确无误，并大获成功。其他地方也因此开始进行模仿。这证明，出众的有用知识有潜力影响与制造业毫无关系的经济活动的效率（Grabiner，2004）。

其他数学家也努力提出保险精算学原理，其中就包括詹姆斯·多德森（1705—1757）。得益于他的研究成果，人寿保险公司“公平保险社”于1762年成立。在1765年，激进哲学家和不信奉国教的牧师理查德·普赖斯（1723—1791）应公平保险社的邀请，基于他在人口预期寿命统计方面的研究成果，计算用于支付恤金的保险费（投保人死亡时应支付的保费）。他于1771年出版的《论继承支付》（*Observations on Reversionary Payments*）* 成为行业标准，在他生前共出了五版。不幸的是，普赖斯在许多事实问题上犯错，包括他错误地评估当时英国人口在下滑。普赖斯建议公平保险社任命他的外甥威廉·摩根 ** 为精算师，事实证明这是不错的建议。在摩根的努力之下，公平保险社大获成功；到1829年，它共发行了8 800多份保单，价值达1 240万英镑。

1825年，多家保险公司成立，其中包括联合保险公司。联合保险公司的发展历程反映了启蒙运动给英国经济带来的变化。这在某种程度上是因为它由犹太人经营管理。内森·德·罗斯柴尔德和摩西·蒙蒂菲奥里共同创建了这家公司。

本杰明·冈珀茨负责公司的实际管理工作。冈珀茨父母均有荷兰血统。冈珀茨的职业生涯恰值英国向更宽容的社会过渡，因此非常值得关注。他因为宗教信仰（他是犹太人）而遭到多所大学拒绝录取，主要靠自学成才，成为斯皮塔佛德数学学会会员，并于1819年当选英国皇家学会院士。守护者保险公司因为宗教问题拒绝录用他。这一事件激怒了一群犹太商人，他们在1825年成立了联合保险公司。冈珀茨被任命

---

* 该书全名为“评继承支付、孀老赡养方案、人寿保险金计算法以及国债”，摘自《马克思恩格斯全集》第27卷。——译者注

** 原文为brother-in-law，经互联网查证，实际摩根应为普赖斯的外甥。——译者注

为联合海上保险公司的经理，以及姊妹公司人寿保险公司的精算师。

冈珀茨是一位造诣颇深的数学家，帮助奠定了保险业基础数学的正式基础。他为这一领域做出诸多贡献，其中一项最为知名的贡献是他更加深入地了解生命表，并正式了解生命表依赖的经验规律。冈珀茨并不是唯一在保险业发挥天赋的杰出科学家。他的同事和合作者弗朗西斯·贝利也是如此。贝利因在天文学领域的研究成果而出名。他是英国启蒙运动后期的产儿，年轻时游历美国之后，也表达了对美国奴隶制度的厌恶之情，并支持约瑟夫·普利斯特里的激进观点。他在19 世纪初出版了一系列著作，为商业计算提供科学依据。他证明可以根据年度流量数据（annual flow data）和生命表计算出租金和年金的现值（Baily，1808）。在这一案例中，经改进的有用知识应用于保险这一服务行业，而不是物理过程，并且取得了不小的成功。当然，数学家提出的正式技术并没有得到广泛采用。大多数人寿保险公司在19 世纪中叶之后才开始依赖于更先进的精算法。

正规的证券市场脱胎于 17 世纪末的咖啡馆。人们在证券市场交易股票和债券。其中名气最大的是位于交易巷的乔纳森咖啡馆。1773 年，伦敦证券交易所开张营业。刚开始的时候，这一交易所向所有交易者开放，但自 1801 年起，它只向会员开放。18 世纪时，人们交易的主要金融资产是政府证券。此外，英格兰银行、东印度公司等大公司的一些股票也流入交易市场。当时证券行业已得到了极大的发展，这一定程度上可归因于政府推出低风险债券，特别是 1751 年推出的零风险债券——统一公债。证券市场也推出了多项重大创新措施，例如交易时免除费用高昂的正式财产转让手续，允许交易虚拟的部分小额股票，允许交易看跌和看涨期权等衍生品。欧洲大陆的民众移居英国寻求庇护，这也提振了英国证券市场。1688 年，法国胡格诺派教徒和荷兰金融家跟随威廉国王抵达英国。在整个 18 世纪，人们如涓涓细流般抵达英国（包括大卫·李嘉图的父亲）。18 世纪 90 年代，涓涓细流汇聚成滚滚洪流。当时，荷兰和德国金融家逃离动荡不安的欧洲大陆，来到英国发展业务。证券市场在英国经济中具体发挥了什么作用，这仍存在一定的争议。它显然有助于政府债务融资和几家大公司的融资活动，但对英国经济最活跃部门的影响依然有限。

＊＊＊

经济史学家还尤为关注教育、医疗等其他服务部门。在 1850 年之前，绝大多数英国人接受的正规教育仅达到我们今天所认为的基础教育水平。教育完全是自愿的民间行为。通常儿童能够上学，是因为他们的父母满足下列三个条件：一是他们认为教育对子女的前途非常重要；二是他们有能力支付学费；三是他们不需要子女去田地、工厂或矿井工作赚钱，或者照顾其他孩子。大多数有能力上学的人属于中产阶级。正如我们看到的，英国中产阶级在 18 世纪初已初具规模，并在 1700 年至 1850 年间不断发展壮大。

现有的证据显示，在 18 世纪，大多数文法学校对英格兰和威尔士经济发展的贡献很少。文法学校为中产阶级子女提供古典和传统教育。许多学校认为其使命是培养传统意义上的“绅士”，即没有明确职业的男士。教书工作属于闲职，通常留给腐败、不称职的人。尽管在一些学校，人们可以学到知识，但这些学校只提供经典著作、语言和其他人文学科等课程。事业有成的景观园艺师汉弗莱·雷普顿在自传中写道，由于父亲“一心希望我成为富人，而不是博学之人，觉得我应当放弃学习古典文学”（Repton，1840，第 5 页），他从诺威奇文法学校退学。在 18 世纪的英国，公共教育没有对我们今天所说的人力资本进行投入。用当时一位杰出法官的话说，公共教育的主要目标是“降服人性中天然存在的凶恶，克制情感，传授宗教和道义的信条……忠诚和顺从的信条”（转引自 O’Day，1982，第 207 页）。随着中产阶级不再满足于古典、休闲导向型教育，希望学习更实用的技能，尽管一些文法学校努力适应不断变化的需求，但是总的说来，它们在 18 世纪一直走下坡路。在工业革命时期，英格兰杰出的工程师师从能力出众的师傅，学习技能，或者基本上靠自学成才。运河工程师詹姆斯·布林德利和工业革命的其他关键人物一样，从未上过正规学校。他的母亲教他读书识字。其他的许多人则在苏格兰接受教育。

这并不意味着英格兰没有好学校。金斯顿文法学校在校长理查德·伍德森的带领之下，培养出当时一些最优秀的史学家和学者，其中包括爱德华·吉本。英国一些最好的院校是国教神职人员开设的。尽管它们的教育质量良莠不齐，但是培养出不少日后有所成就的学生。因此我们应当三思，不能轻率地否定英国教育，认定它没有为英国培育人力资本做出任何贡献。马修·博尔顿取得了非凡的科技成就，一生受人尊敬。此外，他具有经商头脑，为牧师约翰·汉斯特德开设学校提供帮助。19世纪初的工程师乔治·史蒂芬森没有接受过良好的教育，为此感到遗憾，并且确保儿子罗伯特能够就读于纽卡斯尔一家私立学校。塞缪尔·惠特布雷德是18世纪最成功的酿酒师。他在师从伦敦一位酿酒师之前，曾就读于一家私立学校（不过他的儿子是伊顿公学的学生）。伦敦伊斯灵顿学院教授语言、算术、复式记账、数学、舞蹈、音乐和击剑等课程。这些学校均为营利性质。它们之间展开激烈的竞争，并且还和家庭教师竞争，争抢富家子弟生源。但大多数学校只不过是昙花一现。

所谓不信奉国教的院校对启蒙经济非常重要。英国国教文法学校和大学没有录取的青少年就读于这些院校。这些学校教授大量的非正统宗教知识，以及地理、数学、科学等实用科目。约翰·道尔顿（曼彻斯特）和约瑟夫·普利斯特里（沃灵顿）等科学界的重量级人物均在这些院校任教。普利斯特里恪守有关推广普及有用知识的启蒙承诺，修改学校课程设置，引入化学、解剖学和语言等课程。当时许多工业领袖毕业于此类学校，其中包括制铁业者威尔金森兄弟、19世纪的工程师约瑟夫·惠特沃斯。大多数毕业生投身于商界、医界或工业界。这些学校侧重于务实的实验式教学方法，传授科学和数学知识。不信奉国教的人之所以能够在18世纪英国创业活动中发挥不小的作用，主要得益于这些学校产生的影响。

苏格兰教育也非常发达，并备受重视。苏格兰培养了一大批化学家、医师和工程师。苏格兰文法学校除了必修课拉丁语之外，还开设数学、科学和商业课程。我们很难想象，倘若没有苏格兰教育制度，工业启蒙运动如何能够在英国发展起来。苏格兰教育制度的初衷是让苏格兰人皈依新教，但它在1660年之后日益世俗化。在1707年苏格兰与英格兰合并之后，这一世俗化趋势不断加速。苏格兰精英阶层认为，苏格兰注定将发挥重要作用，改良文明世界。但他们同时也意识到，他们在商业和制造业不具备与英格兰竞争的实力。鉴于1707年苏格兰人口不超过100万，它的人力资本投入水平和质量之高，令人惊叹。在18世纪，苏格兰不过是贫穷的弹丸之地，无力完全消化当地的人力资本，因此许多最具天赋和创造力的人才前往英格兰谋求发展。苏格兰的教育注重实用性和实效，远远超前于时代。一名教师在1729年向艾尔镇议会指出："按照当前世界的发展趋势，学习数学知识成为绅士教育重要的一部分"（O'Day，1982，第233页）。在1700年，爱丁堡大学仍是一所名不见经传的差学校，但在18世纪发展成为世界名校和苏格兰启蒙运动中心。

同样，成人教育起源于苏格兰。约翰·安德森（1726—1796）任教于格拉斯哥大学。他生性怪僻任性，出了名的喜欢起诉和侮辱同事。不过他为公众开设通俗讲座。他在遗嘱中提议在格拉斯哥成立一所教育机构，为大众提供通俗讲座，不过此举主要是为了让他在格拉斯哥大学的同事感到不爽。安德森学院最终发展成为斯特拉斯克莱德大学。乔治·伯贝克（安德森学院首批讲师之一）和其他人深受鼓舞，在英国各地纷纷成立类似的教育机构。

如果说18世纪英国教育制度有什么真正的优点，那就是它属于可自由进入的私营事业。它高度多样化、混乱无序、竞争激烈，并且缺乏标准和规范。这一行业进入率和退出率非常高。有的学校提供保守严肃的宗教教育，有的则秉持卢梭的进步主义。教育的多样性显然造成了极大的浪费，但同时它也增进了创造力和创新力，允许家境宽裕的家长为子女选择理想的教育，为有才能的个人创造机遇。归根结底，它发挥的作用才是真正重要的。

当然，此类学校不在寒门子弟的考虑范畴。不过，当时还有大批慈善学校（基督教知识促进会等组织出资开办了一些慈善学校）。慈善学校运动似乎在 18 世纪二三十年代达到了顶峰，成为一种流行的济贫方式（在 1724 年，英国就有 1 300 多所慈善学校）。不过自那以后，慈善学校的数量开始慢慢减少。慈善家为此类学校提供资助。虽然学校传授基督教教理问答、阅读和数理方面的知识，但是它们的主要目的是引导学生今后进入工业部门工作，避免沦落为流浪行乞者的命运。在 1818 年的所有招生中，仅有 42% 的学生就读于此类获得资助的学校，这意味着仅有少数穷人能够上学。就读于此类学校的女孩通常成为女佣；男孩则成为廉价劳动力，还被人误称为“学徒”。不管怎样，在此类学校，我们很难发现现代经济学家所说的人力资本投资。在慈善学校，只有少数课程致力于培养学生的人力资本素质，即提升工作技能的能力。慈善学校首先是培养学生虔诚、节制饮酒和顺从的品质。约翰·埃文斯写道：“穷人通过教育认识到他们应承担社会责任”（转引自 Porter，1991，第 165 页）。汉娜·莫尔是一位有影响力的保守派政论家，非常虔诚，一生致力于推动工人阶级教育事业。尽管她经常被视为女权运动作家的克星，但是她同样也是启蒙运动的产儿，曾学习过休谟和伏尔泰的理论，深信“理智和判断力能够战胜激情……必然造成的错误”（Hilton，2006，第 180 页）。慈善学校着重于培养学生的道德品行、勤勉、虔诚和美德，而不是技能。

虽然文法学校比慈善学校要好，但是家长每年须交纳 1 英镑左右的学费。到了 1800 年左右，伦敦约有 5 000 名儿童就读于慈善学校，25 000 人就读于文法学校（George，1966，第 218 页）。文法学校的确传授了一些技能，且这些技能最终为英国的经济成就贡献了一分力量。不过，我们很难发现这一学校教育系统存在与众不同之处，能够解释英国在科技创新方面的经济早熟性。就更不用提精英阶层子弟就读的学校了。这些学校主要教授古典著作、娱乐活动、时尚和阶级优越感。

大学做出的贡献就更少了。牛津大学和剑桥大学教授的知识对英国充满活力的经济没有多少价值。它们的招生人数在 18 世纪下跌。在 17 世纪 60 年代，牛津大学每年招收的新生人数为 460 人，在 18 世纪 50 年代下跌到不到200人（O'Day，1982，第196页）。它们迎合军队和教会的需求，鲜有毕业生投身商界或成为职业人才。亚当·斯密（[1776]，1976，第2卷，第284页）挖苦道，牛津大学的教师“早已不再装模作样地传道授业了”。约瑟夫·普利斯特里（1787，第32页）将主流大学（像他这样的不信奉国教者被排斥在外）比喻为“一潭死水”。不过，他呼吁向“我们这些不信奉国教者开放牛津大学和剑桥大学的大门，享受它们带来的益处”，这一番话说明他认为这些大学说到底还是传授了一些有用知识。实际上，当时存在例外的情况，特别是在剑桥大学。在剑桥大学，理查德·沃森“主要研究制造工艺问题，而不是发展纯理论科学”；约翰·哈德利（1731—1764，不要和同名同姓的仪器工程师兼数学家混淆了）“显然对工业化学工艺十分感兴趣”（Musson and Robinson，1969，第36页、第168页）。他在莫德林学院的同事约翰·罗宁是数学家。罗宁的著作《自然哲学体系纲要》大受欢迎，在1735年至1779年间共发行了8版。才华出众的医师托马斯·贝多斯在牛津大学教授化学，但因为支持法国大革命被迫辞职。总之，这两所大学表现低迷。虽然苏格兰的大学表现更佳，但是投身工商业的毕业生数量同样相对较少。

在当时，正规高等教育对经济发展的重要性可能并不大。伯尔塞（Birse，1983，第16页）搜集的资料显示，在1700年至1850年期间出生的498名应用科学家和工程师中，有91人在苏格兰接受教育，50人在牛津大学和剑桥大学接受教育，而从未接受大学教育的共有329人（约占2/3）。应该指出的是，在18世纪，未接受大学教育的知名工程师占比达到71%，但在1820年至1859年这40年间，这一比例下跌至58%（尽管如此，这一比例仍然很高）。基于《英国名人辞典》提到的680名18世纪科学家和工程师的数据的计算结果显示，到工业革命时期，在爱丁堡接受教育的名人数量超过在牛津大学和剑桥大学的，不过没有接受任何正规大学教育的人占大多数。近期研究结果证实了正规科学教育和技术进步脱节的程度。卡恩（Khan，2006）搜集的资料显示，在她的人物传记研究对象中，仅有少数大发明家接受过高等教育。在她的样本中，在1820年之前出生的244名发明家中，仅有68人接受过高等教育。

这一状况随着时间的推移发生了什么变化呢？在19世纪初，许多工厂童工有机会到主日学校上学。工厂主经常为主日学校提供资助。主日学校发挥了多重作用。首先，主日学校在不影响童工谋生能力的情况下，为他们提供最基本的世俗教育。其次，它们向童工灌输宗教价值观。在当时，虔诚的重要性依然不亚于正直、勤勉、尊重权威等品质。最后，学校向他们灌输工厂所需的新价值观，即温顺、守时和忠于雇主。主日学校似乎最重视后者。此外，一些童工非常幸运，能够上走读学校。走读学校提供内容更广泛的世俗教育，例如基本读写和识数技能。戴维·米奇（Mitch，1999）认为，到了19世纪中叶，走读小学起到重要的作用，帮助英格兰工人阶级掌握读写技能。此外，近期朗（Long，2006）的研究显示，到了19世纪中叶，父母送子女就读于这些学校，这是明智的。朗证明，在19世纪，就读于此类学校的儿童有更多的机会获得更好的工作，从而获得更高的收入。多所大学开始设立工程学学位，其中包括杜伦大学（1838）、都柏林圣三一学院（1841）和伦敦国王学院（成立于1829年）。这一定程度上归因于当时铁路系统的发展，并且社会需要更多有资质的工程师。伦敦国王学院在1838年成立了土木工程和矿业系。

基于人力资本正式定义的衡量方法似乎基本上不适用于当时英国的情况。英国社会能够为好学之士提供大量的非正规教育。在18世纪，学习是自己的事情，没有人组织协调，并且基本上属于私营性质的事业。聪慧好学的儿童自学成才，由母亲传授知识，或者搜刮自家或邻居家的藏书。在18世纪，英国印刷业提供便宜的学习工具，例如儿童识字卡、廉价的经典著作翻印书、自学教材、辞典、百科全书和各种手册。杰出的科学家托马斯·扬小时候在邻居家的藏书室里找到一本《艺术和科学辞典》，他读后深受启发。技术知识并不是通过“正规”教育（即学校教育）的方式代代相传，而是通过学徒培训。在英国，每位面包师、泥瓦匠、玻璃工、印刷工和木桶匠既是手艺工人，也是潜在的老师。在这样的社会里，人们通过潜移默化和效法模仿的方式，生产商品，形成人力资本。通晓技术的民众希望深造，可以阅读当时出版的技术书籍和期刊。私营商业学校开设记账、算术、正式商业信函写作等课程。通俗讲座和夜校收费不高。不少商人和技术人员听讲座或上夜校，希望以此提升技能或者开阔眼界。我们很难确定此类讲座在多大程度上传授了对生产力产生实际影响的技能和胜任力。

不过，当时的人们似乎认为传播有用知识产生了实际的效果。人们认为杰出科学家为外行举办的讲座大有益处。伦福德伯爵创建的英国皇家学院旗帜鲜明地致力于这一目标。皇家学院章程中陈述的目标总结了工业启蒙运动的宗旨："传播知识、推动有用的机械发明和改良成果得到广泛使用；通过哲学讲座和实验，教授如何将科学应用于生活的共同目的。"汉弗里·戴维举办的讲座大受欢迎。听讲座的听众人数众多，以至于马车将伦敦阿尔比马尔大街堵得水泄不通，当局不得不把它改造成为伦敦首条单向通行街道。在 19 世纪初，亨利·彼得·布鲁厄姆、乔治·伯贝克等开明辉格党人主动作为，成立多家机构，例如 1825 年成立的有用知识传播会。

此外，他们还成立了多家机械学院。首家机械学院由乔治·伯贝克于 1804 年创建，设在伦敦。此后，英国其他地方纷纷设立机械学院。机械学院为大众提供技术和科学教育。不过，人们对学院宗旨持不同的看法。雇主寄希望于教育能够提高工人的素质，而心怀善意的社会改良者则希望以此缓解工人阶级的贫困状况，并纠正他们的陋习。在 19 世纪上半叶，此类学院快速扩展。到 1850 年，英国有超过 1 000 所机械学院。这些学院的成效和存续时间不一。学者伊恩·英克斯特（Inkster, 1991, 第 78—79 页）对此类学院进行过详细的研究，推测它们和类似机构的成员人数可能高达 400 000 人。不过，它们对经济产生的净效应可能有待商榷。复杂的讲座涉及先进、深奥的科学专题，对此目不识丁的工人不会感兴趣，因此此类讲座的价值不大。不过，鉴于讲演者向有一定教育基础的工匠传授更基础的知识（几何、商业课程），因此一些人可能从中受益匪浅。利兹市火车头生产商詹姆斯·基特森学到的大部分知识来自当地技工学校和文学会。他承认，在此之前，"他只知道蒸汽能够让蒸汽机工作，但不知道其中的工作原理”（转引自 Jacob，2007，第 202 页）。技工学校等机构可能只影响了少数学生，但正是归功于这些重要的变革和创新推动者，英国教育制度取得了成效。19 世纪中叶的人口普查证实非正规成人教育非常普遍。这些机构非常重要。在 19 世纪，谢菲尔德、诺丁汉、德比市等小工业城镇也设立此类机构。它们举办讲座，介绍流体静力学、蒸汽机、自然历史哲学和化学方面的知识（Inkster，1976）。

《技工杂志》创始人在 1823 年指出，他们认为应尽可能向广大读者传播有用知识。激进记者托马斯·霍吉斯金是杂志的创始人之一。他指出，如果向工人提供有用知识，这就必定能够提高他们的经济地位；鉴于工人掌握实用的默会技能，能够切实地使用技术，因此他们在改良技术方面具备得天独厚的优势。《技工杂志》发行量在 16 000 份左右，显然读者仅限于技艺精湛的工人贵族。虽然霍吉斯金（1825）没有使用“人力资本”一词，但他比任何人都要清楚，人力资本在经济增长中发挥着核心作用，并且与有形资本相互补充。他认为，工业家对工人教育和技能进行投入，可以提高有形资本的回报率。卡尔·马克思忽视了这一观点及其对阶级关系的意义，不过，现代经济学家对这一观点加以修改，使之再次流行起来（Galor and Moav，2006）。

总之，就正式人力资本而言，英国显然并非处在领先位置。与欧洲大陆相比，英格兰的识字率并不是特别高，必定没有特别占优势。在 1500 年至 1800 年间，整个欧洲的识字率不断提高，英国也不例外。以始终如一、可比较的方式衡量识字率绝非小事一桩，特别是利用可获取的 1800 年以前的原始资料开展这项工作时。在 1800 年左右，英国约 60% 的男性和 40% 的女性会写自己的名字。这一比率与比利时相差无几，略好于法国，但不如荷兰和德国（Reis，2005，第 202 页）。不过，英国远比这些国家要富裕。读写能力一定程度上属于“渴求商品”（desirable good）。人们越富裕，消耗的渴求商品更多。如果我们考虑这一事实，那么英国在识字率方面不占优势这一情况愈发引人注目（Mitch，1992，1999）。在工业革命期间，英国培养年轻人才的能力和意愿并没有得到显著改善。英国没有像法国一样设立高等专科学校（法国首家高等专科学校成立于18世纪中叶），或者像19世纪初欧洲大陆一样设立技术工程学校。在1800年之后，英国识字率渐渐提高。尽管工业化中的国家的识字率稍高于其他国家，但工业革命并没有带来教育的突飞猛进。到了1830年，英格兰和威尔士5~14岁男孩的入学率为28%，在1850年上升到50%，但仍远低于普鲁士（70%和73%），甚至落后于法国（39%和51%）（Lindert，2004，第125—126页）。流放到澳大利亚的英国罪犯的数据显示，在1790年之后，英国识字率得到改善，不过到了1835年，识字率下跌至1790年的水平（Nicholas and Nicholas，1992）。即便在当时的高科技行业，文盲率并没有减少多少。以冶金业为例，在1754年至1784年间，男性文盲率估计在22%，在1785年至1814年间上升到29%，然后在1815年至1844年间下降至19%（Schofield，1973，第450页）。

我们很难对当时的读写能力、正规教育、人力资本加以区分。如果胜任力是英国技术成就的关键组成部分，那么问题在于它对读写能力的要求到底有多高。如果说读写能力无关紧要，这可能言过其实。不过许多从业工程师轻视此类技能。布鲁内尔曾表示，他“绝不会雇用一个识字的人”（Palmer，1978，第238页）。为了理解人力资本的发展历程，我们需要知道，读写能力本身是一种值得拥有的消费品（包括从宗教目的的角度考虑）；它们不仅仅只是下列投资过程的一部分，即边际回报率与利率持平。事实上，因果关系很可能是倒置的：许多人出于非经济方面的考虑让子女接受教育，最后发现子女因此培养了赚钱能力。米奇认为，从纯生产的角度看，19世纪的英国存在教育过度的现象。他的意思是正式人力资本的数量超出生产需求，而不是技术技能供给没有边际产出。

对于技术进步而言，计算能力和读写能力同等重要。涉及计算能力的研究工作仍处于起步阶段，主要是基于年龄堆积估算。不过，英国人的计算能力并不比大多数西欧其他国家要强，而且没有证据证明在18世纪这一状况得到改善（A'Hearn、Baten and Crayen，2009，表4）。但有迹象显示，决定着英国技术进步的那些阶层的计算能力有所提升。一个线索是算术书籍大受欢迎，例如弗朗西斯·沃金盖姆的《教师助手》（*Tutor's Assistant*）。该书在1751年首次出版，到作者1783年离世，至少发行了18版，且每版发行数量在5 000册至10 000册之间。书中介绍了玻璃工、油漆工、泥水匠和砖瓦匠都用得上的数学方法，这说明作者传授数学知识时很注重应用性和实用性（Wallis，1963）。

无论如何，如果基于现有数据进行推断，工业革命很大程度上依赖于通常意义上的人力资本这一观点并不成立。尼古拉斯等人（Nicholas and Nicholas，1992）证明，依据他们的数据，英国工业化中的北部地区和当时依然以农业为主的南部地区在识字率方面相差并不大。城市罪犯的识字率略高于农村罪犯；从事“技能型”职业的工人平均文化程度理所当然要高于从事非技能型职业的工人。男女之间的差距更是出乎意料：仅有13.7%的女性罪犯为文盲，而男性罪犯文盲比例达到26%，不过近一半的罪犯宣称自己识字，但不会写字。更令人惊讶的是，两位学者的数据显示，事实上技术工人的识字率在1800年之后下降了。

在学校教育和人力资本对技术进步和经济增长的重要性这一问题上，现代经济增长论达成了一定的共识。因此它必须解答一个问题，即为什么在1850年之前的一个世纪里，英国人力资本实力与其经济和技术领袖地位并不匹配，而且在通常意义上的人力资本方面不具备任何明显的优势。下列事实，即在18世纪，将人力资本和正规学校教育混为一谈一定程度上可以解释这一矛盾现象。为了理解教育在这一时期发挥的作用，我们应该记住，技术被称为可执行的知识。技术和原创音乐十分相似，都涉及两种技能：指令撰写者（发明者）的独创力和技术能力，以及指令执行者的胜任力。人们可以通过多种方式培养此类技能，其中最主要的方式是在技能密集型行业当学徒。此类行业培养出能干、经验丰富的技工或者实用化学家；他们能够将现有技术应用于新的组合和产品，并在科学家的发现中找到新的机遇。

不过，当时人们对下列两种技能的需求并非相互独立：一种是对启发创新成果而言必需的技能，另一种是运用创新成果的技能。此外，这两种需求之间的关系贯穿现代技术史的大部分时间。发明的这一确切性质决定了推广应用发明时所需的技能数量。蒸汽动力、炼铁和采矿需要基于默会知识的技术，因此通常需要外聘顾问。在纺织业，大部分工厂主则靠自己。发明者可以给工人留下很大的空间，让他们发挥创造才能。发明者可以降低工作的难度，用户因此无须聘请技术工人。在工业革命期间，许多发明活动被称为“去技能化”，即将创造力和聪明才智物化在人性化设计之中，减少执行过程中所需的技能。此类发明削弱了工人的特定技能（以及议价能力），从而为雇主提供了马克思所说的“对付工人阶级反抗的武器”。人们最常提到的一个经典案例是罗伯茨在 1825 年发明的走锭精纺机。这一机器简化了骡机纺纱工序。但总体而言，机床制造业有能力建造下列设备，即创造力集中在设备构造方面，而不是设备操作运行方面。机器出口委员会认为，归功于新型机床，“普通劳动者生产制造的机器要远远好于过去一流工人生产制造的机器”（Great Britain，1841，第Ⅶ页）。因此，随着工业革命向前行进，对人力资本的需求日益倾斜。英国经济需要更多技艺精湛的工程师和技术人员，对低层次劳动力技能的需求随之减少。因此，教育家和教师在英国经济发展中发挥的作用显然仅限于培养非常能干的技工和技术人员。大多数劳动者只要听话就可以了，他们的整体技能水平并不是那么重要。亚当·斯密的同代人和朋友亚当·弗格森提道：“许多机械技术不需要什么本领……无知既是迷信之母，也是工业之母……因此制造商能够在不需要多少聪明才智的产业中发家致富”（Ferguson，1767，第 273 页）。

* * *

在当时，医疗业同样是值得关注的服务行业。医师在自由、竞争激烈的环境中工作，但鲜有质量控制。他们能力有限，无法解决大多数的医学难题。事实上，依据现代标准，1850 年之前的行医活动只不过是江湖医术而已。鲜有医生了解致病原因，他们对疾病的许多看法经常是可笑的。不过在这方面，现代标准可能具有误导性。人们只要有经济承受能力，都会热切地寻求医疗服务。医疗业和教育业的情况相似，富人享受着稀有的优质医疗资源。穷人很少从中受益，只能享受劣质的医疗服务资源。不过，当时的医生在一些卫生健康领域做出了贡献：他们切割脓肿，固定断骨，进行剖宫产，开展简单的外科手术（在不实施麻醉的情况下），并给病人开出各种草药和矿物质。这些草药和矿物质并不一定都有害。诚然，当时医师开出的持续放血法、泻药或催吐剂可能没有产生多少有益健康的生理作用。不过，正如现代医学研究者认为的，它们产生了安慰剂效应，可以改善病人的状况。当时，食物、水、空气和昆虫传播的传染病时刻威胁着人们的生命，医生对此束手无策。

尽管如此，我们仍可以将 18 世纪末视为医疗启蒙时代。在这一时代，人们日益意识到知识能够促进人类健康，延长人类寿命（Gay，1969，第 12—23 页；Porter，1982）。改良精神影响着各行各业，健康卫生行业也不例外。准确地讲，医学是彼得·盖伊所说的“哲学在起作用”。不过医学启蒙运动对健康和预期寿命产生的实际影响远非显而易见。18 世纪的学者广泛接受一个观点，即人类通过增进知识，能够减缓生理痛苦，并延长寿命。但由于当时有用知识不足，人类取得的成就有限。在 18 世纪和 19 世纪初，医疗业的情况和技术的许多其他方面一样，人们认为自己应该了解的知识和实际了解的知识之间存在着鸿沟。当然，所有时代的情况都是如此，包括我们所处的时代。但在 18 世纪末叶，医疗业深切地感受到这一鸿沟。在当时，有关医学的各种宏大理论此消彼长；人们日益关注存在竞争的学派和对各种问题的解释，例如“生命是什么”“疾病的起因是什么”“为什么只有一部分人会感染流行病”“人生病时为什么会发烧？”等等。事实上，当时的知识并不严谨，这意味着人们很难在各种相互矛盾的答案中做出选择。

直到 18 世纪中叶，至少医学领域的“圣杯”级问题是寻找一个能够解释所有疾病的起因，就像牛顿定律一样，用一句话解答所有医学难题。荷兰医生赫尔曼·布尔哈夫在欧洲有众多信徒。他从流体静力平衡的角度分析人体健康，将所有疾病分为固态和液态。当时，人们提出种种包罗万象的医学理论，另外一个例子是约翰·布朗（1735—1788）

异乎寻常的职业生涯。他提出了“兴奋性”医学理论。这一理论异想天开，认为所有疾病是人体过度兴奋或兴奋不足状态造成的。他使用鸦片酊（鸦片的衍生物）或者酒精治疗几乎所有的疾病。虽然他广受病人的欢迎，但同时为爱丁堡的同事和竞争者所厌恶。但布朗并不是乡村庸医，他师从当时一流的老师（爱丁堡的威廉·库伦），而且他的主要论著《医学原理》（*Elementa Medicinae*）是以无懈可击的拉丁语撰写的。即便是头脑远要冷静的医师约翰·亨特（1728—1793）也在实验中犯下了惊人的错误。他从淋病患者身上抽取脓液，将它注射到受试者体内。当受试者感染上梅毒时，他认定淋病和梅毒属于同一种疾病（他肯定没想到受试者可能同时感染上这两种疾病）。据说伏尔泰曾表示，医生只不过是给根本不了解病情的病人开一大堆所知甚少的药物，以此治疗他们更不了解的疾病。考虑到当时的状况，他发表这番言论也就不足为奇了。

不过，情况并不像伏尔泰所说的那么悲观。在18世纪，启蒙理念影响着保守的医学界。尽管医学界对传染病的性质了解甚少，却仍然视改善人类状况为己任（Ryan-Johansson，2006）。实证评估和医疗统计数据显示，一些疗法和药物确实存在疗效。这些尝试可以直接追溯到弗朗西斯·培根和他关于“有序经验”的理念（客观、系统地观察）。启蒙运动坚信人类能够实现进步，并就如何实现进步开出了一系列秘方。上述疗法和药物就是这一启蒙运动信念的完美例证。所有人认为，伟大的医生托马斯·西德纳姆（1624—1689）是这一领域的重要人物。他仰慕培根，与洛克交好。他坚定地支持培根有关系统地搜集各类疾病数据的观点，并以此支撑他本人的观点，即特定药物能够治疗特定的疾病。他支持系统地搜集资料，以期从中发现规律并加以利用。这一方法论受培根的启发，是18世纪医学的典型现象。启蒙思想家认识到，即便人类未能掌握基本机制，仍然可以通过开展实验或搜集数据，寻找实证规律和模式，以此获取有用知识，并加以利用。这一洞见适用于医学和其他任何领域。

在医学领域，詹姆斯·林德的研究工作就是启蒙运动研究的知名例子。林德在1747年开展了一项有名的实验，实验对象是16名船员，其中6人接受被认为对坏血病有效的治疗。他得出的结论是，如果给每位坏血病患者发两个橘子和一个柠檬，他们的康复速度远快于其他人。这一结论是预防医学实证研究的里程碑，也是人类战胜坏血病的关键因素。战胜坏血病对于英国这一航海国家而言至关重要。另一个重要历史事件是检测天花疫苗接种的效果。在接种疫苗时，医生有意让患者感染上少量的天花病毒，在大多数情况下患者能够快速康复，并且不会留下疤痕。英国在18世纪20年代初引进这一疫苗接种法。英国驻君士坦丁堡使节夫人玛丽·蒙塔古是一位开明、受过良好教育的女性。她观察当地接种疫苗预防天花，并且下定决心将它引入英格兰，不过期间遭遇了种种质疑和阻力。埃德蒙·梅西等愚昧的牧师谴责称，疾病旨在考验人类的信仰或者惩罚犯下罪孽的人类；如果没有疾病，恶习和邪恶将在人世间横行。梅西认为，通过攫取干预疾病的权利，接种者“篡夺了既不基于自然法则也不基于宗教法则的权力”（Massey，1722，第8页、第12页、第15页）。此类观点日益为各界摒弃。在18世纪，疫苗接种取得了巨大的进步。

医学启蒙运动精神无疑影响了蒙塔古夫人。疫苗接种存在风险，但是当时的人们迎头而上，全力解决接种的好处是否大于风险这一问题。文学家约翰·亚毕诺和英国皇家学会秘书詹姆斯·尤林都是优秀的数学家。他们说服自己和民众相信接种疫苗能够降低感染天花的风险（Rusnock，2002）。到18世纪末，英国广泛接种天花疫苗。不过，当时对接种技术的认知基础非常狭隘（无人了解天花疫苗接种为什么起作用），这意味着接种者可能会在一些关键的细节问题上犯错。一开始，英国疫苗接种者切口过深，事实上提高了感染天花的风险。1762年，萨福克乡村医生罗伯特·萨顿引进了经改良的接种法，接种切口更小，并且使用轻症天花病人脓疱中的痘浆（Hopkins，1983，第88页）。在采取萨顿接种法后，天花疫苗接种风险减小了。

这一研究使用的量化工具帮助人们弄清楚什么起作用。尽管一直到1825年之后，公共卫生统计运动方取得蓬勃发展，但它的根源可以追溯到18世纪。这场基于统计学的医学启蒙运动的创始人物包括约翰·米勒（1733—1805，不要与苏格兰法学家约翰·米勒混淆）等先驱人物。约翰·米勒利用统计表，证明含锑类药物、放血法等当时盛行的临床治疗法毫无效果。另外一位是威廉·布莱克（1750—1829）。他试图创立“医药算术学”，这和较早出现的“政治算术学”十分相似（Tröhler，2000）。鉴于传染病的认知基础并不可靠，临床医师仍会犯下灾难性的错误。19世纪再次采用大量放血的疗法就是一个臭名昭著的例子。但是，人们仍可以感受到进步的希望。

不过，医疗行业推动预防医学和公共健康卫生发展，对社会福祉产生了最深远的影响。尽管当时人们尚未全面了解其中的具体原理，但是他们广泛认为固态污染物和空气污染有害健康（Riley，1987）。人们认为，启蒙社会应该有能力保护公民免受疾病的摧残。问题在于如何实现这一目标。在人们开始深入了解自然过程之前，医学启蒙运动取得的实质进展非常有限。这和农业启蒙运动的情况很相似。但这并不是因为人们没有尝试过。特别是在1789年之前，在医学官房学派的启发下，欧洲大陆各国努力防治疾病，希望国家能够“净化社会”（Porter，1982，第50页）。医学官房学派的支持者提出并践行“医疗警察”的理念（这一理念是哈布斯堡王朝约瑟夫二世的顾问约翰·彼得·弗兰克首次提出的）。在英国，国家发挥的作用不那么活跃，不过私人和自发的志愿组织填补了国家留下的空白。

人们寄希望于医学启蒙运动能够快速取得成效，但这一希望破灭了。医学启蒙运动的代表人物托马斯·贝多斯（1760—1808）就是一个例证。贝多斯是一名医师和化学家，和英国工业启蒙运动联系紧密。他是理查德·埃奇沃思（月光社成员）的女婿。他还与詹姆斯·瓦特合作，后者帮助他设计实验仪器。此外，贝多斯还是伟大的布里斯托尔科学家汉弗里·戴维的良师益友。他信心高涨，认为通过掌握更多的知识，人类有能力在医学领域取得无限的进步：“我没有任何理由怀疑，利用促进科学发展的各种新增知识，可以将当前控制着一些非生命体的力量应用于生活；通过防治疾病，延长生命最美好的岁月，让人们更强健，我们有一天将部分实现一半的炼金术梦想”（Beddoes，1793，第29页）。贝多斯主张他所说的“气体”（或化学）医学。他认为，在开明进步的医学领袖的指引下，气体医学能够改善民众健康。贝多斯秉持实验主义精神，将新的化学知识应用于医学，研究吸入氧气、一氧化二氮（笑气）等新发现的气体能否治愈肺结核等肺病。与此同时，他还强调，社会变革和制度改良是改善国民健康的关键所在。他长期支持法国大革命。1799年，在月光社成员的支持之下，贝多斯在布里斯托尔开设了一家名为气体医学研究所的研究型医院，研究他提出的各种假说。这家医院最终改名为“贫病交加者预防医学研究所”。和许多启蒙思想家一样，他同情不幸者，但又认为，理性的成年人应该为自己的行动和命运负责。这让他感到左右为难。不过，最终贝多斯清楚地认识到，在他所处的时代，他无法实现自己的目标；由于医生和药师没有责任心且投机取巧，社会瞬息万变事实上可能不利于卫生健康政策。1808年，他在失望和痛苦中离开了人世。

当时医学发展有限，约翰·亨特的职业生涯就是一个很好的例证。亨特终其一生研究外科和解剖方面的知识。在他的努力下，外科手术取得了长足进步，不再只是一门和理发差不多的手艺活儿，它的地位和实验科学相似。不过一直到19世纪，外科医生手术时仍使用未经消毒的工具，不对患者实施麻醉，因此基本上局限于非侵入式手术。当时，即便剖宫产也属于“非常手段”。在1800年之前，英国没有一例产妇剖宫产之后依然存活的案例。医师和外科医生面临种种制约，无法为社会做出更大贡献。这不只是机会或经费问题造成的，而是归因于当时的最佳实践知识状况。出人意料的是，尽管医学的多数领域未能取得进步，但是人们仍然心怀希望，认为医学能够实现进步。

英国医学启蒙运动在19世纪进一步发展壮大。《柳叶刀》创始人托马斯·威克利（1795—1862）的职业生涯是医学启蒙运动理念的最佳例子。从很多方面来讲，威克利是医学激进分子。他的政治观点和科贝特等进步论者相近。作为科学家，他知道医学技术进步能够给人类带来种种好处。在他的领导下，《柳叶刀》以更为广泛的读者为受众，经常一字不差地刊登伦敦公开讲座的文字稿。《柳叶刀》代表着启蒙运动一项最受人崇尚的原则，即传播和普及知识，使之发挥最大的作用，而不是秘而不宣。它的创刊号刊登了 24 种之前保密的专利药的成分（Corfield，1995，第 139 页）。它同时也致力于实现启蒙运动的另外一个目标，即推行制度改革。它经常抨击医学组织，特别是寡头型、长存不废的皇家外科医师学会。该学会由专家组成，打着保护民众免受庸医欺骗的幌子，开展寻租活动。早期的《柳叶刀》是科学期刊和医学花边小报的奇怪结合体，不过它达到了预期效果。威克利付出努力，不屈不挠致力于推动社会改革，但也因此惹上不少是非和官司。不过，从长远来看，他是一位成功的政论家、议会议员和验尸官。他推动起草和通过了多项具有开拓性的法律，其中包括 1848 年《公共卫生法》和 1858 年《医疗法》。

正如上文提到的，在微生物学的时代来临之前，医学知识在很大程度上取决于资料搜集工作。人们通过搜集资料，从中寻找实证规律，从而能够在未能深入了解传染病性质的情况下，确定病因和药物疗效。到 1830 年左右，人们普遍认为，疾病数据的统计分析工作对医疗进步非常关键。例如，弗朗西斯·比塞特·霍金斯就持这一观点。他的《医学统计学原理》（Hawkins，［1829］，1973）率先采用这一数据统计法。霍金斯认为："精心搜集和准备'统计数据'……确定各种实践模式的相对优势……从而实质性地帮助医学哲学实现发展……并提供最令人信服的证据，证实药物的疗效"（第 2—3 页）。尽管霍金斯的数据总体上可信度不高，但他的方法论在接下来数十年里得到了广泛的运用。人们首先需要的是有用信息。很快，埃德温·查德威克和他的圈子得到了更好的数据，开始置疑霍金斯有关城市"更有利于人体健康"的结论（第 18 页）。当然，为什么城市会如此有害人体健康这一问题仍未得到解答。人们只有获得更好的数据，才能解答这一问题。

在 19 世纪初，统计运动渐成气候。在 19 世纪 30 年代初期，各种统计学会蔚然成风。这些机构主要关注公共卫生问题。威廉·法尔、詹姆斯·菲利普斯·凯、尼尔·阿诺特、托马斯·索思伍德·史密斯以及查德威克本人等研究人员非常重视数据，开展了具有开拓性的统计工作。得益于这些研究成果，人们日益清楚地认识到，18 世纪的医生怀疑疾病和贫困之间存在关联，这一看法是正确的。但人们仍不完全清楚其中的原因。如果贫困“引发”疾病，那么哪怕政府官员并不了解贫困致病的确切原理，仍可以通过消除贫困，改善公共卫生状况。人们对公共卫生的关切之情与自由主义哲学发生了冲突。这些研究人员慢慢地意识到，在公共卫生问题上，英国不能依赖自由市场；国家应在公共卫生事务上采取强有力的立场。除非这一见地为更多人接受，否则这场公共卫生运动倡导的许多公共政策不可能取得实效。这不是因为这些公共政策不起作用，而是有鉴于政府部门可动用的资源有限，需要对这些政策进行微调。这一进程早在 1850 年之前就已开始，且改革的初步成果早已成熟。不过，这场运动仍有很长的路要走，这很大程度上是因为在细菌致病理论面世之前，几乎所有涉及公共卫生的拟议措施和分析都存在争议。

私人临床治疗情况又如何呢？在 17 世纪末，威廉·配第想知道“在 100 名得到医师救治的急性病患者中，不治身亡人数是否和未获得任何救治或偶尔得到救治的病患者中的死亡人数一样多”（转引自 Banta，1987，第 197 页）。在近期发表的论文中，瑞安－约翰逊（Ryan－Johansson，2006）颇具说服力地证明 18 世纪医疗最佳实践取得了不小的进步。她指出，医学知识取得了诸多实质性进步；在 18 世纪，贵族，特别是王室成员的预期寿命不可思议地延长了。人们只要有钱，就可以享受许多医疗服务。尽管这些医疗服务并非都有益健康，一些服务甚至肯定有损健康，但是最优秀的医生经常采取合理的方法，来防治一些疾病。尽管当时工具有限，但是医学领域仍然取得一些进步。在 17 世纪，西德纳姆尝试为贫血患者开出铁质补充剂，并建议发烧病人待在凉快的房间。正如之前提到的，医学领域还取得了其他进步，例如多吃新鲜果蔬能够预防坏血病，服用金鸡纳树皮（奎宁）抵抗疟疾症状，使用指顶花（现在所说的毛地黄）治疗水肿（月光社成员威廉·威瑟林医生首次提出这一治疗方法），以及服用鳕鱼肝预防软骨病。最为重要的是爱德华·詹纳在 1796 年发现接种疫苗能够预防天花，这是一项不可思议的成就。从很多方面来讲，詹纳这一发现代表着17世纪欧洲经历的变化。当时，人们认可新的有用知识，认为使用这一有效工具能够改善人类物质生活条件。到那时，统计和概率计算已经成为科学论述的一部分，詹纳的发现有待系统的思想来验证。到1806年，皇家外科医师学会掌握超过164 000例疫苗接种数据，能够随时评估疫苗接种效果。疫苗接种势如燎原之火，普及整个欧洲以及其他地区，从而降低了天花发病率。

在18世纪，分娩率上升。在这一医学插曲中，男助产士开始向有经济能力的人提供助产服务。这些产科专业人员配备有钳子等外科手术器具，声称他们提供的服务优于未经培训的助产士（主要为女性）。在今天看来，他们建议的一些做法依然很合理，例如母乳喂养、避免使用襁褓包裹婴儿。约翰·亨特的兄弟威廉·亨特（1718—1783）是一位著名的医师。他建议其产院的产妇在产后一天内开始哺乳，而不是依据当时风俗惯例等三四天之后。这一建议大幅减少了产乳热问题。产乳热是新妈妈常患的疾病（Sherwood，1993，第37页）。布里斯托尔的医师威廉·卡多根（1711—1797）是《哺育和儿童照管论》的作者。这一著名的小册子于1748年出版。在书中，他提出了许多合理的建议。在接下来的37年中，该书再版了12次。它颇有见地地提供了客观冷静的建议，帮助废除一些骇人听闻的儿童保育做法，至少阅读过此书的人们摒弃了此类做法。卡多根是启蒙时代常见的知识分子，他提出的“自然”“理性”实践与传统社会的愚昧习俗形成鲜明对比（Porter，1982，第56页）。威廉·巴肯的著作《家庭医疗》更受人欢迎。该书很好地证明知识获取成本下降如何影响了医学知识的传播。该书的英语版于1769年首次出版，到1871年共再版了142次，并被翻译成多种语言。尽管这本书存在种种局限，但是它就健康生活方式和如何诊疗大部分疾病提供了建议。巴肯的这一著作是“典型的启蒙运动著作”（Wear，1993，第1297页）。巴肯认为，如果穷人摆脱蒙昧无知的状态，能够获得体面的医疗照顾和护理，摆脱成见，不受江湖医生和假冒医生的欺骗，他们的身体就会更加健康。“向民众传播医学知识不仅能够促进医学发展，还能让医学惠及整个社会，从而在全世界发挥更大的作用”（Buchan，1772，第 XXⅦ 页）。这是培根思想直接运用于医学实践的案例。

当时的医疗服务市场和现在一样，存在信息高度不对称的问题。由于医师掌握的信息比病人要多，因此病人很难评估所购服务的质量。有鉴于此，买主责任自负等原则很难适用于这一市场。不过与此同时，政府法规基本缺位，组成正规医疗机构的三大职业（内科医生、外科医生和药剂师）靠的是自律和声誉效应。换言之，在此类市场中，信任是每笔交易的重要组成部分，直到 19 世纪中叶，这种信任基本上是自发的。内科医生加入当地协会，以此维护自身声誉。到 1832 年，英国有 40 家地方组织，其中一家在 1855 年更名为英国医师协会（Corfield，1995，第 160 页）。

对健康而言，除了知识之外，其他因素同样重要。有产阶级和中产阶级接受过良好教育，手头不缺钱，因此总体而言，他们的生活方式、购买的消费品更健康，并且能够获取信息。这是解释穷人和富人的预期寿命存在差距的主要原因。不过此类差距有限。当时的临床医师并不了解，绝大多数疾病属于病原体引发的传染病。有鉴于此，他们的诊断能力显然有限，更别说治病的能力了。

不过，启蒙意识形态及其医疗表现形式如涓涓细流，普及更广泛的社会群体。在 18 世纪末，公共诊疗所开始兴起。此类诊疗所基本上都向公众开放。首个诊疗所 1770 年在伦敦开张营业。在 1800 年之前，伦敦共开设有 16 家公共诊疗所，每年处理的病例超过 5 万起。它们为穷人提供免费建议、门诊服务和药品。约翰·寇克利·莱特森（1744—1815）是伦敦诊疗所的倡导者。这位内科医生知识渊博，是一位理想主义者和开明的贵格会教徒，也是英国医学启蒙运动的典型代表。他于 1773 年在伦敦成立了莱特森医学会，力图推动内科医生、外科医生、药剂师和伦敦综合诊疗所执行统一的标准并且共享知识。伦敦综合诊疗所位于奥尔德斯盖特街，成立于 1770 年，是首家综合性诊疗所。切斯特的内科医生约翰·海加思是首都以外地区发烧疾病医院运动的发起人之一，也可被视为英国医学启蒙运动的典型代表。诊疗所运动是英国启蒙运动的象征。这一运动是基于热心公益的个人自愿付出努力，且遵循翔实的社会改良行动计划。与此同时，它又囿于18世纪医学知识的局限，只不过这是暂时性的。

* * *

在1700年至1850年间，许多其他“白领职业”兴起。这些职业在今天可以归类为服务行业。在1700年，英国人很少会从事地产经纪人、牙医、建筑师、勘测员、药剂师或者律师等职业。除了顶级人才之外，大部分专业人士都是通过学徒制而不是在大学接受训练。药剂师虽然是全科医师，却无法加入设在伦敦的皇家医学院。这一令人敬畏的机构只承认在牛津大学、剑桥大学或都柏林受训的医师（根本不在乎英国最好的医学院在爱丁堡）。大律师（又译为出庭律师）必须取得出庭律师资格证书。法律事务代理人众多，他们充当中间人，进行调停，交换信息。在18世纪30年代初，英格兰和威尔士律师人数在5 500至6 000之间（Corfield，1995，第79页）。在1841年，英格兰和威尔士有11 763名男性（没有女性）是“法律事务代理人、小律师（又译为事务律师）和法科学生”，另有2 103人被归类为“大律师和不动产转让律师”。到19世纪中叶，一个新兴白领阶层出现了。这一阶层包括4 425名“会计”、48 806名“商业文员”、3 639名乐师、16 173名“外科医生、药剂师和医科学生”，以及1 112名内科医生。

如果没有一个发达的服务业来支持贸易和运输，市场经济不可能正常运行。随着人口流动性增强，人们需要更多的四轮马车、客栈老板、水手、马贩子和餐馆。在1841年，英格兰和威尔士共有15 441名旅馆和旅店老板，37 805名“酒店和酒馆老板”，以及5 629名啤酒店老板。随着英国人的联系日渐增多，他们愈发倚重邮政服务。正如我们看到的，在18世纪和19世纪，邮政业进行了多次改革。英国市场经济日益成熟和复杂。人们不得不将越来越多的资源投入旨在减少交易成本的活动之中。最重要的是，一个成熟经济体正常运转，需要生成和传播更多的知识。英国经济需要数量众多的相关知识，因此需要不断对知识进行分类和再分类。专业人士直接出售知识（例如记者、律师、教师），或者运用知识后再出售（经纪人、批发商、投机商、公证人和各种各样的商人）。在1700年至1850年间，交易各类信息的市场得到了极大发展。从许多方面看，启蒙时代可以被视为交流的时代。在这一时代，知识进入公共领域，供人们免费或有偿使用（Headrick，2000）。极具讽刺意味的是，虽然知识的增加和市场的发展促进了经济增长，但是知识市场本身存在问题。虽然知识具有了价值，但它被证明是一种难以明确的商品，而且知识产权难以确立。

经济信息变得日益复杂。技术信息也是如此：制造商、农场主和矿主向工程师、技工和各种行业专家请教，后者则提供他们掌握的知识。农业专业人员、勘测员、矿山测量员、设计师和筑路工程师变成了独立职业。一些专家因为做出重大发现而成名（例如地质学家威廉·史密斯，他开创了多种地质法）。一些专家之所以成名，是因为他们细致地观察已有的实践，并认真记录下来，从而为经济史学家留下了丰富的原始资料，例如阿瑟·杨格事无巨细地记录农耕活动的笔记。其他人则成为咨询工程师，例如康沃尔郡"矿长"理查德·特里维西克，他是当时最知名的发明家。伟大的约翰·斯密顿是巡回咨询工程师的祖师爷。詹姆斯·布林德利、约翰·格伦迪、托马斯·特尔福德、布鲁内尔父子等杰出的土木工程师都是以提供咨询服务为生。在杰出的机械（后来的铁路）工程师中，史蒂芬森父子、约翰·伦尼、理查德·罗伯茨等人是佼佼者。约翰·拉斯特里克曾管理斯陶尔布里奇市福斯特和拉斯特里克工程设计厂。他在1830年退休之后，成为一名铁路咨询工程师。

提供化学专业知识成为一种职业，且从业者经常会将化学专业知识与医学知识结合起来。正如前文提到的，在18世纪初，苏格兰化学家和医师威廉·卡伦作为咨询顾问，大受漂白业者和染匠的欢迎。显然，卡伦的客户希望他能够运用已掌握的知识，解决各种技术难题。另一位化学家兼医师是约翰·罗巴克。他是一位活跃的发明家和商人，早期曾是詹姆斯·瓦特的亲信和顾问。韦奇伍德聘请了实验化学家亚历山大·

奇泽姆，同时也会向爱尔兰化学家理查德·柯万征求意见。在卡伦所处的时代，甚至在18世纪80年代（当时韦奇伍德聘请了奇泽姆），此类建议的成效可能不大显著，且大部分建议属于试错实验的结果。不过在一个世纪之后，专业知识的价值大幅增加。换言之，有用知识市场出现了。在启蒙经济中，有用知识的供求水平不断提高。一些化学家能够运用自己掌握的知识。詹姆斯·赫顿是当时一流的地质学家。他成立了一家工厂，采集爱丁堡烟囱里的煤烟灰作为生产原料，生产氯化铵（用于铁器和黄铜制品镀锡）。在他的合伙人约翰·戴维的打理下，这家工厂的业务蒸蒸日上，这一景象一直持续到19世纪初（Clow and Clow，1992，第420—421页）。

不过，当时人们很难界定知识产权，更别说执行知识产权了。作者对其劳动成果享有不可剥夺的天赋权利，这一观念在1700年左右形成。当时正值英国刚刚摒弃有关垄断是上帝赐予的产权这一重商主义理念，并开始接受“新兴的市场意识形态”（Rose，1993，第33页）。当然，问题在于新知识具有公共产品性质，且排他成本高，而这一切与创新人才的激励机制存在冲突。在18世纪伊始，两位当时最富影响力的文坛人物约瑟夫·艾迪生和丹尼尔·笛福提出了一个理念，即作家和工匠一样，对自己的劳动成果享有天赋权利，而著作权不应被视为国王赐予的特权。正如约翰·洛克早在17世纪90年代指出的，知识产权这一天赋权利与人们厌恶垄断的情绪存在冲突。此外，启蒙运动秉持的观点是应尽可能广泛地传播有益于社会的有用知识。这一切导致后来的启蒙思想在著作权问题上面临两难境地。

1710年英国通过了《安妮女王法》，从而确立了版权法。知识产权法得以取得重大进展。尽管该法令在前言中指出，它旨在“鼓励博学之士撰写有用的书籍”，但是并不包括任何可以算得上是“启蒙”的内容。从很多方面来讲，它只不过是折中的结果，根本无法真正解决刚刚浮出水面的知识产权难题。它抨击出版同业公会垄断问题，但这只不过是为了掩盖寻租效应。它把版税分配给多家书商，几乎没有顾及作者的权利和需要。当时著作权通常授予14年，可以将其延长一倍。该法令未覆盖爱尔兰和美洲殖民地，这些地区可以免费出版英国的书籍，因此它远不能解决问题。它和普通法关于永久所有权的原则相冲突。当竞争对手翻印《安妮女王法》规定应进入公共领域的图书时，会遭到书商的起诉。不过在18世纪，一种启蒙理念得到发展，支持下列两种权利达成妥协，即社会获取有用知识的权利，以及个人因原创性和创造力而获得报酬的权利。英国制度适应了这一理念。在唐纳森诉贝克特案（1774）中，上议院做出里程碑式的裁决，裁定普通法中规定的文字著作权仅适用于未出版的作品；文字著作一旦出版发行，作者在一定时期内将著作权授予出版商。有关图书终将进入公共领域的理念最终得以确立。人们憎恶垄断，并普遍认为，应尽可能确保知识为人使用，最大化它的社会效益；不过，这与作者拥有与自身创造力相关的产权的启蒙理念存在冲突（Rose，2003）。因此，模棱两可的情况依然存在，即人们认为应允许"合理使用"受版权保护的资料，但是合理使用和剽窃之间的明确界线从未确定下来。最终在1842年，著作权法（即《塔尔福德法》）经过修改后，将著作权的保护期延长至42年（或者作者终生及其死亡后七年）。

无论知识产权制度的情况如何，启蒙时代经历了独一无二的著书热潮。在1700年至1799年间，大不列颠群岛年均图书出版数量增加了两倍。表3.1介绍了图书出版数量（每10年）和题材情况。显然，在18世纪，年均图书出版数量增加了两倍，相比之下（英格兰和威尔士）人口只增加了65%。此外，正如第三章提到的，介绍大致可以算作有用知识的图书占比从约5.5%增加到9%；宗教和哲学书籍则从18世纪初的38%下降到18世纪末的20%以下。我们不清楚此类变化主要受需求驱动（有文化的民众收入增加，或者民众文化程度提高了），还是因为图书价格下降且更容易获取。阅读是当时为数不多的休闲活动之一。当时的英国中产阶级受过教育，且有闲暇时间。随着这一阶层日益壮大，他们也越来越喜欢阅读。最成功的作家经常可以拿到一笔数目不小的预付款。塞缪尔·约翰逊博士和大卫·休谟分别因为《约翰逊字典》和《英国史》拿到一笔可观的预付款（分别为1 575 和1 400 英镑）。据称亚历山大·蒲柏翻译《奥德赛》的酬劳达到5 000 英镑。一些作家和艺术家获得权贵人士的资助，不过，正如约翰逊博士和切斯特菲尔德伯爵关系交恶一事证明的，此类资助不可靠，甚至随意性比较大。每位真正成功的作家背后都有上百名“雇佣文人”（hack，该词源自伦敦出租马车一词）。在1777 年，伦敦共有72 家书店，是欧洲书店数量最多的城市（Burke，2000，第165 页）。当时出版业规模很小，并不是经济主导部门，但它象征着启蒙运动带来的变化。就我们所知，在人们阅读的书籍中，只有少数涉及“有用知识”。即使在自然哲学书籍中，可能对技术产生直接影响的著述占比也很小。此类书籍占比虽然小，却帮助传播可编纂的知识，从而起到了尤为重要的作用。

在17 世纪的最后几十年里，英国开始出现涉及商业和金融信息的出版物。这些出版物是“信息产业”的种子。当然，在这里使用信息产业一词有点超前。以伦敦药剂师约翰·霍顿（1645—1705）为例。他是最早成为英国皇家学会会员的一位商人。他秉持最优秀的培根哲学传统，着手出版名为“谈农牧业和贸易改进问题的书函”的月刊（1681—1683）。他在月刊中讨论农业、改革和提高农耕效率的方式，以及大众科技问题。之后，他出版发行了第二辑（1692—1703）。月刊提供商品和金融资产市价，其中包括52 家股份公司的股价。他的月刊因此成为首份“金融”刊物（Neal，1990，第22—23 页）。之后又有两份刊物面世：约翰·卡斯塔的《交易过程》（全名为《交易与其他事项的过程》），以及《劳埃德船舶目录》。《交易过程》非常有名，于1697 年首次发行，在18 世纪之后历经多次改版，一直发行到今天。《劳埃德船舶目录》则列出商船抵达和出发时间。在多大程度上可以说这是一个真正的“市场”，仍有待商榷。霍顿向信息（包括行情）提供者免费赠送他的刊物。

服务业是不是“被忽视的变量”，这有待商榷。显然，启蒙运动不仅仅影响了和工业革命相关的数个制造业部门。有迹象显示，在整个服务业，人们通过深入了解自然规律，不懈地争取进步和改善经济。不过，人们能否取得成功，这还取决于利用现有知识解决技术问题的难易程度。例如，相比传染病而言，筑路技术取得了更多的突破。人们都坚信，更多的知识可以引领人类走上通往物质进步，甚至是解救之路。人类锲而不舍地追求知识，这一努力产生了回报，而且这些回报将影响全球。

第十二章
进步和生产力

许多经济学家认为，经济增长概括了一个经济体的基本情况；国家或部门收入或产出统计数据能够反映和衡量总产出变化情况。表 12.1 总结了英国经济的上述统计数据。迪恩和科尔（Deane and Cole，1969）、哈特韦尔（Hartwell，1971）认为，在工业革命期间，英国经济加速增长。与他们形成对比的是，尼古拉斯·克拉夫茨和克尼克·哈利（1992）证明，在工业革命期间，英国总体增长速度相当缓慢，即便工业产出增长速度也慢于真正的断层时期（例如“革命”）。其中的原因不难理解。在多部门经济中，关于增长的事实是，新技术对总体经济的影响始终与受生产率增长影响的部门在初始产出或就业方面的相对权重或份额成正比。它们一开始时所占份额很小，因此在初期阶段不会对总体经济产生很大的影响。这一数理关系是造成下列现象的根本原因，即技术突破无论多么具有划时代性或者无比新颖，都很难以“革命性”的方式影响总体经济的表现。对于技术史能否证明“大自然实现飞跃”（Mokyr，1990b），这一问题尚无定论。不过显而易见的是，此类飞跃没有总体对经济的表现产生立竿见影的巨大影响。

这并不意味着技术进步在 18 世纪无足轻重。相反，它的确意味着增长缓慢的传统经济部门规模庞大，削弱了现代部门对总体经济的影响。技术“进步型”行业发展成为经济的重要组成部分，这是实现现代经济增长的必要条件。由于“现代部门”焕发着技术活力，并且似乎能够“感染到”传统部门，现代经济增长是不可避免的，但是这一过程花费了数十年的时间。尽管工业革命时代取得了令人瞩目的技术成就，但是这一时期经济增长速度相对较慢。如果有人认为这一时期经济增长实现了加速，那么他们的这一观点就是错误的。与此同时，我们也不能否认工业革命和英国在1850年之后实现的持续经济增长之间存在关联。工业革命首先是一个过渡时期。在此期间，技术变革不断向纵深发展，直到抵制快速变革的部门变成日益孤立的“飞地”。因此，我们有信心断言英国经济已经发展成为“现代化经济”。

在这一“经典”时期（即从1760年至1830年），英国人均GDP增长速度非常缓慢。表12.1汇总了我们能够获取的最好数据。这些数据显示，1760年至1800年，人均国民收入年增长率仅为0.17%，是1700年至1760年增长率的一半左右。1800年至1840年，人均国民收入年增长率增至0.5%左右，不过有人认为这一定程度上归功于英国从1800年至1815年爆发的多次危机中复苏过来。在1830年之后的数十年中，英国经济才开始向前加速。总之，据麦迪森（2007）估计，在剔除物价变动因素之后，1850年的人均收入比1700年高了86%，这相当于这一时期的年增长率约为0.4%。在现代人眼中，这一增长速度有点慢。毕竟现代人习惯了近2%的年增长率。当然，它比中世纪经济体所能实现的最快增长率快不了多少。关键的区别在于，英国启蒙经济能够保持和强化这一成果。

表12.1 1700—1871年年均实际产出增长率估值（百分比）

时期	人均国民收入（迪恩 & 科尔）	人均国民收入（克拉夫茨）	工业产出（霍夫曼）	工业产出（迪恩 & 科尔）	工业产出（哈利）	工业产出（克拉夫茨）	工业产出（昆卡）
1700—1760	0.44	0.30	0.67	0.74	n.a.	0.62	—
1760—1800	0.52	0.17	2.45	1.24	1.6[a]	1.96	2.61[c]
1800—1830	1.61	0.52	2.70	4.40	3.2[b]	3.0	3.18
1830—1870	1.98	1.98	3.10	2.90	n.a.	n.a.	

注：a. 1770—1815年；b. 1815—1841年；c. 1770—1801年。

资料来源：根据Harley（1998）、Hoffmann（1965）、Cuenca（1994）计算得来。

多慢才算慢呢？工业革命期间的经济增长率约为0.4%，与1700年至1760年的经济增长率相差无几。不过，由于没有更多的资料，人们很容易从这一事实中推断出似是而非的结论。首先，在1760年至1830年期间，英国人口从610万增长到1 310万。在1760年之前的60年中，人口数量几乎停滞不前。人们即便不是坚定的马尔萨斯主义者，也知道人口数量骤增可能会对人均收入产生消极的影响：为了防止资本劳动比和土地劳动比下降，人们需要付出巨大的努力，积累足够的资本，增加耕地面积。

在产出的背后是被称为生产函数的关系。根据生产函数，投入带来产出；在投入水平保持不变的情况下，如果产出增加了，这可能是因为技术实现了进步，或者出于某种原因，投入得到更有效的利用。这一现象就是人们所说的全要素生产率增长。鉴于人均资本比率的快速增长能够拉动人均收入增长，从逻辑上讲，生产率增长并不是经济增长的必要或充分条件。但从长远看，我们认为生产率增长和经济增长会同时变动。许多经济学家假设，全要素生产率增长能够说明技术进步的总体速率。不过说实在的，这一假设并没有依据。对于一个经济体而言，生产率增长和经济增长并非缺一不可。例如，我们可以假设，一个经济体只拥有一种固定的技术，但是得益于政治或制度改良，生产率低下的工人迁移到其他地区或从事其他活动，他们的生产率因此得到提高，那么人们认为此类迁移推高了总生产率。再例如，如果工人能够更加适应工厂工作，并且人员更替率、旷工和劳资冲突等问题减少，同样也能够提高总生产率。再举一个例子，设想在一个经济体中，犯罪率下降；得益于更好的法律和秩序，合同执行得更好，财产因而更有保障。另一方面，重大技术进步可能永远不会在总生产率中得到体现。例如，虽然在19世纪中叶，麻醉技术开始应用于外科手术，但是这并没有体现在国民收入的统计数据中。尽管如此，对于我们而言，这一创新技术是不可或缺的。

此外，即使出现了技术进步，人们也经常很难对它进行精确的测算。原则上，在测算时，人们先确定产出增长率，然后减去各种投入的贡献率（计算为它们增长率的加权平均值）。两者相减之后的余数不是加大投入带来的结果。那么，我们应当如何看待这一余值呢？这一问题一定程度上是数学问题。正如理查德·纳尔逊（Nelson，1973）在多年之前证明的，由于没有明确的方式了解技术进步在多大程度上能够抵消边际产量下降，因此如果将全要素生产率计算为生产函数的余值，那么这一计算方式仅适用于投入变化相对较小的情况。此外，这一问题还涉及经济学。计算全要素生产率涉及许多基本假设条件，本书不会就此展开讨论。不过，为了说明计算的难度，我们可以想象一下，如果当时技术改进是为了提高产品质量，而不是降低产品价格（或者说除了降低产品价格之外，技术改良还提高了产品质量），那么会出现什么情况呢？这一计算方式假定，技术进步包括工艺创新；工厂生产产品时，虽然投入更少，但是由于投入得到更有效的利用，产品成本降低了。但是，如果产品成本相同，但产品质量更好，或者说虽然产品成本稍高，但质量更好呢？由于“质量更好”可以代表各种不同的质量水平，因此我们需要掌握更多的信息，才能调整相关的数额。即便在当今时代，我们也很难获取此类资料，更别说在1820年了。从某种可定义的意义上讲，阿克赖特水力纺纱机纺织的棉织品、唐金造纸机生产的纸张和韦奇伍德的瓷器质量均优于它们分别取代的商品。如果我们未能考虑这一事实，就会低估产出增长率和生产率增长。

另外一个问题与准确衡量生产要素投入有关。在衡量一个经济体的劳动力投入时，我们并不需要了解其人口规模，乃至劳动力规模。我们真正需要了解的是劳动者的实际年均劳动时间，并且最好按照性别和年龄进行分类。但目前我们根本无法获得此类数据。正如我们将看到的，人们有充分的理由相信，英国经济的（劳动力）参与率发生了变化，用人口数据代替劳动力投入的做法并不可靠。不过，我们需要解决一个更深层次的经济问题，即在一个经济体中，当其他条件相同时，延长工作时间虽然可以带来更高的收入，但是人们的境况会因此得到改善吗？换言之，在计算生产率时，是否应将闲暇视为经济的一种产出？此外，还涉及自然资源问题。它是生产函数中的一种投入。顾名思义，一个经济体无法生产出自然资源，自然资源数量因此保持固定不变。但经济体能否获取自然资源，这完全取决于有关自然资源（被发现）真实存在的知识、开采和加工自然资源的技术能力，以及涉及利用自然资源的必要技术知识。

尽管存在上述问题，但是经济史学家还是计算出这一时期的全要素生产率。表 12.2 汇总了他们的研究成果。他们得出的研究结果是，尽管这一时期英国经济增长缓慢，但是生产函数中的余值似乎能够解释当时并不起眼的经济增长。这一时期经济增长是由独创力而非积累推动的。事实上，表 12.2B 基于产出和要素价格，而不是对投入的估值，因此“过度解释”了生产率增长，认为生产率在 1830 年之前的增长速度快于人均产出。由于全要素生产率取决于两个数值很小的增长率相除的结果，因此我们很难准确评估全要素生产率在 1770 年至 1800 年这一关键时期的重要性。两个几近为 0 的数值的比值很难带来好的结果。运算步骤哪怕略做修改，也会导致计算结果发生很大的变化：如果修改一些合理的假设条件，那么年均全要素生产率可能在 0.06% ~0.24%，占人均年增长的 30% ~120%。由于人均产出增长率数值足够小，因此无论怎么都能够解释得通。尽管这一运算步骤还存在诸多不足之处，但是它证明英国经济日益高效；即便经济效率增加未能帮助英国经济实现快速发展，但是至少在人口增加时，它能够防止人均收入下跌。

表 12.2　全要素生产率估值

A. 全要素生产率，依据生产账户计算

	人均增长率	资本/劳动比的贡献	人均资源比的贡献	非劳动投入的总贡献	全要素生产率增长	生产率占人均总增长的百分比（%）
1760—1800	0.2	0.2 ×0.35 = 0.07	−0.065 ×0.15 = −0.01	0.06	0.14	70
1800—1830	0.5	0.3 ×0.35 = 0.105	−0.1 ×0.15 = −0.015	0.09	0.41	82

资料来源：依据 Crafts（1985，第 81 页），以及 Crafts and Harley（1992，表 5）数据计算得来。

B. 全要素生产率，依据收入账户计算

	人均产出增长率	全要素生产率增长率					全要率生产率增长率
"优选估值"							
		资本收入	劳动收入	土地收入	整个私营部门	政府	
1770—1801	0.2	−0.40×0.33 = −0.132	0.35×0.45 = 0.157	0.26×0.14 = 0.036	0.061	2.60×0.08 = 0.208	0.27
1801—1831	0.5	0.71×0.33 = 0.234	0.25×0.45 = 0.112	0.76×0.14 = 0.106	0.452	1.11×0.08 = 0.088	0.54
1831—1860	1.1	−0.21×0.33 = −0.069	0.68×0.45 = 0.306	0.48×0.14 = 0.067	0.304	0.31×0.08 = 0.025	0.33

资料来源：依据 Antràs and Voth（2003）计算得来。

文献广泛讨论了资本和劳动力两种传统生产要素发挥的作用。过去，一种传统的理论认为，当经济"起飞"，实现持续增长时，投资在总产出中的占比同样会骤增。不过这一理论现在基本上弃之不用。这一理论还指出，这一占比在很短的时间内从国民收入的5%左右增加到10%以上。罗斯托和刘易斯（活跃于20世纪五六十年代）曾在著述中阐述了这一观点。不过此类"成长阶段"理论稍微缺乏独创性。随着它们声名扫地，经济史学家对此类一概而论的观点持批评态度。不过，正如表12.3所示，我们当前掌握的最好数据显示，总投资在GDP中的占比从18世纪60年代的8.6%增加到19世纪40年代的13.3%。总投资占比增速比"起飞论"支持者认为的稍要缓和。尽管如此，总投资占比增长与下列现象保持一致：劳动力增长加速（随着工人人数增加，需要更多的设备和住房）、资本密集型运输网络的兴起，以及新型生产资料包含新技术的需要（也就是说，人们如果没有租赁或购置蒸汽机，那就很难运用蒸汽动力）。

* * *

鉴于资本在不同的语境中有不同的含义，我们无法轻易地概括资本在这一时期的英国经济中确切发挥了什么作用。在过去，一些社会能够创造可投资盈余，用于实现社会生存和繁殖之外的目标，例如建造埃及金字塔和中世纪大教堂，打造西班牙无敌舰队。理论上，如果经济体能够建造此类耗资巨大的工程，它们就有能力进行储蓄。不过，如果将此类盈余用于积累生产资料，进而提高人均产出，这又完全是另外一回事。这一努力取决于资本生产率等因素，而资本生产率本身取决于技术进步的速度，以及经济体能否有效利用新技术。此外，它还取决于两个因素，即制度，以及资本市场能否将储蓄输送到回报率最高的地方。新技术充满不确定性，而且最终不一定能够成功。因此，在生产含有新技术的设备和工具时需要风险资本，而且其资金来源有别于借钱打仗或购房的借款人。

表 12.3　1760—1850 年国家支出（以百分比）和人均消费

10 年	净投资总额	其中包括：国内固定资本形成	政府支出	个人消费	人均消费量（£p. a.，1851—1860 年物价水平）
1761—1770	8.6	7.0	7.5	83.9	9.6
1771—1780	10.2	7.1	7.1	82.7	9.3
1781—1790	13.1	9.9	7.2	79.3	9.5
1791—1800	14.2	10.8	11.2	74.6	9.8
1801—1810	9.6[a]	10.2	15.5	74.5	10.5
1811—1820	13.5	10.1	12.8	73.4	11.3
1821—1830	14.4	10.2	5.0	80.6	14.6
1831—1840	12.5	10.3	3.2	84.1	17.9
1841—1850	13.3	10.8	3.5	83.2	19.4

注：a. 由于存在对外负投资，因此低于国内固定资本形成。

资料来源：依据 Feinstein（1978，1981）提供的数据计算而来。

在总生产的语境下，“资本”主要指生产资料，例如机器、建筑物、工具、牲畜、设备、库存等生产者耐用品。在本书讨论的这一时期的大部分时间里，运营资本或流动资本显得更重要。由于交易活动并非同时进行，且交通运输系统运行缓慢，此类资本为生产活动提供了润滑剂。在 18 世纪，商人需要贸易信贷。贸易信贷发挥着支柱作用，确保英国经济正常运行。实际上，对 1700 年之后的英国经济表现进行任何新制度经济学分析时，我们需要分析这一体系是如何运行的。票据贴现行、地方银行等“正规”放贷机构提供了其中的一部分信贷，但大多数信贷资本为账面信贷（book credit）、国内汇票和其他形式的短期信贷。正如一位学者所说，“所有的生意人既是债权人，又是债务人”（Hoppit，1986a，第 66 页）。不过，有一个问题可能没有受到足够重视，即有多少信贷流向消费者。不少经济史学家经常假设，信贷主要用于生产活动，而消费者付款时却使用现金。事实远非如此。当时现金供应，特别是零钱供应不足。此外，消费者经常因为“赊账”，也就是利用账面信贷购买耐用品和非耐用品，而负债累累（Finn，2003）。消费信贷属于个人交易活动，其中个人信誉非常重要。

随着工业革命向前推进，固定资本（房屋和设备）和流动资本（库存和原材料）之间的比率正如人们预期的那样提高了。这并不是因为流动资本减少了，而更多是因为固定资本增加了。新技术日益需要大笔固定资本支出。在工商业，总流动资本和总固定资本之比从 1760 年的 1.2% 下跌到 1830 年的 0.39%，再到 1860 年的 0.30%（Feinstein，1978，第 88 页）。比较这两种资本规模的做法略微有误导性，这有点像比较机油和燃油的加仑* 数，而这两种油用于满足不同的需要。随着运输业、金融服务业和小面额法定硬币供应在 1800 年之后得到改善，流动资本和短期信贷的关键职能遭到削弱，当然它们依然很重要。此外，我们需要记住的是，无论从资本形成、就业或者产业的角度而言，“机械化”或者说“现代”部门的规模在本书讨论的这一时期的大部分时间里依然相当小。在 1831 年至 1840 年的 10 年里，“制造业和矿业”仅仅吸收了 21% 的总资本形成。建筑、运输和耕作业依然是主要的投资对象。虽然资本对工业革命是必不可少的，但我们很难断言反之亦然。在工业革命期间，棉纺织业是最具活力的行业。这一行业购置固定资本时主要依赖自筹经费。不过，从金融的角度看，公司借入短期贷款，然后不断对贷款展期，从而为固定资本支出筹措资金，这可替代自筹经

* 一种容（体）积单位，1 英制加仑约合 4.546 升。——编者注

费。正如我们将看到的，虽然此类做法解决了一些问题，但同时也引发了其他问题，特别是经济波动问题。

人们常说，金融机构很少向那些与工业革命联系最紧密的投资设备提供资金。在创办一家基于新技术或新产品的公司时，所需的初始“风险资本”数额通常不大，因此通过从亲戚、姻亲或所谓的公司发起人那里东拼西凑，能够筹措到资金。公司发起人认识投资人，后者经常成为公司合伙人。不过，公司一旦启动，通常能够凭一己之力发展壮大。在工业革命期间，大型“工场”的所有人利用前期利润再投资，购置大部分固定资产。就此而言，工业革命凭一己之力得以发展壮大。不过，尽管中长期投资项目获得银行融资的情况并不常见，但是当时还是有一些银行融资的案例。正如之前提到的，当企业家和商人需要追加资金时，他们通常诉诸非正式网络，例如与富家女联姻，或者向朋友、亲戚和邻居借钱。招募合伙人是另一种常见的筹资方式。约克郡布商通过抵押自己名下的地产筹措资金（Hudson，1986，第 96—108 页）。总的说来，在 18 世纪的大部分时间里，资金仍是非常私人化的，大部分人希望管控自己的资金。人们只借款给熟人或政府。即便是合伙企业，也通常和家族企业紧密联系在一起。当时人们经常成立合伙企业，以此筹措资金，并规避费用不菲的股份公司设立流程。在一开始时，为了筹措资本而招募隐名合伙人*的做法并不常见。在工业革命期间，人们渐渐地不再如此谨慎行事了。不过，经常有经营合伙人出资买断其他人的股份。合伙企业的优势体现在劳动分工和信贷获取机会方面。

如果我们明确区分正规和非正规资本市场，这一做法可能有点超前，不符合当时的实际情况。在当时，向熟人借款和向地方银行借款并不冲突。外省工商业界通常是一个联系紧密的地方网络；在这一网络中，人们携手合作，相互信任。当地商人是地方银行的主要客户，并且和银行家认识。事实上，正如我们将看到的，英国社会这一特征正是英国企业家阶层得以成功的关键因素。

---

* 不参与公司具体经营的合伙人。——译者注

正如之前提到的，制造业固定资本主要来自自筹资金，即再投资到公司的利润。这是很有可能实现的。鉴于当时公司最小存活规模（minimum viable size）依然相对较小，踌躇满志的企业家可以从小做起，在实现利润后，利用自己的资金购置新设备，将公司发展壮大。在1830年之后，随着技术日益先进，初期资本支出增加，单单依靠内部筹资创业变得日益困难。对铁路而言，仅依赖内部筹资显然是不可能的。不过，对已有的工业公司而言，留存利润仍是积累固定资本的主要来源。事实上，这意味着现代部门的资本增长率受制于利润增长率。

在一个经济体中，即使大多数公司依赖留存收益，跨部门资本市场依然会起作用。有人靠着农业、商业、地产或奴隶贸易发家致富之后，开展多元化投资，进军制造业。商业部门积累的资本流入制造业的案例是存在的。当商界巨子进军现代制造业时，资本也随之流入制造业，例如致力于海外业务的商人柯克曼·芬利在1798年至1806年进入棉纺织业，威尔逊兄弟在格拉斯哥市附近建立威尔逊城铁厂。总体而言，这样的例子并不多见。我们更有可能看到相反的情况，即最具技术活力的部门将利润投资到其他行业，以此减少风险。在19世纪20年代，曼彻斯特棉纺织业利润高企，进而大举投资保险、煤气厂、供水和后来的铁路等其他行业（Pearson，1991）。虽然我们可以轻松地举例介绍非正规资本市场的运行情况，但是并不清楚这一融资方式相对其他融资来源的重要性。

许多工业革命的名人不得不通过私人关系筹措资金。理查德·阿克赖特的首笔贷款来自一位政客朋友。詹姆斯·瓦特曾向他的良师益友约瑟夫·布莱克和其他人借过钱。马修·博尔顿与富家女联姻，才得以筹措资金，建造索霍工厂。弗朗索瓦·克鲁泽是研究这一问题的顶尖专家。他指出，这些个性化信贷市场极具选择性和排他性：人们需要成为非正式网络的一员，“在当地社区有名，且获得很高的评价”，方有可能接触到此类网络（Crouzet，1985，第96页）。资本市场很大程度上取决于信息市场。毕竟，资本市场面临的主要难题是借款人必然比贷款人更加了解自己的公司和项目。

交换经济取决于交易手段。在英国和其他任何地方，人们通常都是采取现金支付和信贷相结合的方式进行交易。那时的人们充分认识到，贸易信贷、汇票等短期信贷是英国经济不可或缺的润滑剂。由于零钱短缺，短期信贷变得必不可少。在整个18世纪，零钱短缺问题一直困扰着英国商业。同代人认为，信贷为英国大多数的交易活动提供资金；就此而言，信贷比货币更重要。查尔斯·达维南特在1698年写道："没有什么比信贷更精彩和美好的了"（Davenant，［1698］，1771，第151页）。18世纪的许多学者认为它是"商业的瑰宝"。不过，信贷最终是需要结算的，而且它很大程度上取决于人们的信心和预期。在悲观和萧条时期，信贷通常会渐渐消失，英国经济也不得不重新回到现金时代。信贷还引发了过度授信、滥用信贷和剥削等道德问题；它向来是一种含混不明的制度，虽然不可或缺却不安全（Hoppit，1990）。玛戈特·芬恩（Finn，2003）指出，18世纪的英国交换经济高度依赖私人信贷；私人信贷从某种意义上讲根本算不上现代制度，它能够让人想起缪尔德鲁（Muldrew，1998）所说的传统"债务"经济。不过在18世纪，声誉机制和支撑此类机制的制度经历了巨变，这证明了制度灵活性正是英国经济的优势所在。正如上文讨论的，地方银行业几乎从零起步，在1815年之前发展成为一个不均衡但密集的网络。这一例子就能够证明英国制度的灵活性。

但最重要的是，信贷的重要性证明了英国的"非正式制度"有其优势。非正式制度指的是习俗和行为准则；虽然它们不如法律正式，但是约束力和重要性绝不亚于法律。声誉机制负责执行此类准则；现代制度分析显示，它们在支持商业方面发挥了非常重要的作用（Greif，2005）。兰卡斯特市贵格会商人威廉·斯托特（1665—1752）的职业生涯就是一个例证。斯托特的自传于1851年出版。他事业有所成就，这主要归功于他能够小心翼翼地维护着自己诚实、慷慨的声誉。他替肆意挥霍的学徒和侄子偿还债务。他为了"维护自己的声誉"（Muldrew，1998，第171—172页），甚至不愿意打官司索回债款。丹尼尔·笛福一如既往地颇具洞察力。他指出，"信贷是果，而不是因……它源自公平诚实交易和如期履行债务，并且不知不觉地发展壮大……它是世人诚实行事的产物”（Defoe，1710，第 9 页）。信贷首先取决于一系列绅士行为准则，后者则形成了一种自动执行的均衡状态。启蒙时代的学者对声誉机制的重要性并不陌生。笛福并不是唯一强调贸易信贷对商人重要性的名人。笛福曾指出：“这是他（指商人）经手的最上等的商品……是他钱柜里的通用货币；它接受他所有的账单，是他生意的灵魂。”不过最重要的是声誉，“商人的信用和未婚女子的贞操一样神圣，不容受到谗言的玷污”（Defoe，1738，第 1 卷，第 197 页）。他尤为关注恶意行为和诽谤中伤的可能性。他还提到，店主“如果有着诚实正派的声誉”（同上，第 361 页），那么他贷款时享受的优惠条件要好于亲王。达维南特持同样的看法。他认为：“（信贷）非常类似于，而且在许多情况下近似于人们英明处理国事而获得的名望和声誉”（Davenant，[1698]，1771，第 151 页）。此类信贷安排首先要求人们判断其他人的诚信度和偿债能力，以及声誉的重要性和价值（Muldrew，1998，第 148 页）。在 18 世纪，支撑这一架构的社会规范和制度不断发展和调整。在大多数情况下，信贷仍是熟人之间或者至少有着共同熟人的人们之间开展的私人交易活动。

其他人则担忧信贷可能会助长投机、高利贷，以及人们知之甚少的其他经济现象。在启蒙时代，不少自以为是的人认为，信贷可能遭到滥用，用于不道德的目的和投机目的。英国通过了多部法律，防止出现这一问题。例如，1734 年的《巴纳德法》取缔了期权交易；1744 年的《赌博法》禁止人们为第三方购买保险。按理说，即便此类法令难以执行，它们也不仅仅只是伪善的道德说教。要知道，信贷市场和所有正常运转的市场一样，需要特定的“道德规范”，方能正常运行，否则它们有可能毁于大规模的投机取巧行为。虽然英国的正式制度认可和支持为信贷市场提供支撑的社会规范，但是这些社会规范本身不足以防止大规模欺诈活动。英国法院和其他官员无力应付债权人和债务人之间的复杂关系。信贷与日益复杂的英国经济的其他组成部分一样，更多依赖自我执行的规则和规范，而不是国家的强制力。我将在第十六章讨论这一问题。

鉴于大量研究18世纪的经济文献痴迷于工业革命问题，传统和非正规的资金来源问题在某种程度上受到一定忽视。不过，在信贷这一现代部门之外，抵押市场发展了起来。在抵押市场，所谓的放债代理人（scrivening attorney）履行欧洲其他地区公证员承担的职责，将地产或个人财产作为抵押品，而且凭借他们与借贷双方的私交，充当借款人和放款人的中间人。当然，一些办理抵押贷款的客户是地主家族挥霍无度、毫无责任心的败家子。不过，通常情况下，人们办理抵押贷款是为了扩大工匠的小本生意，或者改良田产（Brewer，1982，第204—205页）。圈地运动的资金需求量巨大：圈地栅栏和篱笆造价不菲，人们主要通过抵押贷款来支付相关费用。当地经纪人和抵押人以及抵押权人都很熟，因此拥有不小的优势。有可靠的证据证明，至少在兰开夏郡，当地经纪人的活动对信贷市场的运行非常重要（Anderson，1972）。

由于我们没有掌握确凿的数据，因此很难确定英国的总储蓄率。不过，当时至少有两个事实不容置疑。首先，大部分储蓄来自相对富有的群体，例如地主、商人、银行家、从不断发展壮大的服务业中获利的其他人，以及越来越多的成功工业家。在关税的支持之下，农产品价格居高不下，地主因此成为受益者。工人、中产阶级下层、工匠和小店主的储蓄不多，对资本总供给的贡献几近为零。其次，英国储蓄水平足够高，有能力同时为本国和其他国家提供资金。在1776年之后，英国成为净债权国。尽管与19世纪相比，英国流向外国项目的资金规模相对较小，但是英国储蓄水平非常高，为本国经济扩张提供资金绰绰有余。有两个时期的情况尤其如此，对储蓄的需求异常旺盛。一个时期是法国大革命战争和拿破仑战争时期。虽然当时政府赤字居高不下，但几乎没有证据表明赤字严重挤占了投资（Mokyr，1987；Clark，2001）。另一个时期是1830年之后的铁路兴建热潮时代。铁路兴建热潮对英国资本市场的需求达到了前所未有的水平。这一工程耗资巨大：在1841年至1860年的数十年中，运输业消耗了英国35%的固定资本形成总值，而在1821年至1840年间这一比例仅为20%（Feinstein，1981，第133页）。在那个时期，例如1847年，约45%的国内固定资本形成总值用于铁路投资（Gourvish，1980，第 13 页）。英国经济为这一史无前例的工程项目筹措资金之后，仍有能力为海外铁路建设工程提供资金，这证明英国公民很节俭，至少可以说英国的富人足够节俭。

铁路本身影响着资本市场的运作方式。铁路证券通过数百名所谓的“证券交易商”兜售给大众。在 19 世纪 30 年代，证券交易商办公室如雨后春笋般涌现，主要负责兜售小面额的铁路债券和股票。这是英国制度颇具灵活性的出色例证。他们向“掮客”购买股票，掮客基本上是铁路股票和债券批发商。人们通常通过公共集会等大型宣传广告活动销售股票。斯帕克曼（Spackman，1845，第 5 页）曾评论说，社会上很大一部分人，“事实上是所有阶层的人放弃了平时的副业，将资金和借款投入与铁路项目相关的众多副业中”。人们对铁路证券的需求高涨。在这种情况下，各种专业出版物应运而生；曼彻斯特、利兹和格拉斯哥纷纷成立地方证券交易所。铁路证券推动形成二级市场，交易可转让证券。二级市场享受着全面的有限责任保护，从而在创建现代资本市场过程中起到了重要作用。在 1845 年之前，铁路投资资金主要来自商人（45%）和地主（20%），而仅有 11% 来自制造业（Hawke and Higgins，1981，第 233 页）。同一时期，英国共成立了 47 家铁路公司，建设了 118 条铁路主线和支线，另外还规划再建设 1 263 条铁路（当然，大多数计划最终未能付诸实施）。1843 年，70 家铁路公司的资本占交易所所有上市公司资本总额的 26% 左右，相当于整个银行业、东印度公司和收费道路公司的总和（Reed，1975，第 46 页）。

* * *

近年来，学者深入研究了这一时期英国劳动力的特征和历史。一项较具说服力的研究结果显示，相比欧洲其他经济体而言，更不必提亚洲经济体了，18 世纪的英国属于高工资型经济体（Allen，2009）。早在 18 世纪之前，英国工资水平就很高了，并且当时的学者充分认识到了这一点。在重商主义的背景之下，高工资引起了人们的担忧之情。首先，人们担心高工资会导致物价高企；当时各国采取固定（金银复本位）汇率制度，高工资必定会削弱英国的竞争力，从而影响出口。其次，就业可能会受到不利影响。当时的经济学家非常关注失业问题。重商主义者认为，高工资会削弱劳动力需求，同时还会减少劳动供给。正如17世纪末一位学者所说："工资是人们无所事事的诱因；许多人之所以经常无所事事，是因为他们虽然工作时间短，但报酬很高……工资过高给国家造成了负担"（Pollexfen，1697，第47页、第83页）。当时的政治经济学家居然会认为，高工资非但不是经济繁荣和高生产率的征候，反而会祸及经济。在今天看来，他们的这一观点可能显得有点古怪。我们不太清楚高工资如何影响英国的技术活力。有人认为，劳工成本高企导致盈利减少，从而拖慢了工业化和资本积累的步伐（Mokyr，1976）。不过这一解释未能考虑到高工资可能对技术变革产生的影响。考虑到18世纪英国的情况，特别是当时高工资和低燃料成本经常同时出现，上述关联特别耐人寻味。有人因此指出，这鼓励工业家发明新技术，借此利用廉价的煤炭取代昂贵的劳动力（Allen，2009）。

这就是人们所说的"诱致型创新"模型。它的基本理念是大多数发明能够节约劳动力；相对于能源成本的高工资能够激励人们寻找此类发明。英国煤炭价格相对较低，至少矿区附近地区的情况是如此。这激励人们使用煤炭能源密集型技术，进而影响技术变革的方向。许多令人尊敬的经济史学者研究了诱致型创新模型。这一模型可以追溯到H. J.哈巴库克极具影响力的著作（Habakkuk，1962），最后成型于弗农·拉坦的权威著作（Ruttan，2001）。这一模型主要研究受相对要素价格影响的新技术研发，而不是对各种已知技术做出选择。不过，这一论点更为极端的形式从未流行起来，这也是理所当然的。显然，劳动力成本高昂促使公司选择非劳动生产要素密集型技术，但是劳动力成本高昂并不一定推动了新技术研发。戴维（David，1975a）提出的论点最具有说服力。他通过"局部的"干中学，将静态技术选择和动态技术进步联系在一起。如果我们对戴维的观点进行修改，来描述英国工业革命，可能会得出如下结论：英国企业家面对高工资和廉价的能源，选择了资本和能源密集型技术。相对于劳动密集型手工技术而言，此类技术更容易受到进步的影响。有鉴于此，英国选择此类技术产生了一个意想不到的结果，即它的生产率增长速度要高于低工资经济体。在一个世纪里，这些资本密集型技术的效率变得非常高，即便是低工资经济体最终也采用了这些技术。这一观点也可以适用于棉纺织这样的行业。布劳德伯利和古普塔（Broadberry and Gupta，2009）利用这一模型，解释为什么机械化棉纺织业在高工资的英国发展壮大，而不是低工资的印度。他们的解释似乎言之成理。不过，尽管这一解释更完善，但是仍有人会合理地怀疑它能否解释整个工业革命。

首先，公司会尽一切可能节省成本，不仅仅只是节省价格相对高的生产要素的成本。事实上，如果公司能够轻易地替换生产要素，那么从一开始可能就会减少使用价格高的生产要素，以此降低成本。此外，如果公司能够高效地利用密集使用的生产要素，那么它们可以最大限度地削减成本。此外，人们可以怀疑机械化和蒸汽动力能否始终如一地节约劳动力。艾伦将早期的蒸汽机推介成为节约劳动力的设备。事实上，早期的蒸汽机取代了为水泵提供动力的马匹。达比的高炉利用蒸汽动力送水，确保驱动风箱的水车不会干转。这几乎算不上是节约劳动力。一些人声称，廉价的煤炭推进了这一进程。不过奇怪的是，自从纽科门蒸汽机面世之后，人们将主要精力放在提高蒸汽机能效和节省燃料上（纽科门蒸汽机很费燃料），从而节约资本。在其他领域，研究的重心也是推动燃料节约型技术进步。约翰·斯密顿的工作成果就是一个例证。在蒸汽动力面世70年之后，纺织业采用了这一技术。这是唯一可以算作节约劳动力的案例。不过在纺织业，蒸汽动力也取代了水力和人力。虽然一般说来，对于一些行业而言，劳动力节约型技术进步可能很重要，但是工业革命不只是为了节约劳动力。当时许多最重要的突破，例如水力技术改善、煤气照明、食物保存、生产苏打和利用雅卡尔织布机中的数字编码信息等，和能源与劳动力的相对价格无关，而是与当时人们广泛开展的全面改良工作息息相关。

此外，尽管在英国煤矿附近地区和流经煤矿矿区的运河周边地区，煤炭价格低廉，但是这并不是全国性现象。在康沃尔郡等远离煤矿的地区，煤炭价格要高很多。例如，在19世纪20年代中期，伦敦煤炭价格为每吨30先令左右，康沃尔郡为20先令左右；相比之下，曼彻斯特仅为10先令，利兹市为6先令左右（von Tunzelmann，1978，第96页；Nuvolari and Verspagen，2008，第28页）。一旦煤炭需要运输，哪怕是短距离运输，它的价格都会轻易地翻一番（Turnbull，1987）。不过，伦敦为了取暖和提供蒸汽动力，消耗了大量煤炭。在18世纪下半叶，康沃尔郡大规模使用蒸汽机。自然而然，英国研制和采用了燃料节约型（高压）蒸汽机。尽管如此，似乎没有多少证据能够证明，英国各地煤炭价格迥异影响了技术变革速度。这并不是否认相对价格导致创新的确切方向发生了微调。当煤炭资源真正充裕时，例如黑乡斯塔福德郡著名的“十码煤层”（ten-yard seam，即厚煤层）产量达到每英亩20 000吨，煤炭浪费非常严重（Rolt，1970，第85—86页）。约翰·法雷抱怨称，在康沃尔郡以外的地区，人们“对煤炭消耗情况漠不关心”。不过身为工程师，他认为之所以出现这一现象，并不是因为他们缺乏节约煤炭的动力，而是因为人们虽然希望节约燃料，但苦于没掌握“扎实的知识”（Farey，1971，第307页）。在当时，康沃尔郡广泛使用节能的伍尔夫蒸汽机。另一方面，当煤炭价格高企时，创新发明会偏重于节约煤炭。正如努沃拉里和菲思佩奇（Nuvolari and Verspagen，2008，第10—11页）指出的，在煤炭价格不菲的刺激之下，康沃尔郡人在“非常有利的环境……和鼓励技术快速传播的制度架构下”，研制出被证明是最佳实践技术的机器。

换言之，如果一种理论将技术变革归因于燃料相对于劳动力的成本，那么它将面临燃料成本并不是外生因素的问题。作为工业启蒙运动的一部分，采矿技术在许多方面取得了进步，从抽水到地质学。除了煤矿坑口之外，英国其他地方的煤炭价格取决于运输系统的改善和投入情况。英国社会一心想取得进步，对运输系统不断进行完善和投入。需要再次指出的是，影响创新速度和创新方向的因素存在着本质区别。煤炭价格低廉并不是工业革命的成因，很大程度上是它的结果。

18世纪的英国还没有机械锯木机。乍一看，这一现象似乎反而能够佐证艾伦的假设。荷兰在18世纪有了机械（风力）锯木机，而在当时的英国，这一设备似乎尚未出现，或者至少十分少见；直到19世纪初，英国人才开始使用蒸汽动力锯木机（Cooney，1991，1998）。这可能是因为其他因素起了作用：在当时的英国，机械锯木机遭到暴力抵制。1768年，愤怒的暴民损毁了伦敦附近的莱姆豪斯（又译为石灰屋）的一家锯木厂。不过，近期的研究利用生产要素价格解释机械锯木机在两国的不同景况。这颠覆了诱致型创新理论。在荷兰，锯木匠的工资高得离奇，而且早在17世纪就开始使用机械锯木机了。相比之下，虽然英国锯木匠的工资也很高，但是锯木匠和建筑工人之间的工资比值低于荷兰。因此，生产要素价格差异情况表明，在蒸汽机成为现实之前，荷兰会采用机械锯木机，而英格兰不会（van Bochove，2008，第173页）。乍一看，这似乎是一个理由更加充分的论点，能够佐证诱致型创新理论（不过依据这一理论，英国属于低工资国家）。不过据范·波楚夫估算，英国风力机械锯木厂的内部收益率达到85%。在任何假设之下，这一数字都显得很高。此外，如果英国工资水平足够高，能够激励人们使用蒸汽动力锯木机，那么为什么又不足以激励人们使用风力锯木机呢？

艾伦的基本假设是人们赚钱的欲望驱动着发明活动。这一假设当然不存在争议。技术变革取决于发明成果的预期回报和“研发”成本。不过，潜在的发明家受到下列因素的制约，即他们自身掌握的知识，以及可以从其他人那里获取哪些知识。蒸汽动力和18世纪其他高科技创新成果取决于技术精湛的人才；这些人的胜任力不可或缺，确保了先进的机器能够正常运转（Jacob，即将出版）。考虑到研发工作的本质特征，在研究项目启动时，人们并不是一直都知道，研发的最终成品能够节省更多的劳动力还是资本。即使能知道，我们也根本无法确定，发明家是否真如艾伦所说的那样，非常重视高工资和节约劳动力。通过研究专利申请书中列出的发明目的，我们可以对发明者的动机有所了解。依据申报的发明目的，在1660年至1800年取得专利的发明中，仅有4.2%申报的发明目的是节省劳动力，30.8%旨在节约资本。有人可能会指出，鉴于当时人们受失业问题困扰，劳动力节约型技术可能极不得人心，因此这一数字遭到严重低估；不过即便我们根据专利的实际情况，调整申报的发明目的，也仅有21%的发明可以算作劳动力节约型发明（MacLeod，1988，第160—171页）。这一证据和冯·通塞尔曼汇总的宏观经济资料一致，尽管他的这一资料未必准确（von Tunzelmann，1994，第289—291页）。除了拿破仑战争期间短暂的一段时间之外，没有多少证据证明，在1830年之前，英国技术变革总的说来节约了劳动力。尽管在1830年之后，英国发生了明确的转变，开始使用更多劳动力节约型机械设备，但是这一转变受累于“男性劳动力持续过剩问题”（同上，第291页）。

为什么英国工资从一开始就很高？这一问题也许有助于我们进一步了解这场辩论，艾伦指出，英国之所以成为高工资经济体，一个可信的促成因素是它参与了国际贸易。国际贸易往往带来高工资，这在某种程度上是因为城市地区支付较高的工资。鉴于城镇生活成本较高，城市工资水平也相应地水涨船高。同时，鉴于工人的生活环境有损健康，高工资也是为了补偿他们。另一种解释则强调高工资与劳动生产率之间的关系。当劳动大军总体上身体健康、技术熟练，且有适当的激励机制时，他们预期自己能够获得高工资，事实也的确如此。如果工人生产效率很高，那么高工资并不一定代表着劳动力成本高。因此，节省劳动力的动机可能只是一种错觉。丹尼尔·笛福首先认识到这一重要区别。他提到，法国工人可能比英格兰工人要勤奋，但是“在完成同样的工作时，英格兰人耗时比外国人要少”（Defoe，1728，第38页）。有趣的是，在18世纪，人们尝试测算人类体力消耗。结果均显示，英格兰人相对于马匹的能量输出要高于欧洲大陆地区的人（Ferguson，1971）。笛福称，对此，一种可能的解释是英格兰工人工资更高，因此他们的营养状况更好。他因此预见了现代经济学家所说的“效率工资”现象，即高工资提高了工人的生产效率，反之亦然。德萨吉利埃（1734—1744，第1卷，第254页）发现，五个英格兰人的力量与一匹马相当，而七个荷兰人或法国人的力量才与一匹马相当。18世纪的其他观察家也持有相同的看法。阿瑟·杨格在18世纪80年代提道：“通常情况下，劳动力虽然名义上最昂贵，但实际上最廉价”（Young，［1790］，1929，第 311 页）。当然，从长期看，随着机械设备逐渐取代工人完成粗活累活，体力劳动者的体力不再是衡量生产率的重要标准。不过即使在 1850 年，机器取代体力劳动者这一进程也远未结束。

简言之，英国的高工资既不是明显的优势，也不是劣势，但它揭示了英国经济深层次的现象。英国工资水平更高，这可能反映了英国技能水平更高，胜任力更强，管理能力更优异，并且人均资本水平相对较高。在任何情况下，生产要素价格本身并不足以提升一个经济体的技术创新能力。虽然就像物质环境影响技术进步速度一样，生产要素价格可能决定技术变革的方向，但是改良的力量和强度是随着技术能力和动机的变化而变化的，而技术能力和动机则有着更深层次的原因。

不过，如果劳动供给曲线向下倾斜，并且鉴于收入更高意味着工人们能够享受更多的闲暇时间，那会怎么样呢？这是重商主义著述主要关注的一个问题。但史学家对此持怀疑态度。一个令人着迷的假设条件是，德·弗里斯（De Veries，1993，1994，2008）所说的“勤勉革命”先于工业革命出现，两者的时间差不多重合。依据“勤勉革命”理论，在 18 世纪，市场出售更多价廉物美的商品，进而很大程度上提升了工人努力工作的意愿。德·弗里斯整理的证据显示，在工业革命的数十年中，工人的工龄延长了约 25%。经济学理论指出，只有当工作挣钱让人们的境况好于他们无所事事时，他们才会选择工作。当人们手头有钱时，他们可能会将更多的收入花在闲暇活动上。不过，德·弗里斯的假设指出，在 18 世纪，随着“奢侈品”迅速增加和普及，许多家庭为了购买新商品，更加努力工作，延长每年的工作时间，并且让更多家庭成员从事能够产生现金收入的工作。此外，衣服、教育等家庭消费品可以由父母提供，或者花钱从非家庭成员手中购买。此类决策是消费者经济学的重要组成部分。勤勉革命假说指出，在本书讨论的这一时期内，市场参与度（market involvement）上升，成年男性及其家人的工作量可能也随之增加了。换言之，家庭住户希望获得现金收入，以购买更多的市场商品，哪怕他们需要增加自己的工作量和工作时间。这一观点显然与向下倾斜的劳动供给曲线相矛盾。依据劳动供给曲线，随着工资增加，人们会减少工作。传统上，闲暇并没有被视为国民收入的一部分（尽管这样做没有令人信服的理由），所以勤勉革命严重影响了经济增长的测算。

经济学家并不认为偏好变化是经济变化的原因，我们也很难证实这一点。尽管我们无法排除偏好发生外源性变化的可能性，但是勤勉革命假说暗示的家庭资源重新配置可能是对技术变革的回应。毕竟，得益于更好的技术，英国消费者希望购买的一些市场商品得以面世和普及，例如棉织衣物、玩具、皮带和皮带扣、装饰品、乐器、餐具、厨房用具、时钟和书籍等（Berg，2005）。同样，人们在市场上才能买得到蔗糖、茶叶和烟草等前一个世纪才引进的非耐用消费品。技术进步意味着，消费者能够购买的商品品种增加；与此同时，商品质量得到改善，商品特征的不确定性因为标准化而减少，并且商品价格也在下降。在这种情况下，消费者更倾向于通过工作获得现金收入，而不是在家中自制商品。工厂和作坊是显而易见的劳动专业化场所，而且几乎完全依赖于现金交易。不过，即便继续在家工作的劳动者也更愿意在市场上购买自己需要的商品。简言之，勤勉革命是推动 18 世纪和 19 世纪初劳动力供给变化和经济增长的一个因素，不过它本身并非不受技术变革的影响。

事实上，有关人们工作量的实际证据良莠不齐。我们非常清楚厂矿工人一周的工作时间，即雇主正式雇用工人的时间。不过即使在 1850 年之前，英国许多或者说大多数劳动力在家中，或者在雇主家中或小作坊中工作。工人如果选择按件计酬，则可以来去自由。工人们可能喜欢这种工作方式，却导致史学家很难估算当时人们的工作时间。约阿希姆·沃斯（Voth，1998，2000）近期的研究成果为我们稍稍掀开了这一问题的面纱。他指出，在 18 世纪下半叶，英国许多人比以前更加努力工作；更确切地说，历史悠久的“圣周一”制度废而不用。在圣周一制度下，人们在欢度周末之后，周一继续休息。沃斯的研究假设其他工作日的工作量并没有因为这一变化而减少。这是我们掌握的最佳证据，能够证明勤勉革命导致工作时间延长。不过，有其他因素导致情况变得复杂。在 18 世纪，工人工作时间似乎很长。不过，英国对劳动力的需求极具季节性；工人时而长时间劳作，时而空闲。随着交通状况得到改善，许多地方因为道路不通等问题导致的失业高峰问题得到了缓解。尽管我们无法确定1850年一名普通工人的工作时间是否比1700年要长，但是工作似乎变得更加稳定了。

人们一周的工作时间延长了，这导致基于劳动年龄人口固定比例的劳动投入估算结果低估了实际劳动投入情况，进而高估了英国经济生产力增速。这同样适用于劳动参与率上升的情况。应补充指出的是，参与率这一宏观经济概念有点超前，因为这一概念要求所有人“申报”自己是否属于劳动大军的一员。对于生活在1760年，甚至是1850年的大多数英国人而言，这一要求听上去很古怪。当时，许多妇女和儿童待在家里，在有需要时帮忙干活，没事的时候则闲着。只有随着“工厂制度”的兴起，才出现更为死板的参与者和未参与者制度。

还有大量证据显示，当时童工人数增加。但我们很难确定是勤勉革命促成了这一现象，还是因为机器和矿井给童工创造了更多的工作机会。童工廉价，有时达到惊人的地步，因此颇具吸引力。穷人家出身的童工在待遇方面和奴隶相差无几。虽然儿童的体力不如成年人，但是前者更听话，而且尚未沾染上酗酒好斗的恶习。有趣的是，在工业革命初期阶段，很多人认为童工是一件好事。基督徒认为自己有义务拯救儿童免受贫困和懒惰的双重危害，特别是孤儿、贫民学徒和其他“懒惰的”青少年。直到19世纪，人们才开始意识到童工可能造成巨大的社会成本，并着手解决这一问题。议会成立了委员会调查童工现象，并提出改革措施。不过在19世纪中叶之前，这些改革措施基本上收效甚微。

涉及女性劳动力参与情况的证据同样难以解读。在1815年之后，家庭手工业开始衰落，导致许多已婚女性在家中没有多少“工作”（从挣钱的角度来说）可做。未婚女性主要在工厂工作或做家仆。雇主雇用女性有许多好处。鉴于女性的机会成本低，她们的工资通常更低，并且总体上更听话、易管教。从某种意义上说，19世纪上半叶出现了工业革命创建一支劳动力大军的奇特历史现象。新技术带来的廉价纺织品和其他工业制品涌入世界市场，导致数十万名家庭手工业工人本可以在家工作挣取的收入减少，几乎可以说是强迫他们进入工厂工作。对成年男性而言，例如非常独立的手织机织工，这一转变过程十分艰难。他们的子女基本上没有选择，只能在工场工作或者移居外地。1851 年的人口普查采取奇特的职业分类法，根据加工原材料的来源地进行分类。人口普查结果显示，在四大纺织制造业（亚麻制品、羊织品、精纺毛纱和棉织品）20 岁以下的工人中，有 128 653 人为男性，171 114 为女性。在成年工人中，男女比例更均衡；虽然男性工人比例稍高，但是两性比例差距不大（278 522 名男性和 231 763 名女性）。1851 年的人口普查将 260 万女性归类为“没有职业的家庭主妇”，并将 320 000 名 20 岁及以上的女性归类于“女儿、姐妹和侄甥女”。我们不知道这其中有多少女性在家中从事能够带来现金收入的职业，不过这一比例应该不小。在随后的数十年中，随着正式雇用的童工人数减少，且已婚女性倾向于待在家中，英国经济开始减少对成年男性以外的劳动力的依赖。我将在第十四章讨论童工和女性劳动力的问题。

当时，失业是一个非常引人关注的问题。在 18 世纪，政治经济学学者高度关注失业问题。研究这一问题的现代学者，例如约翰·梅纳德·凯恩斯和受他影响的学者，因此推测前工业革命时期和 20 世纪 30 年代经济萧条期可能在一些方面存在相似之处。伯纳德·德·曼德维尔、马拉奇·波斯尔思韦特、詹姆斯·斯图亚特爵士等许多 18 世纪的学者在著书立说时，采取新奇有趣的原始凯恩斯主义（proto－Keynesian）方式，就好像总支出增加以及货币和财政扩张能够创造就业机会一样。在“略论重商主义”（指《就业、利息和货币通论》第二十三章，译者注）中，凯恩斯称这些学者是他的先驱（［1936］，1964，第 23 章）。如果我们仔细分析，会发现这些观念可能会误导人。正如前文提到的，1850 年之前的失业多为季节性失业，可归因于农活的周期性和气候状况。让劳动者在淡季迁徙到其他地方找工作，这是不现实的。此外当时还存在自愿和非自愿失业这一深层次问题。尽管勤勉革命旨在减少无所事事的人群，但是许多“无所事事”者可能更喜欢过着悠闲的生活。最后，在前工业革命经济体中，有大批不宜雇用的人处于无所事事的状态，例如病弱者、伤残人、智力迟钝者、体格健全的无业游民和流浪汉、乞丐、无赖以及社会边缘人群。他们的生活方式和外表让过得更加舒适自在的公民感到害怕。总需求增加是否能发挥很大的作用，让这些人工作，这很值得怀疑。

同代人非常担心技术性失业问题，即机器取代工人。随着技术变革加速，英国经济进入未知领域。在当时的许多人看来，机械化威胁到了工人的生计，导致大批工人失业。人们担忧的现象被称为“机器问题”。当时的人们不太了解技术性失业这一经济现象。下列观念尚未深入人心，即技术进步创造的工作岗位等于或者大于它取代的岗位。一些开明的学者更通晓其理。乔赛亚·塔克言简意赅地解释说，机器和创新是对劳动力的补充，提高了劳动生产率，从而降低最终产品的价格，并提高对劳动力的需求（Tucker，1758，31—38 页）。不过并不是所有人都了解状况。伯格认为，由于机器造成经济压力，例如“技术性失业、长时间的异化工厂劳作、工业城镇快速扩张造成的烟雾污染问题”，工人阶层领袖抵制机器，这现象很能说明问题（Berg，1985，第 17 页）。显然，技术性失业问题和后两个问题自相矛盾。不过在短期内，人们可能会因此承受巨大的痛苦。这一现象可能会引发过度聚集的风险，也就是说，尽管劳动力总需求保持不变，但不同部门对劳动力的需求出现补偿性波动，从而造成不小的摩擦。这一转变导致的代价不容忽视。工人只有在发现自身所处的行业衰落之后，才会意识到其他行业其实有着更好的机会。一个有趣的推论是，手摇织机纺织业等传统家庭工业常常形成缓冲区，吸收工厂部门产生的冲击。经济活动的短期波动可能导致对家庭工人的需求出现巨大波动，而另一方面，在资本密集型的机械化部门，就业情况相对稳定（Nardinelli，1986）。

很多人关注劳动力流动问题。流动可以指地理和职业流动性。如果一个经济体希望高效配置资源，并适应需求或供给侧受到的冲击，那么劳动力的地理和职业流动非常关键。在 18 世纪的英国，《定居法》（自 1662 年起沿用）导致民众怨声载道。在一些人看来，这一法令阻碍了工人的自由流动。亚当·斯密（［1776］，1976，第 157 页）认为：“我们常常发现，在英格兰，两个相距不远的地方的劳动力价格极不平等，这或许是因为户籍法阻止穷人带着自己的手艺不持证件从一个教区去到另一教区。”21 世纪的史学家认同斯密的这一观点。卡尔·波拉尼（Polanyi，[1944]，1985，第 88 页）不过是将亚当·斯密的权威观点作为证据，就宣称人们“无法自由地为自己或子女选择职业；他们不能按照自己的意愿自由地选择居住地”。我们可以关注一下《定居法》揭示的态度，即人们对劳工迁移持担忧之情，并不认为它是推进效率和增长的关键因素。当地居民想知道，迁移到当地的劳工会不会失业，从而加重当地“济贫税”负担。当地治安法官必须防止其他教区将穷人和不宜雇用的人员“抛弃”到他们的教区。不过在 18 世纪，这一态度发生了转变；这一定程度上是因为人们日益认识到，即使经济活动出现周期性和季节性失调，当地经济运转仍需要工资劳动者。戴维·伊斯特伍德等学者指出，斯密对《定居法》产生的影响感到担忧，这一担忧之情“过于杞人忧天”（Eastwood，1994，第 25—26 页）。地方政府完全有能力区分体格健全且勤奋的工人和无所事事的流浪汉。实际上，这些法律只不过是令人不快的麻烦，不太可能真正阻碍劳动力流动。在 18 世纪中叶，有人认为迁移人口可能会加重当地济贫税负担，因此迁移人口遭骚扰的问题在一定程度上仍然存在。不过，在 18 世纪末之前，这一现象得到缓解，特别是在农村地区（Landau，1990）。无论如何，1795 年，《贫民迁移法》[35 Geo. Ⅲ（1795）c. 101] 对《定居法》做了改进，规定在贫民（申请救济）成为当地负担之前，禁止对其遣返；遣返贫民时，遣返教区而不是原籍教区承担相关的遣返费用。当时政治镇压活动肆虐，民众惧怕雅各宾派势力。在这种情况下，英国政府居然仍能够放宽定居法律规定，让迁移活动变得更加容易，这显得不同寻常（Redford，[1926]，1964，第 87 页）。对此，有一种解释是，到那时，1795 年的改革只不过是将已有的做法正式确立下来。用兰道的话来讲，英国不再需要管制人口迁移，新的市场经济让此类管制措施显得多余（Landau，1990，第 571 页）。

即使在 1795 年之前，这一制度“绝非像早先一些学者所认为的那样……能够阻碍劳动力流动性”，这是因为各地的驱逐工作显得杂乱无章，并且非常随意（Styles，1963，第 62 页）。当时人们的看法和这一研究结果相一致。F. M. 艾登爵士（Eden，1797，第 1 卷，第 297—298 页）指出："在以前，教区官员一时心血来潮，会以穷人可能成为当地负担为由遣返他们。现在穷人再也不会受到这样的对待了……在英格兰，（人们）能够频繁地更换住址。在这方面，欧洲其他国家不能与之相比"。博耶（Boyer，1990）的分析结果更是击中要害。他的分析显示，《济贫法》对劳动力流动的总体影响不大；这些法律不太可能阻止体格健全的年轻男子迁移到新兴工业部门。迁移统计数据虽然只是粗略的指标，却能证实博耶的分析结果。在 1750 年至 1800 年间，兰开夏郡和约克郡西区的净流入人口约为 355 000 人（Wrigley，2009，第 113—114 页）。尽管《定居法》仍是纸面上的法律，但是当局显然觉得再也没有必要利用这些法律来管控和约束劳动力的流动。

当然，在 1795 年之后，教区仍有权将任何人遣返回"原籍教区"，不过前提是被遣返人员成为当地的负担。在 1846 年修改这一法律之前，国内移徙者在经济不景气时期有可能被遣返回家乡。实际上，这一现象很大程度上出现在 19 世纪 40 年代。当时身体不健全的男女以及夕阳产业工人遭"遣返"的情况远远高出平均水平。对于任何考虑迁移的人而言，《定居法》非常复杂，并且执法工作没有规律，充满不确定性。《定居法》可能主要通过这一方式阻止迁移活动。无论在什么情况下，迁移都是一件冒险的事情。因此，我们根本不清楚，老的《济贫法》在多大程度上导致事态恶化。不管如何，如果其他一切办法没有奏效，那么迁移者在紧急情况下可以选择回家，获得救济。我们也不清楚"遣返"是否真的给被遣返对象造成灾难性影响，毕竟遣返距离相对较短。许多迁移者往返于原籍教区和居住教区之间。短暂迁移现象很常见，这凸显了英国劳动力相对不受束缚的特征。当然，流动性仅仅是一个相对的概念。在 19 世纪中叶，尽管与美国相比，英国劳动力的流动性相对较弱，不过似乎情况比大多数欧洲国家要好（Long and Ferrie，2010）。

铁路对劳动力流动的影响值得再次探讨。出行成本和各种法律限制一样，提高了迁移成本。在1830年之前，尽管马车和驿站马车不断得到改进，行进速度更快，且更加可靠，但是相关费用依然超出大多数劳动者的经济承受能力。在火车面世之前，普通百姓出行靠徒步或者乘坐速度不快的二轮马车。在火车面世之后，他们能够乘坐三等车厢，出行相对舒适，且速度相对较快（Leunig，2006，第641页）。火车的面世意味着出行变得大众化，从而大大地提高了劳动者四处寻找心仪工作的能力。不过火车带来的大部分好处在1850年之后才显现出来。

有必要强调的是，英国对劳动力的需求有很强的季节性。英国耕作活动以谷物生产为主，极具季节性。制造业活动依赖水力和路况糟糕的陆路运输，经常会因为气候恶劣而连续中断数周。在一篇重要的论文中，索科洛夫和多拉尔（Sokoloff and Dollar，1997）指出，家庭手工业之所以在英国兴起，而不是在美国兴起，就是因为英国对劳动力的需求有更强的季节性。正如前文提到的，家庭手工业起到了缓冲器的作用，减轻了季节的影响，不过它无法完全消除这一影响。有鉴于此，其他“缓冲器”就变得必要，特别是在英格兰南部地区。在那里，《济贫法》五花八门的规定起到了缓冲器的作用。在1750年之后的一个世纪中，英国凭借技术进步取得了多项重大成就，其中一项成就是推动劳动力供给与需求波动更加同步。得益于铁路，工人甚至在短时间内能够往返于不同的工作场地。农业就业人数相对减少，同时不易受季节影响的工业和服务业的就业人数占比增加了，这同样有所帮助。得益于照明技术得到改进，人们在冬季工作变得更加容易。不过我们根本无法确定，这些改进让整个劳动大军受益，还是只改善了体格健全的年轻男性的状况，而妇女和儿童从中受益要少得多。

第十三章
启蒙时代的人口变迁

我之前曾提到，英国在本书讨论的时期内人口增长惊人。表 13.1 提供了关于英国人口增长的基本数据。虽然相关的基本事实没有问题，但是在一些具体细节上仍存在争议。在 18 世纪中叶的某个时间点，英国人口突然以前所未有的速度激增。不过，这并不是英国独有的现象。有迹象显示，在欧洲其他国家，到 1750 年之前，马尔萨斯式抑制的力度变小。早期的数据仍存在猜测的成分，并且各个经济体的情况有所不同。例如，在荷兰和德国，人口增长开始得要晚，但一旦开始加速，其速度远快于英国，且增长持续的时间更长。法国的情况则正好相反。在 18 世纪，法国人口开始增长，但是增长放缓的时间要远早于英国。即使在欧洲大陆相对落后的东南部地区，18 世纪末和 19 世纪初的几十年标志着“老的人口体系”的中断，欧洲大陆和不列颠群岛的人口动态发生了巨大的变化。我们需要解答一个棘手且无法回避的问题：为什么会出现这一情况。

有关马尔萨斯模型在英国瓦解的证据错综复杂，因为显而易见的是，在出现工业革命苗头之前，这一现象已经在英国出现了，更不用说持续的经济增长了。虽然我们很难详尽地检验马尔萨斯模型，但是历史人口学家的研究成果显示，到 18 世纪中叶，英国的人口变化对实际工资或实际收入波动已不再非常敏感。尼科利尼（Nicolini，2007）在近期发表的一篇论文中指出，在 1640 年之后，实际工资对人口死亡率的影响很小；在 1740 年左右，实际工资对人口出生率的影响消失殆尽。出生率和死亡率对工资的反向影响是“无力的、间歇性的”（第 115 页）。

换言之，在工业革命之前，利用出生率和死亡率对生活水平和实际工资的敏感性来调节人口的负反馈机制似乎已然失效。在这一方面，英国走在了前列；没有哪个国家像英国一样，实际工资和人口变量之间的联系如此薄弱（Galloway，1988；Post，1990）。不过，英国的情况和欧洲其他地区一样：在1750年之后，老的人口机制似乎突然瓦解；无论是穷国还是富国，其人口在19世纪时快速增长。

正如表13.1所示，英格兰人口增长在1700年至1850年期间经历了四个阶段。在18世纪上半叶，英格兰人口增长速度缓慢，年增长率为0.26%。在接下来的40年中，即从1751年到1791年，人口增长率几乎增加了两倍，达到0.73%。在随后的40年中（包括反法同盟战争期间的艰难年份），年均人口增长率增至1.35%，达到了顶峰。在1831年

表13.1　1701—1850年英格兰和威尔士的主要人口数据

	总人口（年中，千人）	毛出生率（年均）	粗死亡率（年均）	净人口增长（年均）
1701—1710	5 334	30.2	26.1	4.1
1711—1720	5 428	30.6	27.4	3.2
1721—1730	5 602	32.0	32.6	-0.6
1731—1740	5 599	34.5	28.0	6.5
1741—1750	5 782	32.2	27.9	4.3
1751—1760	6 149	32.4	25.2	7.2
1761—1770	6 448	33.7	28.0	5.7
1771—1780	6 913	35.4	26.0	9.4
1781—1790	7 434	35.9	26.5	9.4
1791—1800	8 256	36.4	25.4	11.0
1801—1810	9 232	37.8	23.9	12.9
1811—1820	10 628	39.4	23.4	16.0
1821—1830	12 374	38.8	23.1	15.7
1831—1840	14 100	35.7	22.4	13.3
1841—1850	15 910	35.4	22.7	12.7

资料来源：依据Wrigley and Schofield（1997，第614页）提供的数据计算得来。

至1851年的20年中（以及随后的20年中），人口增长率为1.15%，略有减速。虽然有关苏格兰人口的资料相对较少，但是它似乎也保持增长，只不过速度缓慢。在1700年至1821年间，苏格兰人口从110万左右增至210万，年增长率约为0.54%。爱尔兰人口增长率和英格兰差不多，且这一情况一直持续到1845年爱尔兰遭遇大饥荒。在经历大饥荒之后，爱尔兰人口史从此有别于欧洲其他任何国家。

经济因素是如何影响人口增长率的呢？简单的模型可能无法充分地解释这一极为复杂的问题。首先，所有的人口变化都由人口出生、死亡和迁徙三个因素组成。在当时，国际迁移仍是一个相对而言不那么重要的因素，当然，爱尔兰一直属于例外情况。因此，我们只需要考虑人口出生率和死亡率。不过，经济因素通过多种途径影响人口出生率和死亡率，且其中的关联错综复杂。即使在我们所处的时代，此类关联也不容易为人们所理解。在过去的数十年中，工业化欧洲的人口增长率持续下跌，而且许多国家已经（或即将）出现负增长。但是，人口学家和经济学家仍不清楚个中原因。人们所处的微生物环境显然能够影响人口数量。各种流行疾病似乎遵循着自己的逻辑，在某种程度上可以被视为外生于经济系统。艾滋病在当今时代扮演的角色类似于欧洲历史上突然暴发和消失的鼠疫、梅毒、天花和霍乱。在本文讨论的时期内，鼠疫在欧洲销声匿迹（在1665年至1666年期间，鼠疫暴发，在伦敦肆虐）。与此同时，霍乱在1831年神秘地出现，然后在1847年再次暴发。

人口出生率的演变情况同样很复杂。这是人类对繁衍后代的一种“需求”，抑或生儿育女只是婚姻生活必然的副产品？哪些变量决定了人们的结婚倾向（已婚率和平均初婚年龄）？什么决定了婚后生育率？非婚生育率又有多高？一方面，许多变量涉及人类家庭及其最私密的微观细节。另一方面，它们受到宏观变量变化的影响，例如实际工资和价格、农产品和工业品之间的进出口比价，以及针对穷人出台的社会政策。对于人口出生和死亡分别带来的人口变动情况，其间的区别并非如我们想象的那样明确。考虑到婴幼儿死亡、孕产妇死亡、死胎以及堕胎存在的实际风险等，人口出生率和死亡率之间存在着关联。尽管如此，下文将分别讨论这两个问题，并在必要时推断出两者之间存在的关联。

首先，我有必要强调一个问题。在过去，关于人口变动现象的大多数讨论通常都隐含这一问题。我们必须明白，当时的人们对生老病死这一自然生理现象知之甚少。因此，相对于英国经济其他领域而言，当时人口领域的选择和结果之间的联系要弱得多，而且这一联系肯定也比我们当今时代要弱。我并不是说，我们今天已经完全弄清楚了这些奥秘。但不可否认的是，相对于过去而言，现代人更加了解相关的生理原理，因此相比1750年的人而言，我们能够更好地掌控自身的人口命运。控制生育和计划生育措施就是如此。不过，即便就患病率和死亡率而言，按照今天的标准，18世纪的人口寿命不长且充满不确定性。当然，即便在21世纪，社会在掌控人口寿命方面受到知识和预算的制约，而在18世纪的英国，此类制约更为严重。当时，贫困和愚昧无知以复杂的方式相互作用。富人和贵族的生活条件更好、更卫生，在严冬时能够住在更加暖和的房子里，饮食更好，并且更容易享受到医疗，因此他们的寿命比穷人要长。不过，当时的医疗是否影响了人们的寿命，这值得怀疑。鉴于当时人们对致病原因了解甚少，下列观点显得有些牵强，即在1850年之前，教育改善了全面家务管理，从而帮助人们避免感染疾病。但我们也不能排除一个可能性，即人们重视卫生和营养，这产生了一定的效果。

在当时，传染病是头号杀手，其中包括天花、伤寒和（后来的）霍乱等危险的流行病，肺结核（当时人们所说的痨病）这一神秘、令人畏惧的青壮年杀手，以及流感、肺炎、痢疾等当时人们仍然知之甚少的普通疾病。由于病菌发挥的作用和传播方式尚不为人所知，因此当时的医术基本无力诊断或治疗传染病，无论是获得皇家内科医学院行医执照且收费不菲的医生的正规医术，还是良莠不齐的江湖医生的非正规民间医术。至少从医术效果的角度看，江湖医生和接受正规培训的医生之间并无明显区别。18世纪最有名的专利药是罗伯特·詹姆斯医生出售的詹姆斯氏散。詹姆斯医生曾经接受过正规培训。他兜售的药粉中含有锑。锑是一种发作慢但必致死的毒药。据说监狱改革家约翰·霍华德、诗人奥利弗·戈德史密斯等人均因它丧命。直到进入19世纪之后，医生仍然主要依赖于放血术、泻药、催吐剂、施用鸦片酊等致瘾的麻醉性镇痛药，以及医疗效果值得怀疑的其他常见实践。此外，由于当时外科手术没有采用麻醉术或消毒工具，死于外科手术的人要远多于被救活的人。在人类生育方面，同样存在知识匮乏的问题。事实上，在1827年之前，人们才真正弄清楚受孕和受精卵的概念。当然，人们知道性行为会让女性怀孕，但是即使学识最渊博的医生也并不了解太多相关细节。因此，对于有避孕意愿的人而言，当时的避孕方法存在缺陷且不可靠。

不过在18世纪，社会已经为人们提供各种方法和工具，帮助他们在这一领域征服自然。有时，一知半解远远好于一无所知。我们多次观察到一种奇特的现象，即人们出于错误（或者至少是不相干）的理由，做出正确的事情，例如开展清洁卫生运动，清除被认为会引发传染病的瘴气（Riley，1987）。医疗可能有效果，哪怕只是安慰剂效应。此外，当时的医生看上去学识渊博且医术高明，这进一步强化了安慰剂效应。不过据我们猜测，当时的医生其实一窍不通。正如我们在第十一章看到的，医生们在有些时候只不过是在无意中发现了奏效的疗法。如果只是强调当时医疗实践中存在的无知问题，这可能会招致一些人的批评，他们批评说这是“辉格主义”，甚至属于扬扬自得的心理。轻视上一代人的智慧是危险的。我们不要以为，比我们懂得更多的后代不会嘲弄挖苦我们。不过，人口统计数据不会撒谎。可以确信的是，人口变化至少在一定程度上可以归因于一些形式的有用知识、最佳临床实践和公共卫生技术。到19世纪初，我之前提到的医学启蒙运动如火如荼地展开。尽管它的影响仍主要限于权贵阶层和少数疾病，但是也为1900年后出现的医学革命开创了一些重要的先例。

* * *

在1750年至1850年期间，英国人口数量增加了两倍，这可归因于人口出生率上升和死亡率下降。里格利和斯科菲尔德（Wrigley and

Schofield，1981，1997）率领的剑桥研究小组* 重新构建了人口史。这一小组的研究结果显示，在 1750 年之后的 80 年中，出生率在人口变化中发挥的作用很大，大约两倍于死亡率下降发挥的作用，所以出生率上升对人口增长的贡献率达到 2/3 左右。

在过去，人口出生率通常随着人们结婚倾向的变化而变化（假设非婚生育率足够低。在 1750 年，非婚生育率非常接近这一假设）。已婚生育率也并非一成不变，它一定程度上取决于妇女健康状况和生育力。不过，已婚女性可能希望控制生育。如果她们希望并且能够有效地控制生育，那么已婚生育率可能会成为一个选择变量，在这种情况下我们才能讨论人们对“生儿育女”的需求。许多文献讨论过一个问题，即在 1900 年之前夫妻多大程度上能够控制生育情况。出于显而易见的原因，我们很难获得系统的数据。剑桥研究小组研究成果的第二卷（Wrigley and Schofield，1997）完全基于对教区档案的分析，并采用先进的人口统计技术，谨慎地得出一个结论：在 1871 年之前，英国的生育控制现象并不常见，因此不足以对人口产生显著的影响。伍兹（Woods，2000）得出了相同的结论。他将维多利亚时代人口出生率下降归因于当时的思想意识发生了变化，这主要涉及“自 19 世纪 60 年代起人们限制家庭规模的愿望或意愿”。此外，他还提出了一个更具争议的观点，即“维多利亚时代的大多数英国人以前没有考虑过‘应该生几个孩子’的问题”。最好的论据显示，在 1850 年之前，此类态度是无关紧要的。当然，这并不意味着当时没有人采取节育措施；我们可以推断，采取节育措施的人数不够多，无法显著地影响已婚生育率。数据无法告诉我们，这一行为是否可归因于一个事实，即人们对控制生育毫无兴趣，无论是他们原本想采取节育措施，但出于宗教原因没有这么做，还是他们的节育知识匮乏，无法有效节育。

如果避孕不重要，那么基于养儿育女成本和收益（例如子女为家庭带来的收入，或者子女养老防老的作用）的“经济”决策似乎就显

---

* 全称为剑桥人口史与社会结构研究小组。——译者注

得无关紧要了。不过，这一结论有点草率。和欧洲大部分国家一样，英国社会采取了晚婚这一种节育方式。即使人们婚后很少或者根本没有控制生育，但是晚婚起到了节育的作用。至少从中世纪末期以来，在欧洲的许多社会，女性结婚年龄要晚于其生理成熟年龄（在前工业时代，女性生理成熟年龄为 16 岁左右，而在我们时代这一年龄则为 13 岁左右）。据里格利和斯科菲尔德估计，在 18 世纪的前 25 年里，女性初婚年龄在 26 岁左右。当时女性 26 岁才结婚，相当于她们的生育时间减少了 10 年，因此晚婚是一种有效的节育方法。当然，当时存在着非婚生子女的现象，并且许多新娘结婚时已经怀孕（教区档案记载的结婚时间和长子女出生时间的间隔就是证据）。尽管如此，如果当时女性初婚年龄提前，那么生育率应当会上升。

在 18 世纪，女性初婚年龄提前了，进而推高了英国人口出生率。1700 年女性平均初婚年龄为 26 岁，1750 年为 24.9 岁，1800 年约为 24.2 岁，1830 年则提前到了 23.2 岁（Wrigley and Schofield，1997，第 134 页）。已婚女性比例增加，这同样强化了人口出生率上升的趋势。在 18 世纪的英国，女性结婚年龄提前，步入婚姻殿堂的女性人数也增加了。在 1701 年，女性终生未婚率仍达到了 11.2%；在 18 世纪 70 年代，这一比率降到了 6.5%，不过到 1806 年，这一比例回升到 10%。非婚生子女的情况也是如此。人们本来以为，在晚婚年代，人们性欲受到压抑，可能会导致非婚生子女数量增加；此外，当结婚年龄提前，并且单身人数减少时，非婚生子女比例会下降。事实上，情况似乎正好相反。在 18 世纪末之前，头胎中不少于 1/4 为非婚生子女，另有 1/4 为婚前怀孕的（Wrigley and Schofield，1997，第 195 页）。相比之下，20 世纪初这一比例为 1/10。

另一个出人意料的事实是，里格利和斯科菲尔德（1997，第 355 页）搜集的数据显示，1700 年之后的已婚生育率几乎没有上升的迹象。已婚生育率取决于女性生育力（即女性受孕能力）、性行为和避孕措施（如果当时存在避孕措施的话）。生育力不仅取决于女性营养和健康状况，还取决于哺乳习惯。母乳喂养能够降低身体健康的母亲再次怀孕的概率。同样，考虑到母乳喂养的特点，婴儿死亡率上升会提高母亲生育力；也就是说当婴儿早夭时，母亲会停止哺乳，因此在其他条件相同的情况下，其受孕概率会增加；相反，婴儿死亡率下跌则会降低女性受孕的概率。学者巧妙地利用这一效应，推断出英国当时普遍采取母乳喂养的做法：假设持续到断乳的女性生育期平均为 19 个月左右，那么生育间隔时间被证明与人们观察到的规律相似。因此，母乳喂养在当时非常普遍，并且在女性生产后持续数个月的时间（Wrigley and Schofield，1997，第 491 页）。这一研究成果颇具重要意义：在 19 世纪晚期人们越来越多地使用避孕用品之前，母乳喂养可能是影响女性生育力和已婚生育率的最重要因素。在 1750 年之后，相对于欧洲大陆邻国而言，英国女性更倾向于采取母乳喂养的方式。因此，有人认为，这是与欧洲大多数国家相比，英国已婚生育率和婴儿死亡率更低的主要原因（Flinn，1981，第 86 页）。普鲁士人冯·阿亨霍尔茨（Archenholz，[1785]，1797，第 327）提道："英格兰贵妇经常哺育自己的孩子；她们并不认为身为人母和承担育儿责任是一件不光彩的事情"。现代专家似乎认可这一观点（Fildes，1986，第 106 页；McLaren，1990，第 163 页）。

思想意识和人口统计数据之间存在着有趣的关联。母乳喂养是启蒙运动的一项重要议程。卢梭提倡母乳喂养，他并不是唯一发声支持母乳喂养的有影响力的名人（林奈是另一位）。这些学者大体上推广普及了 18 世纪中叶的医师著作。当然，人们也并非刚刚了解到母乳喂养的好处。启蒙运动的独特成就之一是人们相信"母乳喂养是一项能够改良人类的技术"（Sherwood，1993，第 27 页）。18 世纪的医生开始认为母乳喂养是一种"天然"（因此值得称赞的）习惯。启蒙医学文献指出，哺乳是母亲的天性；如果人们违背这一天性，"疾病将随之而来"。当然，我们并不清楚英国普通民众的母乳喂养习惯在多大程度上受到这些著述的影响。巴肯的《家庭医疗》（Buchan，1772，第 3672 页）等广受欢迎和颇具影响力的著作有力地支持母乳喂养。当时和医疗行业有所接触的人口比例不小，并且医生的建议必然会慢慢传播到接触不到医生的人那里。不过，我们并不清楚当时人们是否真的知道哺乳的一个好处是避孕作用。有一些证据表明，人们知道延长母乳喂养时间可以推迟女性月例和怀孕时间。不过，并不是所有医师都认同这一点。一些医师嘲弄有关母乳喂养能够降低生育率的民间看法，甚至声称母乳喂养对母亲有害。一个更加引人关注的现象是乳母哺乳，即上流社会女性雇请他人哺育自己的孩子。这一习惯普及到了中产阶级，从而可能推高了18世纪初的人口出生率。不过后来这一做法遭到广泛指责，开始走下坡路。在英国，乳母哺乳远没有法国盛行。

生育力还取决于性生活的频率，而后者可能取决于特定的社会和经济因素。考虑到妇女过多地承担着十月怀胎带来的身体不适和健康风险，以及养育孩子的成本，显然夫妻对性生活和生儿育女成本有不同的看法。此外，实际发生的情况一定程度上还取决于夫妻双方在婚姻中的相对议价地位，以及他们的威胁点（即两人在什么情况下会解散家庭）。当然，我们无法准确地评估这些因素。不过，考虑到当时英国经济发生巨变，并且女性经济地位也发生了变化，这些因素不可能在一个世纪的时间里保持一成不变。更有可能发生的情况是，我们观察到的现象是已婚生育率受到各种相互矛盾的力量影响之后的结果。这些力量一定程度上相互抵消，从而形成了恒定不变的表象。具体而言，当经济力量对女性工作有利时，特别是在早期工厂时期，或者在家工作现象仍然盛行的地区，女性能够挣取可观的收入，因此与丈夫议价时处于更有利的位置。正如我们将（在第十四章）看到的，在19世纪初，已婚女性的议价能力总体上下滑了。离婚并不是值得认真考虑的选项。依据法律规定，已婚女性只不过是丈夫的所有物。当夫妻双方在是否再添丁的问题上出现分歧时，妻子占上风的可能性要小。

依据里格利和斯科菲尔德对英国人口史的解释，在1750年之后，英国结婚率很大程度上推动了人口的增长。英国的经历因此有别于欧洲其他社会。例如，在瑞典，推动人口增长的主要因素是死亡率下降了。虽然在1850年之前荷兰人口死亡率只是稍有下跌，但在1815年之后人口出生率骤增。法国的情况也有所不同。在18世纪，法国的人口出生率虽然有所上升，但在1815年之后开始急剧下降。法国人口增长起起伏伏，主要是死亡率变动造成的。欧洲各国的情况大不相同，意味着人口增长机制非常复杂，在不同国家的运行方式不同。不过，各国最终的结果却大致相同。在1750年至1850年期间，欧洲各国人口快速增长，显然不止一个因素在其中起作用。

为什么18世纪英国结婚率会上升？有人试图将人们结婚的倾向与实际工资、谷物价格或其他变量的变化情况挂钩。不过，考虑到一个不容置疑的事实，这样的做法有可能徒劳无益，那就是在1700年至1750年期间，虽然谷物价格非常低，但是人口增长缓慢；在1750年之后人口出生率居高不下的年份，谷物价格却很高。如果人们因为生活成本高而决定不要孩子，自认为不一定有能力养活孩子，那么实际模式与我们观察到的情况正好相反。在19世纪的前几十年中，人口增长不断加速（大约在法国大革命战争和拿破仑战争期间和之后的时间里达到了顶峰，而当时生活成本很高）。在19世纪40年代实际工资开始上涨时，我们却观察到结婚率和人口出生率开始减速。

一个更复杂的解释诉诸年轻劳动者的市场机会变化。在农民和工匠的世界里，他们步入婚姻殿堂的前提条件是拥有一块土地或者掌握一门手艺。不过，年轻农民需要等到他们的父亲去世后才能继承土地。工匠不仅需要达到各种学徒培训和满师学徒工要求，还得拥有作坊和工具，并建立客户关系。当然，这些障碍主要束缚的似乎是适婚男性，而不是适婚女性。不过，如果我们做出一个并非不合理的假设，即男女结婚年龄平均差值反映了一些社会和生理常量，那么这两者就存在着关联，而事实也是如此。尽管如此，男女初婚年龄差别本来可能受经济状况的影响，似乎不存在难以辩驳的理由可以解释为什么主要影响男性的经济机会也会影响女性的行为。土地控制、从业权等经济机会显然是影响整个家庭的因素，因此会通过相似的方式影响男女的结婚年龄。

根据我们迄今为止观察到的情况来看，1700年之后，特别是1750年的一些经济发展情况显示，这些制约因素开始消失。在过去，工匠必须接受多年的学徒培训。但在18世纪，这一严格规定的执行力越来越弱，例外情况日益增多。正如之前提到的，规定的学徒培训年限缩短了。学徒工的性质也发生了变化，不住家学徒工变得更加普遍。家庭手工业得到极大的发展，覆盖了低技能的全职工作，并且让年轻夫妇能够在家开店营业。戴维·莱文（Levine，1977）一项著名的研究结果证明了原始工业对人口行为的影响。他的研究显示，19 世纪初在莱斯特郡的塞普塞德村，纬编业是十分重要的行业，而当地女性结婚年龄比 17 世纪的当地农妇要早五年半。其他学者针对其他社会做出了类似的论断，并试图将 18 世纪的原始工业化与人口变化联系起来（特别是 Mendels，1972；Clarkson，1985）。

此类将家庭手工业和人口变化联系起来的模型在 20 世纪 70 年代非常盛行，但在最近几十年遭到了批评。例如，一些证据显示，德文郡的花边女工可以在家干活挣钱，凭借自己的收入保持经济独立，而不是仰仗丈夫的收入（Sharpe，1991）。有证据显示，早在 18 世纪之前，英国其他地区的结婚年龄开始下降，特别是在制衣业地区。对于考虑步入婚姻殿堂的年轻人而言，经济机会显得至关重要。家庭手工业几乎不需要有形资本或人力资本，从而为年轻人提供了经济机会。在当时，人们能够拥有土地或者在农业部门就业稳定，对学徒培训的严格限制减少，而且青年男子的就业机会增加（足以让他们维持生活）。这些因素发挥了作用，推动结婚年龄提前。

从长期看，工厂标志着家庭手工业的消亡。当家庭手工业日薄西山，许多家境宽裕的农村工人因此陷入困境时，人口效应必然会导致结婚率和生育率下降，至少对留在农村的人们而言，情况就是如此。不过，在工业革命的前几十年出现了一个自相矛盾的现象，即许多家庭手工业实际上成为纺织业和其他行业技术变革的受益者。尽管骡机取代了纺织女工，但是与此同时纱线价格低廉和棉布需求高企让手织机织工受惠，当然前提条件是动力织机仍处于起步阶段。家庭手工业还为儿童提供了机会，在家帮父母干手工业活，帮家里挣钱，这其实比帮忙干农活挣得要多。农业的发展强化了一个趋势：即使没有正式“拥有”土地，自耕农也消失了，农业无产阶级取而代之。这就意味着年轻男女只要有劳动能力和意愿，就可以合理地期望自己能够养活一家人，生儿育女。

在爱尔兰，虽然这样的机会要少得多，但是得益于马铃薯的普及和土地平分的做法（subdivision of plots）*，婚姻不再像以前一样受到种种束缚。5～10英亩的土地就可以养活一家人。在土地上种植出的马铃薯足够一家人吃，同时还可以用于喂养猪或牛，然后将猪或牛卖了换钱，用于支付租金以及在市场上购买一些必需品。尽管这一运行机制和英格兰的有所不同，但是归根结底，这意味着在当时的爱尔兰和英国，限制婚姻的传统经济制约因素消失殆尽。这一假说经常被称为“无产阶级化”。虽然这个词好像带有贬义和非人道的色彩，但是事实上，它代表着一种自由和一系列的选择，而这些可是20岁的年轻人在1600年时不曾拥有的东西。

工厂制度和它必然带来的种种变化强化了这一趋势。矿井和工场雇用14岁，甚至年龄更小的青少年。到20岁左右，他们得到了全面的训练，因此没有理由不成家。尽管婚姻意味着女性需要放弃有酬工作，不过很快她们的孩子可以出去工作赚钱，从而抵消了她们放弃工作而蒙受的损失。我们不清楚，这一预期是否真的鼓励人们更早结婚。工业化带来了城镇化，城市居民倾向于早婚。但在1850年之前，城市和农村在生育行为方面的差别并不显著。尽管如此，在父母婚姻行为中，子女的赚钱能力可能起到了一定的作用。

如果保守的同代人可信的话，那么《济贫法》对人口的影响甚至更加显著。自1795年起，英国济贫法体系开始提供救济。救济金额考虑到了物价因素（即将救济款与面包价格挂钩），并且与家庭人数成正比。马尔萨斯和他的追随者认为此类法律纵容了“厚颜无耻、肆意挥霍的”行为，从而制造出一批需要政府养活的穷人。他们的激烈争论最终取得成效。英国在1834年对《济贫法》进行了改革。马尔萨斯坚定不移地认为，济贫会影响生育率。事实是否真的如此，仍存在一定争议。不过，乔治·博耶（1990）的经济计量研究成果证实了马尔萨斯的看法。博耶估计，如果没有这一慷慨的济贫措施，19世纪20年代末

---

* 当时爱尔兰天主教地主过世后，遗留下的土地会平分给儿子。——译者注

英国的人口数量可能要少得多。在《济贫法》经历改革之后，人口出生率开始下降，这或许是一种巧合。不管怎样，如果穷人和工人阶级决定结婚时丝毫不考虑经济机会问题（无论是就业或救济金），这会显得反常。

经济学家指出，工业革命期间的技术变革推高了人力资本和教育的回报率。正如我们看到的，虽然一些群体的情况也许如此，但是我们根本不清楚所有或者大部分工人的情况是否也如此。如果情况属实，这意味着人们可能倾向于少生孩子，用经济学术语讲就是养育子女重质不重量：父母花钱在子女教育和培训上，并确保他们营养充足，身体健康（参阅 Galor and Moav，2002）。考虑到工业革命产生的长远影响，此类看法似乎可信。不过当父母在子女质量和数量之间有所取舍时，他们需要采取有效的节育措施或者推迟结婚年龄代替节育。不过，在我们讨论的这一时期内，没有证据表明人们采取了有效的节育措施，而且他们显然也没有推迟结婚。

在英国夫妻的性行为方面，一个最令人感兴趣的问题是人们在多大程度上采取了避孕措施。考虑到人性，如果人们未采取任何节育措施，那么人口出生率取决于人们的结婚年龄以及已婚女性的比例和生育力。控制生育使已婚夫妻能够按照自己的想法决定要几个孩子。在过去，人们认为安全套的主要功能是预防性病。英国人将安全套称为“法国信”，而法国人将安全套称为“英国帽”，这证明当时的人们羞于提及安全套。人们只有在发生婚外性行为时才愿意使用避孕用品，例如寻花问柳时。考虑到使用任何避孕器或者化学避孕措施都需要花钱和了解相关知识，显然只有受过教育且家境不错的阶层才会这么做。研究避孕问题的史学家（例如 McLaren，1990，第 154 页）断定，欧洲人知道体外射精能够有效避孕。不过，鲜有证据证明已婚夫妻经常这样做。一个指标能够证明当时避孕技术普及面并不广，即非婚生子女比例上升。到 17 世纪末，仅有 2% 左右的新生儿为非婚生子女；不过到了 18 世纪末，这一比例增加了两倍，达到 6%。显然，在婚外性行为中，意外怀孕的成本非常高，所以人们避孕的动机更加强烈。当然，当时情况也有可能是由于社会风俗和道德准则发生了变化，所以即使避孕措施更加普及，但是非婚生子女比例仍然增加了两倍。

一些学者，特别是爱德华·肖特（Shorter，1971）指出，启蒙时代也是性解放的时代。针对教区记事簿的研究极大地加深了我们对英国当时生育行为的了解。从教区记事簿中，我们能够有一定把握地推断出一些规律。为了证明这一结论，我们需要假设父母通过“胎次递进”（parity-dependent）的方式控制生育，即考虑到父母的年龄状况，现有子女的数量会对父母生育率产生消极的影响。当然，也有可能是人们采取了其他形式的节育措施，例如拉长生育“间隔时间”。里格利和斯科菲尔德排除了后一种情况，并利用自己的研究方法，得出一个结论，即限制子女数量的措施“即使得到实施，也只有极少数人会采取此类措施”（Wrigley and Schofield，1997，第461页）。这对建立在夫妻会有意识地在子女质量和数量之间做出选择之上的正式经济模型产生了令人不安的影响。即使一些夫妻希望子女少而精，但他们会发现很难做到这一点。

在这一时期，出生率的上升发挥作用，推动英国人口增长，进而对经济运行产生了重大的影响。首先，它提高了英国“受抚养者”人数。在当时，尽管大多数经济体存在童工现象，但是劳动力年龄主要在15岁至49岁之间。抚养比越高（非劳动力人口在总人口中的占比），意味着依靠劳动人口抚养的婴儿、幼童和老人人数越多。如果出生率“驱动”人口增长，那么抚养比会更高，这是因为增加的人口都会经历童年阶段，从而推高了抚养比。抚养比在1750年为815，并在1826年达到顶峰，为1 000。在1850年，它仍然高达868。此外，结婚率和人口出生率越高，意味着孕妇人数越多。尽管我们无法假定孕妇无须干活，但是她们的生产率在分娩和哺乳期间会降低。在18世纪的大部分时间里，婴儿死亡率几乎没有下降，仅在18世纪的最后几十年里暂时下降，这一事实强化了人口出生率上升产生的经济效应（Wrigley and Schofield，1997，第215页）。正如我们将在后文中看到的，婴儿死亡率没有大幅下滑，这可以归因于城镇化和相关现象。

* * *

人口死亡率是能够反映人口增长情况的另外一个指标。衡量一个社会人口死亡率最常见、最直观的指标是出生时的预期寿命。这一指标对婴幼儿死亡率变化高度敏感，从而会间接受到人口出生率的影响。不管怎样，依据当时的标准，18 世纪上半叶英格兰的人口预期寿命给人们留下了相当深刻的印象。基于五年期的观察，里格利和斯科菲尔德计算18 世纪上半叶的人均预期寿命为34.2 岁。这一数值虽然不及2000 年出生人口的预期寿命的一半，但是高于当时德国或东欧30 岁左右的预期寿命。在接下来的半个世纪里，这一数值并未发生太大变化。不过到19 世纪20 年代，英格兰人口预期寿命达到40 岁左右，并且在19 世纪50 年代中期之前都维持在这一水平。奇怪的是，人口死亡率和出生率情况差不多。在1801 年至1821 年，英国经历了战争和通胀的艰难岁月，不过这一时期人口预期寿命情况却真正得到了改善。

人口史学家为这一矛盾现象提供了一个现成的答案，即牛痘接种。虽然牛痘接种只是一名乡村医生在1796 年的偶然发现，但是它不仅代表着工业革命时代一项间断性的技术突破，而且是重大的人口“事件”。在当时，天花是婴幼儿夭折的主要原因。不过，天花产生的人口效应并不仅限于死于天花的人数。即便天花患者治愈了，他们的免疫系统也会遭到削弱，后来经常死于其他疾病导致的二次并发症（Mercer，1990，第73 页）。依据伦敦死亡统计表[*]，在18 世纪60 年代和70 年代，死于天花的人数占总死亡人数的10%以上，不过在19 世纪30 年代这一比例下降到2.8%。在格拉斯哥，这一比例从18 世纪80 年代的19.6%下降到1807 年至1812 年期间的3.9%（同上，第227 页、第230 页）。但我们面临一个客观存在的两难问题：如果牛痘接种如此引人瞩

* 17 世纪伦敦的教会人员每周编纂一份名单，统计所属教区死于疾病的人数。——译者注

目，那么为什么婴儿死亡率下降幅度没有更加显著呢？对此，人们给出的一个答案是如果没有牛痘接种，婴儿死亡率可能会因为城镇化和家庭子女人数增多而上升。另一方面，当时天花并没有彻底消失；许多医生和宗教领袖抵制牛痘接种，认为人体是神圣的，反对将动物体液注射到人体中。当时，经常有人采用错误的牛痘接种方法，而且人们也没有认识到有必要再次接种。因此在 19 世纪，英国又多次暴发天花。在近一个世纪里，人类没有发现能够与牛痘接种相提并论的其他传染病防治技术。当时可能出现了一些“搭便车”问题，也就是说，当人们发起接种疫苗运动，防止某种传染疾病时，有人会认为既然其他人接种了疫苗，他自己就没有必要承担接种疫苗带来的成本和风险。巴伐利亚和斯堪的纳维亚国家事实上强制要求民众接种疫苗。英国议会要求皇家内科医学院组织接种活动，并免费为民众接种疫苗。不过，和当时的许多技术突破一样，人们并没有真正了解牛痘接种的操作法。即便如此，这一发明成果还是对人口产生了极为显著的影响。

不过，公共卫生手中还握有其他的王牌，尽管它们不全是最好的牌。在征服天花之前，欧洲成功地消灭了中世纪祸害一时的鼠疫。在 1700 年之前，英国已经根除了这一传染病。马赛 1720 年暴发了鼠疫，而这是它最后一次出现在西欧。这一传染病继续祸害近东和印度次大陆地区。欧洲在过去几个世纪里曾为此付出了惨痛代价，但之后吸取教训，采取严格的公共卫生措施，最终成功地消灭了这一疾病。在 18 世纪的英国社会，公共健康与卫生观念日益深入人心。人们养成了许多良好的卫生习惯，不过这样做很有可能不是为了避免感染疾病。当时人们更加重视个人和家庭环境卫生，认识到不应在公共场所随地吐痰，并且烹煮和食用更加健康的食物。不过，他们之所以这么做，并不是因为这有益健康，而是更多地与社会习惯有关。当时的人们效仿精英阶层，或者希望在外表和行为上有别于下层阶级。恺撒·德·索绪尔在 1726 年提道：“英国人，无论男女，都非常爱干净：无论严冬还是酷暑，他们每天都会用冷水清洗双手、双臂、脸、颈部和喉咙”（Saussure，1902，第 205 页）。尽管如此，有明确的迹象显示，在 18 世纪，英国越来越多的人直观地认识到，清洁和健康之间可能存在关联；人们努力改善公共卫生。苏格兰军医约翰·普林格尔（John Pringle，1707—1782）是这场公共卫生运动的领袖人物。他强调，传染病会对发病率产生重大影响，而良好的卫生习惯能够预防传染病（Riley，1987）。普林格尔等多位医生凸显了医学启蒙运动一个最引人关注、可能存在益处的方面，即关心公共和个人卫生（Porter，1997，第295页）。和许多改良政策一样，这场公共卫生运动的问题在于人们未能正确地了解个中细节，因此许多措施并没有起到作用。瘴气致病理论提出了一些非常有益的卫生建议，同时指出，最需要改革和监管的是街道、后院、河道和下水道等公共领域，而不是更难干预的家庭主妇的活动范围。卫生设施和污水处理需要工程技术，而英国在这方面拥有独一无二的优势。在1775年，首个现代杠杆阀冲水厕所获得专利。差不多在同一时间，工程师约瑟夫·布拉默完善了抽水马桶设计。到1830年，马桶在伦敦得到广泛使用。尽管当时仍有无数问题有待解决，但是需求和能力都已出现。

不过，和许多其他技术手段一样，临床内科和公共卫生受到知识和资金问题的制约。启蒙运动寄希望于更多的知识、完善的公共政策和个人行为能够改善人们的生活，但这一愿望受限于人类对致病原因的最佳实践认识（best-practice understanding）。例如，在1850年之前，人们还不知道，一些水虽然在外观、口感及气味上和洁净水并无二致，但仍有可能是致命疾病的载体。人们清扫后院里散发着恶臭的垃圾，认为异味会让人生病，但垃圾最终被倒入河中，而饮用水直接取自河水。人们直到19世纪90年代才发现，引发疟疾和斑疹伤寒的罪魁祸首是携带病菌的昆虫，而不是污浊空气。

至少有一项有意思的证据表明，除了经费问题之外，当时还存在其他制约因素。针对英国贵族、富人精英阶层和王室成员预期寿命的研究结果显示，在16世纪和17世纪，英国富人和穷人的预期寿命均为35~40岁，但到了1800年之前，两个群体的预期寿命相差了9岁（Hollingsworth，1977；Ryan-Johansson，2006）。在1800年时，贵族即使财力无限，也只能活到48岁左右。不过富人和穷人的预期寿命差距明显扩大。

在1800年，社会作为一个整体似乎掌握了一些知识，知道该如何预防几种最致命的疾病。不过，这些知识成果，或者利用知识成果所需的资源基本上都掌握在富人手中。

大量的人体测量研究结果证实了上述研究结论。人体测量研究利用身高数据，推断出人们的生活水平和经济福利状况。对于应当如何准确解读身高数据，仍存在一定争议。但不容置疑的是，富家子弟的身高要比工人阶层家庭的孩子高（Floud、Wachter and Gregory，1990，第163—175页）。在以前，人们将身高差距归因于营养净摄入情况，不过现在人们清楚，人类对疾病的差别易感性也是一个重要因素。黑死病等大流行病减少，一些大流行病变成了地方病（例如天花），这可能意味着社会和经济因素在防治疾病方面变得更重要了，并帮助建立与患病率和死亡率相关的收入梯度（income gradient）（Kunitz and Engerman，1992，第32页）。不管怎么样，毫无疑问的是，到1800年，人们能够获取相关的资源，这意味着人们健康状况得到了极大改善，预期寿命得到提高。我们不清楚，这一变化到底在多大程度上可归因于（家庭，或者医师、药剂师等顾问在）获取知识方面的差别。不过，显而易见的是，在这一时期，人们开始更好地了解与传染病相关的一些因素，尽管还不清楚其中的具体机制。此类知识一开始被富人和受过良好教育的人们掌握，然后如涓涓细流般，慢慢地传播到工人阶级当中。

到18世纪末，英国社会受过良好教育的人都知道，拥挤的居住环境和污物会加剧传染病的传播；农村生活环境比城市更健康；对婴儿而言，母乳喂养比固体食物更健康。有经济实力的家庭如果希望生活过得安逸一些，可以聘请乳母。在延长寿命的消费方式中，最主要的是解决住房拥挤问题和改善营养。不过，许多消费方式成本很高，工人阶级的大多数人无法承受。大部分人可能享受不到临床医疗。即使当时有更多的人能够享受临床医疗，它能否延长人们的预期寿命也值得怀疑。当然，人们知道一些药物和手术能够治病救人。我们可以从药方看出，当时人们日益深入地了解各种病因。不过，由于医生开出的药物价格不菲，因此基本上只有富人才承担得起。此外，除了牛痘接种（免费接种）之外，几乎没有多少药物能够显著地降低死亡率。当时，甘汞“蓝药丸”（氯化亚汞）和各种锑类泻药得到广泛使用，而它们可能是十足的毒药。

在18世纪，英国人养成了许多有益健康的习惯，其中包括饮茶成瘾。茶叶具有一定的杀菌功效，不过前提是泡茶用水必须烧开，从而杀死英国饮用水中存在的有害微生物。当时大多数饮茶者并未意识到这一点，不过一些观察力敏锐的人隐约感觉到茶叶可能具有杀菌功效。卡姆斯勋爵在1788年写道，大瘟疫之所以减少，可归功于“人们大量地消耗茶叶和食糖。医生和我说，它们绝非不值一提的杀菌剂”（Kames，1788，第1卷，第324页）。约翰·寇克利·莱特森有所怀疑，他开展实验，检验茶叶是否真的具有保健功效。其他人则持不同看法。不过，无论是约翰逊博士等支持者还是反对饮茶的人（例如阿瑟·杨格）都承认，茶叶在英国社会各个阶层非常普及，其中包括穷人。啤酒和麦芽酒的情况至少在一定程度上也是如此。尽管它们的成本高，但比饮用水要安全，并且所含的酒花具有抑菌功效（MacFarlane，1997，第130页）。随着收入增加，人们买得起一些其他商品，不过它们远没有那么有益健康，例如烟草和金酒。当时，英国人养成了抽烟这一根深蒂固的习惯。此外，人们怀疑18世纪四五十年代的金酒热导致18世纪中叶人口死亡率居高不下。贺加斯的著名版画《金酒小巷》再现了当时的场景。此外，英国普通民众广泛服用鸦片酊。鸦片酊非常廉价，是一种醇制鸦片酊剂。由于当时鸦片酊未被征税，并且是一种非常有效的镇静剂和抗腹泻药物，因此深受欢迎。柯尔律治、拜伦等名人对鸦片酊上瘾。大量服用鸦片酊其实有害人体健康。

在此期间，英国人逐渐意识到，公共卫生是一个涵盖私人和公共领域的棘手概念。这一观念并不是建立在人类掌握数据或者了解疾病原理的基础之上。它只是基于一种直观感受，即为了战胜疾病，人类应当了解更多的知识；如果公共区域的卫生问题极为重要，那么应制定公共政策，保障公共卫生。在19世纪初，公共卫生开始渐渐盛行起来，并且在19世纪三四十年代达到巅峰。在当时，埃德温·查德威克、威廉·

法尔和他们的同事取得了一定的研究成果。当他们不能确定病因时，就会详细记载发病情况，并试图发现其中存在的关联。在我们看来，那个年代的人们还不明白大多数传染病是病菌引发的，因此当时的公共卫生事业很难取得成功。不过，启蒙时代研制出另外一种工具，让专家能够确定病因并找到防治措施。这一工具就是统计学。哲学家和数学家试图了解理性人在面对不确定因素时如何行事，从而推动概率论在 18 世纪兴起。他们专注于研究个体，而不是整个社会。在 19 世纪初，这一趋势发生了变化，人们开始重点研究大型群体。依据达斯顿阐述的观点，普通人取代了“开明的人”（Daston，1988，第 298 页）。尽管欧洲大陆思想家走在这场运动的前沿，但是这场运动很快传播到了英国。

在维多利亚时代早期的英国，18 世纪的政治算术学发展成为一个知识体系，将定量研究方法和公共政策结合在一起。在 19 世纪 30 年代，许多统计学会成立。这些学会很快对医学和清洁卫生问题产生了极为浓厚的兴趣。威廉·法尔、詹姆斯·凯－沙特尔沃思、尼尔·阿诺特、索思伍德·史密斯和埃德温·查德威克等人一边搜集数据，一边满腔热情地推动社会变革。在 19 世纪二三十年代卫生运动的初期阶段，他们发挥了非常重要的作用，推动传播有关如何延长寿命的知识。统计数据极具说服力。查德威克著名的 1842 年报告是“极富说服力的杰作，它将事实和虚构的故事巧妙结合在一起”，是证明统计数据说服力的一个例证（Cullen，1975，第 56 页）。它首先宣扬应在供水、垃圾清理、清洁空气、减少拥堵等方面推动公共改革，以此改善卫生条件。随着人们的统计意识日益浓厚，在医疗实践和家庭技术领域，人们在大样本的基础上，开始重新检视儿童保育、饮用水清洁、卫生和营养等方面的老观念和老做法。查德威克显然注意到，他所说的“家庭管理不当”是“引发疾病的诱因”。他认可并援引了一系列报告。这些报告指出，工人的工资本来足以让他们给家里购置各种舒适设施，保持身体健康，但是他们“胡乱或无节制地”花光工资，养成了“肆意挥霍”的消费习惯（Chadwick，[1843]，1965，第 204—205 页）。尽管查德威克的报告在理论方面存在缺陷，但是报告运用了统计数据，从而给它增添了社会改良家所需的说服力。到18世纪中叶，卫生运动积蓄了巨大的动能。

尽管当时人们没有掌握多少基础知识或支撑性理论，但是得益于各种统计法，这场卫生运动仍能够发现流行病学和公共卫生中存在的实证规律。查德威克和他的同事采用统计法，证明了“瘴气”或者说“环境”致病理论。此类理论遵循了希波克拉底学派的传统，将污浊的空气视为主要的疾病传染源，这与当时的主导医学范式相一致。“瘴气致病”理论和化学燃素学说相似，相当圆满地解释了当时人们观察到的许多现象。这一理论暗示污物是致病源。在工业革命时期，这一观点开始流行起来。这一理论的支持者逐渐说服社会接受一个观念，即疾病和人们的生活环境之间存在着强有力的关联。人们通常认为，此类统计关系为推断因果关系，以及就延长寿命问题给出直接建议提供了充分的依据。举例而言，瘴气致病理论学家正确地指出，死水和痢疾之间存在关联，过热或过冷与人们对疾病的抵抗力之间也存在着关联。这产生了“无心插柳柳成荫的效果……通过清扫育种和饲养场所，（他们提议的措施）谅必显著地减少了害虫数量”（Riley，1987，第152—153页）。至少就空气传播的疾病而言，瘴气致病理论非常有用，特别是它认识到，少许传染疾病的瘴气长时间不会消散，因此在经过一段时间后引发疾病（Frank，[1786]，1976，第442页）。

尽管有了这些理论，或者说一定程度上归功于这些理论，18世纪英国人口预期寿命整体上没有变化，在19世纪初有所上升，之后又保持稳定不变。首先，英国人口预期寿命提升的步伐之所以非常缓慢，是因为相对于欧洲大陆而言，英国从一开始就是干净卫生的社会。弗朗索瓦·德·拉罗什富科等同时代的旅行家指出，英格兰平民更加重视清洁卫生，明显有别于法国贫农，不过拉罗什富科怀疑这一定程度上是为了作秀，而不是真实情况（de la Rochefoucauld，[1784]，1988，第33页）。拉罗什富科曾于1784年访问英国。卡姆斯勋爵也同样注意到这一现象，并明确地将个人卫生状况与勤奋程度及收入高低联系在一起（Kames，1788，第1卷，第327—329页）。当然，这样的看法并不一定准确，也没有考虑到收入差距问题。不过，18世纪的婴儿死亡率统计数据表明，英国婴儿死亡率远低于欧洲大陆。在18世纪下半叶，英国婴儿死亡率为165‰，而瑞典高达200‰，法国则为273‰。对于为什么英国婴儿死亡率更低，最合理的解释是当时英国母乳喂养非常普遍。母乳喂养的儿童在出生后前几年里死亡率要低得多。鉴于当时英国城镇化水平已经相当高，并且仍在快速提升当中，婴儿死亡率很难降到165‰的水平以下。

此外，按照我们的标准，在18世纪和19世纪初，英国日常生活环境并不卫生。和欧洲大多数社会一样，英国牲畜遍地可见。猪、鸡和狗随意在房屋周围走动；在农村（和许多小城镇），牛羊四处可见，更不用说无处不在的马匹了。牲畜带来了能源、生产力和财富。但与此同时，它们也传播传染病，招惹昆虫，并且制造大量的污物，这让当时的人们头痛不已。除了牲畜之外，空气污染也对人体健康产生有害的影响。当时英国富裕，且运输系统优越。得益于此，英国人能够烧煤取暖，不会在湿冷的冬天冻得瑟瑟发抖。17世纪伟大的日记作家约翰·伊夫林在著作《伦敦雾霾纪实》中（Evelyn，[1661]，1772）提到，“地狱般、灰暗的雾霾”笼罩在伦敦上空，“伦敦浓雾肮脏，其中的污浊水汽含有煤烟。居民被迫呼吸污浊的空气，因此忍受着种种不便，肺部受损，身体机能失调；鼻炎、肺结核、咳嗽和痨病在这座城市肆虐，情况远比地球其他地区要严重”。不过，相比在冷冰的家中挨冻，空气污染是否真的更加有害人体健康，是一个值得商榷的问题。

公共卫生受到制度因素的制约。公共卫生理念在18世纪成形，但改善公共卫生需要人们开展协作。毕竟，即使一个人清理了自家后院有害健康的垃圾，如果他的邻居无动于衷，那么清理工作是毫无意义的。许多种制度因素（羞愧、害怕受罚）能够促成此类协作。不过，最有可能出现的局面是经济学家所说的协作失灵。在协作失灵状况下，由于所有人认为其他人不会打扫卫生，最终没有人打扫卫生。欧洲大陆为了解决这一问题，设立了“医疗警察”（由18世纪德国医生和卫生学家约翰·彼得·弗兰克提议）。医疗警察是负责公共卫生的政府机构。由于英国人崇尚个人主义，并且对政府干预的疑虑之情与日俱增，所以它在这一领域没有多少作为。当时正值英国城镇化快速推进，它本应做得更多。尽管当时的可得知识表明，英国应采取特定的公共政策，但是制度失灵问题成为障碍。一位医学史学家叹息道："议会让伦敦自行解决卫生问题，伦敦则将责任推卸给各个教区，而教区执着于《济贫法》关于个人有权获得救济的理念"（Porter，1991，第 63 页）。在国家没有采取果断行动的情况下，在英国，一些私序组织在联系相对紧密的本地社区出现，有时克服了这些集体行动问题，并为解决当地卫生问题做出了重大贡献。

我们可以拿当时的知识水平和现在进行比较，但这只不过迎合了我们现代人沾沾自喜的心理，却无助于了解当时哪些因素推动死亡率下降。在当时，知识是一个重要的因素。我们可以轻易地列举医学当时未掌握并且直到 19 世纪才掌握的传染病知识。饮用水就是一个例子。1850 年，医生研究英国城镇霍乱和伤寒发病率时发现，虽然饮用水在外观和味道上与清洁水并无二致，但是前者并不安全。当时人们认识到疾病可以经空气传播，但是没有准确地了解空气中有害物质或者说"瘴气"的致病原理。人们还没有察觉到，昆虫也能够传播疾病；外科手术器具或外科医生如果术前不洗手，会导致患者在术后发烧；肺结核可以通过受污染的牛奶传播。套用乔什·比林斯的至理名言，你自以为知道和愚昧无知一样具有破坏性，最佳实践医学的情况就是如此。当时人们仍然广泛地使用放血术。在 19 世纪 40 年代，细致的数据研究证实了我们今天习以为常的事实，即放血术除了安慰剂效应之外，对传染病没有任何明显的疗效。滥用泻药、催吐剂或鸦片制剂非但不能缓解病人病情，反而会起到反作用。儿童毒物中毒后经常死于脱水，原因是有人极力建议他们的母亲不要给他们喝水。在当时，人们担忧"污浊空气"不利健康，执着于通风，而这一做法可能弊大于利。

尽管当时人口死亡率长期保持不变，但是我们不能将它作为证据，以此证明英国当时的情况基本上一成不变。人口死亡率长期不变主要是各种力量相互作用的结果，这些力量一定程度上相互抵消。知识进步和收入增加对人口死亡率和健康的有利影响被城镇化抵消了，直到 19 世纪。在当时，城市的卫生状况非常糟糕，不适合生活。在1700年之前，欧洲大多数城市的死亡率比出生率要高，因此依赖源源不断地迁至城市的农村人口。在1750年之后，随着城市人口快速增长，情况日益恶化。在当时，由于交通拥堵、人口拥挤、供水不足、排水工程状况恶劣和食物劣质等问题，新兴城市中心地区的死亡率和发病率居高不下。英国在供水方面面临的压力可能是最大的。随着工业化和人口增长，可供水量面临的压力日益加剧。人们在河岸边建造屠宰场、制革厂和染坊，大兴土木导致泉水和池塘消失殆尽（Hassan，1985，第532页）。人口学家提出了“城市惩罚”（urban penalty）的概念，即城镇化造成的健康和预期寿命成本（Williamson，1990）。工业化催生了新兴城镇和街区。它们外观难看、不卫生且令人感到压抑。事实上，在许多城区，公共卫生状况显著地恶化；在19世纪一些时期内，城市人口预期寿命可能下降了（Szreter and Mooney，1998）。不同阶级居住隔离的情况非常多见。工人阶级一般居住在工业区码头、工场和仓库附近的街区，或者郊区地段不佳的街区。他们的住房非常拥挤，且建筑质量低劣。

基于19世纪中叶数据的计算结果证实当时存在这些差距。当然，在当时，最糟糕的情况已经过去了。在1841年，英格兰和威尔士农村地区的人口粗死亡率为20.4‰；城市地区为26‰，且四座最大的城市达到了27.3‰。这些数字只是粗略的指标。城市人口出生率稍高于农村，加上当时婴儿死亡率很高，特别是在城镇，进一步推高了城市人口死亡率。另一方面，城市吸引的农村人口主要集中在15岁至30岁之间。在英国，这个年龄段的人口死亡率相对较低。和16世纪和17世纪的城镇不同的是，英格兰城镇当时并没有出现自然人口赤字的问题。威廉森计算得出，在1776年至1851年间，城镇人口年增长率为2.2%左右，是人口自然增长和移民共同作用的结果。在18世纪70年代，移民贡献率在60%左右，人口自然增长贡献率为40%；但在19世纪40年代，两者的贡献率正好反过来（Williamson，1990，第26—27页）。不过，英国各个城市的情况显然大不相同。利物浦和曼彻斯特两座工业城市的情况最糟糕，某种程度上属于非典型现象。在19世纪50年代，它们的人口预期寿命估计分别为 31 岁和 32 岁，谢菲尔德和伯明翰分别为 36 岁和 37 岁，伦敦则为 38 岁。上述城市人口预期寿命均低于 41 岁的全国平均水平（Szreter and Mooney，1998，第 87 页）。历史更悠久的集镇和教堂城镇发展速度较慢，存在的公共卫生问题更少，因此人口预期寿命更长，只不过它们的卫生状况同样不如农村。

在 19 世纪初，城市仍然是死亡陷阱。有人认为，在 1870 年之前，随着时间的流逝，这一情况有所改观。不过这一看法与证据相矛盾（Szreter and Mooney，1998，第 102 页）。婴儿死亡率居高不下，这是城镇化造成的巨大代价。从整个社会的角度看（更不用提母亲的丧子之痛了），婴儿死亡是一种浪费。这是因为母亲在怀孕、分娩和产后期间需要放弃收入，社会不得不承受由此带来的成本；如果孩子夭折，就不会产生回报（回报是跨代的，孩子长大成人后会生儿育女）。根据教区的记录，婴儿死亡率的趋势已经相当确定。在 18 世纪下半叶，英国婴儿死亡率下降了，不过这并不代表情况趋向改善。计算结果显示，这种下降在很大程度上是一种复苏，因为在 1710 年至 1750 年间，英国婴儿死亡率骤增。到了 18 世纪末，婴儿死亡率下降至 160‰～165‰的水平，和 17 世纪中叶基本持平。在接下来的数十年里，婴儿死亡率进一步下降到 140‰左右的水平，这一情况持续到 1825 年，之后又略有所上升，维持在 150‰左右。在 1838 年之后，婴儿死亡率为 150‰～160‰，并且在 19 世纪剩余的几十年里基本上维持在这一水平。1838 年，英国户籍总署署长开始搜集有关婴儿死亡率的信息。

不过，地方数据显示各地婴儿死亡率大不相同：在 18 世纪，伦敦的婴儿死亡率高达 350‰～400‰。在 19 世纪中叶，南部农村郡县的新生儿死亡率低于 100‰，而北部工业城市的婴儿死亡率可能要高得多。城市贫困地区的婴儿尤为不幸，其死亡率要远高于其他地区（Huck，1994）。婴儿死亡率低和死亡率高的地区之间的差距超过 1∶2（Wrigley and Schofield，1997，第 270—271 页）。各地儿童死亡率同样存在差异。在 19 世纪 40 年代，英格兰农村地区的儿童死亡率为 252‰，“大型”城镇（主要是工业城镇）则高达 341‰（Woods，2000，第 369 页）。鉴于这些计算方法采用的分子和分母存疑，并且将肮脏的市中心贫民区和环境更好的郊区统计在一起的做法存在问题，人们应慎重使用这些数据。不过，无论如何修改计算方法，一个基本的结论是不会变的，即到1840年，儿童死亡率已经大幅下降，然后在之后的60年中几乎没有变化；对儿童而言，城区的卫生状况远不如农村地区。

除了环境和营养等标准解释之外，人口历史学家还发现，决定婴儿死亡率的一个关键变量是哺乳习惯。儿童在断乳期间和断乳之后患病和夭折的风险尤为高。同代人认识到母乳喂养存在各种好处，只不过不知道其中的原理而已。英国内科医生汉斯·斯隆（Hans Sloan，1661—1753）指出，人工喂养和母乳喂养的儿童死亡率之比为3∶1。汉斯是西德纳姆的追随者。在18世纪末叶，伦敦的产科医院强制要求母乳喂养，婴儿死亡率因此下降了60%（Garrison，1929，第402页）。从18世纪中叶开始，医生强烈建议在能够母乳喂养的情况下不要人工喂养。虽然城市婴儿面临的风险更大，不过随着人们更多地依赖母乳喂养，并了解了更多的卫生知识，显然有助于抵消这些风险。

总之，英国全国人口死亡率受两组不同因素的影响。一方面，医学知识不断增加，公共卫生状况得到改善，交通和食物加工技术得到改进，母乳喂养渐渐推广，这些因素发挥了作用，降低了死亡率。另一方面，由于城市人口死亡率本身比农村要高，而城市卫生基础设施建设又未能跟上城市人口增长速度，所以总死亡率（及其“近亲”，出生时的预期寿命）相对而言没有得到多大的改观（Williamson，1990）。因此，我们需要思考一个问题，即在农村和城市中心之间，以及不同地区之间，人口分布情况发生了什么样的变化？

* * *

英国内部人口迁移并非始于工业革命时期。尽管正如前文讨论的，民众普遍抱怨《定居法》造成种种不利影响，但是在1750年之前英国人是可以自由流动的。说到底，相比欧洲大陆完全属于地方性质的济贫制度而言，英国《济贫法》是协同程度更高的制度。因此，相比之下，英国济贫制度鼓励人口迁移；它还向迁移者保证，他们如果没有被驱逐和遣返，那么在有需要时将会得到救助。与欧洲大陆的大多数地区相比，英国居民能够在国内自由迁移，无须征求警察或当地地主的同意，也不用应付繁复的边境检查。正如我们看到的，他们享受着日益便利和可靠的出行方式。

表 13.2 1700—1850 年英格兰和威尔士地区人口分布情况（%）

	1701	1751	1781	1801	1831	1851
按地区划分：						
西南地区	15.6	14.8	13.1	12.5	11.7	10.1
东南地区	23.9	23.8	23.9	24.9	25.8	26.0
东部地区	16.1	14.4	13.9	12.6	9.9	10.9
中部地区	20.2	20.8	21.7	21.3	21.6	21.1
北部地区	17.7	19.2	20.7	22.6	25.0	26.8
威尔士	6.6	6.8	6.6	6.1	6.0	5.1
总额	100	100	100	100	100	100
按主业划分[a]						
主要从事农业	33.4	31.9	31.0	28.5	26.3	24.3
主要从事制造业－商业	33.5	36.7	38.1	41.1	45.0	48.8
混合	33.0	31.4	30.9	30.4	28.8	27.0
总计	100	100	100	100	100	100

注：a. 由 Deane and Cole（1969）所确定。

资料来源：依据 Deane and Cole（1969，第 103 页）和 Mitchell（1988，第 30—31 页）提供的数据计算得来。

不管怎样，这一时期的人口分布情况发生了显著变化。尽管我们无法非常精确地区分人口自然增长和迁移效应，但是后者显然起着主导作用。表 13.2 显示，东部和西南部地区人口持续减少，与此同时北部、东南部（包括伦敦）和中部地区人口持续增加，其中中部地区人口增量相对较少。在 1701 年，商业和工业郡县人口份额从 18 世纪初的 1/3

左右增加到1801年的40%以上，在1851年则将近一半。在北部和中部地区，八个工业发展速度最快的郡县的人口份额从1700年的21.7%增至1801年的29.3%，再到1851年的34.6%。当一个地区拥有高出生率和高人口迁入率时，人口份额方有可能增加。苏格兰也出现了人口迁移现象，只不过规模更小。当时，苏格兰高地人口源源不断地迁移至工业化中的低地郡县。

矛盾的是，劳动力流动多为短距离流动。这并不意味着当时不存在长途迁移，毕竟人们先搬到一个地方，然后再去其他地方。总之，从长期来看，短距离迁移将对整个国家的人口分布产生累积效应。工业革命是地方性现象。大多数工厂集中在一些小地方。例如，棉纺厂建在兰开夏郡和拉纳克郡，毛纺厂建在约克郡西区，陶器厂建在斯塔福德郡，丝绸织造厂设在柴郡，五金制品厂和金属行业集中在伯明翰地区和附近的黑乡，炼钢厂则设在谢菲尔德。这些地区主要依赖于周边地区的劳动力，而不是南部农村地区的劳动力。英国经济发展一个引人注目的现象是，伦敦在工业化进程中的地位相对不重要。伦敦是一个庞大的城市。在1750年，它的面积是英格兰第二大城市（布里斯托尔）的10倍以上。伦敦同样也吸收了大批迁移者。据估计，在1701年至1831年间，不少于130万的人口迁移至伦敦。但与此同时，伦敦人口死亡率非常高，导致人口自然增长率为负值（在18世纪）或者很低（在19世纪）。因此，伦敦在英国经济中的相对规模变化不大。

一些史学家（Wrigley，1967）认为，伦敦发挥了重要作用，为工业革命的出现创造了条件。伦敦相对于英格兰人口的规模，以及它对食物、燃料和其他商品的巨大需求似乎支持了史学家的观点。不过规模庞大并不一定是优势。我们可以认为，一个头重脚轻的首都会给国家造成不小的负担。这一论点似乎更适合解释1750年之前的商业发展，而不是在这之后的工业发展。事实上，在工业革命期间，伦敦的人口优势有所削弱。在1650年至1750年间，伦敦占英格兰总人口的份额从7%左右上升到11.8%。到1800年，这一份额下降到10.5%。尽管伦敦人口实现了增长，但是英国其他地区人口增长速度更快。一些工业城镇以惊人的速度发展，尤其是曼彻斯特。在 1700 年，它还是一个人口不足 10 000人的宁静小镇。但到 1801 年，它的人口达到75 000人，1851 年达到惊人的 303 000 人。格拉斯哥人口从 1700 年的13 000人增加到 1801 年的 77 000 人，再到 1851 年的 345 000 人。伯明翰作为五金制品中心，同样吸引着外来人口。它的人口数量从 1700 年的 7 000 人增至 1800 年的 69 000 人，再到 1851 年的 233 000 人。伦敦人口增速无法与这些城市相提并论，这主要是因为它的人口规模在 1700 年时就异常庞大，当时居民人数高达到 575 000 人。

我们不能低估伦敦在英国经济发展中的重要性。在我们研究的时期里，它一直是英国最大的城市，也是消费者密度最高的地方。伦敦还是一个大型工业城镇。伦敦为英国酿造大部分啤酒，生产捻线丝和机织丝绸，并印刷书籍。此外，布拉默、莫兹利及其同事在伦敦设计和建造许多先进的机床。不过引人注目的是，在 19 世纪，欧洲工业化进程似乎绕道而行，避开了各国的首都。巴黎、维也纳、马德里、柏林或者圣彼得堡均未能发展成为大型工业城镇。相反，在法国北部地区、佛兰德斯、波希米亚、萨克森和莱茵兰，在米卢斯和列日等外省城镇、根特等落魄的昔日工业重镇，以及蒂尔堡、埃森等新兴城市中心，发展了新的工业区。在英国，曼彻斯特和伯明翰等昔日的小城镇崛起，可谓空前绝后。这些城市提供了独特的经济环境。相对而言，它们能够接受新的观念，免于规章制度的束缚，在政治层面秉持非正统的态度，并且富有竞争力和进取心。这一切正是启蒙运动理念的化身。曼彻斯特的起点不高，而这可能是一个不小的优势。城市历史更悠久，它们的既有制度也就更多，会存在种种束缚和传统。相比之下，曼彻斯特很少受累于此类束缚和传统。在这座城市，同业公会和既得利益集团软弱无力，这就意味着它的环境更有利于创新；它的劳动力大军没有组织焦点（organizational focus），因此无法有效地抵制创新。尽管曼彻斯特迅速崛起，但是相比之下，兰开夏郡南部地区在 1770 年仍属于农村地区，当然在不久之后发展成为城区。如果将曼彻斯特与布里斯托尔及西部郡县进行比较，就可以说明一些问题。在 1750 年，曼彻斯特人口仅为布里斯托尔的40%；到1841年，曼彻斯特人口已是布里斯托尔的两倍。从表面上看，布里斯托尔的地理位置似乎得天独厚，靠近南威尔士矿山和西部诸郡的纺织地区。此外，它从大西洋贸易中赚得盆满钵满，赚取的利润可以用于投资现代制造业。然而，尽管布里斯托尔作为银行和商业中心，地位依然重要，但是它未能发展成为新兴工业技术中心。它的相对衰落一定程度上归因于外围地区的衰落。

不论好坏，城市的兴起归根结底是工业启蒙运动一个间接的意外结果。工业启蒙运动引发了一连串技术事件，并最终开始影响人们的寿命、生活方式和生活地点。这具有一定的历史讽刺意味，毕竟启蒙运动本身从根本上讲是一种城市现象。不过，孕育了启蒙运动理念的商业和行政城镇有别于工业革命催生的制造业城镇。在这些前工业化中心，污染和环境不卫生问题归因于家庭供暖以及人类和牲畜制造的垃圾，而不是制造活动的副产品。

城镇化和这一时代经济变化之间的确切关系非常微妙。可能有人认为，大型工厂会集中在城市地区，但事实上，相比大企业而言，中小型企业更加依赖聚集经济效应，因此在更多的时候需要选址在城区。银行业、保险业等辅助性服务业和大型商业企业也优先选择交通更加便利的城镇。城镇还提供其他的聚集经济效应，其中最重要的是降低准入成本。如果公司需要技术建议或支持，城镇提供更大的知识资源池。见多识广、受教育程度高的工人经常主动接近和自己相似的人，这些人和他们在技能上能够互补。正如霍恩贝格和利斯（Hobenberg and Lees，1985，第201页）所说的："在每座城市，咖啡馆成为记者、股票经纪人、作家、歌剧团经理和政客的真正办公场所。"从这一角度看，今天我们在硅谷看到的聚集经济效应在19世纪的伦敦和其他工业城镇已经初具雏形。

到1850年，英国国内的人口迁移活动已颇具规模，这一定程度上可归因于当时铁路已经建设到位，《定居法》也已被废除了。到1851年，伦敦成年人口（20岁及以上）将近140万，其中只有645 000人在伦敦当地出生，另有数万人来自苏格兰（26 000人）、德文郡（32 000

人）等相距甚远的地区。在1851年人口普查中，经统计，兰开夏郡20岁以上的人口达到112万，其中不少于413 000人来自其他郡县。在这些外来人口中，有139 000人来自爱尔兰，61 000人来自邻近的约克郡，此外还有51 000人来自柴郡。苏格兰20岁以上的人口达到156万，其中187 000人出生在其他地方，并且以爱尔兰人为主（147 000）。在工业化程度较低的郡县，迁移者比例必然更低。德文郡20岁以上的人口为319 000人，其中82%为土生土长的本地人，另有8%来自邻近的康沃尔郡和萨默塞特郡。

1850年之前英国的海外移民在人口统计学上是次要的。在18世纪，不少英国人移民至澳大利亚或美洲。移民以罪犯和合同劳工为主。合同劳工签订合同，同意在美洲充当劳工，以此换取船费。毫无疑问，英国因此流失了一些有进取心、能干的年轻劳动力。不过与19世纪下半叶大规模移民，或者1840年之后爱尔兰人口大量流失相比，英国流失的人口数量并不算多。在1700年至1820年间，英国移民至美利坚合众国的总人数粗略估计在1 125 000人左右，或者说每年略超过9 300人，年均比例在0.1%左右。从人口统计角度而言，这一比例很小。在1820年之后的30年中，英国移民至美利坚合众国的人口数量约为370 000人，不过大多数人是在19世纪40年代离开的，当时英国移居国外的人数骤升。鉴于当时人口同时也保持增长，移居国外的人口占比增幅因此要小得多。即使19世纪40年代末有大批人口流出，但是在1851年之前，英国每年移居国外的人口约为50 000人，或者比例约为0.3%。

不过到那时，尽管英国人移民到北美和其他海外领地，但是爱尔兰移民大大抵消了英国外流人口。在19世纪30年代，爱尔兰家庭手工业迅速崩溃，当地工人迁移至英格兰和苏格兰的现象非常普遍。1845年，爱尔兰爆发大饥荒，大批难民背井离乡，加入迁移大潮。在工业革命期间，爱尔兰迁移者是不是英国劳动力的重要补充呢？经济史学家西德尼·波拉德将这些迁移者称为“工业革命的流动突击部队”（Pollard, 1978，第113页），不过，更复杂的计算结果显示，爱尔兰工人在英国工业革命中发挥重要作用这一论断有待商榷。威廉森（Williamson，1990）的计算结果显示，爱尔兰移民导致英国农业工人从农村迁移到城市的速度放慢，因此当时主要受影响的是农业产出。不过我们应记住，爱尔兰人往往集中在特定的部门和行业，例如采矿业、建筑业和运输业。在这些行业，爱尔兰劳动力做出了不小的贡献。事实上，爱尔兰人从事的工作都是低技能、低报酬且不合意的，因此他们可能发挥颇为重要的作用。从某些方面讲，他们可以与20世纪下半叶的西欧外籍工人相提并论。但从整体而言，我们没有多少理由认为，从量化的角度讲，外来移民非常重要。移居英国的爱尔兰人人数虽然可观，但不足以对英国经济产生决定性影响。据估计，在1841年，英国有830 000名“事实上的爱尔兰人”，其中415 000人出生于爱尔兰，其他人则为爱尔兰移民后裔。如果我们假设所有爱尔兰移民和他们一半的后裔为劳动力，那么他们为英国贡献了620 000名工人，在有职业的劳动力中的占比约为9%。英国有职业的劳动力总人数为680万左右。此外，每年的几个月里都有数万名季节性移民横渡爱尔兰海，到英国工作。虽然爱尔兰工人并不是微不足道的补充，但他们的规模也不足以显著地改变各种经济参数。

* * *

人口增长和18世纪经济发展之间是否存在关联？在18世纪50年代，英国人口开始快速增长，与此同时一些关键部门的技术进步开始加速。这两者似乎存在非常紧密的联系，不能将之视为巧合。不过，这其中存在什么样的因果关系呢？有人认为技术创新为因，人口增长为果。但这一观点似乎站不住脚，因为时间完全对不上。正如前面提到的，在1830年之前，受机械化影响的部门在英国经济中的比重不大。此外，我们很难想象德比郡或约克郡的工业化进程如何能够影响到英格兰南部农村地区的人口增长。此外，虽然在1750年至1845年期间，从人口增长角度讲，爱尔兰是唯一可以与英国相提并论的欧洲国家，但是工业革命并没有对爱尔兰产生多大的影响。这足以驳斥有关人口增长受技术进步影响的观点。不过，这不足以让我们完全否定人口变化和经济增加之间存在关系。大批文献讨论这一关系确切发挥什么样的作用。这些文献非常有趣，但是没有定论。

如果将因果关系反过来呢？近期有许多研究成果似乎认定，人口增加一定程度上刺激和强化了技术进步（Galor，2005）。克莱默（Kremer，1993）提出一种机制，来证明这一因果关系。他指出，人口增加意味着出现了更多的新理念。按照这一逻辑，工业革命应当出现在 18 世纪的中国。其他模型更为复杂，提出了各种规模效应，可以用于解释经济发展更快的情况。盖勒和魏尔（Galor and Weil，2000）表示，人口增长提升了人力资本的价值，从而提高了工人的质量和数量。其他模型指出，技术进步存在固定成本，只有市场足够大时才有可能收回成本，或者说技术进步存在各种风险，只有一个大型经济体才能够分散这些风险。尽管其中一些观点似乎能够贴切地解释 1870 年之后的人口增长现象，但它们不适用于 18 世纪的英国。相对较少的人推动了经济和技术变革，这些人往往就是由心灵手巧的人组成的技术精英。虽然在某种程度上，他们组成的人才池的总体规模可能很重要，但我们很难将它视为一阶效应。毕竟启蒙运动并没有影响劳动阶级。这正是“领袖”的意义所在。没有质量的数量也就没有多大意义。

不过，情况并非这么简单。林毅夫（1995）在一篇富有创新性的论文中指出，如果创新源泉主要是基于经验，那么技术变革能够与人口规模联系在一起，也就是说新技术是商品生产活动的意外结果，因此它首先取决于数量和规模。在此类干中学的世界中，人口规模（而非人口增长率）可以成为一种资产，不过这需要两个假设条件：从经验中积累的知识或者它的果实普及整个经济体；所有经济体都是封闭的，因此它们学习要靠自己。不过，这两个假设非常不切实际。在开放型经济体中，规模的重要性要小得多。英国的独特优势在于学习、模仿、仿效和改良其他国家提出的理念。就开放程度和规模而言，18 世纪的英国排在荷兰和中国之间，不过显然，人口规模（更不必说人口增长率了）充其量不过是英国经济发展的一个特殊的二阶起因（second-order cause)。无论怎样，当发明进程开始减少对经验的依赖，转而更多地依赖少数专家凭借观察、实验和理论（无论“科学”与否）搜集的有用知识时，此类前工业社会可能存在的规模效应就消失了。到18世纪，这一变化已经开始。到19世纪中叶，值技术变革加速之际，所有经济体的人口规模的重要性开始下降。虽然冯·李比希和开尔文男爵分别来自德国和英国，但是这一事实并不重要。重要的是，这两个国家能够利用西方世界生成的所有有用知识。

尽管马尔萨斯式世界崩溃和工业革命的开始几乎同时出现，不可能纯属巧合，但是我们还没有找到令人信服的机制，证明两者之间存在因果关系。它们可能与第三个因素存在关联，且这一因素能够解释它们。正如我们看到的，启蒙运动在医学领域取得了一些进步，改善了公共卫生和个人卫生，从而一定程度上影响了人口死亡率。这些效应是否足以解释为什么英国能够突然实现人口腾飞？不过，一旦考虑下列牵强的反事实，即如果没有工业革命和技术变革，那么在19世纪某个时间点，人口增长将会遭遇马尔萨斯陷阱，英国可能因此会将更多的资源用于生产粮食，我们便能更好地证明自己的观点。尽管这并没有“解释”人口增长现象，但是它告诉我们为什么人口变化能够持续。

第十四章

启蒙经济中的性别和家庭因素

启蒙思想非常关注妇女、儿童和家庭问题，但在这方面，它并没有得出许多让人觉得十分“开明”的明确结论。在当时，妇女在家庭中的地位、她们的政治和知识权利等问题得到了广泛的讨论，但不清楚在这一时期结束之前，相对于1700年而言，英国妇女在社会和经济中的总体地位是否得到了极大改善。事实上，当时一个主要矛盾是启蒙时代孕育了一个令人困惑的现象，即“两分领域”现象*。“两分领域”现象兴起于19世纪。和启蒙运动相关联的意识形态转变带来了一种家庭生活思想意识。这一思想意识能否准确地描述当时的情况呢？如果能的话，那么它又是如何出现的呢？当时对妇女和儿童的认知和他们的现实情况在不断变化。这些认知和现实情况的经济根源及影响是什么呢？

当时的一个基本假设是，家庭是社会的基本组成部分。这一假设并没有因为启蒙思想革命而发生变化。当时的家庭主要是核心家庭。正如人们预期的，它的经济性质深受经济和技术变革的影响。在1700年，家庭、公司和工厂这三者之间依然鲜有区别。绝大多数的农民、工匠、店主和许多专业人员都是在家工作，并且通常在居住地工作。在18世纪和19世纪上半叶，人们后来所说的无产阶级或者工资劳动者（wage labour）快速发展起来。和一些史学家和社会学家不同的是，经济学家并不认为，无产阶级化必然代表着人们经济地位或生活质量恶化。在评

---

* 又译为领域分离。“两分领域”观念指男性的领域是家庭之外的工作场所，用劳动换取报酬，而女性的领域是家庭、亲友、子女，负责操持家务照看孩子。——译者注

估无产阶级化的影响时，人们主要考虑的是传统经济中的工作环境如何，例如工资或收入、工作时间、实际工作环境、补偿方式、工作场所的社会环境，以及家庭其他成员是否从事同样的工作。无论是在工厂或者作坊环境中，工资劳动者并不一定像一些人认为的那样，会产生异化效应。但毫无疑问的是，经济发展改变了家庭的运转方式，以及它们作为经济单位发挥的作用。

在这一漫长的经济变化时期，有一个现象没有发生变化，即典型的英国家庭规模依然很小。有学者（例如彼得·拉斯莱特）推测，英国工业革命可能与工业化开始前英国家庭规模较小有关（转引自 Humphries, 2004，第 243 页）。当时的情况可能是这样的，不过我们需要详细说明能够将两者联系在一起的机制。在近期发表的论文中，格雷夫和萨松（Greif and Sasson，2009）谈到了此类机制。他们指出，由于家庭规模小，加上政府提供经济安全网（即《济贫法》），具有创业精神、不畏风险的个人敢于冒险创新。在大家庭制度（例如宗族）下，非常厌恶风险的个人可能会否决高风险的创新项目，创新活动可能因此受阻。

有人可能认为，随着英国经济发生变化，并且人口增长突然达到前所未有的速度，家庭规模可能会有所变化。不过在工业革命前夕，英国已经是一个由核心家庭组成的社会，且后来也是如此。在本书讨论的时期的大多数时间里，英国家庭平均人数略低于 4.75 人。婚姻仍是组织社会的关键机制。未婚同居现象很少见。绝大多数男性和女性最终都会步入婚姻的殿堂（这其中当然也包括了事实婚姻），终生未婚人数的比例很少超过 10%。在 1701 年至 1751 年出生的人当中，结婚率达到了 92%；在 1751 年至 1801 年出生的人中，这一比例为 93.2%；在 1801 年至 1821 年出生的人当中，这一比例稍低，约为 89.5%。在 1800 年左右，英国约 3/4 的家庭是“简单型”家庭，即家庭成员仅包括父母和孩子。境况较好的家庭通常会雇用家仆。

当然，家庭规模在生命周期内并不是恒定不变的。作为自然过程的一部分，许多家庭会与年迈的父母或未婚的兄弟姐妹同住。在一个半世纪里，家庭的职能和内部结构发生了巨变，不过规模和组成的变化程度比人们想象的要小。同样清楚的是，无论发生什么样的变化，不同地区和不同经济阶层的情况都大不相同。在农业地区和集镇，家庭的社会演变情况有别于制造业地区。在城镇化和工业化地区，家庭形成面临的经济和社会环境也是不同的。

英国家庭规模表面上保持不变，这一定程度上掩盖了更深层次的变化。家庭中的非家庭成员居住者就是一个例子。在前工业化时期，许多家庭包括了家仆和学徒。由于市区房租高，19 世纪的城市家庭经常招收房客，或者与亲戚合住（一些房客是房主的亲戚）。这些表面上类似的安排掩盖了一个大不相同的经济和社会现实。在普雷斯顿等地区，家庭规模比前工业化时期的典型家庭要大得多，而这可归因于核心家庭与亲戚及房客生活在一起（Anderson，1972）。普雷斯顿是兰开夏郡的棉纺织中心。人们了解它的许多情况（不过它似乎属于非典型现象）。虽然“家庭的”成员数量可能一直保持不变，但是他们与家庭的关系以及成本和效益发生了变化。

“家庭”这一用语的确切含义随着时间的流逝不断发生变化。18 世纪的家庭与周围的家庭关系密切，无论它们之间是否存在亲属关系。在当时，“家庭”“亲戚”等概念的含义比现在要广泛得多。家庭的界限可能非常灵活。人们将自家孩子送到其他的家庭当仆人，同时自己也雇用仆人。这一风俗习惯构成了非正式网络。由于“其他”家庭可能不是陌生人，因此在其他家庭当仆人或者当学徒并不是正式的市场交易。不过，人们可能过度解读一个观点，即 18 世纪的英国村庄远非一个和睦的家庭或者集体农庄。家庭是经济组织的基本单位，它的成员相互支持；随着正式济贫制度日益成为不幸者的安全网，家庭之间的支持和隐性互助制度遭到削弱。

工业化、技术变革以及工厂制度的兴起首先意味着，在许多部门，家庭作为基本生产单位受到了压力。随着家庭经济的式微，越来越多的活动发生在家庭之外。人们越来越多选择在家以外的地方工作、吃饭、娱乐和进行社会交往。与此同时，一些家庭接纳更多的陌生人，例如仆人、房客和保姆。不管怎样，我们根本不清楚，1700 年至 1850 年的经济变化对作为社会基本单位的家庭的总体功能和凝聚力产生了何种净影响。英国家庭经历了不小的冲击。最引人注目的是，它从生产单位转型为以消费为主的实体。圈地运动、公用土地流失、各个部门对劳动力的需求剧变、妇女地位变化、城镇化、《济贫法》的修改、与日俱增的流动性都严重冲击了家庭。话虽如此，与1700年左右的英国家庭相比，维多利亚中期工人阶级和中产阶级的家庭更不稳定、职能也弱化。

家庭做出小型经济决策，这类似于市场经济解决各种问题，例如资源配置方式、技术选择、成员之间收入和消费分配方式、储蓄和投资数额，以及投资资产类型。不过，在家庭这一微观层面，这些决策通常不是通过市场机制做出，也不存在明确的价格和正式交易机制。尽管如此，鉴于家庭需要配置稀缺资源，但同时又受到预算和知识的制约，此类决策仍然属于“经济”决策。18世纪和19世纪的情况没有区别。经济学家提到了家庭经济中的“理性”因素，特别是专业化、劳动分工、互助保险和规模经济给所有成员带来的好处。一些经济史学家认为，大家庭的一个优势是“人际关系网络”，即当家庭资源受到负面冲击时，成员能够共享信息和相互支持。不过，虽然理性一直是一个不容忽视的因素，但是爱、性冲动、同胞争宠、传统等情感力量同样重要。经济原教旨主义者认为，相对价格、技术和收入决定了家庭的行为和结构。一些人则认同史蒂文·拉格尔斯（Ruggles，1987，第16页）的观点，即经济学家将“情感依恋”简单化，认为它不过是“特定的非流通型家庭用品”，这一做法并“不可取”。这两种观点之间应当存在中间立场，可以将人性与谋生的同时有时间娱乐这样的需要结合起来。因此，一个更切中要害的基本观点可能是，尽管多数的个人决策能够（或者未能）充分接近理性，但是从结构的角度看，家庭属于集体单位，其成员在家中讨价还价、谈判、互惠互利和说服对方。涉及消费、生儿育女、住址和劳动力参与（它们经常紧密相连）的决策属于家庭的集体决策，而不是个人决策（De Vries，2008）。尽管欧洲核心家庭的组成单位很小，但是它们仍不同于经济学家研究消费者行为时经常假定的单一决策者（unitary decision-maker）。此类过程达成的均衡状态不一定和单个消费者可能达成的均衡状态一模一样，因此可能与个体理性相悖。

相比于我们的时代而言，前现代时期的家庭显然要脆弱得多。当时人们的健康和生命本身更没有保障。这一定程度上是因为他们掌握的技术手段要少得多，难以应对严冬、酷热或多雨的夏季、异常高（或低）的物价、兽疫等问题。在18世纪的欧洲，福利国家和保险业等安全网根本不存在。那时，大多数人遇到紧急情况时依靠家人或慈善团体渡过难关。人们经常认为，英国在这方面属于例外；凭借教区开展的济贫工作，英国社会保险活动得以在社区层面展开。这一观点言之有理。在核心家庭中，所有家庭成员同时遭遇厄运的可能性非常大（前提是他们在一起工作，且形成互补）；相比之下，在当地社区，随机运气（random luck）的共变性足够小，社区成员能够相互帮助。英国规定有义务帮助穷人（由地方税纳税人提供经费），从而解决了标准的搭便车问题。英国将困扰这些保险制度的激励问题限制在地方层面，从而帮助缓解这些问题。换言之，公共部门分担了家庭作为互助保险手段的部分职能。随着工业化向前推进，且重心转向北部和西部的城市地区，家庭在1815年之后实际上发挥的作用越来越大，特别是在1834年《济贫法》改革之后。在北部和西部城区，《济贫法》不够完善。在19世纪上半叶，随着就业和收入的不确定性明显增加，家庭网络发挥着日益重要的作用。

不过，经济变化对妇女和儿童创收能力产生了消极影响，从而在1780年以后干扰了家庭作为个体相互支持单位发挥的作用。当时的情况并不是简单明了或单调不变。一些地区和部门的机会增加，而另一些地区和部门的机会则减少。虽然工厂和矿井给成年男性以外的劳动者创造了就业机会，但也削弱了家庭手工业，消灭了就业机会。根据有关18世纪末和19世纪家庭转型的典型故事，除男性挣钱养家者以外，其他家庭成员的赚钱能力都减弱了。真实情况要复杂得多，许多因素发挥了作用。不过总体而言，在1815年或1820年之后，妇女和儿童的农耕活和“外包活”减少了；与此同时，工厂就业机会增加了，这弥补了他们丧失的工作机会，这一情况一直持续到19世纪中叶（Horrell and Humphries，1992；Humphries，2004，第259页）。各部门对劳动力的需求存在地区差异和变化，导致这一混乱局面变得更加复杂。面对这些相互矛盾的趋势，谁还能够条理清楚地描述一下当时的真实情况呢？

* * *

启蒙经济是相对而言的。我们的“启蒙”概念和当时的启蒙概念大不相同，特别是对性别差异的看法。现代观念认为，男女除了存在相对次要的生理差异之外，在各方面都是平等的，因此女性应当拥有同样的就业机会、教育机会和薪酬（更不必说法律和政治权利了）。如果放在当时，这一观念会显得格格不入。当然，在 18 世纪末，远远超前于同代人的玛丽·沃斯通克拉夫特等女权主义者特立独行，发出了不同的声音。令人困惑不已的是，英国启蒙运动培养出多位激进的学者，他们呼吁解放女性，但同时这场运动又能够接纳汉娜·莫尔等虔诚的卫道士。在 1850 年之前，即使将所有进步主义学者加在一起，他们的影响力肯定也不及莫尔一人（Hilton，2006，第 359 页、第 368—369 页）。正如科利（Colley，1992，第 274—276 页）指出的，莫尔的思想直接来自卢梭；尽管女性注定在家中扮演贤妻良母的角色，但是透过其生活中的男性，她们可以间接地施加政治影响力。

两个因素造就了维多利亚时代的两分领域：18 世纪的意识形态和制度基础，以及启蒙理念和深厚的宗教情感形成的独特混合物。后一个因素的作用尤为明显。在 19 世纪上半叶，深厚的宗教情感是英国社会思想的标志。在政治领域，抱负不凡的女性毫无权力，只能通过影响她们的丈夫和亲人有所成就；1832 年《改革法》明确规定只有男性才拥有投票权（当然女性在此之前也从未投过票）。一些女性因为直接卷入政治纷争，最终声誉受损。德文郡公爵夫人就是一个例子。她在 18 世纪 90 年代曾为查尔斯·詹姆斯·福克斯助选[*]。另一个例子是哈丽

* 在 1784 年的英国下议院选举中，德文郡公爵夫人被疯传用亲吻换取选民给福克斯投票。——译者注

特·阿巴斯诺特。这位保守的日记作家见多识广，聪慧过人。她丈夫是议会议员，并且与卡斯尔雷、惠灵顿交好。不过，她的日记“反映了一位热心于政治的女性在政治体制下无法施展自身才能的沮丧之情”(Hilton，2006，第356页)。女性对拥有真正决策权的男性进行道德劝说，从而获取一定的政治和意识形态影响力。这些事态发展对英国经济现实情况产生了什么影响呢？

人们有时将英国前工业革命时期描述为女性工作的“黄金时代”。许多史学家认为，在1700年至1850年这一时期，女性的昔日辉煌不再，沦落至从属和边缘的地位。依据他们的观点，这一时期出现了一个阶级社会，同时还伴随着两分领域的扩张，导致中产阶级男女隔离日益严重（Davidoff and Hall，1987）；到这一时期末之前，男女隔离现象蔓延到工人阶级家庭（Clark，1995，第14章）。这一过程与资本主义、工业化和经济变化相关。但这一涉及1700年至1850年社会变迁的观点并不是写实的，而是基于对前工业化时期女性地位的理想化描述；事实上这一观点已经被推翻了（Vickery，1993；Shoemaker，1998）。

在18世纪上半叶，英国女性前所未有地从事能够带来现金收入的劳动。这一现象一定程度上与劳动力供给有关。当时越来越多的妇女希望工作赚取现金，用于购买更多的日用品。这一现象属于德·弗里斯(2008)所说的勤勉革命。不过，它也和劳动力需求情况有关：广泛存在于英国农村大部分地区的家庭手工业实际上属于小型作坊作业，在这些小作坊，夫妻一起生产工业品。随着工业革命的来临，家庭手工业越来越多地和机械化生产展开竞争，它们带来的收入减少；妇女和儿童不得不贡献自己的一分力量，以此维持生活水平（Humphries，2004，第256页）。同样，在农场，女性和她们的丈夫一起劳作。在18世纪，畜牧业不断发展壮大，为女性提供了大量的就业机会。在城市地区，许多女性走出家门，独自一人在外工作。在此类合伙关系中是否存在平等的议价能力，这值得怀疑。不过，我们很难得出生活在新兴工业区和伦敦大都会的女性景况一定更加糟糕的结论。毕竟，我们有理由要问，原始工业经济中的已婚女性会不会羡慕维多利亚时代的女性。在原始工业经济中，已婚女性一生大部分时间都是花在养儿育女，还要织布和养鸡。在一个半世纪之后，维多利亚时代的许多女性发现自己“被囿于”家中。正如维克里颇具洞察力地指出的：“我们不清楚，相比正式雇主而言，女性是不是更能够接受自己在从事工业劳动时受丈夫的管理”（Vickery，1993，第404页）。

在工业革命之前和期间，女性的经济作用与地位发生了什么样的变化？正如之前提到的，家庭是做出消费决策的单位。显然，个人消费（有别于家庭供暖等共享品）与个人议价能力存在一定的关系。如果按照这一标准判断，那么在18世纪女性的地位根本没有被削弱。在整个18世纪，女性衣物在遗嘱清单中的占比大幅上升，这说明女性是家庭消费的主力军（De Vries，2008，第142—143页）。在工业革命期间，啤酒等传统酒精类饮料的人均消耗量下降，这同样也能说明问题。

在家里和工作场所中（当两者并不是完全相同时），男女实行劳动分工。尽管出现这一现象的原因一直不为人了解，但是在那个时代，它是一个无法改变的事实。这并不是说，男女不可能相互代替。不过，有证据显示男女相互代替的现象非常罕见，且其活动范围的分界线泾渭分明。在工业革命之前，在家庭手工业部门，妇女负责纺丝，男人负责织布。不消说，女性在哺乳期需要腾出更多时间照顾小孩，在孩子断奶之后需要继续照料他们，并操持其他传统的家务劳动。没有多少证据表明，当时的男性积极地承担家务劳动。“女性黄金时代”观认为，在18世纪，男女就业机会在工业革命开始之前几乎一样。对此，有人提出反对意见，指出只要男女没有平等地分担家务劳动，那么当女性获得的市场机会越多，在正规市场越活跃时，她们在大多数情况下需要兼顾工作和家务，最终不得不以牺牲自己的闲暇时间为代价。换言之，在这种情况下，家境最贫困的女性可能需要承担更多繁重的劳动。家境较好的女性可以雇用家仆（通常是十几岁的姑娘）帮助料理最辛苦的家务劳动，从而腾出一些劳动时间从事市场活动。

即便在18世纪，女性的专业化程度总体上不如男性，想必这是因为女性在培训方面的投入更少。在前工业革命时期的英国，熟练技工以男性为主，其中包括服装业（在 19 世纪，服装业日益成为女工的避风港）。在外工作的女性通常从事临时和季节性工作，或者充当佣工，“缝缝补补”。彼得·厄尔（Earle，1989）研究了伦敦在 1700 年至 1850 年期间的情况。他发现，在 18 世纪的前 25 年中，如果女性与低技能、低报酬的工人结婚，那么她们工作的可能性更大。想必这些劳动妇女自身也没有什么技能，报酬也不会很高。根据厄尔的研究，1700 年伦敦女性的职业结构与 1851 年人口普查中的女性职业结构实际上差别并不是那么大。不过，这一相似性具有误导性。在 18 世纪初（以及 1850 年），伦敦和英国其他地区的情况大不相同。此外，1851 年人口普查少算了努力工作但没有明确“职业”的女性。

何况在本书讨论的整个时期内，许多需要高技能或者长时间学徒培训的职业将女性排除在外。男性完全垄断了律师业、医界、制药业、大学和神职，更不用提政坛和军队了。不过，助产士职业是一个例外。在 1851 年，英国男性助产士共有 2 024 人，不过这一数字可能还低估了。即使在产科，男性助产士也占主导地位。女性主义史学家指出，这一差异反映了社会存在权力不对等问题，以及同业公会、专业协会等男性主宰的制度存在性别偏见问题。在那些“没有在竞争中得到磨炼的”行业，此类歧视问题尤为常见（Burnette，1997，第 261 页）。

坚持己见的经济学家可能会认为，女性成年后多次怀孕，哺乳，并且需要投入大量精力照顾孩子，因此从社会的角度看，对女性人力资本进行投资并不划算。在当时，女性怀孕的次数比现在要多。由于当时家务劳动还没有实现机械化，所以洗衣做饭等家务劳动属于劳动密集型工作。如果家庭主妇没钱雇请仆人，那么她们自己需要承担大量的家务劳动，从而严重地限制了她们的劳动就业能力。学徒制度原则上适用于男女。斯内尔（1985，第 6 章）证明，在 18 世纪，女性实际上师从技术精湛的工匠。他还指出，许多女性虽未正式接受学徒培训，但是和丈夫在同一行业工作。不过，无论出于何种原因，在 18 世纪末叶，越来越多的年轻姑娘进入家政服务业接受学徒培训，为今后的家庭生活和家务劳动做准备，而不是需要技能的职业。女性更有可能接受教区学徒制度提供的培训，不过这一制度仅仅是为了剥削劳动力而已。男性更有可能成为私人学徒，接受培训，熟练掌握一门技艺。因此，劳动市场歧视问题出现在人力资本形成阶段。鉴于男女很少从事相同的工作，我们很难鉴定他们是否同工同酬。

不过，当时女工支配着一些行业。例如，在饰带制造业基本上都是女工。此外，在女帽制造业、室内装潢业，尤其是人工纺丝业，女工占大多数。在 17 世纪和 18 世纪，家庭手工业广泛存在于整个农村地区。随着家庭成员实行劳动分工，女性在家庭手工业中发挥着首要作用。不过，无论是在家庭手工业、农耕业还是城市家庭，18 世纪的大多数已婚女性是“经济伙伴关系”的一部分。在这一关系中，妻子并不指望丈夫养活自己，而是自己赚点闲钱，以便能够在市场上购买更多有吸引力的商品和服务（Snell，1985，第 303 页）。只要绝大多数工人仍在家里或家附近的作坊工作，此类伙伴关系是再自然不过的。不过，这一伙伴关系后来瓦解了，这并不是因为男性策划了巨大阴谋，让女性安分守己，而是因为个人根本无法控制的深层次力量。

在 18 世纪末和 19 世纪初，农业部门对女性劳动力的需求急剧下降。圈地运动导致女性就业机会减少，其程度要大于对男性的冲击（Burnette，1999）。艾伦（1992）指出，女性的就业机会（主要为家仆）随着农场规模的扩大而减少。在 18 世纪，随着农场规模不断扩大，每英亩土地的就业女性减少，她们的就业机会也随之减少。然而，我们不清楚相比男性而言，女性因此蒙受的损失是不是更大（Burnette，2004，第 681—682 页）。汉弗莱斯（1990，第 21 页）指出，鉴于妇女和儿童是公用土地共有权的主要受益人，丧失公用土地使用权是女性在耕作业的就业机会减少的一个原因。其他学者（例如 Snell，1985）采用不同的研究方法，也得出了相同结论，认为女性劳动力减少的现象可归因于圈地运动。一直以来，女性能够从公用土地中受益。在开展圈地运动的地区，公用土地不复存在。当时公田放牧权和拾落穗权的受益者主要是女性。当这些权利不复存在时，贫困的农村女性遭受了沉重的打击。此外，当时沉重的长柄镰刀取代了小镰刀，也对女性在农业部门的就业情况产生了不利影响。不过，这一技术变革出现的确切时间仍存在争议，且它在各个地区出现的时间并不一样，具体取决于当地劳动力供给情况（Collins，1969）。达维多夫（Davidoff，1995）指出，在19世纪第二个25年中，女性被有计划地排除在农场劳动之外，其中包括她们之前占主导地位的活动，例如生产乳品。认为奶酪制作主要仍属于女性职业，只不过官方统计似乎基本上忽视了这一点的观点有些言过其实（McMurry，1992）。

需求因素是否导致女性农村就业机会的减少？这一问题尚未有定论。到19世纪中叶，供给因素可能同样起到了一定的作用。柯林斯（Collins，1969，第47页）提到，当时人们越来越难招聘到已婚女性从事室外农活；"未婚姑娘更中意地位更高、工作环境更体面的家政服务工作，而不是在乡下庄稼地里劳作"。1834年《农业部门妇女儿童就业报告》（Great Britain，1843）显然与这一解释相一致。当然，一些地区受到农业组织或技术变化的影响，倾向于雇佣日工取代家仆，从而导致十几岁姑娘的就业机会减少。在过去，她们中的很多人在农场工作。在富裕的农场主家中，农场工作和家政服务已经没有区别，它们为12岁至14岁之间的农村姑娘提供机会，在出嫁之前外出工作。随着人口在1750年之后骤增，以及其他就业机会减少，上述工作岗位是远远不够的。许多女性唯一的选择是在大城镇寻找家政服务的工作机会。城市地区的性别比例证实了这一迁移的规模：在1851年人口普查报告统计的15岁至24岁人口当中，英格兰和威尔士的男女比例为1∶1.06；不过在1841年和1851年，伦敦男女比例（所有年龄）分别约为1∶1.13和1∶1.2（Great Britain，1852—1853b，第CXCII页）。

我们经常可以听到有关工业革命期间女性工作的故事。比方说在1770年至1820年间，早期的工厂制度严重依赖妇女和童工。在机械化初期阶段，许多机器经过特别改装，供他们使用（Berg，1993）。在工厂工作的妇女和儿童有两个优势。首先，他们的劳动成本比男性要低。其次，人们普遍认为他们更愿意按照工厂的要求遵纪守时。显然，妇女和儿童在家中也会受人训导，因此他们比成年男性更容易适应工厂制度。女性从事传统手工作业的可能性更小（许多工厂没有手工作业）；有时新技术经过特别调适，专门供十几岁的少女使用（Berg，1993，第35页）。此外，从青春期到结婚前的年轻女性劳动力供给增加，成为快速发展的纺织部门一个重要的廉价劳动力来源。在当时，工厂能够以低薪招聘到这些女工（Goldstone，1996）。在1830年之后，这一趋势发生了变化：工厂和类似于工厂的工作场所逐渐被男性控制。萌芽于工业革命晚期的"新经济"严重偏袒男性。到19世纪中叶，很少有女性能够在铁路业、电报业、炼铁业或者大型工程公司等"新经济"核心部门找到工作。

这一总趋势在19世纪上半叶更加明显。在当时，已婚女性的就业机会似乎逐渐出现了净萎缩，而父亲作为家中的主要经济支柱，发挥了日益核心的作用。不过，在工业革命前几十年中，妇女和儿童发挥的核心作用众所周知、不容置疑，从而掩盖了上述趋势。霍雷尔和汉弗莱斯（Horrell and Humphries，1992，1995a，1995b）具有开拓性的研究工作发现，在19世纪上半叶，妇女和儿童的收入对家庭收支预算的贡献率不断下滑。不过，在一些子时期（subperiods），这一趋势的方向并不明朗。对于这一趋势开始于什么时候，学者们持不同观点。不过，真正难以解答的问题是，这一现象是需求驱动的还是供给驱动的。当时的情况很有可能是勤勉革命已经结束，家庭非男性劳动力开始撤出市场。人们可能希望让家中（女性）成员待在家里，生产由于某种原因在公开市场上更难购买到的家庭用品，例如小孩教育或清洁。另一方面，有证据显示，在1825年之后，尽管当时有不少工厂，雇用妇女和儿童的需求整体下滑。

最剧烈的变化发生在制造业。随着许多家庭手工业活动实现机械化，对家庭作业（domestic work）的需求减少，家庭手工业因此急剧衰落。伴随而来的是就业机会的减少，且这一现象可能非常严重，工厂对女工的需求也不足以抵消它（Berg，1993，第23页）。我们不应高估工厂为女性提供的就业机会。理查兹（Richards，1974，第346页）估算，棉纺织厂实际上仅雇用了约65 000名女工。如果再加上在家承接工厂外包工作的女性，并将她们的人数计算为棉纺厂实际雇用人数的50%，那么约有100 000名女性就业于棉纺织业，在1841年占到15岁以上女性劳动力的3%左右。由此看来，女性对工厂制度的发展非常重要，但是反过来说不一定准确。机械化部门创造的工作岗位数量远远少于因家庭包工制消失而减少的工作岗位。这些相互矛盾的趋势反映出各个地区的情况不同。在大型纺织厂或者煤矿常见的地区，妇女和儿童仍然是家庭的重要收入来源。在南部和西部郡县，由于农村手工业几乎消失殆尽，他们的经济作用被削弱了。在一些地区，家庭手工业起初开始衰落，接着又以不同的形式复兴。这一通常被视为悲剧的现象主要归因于家庭手工业复杂的历史，以及它与现代化工业之间的关系。

18世纪家庭手工业历经盛衰，极大地影响着劳动女性。家庭手工业为她们提供了从事市场活动，获得现金收入的机会。与此同时，她们能够进行我们今天所说的多任务处理（multitasking），在挣钱的同时照顾小孩，承担家务活。当时，纺织业显然是最大的部门。在这一部门，女性遭受双重打击。首先，1790年之后，随着棉纺和精纺实现机械化，手工纺纱快速消亡，许多女性因此失业。不过，由于手工织布实现数十年的快速发展（当时纺纱业生产出大量的纱线，而纺织仍未实现机械化），她们得以和丈夫一起在家织布。大约在1820年之后，几乎各地的家庭织布都走向衰落。1834年《济贫法》报告附加的农村地区问卷（Great Britain，1834b，附录B1；也可参见Blaug，1964）专门问道（第11题）：“是否为妇女和儿童提供工作，提供何种工作?”答案显示，除了饰带针织和草编之外，女性在家干活赚钱的机会很少。越来越多的农村家庭的子女被迫到工厂找工作。如果在工厂找不到活干，他们退而求其次，在服务业，特别是家政服务业找工作，或者移民国外。

我们不应低估已婚女性从事非正式市场活动赚钱的机会，哪怕在农村手工业消亡之后。她们可以选择照料家畜和家禽、充当临时清洁工、贩卖食物、招租房客和寄膳宿者、洗衣、拾落穗（在庄稼收割后从地里拣拾剩余作物），在小菜园里种植和出售厨房作物（kitchen crops）。农妇记账，贮存食物；店铺老板娘招呼顾客，客栈老板娘必然要分担各种活。在城里，工人阶级女性是非正式城市网络的一部分，照顾小孩，缝补衣服，为玩具士兵上色，并且经常参与轻微违法活动，例如倒卖赃物，虚假申请济贫。中产阶级女性通常在幕后积极参与家族生意，负责记账和保持通信联系，管理和监督仆人与学徒。例如，杰迪戴亚的妻子伊丽莎白·斯特拉特（1729—1774）发挥关键作用，帮助创立了英国最成功的企业之一。无论如何，许多女性为家庭贡献收入，只不过随着时间的流逝，她们的创收渠道越来越少。我们应根据这些非正式的安排，修正由史学家普及的两分领域概念。还应补充指出的是，中产阶级男性即使在有能力的情况下也会退出劳动力市场，只不过他们通常不会先于妻子退出（Shoemaker，1998，第114—116页）。

不过，霍雷尔和汉弗莱斯（1995a）搜集的统计数据显示，鉴于社会为女性提供的选择有限，当时对正式女工的需求受到限制，且在1820年之后的几十年里急剧下滑。一些家庭手工业设法存续到了工厂时代，例如饰带制造、女帽制造、刺绣、草编、手编等。在这些行业的“默会工人”（大多数为女性）中，有很多人成为工厂的分包人和外包工。在这些传统手工活动中，有一些最终进入所谓的血汗行业或者不受监管的城市血汗工厂。血汗行业和工厂雇用了大批男女工人，他们所处的“环境有辱人格、有害健康…出了名的脏乱、恶劣”（Schmiechen，1984，第3页）。到19世纪三四十年代，伦敦纺织业的大部分精加工作业（例如制衣）逐渐成为这一系统的一部分（同上，第18页）。

诸多文献指出，人们容易将女性在前工业化时期的经济地位过度理想化，认为当时是女性的“黄金时代”，而实际情况并非如此；而工业革命导致女性劳动力边缘化，女性逐渐沦为家庭主妇。男性在外包揽了收入高、称心如意的工作，在内则当家做主（Davidoff and Hall，1987）。当我们可以获得系统的全国数据时，哪怕数据有偏向性，也可以清楚地看到，在维多利亚时代早期，由于学徒制度、技艺和自由职业的性别歧视特点，女性被挡在技能型职业的门外。认为技能与男性联系在一起，而女性被认为基本上没有特殊技能的观点有一定道理（Honeyman，2000，第 64 页）。1841 年人口普查让我们能够一窥这一差距。例如，人口普查结果显示，英国法律行业共有 16 291 名“大律师、代讼人和法律事务代理人”，没有一名女性。此外，在银行家或银行经纪人中，男性人数高达 1 920 人，女性仅有 8 人。在内科医生、外科医生和药剂师中，男性人数达 18 482 人，没有一名女性。在 505 名报纸编辑中，仅有 4 名女性。即使在“商务文员”这一吸引力较小的职业，男性人数也达到46 368 人，而女性仅有 152 人。只有在教师行业，女性的人数超过男性，其中女教师为 30 688 人，男教师为 21 482 人（所有数据涉及年龄在 20 岁以上的人）。虽然 1851 年人口普查采用的职业统计和分类方法完全有别于 1841 年人口普查，但是前者显示，当时的情况与 1841 年相差无几。1851 年人口普查结果显示，16 367 名法律事务代理人和大律师均为男性，没有女性；男性银行家人数达到 1 793，而女性银行家仅有 2 人。新闻报业（编辑和记者）共有 1 220 名男性和 20 名女性员工。正如之前提到的，这些数字可能夸大了职业性别差异的实际情况；许多已婚女性可能协助丈夫从事商业活动、法律或医务工作，没有将自己正式称为职业人员。尽管如此，人们在阅读维多利亚时代的小说时会产生一种印象，认为男女扮演的社会角色呈现明显的不对称，而且全国统计数据或地方研究结果与这一看法并行不悖。

为什么会出现这一差异呢？对此，有人提出了两种非常极端的理论。一种理论认为“市场做出了理性、高效的选择”，而另一种则是愚蠢的阴谋论。真实情况应当是介于这两者之间。当时社会非常复杂，地区和行业存在异质性；在这一社会里，女性被公认不如男性，不过她们能够在许多领域找到适合自己的非正式小众工作。尽管英国皇家学会将女性拒之门外，但是首都以外地区的科学协会通常会接纳她们，当然这有时是因为这些协会需要更多的成员。到 19 世纪 30 年代，女性活跃在图书馆、博物馆、植物园，甚至是技工学校（Elliott，2003，第 385 页）。18 世纪的《女士日记》实际上刊登了不少相当复杂的数学文章，这意味着即使许多正规教育场所将女性拒之门外，但是不可能（可能绝非故意地）完全阻止女性接受高等教育。18 世纪的科学讲演者亚当·沃克向男性听众收取一几尼费用，女性听众则为半几尼（Musson and Robinson，1969，第105页）。价格差异可能代表着男性和女性对此类活动的需求不一样。月光社会员的妻女能够接触让她们丈夫和兄弟着迷的知识，只要她们将此类活动视为一种业余爱好。不过，至少在这一方面，一个世纪的启蒙思想并没有给大多数女性，甚至是接受过教育的女性带来多少进步。希尔顿（2006，第367—368页）指出，女性在科学和政治经济中发挥着中心作用，不过他的这一观点并没有说服力。除了园艺和植物学会之外，各种科学协会有计划有步骤地将女性拒之门外，其中就包括当时新成立不久的英国科学促进协会。在经过一番争论之后，科学协会决定不允许女性出席论文宣读活动或者成为会员，但她们可以参加协会庆典活动。不过，随着时间的推移，协会开始接纳女性会员。1853年，首位女性会员加入英国科学促进协会（Morrell and Thackray，1981，第148—157页）。休梅克（Shoemaker，1998，第201页）认为，启蒙思想意识形态日益重视理性和生产的科学性。由于此类特征与男性联系在一起，因此女性受到排挤，无缘管理职位和要职。因此，对于她们加入的非正式网络而言，她们的价值减少了；男性不愿意接纳她们，与此同时她们自身可能也并不愿意加入其中（Sunderland，2007，第64页）。随着医疗业在1800年之后与科学知识日益紧密相连，女性在这一行业日益受到排挤，助产行业也渐渐地将她们拒之门外。

即使大家找到的工作看似差不多，但是女性的待遇通常不如男性。她们的报酬更多是按件计算，而不是按时计算；她们更容易因为犯错而被罚款，且她们的就业情况对经济波动更加敏感。在经济萧条期，雇主更有可能解雇女性，而不是作为家庭经济支柱的男性，毕竟人们认为女性收入只是对家庭经济来源的一种补充。更重要的是，女性的收入不如男性。一些学者认为男女薪资差异是“风俗习惯”造成的后果（Berg，1993），而其他人通常将这一现象归咎于男性垄断、共谋的行为（Honeyman，2000，第61—62页）。不过，这两种解释前后矛盾。支撑这两种观点的证据很薄弱，就更不必提理论了。如果男女薪资差异是风俗习惯造成的，那么它应当不会随着市场状况而波动。不过，近期细致的研究工作显示，男女薪资差距正是随着市场状况而波动，且波动的方向反映了劳动力相对需求的变化情况（Burnette，2004）。

比较男女薪资的做法一定程度上存在风险。毕竟歧视主要通过职业隔离得以实现，即男女从事不同的职业。即便男女从事同样的职业，我们也需要考虑更显而易见的经济解释，例如男性上肢力量更强；当工人预期任职时间可能有限时，雇主不愿意在他们身上投资（Burnette，1997）。虽然女性主义史学家（例如，Honeyman，2000，第55页）经常毫不犹豫地驳斥此类“新古典主义”解释，但是它们只不过是常识而已。即使男女计件工资一模一样，但是男性工人工作时间可以更长，且上肢力量更强，能够完成19世纪生产活动包含的重体力活，因此赚得比女性工人要多。尽管成年男女体力差距比男女青少年明显，但是男女体力差距能够解释在1851年15岁至19岁的人口中，有超过15 000名男性为“铁匠”（估计大多数为学徒），而女“铁匠”只有14人。在兰开夏郡棉纺厂，人们可以轻易看到性别差距问题是如何出现的以及出现的原因。在18岁以前，男女挣得差不多。过了18岁，男性的工资继续上涨，并在他们30岁出头时达到顶峰，然后慢慢地保持稳定。女性在18岁之后的工作时间里收入状况基本保持不变（Boot，1995，第285页）。这似乎与雇主对男工而不是女工的技能进行投资的人力资本解释相一致（技能的定义很广，包括管理工作）。相比南部和东部地区而言，男女薪资差距现象在工业化的北部地区以及苏格兰更加明显，这说明这是由工业家决定的（同上，第297页）。当然，工业家为什么会这样做的原因尚不完全为人所知。性别偏见和工人压力等因素肯定在其中起到了一定作用，但我们应记住的是，20～40岁的女性在成年就业期间平均有8年时间花在怀孕和抚养孩子上，并且她们比男性平均要早四年退休，因此雇主和员工的投入回报都很低。

与此同时，标准的经济论点无法解释所有的现象，毕竟1851年人口普查还显示，男“裁缝”人数为14 440人，女裁缝人数则为3 148人。这是彻头彻尾的歧视吗？薪资差距歧视理论的问题在于，雇主之间存在竞争；如果边际产品价值与男女工人工资比率差距显著，那么雇主可能会选择更加廉价的劳动力，最终抬高工资。有证据表明，英格兰南部地区手工织布业的情况就是如此（Burnette，1997，第267页）。虽然偏见和无知可能导致出现极恶劣的性别歧视案例，但是我们只有在穷尽其他的解释之后，才可以采用性别歧视这一解释。我们不能排除社会规范因素，甚至无法排除有组织的熟练男工和自以为是的卫道士施展非正式的“阴谋”一心想让女性“安分守己”的情况。不过，我们必须设定明确的假定条件，才有可能让上述合谋论成立。

导致男女不平等的真正原因并不是雇主的歧视行为，或者工会的所作所为，而是因为女性缺乏外部选择权。根据我们的标准，就女性正式待遇而言，1750年之后是一个异常不平衡的年代。从法定权利的角度看，已婚女性几乎没有独立的个体身份。在1857年之前，人们离婚需要议会通过一项私法，因此离婚是行不通的。在一段正式婚姻关系中，无论女性遭受何种虐待或不公平待遇，放弃或解除这一关系都是极其危险的行为。法学权威威廉·布莱克斯通在1776年解释说：“在婚姻中，夫妻合为一体，且这一体就是丈夫”。法律明确区别对待男女，导致女性处于不利位置。最重要的是，依据所谓的受夫监护（coverture）的法律原理，已婚女性不得拥有财产，法律规定所有财产都归丈夫所有。已婚女性不得签署银行汇票，也不能提起诉讼或者成为被告。用达维多夫和霍尔（Davidoff and Hall，1987，第200页）的话说，“一旦结婚，女方丧失所有的民事权利”。除非签署特殊合同，否则一旦结婚，女性婚前继承的财产正式归丈夫所有和控制。女性的被动形式财产基本上依然由男性控制，例如养老金、赠予财产和信托财产。夫妻在家庭内部进行非正式的讨价还价。这一讨价还价的复杂程度不亚于历史上的其他任何时期，并且会带来不同的劳动和消费分配结果。此外，如果遗嘱做出了明确的说明，那么受夫监护可以中止。但归根结底，法律以及下列现象导致女性处于极为不利的地位，即此类法律获得几乎全体一致的同意。

不过和当时许多其他限制性法规一样，这一法律的字面意义和实践并不一致。首先，尽管英国的已婚女性没有财产控制权，但是至少依照法律，英国未婚女性或寡妇和男性平起平坐（这有别于欧洲其他地区）。这就包括了许多成年女性，特别是城市地区的女性（Green and Owens，2003，第513页）。许多家庭的一家之主是女性（在大城市，这一占比约为1/4）。我们似乎有理由得出一个结论，即“这些女性的社会地位与……有关两分领域的意识形态并不一致”（同上，第512页）。掌管企业或者支配可观财产的女性通常是寡妇或商人未婚的女儿。不过，我们应记住的是，女性寿命一般比男性要长，因此英国寡妇的人数一直都不少。到19世纪中叶，寡妇和鳏夫的比率超过2∶1（Great Britain，1852—1853b，第一部分，第179页）。在丈夫去世之后，女性充分享有法定财产权。许多寡妇十分能干，将自家企业打理得风生水起。

此外，已婚女性能够找到自由的空间，从事交易活动，只不过这一做法一直没有得到正式承认。事实上，女性可以拿受夫监护作挡箭牌，逃避债主和破产问题。虽然当时对受夫监护做出了严格的解释，但是普通法承认许多例外情况和规避方式。普通法法院承认私人合同和明确的例外情况。受夫监护法律包括一项授权条款，允许已婚女性利用丈夫的信誉购买“必需”商品，且此类合同被认为具有约束力。尽管已婚女性从未享有与丈夫或未婚女性同等的权利，但是如果她们愿意的话，还是能够在法律中找到一点空间，从事商业活动（Phillips，2006，第41—47页）。事实上，英国制度能够适应不断变化的时代要求，它的这种能力在这一领域同样得到了体现。埃里克森（Erickson，2005，第6—7页）指出，婚姻契约存在着复杂的需要；这增强了法律的严谨性，并且在无意中催生了债券、信托、赠予财产等法律和金融工具，用于规避受夫监护的种种限制。尽管如此，虽然女性工商企业家人数远比早期女权主义学者说明的要多，但毫无疑问的是，在1850年，女性和男性在经济中扮演着截然不同的角色。修正主义文献指出，这种性别专业化（gender specialization）在1700年就已根深蒂固。这一观点肯定没有错，但总的来说，到1850年，这一现象有所加强。

经常有人声称，男性在社会中主导着政治，并且能够将女性排除在技能或决策岗位之外，这导致出现了性别不平等问题。学者们利用“性别斗争”一词描述男性有组织地开展集体行动，限制女性的经济选择权这种现象。在后马克思主义世界里，人们巧妙地借用马克思主义术语“阶级斗争”，创造出“性别斗争”一词。假如男性互相勾结，限制女性的经济选择权，这可能需要整个男性群体间的高度协作。此外，它的确切动机似乎可疑——毕竟，女性挣钱可以增加家庭收入，而她的丈夫作为家中一员也能够从中受益。这种观点含蓄地指出，社会存在着性别斗争。在这场斗争中，男性成功地排挤女性，从而提高自身的收入。不过，这一观点忽视了一个简单的事实，即在男性主宰的家庭中，妻女都是家中一员，且家庭能够支配她们的收入。如果男性也能够受益，那么他们为什么会阻止妻女获得更高的收入呢？对此，有人给出的答案是，如果家中女性收入更高，这可能会危及男性在家中议价时的主导地位。因此，男性不得不在下列两者间权衡：一是家庭收入减少带来的经济成本，二是他本人在家中支配收入的权力。在20世纪之前，男性的支配地位似乎一直都很稳固，不过这是有代价的。

关于“性别斗争”的实际历史记录显示，当时的情况显然很复杂。一些男性主导的工会串通一气，试图排挤女性，例如制帽工、印花布印染工人。在19世纪上半叶，许多技工工会举行罢工活动，试图保护男性的主导地位。虽然此类斗争活动有时取得成功，但是不成功的案例足够多，因此人们不能真以为此类斗争活动起到了作用，导致出现了工厂经济性别分工这一新现象。最重要的是，一些男性反对废除《工匠和学徒法》（它于1814年废止），但是徒劳无功。在数个世纪里，这部法律禁止女性从事多种职业。在《工匠和学徒法》被废两年之前，斯皮塔佛德正式允许女性成为丝绸纺织工人（Clark，1995，第127—128页）。纺织工认识到，男女工人的纺织能力不相上下，招纳女工必然能让他们受益。1808年，博尔顿市织布工约翰·哈尼福德向议会委员会作证时指出：“如果工作不繁重，那么男女的才干不相上下；在工作中，一些女工的才干不输任何男工”（Great Britain，1808，第27页）。伯内特（Burnette，1997，2008）曾介绍为什么英国农村会出现性别差异现象。他指出，虽然已婚女性的计件工资和男性相差无几，但是她们为家庭责任所累，而且经常还要承受怀孕之苦，因此平均工作时间要比男性少，这导致她们的收入比男性少得多。纺织业很好地证明了伯内特描述的情况。这说明性别不平等的问题是出现在家中，而不是劳动力市场。

一个直观的例子是棉纺织业。早期的骡机要求工人技术娴熟，且千篇一律为男性，他们的报酬也非常丰厚。女工的技能或体能达不到工作要求，因而被拒之门外。与之形成对比的是，在工业革命初期阶段，妇女和儿童通常是纺纱工“团队”中的一员，从事接纱工作。纺纱工都是男性，他们在团队中雇用家人，从而在工厂车间再现家族经济。不过，骡机纺纱工作为工人贵族，拥有足够的影响力，对雇主构成的威胁与日俱增，而雇主探索种种技术，以此削弱工人的权力。理查德·罗伯茨的走锭精纺机（当时制造商面临罢工威胁，亲自提出要求，这一机器得以在1825年研制成功）在19世纪30年代初开始投入使用。随着纺纱工序的简化，工人议价能力遭到削弱。尽管如此，当时并没有大批女工涌入纺纱业。但与此同时，机械纺织工厂成为女工的避风港。在1841年，33 000名所有年龄段的女性自认为是纺织工（但没有明确说明属于哪个部门），而男性纺织工人达77 000人。在“棉纺织制造业”（纺纱和织造），女工和男工人数分别为144 000和136 000人。在其他行业，例如基德明斯特地毯业，尽管面临来自男工的阻力，女工还是能够找到理想的工作。

在19世纪上半叶，工会运动逐步发展起来。这场运动力争同时达成两个目标：一是保护工薪家庭，为丈夫提供像样的工资；二是保证妻子能够过上“家庭生活”。不过值得思考的是，为什么这场运动能够取得成功，并且还能确保男性在工作场所的支配地位。真正的答案必须超越异想天开的阴谋论，即男性合谋压制女性，把她们囿于家中。我们应记住的是，在18世纪和维多利亚时代，英国的主导价值观和信仰方面有别于当今社会。此外，人们很少能够靠（上帝的）审判和愤怒（judgement and indignation）形成历史洞见。即便是最开明的阶层也尊重他们认为的社会和生理规则。虽然女性沦为贤妻良母这一“与生俱来的”角色，但毫无疑问，大多数女性能够接受并满足于这一角色。尽管约翰·斯图亚特·穆勒在他所处的时代属于非常开明的思想家，但是他依然认为夫妻之间“最为合适的劳动分工”是男人在外工作，女人“管理家庭支出”（Mill，[1869]，1970，第178页）。不过，他补充道，在一个不完美的世界里，女性最好能够工作，提高自己在家中的议价能力。在英国社会，即便是最开明的群体也支持两分领域和男女应扮演泾渭分明的角色。因此，全国统一总工会虽然秉持欧文主义，但是性别隔离问题非常严重。宪章运动宣称，它的诉求是所有男性能够投票，这样他们有能力保护家中女性免受工厂劳作之苦。作为19世纪40年代规模和影响力最大的抗议运动，宪章运动宣称并不倡导政治平等理念，而是支持将女性囿于家中（Taylor，1983，第93页、第268页）。涉及性别隔离的价值观和信念意味着男女领域分离，职业女性因此只能够从事一些非常封闭的工作，例如教书、服装、家政服务。在当时，此类价值观和信念引起了大多数人的共鸣，无论男女。

虽然一些排斥性法令的初衷是保护弱势群体，但是在今天看来，这些法令可能存在歧视。当然，虽然当时法律不允许妇女和儿童下矿井工作，但是我们不能解读认为，它们再次愚不可及地试图在就业机会上偏袒男性。1842年《矿山和矿井法》限制雇用女工在矿井工作，并明令禁止雇用女工在地下矿井工作。这是出于“道德”考虑，体现了当时社会对女性品德的关切之情。它还表明，当时日益拘守礼仪的社会嫌恶毫不相干的男女在狭窄、昏暗的地方工作。当时人们认为，在工厂和类似工作场所的拥挤环境中，女性成熟更早，而这会导致出现性早熟和滥交问题。毕竟在那个时代，“体面”非常重要。上述考量因素，再加上矿井工作充满危险且令人厌烦，是促成英国出台此类法律的根本原因。此外，在许多部门，男女工作是相辅相成的，因此如果将女性排斥在外，男性非但得不到什么好处，还得赔上家庭女性成员的收入。当然，也有案例能够证实有组织的男性工人担心来自女性工人的竞争；一些政治和社会活动可能出于这方面的原因，制造性别隔离，并且阻止已婚女性从事一些工业活动。不过，当时大多数人并不是这样看的。他们觉得，这些运动真心实意地试图保护女性这一弱势群体免受贪婪之人的赤裸裸剥削。我们不清楚，当时这一主流（男性）观点将女性视为竞争者还是受害者。不过，议会通过多项限制工作时间的法令，而这些法令适用于妇女和儿童，这能够说明问题。人们已经清楚地看到妇女和儿童属于弱势群体。当时，男性和女性工人阶层秉持“体面的思想”和女性应顾家等观念。有人可能将此解读为这些观念只不过是一种高压行动，意在进一步凸显性别差异问题。但我们不能认为，男性群体将相关法律作为一种手段，占女性群体的便宜。更确切地讲，一些群体出于好意，运用法律，真心诚意地保护他们眼中神圣不可侵犯的价值观。

在日常家庭生活中，女性议价地位的情况要复杂得多，妻子经常有办法说服或者用甜言蜜语哄骗丈夫。不过，家庭博弈的正式规则有利于男性。在当时，法律制度不利于女性，离婚几乎是不可能的事，并且丈夫掌控家中财产、子女命运和其他重大家庭决策。因此，只要丈夫想的话，妻子只能囿于家中。不过，男性会不顾女性的反对，做出这样的决定吗？没有多少证据证明，众多中产阶级已婚女性强烈反对被囿于家中。一位现代史学家甚至指出，鉴于家庭和家庭生活变得日益重要，（女性）“成为家中的守护神，这绝不是亏本生意”（Hilton，2006，第363页）。我们在前文曾讨论过勤勉革命。在这场革命中，越来越多的妇女和儿童从事市场活动，赚取现金。勤勉革命之所以行得通，这在很大程度上归因于妇女和儿童在家就能够完成大多数市场活动，无须长时间在外工作。

不过，我在这要提醒大家几点。首先，在1750年之后，特别是1800年之后，已婚女性和未婚女性的情况大相径庭。未婚女性几乎无一例外都会工作。十几岁的姑娘在工厂工作，或者从事家政服务；年龄再大一点的未婚女子从事纺织工作，或者教书（包括保姆和家庭教师）。一些女性在父亲逝世后接管家里生意。其次，如果女子终生未婚，那么她们的选择不多。当然，她们可以选择“堕落”，出卖肉体。大多数性工作者生活悲惨，疾病缠身，贫困潦倒，受尽虐待。偶尔也有风尘女子成功进入上流社会，享尽荣华。正如罗伊·波特（1990a，第

33 页）指出的，“相比获取权力而言，女子更容易落得个声名不佳的下场”。他的这番话让人难忘。

已婚女性的劳动状况更难以分析。现代史学家指出，19 世纪中叶的人口普查将她们归类为“无业人员”，这本身反映了一种性别态度。自 18 世纪末以来，已婚女性除了去工厂上班之外，离家在外工作的情况日益罕见。不过，当时工厂都集中设在几个地区。尽管如此，大多数已婚女性即便待在家中，也会劳作。她们中大多数人当过季节工或临时工，只不过人口普查没有记录下来而已。关于实现就业的确切定义存在一定的随意性，这一问题在农业部门尤为突出。总之，一些原始资料轻视女性工作，从而低估了女性在经济中扮演的角色。不过，如果我们将正规经济定义为创造现金收入的市场活动，那么总的说来，女性在 18 世纪末和 19 世纪的地位倒退了。这一点几乎是不可否认的。

生产单位与生活消费场所之间的界线日益泾渭分明，这是当时最重大的事态发展之一。已婚女性参与正式劳动力的比例不断下降，且她们的收入在家庭收入中的占比也下滑了，而这一切主要归因于一个事实，即在 1700 年至 1850 年的后 75 年间，家庭作为生产经济单位的角色开始萎缩。男性因此面临抉择，是让妻子走出家门，工作赚钱，还是享受她们在家中提供的服务。越来越多的男性选择了后者。许多家庭试图想其他办法，让已婚女性能够在家挣钱，从而弥补她们无法外出工作而损失的现金收入。不过总体而言，许多家庭认为，妻子应在家承担家务劳动，其效果要好于她们外出工作。有鉴于此，女性地位之所以发生变化，其主要原因是工厂制度的兴起，以及家庭作为生产单位的没落。

这一过程是渐进的，且没有规律。在一些地区，某种形式的家庭工业得以幸存，女性继续扮演着积极的经济角色。然而，当家庭生产不得不与更加高效的工厂生产方式展开竞争时，女性会面临收入下滑的压力。在整个 19 世纪，女性选择从事家庭手工业的自由不断受到侵蚀。这最终导致在 1900 年前后的数年里，正式就业的已婚女性在经济中发挥的作用几乎可以忽略不计。在 19 世纪，人们日益认识到，家庭成员的健康状况与下列因素存在着强有力的关系，即家庭主妇在准备一日三餐、清洁卫生和照料孩子时投入的工作量。这强化了人们对已婚女性外出工作的反感之情（Mokyr，2002）。在1830年之后，人们开始认识到污物和疾病之间存在着联系，并基于这一认识发起了一场卫生运动，指定家庭主妇为家庭康乐的守护者。这一态度强化了一种看法，即如果女性外出工作，那么她们无法履行自己的主要职责，照顾家中其他成员。女性需要一直待在家中，才能履行这一职责，因此也就无法外出工作。在1850年左右，这一观念基本上只存在于中上阶层的家庭当中。不过，当时有许多工人贵族阶层家庭试图过上“体面的”生活方式，因此也支持这一观念。已婚女性外出工作这一选项日渐不在这些家庭的考虑范围之内。

* * *

对于经济史学家而言，童工问题是比较有争议的问题之一，这在很大程度上是因为它带有浓厚的政治色彩。一些史学家对工业资本主义持批评态度，他们无一例外地认同 E. P. 汤普森（Thompson，1963，第367页）的一个观点，即工厂主剥削童工是“我们历史上最可耻的事件之一”。维护工业革命的史学家则指出，这一现象涉及面相当窄。他们表示，在18世纪末期童工根本算不上是新出现的事物，只不过在19世纪初的时候，它更受人关注，并且好心的社会批评家出于道德正义感批判这一现象，因此童工问题显得更加严重。在近几十年里，工业革命编史工作淡化了意识形态色彩。学者通过分析非常不完整的记载，试图描绘出一幅更清晰、政治色彩不那么强烈的画面。

在工业革命之前，童工从事什么工作呢？18世纪的档案显示，实践情况存在很大差异，不过我们根本不可能获取相关信息，因此无法开展任何定量评估工作。毋庸置疑的是，劳动贫民、小工匠、店主和小农场佃农的孩子应该会干活。在1697年，约翰·洛克指出：“对于教区而言，劳动人民的孩子是一种寻常的负担。他们在通常情况下不会工作，即使他们劳动了，公众一般也不会注意到。这一状态一直维持到他们12岁或14岁之前”（转引自 Bouyer，1789，第112页）。所有证据显示，学徒直到13岁或14岁才开始接受培训。18世纪，13岁的童工在体力上与今天11岁的青少年相当。有鉴于此，在当时，符合工作环境有组织，且工作时间固定这一条件的童工"就业"并不是十分常见的现象，儿童的生产价值与雇主支付的工具和材料成本并不相当。在当时，劳动主要是体力性质的，18世纪穷人家孩子发育迟缓、营养不良，无法养活自己。洛克本人认为："如果计算儿童在3～14岁赚取的所有收入，那么教区无须负担他们这一期间的营养和教育费用"。不过正如休·坎宁安（Cunningham，1990，第129—130页）指出的，在洛克的计算中，营养仅包括"每天果腹的面包"，在寒冬时，"如果人们觉得有必要，会添上一点点热粥"。儿童济贫院无力支付开销，只能依赖慈善捐助，要不然就得等着倒闭。当然，只有最贫困无助的儿童才会沦落到济贫院。很少有人能够在济贫院幸存下来。当时的情况很有可能是这样的，儿童济贫院并不是人道主义和慈善组织，而只是为了解决一个有碍观瞻的问题。总之，在传统的农业经济、手工业经济和原始工业经济中，社会在使用童工问题上很少有顾虑，只不过使用童工只在少数情况下会带来一些回报。在18世纪，童工规模有限，而这主要归因于需求。在当时，工作主要依赖工人的体力或经验，而这正是岁数不大的儿童所缺乏的。坎宁安（1990）提出一个强有力的论点，即在本书讨论的时期的大部分时间里，儿童严重就业不足，且这归因于当时根本不存在对童工的需求。他认为在当时的经济制度之下，童工"受欢迎，但难以获得"（第131页）。

一旦到了十五六岁，他们就开始工作。坎宁安的这一论点是对1834年英国的描述，他认为证据证明儿童和青少年工作机遇少，不过这一解释站不住脚（Tuttle，1999，第12—13页）。柯比（Kirby，2005a）批评了坎宁安论文的统计基础。柯比还证明，至少就19世纪中叶之前的情况而言，坎宁安的论点是没有说服力的。不过，在18世纪的大部分时间里，人们无所事事可能是一种威胁和祸患。对童工的需求和所有劳动力需求一样，极具季节性、没有规律可言，且各地情况不同。当然，坎宁安（1990，第127页）援引的许多资料属于轶事性质：

道貌岸然的牧师抱怨，担心儿童如果不工作，可能会自甘堕落，品行不端。随着经济发生变化，对童工的需求也彻底发生了变化。随着家庭手工业没落，且农业结构发生种种变化，童工在家工作的机会减少，但工厂和矿井创造了新的工作机会。童工在工厂和矿井工作的问题更易受到关注，不为社会接受。

事实上，通俗文学将童工现象的起起伏伏与工业革命前几十年的工厂和矿井联系在一起。现代学术研究对这一现象的成因和影响感到着迷。正如之前提到的，工厂工作非常看重员工是否听话和守规矩；雇主发现，童工容易受人摆布和控制，可以成为更复杂的生产制度的一部分。工厂车间实行劳动分工，因此工作内容能够分解为简单的重复性工作，让工人能够在短时间内学会。随着机器接手重型机械作业，体力受重视程度开始下降。此外，相比成年人而言，童工更善于学习，且可塑性更强。在1835年，研究早期工厂问题的理论家安德鲁·尤尔略带夸张地写道："即使在今天……我们也几乎不可能将过了青春期的人培训成为能干的工人，无论他们之前从事农村职业或者手工业职业"（Ure，1835，第20页）。尽管如此，新技术创造了最适合儿童的就业机会，例如煤矿矿井手推车"拖曳工"和"赶马工"，以及棉纺织厂的"接纱工"。接纱工负责打结断头线。儿童经常受雇为"落纱工"或者整经工。落纱工负责将满纱管从锭子上取下来，整经工则负责为操作织布机的纺织工准备布料。在当时，少年儿童还从事一种特别危险的工作，即清扫烟囱。这些扫烟囱男孩实质上属于人肉烟囱刷。显然，要完成烟囱清扫工作，体格小的孩童是必不可少的（Tuttle，1999，第24页）。

童工属于廉价劳动力。这一定程度上与童工供给有关。随着英国出生率上升，青少年劳动力充裕。例如，人口统计学家的计算结果显示，1771年和1831年5～14岁人口在总人口中的比例分别为20.6%和24.4%，增幅很大。一个原因是他们的机会成本很低。工人阶级子女上学时间通常不会太长。尽管他们为家庭经济提供帮助，但是经济变化不仅影响家庭手工业对女性劳动力的需求，也影响对童工的需求。因此，工厂主对作为劳动力来源的童工非常感兴趣。在农村地区，廉价劳动力相对比较难找到。因此，当地雇主往往“订立契约”，使贫困家庭的儿童和孤儿成为教区学徒。人们认为这一做法和奴隶制度相差无几。招聘中介经常在周边农村地区四处寻找济贫院劳工，有时从国家的另一端招收童工。英国首相罗伯特·皮尔的父亲老罗伯特·皮尔的工场雇用了高达1 000 名童工；戴维·代尔在苏格兰新拉纳克雇用了将近500 名童工。1816 年，当一个议会委员会询问他是否雇用了“教区学徒”时，皮尔回答：“我招不到其他人”，想必他按照童工的工资水平无法招聘到其他人。贫民学徒事实上是令人满意的廉价劳动力；教区当局非常乐意将他们卖给有需要的制造商（Ward，1962，第 15 页）。近期的研究工作更多地从慈善事业的角度看待教区学徒制度。研究结果显示，在一些情况下，这一制度挽救了青少年的生活，使之避免沦落为乞丐或流浪汉，并为他们创造机会，能够在体面的工作环境中工作，挣钱养活自己。不管怎样，到了 1830 年之前，这一做法开始废而不用。随着《济贫法》的改革，它也销声匿迹了。

这一时期的童工经济活动绝不简单。在穷人家庭，父母收入微薄或者不稳定，孩子需要干活赚钱，补贴家用。因此，在劳动阶层，童工现象十分常见。不过，童工会和没有一技之长的成年工人形成竞争关系。当越来越多的工人让子女出去干活时，成年工人的工资被进一步压低。此外，从长期看，童工人数受下列因素的影响，即童工的工作机会，或者父母能够利用子女赚钱的其他方式，特别是通过济贫的方式。显然，成年女性的经济机会有助于人们决定何时结婚，并影响已婚生育率。正如柯比（2003，第 42 页）提到的，劳动穷苦人家的子女多，这既是他们贫困的原因，又是他们消除贫困的途径。一个典型工人在一生中要做出许多艰难的取舍。即使子女能够干活赚钱，但是从他们出生到开始能够赚钱，存在着很长的滞后时间。与此同时，妻子的收入和生产力会受到影响。1841 年一份关于手工织布工的文件显示，一个典型工人在婚后前 10 年的生活最艰难，因为到第 10 年快结束时，他“有 4 ~ 6 个子女要养，且子女们年龄都太小，没有工作能力；妻子将所有精力都用于照顾家人，无法为家里贡献 1 先令的收入。在这种情况下，一家子全靠他一个人养活”（转引自 Kirby，2003，第 30 页）。技术变革和经济活动地理分布的变化导致经济结构发生变化，年轻夫妇因此经常做出错误的判断。雪上加霜的是，1834 年英国修改了《济贫法》，人们因此更难获得子女补贴。

这一历史现实揭示了一个深刻的不对称现象：青少年劳动力供给对处在初期阶段的现代工厂部门非常重要，但是相对整个经济而言，这一部门雇用的童工人数并不多。1842 年儿童就业委员会报告（Great Britain，1834a，第 21—37 页）指出，在兰开夏郡棉纺织业，24% 的男工和 21% 的女工年龄为 13 岁及以下，另有 27% 的男工和 32% 的女工年龄在 14 ~ 18 岁。不过，委员会也承认这些数据来自非常片面的报告。在利兹市羊毛业，有 23% 的男工和 26% 的女工的年龄为 13 岁及以下，另有 22% 的男工和 33% 的女工的年龄在 14 ~ 18 岁。总之，一半的工人年龄为 18 岁及以下。在西部诸郡更传统的羊毛业中，情况差别并不大。以威尔特郡为例，49% 的男工和 31% 的女工年龄为 18 岁及以下。1842 年儿童就业委员会（Great Britain，1842，第 38 页）调查了煤矿矿井童工的情况。委员会在报告中指出，兰开夏郡和约克郡 38%～40% 的煤矿工人年龄在 18 岁以下，苏格兰东洛锡安区和西洛锡安区的比例相近（在诺森伯兰郡和威尔士，这一比例在 1/3 左右）。卡罗琳·塔特尔（Tuttle，1999，第 30 页）认为，英国纺织业和煤矿业 1/3 至 2/3 的劳动力是儿童和青少年。应当指出的是，维多利亚时代工人阶级青少年的身体发育比现在的青少年要晚两至三年。

另一方面，工厂和矿井童工在英国儿童中所占比重不小。1851 年，在 10 ~ 14 岁的人口中，约 1/3 的男性和 20% 的女性“从事经济活动”，这一比例与 1861 年的情况基本持平。此外，就我们从人口普查了解到的情况而言，单纯从定量的角度看，工厂和矿井为青少年（提供）的工作相对很少。在 19 世纪中叶，童工的最大雇主仍然是传统的非工业行业，即农业、手工业和服务业。在 10 ~ 14 岁的男孩中，从事“农业工人”和“邮递员”工作的人数超过那些从事纺织业和煤矿开采业的人数总和。此外，由于 1851 年人口普查没有将农民子女计入“受雇”人员，因此严重低估了农业部门的童工人数。提出下列问题可能有点超前于时代，即这些儿童是否应被计算为“有职业”或“受雇”。在19世纪中叶，人们在判定一个人是不是劳动大军的一员时比较随意。当地里有农活时，男孩要帮忙，而这些农活极具季节性，非常没有规律。在同年龄段的女孩中，从事“家庭佣工”和“农场佣工”工作的人数高于棉纺业、毛纺业、丝绸业和编织业雇用的人数总和（每个行业约雇用60 000名女孩，而这一群体的总人数约为950 000）。15岁以下的儿童对国民总收入的贡献比上述数字显示的要高。即使到了1851年之前，家庭手工业尚未完全消失。许多儿童仍在父母店里或行当中帮忙，完成一些容易的活，照看弟弟妹妹，或者承担其他家务活，让大人能够腾出时间干活赚钱。

此外，我们应在家庭的背景下考虑童工问题。在一个家庭里，成员通常相互讨价还价。塔特尔对这一问题的论述（1999，第51—56页）显示，如果我们摒弃极端的假定，不将家庭视为单一（“一元”）的决策单位，或者个人最大化自身效用的单位，那么我们能够获得多少洞见。事实上，她指出，在家庭包工制下，儿童的威胁点极其有限，因此他们一开始时在家里并没有多少议价能力。不过，随着外部就业机会增多，年轻人开始认识到自己在家中的议价能力增强，并且能够施加影响力。一位曼彻斯特商人在1816年提道：“经常去工厂干活的儿童几乎成为家中的主要经济来源……他们和父母一起做决定，并经常反抗父母”（转引自Tuttle，1999，第53页）。

随着幼童辛苦劳作的现象与日俱增，引发了公众反应，童工现象也成为重要的公共政策问题。如何解释这场针对未成年人现象的政治风潮呢？在理查德·奥斯特勒、迈克尔·萨德勒等狂热的反童工运动人士的领导下，民众对孤弱无助的无辜儿童遭受虐待一事感到义愤填膺，这是原因之一。显然，社会上越来越多的人清楚地认识到，在童工问题上，自由市场运行正常，应尽量避免对它进行干预的自由主义观念基本上站不住脚。童工现象的根本问题在于，不同于成年男性劳动力市场，童工这一经济行为主体本人无法决定自己的工作和闲暇，而是由父母决定。我们根本不清楚，儿童的利益是否一直会和父母的利益相一致。我们同样无法确定父母的利益是否与整个社会的利益一致。启蒙运动认为，应找到合理的方案来解决这一矛盾。在19世纪中叶，麦考利谈到童工问题时指出，“国家”是“无力保护自己的人的合法保护人”（Macaulay，1864，第199页）。一些父母狠心地剥削自己的亲生骨肉，让他们从事危险繁重的体力劳动，而这只是童工问题的一部分。在一些地区，如果儿童接受教育和学习知识，他们需要放弃通过当正式童工或者在家或在农场干活带来的收入，因此接受教育和学习知识的机会成本相当大。在这些地区，如果教育和知识供给不足，同样也构成童工问题的一部分。人们认为，最终的结果是，依据一些社会福利标准，就学儿童的人数少之又少，且上学的时间太短。一些父母对子女漠不关心，但更多是出于无知，未能充分认识到，童工会引发儿童身体健康和医疗方面的问题。当时社会上流传着有关童工的种种故事，例如煤尘和棉尘导致童工健康永久受损，寿命缩短；童工遭遇机器事故；重复的机械操作导致骨骼损伤问题。纵使实际受影响的儿童比例并没有那么高，但是这些令人毛骨悚然的故事非常真实，足以让维多利亚时代的中产阶级义愤填膺。在1830年之后，工厂对童工的需求减少了，这可能也助推了反童工运动。纳尔迪内利（Nardinelli，1980）等学者指出，随着机器不断取代童工完成日常简单劳动，工厂对童工的需求在19世纪30年代至60年代减少了，雇主减少雇用童工。因此人们认为，在这一具有浓厚道德色彩的社会问题上，雇主站在了政治正确的一边。

综合上述原因，议会多次通过法律，对雇用童工进行限制。1819年议会通过了《皮尔法》，规定纺织业不得雇用年龄小于9岁的工人。之后，首部《工厂法》于1802年通过，规定了儿童（指教区学徒）每天工作时间不得超过12小时。早期法令遭到了广泛的规避，几乎没有产生多大的影响。用卡罗琳·塔特尔的话说，1833年《童工管制法》、1842年《采矿法》和1847年《10小时工作法案》是“政府监管雇主和雇员关系的历史转折点”（Tuttle，1999，第67页）。诚然，在1850年之前，涉及限制童工的执法工作经常被人诟病，不过这也是有道理的。一些立法的出发点虽然是好的，但是执行起来很难。过去的雇主和现在的雇主并无二致，都会盘算被抓、定罪和被罚的预期成本，以及来之容易的廉价劳动力带来的好处。据计算，1833 年《童工管制法》只是让童工推迟一年成为劳动大军的一员；《采矿法》仅适用于 10 岁以下的儿童，而他们仅占当时人口很小的一部分（不超过 1%）。

不过，这并不意味着童工法令毫无意义，或者仅仅预示着童工在后来成为英国和工业化西方世界一种边缘现象。匿名信和报刊文章向监察人员举报违法行为。纳尔迪内利（1980）认为，1833 年《童工管制法》"总体上得到了遵守"。在 1835 年至 1855 年期间，兰开夏郡和西区共处理了 7 378 起相关案件，且定罪率超过 90%，这其中包括缴纳罚款后撤诉的案件（Peacock，1984，第 198 页）。罚款和政治压力迫使治安法官（许多治安法官本身为纺织制造商）强制执行法律；对于纺织业大工厂主而言，遵守法律的成本并不是很高（Nardinelli，1985），且自愿合规的现象非常普遍（Kirby，2003，第 105—110 页）。立法之前的调研工作揭露了童工问题，让公众意识到工厂状况有多恶劣，并且动员开明、有见识的中产阶级反对这一令人无法容忍的道德沦丧状况。法律明确向雇主表明社会能够接受哪些行为，且法律绝不姑息公然违法的行为。尽管政治经济学家坚信不受约束的市场，他们在制定早期工厂法规方面发挥着关键作用。至少在纺织厂，12 岁以下的童工比例从 1835 年的 16% 下降到 19 世纪中叶的 7%~8%。无论如何，工厂广泛雇用童工的情况在 19 世纪上半叶某个时间点达到顶峰，但在英国出台《工厂法》后不久，这一现象开始衰微。要知道，英国一直到 1870 年才规定儿童必须接受义务教育。在矿井，童工比例在 19 世纪 40 年代一直维持在 12% 左右。童工显然非常重要。不过，一些社会史学家认为，童工是工业劳动大军的支柱，因此对经济增长过程必不可少。不过，这一观点即便正确，也不适用于 19 世纪 40 年代之后的情况。

归根结底，虽然英国工厂和矿井大规模雇用童工，但这只是短暂现象。道德义愤是社会强烈抵制童工的一个重要因素，当然，经济因素也助上了一臂之力。技术变革减少了对童工的需求。虽然劳动力供给侧方面的变化起到的作用可能不如技术变革，但是最终取决于前者。第一代成年男性顽固地抵抗工厂作业。但到1840年，英国青年男性劳动力非常充裕，他们别无所知，只知道到工厂找工作，心甘情愿成为工厂劳动力大军的一分子，最终成为更适于工厂工作的工人。此外，在19世纪40年代，大批爱尔兰人抵达英国，补充了英国青壮年劳动力。当然，立法同样发挥了重要作用。雇主雇用童工时需要大量的文书工作（证明童工符合法律设定的限制性规定），童工工作时间受到限制，并且雇主需要开设厂办学校。这一切增加了雇主的成本，他们不得不寻找其他的劳动力来源。在供给侧，随着收入的增加，父母不再那么依赖子女的补充性收入。许多父母逐渐认识到，如果他们希望子女过上更加幸福美好的生活，就不应让子女从事重复性的危险工作，而是应当让他们上学或做学徒，以此提升他们的人力资本。正如一些经济学家（Galor and Moav，2006）指出的，在这方面，雇主和父母的利益是一致的。如果在生产过程中，熟练工和资方互补性非常强，而非熟练工和资方互补性不强，那么雇主和父母会尽可能减少童工，而是投资于儿童教育，这样做符合双方的利益。

总之，在1850年之前的一个半世纪里，家庭经济的性质，以及妇女和儿童工作的性质都发生了巨变。农业经历的种种变化和家庭手工业的消亡改变了家庭的经济职能和性质。到19世纪中叶，家庭很大程度上丧失了作为生产单位的中心职能，转而以消费为主，并逐渐承担起培育人力资本的职责。已婚女性和幼童逐渐退出劳动力市场。女性日益专注于承担家庭主妇的职责；儿童开始步入现代世界，且这个世界对他们的角色进行了重新定位。诸多因素驱动了上述变化。显然，技术通过主要工作地点的增加发挥其作用。我将在下一章讨论这个问题。人口和人口行为同样具有相当重要的意义。不过，我们不能低估制度变化的重要性，无论此类制度变化是通过政治、意识形态的变化还是重要人物文化信念的变化得以实现。归根结底，制度是社会通过《工厂法》等正式立法或者非正式的风俗习惯，施加在行为者身上的种种约束。非正式的风俗习惯包括维多利亚时代中期英国出现的“得体的行为举止规范”。维多利亚时代的家庭是上述紧密相连的历史力量相互作用的最终产物。

第十五章
技术进步时代的工厂和公司

在1700年至1850年期间，英国生产组织出现了两大变化。其中一个变化是工厂制度的兴起。这是经济史上最引人注目的重要变化之一。自19世纪初开始，人们针对这一问题展开了大量的研究工作。另外一个变化受重视的程度要小，即兼营批发的制造商制度取代了独立家庭工人，也就是人们有时所说的“生产者直接销售制”（Kaufsystem）转变为“包买商制度”（Verlagssystem）。工人仍然在自家茅舍中完成大部分工作，只不过企业家负责协调和销售工作，并且提供原材料和资本。一些人认为，这一转变是优越的市场制度获胜的结果。其他人则认为，它代表着受剥削压迫的无产阶级的出现。我们应该如何评估这一转变，尚无定论。大型企业能够给企业家带来规模经济。不过，我们不清楚此类变化是否会导致工人境况恶化。向工厂制度转变这一现象在纺织业尤为明显，我们在整个制造部门也可以观察到这一现象。

人们经常将工业革命与工厂的兴起联系在一起，并将前者定义为工厂的兴起。工厂是大型工业建筑物。工人每天到工厂上班，工作时间固定（并且很长）；工厂的工作环境通常不佳、嘈杂、肮脏且经常存在危险。在一首关于诗人约翰·弥尔顿的诗中，威廉·布莱克创造出“黑暗的撒旦磨坊”一词。虽然它最初的含义模糊不清，但是现在象征着工业时代工厂的悲惨状况。目前不清楚当时大多数人的境况到底有多糟糕，不过不容置疑的是，工厂制度对英国经济的方方面面产生了深远的影响。在传统的英国社会，消费领域和生产领域大致上是一回事，而工业革命将两者分开了。工厂制度的概念不仅限于工业工厂。它最终还包括了非制造业公司，例如运输工具、办公室和零售店铺。它们都拥有一个重要的特征，即工作在时间和空间上有了明确的界线，并且和家庭实现了物理分离。

不过，工厂的兴起并不完全等同于工业革命。首先，即便是在工业革命之前，英国的不少生产场地（establishments）也可以称得上是工厂。生产场地预示工厂的兴起。在1750年之前的数十年中，安布罗斯·克劳利在杜伦郡的铁厂、洛巴兄弟在德比市的捻丝厂分别雇用了数百名工人。1767年，沃姆利一名铜器制造商在一处生产场地就雇用了800名工人（另外还雇用了2 000名外包工）。1755年，约翰·泰勒在伯明翰的大型工厂雇有500名工人（Hopkins，1989，第10页；Berg，1994，第267页）。不过，用迈克尔·弗林（Flinn，1962，第252页）的话说，这不过是在矮子里面拔将军。在工业革命之前，英国拥有工业，但鲜有工业家；英国拥有工业公司，但鲜有工厂。在当时，典型的制造企业是地方作坊。此类作坊通常设在家中或家附近，作坊雇员包括家庭成员、学徒和同吃同住的仆人。在1750年之后的一个半世纪中，工厂缓慢但无情地取代了这些组织。马克思和他之后的观察家都认为，这一变化是工业革命带来的最惊人、也最深刻的变化。马克斯·韦伯谈到工业革命和它产生的影响时指出，工厂的兴起产生了“极为深远的”影响（Weber，[1923]，1961，第136页）。在首部全面介绍工业革命的著作中，法国史学家保尔·芒图写道，事实上用“革命”一词描述这一现象非常贴切；鲜有政治革命能够产生如此深远的影响（Mantoux，[1905]，1961，第25页）。

虽然工厂制度的兴起并非一帆风顺，但是最终大部分的行业和活动实现转型。在纺织行业，纺纱先于编织完成了转型。在炼铁行业，锻造则先于精炼完成转型。制陶业、玻璃制造业、造纸业和部分食品加工行业（例如啤酒厂）建立大型工厂的时间相对较早。许多消费品的制造活动，特别是鞋子、枪支、袜子、帽子和玩具等耐用品制造活动仍然属于小型工场产业，这一情况一直持续到19世纪很长一段时间。即使一些行业转型为工厂制度，老的工业企业类型和新兴工厂共存了数十年，有时同一家公司将一些工序外包给工人在自家农舍完成。现有的统计数据显示，到1841年，超过2/3的棉纺织业、大概一半的毛纺和精纺毛纱业，以及1/3的金属制造业都集中在工厂。但这些数据的质量并不佳。此外，各地的情况并不一样。到1850年，英格兰的大多数地区几乎没有工厂：东部一些地区和南部地区基本上是农村，几乎没有发生变化。不过，到19世纪中叶，这一进程积蓄了不小的动能，工厂的发展变得势不可挡。到1900年，工厂制度全面获胜。当时仅有不到1/3的产业工人仍在家里工作。

这一事态发展没有乍看起来那么不言自明。老的家庭包工制拥有许多优点。如果公司依托工人的住宅作为主要工作场所，那么它无须购置或租赁大型建筑物，从而能够节省一大笔置产费用，且无须考虑维修、保安、保险、取暖和照明等问题。它也不必花钱聘请工头和守夜保安，也不用操心工人行为不端、与其他工人打架或者旷工问题。对于工人而言，在家工作有许多好处。首先，他们能够自由灵活地选择工作时间和方式。其次，他们在工作赚钱的同时，还能承担照看小孩等家务劳动（用现在的话说就是并行工作）。最后，工人还能够节省通勤时间成本。相比之下，工厂制度要求工人遵守新的行为准则。工人不得不遵守纪律，服从陌生人的命令，还得服从时钟这一最专制的主人。独立的熟练技工，甚至还有地位不高的农村家庭手工业工人不得不与他们的供应商及市场打交道，但我们不能认为这些工人也要遵守“纪律”。在家庭手工业时代，家庭工人经常不得不和资本主义兼营批发的制造商打交道，并完成他的订单。双方会发生矛盾。资本家有时试图对在家工作的工人指手画脚，但这只是偶尔为之，并不是每天都发生。工厂改变了所有这一切，纪律和经济等级制度变得日益普遍。愿意遵守工厂纪律并忍受工厂作业艰苦条件的工人根本不好找。此外，这样的行为是不容易养成的，尤其对于自尊心强的独立成年男性而言，毕竟他们是家庭手工业这一“小池塘”里的大鱼。在工厂发展的初期阶段，工场主很难招聘到合适的工人，会优先雇用妇女和儿童。在传统社会里，妇女和儿童可能更温顺听话。博尔顿、瓦特等企业家需要的技能被男工垄断，经常对詹姆斯·泰勒等人无可奈何。瓦特曾在信中向博尔顿抱怨，泰勒“染上频频少量饮酒的恶习……他顽固、任性且心存不满”。即便是熟练工人也存在酗酒问题。约翰·斯密顿曾给瓦特公司的一名蒸汽机工人一些钱，结果这名工人“第二天喝得酩酊大醉，导致蒸汽机失控，最后出现故障，完全失灵”（转引自 Smiles，1865，第 227 页、第 311 页）。

早期的工业家发现，为了打造一支劳动力大军，他们需要通过社会控制和约束影响工人的行为方式。他们设立了复杂的激励制度。罗伯特·欧文等一些企业管理者认为，如果合理、人性化对待工人，这些价值观会自然而然地出现。其他人通常偏向于藏起胡萝卜，挥舞大棒，例如罚款、当场开除，以及在许多情况下实施体罚。虽然经济因素决定了人们会对激励措施做出反应，但是文化和制度决定激励因素是以奖励还是惩罚的形式出现。厂办学校不仅是为了教会工人读书写字，还是为了向他们灌输节俭、勤奋、尊重上级、自制、敬畏上帝和其他良好的资产阶级价值观。这些价值观有助于工厂管理者顺畅地经营管理工厂。维多利亚时代的道德规范注重礼节、家庭生活、节俭和类似的美德。我们很难了解这一道德规范多大程度上是为了顺应新的工厂制度提出的要求。道德准则和非正式的行为规则能够自我存续，很少是为了满足经济需要而出现的。与此同时，当非正式制度和经济成就相互促进时，它们能够取得巨大的成功。在维多利亚时代，非正式制度和经济成就相互促进的程度与日俱增。正如尼尔·斯梅尔塞（Smelser，1959，第 188—191 页）证明的，家庭通常作为一个单位被雇用。这一做法的优势在于，企业等级架构能够利用父母权威，以及家庭内部的忠诚和团结。它最大限度地减少了在同一场地工作的非家庭成员之间的摩擦，并且帮助家庭工作（domestic work）平稳地向工厂作业过渡。汉弗莱斯（1981，第 13 页）指出：“矿工需要控制帮手，这能够解释为什么他们会雇用自家的女工。这并不一定是因为她们更顺从听话，而是因为矿主更愿意雇用自家的女儿，而不是别人家的儿子，毕竟女儿会服从父亲的威权”。在煤矿矿井，家庭劳动能够提高纪律性，这样采煤工人不需要时刻监督辅助劳动过程。

经济史绝不是简单明了或者线性的。工作场地集中在一起和严密管理或“纪律”的出现并没有多大关联。首先，在散工制度下，一些雇主有权进入家庭工人家中，检查他们的工作情况以及原材料和设备的使用情况，从而在工人家中执行一些工厂纪律。原材料和设备通常是这些包买商的所有物。与此同时，当时还存在类似于工厂的建筑物。这些建筑物的所有人向个体劳动者出租场地，但劳动者来去自由。建筑物的所有人并不在乎劳动者工作努力与否。工厂并非总是与昂贵的机器和大笔固定资本支出联系在一起。理查德·阿克赖特在德比郡著名的克罗姆福德纱厂安装了价格不菲的动力和纺丝设备。不过，许多早期工厂似乎只是将家庭工人召集在一起，工人在工厂干的活儿和他们在家干的活儿没有多少技术上的差别。其他“工厂”并不是类似于城堡一样的昏暗、令人生畏的建筑物，而是几栋建筑和一些小茅舍随意拼凑在一起，例如罗伯特·皮尔在伯里市的棉布印花工厂。

工厂制度的经济渊源是什么呢？显然，它是一个复杂的现象，简单一两行经济论点不足以解释工厂制度的崛起。工业革命机械化在工厂层面产生了有形的规模经济效应，这一解释是最显而易见的，且争议最少。蒸汽机、大型纺织机、化工设备和搅炼炉都属于成本固定的大型设备，它们无法在家庭小作坊中高效运转。照明、取暖、安保和库存控制等同样也可以给工厂带来规模经济。尽管家庭包工制能够实现大量的劳动分工，但是如果能够将各个阶段的生产活动集中在同一建筑里完成，那么劳动分工精细化似乎更加合算。不过，一些学者（例如 Marglin，1974—1975）指出，从逻辑和历史的角度看，这一问题存在反向因果关系，即工人先集中在大型建筑物里工作，然后企业家才发现可以购置更加先进、沉重的设备。虽然这一反向因果关系在一些情况下缺乏可信度，但它有着足够的可信度，能够证明从简单的技术角度解释大型工厂优势的做法并非完全令人满意。

经济学家提出了另外一种观点，主要利用激励措施和信息成本来解释工厂制度的兴起（Williamson，1980；Szostak，1989）。在散工制度下，家庭工人为商人企业家或者包买商工作，按件计酬。工人工作越努力，赚得越多。如果在一种制度下，设备相对便宜，且生产质量一目了然，那么这一制度行之有效。当然，不只是家庭手工业采取计件工资的做法。即便在工厂和矿井，雇主也更愿意采用按件计酬的方式。不过，随着机器设备日益先进和昂贵，所有人（即资本家）开始担心工人是否会过度使用机器，以及小心维护和使用机器等问题。即便设备体积不大，能够安装在工人家中使用，且只需一个人操作，雇主仍会监督生产过程（即投入），而不仅仅只是计算产量并向工人支付相应的工资。如果雇主采取按件计酬的方式，并为工人提供价格不菲的生产机器或原材料，那么工人有动机浪费原材料，让设备超负荷运转，或者吝于维护设备。这是联合生产面临的一个问题。究其原因，是因为工人身兼两职，在从事生产活动的同时，还要负责维护生产设备。如果雇主更关注其中某一项工作，那么工人会因此将过多的精力投入雇主重点关注的工作上，进而造成工作效率低下。此外，还存在信息不对称的问题。除非雇主安排工人在工厂里干活，直接监督工人的生产过程，否则雇主很难确定导致机器出故障的原因是不可抗拒因素、正常损耗或者工人怠慢。包买商的情况也是如此。包买商将原材料和半成品供应给小手工业者进行加工制造。在 18 世纪，投诉工人浪费或侵吞雇主值钱的原材料的情况激增。如果雇主监督工人干活，这能减少上面提到的损失。不过，为了实现这一目标，雇主需要将工人集中在工厂干活，并且雇用工头进行监督。

此外，产品质量信息不对称的问题也有助于解释工厂制度的兴起。如果雇主按件计酬，那么工人可能会偷奸耍滑，为了追求产量最大化，粗制滥造，导致最终交付的产品质量不佳。在许多生产活动中，此类质量“掺水”的问题不易察觉。此外，当劳动再分工实现精细化时，雇主通常很难将糟糕的工艺归咎于具体的某个工人，然后对之进行惩罚。此外，质量有多个维度。工艺和原材料在很多方面可能会出问题。不过在 18 世纪，随着市场扩张，消费者希望购买商品时能够容易验证其属性，因此标准化问题变得日益重要。如果螺栓和螺母不配套，即便做工再精良，也属于劣质产品。这就像不合脚的鞋子一样，哪怕做工再考究耐穿，也属于不合格产品。产出和投入标准化可能是工业革命最受低估的技术发展。它需要技术和制度突破，也就是生产同质零部件和产品的精密机床，以及不同生产商就具体标准开展的协调工作。不过，由此产生的回报非常可观。英国逐渐发展成为一个统一的市场。如果消费者未能找到心仪的商品，或者心存犹豫，那么可供他们选择的供应商不少。生产商必须制造标准化的产品，确保一旦顾客知道厂商名称，就不会浪费宝贵的资源来检验产品的质量。在制造大致相同的产品方面，印染和冲压技术无疑广为人知且值得信赖。棉布滚筒印花技术就是一个例证（托马斯·贝尔在1783年发明了这一技术；皮尔家族运用了这一技术，大获成功）。在工厂里，工业资本家可以要求工人执行生产标准，并且对生产过程进行监督，因此工厂有助于解决产品标准化问题。乔赛亚·韦奇伍德在斯塔福德郡的著名伯斯勒姆陶瓷厂一丝不苟地控制质量；本杰明·戈特的先进的米尔斯公园（位于利兹市附近）毛织厂也是如此。如果工人在家中作业，严格的质量控制是不可想象的。在产品标准化方面，机床的发展进步产生了最大的效益。亨利·莫兹利和学生约瑟夫·惠特沃斯制造出螺纹切削车床。这种车床生产的齿轮、螺丝和螺栓达到前所未有的精密度和容差。

工厂还拥有一个极大的优点，即雇主能够监控工人的时间，因此可以选择向工人支付计时工资。就家庭工人本身的性质而言，雇主只能向他们支付计件工资。长期以来，经济学文献苦苦思考一个问题，为什么雇主纯粹采取计时工资、计件工资或两者相结合的方式，向工人支付报酬。用经济学家的行话说，计件工资是高能激励因素，而这正是它们的优势所在。在计件工资制度之下，努力和产出成正比，这会鼓励工人在雇主没有监督的情况下同样努力工作。不过，计件工资会带来产品质量、联合生产等问题。此外，当生产活动由一个团队而不是个人完成时，计件工资的做法难以为继（Alchian and Demsetz，1972）。当两个或者更多工人合作完成一项特定任务时，雇主很难明确分工，因此很难采取计件工资的方式。每位工人都明白这一道理，因此有动机推诿责任。雇主可以向整个团队支付报酬（情况经常是如此），不过团队需要决定内部收入分配。在工厂时代早期，工厂主雇用工人一家人作为一个生产小组，以此解决上述问题。随着劳动分工精细化，计件工资制很难实行，不过产品标准化事实上让计件工资变得更加容易实行，即使博尔顿和瓦特仍能够向越来越多的雇员支付计件工资（Roll，[1930]，1968，第191—194页）。当工厂采取“流水作业”程序时，生产速度不再取决于单个工人，而是由机器和操作员控制，因此集体作业问题变得尖锐起来。棉纺工艺预示着流水作业技术的面世，不过，我们同时还可以找到有关流水作业制度的其他早期案例。

亨利·莫兹利和马克·布鲁内尔在1810年设计出朴次茅斯滑块制造机器。这一有名的机床为英国海军生产木质齿轮和滑轮。它是改良精神渗透到大多数学者极少关注的领域的例子。塞缪尔·边沁是幕后推手。塞缪尔是哲学家杰里米·边沁的弟弟，1796年被任命为海军工厂监察总长。塞缪尔尽力推广改良技术，包括1799年海军投入运行的首台蒸汽机。这台蒸汽机白天为木工机床提供动力，晚间则用于排干船坞中的蓄水。布鲁内尔提议滑块制造机器采用蒸汽动力，莫兹利负责将这一设想付诸实施。从许多方面而言，滑块制造机器是工业前景的标志。它们紧密协作，精细分工，这与现代大规模生产过程很相似。在现代大规模生产过程中，工人们相互依赖；10名工人能够生产出大量的同质产品，远胜于10倍以上的工人运用传统技术生产出的产品。朴次茅斯滑块制造机器追求理性和创新，这正是培根计划梦想的进步。虽然这一机器的设计者是法国人，但它能够成为现实，得益于莫兹利的精湛工艺和边沁出色的企业组织能力。

我们还可以从知识和专业技能的角度了解工厂的兴起（Mokyr，2001，2002）。随着更加先进的机器和工序面世，生产工序变得日益复杂，人们在执行生产程序和应对紧急情况时需要掌握海量的知识和技能，但没有人能够轻易地掌握如此多的知识和技能。各种机械设备涉及运动生成、复杂的传动装置或化工工艺，因此需要工人负责操作、监控、维护和维修。在制造纸张、玻璃、染料、枪支、肥皂和金属物件等商品时，工厂需要严格按照复杂的“制作法”操作，且经常需要专家当机立断。因此，先进的现代工业需要专家提供专门技能，例如机械工、化学家、工程师、铁匠、技艺精湛的木匠等。考虑到公司需要值得信任的专家在生产现场提供专业知识，还得和他们不断交流沟通，因此公司不得不雇用他们。

托马斯·杰拉蒂（Geraghty，2007）的近期研究成果让人们进一步了解工厂制度兴起的缘由。杰拉蒂解释说，工厂制度的兴起是多个不相关因素相互补充和加强的结果，单个因素无法解释这一现象。技术、企业组织、产品质量等因素共同发挥作用，推动工厂制度的兴起。有鉴于此，我们不能将这些因素分隔开来，这并非了解工厂现象的最佳途径。工厂制度得以存在，得益于英国经济日益成熟、新设备涌现，以及工厂主不得不推行各种激励措施和组织模式，以顺应新的形势。杰拉蒂的数据显示，从实证的角度而言，工厂组织（从如何制定工厂规章和出台激励措施的角度而言）和机械设备，以及工厂组织和质量控制之间都存在强有力的配对（pairwise）和互补关系。利润最大化决策的性质变得更加复杂，雇主需要同时决定选择哪种技术，确定工人的努力程度，以及决定如何制定激励措施。沟通和决策贯穿公司的层级结构。

尽管工厂需要技艺精湛的专家，但是下列看法并不能准确描述1850年或1700年的情况，即制造业的大多数工人需要具备高水平的人力资本。车间的大部分工人无须掌握千锤百炼的技能，更不用说读写能力了。人们经常认为，在工业革命期间，大多数工人“技能退化”；劳动分工导致出现枯燥单调的工作。马克思严厉地抨击了这一现象。人们认可劳动分工优点的同时，也承认它带来了一些危害。亚当·斯密指出，劳动分工会导致人们“头脑迟钝”（［1776］，1976，第782页），以此修正自己对劳动分工的乐观看法。在此之前，亚当·弗格森（1767，第325页）就曾提醒：“所有物的分离（即劳动分工）似乎可望改进技能，并且也是各行各业生产活动随着商业发展而日趋完善的原因。不过，当它终止并发挥最后影响时，它在一定程度上切断了维系社会的纽带，让规矩取代了独创力，并导致个人退出职业这一常见舞台，而人们可以在这一舞台最为愉悦地运用情感和头脑”。

为了运用新技术，公司需要雇用主管、技术专家和其他专业人才。除了主要工场之外，许多公司最终还设立了小型机械车间来完成这一工作。“专家”主要负责充当非技能工人、公司所有人以及其他专家的顾问，并且监督和指导他们。在当时，人们只能通过私人交往传递此类信息，因此公司越来越有必要将这些劳动者集中在一个地方。早在1806年，政府官员就向议会提交了一份关于羊毛工业的报告。在报告中，他们提道："显然，小生产商无法像财力雄厚的人一样，开展必要的试验，并承受下列活动带来的风险，甚至是损失，即发明和改进新产品，或者进一步完善已有产品。他无法亲自观察，学习外国技艺、生产加工和改良技术……另一方面，工厂主通常拥有大笔资金，而且能够直接监督所有的工人，因此能够开展各种生产试验活动，承担投机活动带来的风险……因此，只有工厂才有能力推出新商品，并改进和完善已有的商品"（Great Britain，1806，第12页）。在工业革命初期阶段，技术工人和训练有素的技工依然属于稀缺人才，能得到薪酬溢价。不过，相比欧洲其他国家而言，英国的此类人才数量更多。博尔顿和瓦特经常担心最优秀的工人受海外国家报酬优厚的工作诱惑，例如俄罗斯、法国、德国（Smiles，1865，第227页）。

工厂是一座座有用知识的宝库。在工厂，人们借助专业化发展过程实施工艺方法。工厂也是人们秉持启蒙运动最优良的传统开展实验活动的场所。当然，只有少数大型工厂开展此类实验活动，但是真正发挥作用的是技术精英阶层。斯图尔特（2007）提到了早期深度参与此类生产实验活动的一些知名工厂主。瓦特和韦奇伍德一如既往地发挥了领头羊的作用，纺织品制造商本杰明·戈特、约翰·马歇尔和乔治·A·李同样发挥重要的作用。马修·博尔顿是"根深蒂固的实验主义者"。有人认为他配得上博学家和制造商的称号（Jones，2008，第117页）。启蒙工业家经常与当时最优秀的科学家接触，不过他们能学到的东西有限。当然，关键在于当时有关最佳实践的命题性知识（best-practice propositional knowledge）通常不足以指导工业家做出技术选择。当人们对构成一项技术基础的确切自然过程知之甚少时，实现进步的最佳方式是系统地试错。詹姆斯·瓦特在1794年写道，即便在机械领域，理论知识也是不足的，因此实验活动是唯一的应对之道。他还表示："如果一种方法没有奏效，那么我们会尝试另一种方法"（转引自Jones，2008，第

172 页)。实验活动一度属于绅士科学家* 的辖区，但在 18 世纪末成为工厂车间活动。不过，只有资金雄厚的大公司经得起失败，才有能力开展实验活动。铁路强化了这一趋势：在 19 世纪 40 年代中叶，尽管人们对锻铁性质了解甚少，但是工程师利用锻铁建造大桥时，开展了细致的实验工作，确保设计可靠（Rolt，1970，第 12—15 页）。

有一点重复多少次也不为过，即在 19 世纪中叶，“工厂”仍然不是英国经济的典型雇主；在人们脑海里，当时的“工厂”通常和外观丑陋、对使用者不友好的大工场联系在一起。这些工场雇用大批工人，对他们严加训导和管束。人们经常将大工场和工业革命联系在一起。在当时，大工场是全新、引人注目的事物；它们不断发展，并最终成为经济体系中一个庞大的组成部分（不过它们没有占据完全主导的地位)，这给史学家留下深刻的印象。不过，灵活行事的小企业要常见得多，但它们在技术运用方面非常“超前”。这一定程度上归功于，它们能够顺应需求模式或者其他经济参数的变化，灵活行事，实现技术和产品转型。这些特征极大地抵消了推动大工厂兴起的规模经济效应。这些高技能工场成为大型企业的分包商，服务于专门的市场，满足定制化需要，且开业或停业相对容易一些。在 19 世纪，雇用 1 ~ 10 名工人的小作坊是当时最常见的企业，它们为就业和工业产出做出的贡献最大，例如伯明翰和谢菲尔德的金属加工商行、伦敦的帽商和裁缝，或者面包、画框、鞋子等各种消费品生产商。棉纺织业包括约 900 家企业。在这些企业中，许多充其量不过是作坊，雇用的工人不超过 20 人，算不上是熊彼特称赞不已的产业领袖。同样，1851 年，在工程行业的 677 家企业中，不少于三分之二的企业的员工人数少于 10 人。在英国经济的大部分领域，规模相当小的作坊仍占据着主导地位。

有人认为，大工场或小作坊采用了新技术，导致工人技能退化。这一观点在一些圈子里很流行，不过它将早期工厂时代复杂的新现实情况想得过于简单。随着机械化的推行和劳动分工的进一步细化，许多老的

---

* 指财务上独立的，以从事科学研究为个人爱好的科学家。——译者注

手工技能被淘汰了。一些自动化程度更高的工艺流程可能更容易学习，并且技术进步对低技能活动的影响可能更大（O'Rourke、Rahman and Taylor，2007）。大多数的工厂和矿业工人可能技能低下，但如果我们将适应工厂环境的意愿和能力视为一种“技能”，那么这一结论显得含糊可疑。不过，英国经济发生的变化要深刻得多，不局限于工业工匠转型成为低技能的工厂工人。经济变化创造了新的大型部门和行业，例如铁路、机器制造。这些部门和行业需要全新的技能。新工厂需要经理、工程师、机械工、会计、监工、技工、木匠、锅炉制造工、铁匠、簿记员和销售人员等。在棉纺业，新的骡机需要技艺精湛的技工操作。技工凭借丰富的经验和熟练的技巧，防止纱线过紧绷断，或者过松导致无法正确绕线。搅炼技术同样创造了一个全新的高技能职业。这一职业的工人为了学习掌握新技能，不得不下苦功夫，就像“未受过教育但并非完全无知的人们……当他学习掌握了手工艺，便成为真正的工匠”（Gale，1961—1962，第9页）。伯格（1994，第255—279页）强调技能对金属制造业的重要性，并证明工业革命的一个特征是当时需要各种技能，而不是更少的技能。即使工场内部也需要更多种类的技能。大致来讲，18世纪的家庭手工织布工掌握的技能相似。由于单个工人无法掌握机械化织布机所需的所有知识，因此工厂进行知识分工。虽然技能总体水平并没有下降或上升，但是技能分布日益不均衡。1834年，兰开夏郡和格拉斯哥的棉纺厂男性工人收入年龄状况（earning-age profiles）与他们早年人力资本投资情况相一致，工人在二十大几岁和三十几岁时的收入远远高于十七八九岁。这意味着制造业部门同样需要经验和在职培训（Boot，1995）。与此同时，随着新技术日新月异，技能和专业技能被淘汰的速度越来越快。随着劳动力变得专业化，它必须更加灵活应变，进一步适应日新月异的技术环境。

* * *

工业革命的典型商号由所有人或主要合伙人管理。熊彼特

（Schumpeter，1934，第 77 页）指出，当时的企业家除了资本家的身份，通常还担任技术专家、采购员、销售员、人事经理、法律顾问等角色。许多早期的工业家技术能力出众，具有独创性且足智多谋，不过这些品质不一定足以让他们成为优秀的企业经理。当然也存在例外情况。韦奇伍德就是一个例子。他几乎接近人们期待的理想企业家，技术能力强，精于营销，且待人接物时像政客一样精明。同样，马修·博尔顿的技术能力出众，同时也是一位有才干的经营者。一些知名度不高的人物也兼具商业和技术能力，例如伯明翰纽扣制造商和珐琅鼻烟盒制造商约翰·泰勒。约翰 1769 年去世时身家达到 200 000 英镑；当地一位作家将他称为他所在行业的“莎士比亚或牛顿”（Hutton，1795，第 102 页）。一些企业家足够了解情况，意识到某种技术有利可图，但不知道如何让它起作用，所以不得不依赖于外来专家。在其他情况下，技术领袖和优秀的企业经理搭档合作，例如博尔顿和瓦特建立的伙伴关系，以及利兹市亚麻纺纱商约翰·马歇尔和他倚重的技术经理马修·默里。虽然杰出的工程师理查德·罗伯茨的企业管理能力出名得一塌糊涂，但是他拥有托马斯·夏普、本杰明·福瑟吉尔等能干的合伙人。其他有名的搭档包括商人库克和科学家惠斯通、约翰·凯和理查德·阿克赖特、铁路工程师乔治·史蒂芬森和他的伙伴及出资人亨利·布斯，以及橡胶业先驱托马斯·汉考克和查尔斯·麦金托什。此外，威廉·伍拉特和他的姐夫杰迪戴亚·斯特拉特、詹姆斯·哈格里夫斯（珍妮纺纱机的发明者）和他的雇主罗伯特·皮尔同样建立了合伙关系；虽然他们的合作关系名气没那么大，但同样颇具成效。伍拉特和斯特拉特发明了改良型针织机，这一机器能够生产罗纹长袜（1758 年）。相比之下，其他人就没有这么幸运了。虽然工程师理查德·特里维西克拥有惊人的创造力和聪明才智，但是他的企业管理能力低下，屡次遭遇失败。有人称发明家威廉·库克沃西“更像一名学者，而不是绅士”。1773 年，他将发明成果硬质瓷技术出售给了同为贵格会信徒的布里斯托尔人理查德·钱皮恩。钱皮恩一度靠生产瓷器大发其财，但是后来因为专利未能得到续展，在 1781 年被迫停业。他生产的瓷器就是现在闻名于世的布里斯托尔瓷器。

大多数商业公司需要专业帮助，这是因为很少有人拥有足够的才干和充沛的精力，可以同时处理公司管理和技术事务。另外一个原因是在公司创始人去世之后，其继承人的能力并不一定能够与之相提并论。不过，此类专业帮助并非唾手可得。企业家通常聘请自家亲戚担任企业管理人员。此外，也有能干的工人或者办事员成为管理人员。他们从事日常一线工作，获得提拔，晋升为管理者。在1830年左右，经营合伙人和支薪经理之间的（社会和经济）差距已经很小，并且两个群体日益重合。

工业公司均为私营合伙企业或个体独营企业。典型的工业家通常拥有一家公司。公司下设一家工厂，虽然工厂只能够生产几种产品，但它是工业家的命根子。随着现代部门扩张，管理工作日趋复杂，工业家需要信得过的副手和助手。他们通常会选择亲戚或合伙人为副手，确保他们的利益与公司发展休戚相关。工业家倚重家人，这说明可靠和忠诚至少和技术和管理能力一样重要。彼得·马赛厄斯指出："在研究18世纪工业企业家现象时，应将血缘关系视为最为重要的考量因素之一"（1959，第271页）。一些行业还出现了家族企业。在这些行业中，技能精湛的父亲培训儿子，培养他们对机械事务的喜爱，以及解决技术难题的能力。

不过，正如我们将看到的，信任问题比这要深刻，单靠血缘关系无法解决这一问题。随着职业经理阶层在19世纪上半叶渐渐兴起，工业家不再如此倚重近亲。事实上，在一些合伙企业，能干的经理经常发挥着关键作用。一些经理甚至被提拔为合伙人，例如博尔顿和瓦特公司的威廉·默多克和约翰·萨瑟恩。1792年，罗伯特·舍伯恩出任圣海伦斯的雷文黑德平板玻璃厂经理，将它从濒临破产的边缘拯救过来。随着工厂利润增加，他的薪水也水涨船高，从500英镑涨到1 000英镑（Barker and Harris，1954，第116页）。一些人发展得更好。例如，罗伯特·欧文一开始只是新拉纳克棉纺厂经理，后来成为当时最有名的工业家之一。约翰·格斯特一开始担任经理，之后晋升为合伙人，最后成为威尔士道勒斯铁厂的所有人。在19世纪三四十年代，道勒斯铁厂是世界上最大的铁厂。在19世纪初，工业家需要操心设备、燃料、建筑和机器维护、工人住房、安全和纪律等问题。作为管理人员，他是战术家。作为企业家，他需要具有战略思维。工业家通常但并不总是住在自家工厂附近。他们通常只有在完全没辙的情况下才会放权。安布罗斯·克劳利是18世纪初杰出的铁器商。他住在伦敦，大部分工作时间都花在书写和口述信函之上。在19世纪30年代，斯陶尔布里奇市铁器商詹姆斯·福斯特每年仍需过目5 000封商业函件。

工厂带来了有待解决的新问题，其中包括劳工控制和管理问题。对制造部门而言，这一问题基本上属于全新的问题。正如我们之前提到的，早期工厂主需要解决一个问题，即如何招收到温顺、具有可塑性的工人。除此之外，如何极大地激励工人也一直困扰着他们。工厂主在多大程度上可以激励工人努力干活呢？正如西德尼·波拉德（[1965]，1968）在其经典著作中指出的，在工业革命之前，“管理”的概念尚不为人们所知或了解。在1750年之前，除了军事和海事组织、宫廷和一些特殊机构之外，其他机构很少需要设立相应的组织，负责控制和协调大批工人和昂贵设备。英国企业经理不断摸索，在无意中找到了解决方案，其中一些解决方案奏效了，另外一些却没有起作用。当时的人们遇到我们今天所说的“人力资源”问题。对此，他们毫无经验，也没有其他人可以求助。工厂主应在多大程度上为工人提供住房、教育、保险和其他“公共”产品呢？他们应在现货市场（spot market）雇人，还是为工人提供少量的职业和工资保障？为了激励工人对公司保持忠诚，他们应当支付尽可能低的工资，还是为工人支付“合理的工资”，或者经济学家所说的效率工资呢？效率工资比工人在其他地方赚到的工资要高。休伯曼（Huberman，1996）描述了工业家是如何应对其中的许多问题的。他还说明，兰开夏郡大棉纺厂为了培养工人的忠诚度，向工人支付更高的工资，并且在需求减少时，努力保护工人的利益，这一切是大棉纺厂不同于小棉纺厂的地方。他们还需要做出人事决策；决定如何惩罚违反规定的工人；决定应当从工厂内部挑选工头和主管人员，还是引进外部人才。有时，工厂主在无意中找到奏效的解决方案。不过，当时的管理知识落后于技术进步，理性的经济行为人之间的竞争推动公司选择最优人事实践的观念即使在今天也不可能实现。波拉德（[1965]，1968）指出，工业化社会中的一个特征是未能认识到自身管理不足问题有多么严重。

在企业史中，一个极其有意思的问题是会计实务的演变。自中世纪以来，商人一直采用复式簿记。在工业革命前夕，当时通行的会计实务在地产管理、海外贸易和相关的信贷交易、散工制度等领域逐步发展。大多数会计程序只是商业记账工具，并不适用于评估一家工业企业的整体盈利能力，更不用说企业的各部门了。在 1760 年左右的英国典型企业中，大多数经济活动仍然在所有者经营的企业内部展开。企业所有人的生活水平更多取决于现金流，而不是利润本身。大企业最常见的形式是合伙企业。它们撤回现金或实物资本的方式通常很简单。不过，在合伙企业解散或扩张时，需要从账簿中获取更多的信息。

工业革命时期的制造工厂带来了许多新的会计问题，人们之前很少遇到这样的问题。工厂需要关心间接资本、设备折旧、库存控制、不同部门收入与成本等问题。当时资本会计尤为欠缺，并且各种会计实务显示，当时人们拿不准正确的会计程序是什么样的。此外，当时的会计方法导致企业家或经理几乎无法评估创新技术的净盈利情况，这可能极具破坏性。即便在博尔顿和瓦特经营有方的公司中，也没人知道各个部门的盈利或亏损情况。在苏格兰卡伦铁厂，一名经理估算铁厂利润达到 10 500 英镑，但实际上亏损了 10 000 英镑。在 18 世纪 70 年代，乔赛亚·韦奇伍德彻底革新了企业的会计程序，采用成本核算法，计算“花瓶制作的各项原材料开支，且尽可能包括所有的开支”。不过，他的这一成本核算法不太可能很快推广到整个制造业。生产过剩和其他判断失误问题频发。一位缜密思考的经济史学家叹息道，他们“在评估棉纺织企业家的商业敏锐力时，几乎不可能存在低估的情况”（Payne，1978，第 189 页）。从某种意义上说，这一看法似乎有点苛刻，毕竟新工厂的管理问题是工厂制度兴起的副产品。工厂制度主要是为了处理技术和信息问题。在工程方面，早期的经理能够倚重技术专家，但在管理问题上，他们通常只能靠自己了。身处同一行业的邻近企业会密切关注对方的技术进步情况，不过它们在会计实务水平上可能有着数十年的差距。大多数企业认为，簿记员和会计的工作是向工人和供应商付款，向顾客收款，防止挪用公款和控制存货。不过，企业没有要求他们完整提供企业各项业务的盈利信息。即使企业提出这一要求，他们也无法做到。

当时还存在另外一个问题，即人们对“资本”和资本收益率的看法混乱不清、相互矛盾，不确定资本应赚取利息还是利润。工厂主将固定投资和经常性支出混为一谈，并且将添置的设备记入经常项目。即便是威尔士梅瑟蒂德菲尔市的道勒斯铁厂等大型生产场地仍然习惯于采用此类会计实务。在道勒斯铁厂，几乎所有的新设备以当期收入的名义进行核销。很少计算固定资产折旧。事实上，一旦价格不菲的设备对技术而言变得不可或缺时，固定资产折旧问题也变得极其重要。这算不上是革命性想法。在罗马时代，维特鲁威曾提到了这一观念。此外，18 世纪著者约翰·梅尔（Mair，1786，第 71 页）在《簿记法》中详细介绍了一种重新评估“船只、房屋和其他财产”等固定资产的方法。《簿记法》是 18 世纪广泛使用的簿记教材。约翰·斯密顿对福斯和克莱德运河的水闸大门算入了 20 年的折旧费（Mason，1933）。当然，一些工业家同样认识到这一点，只不过这很少在其会计实务中得到体现。位于奥尔德姆附近克朗普顿的棉纺厂主约书亚·米尔恩 1833 年向议会委员会解释说，每一个谨慎的制造商都应在自己账户的借方记入一定比例的机器折旧费用，否则其资本将虚增。但他承认，除了机器维护保养费用之外，他自己并没有定期这么做（Great Britain，1833，第 652—653 页）。工业家经常将损耗（即用现金支付的修理费用）与折旧混为一谈，并且完全不了解技术折旧现象。波拉德（［1965］，1968，第 285 页）评估指出：“只要没有目的明确的资本核算，就不可能合理地利用会计科目进行管理指导”。如果说工业启蒙时代是理性生产实践的时代，那么这些实践尚未适用于会计领域。随着人们更加强烈地感受到相关的需要，许多会计和管理方法逐渐发展起来。不过，直到铁路出现之后，与现代法人实体相关的许多管理技术才得以发展。

在某种程度上，工厂主通过分包的方式，处理管理问题。随着早期工厂的兴起，尽管一些纵向合并变得不可避免，但是在许多制造活动的组织工作中，外包生产仍然是其重要的组成部分。波拉德（［1965］，1968）指出，分包是家庭包工制的残存物，一直存续至工厂时代，“如果不是作为一种管理方法，至少作为一种规避管理的方法”。企业家，特别是早期工程业的企业家通过外包一些业务，转嫁风险，让人们为自己的错误负责，减少间接成本，同时还能确保生产的零部件达到所需的精密度和标准。

至少直到19世纪20年代，库克森（1997，第4页）贴切地称之为分散式工厂制度的模式仍然广泛存在。机械工长和建筑工人利用自己的时间，带着自己花钱雇用的助手，使用自己的工具，给工厂安装、维护和修理设备。他们通常根据自己的判断和喜爱完成这一工作。煤炭、布料和棉纱生产均采用这一制度。技术复杂的工作被分包给了机械工程师或者“咨询工程师”。在19世纪上半叶，由技术娴熟、组织有序的技术工人和工头组成的“工人贵族”依然承担许多职责。不过，最终这些职责由经营者承担。经营者凭借由工头和主管组成的等级结构，履行这些职责。尽管企业家在形式上拥有资本，且雇用工人，但是技术工人对自己管理的工人和设备有很大的独立处置权。分包或者今天所说的“外包”并非低效或者“发展不全面”的表现，而是专业化的合理结果。在信息昂贵且不对称的世界里，企业雇用外人完成特定活动，而不是亲力亲为，这是合乎情理的。尽管如此，有时企业之所以进行分包，主要是因为在现代管理制度出现之前，工厂主无力监管大批工人和活动。得益于分包，企业不再需要计算复杂的工资单，并且顾名思义能够将大部分监工工作转包给下级（lower levels）。

正如之前提到的，工厂制度初期遇到的一些小问题出在工人身上。工人们需要学会应付车间恶劣、有时危险的环境，以及和其他工人相处；此外，鉴于当时依然基本上禁止成立工会，工人需要学会联合起来，开展集体行动。工人需要承担走路上下班的时间成本，而且还得准时到达工厂。妇女需要找人照顾自家孩子。其中的一些问题属于社会问题。正如我们看到的，早期的工厂主倾向于雇用妇女和儿童，而这一做法应在道义上予以谴责，并且有可能造成巨大的社会成本。城市快速发展，带来了住房、环境卫生和公共健康方面高昂的成本和危险。工厂导致水和空气受污染。工厂通常外观丑陋、令人不快。工厂制度是英国经济变迁最早被认识的诸多实例之一。在这场变迁中，自由市场切实地造成了一个后果，这带来了不良的社会影响，且需要监督干预。监管型国家的种子已经播下，但在数十年之后，人们才看到种子发芽。这也是启蒙运动的必然结果。

工厂主在多大程度上需要和有组织的劳工打交道呢？英国工会既不是工业革命的结果，也不是因为机械化和工厂而再度兴起。英国工会是一种古老的传统。许多工会脱胎于过去的行会。在18世纪，许多技术工人成立工会，例如伦敦的裁缝、丝绸工、制帽工、船坞工人。工人们为了获取更好的工资待遇和工作环境，经常举行罢工。他们的罢工活动呈现现代工会的诸多特点，例如罢工基金、“持续罢工”（即一部分工人继续工作挣钱，支援罢工工人）。在18世纪八九十年代，随着机械化加速，此类罢工活动变得尤为突出。在劳动力多为家庭工人的农村地区，有组织的劳工态度非常强硬，特别是西南部诸郡的羊毛行业。在那里，工人担心新技术推高失业率，咄咄逼人地反对推行新技术。在这一地区，狂暴的群众抗议引进新机器，例如珍尼纺纱机、飞梭、剪切机机座、拉绒厂、头道梳毛机。此外，在这些地区，治安法官出于恐惧或者听信宣传，支持机器破坏者。只有立场最坚定的创新者并没有因为这一暴力的传统而止步。工人的抵抗导致毛纺业发展缓慢，陷入萧条，而不是兴旺发达（Randall，1989）。西南部诸郡因此将绝对优势地位拱手让给了约克郡。约克郡遭遇的阻力也并非微不足道，但是最终克服了这一阻力。不过总的说来，英国只有少数工人加入了工会。据估计，即使在工会最成功的年份，也只有5%～10%的工人加入工会（Reid，2004，第14页）。

18世纪工会史反映了启蒙运动的一个深层次矛盾。前工业化的传统时期制度通过地方法规和行会，让英国经济维持一定的秩序和安全。

不过工人社团早已发展成为分利联盟，保护启蒙思想家批评的特殊利益集团和国家执行的法规。启蒙自由主义者日益认为，工人社团妨碍了自由市场的发展。在1750年之后，许多工人社团遭到取缔或削弱。在1750年至1799年期间，英国先后出台不少于14部法律，取缔诸多工人团体（Moher，1988，第76页）。1799年英国出台《结社法》，该法适用于一般意义的“工人”。工人并不是一直都是失败的一方：1773年《斯皮塔佛德法》保护伦敦丝绸工人的工资。这些工人是一个尤其难以管控的群体。工会举行罢工，通常是为了维护旨在限制女工和童工的排外做法，以及传统技术。这些罢工活动以损害经济进步为代价，保护现有工人的收入。随着受启蒙运动影响的思想家的开明观念逐渐盛行，这些做法遭到了遏制。此类变化帮助创造了自由劳动市场，而这正是自由主义政治经济学家倡导的。不过由于这些变化，工人只能依赖于《济贫法》等寥寥可数的安全网，城市地区的情况尤为如此。工人社团发挥着双重作用，即相互支持和集体议价。社团发挥着互助会的作用，是《济贫法》的替代物。在社团中，工人为其他工人提供一定水平的互助保险，应对年迈、疾病、安葬费等问题。据艾登估计，英格兰和威尔士1801年有7 200家此类社团，成员人数达到648 000人，如果再加上他们的家人，意味着“近1/4的人口向这类有用的组织获得临时救济”（Eden，1801，第8页）。启蒙运动秉持一项基本原则，即工人拥有自发组织和相互合作的自由。这一基本原则与反行会和反垄断的情绪相冲突，后者在18世纪逐渐成为传统观念的一部分。更加不妙的是，这一原则还与1793年之后英国对法国大革命的反应存在冲突。

在反法同盟战争期间，英国出于国家安全方面的考虑，对雅各宾派感到担忧，再加上激进情绪占据上风，因此在1799年和1800年出台了严厉的《结社法》，禁止工人和雇主结社。鞋匠托马斯·哈代领导的工人组织——伦敦通讯会遭解散。禁止工人结社的法律不易执行，禁止雇主成立组织和勾结的法律更是如此。尽管反工会立法削弱了工人与雇主的议价能力，但是工人继续成立工会，印刷、造船等高度专业化行业的情况更是如此。与此同时，尽管战争诱发通胀问题，实际工资在《结社法》生效期间并未出现下跌的迹象。尽管英国经历了数次萧条，对劳动力的需求持续增长。随着物价上涨，工人有很强的动力确保实际工资不会落后于生活必需品的价格。与此同时，政府逐步调整策略，不再管制工资，转为仲裁劳资纠纷。1815 年，和平得以恢复。之后，新工业地区越来越多的工人加入工会。在 1819 年 8 月，曼彻斯特工人阶级举行大型集会，结果遭军人的暴力驱散。这一“彼得卢屠杀”事件引发了激进运动，人们要求废除《结社法》和扩大投票权。兰开夏郡纺织工塞缪尔·班福德、皮革工出身的政客弗朗西斯·普莱斯（1771—1854）等激进领袖发挥了重要作用，在 19 世纪 20 年代推动一系列改革措施，增强了工会的合法性。在 1825 年，议会出台了另一部《结社法》，全面保障工会运动的合法自由。

我们很难确定，在 19 世纪上半叶，有组织的劳工拥有多少权力。当时得到逐步发展的工会会员主要是技术工人。没有一技之长、容易被他人取代的工人也试图在工厂成立工会，但他们根本无法与雇主抗衡。这一运动呈现分散、无组织的状态。难以否认的是，这一时期出现了一些后启蒙运动的阶级意识，不过自由主义情绪仍然对工人社团持敌视态度。这一冲突在 1834 年达到了巅峰，导致发生了臭名昭著的托尔帕德尔事件。当时有 6 名农业工人成立了工会，虽然此举在当时完全合法，但是他们因为一部含糊晦涩的法律而被判有罪，并被发配到澳大利亚服苦役。这引发了公众的强烈抗议，迫使政府做出 180 度的转变，释放这六人，允许他们回国。

虽然在废除《结社法》之后，工会运动的数量增加了，但是它们并没有成为英国政治经济的重要因素。似乎没有多少证据能够证明，这场运动规模庞大或协调有序，足以对英国 1850 年之前的收入分配产生重大影响。到当时为止，它仍然没有强烈的工人意识形态，或者与大多数非技能工人主动接触的意愿。欧文主义和宪章主义虽是 1850 年之前最重要的意识形态，但是也未能激发卓有成效的全国劳工运动。在贸易萧条期，对劳动力的需求减少，工会权力通常遭到削弱，1836 年之后的情况尤为如此。尽管如此，各地由技能相同的工人组成的工会应协调行动这样一种观念已经深入人心。成立全国性组织不是一件容易的事情。在19世纪三四十年代，“全国工会”开始出现，它们联合了20～80家地方组织。不过此类“合并型”伞式组织仍没有多少权力。此外，一些全国性组织只是昙花一现，例如1834年成立的全国产业工会大联盟，以及1845年成立的全国联合产业协会。

＊＊＊

正如前文提到的，企业组织基本上维持着简单的架构。在这一架构下，经营权和所有权通常掌握在一个人手中，并且企业普遍采取无限责任制。在当时，合伙企业非常常见，它们似乎采取僵硬死板的企业组织形式。当一位合伙人陷入财务困境或合伙人之间发生冲突时，企业可能因此倒闭。不过奇怪的是，在工业革命期间，对企业结构的要求似乎不多。在1825年之前，如果没有议会私法案或者皇家特许状，人们不可能成立具有公司结构的企业。被后人称之为《泡沫法》的《皇家交易所和伦敦保险公司法》（1719年）禁止组建合伙人超过六人的合伙企业。当时人们对股份有限公司抱有敌意，这在一定程度上归因于1719年爆发的南海泡沫事件。南海泡沫事件让人们认定股份公司发起人存在欺诈的意图，且潜在的投资者容易上当受骗。此外，也有人担心有限责任制公司获得了对竞争对手不公平的优势。在必要时，企业可以通过议会获得有限责任公司的资质，雷文伍德平板玻璃厂就是一个例子。在1773年，这家工厂需要筹资50 000英镑，才能开始生产活动。由于该工厂会计程序不充分，透明度缺乏，从而加深了人们的疑虑。不过《泡沫法》并没有对经济发展构成严重的障碍。在整个18世纪，只有一件刑事诉讼是依据这部法律提起的。研究这一问题的顶尖专家得出结论，认为它“实际上是形同虚设的规定”（Harris，2000，第79页）。一方面，数量可观的特设法定公司纷纷成立，以满足特殊的需求，例如运河、收费道路公司、煤气照明，以及后来的铁路。另一方面，尽管《泡沫法》做出了死板的限制，但是英国律师找到了规避的方法，例如将财产交由受托人管理，这样受托人能够代表公司行事。联合公司工场（joint company mills）在约克郡非常常见。衣料商签署信托书，共同成立联合公司工场。这一组织形式并非完美无缺。它不能提起诉讼或者被起诉，因此受到了限制。此外，合伙人不能控制其他合伙人。这一组织形式有赖于绅士行为、信任和一系列道德准则。它取得成功，证明了道德准则蕴含的力量。道德准则在英国工业革命中发挥的作用严重遭到低估。尽管《泡沫法》禁止交易股票，但股票交易活动确有发生，且很少遭到起诉。足智多谋的小律师甚至在公司章程中写入一项规定，以此代替有限责任制，即债权人索赔金额不能超过公司资产总额。到1825年，随着《泡沫法》被废除，许多法律限制不复存在。奇怪的是，大家并不清楚如何填补《泡沫法》被废除后留下的真空。要知道，废除《泡沫法》只是恢复了股份公司的普通法原状，而普通法还没有在股份公司的性质上采取坚定的立场。随着英国在1844年出台《股份公司法》，股份公司登记制度得以建立。1855年《有限责任法》正式确立了有限责任制。

18世纪和19世纪初的经济变化可归功于我们今天所说的企业家。他们善于发现经济机遇，乐于冒险，努力奋斗，具有组织和管理其他人的能力，愿意延迟享乐，且不惧怕新生事物。不过，只有在一大批知名度较小的技术能人的支持之下，知名人物才能够在整个经济层面发挥重要作用。这些技术能人协助他们将计划变为现实。经济史学家一直以来争论不休的一个问题是，一个社会的企业家储备是否真的影响其长期发展。一些学者反对"企业家说"，其主要理由是，在每个社会，总会有足够的人能够抓住经济机遇，因此通过分析创造经济机遇的各种因素，我们可以解释经济发展。有人提出反驳意见，认为正是企业家创造了经济机遇。在这种情况下，制度环境非常重要。制度环境影响激励因素，而激励因素指引雄心勃勃、足智多谋的个人开展各种活动，让整个社会受益。不过，企业家能否取得预期效果，这有赖于技术胜任力这一互补性因素。杰出的企业家可能对英国工业转型非常关键。不过，"关键少数"企业家属于凤毛麟角。毋庸置疑的是，史册记载的企业家取得的成就足以名留青史，而更多的企业家创业失败，最终湮没在历史长河中，而且当时成为企业家的事前预期值很低（Nye，1991）。

这些关键少数的企业家来自哪里呢？得益于弗朗索瓦·克鲁泽（1985）的开拓性研究，我们能够深入了解这些工业革命先驱的出身背景，不过，这不足以判定这些人员的储备情况是否构成制约因素。毋庸置疑，新技术需要企业家具备与众不同的特质。18 世纪中叶兼营批发的制造商首先是商业企业家和金融家。这些制造商采取了散工制。尽管一些兼营批发的制造商，特别是约克郡精纺毛织业的制造商转型成为真正的工业家，但是这绝非普遍存在的现象。在约克郡的精纺毛织业，包买商制度占主导地位。在工业革命期间，杰出的企业家不得不更多地参与工厂管理工作、人事工作，尤其是技术事务。因此，当时的企业规模小，专业化程度高。虽然当时出现了一些工业帝国，例如拥有 14 家棉纺厂和印刷厂的罗伯特·皮尔家族，但它们只是例外情况。

帮助打造现代经济的商人和企业经理来自哪里呢？对此，维多利亚时代出现了一种荒诞的说法，称人们经过一番打拼，摆脱贫困，成为富翁。尽管绝大多数证据证明这一说法并不是真的，但是它有顽强的生命力。当然，这并不意味着当时没有像美国作家杰霍雷肖·阿尔杰笔下的主人公一样的寒门子弟，通过奋斗、聪明才智和运气取得成功。理查德·阿克赖特是生活窘迫的农村理发师的第 13 个儿子。杰迪戴亚·斯特拉特一开始务农，经过一番打拼，成为发明家、企业家及阿克赖特的合伙人。他在自己的墓志铭中写道：“杰迪戴亚·斯特拉特长眠于此——曾经一穷二白、无依无靠的他凭借自身努力，成家立业，留名于世。”伯明翰铁器商约赛亚·梅森和约瑟夫·吉洛特靠销售机器制造的钢笔发家致富，他们俩均出身于工人阶级家庭（Hopkins，1989，第 93 页）。人们通常认为，塞缪尔·斯迈尔斯的著作体现了维多利亚时代的价值观。他在《工业传记》中写道，早期的兰开夏郡制造商“从一穷二白起家”（Smiles，[1889]，1901，第 317 页）。

当学者碰到这样的叙述时，他们一定会问一个问题，这些叙事有多少典型性和代表性？现代学者的研究结果非常明确，即在工业革命时期，尽管一些杰出的工业家出身于工人阶层家庭或贵族家庭，但是大多数成功的企业家来自工商业中产阶级家庭。从统计数据看，“白手起家的成功人士”只是一个神话。克鲁泽整理了226位大型工业企业创始人的资料，其中包括了他们父亲的职业情况。这一权威的研究成果显示，仅有16位企业家真的出身于工人阶级家庭，20人出身于“上层阶级”(且多为绅士阶层)。在185名首份职业情况已知的大型工业企业创始人中（不包括工程师和陶瓷工），只有20人出身于工人阶级家庭（不过近一半的工程企业家是“技术工”出身）。在这226位“创始人”中，有超过70%的企业家的父亲为中产阶级，例如商人、交易员、制造商、工匠和自耕农。有意思的是，虽然创始人从事“商贸”行业的情况相当普遍，约占所有工业家出身的人员数量的四分之一，但是他们中大多数人为国内贸易商，而不是对外贸易商。尽管一些学者试图证明国际贸易部门在英国经济转型中发挥了核心作用，但是相关证据并不支持他们的这一观点。事实上，大多数工业家和成功的企业家多多少少从事某种工业职业。约一半的“创始人”是兼营批发的制造商，或者是从事生产制造活动的工匠、技术工人或者经理。企业家精神，就像资本积累一样，全靠自力更生；它是由要改造它的个体孕育出来的。内生性指数（index of endogenesis）衡量一家现代公司多大程度上由早已从事相关行业的人员创立。这一指数显示，如果评判标准是公司创始人以前的职业，那么这一比例超过50%；如果评判标准是公司创始人父亲的职业，则比例在40%左右。当然，实际情况要乐观得多：外来者进入制造部门的各个分支行业，他们的影响可能远高于其人数所显示的，这是因为新来者进入的可能性肯定会刺激现有公司推动技术现代化，并且采用生产力更高的技术。

制造部门的各个分支行业是可竞争的。此类可竞争性常常通过行业纵向整合得以实现，即作为相关行业供应商或消费者的人员进入该行业。前向整合很重要。铜矿主在冶炼和小额铸币中找到了机遇；纺纱工建造动力织机工棚；漂白工成了染匠和印刷工。伦敦麦芽生产商哈维·赫里斯蒂安·库姆就是一个很好的例子。他在1787年收购了一家大型波特黑啤酿造厂（Mathias，1959，第256页）。后向整合同样是和现有公司开展竞争的一种方式。例如，铁器商和刀具商经常建造自己的炼铁高炉和铸造车间。布料制造商和针织品商经常会开设纺纱厂，生产所需的纱线。此类整合措施通常是为了保障市场或原材料供应，节省市场交易成本。有时，当企业家涉猎专业领域以外的业务时，整合的结果不尽如人意。不过，最终的结果是竞争氛围白热化。可以这样说，截至18世纪末，相对于过去而言，英国工业对所有人开放。进步是可竞争性、进入容易和市场竞争激烈的产物。

这一制度环境是英国经济成功的一个关键因素。在一个世纪里，人们开始逐渐相信，自由市场和竞争能够产生有益的影响。这一观念让英国经济环境能够吸引希望尝试新事物并借此发家致富的人。并不是所有这些人都是土生土长的英国人。许多外国企业家对本国落后的环境感到灰心失望，选择前往英国发展事业。德国印刷工弗里德里克·凯尼格于1804年抵达伦敦，建造了首台高速印刷机。根据斯迈尔斯老套乏味的叙述，凯尼格试图将有关改进型印刷机的理念推销给德国印刷商，“跑遍了所有城镇，但没有得到任何支持”。用凯尼格自己的话说，“在欧洲大陆，此类事业不可能获得任何鼓励……我在德国和俄罗斯白白浪费了两年多的时间，最后选择在英格兰放手一搏”（转引自Smiles，1884，第89页）。斯迈尔斯补充道：“此外，德国即将与法国开战，因此它的工业企业一定程度上处于瘫痪状态，资本家自然不愿意冒险，将自己的钱投入貌似只不过是投机性的事业当中。”斯迈尔斯说，凯尼格必定会选择来到英格兰。英格兰“无论在过去还是现在，都是发明家的避风港。这些发明家在其他地方无法推行自己的计划”（同上，第89页）。凯尼格发明的蒸汽印刷机是首台采用压印滚筒和油墨的印刷机。《泰晤士报》在1814年开始采用蒸汽印刷机印刷报纸。弗雷德里克·温莎（原名文策尔）是出生在德国的企业家，在英国煤气照明利用和商业化中发挥了重要作用。瑞士人约翰·雅各布·施韦普（1740—1821年）于1792年移民到英格兰，在伦敦成立了一家公司。这家公司成功地推销了约瑟夫·普利斯特里发明的苏打水。像伊拉斯谟斯·达尔文这样的专家都在自己的巨著中推荐怡泉苏打水，称它有治疗肾结石的功效（Darwin，1794—1796，第2卷，第45页）。

不过，英国大多数企业家都是土生土长的英国人。他们大获成功，证明了不断完善的制度对经济产生了有益的影响，且在经济增长中起到重要作用。经济学家早已指出，建立合适的激励制度非常重要。如果一个经济体认可财富再分配，而不是创造财富，那么最足智多谋的个人也会将自身才智和精力用于阻止其他人从事他所在的职业，并游说政府执行此类排斥性安排，以此保护自己的租金。施莱弗和维什尼（Shleifer and Vishny，1998）将它称为“掠夺之手”型经济。依据现代标准，此类经济并不一定存在腐败问题，但是扭曲了激励措施，并使有利于个人但给整个社会带来高昂代价的活动更有吸引力（Baumol，2002）。有人认为，英国企业家储备情况更佳。这一看法并不意味着，从某种意义上讲英国人更胜一筹（不过许多同代人是这么认为的），或者英国经济天生更加强劲。它代表着，英国凭借自身的制度吸引最优秀的人才和冒险者投身于商业活动，而不是从军或成为官僚，或者再分配租金而不是以创造租金为生。

英国和其他社会很相似，有格外多的成功商人和企业家属于某种意义上的局外人这一社会阶层。英国最重要的宗教少数群体是所谓的不信奉国教者，即未加入英国国教的新教徒。尽管新教徒在英国人口中所占比例较小（7%），但是这些不信奉国教者在工业革命中发挥了非常重要的作用，为制造业输送了大批企业家，有人估计达到了50%左右。这一现象并非异乎寻常（法国东北地区的新教徒和犹太人人数不多，但同样发挥着重要作用），但仍然值得关注。当然，在1829年之前，不信奉国教者不能在议会、军队或公务员队伍中任职，这使得他们几乎没有其他职业道路。大多数地主是英国国教徒，而不信奉国教者多为工匠和商人。不过他们在其他方面也不一样，这可能让不信奉国教者拥有一个优势，即牛津和剑桥大学不招收不信奉国教者，因此他们在苏格兰或自己开办的学校接受教育。正如我们看到的，总体而言，此类学校为他们提供实用的商业和应用科学知识。作为少数群体，不信奉国教者认为可以信任教友，这让他们从事有关系网的职业时具有优势，因为在这些职业中，信任非常重要。

正如玛格丽特·雅各布指出的，上帝一位论派（属于不信仰三位一体的基督派别）这一宗教团体具有独特的优势，能够在经济进步中发挥重要作用。在18世纪，一位论派教徒包括多位工业启蒙运动的重要人物，例如瓦特、韦奇伍德、杰出的医师托马斯·贝多斯，以及曼彻斯特市最杰出的棉纺织厂主詹姆斯·麦康内尔。普利斯特里领导着伯明翰的一位论派。他向他的会众保证，追求财富是合乎道德的，商业成就和信仰并不矛盾（Jacob，2000）。在19世纪，史蒂芬森父子、铁路支持者和经营者亨利·布斯、工程师威廉·费尔贝恩均是一位论派成员。布斯在利物浦教会地位很高，因此也成为“紧密团结、非常富有的社区”的核心人物（Marsden and Smith，2005，第141页）。一位论派属于典型的启蒙运动宗教团体。它积极乐观，坚信进步，也坚信有用知识会带来种种益处。雅各布认为，它信仰一个理性、开明的上帝，“而不是加尔文宣扬的高深莫测、审判众人的上帝”（Jacob，2000，第277页）。许多不信奉国教者来自苏格兰。苏格兰为英国经济提供人数众多的人才，他们在工业革命的方方面面发挥了关键作用。还有一些成功的商人来自贵格会。虽然贵格会成员人数不超过25 000人，但是他们名声非常好，公正诚实，积极参加慈善活动，这是他们取得巨大经济成就的关键。他们积极参加慈善活动，这表明他们不贪婪（Isichei，1970，第182页）。针对伯明翰开展的一项微观研究显示，在18世纪末叶，虽然贵格会成员人数仅占到伯明翰人口的1%，但是当地1/3的制铁业者和制革工人都是贵格会成员（Jones，2008，第177页）。当提到成功的贵格会工业家时，人们首先会想到达比家族。但其实还有许多其他例子，例如18世纪银行家戴维·巴克莱、可可粉和巧克力生产先驱者约翰·吉百利、饼干生产商乔纳森·卡尔、铁路企业家乔治·皮斯、威尔士铁器和马口铁巨头詹姆斯·哈福德，以及威尔士银行家约瑟夫·吉宾斯父子。彼得·马赛厄斯在讨论贵格会酿酒师大获成功这一现象时，指出这归功于“这一宗教和亲属群体营造的互信环境”（Mathias，1959，第289页)。

由此可见，企业家人才储备主要来自中产阶级。如果我们坚持认为，得益于企业家阶层，英国能够在欧洲工业革命中占据主导地位，那么我们需要考虑一个事实，即在1750年之前，规模庞大的中产阶级已经存在于英国。罗伊·波特（1990a，第70页）认为，“乔治王朝时代的英格兰中产阶级”处在过渡状态。在他们之前，都铎王朝或斯图尔特王朝的英格兰徒劳无益地寻找崛起的资产阶级，而在他们之后，19世纪中叶的制造阶层节节取胜。在1700年，英国就有这样一个中产阶级，而在当时，英国经济就已经相对比较富裕。中产阶级的重要性一直被忽视，部分原因是根据定义，这一概念的界定取决于上层阶级和下层阶级的界定，而后两者由大片灰色区域组成。中产阶级是由清一色的城市居民组成吗？熟练技工和自耕农属于“中产阶级”吗？我们可以通过18世纪中叶经济学家约瑟夫·马西的研究成果［林德特和威廉森（1982）对此进行修改］，估算出当时中产阶级的规模。如果我们将中产阶级年均收入设定为60～600英镑，那么18世纪50年代中产阶级家庭达到220 852户，占英国家庭总数的1/7。这一数量在今天看起来可能有点少，但在当时相当可观。此外，尽管英国中产阶级人数众多，起到了关键作用，推动英国经济增长，但是在马克思主义者的叙述中，中产阶级通常处于幕后。马克思主义者将社会史描述成平民劳动者和贵族地主之间的斗争史。不过，我们可以将中产阶级和其他阶级区分开来，因为他们运用有形资本或人力资本谋生，生活水平超过最低生活水平线，且通常不是济贫对象。他们和工人阶级在穿着、言谈、风俗习惯、居住区位方面存在不同。尽管人们不会混淆中产阶级与绅士或地主阶级，但是中产阶级非常渴望成为绅士阶级的一员，并模仿他们想象中的绅士习惯和文化。迪尔德丽·麦克洛斯基（2006）指出，这一阶级的主流心态是崇尚节俭和诚实勤勉的资产阶级心态。亚当·斯密（［1776］，1976，第432页）指出，“商人们通常渴望成为乡绅”；当他们购置地产后，他们成为最出色的改良者。毋庸置疑，18世纪的英国中产阶级不乏务实的企业家。他们能够顺应市场，交际广，人脉多，一心想赚钱并且愿意为之付出努力。

最近，学者依靠进化动力学，从理论（Galor and Moav，2002）和历史（Clark and Hamilton，2006；Clark，2007）的角度，解释英国中产阶级发展壮大的现象。这些模型利用社会各个阶级的差异繁殖（differential reproduction）特征，解释中产阶级发展壮大现象。他们指出，中产阶级代表着企业家的价值观，例如节俭、勤奋且愿意对下一代人力资本进行投资；他们的存活率更高，最终在这个王国繁衍壮大，进而推动英国总体经济发展。尽管此类达尔文主义进化动力学有创新性，且鼓舞人心，但是解释力有限。毕竟一代人的时间为25～30年，而上述变迁需历经数代人，才有可能产生重大的影响。这些模型需要其他模型进行补充，也就是要考虑通过学习实现文化演进的模型。学习包括向父母学习（纵向文化传递）以及横向学习（向父母以外的其他人学习并模仿他们）。大多数跨际文化传递通过基因以外的途径得以实现（例如，Boyd and Richerson，1985，2005；Jablonka and Lamb，2005）。

我们不清楚，相对模仿和学习而言，“纯粹的”达尔文主义因素（即自然选择）在这一过程中发挥了多大作用。我们最多可以说，一些中产阶级价值观和信念在工业革命出现之前不断扩展，例如努力工作的伦理、不惧风险和推迟享乐的意愿（Doepke and Zilibotti，2008），从而加速了中产阶级的形成。在等级鲜明但高度流动的社会中，例如英国，人们有很强的动机模仿社会阶层更高的人的行为。博伊德和里彻森（Boyd and Richerson，2005）区分了文化演进中存在的多种“偏向”（biases）（他们指的是子女的文化可能有别于父母的文化）。第一种是内容偏向型文化演进。在此类演进中，人们说服自己（或者被他人所说服），认为某一系列的观点比他们之前所持的观点要更加正确（启蒙思想强有力的逻辑可能从中起到了作用）。第二种是基于榜样的文化演变，即个人观察特定的人员，认为后者具备不错的品质（例如社会地位或财富），然后选择他们作为自己的榜样。第三种是循规蹈矩型偏向，即人们观察多数同辈人的行为，然后改变自身行为，与大多数人的行为保持一致（或者可能朝着相反方向偏离）。许多偏向似乎与英国这一时期社会史的情况非常相符（Perkin，1969，第56—62页、第94页、第143页；Langford，1989，第61—121页）。当时“文雅社会”和底层穷人之间存在一层隔膜。不过，这一隔膜并非不可打破；人们通过努力和付出，能够突破它。总而言之，这些模型似乎能够很好地解释中产阶级价值观的发展。此外，我们无须依靠遗传学来解释经济史。

对工商企业家的其他文化解读（可信度更低）指出，秉承韦伯传统的宗教信念发生了种种变化，进而促成这一文化变化。但人们无法令人信服地证明，新教“引发了”创业行为，更不用说经济变化了。虽然一些宗教信仰和文化特性之间存在关联，但是这并不能证明因果关系的指向。例如，文化和宗教少数群体对经济成就产生了格外大的影响，这属于实证规律，但我们很难看出其中的因果关系。宗教引导人们按照某种特定的方式行事，还是特定文化特征或经济成就推动人们选择了特定的宗教信仰呢？相对法国启蒙运动而言，英国启蒙运动能够与新教，甚至是和福音主义更加和谐共处。不过，是因为存在上述联系，这具有经济意义，还是尽管存在这一联系，这仍具有经济意义呢？

因此，在推断因果关系时，我们应谨慎行事，毕竟荷兰、威尼斯以及德国西部部分地区拥有人数众多的中产阶级。市场的可竞争性和英国经济的激烈竞争水平也起到了一定的作用。此外，英国企业家阶层拥有正确的价值观和信仰。在欧洲历史的大部分时期里，成为中产阶级或“资产阶级”意味着人们渴望晋身为拥有土地的有闲阶级，并且过上相应的生活方式。长期以来，人们讥讽并摒弃资产阶级价值观。不过我们可以证明，这些价值观最终确立了英国现代经济。迪尔德丽·麦克洛斯基（2006）为此提供了非常翔实的论据。评论家认为，对于许多中产阶级企业家而言，经济成功是提升社会地位的途径，但是这条路径的效益较低。英国的情况也是如此。在19世纪，许多贵族院议员和贵族是成功工业家的后裔，他们在乡村庄园过着优越的生活。酿酒师、造纸工、陶器匠和铁匠成为男爵、伯爵、议会议员或者城堡主人。正如马尔萨斯（1820，第470页）所说的，实业家能够花钱“提高自身社会地位，在享乐和奢侈品方面与地主一比高下”。当职业和出身最为卑微的人拥有足够的财富时，他们也可以自称为“绅士”。在 19 世纪，这并不是新现象。在 1703 年，笛福写了一首流传很广的打油诗：“在英格兰，无论通过何种方式获取财富，都能够让技工成为勋爵，农民成为绅士；人们无须世家出身，只要厚颜无耻、财大气粗，就能化身贵族”。城镇化和市场发展消除了旧的社会差异，并且创造了新的现实。一篇发表于 1713 年的论文提到，随着“专业人士、商人和中产阶级”篡夺了与上流社会相关联的头衔和社会习俗，没人知道“绅士”到底意味着什么（Clark，2000，第 155—156 页）。不过，正如我们看到的，这一通过模仿带来文化演进的经典案例产生了重大的经济影响。

严酷且竞争激烈的环境意味着效率提高了，技术进步的步伐也加快了。不过，这也有不利的一面，即早期工业家创业失败率很高。经济史学家面临一个永恒的两难问题，即大多数失败者并非过气的企业家（他们可能留下一些记载），而是那些毫无建树者或者绝不可能成功者。破产具有很强的周期性。在经济大恐慌或崩溃期间，破产率尤其高，而此类恐慌或崩溃每十或十一年基本上定期爆发。由于短期贷款的缘故，企业在信贷紧缩面前不堪一击。在危机期间，短期贷款可能遭催讨，或者不能延期。此外，当时无限责任制合伙企业普遍存在，这也导致企业不堪一击。当一家合伙企业无法也无力贷款时，如果一名合伙人因为其他公司陷入麻烦，不得不撤出自己的资金，那么这家合伙企业会因此面临资本紧缩问题。在 1825 年至 1826 年期间，英国爆发了 19 世纪最严重的危机。在当时，破产数量从 1820 年初的 1 400 件剧增至 1826 年的 3 300 件。同样，1837 年的破产数量几乎是之前年份的两倍。虽然破产并不一定意味着一个人的职业生涯终结，但是现实经常如此残酷。利兹市毛织品制造商威廉·赫斯特（William Hirst）是典型的白手起家的成功人士。不过在 1825 年的经济恐慌中，他破产了，生意从此一蹶不振。他贫困交加，牢骚满腹。在 19 世纪初，德比郡织布工和缝纫工威廉·拉德克利夫生意兴隆，但在 1848 年去世时，他生意破产，一贫如洗。无疑，许多人遭受了相似的命运。

尽管如此，我们或许可以思考一个问题，即在工业革命期间，典型的企业家是否因为创业失败，导致其结局比不创业要糟糕。当然，史书必然只会记载赢家和成功的案例，而忽略了许多创业未能成功的人。有人建议，如果衡量的是整个企业家群体，那么创业活动的回报率可能为负值；不过由于创业失败案例基本上湮没在历史长河中，我们聚焦于创业成功的案例（Nye，1991）。这并不像表面看那么不合理。史学家由于选择性偏差问题，只强调胜者，因此观点被扭曲了。同样，当时的人们必定对阿克赖特、欧文等白手起家的成功人士羡慕不已，并且希望模仿他们。此外，希望成为企业家的人对自己创业成功的概率过于乐观，这或许是他们得以成为企业家的重要品质。亚当·斯密认为："所有人多多少少都会高估受益的概率，而低估受损的概率"（［1776］，1996，第120页）。现代经济学理论在心理学的帮助下，证明了经济行为人很有可能系统地对存在不确定性的活动的未来收益持过于乐观的态度，并且此类盲目乐观的态度可能系统地扭曲资源和努力的配置（Brunnermeier and Parker，2005）。因此我们可以推测，企业家和发明家自欺欺人，以为自己成功的概率比实际情况要高。具有讽刺意味的是，鉴于获得成功发明带来的大多数好处外溢，让消费者受益，所以此类扭曲效应对社会有益。

不过，尽管当时创业失败的案例很多（一些案例得以记载下来，但是大多数案例湮没在历史长河中），但整体说来，工业革命时期企业家的景况可能比前文描述的要好。这一定程度上是因为一些一开始取得成功的企业家在破产之后，出任经理或顾问，职业获得成功；他们能够挣回付出的机会成本，而不是一大笔租金，依然过上体面舒适的生活。例如，1792年，平纹细布纺织商塞缪尔·奥尔德诺的商业帝国崩塌了。他随之破产，并欠下阿克赖特逾20万英镑的债务。我们就可以说他是"失败的企业家"吗？虽然他在1792年破产，但在拿破仑战争期间，他在德比郡生活，成为一名成功的农场主、德比郡郡长和农业协会会长，并过着体面的乡绅生活，一直到1828年去世。苏格兰化学家和发明家约翰·罗巴克在进行后向合并时失败破产了。当时，为了保障苏格兰卡伦一家铁厂的煤炭供应，他收购了一个煤矿，但这超出了他的技术能力，因此他最终不得不宣布破产。不过，他后来依然担任自家工厂的经理，并且是一名家底雄厚的苏格兰绅士（他出生在英格兰谢菲尔德市）。塞缪尔·加伯特是罗巴克在卡伦工厂的合伙人。加伯特最初只是一名未受过教育的黄铜铸工，但后来成为极其成功的商人。不过，他受累于不称职的女婿兼合伙人，在1772年破产。在破产之后的30年中，他成为一名成功的说客，并且是伯明翰市非常受人尊敬的领袖。塞缪尔·克莱格是19世纪初煤气照明领域的先驱。他加入利物浦一家时运不济的工程公司，结果“赔光了所有家产”。不过，他后来成为一名成功的咨询工程师，担任葡萄牙政府的顾问，并出任调查官，负责初步调查新型煤气账单缴纳方式。铁厂主和土木工程师本杰明·奥特拉姆的职业生涯也是“创业失败”的案例。他积极进取，在中英格兰的东部地区打造了最大的铁器和工程企业，但在1805年，他在正值事业顶峰时骤然离世，身后财务状况混乱，未能给家人留下多少遗产。我们会因为他逝世时没有多少钱，就将他视为“失败者”吗？

毕竟，企业家和未成功的职业运动员还是有所不同的。企业家在经营管理企业时积累了大量的经验和人脉关系，这是非常宝贵的资产。纵使企业最终破产了，企业家大可以将这些资产用于其他用途。此外，许多有志于成为企业家的人实际上并不太在意经济收入，而是更希望取得技术成就，解决技术活力与日俱增的时代带来的种种挑战。当时一些最优秀的工程师，例如理查德·特里维西克、马克·布鲁内尔、理查德·罗伯茨等技术巨星之所以未能发家致富，主要是因为他们不擅于管理企业。约翰·罗巴克等其他人痴迷于技术问题。他们一旦过上不错的物质生活，并取得一定的社会地位，似乎就不太在意经济收入了。约瑟夫·布拉默、亨利·莫兹利等企业家行事更为谨慎，生前赚取大笔财富。此外，詹姆斯·基尔等企业家找到了合适的商机，生前也非常富有。

第十六章
社会规范和公民经济

在很长一段时间里，经济学家尖锐地批评一个观点，即制度在决定经济表现方面起到了主要作用。不过，在过去数十年中，这一观点重新兴起，差不多成为关注长期发展问题的经济学家的箴言。虽然研究文献未能就“制度”的确切含义完全达成一致，但是制度显然包括经济游戏运行规则，以及这些规则的实施和遵守方式。人们认识到，经济表现的一个核心问题是什么负责保护财产和执行合同。人们也意识到，应该在一些关键方面制约所有负责司法和执法工作的代理人，防止出现寻租者控制国家的局面。研究文献还提出了另外一个洞见，即尽管一些旧制度看似低效，限制进入或者保护某种形式的特权，在市场运转良好和完全竞争的世界里，它们可能会产生不利影响，但是这些旧制度非常适合于前现代经济世界。在前现代经济这个不完美的世界里，最优安排根本不可能实现。人们关注制度问题，对政治权力和安排，以及它们如何影响资源配置和收入分配方式进行了大量研究。“谁来监督监督者”这一古老问题引起了经济学家的兴趣。这一问题涉及对行政部门的约束。此外，人们也认识到，非正式制度非常重要，能够实现经济交流，推动市场运转，鼓励投资和创新，并且决定了经济成就情况。非正式制度具备习俗、传统和习惯的性质，因此既属于制度，也属于“文化”的一部分。国家、治理以及权力关系是制度分析的重要组成部分，但制度分析工作不仅限于这三者，它还研究了所谓的私序制度（Greif，2005）。在私序制度下，制度是“自下而上”出现的。说来奇怪的是，这方面的新文献并没有太多地涉及英国工业革命前夕和期间经济发展的具体细节，不过已经在着手这方面的工作了（Mokyr，2008）。

事实上，我们需要进一步探讨英国引领工业革命的优势是否在于这个国家能够更高效地执行产权。对于经济运行而言，重要的是人们是否有足够的信心，愿意与没有血缘关系的人进行交易，并且越来越多地与几乎不相识的人进行交易。在整个工业革命期间，市场活动，特别是公平交易活动不断加速增加。奇怪的是，虽然当时诉讼成本上升，但是它的可获得性和效率却下降了，因此诉诸法律的人越来越少。我们可能预期会看到相反的局面，即大不列颠群岛的商品和生产要素市场日益一体化，使得正式的全国性执法制度变得更加有必要。那么这一制度为什么能够持续运行下去呢？这是英国经济史一个非常令人困惑的问题。

在《法理学讲义》中，亚当·斯密认为自己有了答案："每当商业在一个国家萌芽发展时，诚信和守时都与之相随。这些美德在未开化的野蛮国家里几乎闻所未闻。在欧洲各国中，最精通经商之道的荷兰人最信守承诺……并没有什么天然的理由可以说明英格兰人或苏格兰人不能像荷兰人一样重合同守信用。这种差别是出于利己心理的驱动。这种心理支配着每个人的行为，并引导他们以利己的原则采取某一行为。无论是英国人还是荷兰人，他们都深深地带有这种烙印。一个商人生怕失去信用，为此他总是小心谨慎地履行合同义务……对于那些从不经商的人而言，我们会发现他们时常会欺诈牟利，因为他们一次侥幸成功的欺诈带来的利益大于失去信用蒙受的损失"（[1757]，1978，第 327 页）。换言之，人们合作和诚实行事之间的关联受到先有商业化，再有诚实守信这一因果机制的驱动。这一点和孟德斯鸠提出的文明商业概念非常相似。现代经济学家详尽地重新阐述了这一理念，并进一步指出推动道德进步的是经济增长，而不是商业化（Friedman，2005，第 2 章）。麦克洛斯基指出："现代经济增长进一步改善了数亿人的生活。没有它，这些人可能过着贫困、愚昧无知的生活……参与资本主义市场以及资产阶级美德让世界变得文明"（McCloskey，2006，第 25—26 页）。不过，似乎也存在着相反的因果关系，即得益于之前就存在的一些社会规范，人们开展合作，自愿摒弃投机行为，从而让交易活动甚至公平交易活动成为可能。此类社会规范是如何影响经济结果的呢？它们支持市场，带来了商业化，而商业化通过贸易收益带来了经济增长。此外，社会规范在引发工业革命方面起到了关键作用。人们通过私序制度开展合作，支持有用知识的发展和技术进步。

如果成文法是执行合同和保护产权的最后手段，那么商业是如何运行的呢？交易成本和投机行为如果迅速增长，就会导致无法达到成熟高效的经济所需的交换和劳动分工水平，那么如何防止这种现象？年轻的法国经济学家热罗姆－阿道夫·布朗基（Blanqui，1824，第326页）以另外一种方式提出了这一问题。他到访伦敦时，诧异地发现尽管伦敦的规模是巴黎的一倍（巴黎当时人口近100万人），但是伦敦凭借人数不多的警卫和治安官就能够维护当地秩序。他似乎不满足于英国人早早上床睡觉和闭门歇业这样的答案，而是更倾向于认为，英国人工作更努力，且更开明。在这个时代统治英国社会和非正式社会规范中，绅士的理念而非现实是核心。法国史学家依波利特·丹纳1858年曾在伦敦生活过。他指出，概括地说，绅士概念是“概括英国社会史的三个音节”（Taine，[1872]，1958，第144页）。阿萨·布里格斯（Briggs，1959，第411页）指出，绅士接受有关进步的观念，但一直对一心追求黄金的做法持怀疑态度。

经济学家的一个结论是，哪怕在正式执法极少或者效率低下的社会里，有关合作和正派的社会规范也能盛行。一些社会习俗将“正直”或者“有教养”的行为定义为得体的行为规范，并惩罚严重违背此类习俗的行为，让相关个人的名声受到不可挽回的损害。这种社会习俗如果盛行，就能够代替正式的第三方执法。伟大的法学家威廉·布莱克斯通将英国人称为一个“彬彬有礼的商业化民族”。在当时，有礼貌基本上等同于遵纪守法。人们直观地意识到，商业成功主要取决于是否有礼貌。对于这一现象，一种解释是强调商业和信贷之所以成为可能，是因为大多数人已经吸收和内化一系列价值观，从而愿意摒弃投机行为。投机行为也许能够给个人带来好处，但是会对社会产生破坏性影响。换言之，在著名的囚徒困境博弈中，经济行为人并不一定会成为“背叛者”

（即使这可能符合他们的眼前利益），而且他们预期其他人也不会如此行事。人们需要花费不少钱发出信号，向其他人表明他们所属的阶层由可靠、值得信赖的行为人组成，因此他们本人也是可靠、值得依赖的（参阅 Posner，2000）。重要的是，此类信号是昂贵的，这样它们才具有可信度。这些信号包括得体的衣着和言辞、住宅区位（“不错的住址”）、家居装饰和交通工具，以及英国上层阶级遵守的礼仪礼节。商业阶层采用此类信号，创造出程式化的理想绅士资本主义，从而营造一种环境，让资产阶级企业家能够相互合作，并且与员工合作，进而推动商业车轮正常运转（Sunderland，2007，第 15—32 页）。在工业革命期间，此类规范蔓延到了制造部门，例如作为英国技术支柱行业的工程技术业。早期工程师坚持认为“绅士行为”是一个人是否值得信赖的特征。实际上，他们发出的信号很昂贵，其中包括乡间豪宅（Marsden and Smith，2005，第 256 页）。

启蒙思想家遵守并且支持此类行为举止。例如，约翰·洛克在 1693 年写道，在培养绅士时，应向他灌输热爱美德和声誉之情，让他成为由内而外“善良、有德行、能干的人”，赋予他“植入天性的习惯”。这样做不是因为他担心遭人报复，而是因为他的品行就是如此（Locke，[1693]，1732，第 46—47 页）。洛克和之后的学者认为，绅士的本质“在于他是否诚实正直”（Carter，2002，第 335 页）。有关绅士的标准并非静止不变，而是在数个世纪的时间里不断变化。史蒂文·夏平（Shapin，1994）强调，在 17 世纪，有关绅士的概念与诚实正直、可靠联系在一起。到了 19 世纪中叶，诚实正直和合作行为变得无比重要。塞缪尔·斯迈尔斯（1859）描述了哪些品质对绅士而言是真正重要的。他指出：“真正的绅士有强烈的荣誉感，小心翼翼地避免卑劣行径。他言行正直。他不会推诿搪塞，逃避责任或偷懒；而是行事诚实、正直、坦率。他秉持正直无私的行为准则，举止正派。一旦他做出承诺，那就是法规……最重要的是，绅士从不说谎。他认为真理是‘生命的至高点’，人类活动中正直的灵魂。”保罗·兰福德（Langford，2000，第 126 页）提到，英国贵族阶层坚信人们应行事光明磊落；如果一个贵族有欺诈行为，就相当于背叛自己的阶层。科尔曼（1973，第98页）补充指出，有关英国绅士的概念成为一种荣誉守则，提供“大批不成文、不言自明的行为准则，宛如茂盛的灌木丛”。在他看来，正义、雅量、慷慨等品质很难与工业资本主义相适应。不过重点在于，如果一个人被认为慷慨诚实，那么其他人更愿意和他打交道；这就提供了制度“土壤”，确保经济繁荣进步。理想及规范与现实之间的关系一直难以捉摸。问题不在于英国绝大多数的经济行为人是否会如此行事，而在于此类理想是否影响他们的行为（以及他们的预期行为方式），从而确保在无须高压执法的情况之下，市场经济依然可行。

经济学分析让人们更加了解如何让经济行为人以特定方式行事，确保在个人自私自利的情况下，商业依然能够存在。有必要让人们普遍预期投机行为必然遭到惩罚，并且分享这一预期，也知道真实情况就是这样的。此类安排能够形成一种自我执行的均衡状态。在这一状态下，更加先进的经济组织行之有效。一个公认的解决办法是由一个中央执法部门实施惩罚。不过，这引发了一个难题，即为什么商业制度会出现在执法无力或根本不存在执法的社会中。启蒙时代的英国处于中间状态，毕竟当时它拥有正式的法律制度，只不过如果没有形成非正式的制度鼓励自愿合作的行为，那么这一法律制度可能无法胜任自身的工作。由于经济行为人的社会声望和商业行为联系在一起，因此他们有很强烈的动机，在即便没有正式法律诉讼（或者至少正式法律诉讼成本很高）的情况下，也会开展合作，从而确保交换经济能够相对平稳地运行。当时，将市场关系和非交换的社会互动联系在一起意味着人们清楚，不符合绅士身份的投机行为可能会产生严重的社会影响。这一认识构成了英国市场经济的基础（Spagnolo，1999）。贵格会就是这种联系的一个突出例子。贵格会成员如果因为明显的行为不端而破产，则可能被驱逐出会（Hoppit，1987，第31页）。

当上中层阶级试图效仿绅士的时候，温文尔雅的文化通过特定机制，慢慢地传播到商人和工匠阶层当中。教养和礼仪就是这一机制的重要组成部分。“缺乏社会阶层传统要素的人”因此能够通过沿用不同的行为准则，做到这一点（Langford，2002，第 312 页）。直接将此类文化变迁与经济发展联系在一起，过于简单化。但是，如果不了解为什么产权日益得到尊重，且合同主动得到执行（而不是强制执行），我们也就不可能充分了解后来出现的经济增长的制度根源。研究结果显示，在 18 世纪，民事诉讼急剧减少，非正式的口头契约日益取代正式加盖印章的文件，暴力犯罪率也下降了（就我们所能证实的情况而言）。这些研究结果至少能够说明一定的问题。虽然我们很难直接测量在过去"信任"发生的变化，但是下列情况颇具重要意义，即加盖印章的正式合同在 17 世纪得到了广泛使用，而到 1750 年却让位于口头协定和绅士握手（Brooks，1989，第 393 页）。有教养、诚实的商业行为是这一经济运行方式的关键组成部分。商人和制造商需要向和他们有生意往来的其他所有行为人发出信号，表明他们会遵守特定文化准则和价值观，他们的客户、供应商和雇员认为能够获得付款。如果有足够多的人如此行事，那么一个社会就可以拥有成功的交换经济（Brewer，1982，第 214—215 页）。在 1800 年之后，随着英国经济不断发展壮大，信任防止投机行为的效率下降了（Sunderland，2007，第 159 页）。

尽管证明上述观点的证据不可避免地属于传闻，甚至是仅凭印象，但在当时，外国评论员认为英国人在这一方面有别于其他社会。法国旅行家皮埃尔·让·格罗斯利提到，市民和店主，"无论身份贵贱"，都"彬彬有礼、待人殷勤"（Grosley，1772，第 1 卷，第 89 页、第 92 页）。18 世纪意大利作家和哲学家亚历山德罗·维里认为，相比巴黎商人而言，伦敦商人更值得信赖（转引自 Langford，2000，第 124 页）。在 19 世纪初，一位法国人造访伦敦时注意到，英国店主为人正直，讲诚信；小孩能够像最精明的购物者一样放心购物。他认为，商人阶级通过效仿贵格会会员，养成这些习惯（Nougaret，1816，第 12 页）。夏尔·迪潘（Dupin，1825，第Ⅺ—Ⅻ页）甚至将英国的经济成就归功于英国公民的"明智、节俭，尤其是诚实正直的品质"。在当时，声誉至关重要。1857 年，大英博物馆图书馆实行开架阅览的做法。对此，普罗斯佩·梅里美评论说："英国人习惯于最大限度地信任任何有品德声誉的人，也就是绅士称赞的人……一旦人们获得声誉，他们会小心翼翼维护，因为它失而不可复得”（Mérimée，1930，第153—154页）。当时英国人依赖于非正式的规则和声誉，这在证券交易领域尤为明显。1734年，《巴纳德法》取缔了伦敦证券交易所的证券期货交易业务（即期权）。证券交易市场的这一部分业务不得不依赖于内部强制执行的行为准则，且这一行为准则基于声誉和下列恐惧情绪，即担心因为违规而被禁止参与交易（Michie，2001，第31页）。因此，尽管在未经法律准许的活动中，合同很难得到执行，但是《巴纳德法》和类似立法并未能有效地阻止此类证券的交易（Harrison，2003）。

英国商业阶层成员之间相互信任，这带来的最明显的结果可能是信贷占据重要地位。正如缪尔德鲁（1998，第149页）强调的，和信贷发挥中心作用的所有商业社会一样，早期的现代英国依赖人与人之间的信任，且“信贷成为声誉的同义词”。虽然我们无法很好地进行量化衡量，但是在18世纪的英国，信贷无处不在。18世纪50年代的一位作家写道：“没有信贷，国内贸易或对外贸易无法进行……信贷远远好过金钱，因为相比拥有数千英镑但一无是处的可怜人而言，小商贩凭借信贷……能够拥有更多的商行……在这一国家的贸易活动中，至少有三分之二是基于信贷。”毋庸置疑，信贷之所以成为可能，是因为“商人凭借自身勤奋、正直和其他美德，以及不错的人品，方获得这一信用或者声誉”（*The Tradesman's Director*，1756，第10页）。当地商人和店主为顾客提供个人信贷（“赊购”），农场主签发短期债券，地主抵押财产，长途贸易商签发汇票（Hoppit，1986a）。小额债务纠纷问题可以通过良心裁判法庭（亦称小额债务索赔法庭）仲裁得到解决。在1750年之后，小额债务索赔法庭日益受欢迎，这是因为当事人无须花钱上法院打官司的情况下也能解决债务纠纷问题。

信贷取决于大多数人会正直行事，且人们都明白应当正直行事。基督教会、义务性组织和协会、学校均发挥着重要作用，确保中产阶级社会的大多数人能够采取合作行为，从而为市场提供支持，并将这一规则内化于心。相比第三方强制执行合同的做法，绅士行为准则在当时更加盛行，个人信贷扩张就是一个例证。绅士行为准则是一种社会润滑剂，能够促进人与人之间的信任和市场交换。如果太多的人采取投机行为，违约或者逃债，那么支撑英国经济的制度将会分崩离析。我们难以想象18世纪的英国正式执法制度能够应对大规模的欺诈活动。不过，我们很难判定，这种信任是基于声誉机制，还是价值观体系基本上将此类价值观内化，确保人们将合作行为视为一种规范，而声誉机制成为次要因素。不过，声誉似乎仍是重要的动因。笛福的观察力一如既往地敏锐。他指出，如果店主“声誉好，是老实人”，那么他在贷款时，享受的优惠条件就比亲王要好（Defoe，1738，第1卷，第361页）。在他看来，声誉是经济成功的关键。他极力建议商人以合理价格销售商品，进行宣传，甚至小心地维护债务人的声誉，估计这可能是因为声誉受损会给一个人造成不可挽回的损失（Defoe，1727，第2卷，第298页）。亚当·斯密曾分析过正式执行不力甚至是非法的市场，例如期权交易、赌博。他指出，即使没有正式的赔偿制度，“所有损失的大笔数额都会准时偿还。赌徒必须维护自身信用，否则没人愿意和他们打交道。股票交易亦是如此”（［1757］，1978，第458页）。

在其他许多方面，非正式的道德准则和正规法律一样，决定着英国经济的制度环境，并创造出一套私序合同执行制度。劳伦斯·斯通（Stone，1985）等史学家指出，在1650年之前，英国社会形势紧张，暴力肆虐。但在1650年之后，它的环境渐渐发生变化，变得更加宽容、温和，争吵不断减少。同时代的其他评论员则认为，此类变化出现的时间要更晚。例如，激进的政治家和改革家弗朗西斯·普莱斯指出：“礼仪和道德完善方面的进步，似乎与技艺、产品和商业的改良齐头并进……我们远好于（半个世纪之前的人），我们的教育程度更高，更加真诚善良，不那么粗鲁或残暴”（转引自George，1966，第18页）。此类印象式证据表明，中产阶级和“危险阶级”之间的差距日益拉大。危险阶级包括体力劳动者、日工、摊贩、乞丐和流浪汉。这一阶级是英国人口的重要组成部分。有关文化规范的总体概念具有极强的阶级特殊性。中产阶级成员的活动推动着英国经济向前发展。对他们而言，共同礼仪和准则感能够代替成文法。

得益于这些共有的行为准则，英国中上阶层能够克服搭便车问题。否则这些搭便车问题可能会使各种形式的集体行动脱轨。在18世纪的英国，社会资本最明显且最易于察觉的形式是俱乐部、协会与会所，中上阶层是它们的成员。在17世纪晚期，咖啡店和巧克力饮品店蓬勃发展，新兴的商业和知识分子都市精英经常聚集于此（Cowan，2005）。在18世纪，“社团社会”（associational society）并非新事物，不过在1750年之后得到了极大发展。人们认为，特别是在18世纪的最后几十年中，由于社会日益不稳定，国家未能带来秩序和稳定；公民应通过集体行动创造自己的公共产品（Clark，2000，第94—96页；另参阅Sunderland，2007，第50—84页）。18世纪的英国中产阶级并非独立前行。他们自愿参与种类多得令人无所适从的民办组织，并建立各种网络，为信贷市场、相互保险和传统手工艺知识的共享提供支持。一些协会是艺术或科学性质的，一些则为音乐或体育俱乐部，或者专业协会。其中一些协会属于爱国协会，例如18世纪40年代出现的反法协会。自发组织的公益行动重点关注的一个领域是慈善事业。慈善活动为人们提供不错的机会来建立人际网络关系，并传递自己身为良好公民的信号（Sunderland，2007，第70页）。历史悠久的都市公会也是社团社会的重要组成部分，例如伦敦同业公会。在18世纪中叶，此类公会已经丧失了大部分监管职能，自我改造成为联谊会和政治协会，且时常卷入激进的改革运动之中（Berlin，2008，第339页）。长达数十年的宗教复兴也推进“社会资本”的发展。此外，民众对教育的关切之情也发挥了作用，例如全国主日学校协会得以（在1785年）成立。该协会推动建立地方学校，并发放教材。许多其他社团只是美食和饮酒俱乐部。不过，即便它们也承担了重要的职能，让人们通过闲聊和交际，传播个人信息，并因此巩固声誉机制。

此类社交网络非常重要，确保市场得以存在，合同得到履行。它们反映并强化了提倡体面、“有教养”行为的基本文化。英国共济会和互助会提供互助保险和寡妇养老金，与此同时也不忘巩固商业关系。许多协会汇集了来自不同行业的艺匠。它们规定每个职业只能有一人可以成为会员，且会员应确保其他会员能够在任何商业交易活动中享有优先权，从而将商业交易关系与社会关系结合在一起（Brewer，1982，第222页）。此类协会发挥着斯帕尼奥洛模型（Spagnolo's model）所指向的联结关系，即个人会因为不符合绅士身份的投机行为受到惩罚，丧失经济关系和社会关系。当然，社团社会不仅限于此类组织。在1800年，互助会不少于9 672家，会员人数估计达到704 000人（Clark，2000，第350页）。这些协会会员主要是技术工人和一些工人阶级成员。协会为寡妇提供抚恤金，支付殡葬费用，为患病和年老的会员提供救济。

当然，为了确保经济正常运行，一定水平的正式法律和秩序大有必要。正式制度惩罚顽固不化且其投机行为可能危及整个体制的“离经叛道者”，借此为非正式规则提供支持。人们如果违约，会受到非常严厉的惩罚，正如布鲁克斯指出的，在每笔信贷交易背后，都存在债务人可能锒铛入狱的风险，这肯定让潜在的违约者心存畏惧（Brooks，1989，第395页）。由于败诉方会受到严厉的惩罚，且诉讼费用非常高，因此人们可能选择就纠纷达成庭外和解。丹尼尔·笛福（1727，第2卷，第297页）向“商人”建议：“如果能够通过其他途径获得应得的东西，那么不要和任何人打官司……在提起诉讼之前，尝试所有温和、耐心的方法。”值得注意的是，小额债务索赔法庭极不受劳动者的欢迎。劳动者反对小额债务索赔法庭处理他们在酒馆赊账的方式，这就足以表明小额债务索赔法庭发挥了作用。在18世纪，太平绅士在当地的权力显著增加，而这归功于《郡税法》（1738年）等立法。《郡税法》赋予太平绅士广泛的地方征税权。季审法庭（介于治安法庭和巡回法庭之间的法庭）日益关注道路、监狱，以及公共场所酗酒、偷猎等轻微触犯法律的行为，以及可起诉但罪不至死的罪行。

关于18世纪英国法律和秩序的制度基础的确切性质，仍是一个存在极大争议的主题（Hay et al.，1976；Langbein，1983a）。英国的大部分地区属于“事实上的无法之地”，并且在其他地区，由于外行以及对合法和正义有着迥异看法的人开展执法工作，实际执法极大地偏离了法律的字面意义（Brewer and Styles，1980，第 13 页）。不过，真正重要的是一种理想化甚至是虚构的意识形态，即至少从原则上讲英国是一个法律社会；法律在一定程度上制约着每个人，并对当权者追责。正如布鲁尔和斯泰尔斯（同上，第 14 页）指出的，权力的正当性源自法治，因此“当局选择约束自己，以此获得更大的效能；他们用非中介性权力换取正当性”。经济学家普遍认可英国的这一治理观（Acemoglu、Johnson and Robinson，2005a）。越来越多的人“在法律的荫庇下”进行谈判，也就是说纠纷各方明白其中的利害关系，也清楚如果因为纠纷闹上法庭，他们将蒙受（巨大的）损失。不过，法律本身就如何分配有纠纷的资源制定了指导原则，从而增加了谈判过程以合作告终的可能性。纠纷双方均知晓法律，并且都要承担诉讼费用。鉴于诉讼的成本高，且存在不确定性，许多本来有意打官司的当事人因此打退堂鼓，转而选择妥协或者寻求仲裁。

不过，显而易见的是，如果重要的经济行为人，例如商人、工匠、银行家、农场主和专业人士，受道德准则的约束或者爱惜羽毛的文化不存在，那么这一制度便无法运行。尽管当时已经为第三方执法奠定了法律基础，但是行政管理工具尚未到位。太平绅士无偿服务，他们通常是从富人中挑选出来的（自 1732 年起，太平绅士所拥有的产业年收入必须达 100 英镑）。正如斯莫利特笔下的（1762 年出版的《兰斯洛特 · 格雷夫斯爵士》）虚构人物戈布勒法官证明的一样，许多太平绅士被指责腐败、能力低下；最重要的是，太平绅士即便不会为自己或密友牟取私利，也会保护有产阶级的利益。此外，太平绅士人手不足。在 18 世纪，英国日常执法活动面临诸多更为棘手的问题，其中一个是缺乏有意愿或有能力履行职责的太平绅士。当时纸面上的规章制度和限制性规定数量繁多，与此同时，地方政府本身负担过重或者能力低下，因此没有能力或意愿执行它们。早在 1699 年，达韦南特就指出：“涉及这个国家的穷人、公路、巡回审判、其他公民经济及良好秩序的法律并没有得到很好的遵守”（Davenant，[1699]，1771，第 2 卷，第 206 页）。这与前文援引的一个观点大同小异。1754 年，首席大法官被说服恢复一种过时的做法，即起诉不作为的太平绅士。在都市地区，特别是快速工业化中的地区，情况更加糟糕（Langford，1991，第 391 页、第 438 页）。整个制度取决于拥有土地的绅士阶层出于公民责任感，是否愿意无偿服务。18 世纪 80 年代之后，在快速发展的工业地区，这样的人越来越少见。在 1792 年，伦敦雇用了首批领薪的治安法官。他们手下指挥着人数不多的职业治安官。这开启了司法行政管理（justice administration）的新时代。但在伦敦以外的地区，它姗姗来迟。和其他许多领域的变革一样，英国展现出制度灵活性，顺应经济和社会环境的变化，推行司法变革，但这一改革过程是缓慢且经过深思熟虑的。

为了确保一个成熟经济体正常运转，保护产权非常重要。不过，在 18 世纪的英国，检控罪行的工作基本上包给了私营部门。据估计，超过 80% 的检控工作由犯罪受害人承担（Emsley，2005，第 183 页）。当时英国没有专业的警察部队或治安官。事实上，业余充当治安法官的绅士和当地兼职的教区治安官负责日常执法工作。至于其他工作，司法制度则依赖志愿者、当地线民、治安维护团体，以及专门检控重罪的民间团体。在 1744 年至 1856 年间，英格兰共成立了约 450 家此类组织。1748 年，约翰·菲尔丁被任命为弓街的治安法官。自此以后，伦敦开始发展自己的治安官队伍。约翰·菲尔丁的专业助理或捕贼者被称为“弓街捕快”。伦敦是一座庞大而复杂的城市。正因为如此，它需要第三方执法。科洪（Colquhoun，1797）批评了伦敦的执法工作。他提醒人们要提防形形色色的街头骗子和“无所事事、行为不检之人”，还直指白领犯罪造成的真正危害。他认为：“在商业国家和大都会，商业和制造业规模非常庞大……危险不能来自有钱的年轻商人因此面临的诱惑”（同上，第 XXI 页）。直到 1830 年之后，英国的大城市才开始拥有和职业警察部队有一丁点相似的治安力量。直到 1853 年，英国一半的郡县仍然没有配备警察。

有人指出，英国在工业革命时代的经济发展可归功于“法治”，即通过第三方（即国家）执行明晰的产权。但这一论点过于简单化。正如罗德里克等人（Rodrik et al.，2004，第 157 页）指出的，应发出可信的信号，承诺保护产权，这比制定相关的成文法更为重要。此类信号无须通过国家发出。当时的执法工作很大程度上仍然属于私营事业，法院充其量只是最后的强制执行方。霍布斯坚持认为，只有凭借第三方严格的执法，才能够建立秩序。这一观点可能适用于许多社会。不过，在霍布斯逝世（1679 年）之后的一个世纪中，这一观点越来越无法贴切地描述社会现实情况。这意味着，如果从制度的角度解释英国经济奇迹，我们无法认定国家效率在其中发挥了核心作用。

不过，在滑铁卢战役之后的数十年中，大量的执法工作从私营部门移交给了公共部门承担。在 1830 年，曾经适应 1750 年英国经济的制度不再适宜了。随着经济增长、城市化推进、人口流动性增加以及市场扩张，曾经为 18 世纪英国经济提供支持的制度站不住脚了。这些制度有待补充，且最终被取而代之。正如菲利普斯（Philips，1993，第 159 页）指出的，在 1780 年，教区治安官和无组织的地方特设机构仍然负责英国的治安工作，但到了 1856 年，《郡和自治市警察法》规定，英格兰和威尔士的所有郡县和自治市必须设立职业警察部队（早期的法律针对苏格兰出台了相同的规定）。显然，在深厚的互信和合作文化中，产权执行工作并非不能完全交由私营部门承担。但是，在 1780 年至 1850 年期间，私营部门不再承担执法职责，改由公共部门承担。随着英国经济规模扩大、城市化程度更高，并且变得更加千篇一律，声誉机制开始丧失效力。

近期，有人提出一种有新意的方式来思考这一问题，即认识到有两种保护财产的方法可供选择。一种是财产所有人阶层（通过购买枪支和铁锁，雇用私人警卫等方式）筑起“高墙”保护自己。另一种是雇请警察逮捕罪犯，由法庭审判他们，并雇船将他们押解到流放地，或者由狱卒看管他们，从而将罪犯关押在高墙之内。第二种制度的外部效应更为显著。一旦一名窃贼被抓起来，那么所有潜在的受害者会少些担心。即使囚禁罪犯的制度经济效率更高，但是由于外部效应和搭便车的问题，很难通过私营部门自发地建立此类制度。虽然每个社会都采取这两种制度相结合的方式，不过它们所占的权重随着时间流逝而变化，并且在不同国家也有所不同。在本书讨论的时期内，英国从以保护财产为主的制度转变成为以圈禁窃贼为主的制度（Allen and Barzel，2007，第15页）。有人将这一现象归因于第二种制度更适合于更加成熟、城市化程度更高的经济。这一观点看似有理，却很难证明。显然，如果一个社会希望转变为以圈禁窃贼为主的制度，那么它必须将刑事司法制度“国有化”，确保监禁窃贼给财产所有人带来的正外部效应能够内部化。当时英国发生的情况大致就是如此。不过，如果有人认为，通过这一变化，英国在某种程度上有序地实现了更加“现代化”的执法，那么这一想法是非常不着边际的。一直到19世纪很长一段时间里，私人执法依然发挥着非常重要的作用。当时许多地方成立了检控重罪犯协会，财产所有人向协会交费以建立私人保安部队（Philips，1993，第161页）。

总的说来，刑事司法制度是最后的手段。在启蒙时代的英国，有利于合作行为的非正式制度和社会规范发挥了相当明显的作用。如果道德准则未能得到广泛遵守，文化信念不那么重视合作，那么信用和商业世界很快就会分崩离析。非正式的行为准则和通过法院开展的正式第三方执法应被视为补充，而不是替代。合同自我执行的性质和经济秩序的维持体现在破产和资不抵债的概念中。在紧急情况下，为了保护债权人权益，可以选择将无偿债能力的债务人关进大牢。不过显而易见的是，这一严厉措施主要是通过威慑而不是实际惩罚取得成效的。只有在性质恶劣的案件中，人们才会选择将债务人关入监狱。当顽固的无偿付能力债务人（即负债超过40先令，且无法或不愿宣布破产的债务人）拒绝偿还债务时，人们会假定他们有能力但拒绝偿还债务，从而将他们关入债务人监狱。即便将无偿付能力的债务人关入监狱受罪，他们偿还债务的可能性也不大。破产程序成为有吸引力的选项。依据1759年《贵族法》*，议会允许债权人要求破产的债务人在宣誓后提供一份资产清单，债务人照做之后可获释。破产法加大了保护债务人的力度，让他们免于

---

* Lords’ Act，指《债务人监禁法》（Debtors Imprisonment Act），之所以被称为《贵族法》，是因为该法案出自贵族院。——译者注

身陷债务人监狱的命运。议会屡次通过法案，释放犯人，清空人满为患的监狱。在1825年英国爆发经济危机之后，法院共签发101 000份逮捕债务人的令状，但到了1829年底，伦敦仅有1 545名犯人因为债务问题入狱（Ford，1926，第28页）。显然，议会意识到无力偿付的债务人即使入狱，依然无力偿还债务（Cohen，1982，第159页）。债务人监狱是有必要的，能够约束少数成为“背叛者”的经济行为人。在基于信任和声誉开展公平交易的世界中，这些背叛者投机取巧，不择手段。债务人监狱制度增加了投机行为的成本，降低了其吸引力。当然，它有时也不起作用。不过总体而言，英国商业、信贷和工业在有利的制度环境中运转。

一些合同因为超出合同一方控制的突发事件而作废。还有一些合同则因为一方失信或违约而作废。我们很难区分这两种情况。总的来说，英国破产法律承认，一些债务人是因为发生超出其控制范围的事件而无力偿债；惩罚他们起不到威慑作用，也不具备传递信号的价值。破产法律最早可追溯到1542年，但1706年《破产法》重新制定了破产规定。该法的序言指出，破产更多归因于“欺骗和妨碍债权人追讨合法债务的意图”，而不是无法避免的不幸事件（4 & 5 Anne，c. 17，转引自Cohen，1982，第157页）。债权人可以选择启动破产程序，或者让债务人宣布自己无偿还能力，然后再启动法律程序，将其关入债务人监狱。无论出于何种目的，破产法律在18世纪不断演变，日益让债务人受益。债务人通过破产，可以免除已有的债务，从而有了一个重新开始的机会。这相当于含蓄地承认，债务人无力偿债确实是因为遭遇不幸，而不是有意为之。《破产法》明确规定只有“商人”可以宣布破产，这为上述观点提供了显而易见的依据。当然，法学家在商人的确切定义上存在分歧。不过，布莱克斯通和其他法学家认为，商人之所以无力偿债，更有可能是因为运气不佳，而不是欺诈。布莱克斯通提到，破产法律考虑到“商人容易遭遇不可避免的突发事件”，并规定，如果他们放弃所有的财产，分给债权人，他们就可以重获自由。与此同时，破产传递出一个强有力的信号，正如一位学者在1780年提到的，破产是一种耻辱，

“可能终身相随，就像无法消除的污点或瑕疵一样”（转引自 Hoppit，1987，第 27 页）。由此可见，18 世纪的英国经济仍为“传统型”经济，毕竟这种信号是针对个人的。当时社会关系网足够发达，商人破产后在事业上举步维艰。这一惩罚就足以有力地激励大多数人履行合同义务，避免投机取巧。就此而言，英国经济的这一正式制度（破产程序）支持着社会规范，而社会规范则创造自动执行的均衡状态。在这一均衡状态下，依靠法律机制将是最后的手段。当时破产现象仍然罕见，即使在动荡不安的 18 世纪 90 年代，年均公司破产率为 1/203；在 1756 年至 1765 年更为平静的 10 年中，这一比率为 1/605（Hoppit，1987，第 51 页）。

被认为存在欺诈行为的人会受到严厉的惩罚。这相当于假定，大多数参与市场交易活动的经济行为人诚实行事，因此可以选择宣布破产，免除债务。至少由此可见，英国经济的大部分领域采取了有限责任制，甚至是股份制。正式制度架构和文化规范因此相辅相成，营造出一个环境，确保经济活动在极少依赖正式法律手段的情况下依然可以进行。

通过私序制度执行产权，反映了 18 世纪英国制度极为重要的深层次特征。体面和有教养的文化有助于解决困扰公共产品生产的标准集体行动问题。大批的社交网络、俱乐部、互助会、学术协会和社团纷纷兴起，创造出一个公民社会。在这一公民社会中，私人提供公共产品成为现实，也由此创造出人们所说的公民经济（civil economy）。产权执行的情况同样也适用于其他项目。在欧洲其他地区，国家在这些项目中发挥着主要作用。道路、港口、桥梁、灯塔、河道航行整治、排水工程、运河等项目均通过私人认股的方式得以启动。当然，在一些情况下，企业家希望从项目中赢利。不过，他们通常是希望借此改善当地贸易和就业情况。民间协会创办医院、学校、孤儿院、诉讼协会、慈善救济委员会，以及收费道路和运河公司。外行提供地方行政管理和司法服务。在苏格兰，富有的地主资助渔业和制造业改良信托委员会（成立于 1727 年），以及一家具有开拓性的投资公司英国亚麻银行（Whatley，1997，第 54 页）。医疗室（医院）是慈善元素与济贫法律制度等更正式制度的混合物。慈善组织当然非常普及，这一定程度上归因于《济贫法》在许多领域存在不足。托马斯·科拉姆的事例就很能说明问题。作为事业有成的商人，科拉姆成为杰出的慈善家，专注于弃儿和孤儿问题，并于1741年在伦敦成立了著名的弃儿养育院。科利（1992，第56—60页）传神地描述了他的事迹。乔纳斯·汉威在1756年成立的海事协会同样是商人运营的慈善组织。人们坚信，为了改善穷人境况，有必要了解社会状况。社会状况信息和数据的搜集工作因此变得大有必要。了解社会状况也成为后期启蒙运动的主旨。一个典型的例子是1797年成立的改善贫民生活条件协会。协会创始人写道："我们致力于调研穷人方方面面的情况，并将增进穷人福祉的工作打造成为一门科学"（转引自George，1966，第25页）。这些慈善组织均为民办性质，并效仿商业机构，设立理事会。在其他地区，此类慈善项目通常由正规的机构开展，例如政府或天主教会。在英国，此类慈善项目通常为私营性质。中产阶级参与并捐助此类慈善项目，以确保他们能够向其他人传递自己是良好公民，因此值得信任的信号。

在18世纪，英国社会主要凭借声誉机制克服集体行动的矛盾。人们希望成为其他人眼中的好人，因此愿意行善，这符合他们的利益。新兴工业城市地区的情况尤为如此。在这些地区，老的《济贫法》效果更不佳。在新兴工业城市，旨在缓解经济危机影响的集体行动大有必要，并且也取得了不错的成效。中产阶级希望加入有社会责任感的个人组成的团体（Lewis，2001，第250—255页）。虽然许多组织后来获得法定授权法的认可，但是它们是由个人自发成立和管理的。这些人为了达成一个共同目标，自愿团结在一起。这些组织代替了权力更大、更加积极主动的中央政府。它们在一定程度上能够解释一个现象，即为什么相对欧洲竞争对手而言，虽然英国拥有一个弱势政府，却能够更快、更平稳地实现经济转型。在购买一些商品和服务时，由于存在信息不对称的问题，消费者可能会受到销售商的摆布。民办组织可以提供一定程度的产品和服务质量控制。"法律协会"（成立于1740年）就是一个例证。它监督从业律师的素质，维护诚信透明的标准。大部分行业通过私序制度，走上自我组织和自我监督的道路，并最终获得官方认可。此类协会本来有可能退化，利用排斥机制进行寻租。不过，在1850年之前，它们很少利用自身的影响力设置市场进入壁垒。

我们可能不应夸大自愿集体行动的影响力。许多组织远未能达成既定目标。它们为争取会员而展开激烈的竞争，并且经常因为内部斗争而四分五裂。它们的影响“不明显、有限……一般说来，协会行动的效果甚微”（Clark，2000，第467—468页）。在1825年之后，随着城市化水平、工业化水平和流动性增加，搭便车、逆向选择以及其他困扰协会活动的问题变得越来越难以克服。尽管这些组织以前取得一些不可否认的成就，但是19世纪的英国不得不面对一个现实情况：对许多公共产品而言，没有什么能够取代政府这一强制性的协调行为主体。最终政府不得不在专业基础上任命法官和执法机构。不过可以肯定的是，这些协会提升了社交网络的总体水平，从而降低了获取有用知识以及其他行为人信息的成本，并且强化了声誉机制。声誉机制为涉及经济领域体面行为的社会规范提供了支撑。

创业取决于制度架构。现代经济学家强调，为了确保经济活力对经济产生有益影响，应制定一种制度，它能够创造秩序，防止机会主义问题泛滥并变得根深蒂固，从而抑制商业和信贷，最终导致激励失效。不过，英国的执法制度并未能营造出安全的环境，让商人、金融家和发明家能够互动，实现经济进步。相反，我们必须认识到，在这一方面，中产阶级遵守的非正式行为规范和行动准则发挥了非常关键的作用。英国的企业家认为，从伦理层面来讲，他们是我们今天所说的绅士。具有讽刺意味的是，这一绅士观念更类似于麦克洛斯基（2006）所说的“资产阶级美德”，而不是原来悠闲的地主乡绅。凯恩和霍普金斯强调了绅士资本主义理念，他们指出，“绅士标准……提供了共同准则。这一准则建立在荣誉和责任的基础之上，为首要职责是管理人员，而不是管理机器”的职业操守提供了蓝图（Cain and Hopkins，1993，第26页）。不过，这一定义忽视了工业革命期间的典型企业家需要同时操心工人和机器，管理操作机器的工人。

在很长一段时间里，人们曾认为温雅和资本主义的结合阻碍了经济的发展。人们虚构了“商业资本主义”和“工业资本主义”之间的二元性。依据这一人造的二元性，商业资本主义差强人意，且在生活方式和态度上与地主足够相似，因此绝不会导致经常与工业资本主义联系在一起的工厂和矿场令人抑郁、肮脏的环境。正如道顿（Daunton，1989，第128页）总结传统论点时指出的：“如果一份职业或收入来源越有能力让人们过上像地主阶级一样的生活，那么它的威望就越高，权力也就越大。虽然据信绅士资本家并没有鄙视市场经济，但是他们轻视生产活动，避免从事全职工作。”科尔曼（1973）强调，绅士和“参与者”（即实干家）大相径庭。虽然发家致富的商人渴望被视为有闲地主阶级的一员，且新进入者会遭遇势利眼，但是这并不会削弱一个论点，即工商业巨头效仿精英阶层的一些社会礼仪，英国工业资本主义因此被塑造成基本体面的职业。在英国工业资本主义社会，人们信守承诺，有债必偿，且在明面上相互尊重。

在当时，许多绅士可能的确是不事劳作、一无是处的寄生虫。现实生活中的绅士有别于社会理想中的诚实可靠之人，就像中世纪挥刀舞剑的暴徒有别于理想中的骑士一样。如果我们记住这一点，那么上述矛盾现象可以得到解答。当然，绅士行为规范和准则是一个教育问题。它们与一些礼仪密切相关，例如衣着、口音，以及一般意义上的教养。对经济发展而言，重要的是人们能够正直行事，信守承诺，决不食言。涉及教养和体面的礼仪规则包括了一些家庭和社会责任（能够抚养受抚养者和信守承诺）。换言之，我们可以将绅士资本主义视为一种手段，它让投机行为成为禁忌，确保只需在少数情况下动用正式制度惩罚离经叛道者。得益于此，人们能够与陌生人交易，且不会急功近利，试图从中占便宜。人们可能不会与不会重复进行公平交易的人做生意。凯恩和霍普金斯（1993，第36页）指出，绅士企业具有强烈的个人色彩，靠社交网络得以维系。它包括与同行、供应商、合伙人、客户以及债权人建立的一系列横向联系。它不涵盖阶层显然更低的人员，例如仆人或雇员。正如达维多夫（1995）提到的，它和骑士制度很相似，具有非常浓厚的性别色彩。

在英国，创业能否成功，关键在于所有人能否将自己视为贵族，至少在形式上接受绅士行为准则的约束。有人情绪化地将典型的工业革命企业家描述为残忍、不择手段、冷酷无情且一心敛财的人。不过事实并非如此。除了拥有某种形式的财产之外，远为重要的是，企业家需要“在当地得到人们的承认和信任”，并拥有“社会地位”（Hudson，1986，第262页）。科尔曼（1973）之所以未能发现理想绅士和熊彼特笔下“冷酷无情、精力充沛、个性强的巨头”之间存在任何共同点，是因为他歪曲了成功企业家的行为。相比只追求个人私利最大化的行为而言，一定程度的合作和信任对企业家阶层的成功更加重要。现在人们广泛承认信任对经济发展的重要性。例如，莱克和基弗（Knack and Keefer，1997，第1252—1253页）指出，“信任度低也会阻碍创新。如果企业家需要花更多的时间提防合作伙伴、雇员和供应商胡作非为，那么他们投入新产品或工艺创新的时间就会减少”。两位学者发现，信任度与经济表现存在关联。当然，我们无法找到像“世界价值观调查”这类现代数据一样具有追溯力的信任衡量标准。不过，间接的衡量标准似乎显示，“绅士资本家”之间的信任程度要高于他们对其他阶层人员的信任。

正如之前提到的，信任需要聚焦点和昂贵的信号传递行为。衣着、住宅区位、房屋内部装修、交通工具、协会和俱乐部会籍以及女性劳动力状况都能够说明中产阶级的社会地位，因此对他们的生活方式非常重要。口音和说话方式更容易产生问题，因此人们必须为下一代提供良好的教育，确保没人会怀疑他们的社会地位（Lewis，2001，第11章）。与文雅相关的理念发挥了这一作用。我们很难准确地了解，有关有闲绅士的观念在何时转变成为有关正直者的观念。有人认为有闲绅士为人诚实，能够佐证这一观点的证据顶多是他们客观公正；相比之下，人们在商业交易中可以信任正直者。“荣誉”一词的含义曾发生变化，从贵族意义上的“声望”转变成为资本主义色彩更加浓厚的“诚信”（可靠、讲真话）和“有教养”（“做正确的事”）。麦克洛斯基（2006，第

294—296 页）研究发现，这一词义的变化可以追溯到 18 世纪初，当时“诚信”和“有教养”的概念变得日益重要。此外，她还发现荷兰语中的“名誉”一词也有同样的变化。诺贝特·埃利亚思（Elias，1978，第 102—104 页）针对“举止得体”和“彬彬有礼”这样的用语提出了非常相似的看法。它们最初和宫廷相关联，但最终演变成意为社会认可的行为的用语。到了 1694 年，客套话成为一个“资产阶级概念”。简言之，绅士企业是一种非正式制度，属于埃利亚思提出的“文明进程”的一部分，不过它还有重要的经济影响力。它为英国市场提供支撑。当时，英国市场日益一体化，即将成为全国性市场。这一市场虽然并没有创造工业革命，却是工业革命的必要补充。

在 18 世纪和 19 世纪初，典型的企业家远非天才人物，单枪匹马地一心创业，无所不能，并且懂市场、技术、会计和劳务管理。当时也许有少数几位这样的天才型企业家，但这绝不是普遍现象。企业家通常负责公司某一方面的业务（技术或者管理工作），并且能够与拥有其他相对优势的人合作。社会规范不断发展，商人得以找到可信赖的合作伙伴，其中最显著的例证就是合伙企业得到了发展。尽管合伙企业早在 1700 年之前就已存在，但是它们在 18 世纪中叶之后才变得更加常见（Smail，1994，第 75 页）。尽管个人因素很少完全缺位，但是此类合作通常表现为合伙企业，乃至公平市场交易的形式。在其他情况下，此类合作涉及雇用值得信赖的技术专家、经理、监工工程师。波拉德（1965）证明，发现这类人才本身也是一项重要技能，同时也是企业在通往成功的道路上经常面临的一项考验。在这些雇员中，有人最终成为成功的企业家，其中罗伯特·欧文就是家喻户晓的例子。创业精神和硬件设备属于补充要素。英国擅长制造硬件设备（和培养使用它们的人才），从而为能够利用它们的人提供了独特的机会。技术人才和富有商业敏锐力的人才建立伙伴关系，证明英国在这一方面享有一项巨大优势，即人力资本和有利的制度互补。博尔顿和瓦特、克莱格和默多克、马歇尔和默里、马斯普拉特和甘布勒、库克和惠斯通分别成为合作伙伴。企业的成功更多取决于人们之间的顺畅合作，而不是复合型人才。

人们需要有充分的理由信任合作伙伴，方能顺畅地开展合作。即便在这一层面，经典的劳动分工和比较优势原则也同样适用。

皮尔森和理查森（Pearson and Richardson，2001），以及森德兰（Sunderland，2007，第176—178页）指出，工业革命期间的企业家业务高度多元化。在工业革命时期，典型的企业家并不是一生专注于发展自身企业的企业主，而是会兼营非核心的业务。在曼彻斯特市、利兹市以及利物浦市，棉纺织厂主和其他纺织品生产商可能也同时担任保险公司、运河和收费道路公司、煤气公司、银行和其他行业的经理。地方银行是最佳的业务多元化工具：许多银行家和他们的合作伙伴兼营多种业务。造船业和银行业将利润投资于啤酒厂（Mathias，1979，第240页）。亚伯拉罕·达比三世不仅投资收费道路公司，还投资了一家大型酒店。这家酒店面朝他建在煤溪谷的大铁桥。毛织品生产商爱德华·皮斯是乔治·史蒂芬森的合作伙伴，也是在早期铁路事业中发挥重要作用的企业家。在中英格兰的西部，客栈老板和酒店老板通常也是金属加工企业的共有人（Berg and Hudson，1992，第32页）。鉴于当时英国商业环境风险很高，此类业务多元化的行为是合情合理的。但它也表明，共同的行为准则能够促成可能来自完全不同背景的人开展合作。人们之所以会投资自己了解甚少的业务部门，是因为他们认为交易对象会像绅士一般行事，因此值得信任。企业家绅士基于此类社会规范，与信任他们的人交往，帮助建设地方基础设施，并且在明面上避免显得贪婪，为慈善事业出力，资助文化事业，自愿捐款，以此传递信号，证明自己值得信任（Pearson and Richardson，2001，第672页）。许多企业家绅士慷慨行事，证明自己有合作的长期规划和意愿。利兹市亚麻织品纺纱工约翰·马歇尔屡次为数家工程公司纾困和提供援助。这些公司为他制造和维护机器（Cookson，1997，第7页）。即使像博尔顿、瓦特等不讲情面的企业家也认识到，有必要重塑自身形象，将自己打造成为慷慨的绅士以及热心公益的贤者。他们还说服瓦特的朋友、科学家约翰·罗宾逊将他们宣传成为思想开明、慷慨无私的绅士（Miller，1999，第197页）。考虑到瓦特的品质，他不会被认为是贪财的企业家，一心只想着如何赚钱。信任和合作让业务多元化成为可能。这在贵格会成员中尤为凸显。他们的宗教就是一个强有力的信号，证明他们值得信赖。例如，吉宾斯银行是威尔士铜器制造商创建的贵格会公司。这些商人避免表现得过于贪婪，借此传递信号，表明他们是值得信任的合作者。

在酒馆、咖啡馆、客栈、互助会、宗教团体、共济会会所和类似组织，商人与工匠相聚在一起，交流信息和小道消息。得益于此类社交网络，信任方成为可能。在18世纪的英国，人们需要善于社交，加入某个团队，方有可能成为绅士。都市社会成立咖啡馆、慈善组织、知识分子协会等特殊组织，让文雅社会得以运行。在此类组织进行的社交互动是公民社会的核心，其规则指导着能够自称“绅士”的人的行为（Cowan，2005，第101页）。启蒙运动的学者鼓励社交活动，希望借此建立持久的道德秩序（Porter，1981，第15页）。人们未能充分地认识到，此类道德秩序需要合作和责任文化。在这一礼俗社会里盘算采取投机行为的成员明白，一旦自己的投机行为众所周知，可能对自身声誉造成不可挽回的伤害。关键是，运行良好的制度并不要求人们“品行端正”，或者利他；相反，追求自利的个人有充分的理由相信他们接触到的多数人会合作，因此他们自己也如此行事。

换言之，得益于非正式的制度，社会的运行效率远比所有参与者均采取完全的纳什策略，也就是采取自私自利、不合作的行为时要高。显然，英国并非不存在乌利亚·希普之流。不过，只要投机行为是少数现象，且社会会无情地处置此类行为，那么有关合作的文化规范就能盛行起来。英国企业家远非冷酷无情的利己主义者，而是共同价值体系的重要组成部分。经济学家直到近期才开始认可这一体系。典型的企业家竭尽所能，希望成为人们眼中值得信赖的人。在理想状态下，绅士不从事任何职业，想必会慷慨行事，并且不会受贪婪的驱使。有关“绅士”的新概念出现了。这些绅士不会采取投机行为，值得信任。人们未能充分地认识到此类规范在英国经济发展史中发挥的重要作用。

应该强调的是，虽然听上去有点奇怪，但是在18世纪，英国经济出现了竞争与合作并存的混合制度。虽然企业家身处竞争异常激烈的市场中，但是他们依然会在一定程度上约束自己的竞争行为。在爱惜羽毛之情以及内化的价值观的驱动下，企业家展现出高度的“荣誉感”和阶级团结情谊，即双方足够互信，预期能够开展和维持成双成对的合作，并且带来外部集体利益（即商业繁荣）（Posner，2000，第 34 页）。

此外，企业家绅士文化很大程度上取决于他们对社会接受度（social acceptability）的渴望之情。除了物质进步，对社会晋升的期望为有志于成为企业家的人提供了正确的激励，推动他们取得经济成就。此类激励因素不仅仅只包括物质财富。哈罗德·珀金（Perkin，1969）指出，自王政复辟时期以来，社会得以稳固的原则是财富和地位之间的联系。这里所说的地位不仅仅指政治影响力，以及对街坊邻里生活的间接控制力；它还包括能够受邀拜访的家庭、子女结婚对象、军衔晋升（即出资购买军衔）、居住区位，以及子女教育情况。在珀金看来，生活质量不仅仅取决于经济学家通常定义的“消费”，还取决于个人在社会等级制度中的相对地位。我们无法确定这一社会相对地位假说能否依然很好地描绘当今的社会状况。不过，我们可以和珀金一样，证明这一假说能够贴切地描绘 18 世纪的英国。因此，当人们成功获得财富时，这不仅意味着更多的物质享受，还意味着社会地位的提升。此类期望非常重要，可以确保坚毅勤勉的青年才俊源源不断地投身于各种事业，让整个国家富裕起来，哪怕不是所有的企业家能因此发家致富。它还有助于形成指导商业活动的社会规范。如果人们发家致富的最终目的是成为绅士，那么他们从一开始就应该像绅士一般行事。

* * *

经济学家认为，文化主要是一种社会关系，即人们能否相互信任，并采取合作的方式。而技术和有用知识在很大程度上与人类对自然的看法以及操纵自然的意愿相关。马克斯·韦伯，以及近期的林恩·怀特和戴维·兰德斯给促使社会能够实现创新进而激励经济增长的文化态度赋以同样的权重。在那时，几乎所有人依然相当虔诚，因此宗教理所当然地占据着中心位置。相比其他任何地方而言，英国启蒙运动更能坦然接受自己对待宗教的态度，毫不费劲地使之与工业启蒙原则保持和谐一致。科技进步是否无礼地侵犯了之前保留给神的领域，抑或它们证明了造物主的智慧，并取悦他，对于这两种观点，英国人一致地支持第二种观点。在18世纪，英国基督教显然基本上不再担心科技进步会扰乱自然，从而招致神谴。从培根到牛顿，这一讯息是清晰的。自然万物是合情合理的；人类有能力了解大自然，成为大自然的主人，使之为人类造福。此外，人们也认识到，宗教本身发挥着重要作用，增进有关合作和绅士行为的文化。大卫·休谟笔下的人物克里安提斯*可能会为这一文化的精神辩护。他说道："宗教的正当职务在于规范人心，使人们的行为人道化，并且灌输节制、秩序和服从的态度"（Hume，1773，第244页）。

文化也可能通过其他方式影响着技术进步。我曾经列举有关此类态度的两个例子。它们与宗教关系不大，但可能有助于解释西方世界取得的经济成就（Mokyr，1990a）。一个例子是向其他社会借鉴理念的意愿。正如前文提到的，尽管英国人（和大多数西欧人）可能对一些社会深恶痛绝，但是他们会毫无顾忌地采用和调适这些社会的有用知识。"非我所创"这一口号被"自豪地巧取"这一令人啼笑皆非的口号取而代之。另一个例子是对先辈普遍接受的观点予以批评和摒弃。一个社会敬畏先辈智慧的程度是一个重要因素，能够决定它创新的能力和意愿。如果知识分子认为"原则"神圣不可侵犯，或者工匠无法改变父子相传或师徒相授的技术传承模式，那么创新将遭到压制。在中世纪晚期和文艺复兴时期，异端思想和反抗情绪在欧洲变得根深蒂固。在1500年，此类情绪已经不是什么新鲜事物了，1700年的情况就更不用提了。在启蒙运动期间，此类情绪达到了顶点。

不过，文化还包涵更丰富的内容，即确定各种社会优先目标的排序，并借此获得社会声望和尊敬。此类优先目标对人才资源配置非常关

---

* 休谟晚年著作《自然宗教对话录》中的对话者，为哲学温和派。——译者注

键，它决定了最具抱负和最有聪明才智的年轻人选择成为拉比还是将军。18 世纪发生了一个最有趣且可能意义深远的变化，那就是，发明家和工程师的社会声望提高了。正是在这一领域，启蒙运动带来了巨大的变化。在培根虚构的乌托邦新大西岛（或译为新亚特兰蒂斯），发明家颇受尊重。所罗门之宫的三位成员负责搜集“所有机械工艺的实验”，其他三人则负责“从中获取对人类生活实际有用之物……我们将他们称为天才（财富来源）或者造福者”（Bacon，1996，第 486—487 页）。不过在 17 世纪，现实情况并非如此。麦克劳德（Macleod，2007，第 8 页）指出，在 17 世纪的社会，人们认为专利权人与“小偷和骗子”几乎差不多。这一描述当然言过其实，不过当时有很大的改进空间。在 1679 年，威廉·配第叹息道：“虽然发明家经常沉醉于对自身才能的看法，但是他认为全世界会侵害和侵占他的权益……因为当一项新发明首次被提出时，所有人一开始持反对态度，可怜的发明家遭受所有无礼之人的抨击……能够挺过这一折磨的（发明家）百不获一”（Petty，1679，第 53 页）。

文化演变模型在解释此类态度的变化时，可以提供一些洞见。信念和态度的演化传播（evolutionary transmission）的一种偏差可能是基于榜样的偏差，即人们希望效仿极受人钦佩的个人。艾萨克·牛顿的成就极大地影响着 18 世纪，就如爱因斯坦的研究成果影响着 20 世纪一样。尽管大多数人无法理解个中细节，但是这些突破象征着人类了解和驯服自然的能力。牛顿是思想者的典范，是所有人努力看齐的榜样。在应用领域，成就不凡的发明家获得了相似的地位。工业革命时期最知名的发明家和企业家，例如瓦特、韦奇伍德、阿克赖特等，帮助提高了发明家的社会地位。他们取得了巨大的技术和商业成就，成为“超级明星”。

在上一章中，我谈到了博伊德和里彻森的模型。这一模型还存在另一种文化“偏差”，即“显著事件”偏差。当发生创伤性或难忘的事件，且此类事件给许多人留下深刻印象时，那么人们可能会系统地改变自己的信念和态度。如果发生“全球性”事件，它就可能产生深刻的文化影响。在我们这一代，“9·11”恐袭事件肯定属于全球性事件。

在上一代，1940 年至 1945 年期间的事件扮演着类似角色。虽然工业革命时期未发生创伤性事件，但是一些技术发展显然给当时的人们留下了深刻印象，改变了他们对技术的看法。技术奏效了，许多英国人的命运因此得到改善。但许多改善并不是显而易见的：它们表现为更便宜的内衣以及质量更佳的钉子和螺丝，而不是促进文化演变的事物。不过，一些事件富有戏剧性，被视为创伤性事件。气球飞行就是一个例子。虽然这一发明没有多少内在经济价值，但是它极大地增进了人们的信心，认为人类凭借技术能够实现无数代人梦寐以求的壮举（Mokyr，1990b）。虽然我们对乘气球飞行习以为常，但是人类直到 1783 年才得以战胜地心引力，乘坐气球上天。在当时，乘坐气球是一项极受欢迎的娱乐活动，且传递了响亮而清晰的文化讯息。当时一些蔚为壮观的工程成就同样激发了同代人的信心，认定工程技术能够达成更为宏伟的目标，例如雄伟的庞特卡萨鲁岩渡槽，以及惊人的乌斯河铁路高架桥。庞特卡萨鲁岩渡槽由运河业巨人特尔福德和杰索普建造，于 1805 年完工。乌斯河铁路高架桥由约翰·拉斯特里克在 1841 年建造完工，长 1 475 英尺，共使用了 1 100 万块砖。在医学领域，爱德华·詹纳进一步提升了创新的威望。他证明，人类的聪明才智不仅能够战胜地心引力，还能战胜天花。詹纳非常受人尊重。虽然他只是一名乡村医生，但同时荣获牛津大学和哈佛大学的名誉博士学位，并被任命为乔治四世的专任医师（Baxby，2004）。

蒸汽动力扮演着类似的角色。首批蒸汽机属于“显著性”事物。它们体积庞大，噪音惊人，且属于异类。它们之所以给当时的人们留下深刻印象，不仅仅因为它们引发了能源生产革命，还因为它们产生的文化印象涉及人类支配自然。在普通民众的心目中，詹姆斯·瓦特就是工业革命的真正化身。在 19 世纪 20 年代以及之后的岁月里，虽然他已离世，但是他的声望与日俱增。有人可能会争辩，从历史的角度而言，这一看法是否正确。毕竟瓦特没有“发明”蒸汽机，且其他人在蒸汽机领域做出的发明同样具有独创性。不过显然，到了 19 世纪初，瓦特不仅仅是文化偶像，还成为工业启蒙以及英国进步和创新的象征。随着铁路和蒸汽轮船的发展，蒸汽动力的社会声望与日俱增。铁路和蒸汽轮船得到了广泛运用，蔚为壮观，足以成为“显著的事件”。正是在那些年中，工业启蒙运动的技术成就受到越来越多的人注意。虽然瓦特和这些发明没有半点关系，但是他依然成为人们心中的楷模（MacLeod，2007）。尽管辉格党学者可能有意夸大他发挥的作用，但是一直以来人们都需要树立像瓦特一样的楷模。文化演变和技术进步很相似，都需要聚焦装置。

因此，在维多利亚时代的英国，发明家和创新者的社会名望与日俱增。得益于文化变迁，成功的发明家赢得了声誉以及诸多同行的尊重。我们很难衡量此类文化变迁产生的效应。不过，詹纳、瓦特和其他发明家获得了荣誉，这给其他有志于成为发明家的人传递出强有力的信号。在工业革命或其他任何时期，金钱很重要，但并不是发明家的唯一动力。在当时，名声并不像现在一样几乎自动与财富画等号，但是两者还是存在一定关联的。许多雄心勃勃的创新者能够见证构成工业启蒙运动并成为工业革命文化根源的态度变化。

第十七章
正式制度：国家和经济

国家和公民之间的关系是启蒙运动著述的核心问题，它体现在《社会契约》《公民社会》等名著书名折射出的理念之中。相比之下，经济学家提出的国家理论更切合实际、专业性更强。因此，对于本书而言，选择经济学家提出的国家理论合乎情理。大多数经济学家认识到，国家在经济领域的活动可以概括为两种基本类型。一种是在经济领域从事自由市场无力独立开展或者无法处理好的活动。例如，国家必须强制执行产权、合同履行等经济博弈“规则”，并监督人们遵守此类规则。与此同时，国家还需维护和平与法治。国家负责解决协调问题，例如提供可信的交易工具，确保商业和生产活动顺利进行。此外，它还要设法防止市场经济因为自我实现的恐惧和恐慌情绪而变得不稳定，并确立有用的惯例和标准，例如“开车时靠左行驶”或者“1 米等于地球周长的特定等分”。它还提供基础设施投资、国防等“公共产品”。在公共产品领域，排他性和非竞争性导致私人供给变得无效（尽管很少会导致私人供给变得完全不可能）。不过，如果研究 18 世纪的英国采取这一方法，或许有点天真。在当时，英国主要做一件事，那就是向其他国家发动战争，并征税来支付战争费用。此类战争是否真的增进社会福利，这非常值得怀疑。虽然有一些公民从中受益，但是对于普通纳税人而言，战争构成净损失；对于整个世界而言，战争造成了人员伤亡和资源浪费。在 18 世纪，增进社会福利的政府活动并非完全缺位，但几乎都是马后炮。在 1700 年至 1850 年间，英国公共部门经济活动面临的核心问题是战争和公共产品供给之间的此消彼长。

英国在经济领域从事的第二种活动是重新分配财富和收入。在 18 世纪的英国，国家成为寻租机制。在这一机制下，权势群体和政治精英阶层的成员利用国家权力，为自己牟利，获取特权和排他性权利，例如垄断、禁止进口和其他规定。此类规定以损害多数人的利益为代价，为少数人带来收入。在多数情况下，权势群体和政治精英阶层属于统治精英阶层的一部分。寻租和腐败可以恶化为完全掠夺成性的"盗贼统治"。这时，如果制度失常，那么经济就会陷入贫困的境地。不过，统治者始终都需要盟友和支持者，并且有可能被再分配联盟和组织良好的游说团体"俘获"。不断变化的联盟主宰着 18 世纪的英国。这些联盟需要顾及占据主导地位的地主精英阶层以及商人和金融阶级的利益。

事实上，在包括 18 世纪英国在内的所有国家中，这两类活动混合交织在一起。不过，这两"类"活动的相对重要性在各国并不相同，并且随着时间而变化。在研究文献中，一个重要的问题是可信承诺。可信承诺指纳税人赋予英国政府特定权力和资源；作为回报，政府做出一个尊重纳税人产权的承诺（包括对未来税收的所有权）。诺思和温加斯特（North and Weingast，1989）在一篇富有影响力的论文中指出，直到英国光荣革命结束并通过《权利法案》之后，这一可信承诺才成为现实；英国国家和公民之间的成功关系可以追溯到这一时期。不过，也有学者表示，这一关系可追溯至英国内战* 和斯图亚特王朝时期。无论属于哪一种情况，英国政府在 1700 年左右做出了可信承诺，只不过这一承诺通常是针对特定群体。这些群体向国家施压或行贿，以此获取某些特权。

当时，英国政府固守着很大程度上属于寻租性质的重商主义原则（Ekelund and Tollison，1981，1997）。研究英国这一重商主义国家的一种方式是，认识到它是政府和特殊利益集团建立的互惠联盟。政府有财政需要；特殊利益集团则寻求特殊照顾和好处，且此类特殊照顾和好处是以损害竞争对手或者普通消费者的利益为代价。这些利益集团利用国

---

* 指 1642 年至 1651 年在英国议会派与保皇派之间发生的一系列武装冲突及政治斗争；英国辉格党称之为清教徒革命。——译者注

家权力获取了好处，且其中许多好处属于排他性租金。作为回报，它们缴纳政府所需的税收，政府则将此类税收主要用于军事用途。垄断利润更易于征税，因此双方均从中受益，但这是以损害整体经济为代价的。如果重商主义国家未出台一套系统性措施，将收入从一个群体转移给另一个群体，这主要是因为地主、商人、制造商群体之间存在着利益冲突。事实上，正如奥布莱恩、格里菲思、亨特（O'Brien、Griffiths and Hunt，1991，第416页）所指出的，大多数所谓的重商主义政策算不上是“产业政策”，而应被视为一套临时的特别举措，用于安抚不易对付的压力团体或选民，以及维护和平与秩序。这一制度适应力强、变化不定，且鲜有结果是事先安排的，这归因于同联盟之间的斗争波涛暗涌，结局难以预测，且经常存在突然反转的情况。重商主义学说主张，英国商品和利益应当始终优先于外国商品和利益，并应调动国家军事机器为此类利益服务。

不过，即便在重商主义世界，我们也不能将下列两个因素视为公共政策的动机，即国家总体利益的重要性，以及提供公共福利的必要性。重商主义既是一种王朝利益学说，又是一种国防信条。它鼓吹贸易顺差，认为贸易顺差能够给国家赚取源源不断的黄金，让统治者得以招募雇佣军、建造军舰并保卫王国。此外，正如我们看到的，重商主义学者非常关注失业问题，并鼓吹21世纪所说的“以邻为壑”政策。这一政策扶持出口，并限制进口，希望借此创造就业岗位。虽然大多数经济学家认为此类政策有问题，但是我们不能认为所有的重商主义政策都是为了追求狭隘的特殊利益。然而，这些措施始终是基于重商主义秉持的零和博弈世界观。重商主义认为，各国为了争夺固定资源会大打出手，并且认定市场规模保持固定不变，因此试图在市场中战胜对手。重商主义政策并不是非理性或愚蠢的；考虑到所有其他国家很可能采取相似的策略，因此重商主义政策可能是最佳的回应之道（Findlay and O'Rourke，2007，第229页、第351页）。不过，尽管此类纳什均衡并不是非理性的，但是如果所有国家能够全力推行自由贸易政策，那么相比之下，此类纳什均衡就是低效的。这正是启蒙思想蕴含的目标。

有人称，在1700年之后的一个半世纪里，政策和信念形成的奇特产物，也就是我们所说的重商主义开始逐渐衰微，并最终废止。这一观点虽然可能将问题简单化，却合理地概括了当时的情况。我们可以在专利档案中找到信念变化的迹象。专利档案记载着专利权人申报发明的既定“目标”。在1660年至1719年间，在所有申报的发明目标中（每项专利最多申报两项目标），有12.6%的既定目标是实现进口替代；在1740年至1749年间，这一比例仍保持12.5%的水平。到了1790年至1799年间，这一比例下降到微不足道的0.3%（MacLeod，1988，第160页）。我们不能完全将这一变化归功于启蒙思想得到发展，以及新的经济和社会意识形态的不断演变。同样，我们也不能完全将这一变化归因于技术、人口、相对价格、市场等物质力量。这两种做法都有误导性。亚当·斯密抨击他所说的“重商主义体系”。虽然他的批评颇有成效和影响力，但并不足以废除这一制度。斯密因循一大批英国和欧洲大陆知识分子和哲学家的做法，抨击重商主义体系的基本假定和寻租依据。斯密指出：“各种垄断似乎是重商主义体系唯一的发动机。”他显然认识到，可自由进入的市场是未来的潮流。不过，尽管英国经济经历了深远的变化，但是这些变化本身不会必然地改革英国的制度。如果工业革命的技术和创业活力受害于特殊利益集团和腐败问题，日渐削弱，并最终消亡，那么经济增长的趋势可能轻易遭到逆转。

工业化和处于起步阶段的机械化并未能消除下列特殊利益群体开展政治活动，利用政治权力榨取经济资源，通过游说获取租金和市场外好处；以及压力团体开展活动，通过维持市场支配力和排他性，争取重新分配收入和财富等问题。所有社会都存在这些问题，我们所处的时代也不能幸免（Olson，1982）。然而，启蒙运动意味着，至少在一段时间内，寻租和特殊利益集团处于守势。英国诸多支持寻租和再分配活动的经济制度得到改造和削弱，使这些活动变得相对缺乏吸引力，进而引导英国最具创造才能、足智多谋的人才投身于更具生产力的事业。到了1850年，掌管英国政府的精英阶层不再将政治权力视为谋取更多特权，将其他人的资源重新分配给自己的一种手段。相反，它确保其他政治团体同样也无法这样做，以此维护既有利益。总的说来，再分配不再是政策目标。

英国的正式制度在1700年之后发生了诸多变化。此类变化既是意识形态变化的结果，也是三个精英阶层之间对立和互动的结果。在18世纪的英国，除了少数特例之外，政治精英阶层由富裕的地主组成。有人指出，在光荣革命期间，英国政府是私有财产主宰、私有财产所有、服务于私有财产的政府。这里的私有财产主要是指“不动产”，即土地。不过在1688年光荣革命之后，财产概念得以扩大，还包括了政府发行的债券，以及其他金融和商业资产。政治精英阶层因此受到了压力，需要认同并支持经济精英阶层。财富日益来自商业、金融业、运输业和制造业实现的利润。政府债券成为富人手中另一种形式的财富。随着新贵积累的经济权力与日俱增，他们明确要求能够在政治进程中发挥更大的影响力。他们开辟各种渠道，利用自身财力影响政客，改变制度，以此满足自身需要。在当时，第三个精英阶层，也就是哲学家组成的知识分子精英阶层开始彰显自身的存在。哲学家就国家应该做什么和不应该做什么提出了新理论。他们的权力来自自身的声望和雄辩能力。他们通过自身声望和雄辩能力，说服其他精英阶层的成员接受有关美好社会的愿景。当然，他们的观点并非同质化，也没有和其他精英阶层的观点完全重合。英国制度的变迁应归因于这三个精英阶层之间的对话和结盟。

我们不能将这一转型精准地追溯到国家自由化和启蒙程度更高之时，这样做是有风险的。首先，许多陈旧的法律、规定和排他性安排仍然存在于纸面之上，只不过政府执行它们的积极性日渐低迷，且人们日益大胆、有效地规避它们。其次，重商主义体系影响着英国经济的诸多领域和方面，无论是在国内还是国外，并且它也没有全面溃败。既得利益者负隅顽抗，通往启蒙经济的前进之路屡屡遭遇短暂的挫折。尽管如此，到了1850年，存在于18世纪之前和期间的重商主义体系已逐渐废除。当然，寻租活动并没有消失殆尽，不过，在整个维多利亚时代，它或许受到了牵制。我们很难准确地预测，如果启蒙运动未能激发制度变化或者（这似乎有可能）制度改革朝着日益蒙昧无知、民族主义色彩更加浓厚的方向发展，并且英国政治制度日趋腐败，再分配性质更加明显，英国会发生什么。西班牙、俄罗斯等欧洲国家就是例证。在这些国家，启蒙运动遭遇了强大的阻力，进展严重滞后。在19世纪，这些国家的经济表现令人失望。相比之下，在其他西方国家，各种形式的启蒙运动开始盛行。它们建立了高效的政府，相对而言摆脱了腐败问题的困扰，并且不受特殊利益集团的过度控制。斯堪的纳维亚国家、低地国家、法国和德国最终加入了英国的行列。不过，鉴于各国传统和禀赋不尽相同，因此它们的制度在具体细节上也会有所不同。

在1700年至1850年间，英国经济实现了转型。从多个层面而言，英国政府在经济转型中发挥的作用存在争议。首先，对于政府在这一发展过程中实际和本来应该发挥的作用，学者大体上存在严重的分歧。其次，对于18世纪英国政府的实际特征，他们也持有不同看法。不过学者们一致认为，18世纪的英国从表面上看绝非自由放任经济。当时英国赋税很重，并且受到严格的管制。同时，它为许多进口商品提供了有力的保护，并且为一些出口商品提供“出口津贴”（补贴）。它对企业设置重重障碍，其中最主要的障碍是关于组建股份公司的限制性规定，以及设定最高合法利率的《高利贷法》。组建任何类型的商业组织都需征得议会的同意，例如需要庞大资本支出的运河项目。劳动力市场仍然遵守着古老的《工匠和学徒法》。这一法律可以追溯到1562年，它强制要求诸多行业的工人在从业之前必须接受正式的学徒培训。亚当·斯密（[1776]，1976，第1卷，第137—138页）对这一法律大加嘲讽，讥讽它的一些陈旧规定“再愚蠢不过”，并认为它“显然侵犯了劳动者和可能有意雇用他们的人的正当自由”。

不过，我们有充分的理由相信，当时的法规条例许多是都铎和斯图亚特王朝的残存物而且远未得到严格的执行。随着英国经济日益成熟，市场愈发复杂，如果没有一个庞大的官僚机构，政府实际上无力监管面包质量、学徒合同期限等问题（Ashton，1948，第95页）。许多行业豁免于《工匠和学徒法》。即使在这一法律表面上适用的行业，它的影响力也很小。在1777年，印花布的印染工人承认，只有不超过10%的工人当过学徒，而这归因于“这一行业并没有要求他们雇用的人员必须是专业出身；一般工人就能胜任这一工作”（Mantoux，[1905]，1961，第453页）。伦敦的木匠和裁缝并没有执行《学徒法》。伦敦城政府出台法规，免除了师傅正式培训学徒的需要，因为“伦敦城的师傅不希望执行可能损及他们行业的规定”（Schwarz，1992，第219页）。正如前文提到的，即便是扩展型独资企业（extended proprietorship）形式的组织也有可能歪曲甚至是完全规避《泡沫法》，火险业的情况就是如此（Pearson，1997，第243页）。服务于大批人的受托人（trustees）表现良好，它们再生的流动性水平和公司所能提供的流动性相差不大（Dubois，1938，第38页）。1734年《巴纳德法》取缔了作为金融工具的期权，试图防止“投机活动”。然而，在1745年至1773年间，议会四次通过这一法案，这足以说明它的执行情况存在不尽如人意的地方（Neal，1982，第88页）。中央政府控制着对外贸易、军队和金融事务，而大多数其他内部事务则由当地政府承担。国内贸易、劳务和土地市场监管工作、司法、治安、郡县道路养护和济贫工作均由地方治安法官负责。原则上，当局能够行使不少权力，控制日常生活，但它们通常不会选择这样做。这一事实上的自由放任政策并非源自任何自由原则，而更多地归因于富人纯粹的自利主义以及业余官员承担地方行政管理工作的现实。对于如何执行当地法律，这些官员拥有很大的自由裁量权。18世纪的英国忽略和规避陈旧的法规和规定，而不是全面废除它们，从而逐渐发展成为一个自由市场社会。一些学者认为，《国富论》在面世之时就已经过时了，因为它倡导的理念基本上已经成为现实（Perkin，1969，第65页）。

通常法官负责准确地解释《泡沫法》等排斥性法律（Harris，2000）。虽然人们凭借各种簿记制度，广泛地规避《高利贷法》等其他限制性法律，但是这并不意味此类法律没有给商业活动制造障碍。近期的一篇论文（Temin and Voth，2008a）指出，1714年高利贷最高利率从6%下调至5%时，一家伦敦私营银行改变了借贷行为。不过，我们不清楚此类法律如何影响半个世纪后出现的地方银行。银行将贷款视为透支，并且多收取邮资等资费，向本来有可能被限制在市场之外的客户收取佣金，从而将正式利率从5%提高到了6.5%或7%（Cottrell，1980，第8页）。到了1818年，一个议会委员会就《高利贷法》得出一个结论，即此类"旨在调节或限制利率的法律遭到了广泛的规避，未能达到设定最高利率的效果；近年来，市场利率持续超过法律限定的利率，从而导致借款人的不动产担保费用增加"（Great Britain，1818，第4页）。人们一致认为，《航海条例》同样遭到广泛的规避。这可归因于两个因素，一是走私活动；二是一些英国官员认识到这些法律非常荒唐，故意放松执法。1733年《糖浆法》的情况就是如此。在北美殖民地，人们广泛地规避这一法律（不过这严重损害了英国消费者的利益）。在1700年，伊丽莎白一世时代出台的《学徒法》中的许多条款早已形同虚设。该法令愚蠢地规定，倘若青年男子希望成为手工织布者的学徒，那么其父母的财产价值至少达到3英镑。1721年《棉布法》并不能将所有的印度印花棉布挤出英国市场；颇具竞争力的印花纺织业依旧威胁着丝绸和毛织品生产商（Lemire，1991，第42页）。禁止工匠移居海外和出口机器的法律实质上属于重商主义法律，并且惩罚力度非常严厉，但是它们仍然遭到广泛规避（Henderson，1954；Jeremy，1977）。塞缪尔·加伯特是此类法律最有力的支持者之一，不过值得注意的是，即便是他，也无法阻止自己的女婿帮助技术精湛的铁工前往俄罗斯工作。亚当·斯密（[1776]，1976，第50页）提到了"无数粗暴的障碍，愚蠢的人为法律借此妨害着"（个人的努力）。然而，他未能考虑到一个可能性，即有人认识到一些"人为法律"徒劳无益，并且没有严格地执行它们。此外，当英国需要正式修改法律，使之适应不断变化的经济环境，或者体现涉及英国经济运行方式的新思维时，相比世界上其他任何政体而言，它更有实力做成此事。它的正式或非正式制度适应能力很强，这对英国大有帮助。正如理查森和博加特（Richardson and Bogart，2008）最近指出的，议会在1689年之后的地位得到了巩固，因此能够设立法定机构，修改已然成为绊脚石的产权。

那么，英国政府在影响1700年至1850年的经济变化方面发挥了什么作用呢？这一问题非常难以解答。一个例证就是，是“弱”政府还是“强”政府更有利于经济发展。学者一直未能就这一问题达成共识。即使对当今的经济体而言，这一问题也远没有定论。一些经济学家出于个人偏好，认为政府干预最少的市场经济更优越。不过，国家主义和国家干预经济主义给欧洲大陆许多国家（更不用提东亚“四小虎”了）带来了经济增长，这证明某一种模式并不能放之四海而皆准。格申克龙在《经济落后的历史透视》中指出，国家在工业化中发挥的作用取决于工业化的时间；工业化起步越晚，政府的领导作用和干预显得愈发重要。他表示，工业化起步越晚，所需的基建投资越多，并且在没有得到某种形式的政府支持下，私人投资者筹措基建资金的可能性越小。在18世纪，英国基建投资规模相对较小，私营部门就能够满足这一需求。因此，依据格申克龙的逻辑，英国国家在引发工业革命方面应该扮演着被动的角色，而不是主动的角色。不过，帕特里克·奥布莱恩（O’Brien，1994，2006）和他的追随者严重质疑上述观点。他们指出，重商主义的汉诺威政府积极推行所谓的“蓝水战略”（通过海军控制主要的海洋贸易航线），这是英国的世界贸易得以崛起的关键所在。他们还主张，全球贸易发展是经济发展的重要组成部分。依据这一理论，英国要想取得成功，国家必须外强内弱。

我的论点是，启蒙运动改变了身处要职的官员对经济（和社会）运行方式的看法，最显著的是启蒙哲学家就国家在经济领域发挥作用提出的种种见解，这些见解深刻地影响了诸多要员。有人认为，启蒙时代迎来了自由市场经济的胜利。此类观点过于简单化，站不住脚。不过，人们日益认识到国家发挥着双重作用。人们认为，政府的作用是承担公民力所不能及的活动，同时尽量避免再分配活动。虽然对政府作用的确切边界还存在很大的争议，但是这一关于政府作用的原则确立了下来。现代制度主义经济学家认为，无论过去还是现在，国家的主要职能是执行合同和保障产权。这一观点的历史意蕴是显而易见的。道格拉斯·诺思（1981，第147页、第158—170页）指出，产权明晰化提升了英国经济组织的效率，进而加快了英国工业革命。产权和经济增长之间的关联包括私人和社会收入成本与回报率等同带来的资源高效配置。诺思指出，产权明晰并不等同于自由放任主义。产权明晰远比自由放任主义重要，这是因为产权明晰能够降低交易成本，提高市场一体化和专业化分工水平，实现规模经济。在其著作中，诺思将后来取得的经济成就归功于英国在光荣革命之后出现的政体的性质。

人们认为，有效的产权对经济发展至关重要。虽然这一观点没错，但是产权只是经济的一个侧面。阿瑟·杨格（1793，第 89 页）指出："我们宪法的原则是财产的代表……这一原则在理论上并非尽善尽美，但是在实践中行之有效。"他还补充道："如果下层阶级能够过上安全……和安逸的生活，那么此类代表权的弊端则微不足道。"此类产权不应与混乱和无政府状态进行比较，而应与传统和习惯权利进行比较。毕竟，传统和习惯权利经常存在争议，无书面证据，且很难确认。在 18 世纪，英国政府坚定不移地支持正式产权，反对习惯权利。亚当·斯密在评估他身处的社会时，坦率地指出："民事政府，就其建立是为了保障财产而言，实际上是为了保卫富人对抗穷人而建立的"（[1776]，1976，第 2 卷，第 236 页）。这一看似愤世嫉俗的评论一针见血：产权顾名思义保护着财产所有人，从而吸引人们积累更多的财产。其中的诀窍在于促使人们勤奋工作、主动作为、发挥创造才能、承担风险并进行储蓄，以此积累财产，而不是试图操纵国家权力，将别人的财产重新分配给自己。这是自由市场伦理的根基。相比其他国家而言，这在 1780 年的英国得到了更充分的发展。到了 19 世纪 30 年代，亚历西斯·德·托克维尔对斯密 60 年前目睹的现象持更加鲜明的看法。托克维尔指出，英国人赋予了穷人平等权，不过前提是穷人能够获得同等的财富。他还指出，只不过富人负责制定法律，并且利用法律创造更多的财富（Tocqueville，1958，第 78 页）。

这些看法反映了 18 世纪和 19 世纪初深层次的现实情况。能够制约国王的权势者、允许政府征税以此获得产权保护的富人没有多少动力保护政治统治集团以外群体的财产。尽管存在种种规定和限制，殖民地居民、小农、茅舍农、乞丐、流浪汉以及女性等群体的产权并不受保护。尽管产权仍是18世纪立法工作的一项中心信条，但英国政府仍然实施很多“取消产权、重新分配产权，简而言之侵犯产权”的活动（Langford，1991，第146页）。不过，此类活动很少是任意或掠夺性的，且通常财产所有人至少在原则上会获得补偿。然而，由于创造性破坏需要对现有资产进行监管，并且由于现有权利成了障碍，它有时必须调整适应。如果要取得进展，必须消除垄断和其他排他性“特权”。在18世纪，议会权力增加了，从而赋予英国其他国家所没有的灵活性。当然，英国非常谨慎地利用这一灵活性。

尽管如此，任何关于产权的说法必须直面一个问题，即1700年之前英国日常财产安全状况。托马斯·霍布斯执迷于一个问题，即如何确保人们信守承诺。从很多方面来讲，现代英国早期仍是一个无法无天、暴力肆虐的国家。一些人认为，依据当代英国社会的标准，1700年的英国仍是一个犯罪率高发的社会。拦路强盗和流浪汉祸害旅客；走私犯和收税官之间频繁爆发暴力冲突。瑞士游客德·索绪尔（［1726］，1902，第127页）在1726年时发现，英国“盗匪多得惊人”。城市地区因为街头犯罪而声名狼藉，而且一些街头犯罪活动组织严密。不过，尽管历史犯罪统计数据存在许多缺陷，但是我们可以日益清楚地看到，在1700年至1850年期间，犯罪活动数量急剧减少。到了18世纪中叶，外国游客也纷纷议论英国谋杀和暴力犯罪水平低的现象。一位学者认为，18世纪中叶伦敦的谋杀率“异常低”，这会让习惯了现代美国乃至欧洲城市谋杀率居高不下的现代观察者感到震惊（Langbein，1983b）。虽然证据不可否认略显薄弱，但是能够证明，在18世纪，暴力犯罪不断减少。与此同时，财产犯罪活动几乎与人口保持同步增长（Beattie，1974，1986）。劳伦斯·斯通（1983，1985）认为，犯罪，特别是暴力犯罪活动在1650年之后减少了。他指出，这可归功于“17世纪末习俗的变迁，以及启蒙运动人道主义意识形态（助以一臂之力）”（Stone，1983，第29页）。

并非所有的犯罪活动都是个人犯罪。在18世纪的英国，经济或政治上的不满引发暴乱的情况非常常见。打砸机器、粮食骚乱、收费道路骚乱，抑或针对天主教徒、爱尔兰移民或不信奉国教者等不受欢迎群体的暴乱事件非常常见。1780 年爆发的“戈登骚乱”、1793 年的布里斯托尔大桥骚乱、19 世纪的卢德分子和斯温队长骚乱令有产阶级心怀恐惧。但总的说来，严重危及资本积累和商业正常运转的日常犯罪活动相当罕见。当然，英国在 18 世纪通过了一大批法律。这些法律残忍地惩罚侵犯神圣财产的人员，以此保护财产。布莱克斯通抱怨道：“不过，尽管……我们对英国法律蕴含的智慧引以为荣，但是英国死刑的频率之高，我们难以辩护……国家接二连三出台一大批互不相干的法令，针对性质大相径庭的罪行处以死刑”。他还指出，这一（死刑罪名）清单如此令人畏惧，以致被害人不愿意起诉，陪审团也不愿意定罪（Blackstone，1765—1769，第 4 卷，第 18 页）。粮食暴动者、伪造犯、暴力抵制圈地运动的人都可能面临死刑和流放的危险。惩罚力度如此严厉，这似乎意味着人们普遍都将暴力犯罪和财产犯罪视为严重问题。不过这同时也意味着，当局不愿意向执法工作投入资源，而是寄希望于严厉的惩罚能够威慑潜在的罪犯。这难免让人产生一种印象，即守法、尊重财产的阶层将它们作为一种手段，控制不认同其文化态度的其他阶层。

当然，被执行死刑的人数实际上并没有这么多；严厉的惩罚更多是针对暴力犯罪，而不是财产犯罪。在 1749 年至 1771 年期间，伦敦老贝利法院* 总共判处 1 121 人死刑，其中 443 人为缓刑。不过，正如我们所预期的，各类罪犯伏法比例有所不同：89% 的杀人犯或谋杀未遂犯伏法，而小偷伏法比例则仅为 34%（当然这一比例依然很可怕）。由于当时英国大多数地区配备的专业警力很少或者根本没有，因此依赖所谓的“血腥法典”中的严厉惩罚措施产生威慑效应。案件靠自诉，犯罪预防制度基本上是自动实施。超过 80% 的案件由犯罪被害人自行起诉；从成本角度看，诉讼费力费钱，因此仅有极少数被害人愿意起诉（Ems-

---

* 即中央刑事法院，其所在街道为老贝利街，负责处理英格兰和威尔士的重大刑事案件。——译者注

ley，2005，第183—186页)。帕特里克·科洪（1797，第Ⅶ页）提道："每100起违法行为中，不超过一起被揭发或起诉"。当有人违反体面和绅士行为准则，危及英国最受人敬畏的神圣制度时，仅仅威胁会对之严加处治，其效果可能要好于为了防止财产犯罪而真的处死罪犯。不管怎样，力图保护财产的人和希望夺取前者财产的人之间的斗争形势不断变化，但从未恶化到严重危及基本安全的程度。为了确保日益成熟复杂的商业和工业经济有序运行，基本安全大有必要。有意思的是，最常见的财产犯罪受害人并非我们通常所说的"有产阶级"（即地主和食利者)，而是农民、商人和工匠。在1800年之后，对保护财产的需要发生了变化，法律改革也随之而来。虽然18世纪出台的"血腥法典"废而不用，但是英国在1824年和1827年分别出台了《流浪法》和《蓄意损毁财产法》，授予新成立的警察部队不小的权力，给"众所共认的盗贼"定罪，从而确保轻微的非法侵害行为和扰乱社会治安行为得到快速高效的审判。

细看之下，我们会发现，日常治安工作更多依赖社会习俗和自动实施的行为模式，而不是一个公正无私的司法机构开展的执法工作。在1660年之后，凶杀案的比率下跌了。一位史学家由此得出结论，认为"法院案卷显示……人们更愿意通过协商消除分歧"（Beattie，1986，第112页)。人们很少会因为商业纠纷闹上法院，常常以仲裁方式解决此类纠纷。事实上，在18世纪，法院受理的民事案件数量相对于17世纪中叶而言急剧下跌：1750年王座法院和皇家民事法院受理的案件数量仅为1670年的1/6（Brooks，1989，第364页；另请参阅Muldrew，1998，第8章)。显然，大多数交易活动是基于非正式的行为准则，并依赖当地声誉以及宣扬正直和责任感的宗教说教。

总之，自愿合规、尊重财产和等级等中产阶级社会规范可能和正式产权一样重要，推动着英国经济的车轮向前行进。在当时，人们不太习惯与其他人对峙和打官司，因此律师以调解和仲裁为生（Corfield，1995，第73页)。刘易斯（Lewis，2001，第150页）指出："除了执行法律之外，资产阶级很少会接触到法律"。穷人和罪犯阶层应受到威慑。一般说来，中产阶级奉公守法。非正式制度和成文法同等重要。非正式制度指描述可接受行为的风俗、传统和习俗。查尔斯·达韦南特（[1699]，1771，第55页）一语中的地指出："当今法律未能很好地得到奉行，法律是无法自动执行的"。他认为，由于治安法官没有强烈的动力来履行职责，"执法工作"可能需要依赖个人。笛福（1704—1713，第1卷，第87页）讥讽道："英国肯定莫名其妙地存在过错。英国法律是应人民的要求而出立的契据（act and deed）……不过世界上没有任何一个国家会像英国一样，如此糊弄本国法律。"

启蒙思想家对知识产权的看法褒贬不一。原则上，国家负责协调和执行知识产权。经济学家认为专利制度是最重要的激励因素。歌德写道，英国专利制度的主要优点在于，它将发明变成"真正的财产，从而避免了所有牵扯到应得名誉问题的恼人纠纷"（转引自Klemm，1964，第173页）。虽然这一观点有点天真，但是一些现代经济史学家表示认同（North and Thomas，1973，第156页）。在《法理学讲义》（[1757]，1978，第11页、第83页、第472页）中，亚当·斯密指出，知识产权"事实上是对物权"。他承认，专利制度是他能唯一接受的垄断（或者他所说的"特权"），因为在专利制度下，市场而不是官员决定着一项发明是否有用。斯密有点不切实际地认为，如果一项"发明成果出色，能够给人类带来好处，那么（发明者）也许可以从中发家致富"。专利支持者将这一论点奉为圭臬。约翰·斯图亚特·穆勒在近一个世纪之后几乎一字不差地复述了这一观点（[1848]，1929，第933页）。一种相关联的观点认为，专利是社会为发明者公布发明成果而支付的补偿；否则发明者有动机保守涉及发明的秘密，从而人为地提高知识获取成本（Dutton，1984，第22页）。现实情况要复杂得多。在工业革命期间，并非所有发明家都希望获得此类回报，当然也没有多少人获得了此类回报。许多发明家公布了发明成果，供民众使用。其他发明家则因为种种原因未能获得专利，或者在后来丧失了专利。保守秘密能否有效地保护发明者的财产，这取决于逆向工程的难易程度。对于多数机械发明而言，保密是不可取的。均受启蒙思想影响的专利支持方和反对方持续就专利的可取性进行了热烈的辩论。这个问题没有简单的答案。

反对者认为专利制度是一种寻租手段，通常用于阻挠新进入者。不过，他们忽略了这样一个事实，那些抵制专利的人有时也同样为了保护自己的市场地位而防止不受欢迎的新进入者侵蚀市场份额。同业公会是最重要的反对势力（MacLeod，1988，第83页）。在17世纪末叶，作为垄断者的专利权人并不是利用发明成果的最佳人选。在17世纪，马口铁工人兼航海工程师安德鲁·亚伦顿的事业因为一位专利权人而受挫，而后者并不能妥善地利用自己的专利（同上，第184页）。发明者付出时间和金钱，发展对社会其他人大有裨益的知识，那么问题是社会应该如何奖励他们呢？不言而喻的是，如果社会希望享受持续技术进步带来的果实，那么应当将此类奖励确立下来。

英国并不是唯一持这种看法的西方国家。法国和荷兰的专利制度确保创新活动能够为发明者带来可观的收益。不过，在英国，政府仅仅只是承认和执行发明者的权利（Hilaire-Pérez，2000）。它通常不会主动评估发明成果为社会做出的贡献。英国的专利制度没有多少吸引力：专利权人须为每项专利缴纳100英镑，这还不包括赶赴伦敦申请专利产生的旅行住宿费（Khan and Sokoloff，1998）。这一费用还只是针对英格兰的专利权。如果专利权人希望其专利涵盖苏格兰和爱尔兰，那么费用将超过300英镑。

专利权授予手续可以追溯到1536年的《书记官法》（Clerks Act）。专利申请手续烦琐得令人匪夷所思，最终并不能提供多少保护（Dutton，1984，第35页）。19世纪专利制度研究领域的顶尖法学权威欣德马奇（W. M. Hindmarch）将它称为一台“令人讨厌的机器”（转引自Janis，2002）。查尔斯·狄更斯在短篇小说《一个可怜虫的专利故事》中描绘了专利申请手续的烦琐程度。在这一具有创作成分的故事中，一名专利权人“办理了三十六道手续……从递交给女王开始，一直到火漆封烫助理为止”。专利申请成本非常高昂，这意味着发明者会在专利说明书中尽可能地扩大专利保护范围。这产生了不良的连带后果，即专利范围过大，其他人被拒之门外（Great Britain，1851，第187页）。尽管如此，许多专利仍遭侵害。英国法官（特别是在 1830 年之前）经常对专利权人心怀敌意，认为他们是垄断者。一位法官的一番话反映了 18 世纪人们对专利的普遍看法。他说："总体而言，下层社会民众因为专利问题受到富裕阶层的种种压迫"（转引自 Robinson，1972，第 137 页）。由此可见，人们广泛认为，专利是万无一失的发财之道。事实上，仅有极少数人靠专利成为富人。不过，对许多人而言，有个盼头可能就够了。虽然约翰·西奥菲勒斯·德萨吉利埃（1763，第 2 卷，第Ⅷ页）有着不同的评论意见，但是同样能够说明问题。他指出，投资者通常将专利视为官方对发明质量的认可，因此"很多人愿意为之投入大笔资金"，只不过最终大部分投资都打了水漂（现代风险资本家的情况也是如此）。麦克劳德（1988）以类似的腔调指出，人们利用专利发出通常不实的信号，声称产品质量可靠，特别是经常让人信不过的"专利药"。广告肆无忌惮地利用（和滥用）了专利制度（Great Britain，1864，第 28 页、第 81 页）。

许多专利申请涉及荒唐可笑的仪器设备。这些仪器设备基于垃圾科学*或者根本不可能实现。麦克劳德等学者（2003，第 552 页）解释了这一现象。他们指出，在整个 19 世纪期间申请的 2 009 项蒸汽工程专利中，有 18% 涉及永动机或者类似的设备，而此类设备被认定在技术上不具备可行性。出人意料的是，其中超过一半是在 1860 年之后申请的。当时，专利权人和专利局应当知道，此类机器违背了物理定律。不过，更能够说明专利重要性的是，当时有一大批重要的发明未能获得专利。正如我们在第五章看到的，杰出科学家的发明成果以及优秀工程师的情况尤为如此。麦克劳德和努沃拉里（2006，第 756 页）从《英国名人辞典》中搜集整理了 383 位 1850 年之前出生的发明家的资料，其中获得专利的发明家比例不超过 40%；仅获得一项专利的发明家比例为 18%，且获得专利的通常不是他们最知名的发明成果。

专利制度并未能解决许多模棱两可的问题。例如，发明者能否就物

---

*　貌似严谨实则缺乏证据的思想和理论。——译者注

理定律申请专利（一位失败的专利权人艾梅·阿尔甘将它称为“原理”）？人们申请专利时是否应提交附图？曼斯菲尔德勋爵提出充分披露具体信息的原则，那么这一原则应当确保外行还是仅仅其他训练有素的工匠了解专利（Robinson，1972）？考虑到法院判决不可预测且通常随意性大，专利权人觉得自己是在利益未能得到确实保障的情况下披露发明秘密。在19世纪20年代，人们对专利制度怨声载道，问题到了非解决不可的地步。一个特别委员会于1829年受命调查专利制度问题，并发布报告。不过，在调查结束之后，情况并没有得到多少改观。一向直言不讳的查尔斯·巴贝奇抨击专利法，称它是“邪恶、骗人的法律制度”，剥夺了发明者的智慧成果，致使社会最富创造才能的公民沦为“合法的匪徒”；它就像“彩票骗局一样，给天才开空头支票，把奖金发给无赖”（Babbage，1830，第333页、第321页）。人们通常不是反对专利制度本身，更多的是反对英国专利法立法和执法方式，特别是专利申请费用过高问题，以及在专利权人付出更大代价，推动法院支持其专利主张之前，即便获得了专利授权，也“几乎像空中楼阁一样”（同上，第334页）。

专利制度和其他积极激励因素对技术创新产生了什么影响呢？这仍是一个颇具争议的话题。技术创新最终推动英国实现繁荣发展。近期一些经济学家甚至对专利制度完全不以为然。博尔德林和莱文证明（Boldrin and Levine，2008，第51页），在帮助英国实现繁荣方面，知识产权发挥的作用微不足道。他们还专门提到了工业革命时期，称这一时期提供了“大量案例，证明专利阻碍了经济进步，同时很少有专利所有人因此发家致富；没有专利，许多人照样发家致富，取得了经济成就”。此类极端立场忽略了一个重要的先决条件，即专利制度非常重要，预先让有志成为发明家的人燃起成功的希望。这与人们买彩票的原因没什么两样。如果从来没人中过奖，人们就再也不会买彩票了。不过中奖人数无须太多，只要让人们心存希望即可。然而，与彩票抽奖不同的是，发明者并非随机挑选出来的。根据定义，发明者之间存在系统性的差别，因此下列观点是基于一定的事实的，即人们“与众不同”，才能够获得出人意料的成功。专利制度对创新的主要影响是激励潜在的发明者相信自己能够像洛巴兄弟、查尔斯·田纳特、詹姆斯·瓦特一样大发其财。不过它也证明了这一制度的复杂性。

英国为发明家提供的激励机制有别于法国旧制度（ancien régime）下的机制。在法国，政府人员负责评估一些发明对法兰西王国的贡献。英法两国专利制度之间的差别可能会被夸大：有时英国政府当局承认国家利益，并且愿意付诸行动，积极主动地追求国家利益。英国议会在1714年成立的经度委员会就是一个例证。经度委员会承诺向攻克海上测量经度这一古老难题的人提供一大笔奖金。获奖的不仅有约翰·哈里森，还有小发明的创造者。归功于这些小发明，航海天文钟才具备经济可行性。1805年，托马斯·厄恩肖和约翰·阿诺德因为改进经度测量仪分别获得2 500英镑和1 672英镑的奖金。虽然议会向骡机发明者塞缪尔·克朗普顿和动力织布机发明者埃德蒙·卡特赖特发放了不菲的奖金，但是与他们的发明成果最终创造的社会盈余相比，奖金数量不足一提。尽管议会驳回了一份涉及亨利·科特遗产的请愿书，但是其他制铁业者为科特的遗孀捐款，这证明同代人认识到科特的发明成果给他们带来不小的外溢效应。在多位制造商作证指出自动接纸造纸机给不同行业带来巨大的好处之后，一个议会委员会向造纸机先驱亨利·弗德尼亚和西利·弗德尼亚兄弟提供一笔金额达20 000英镑的奖金。不过，后来奖金金额降至7 000英镑，并且直到1840年才发放给他们，当时亨利已经年逾七十了。爱德华·詹纳在1815年获得一笔金额为30 000英镑的经费。科学家威廉·思特金是19世纪30年代电气技术的先驱。他晚年遭遇不幸，约翰·罗素伯爵政府一次性给他发放200英镑，并提供少许养老金。所有这些案例证明，人们清晰地认识到，发明家增进了王国的福利；换而言之，他们带来了正外部性。这些奖励表明，人们认识到发明活动成本高、风险大，发明者的回报与发明成果带来的社会收益不成正比；如果社会希望获取源源不断的技术改良，那就应该确保创新活动能够带来丰厚的经济回报，从而吸引并不依赖专利的人。有意思的是，在专利问题上。现代经济学的看法有别于斯密和穆勒。现代经济学并没有明确地支持专利，也不认为专利制度更加优越，能够鼓励技术创新。在许多情况下，补偿发明者的其他方式足够多，例如首先采用新技术的公司拥有诸多优势，特别是这些公司能够通过干中学的方式，巩固自身技术优势（Boldrin and Levine，2008，第 137—140 页）。此外，我们基于相当合理的假设可以证明，设计周详的私人合同或者由政府决定的可选奖励制度在专利制度中占主导地位，在该专利制度中，暂时的垄断能够给成功的发明者带来准租金（Anton and Yao，1994；Shavell and Van Ypersele，2001），尽管在这一时期，此类模型正常运作所需的假设不太可能得到满足。

虽然一些专利大获成功，但并不能掩盖一个事实，即当时仍有许多重大发明没有获得专利，或者因为种种原因未能让发明者从中获益。佩特拉·莫泽（Moser，2005，2007）研究 1851 年水晶宫世博会参展人的发明专利申请情况。这一创新性研究完善了有关专利倾向的信息。显然，参展人几乎算不上是发明者群体中具代表性的抽样人群。不过，参展人的发明成果最出色且发展前景最好，因此他们的专利倾向在发明者群体中处于上限水平，这一点貌似可信。入选参展的发明共有 6 377 件，均是成功的创意。英国认为它们是最出色的，必须向世界展示。仅有 11. 1% 的参展发明获得了专利。在获奖的参展发明中，仅有 15. 6% 获得专利。这些数据掩盖了许多差异。总的来看，相对化学制品和食品加工而言，人们更倾向于为机械设备申请专利，这可能是因为机械设备更容易实现逆向工程，而生物或化学反应工艺更容易保密。这些研究结果证实了专利对创新的主要目标并非那么重要的观点。此外，这也并不是完全归因于英国专利制度的特点。虽然美国专利制度对发明者更友好，但是美国的专利申请数量也不多。在美国参展的发明中，仅有 15. 3% 获得了专利。

专利申请和诉讼费用高昂，加上不少法官持敌意或举棋不定的态度，导致专利成为高成本且没有保障的产权。尽管在 1850 年之前，英国专利制度在人性化和可及性方面远不如美国，但是英国的技术领袖地位不可撼动。发明者运用保密、先发优势和领先于竞争者等手段，打出

"组合拳"，维持自身的优势。理查德·阿克赖特、乔赛亚·韦奇伍德等工业革命时期最知名的技术英杰在阻止侵权行为未果之后，放弃申请专利。一些发明者成功获取专利后，有时会利用专利阻挠存在竞争关系的其他研究。詹姆斯·瓦特多年来一直阻挠高压蒸汽机的研发工作，威胁对任何研发高压蒸汽机的人提起侵权诉讼。他之所以这样做，主要是因为他不认可高压蒸汽机的原理。同样，托马斯·萨弗里发明了首台实用的蒸汽提水机"矿工之友"。这一发明在1698年获得专利，且专利期限续展到1733年。萨弗里成功地迫使竞争对手向他支付专利权使用费或者与他合作。萨弗里的抽水机算不上是标准意义上的蒸汽机。虽然纽科门发明了真正的蒸汽机，但也不得不与基于萨弗里专利资产成立的公司妥协，并且无法获得自己的专利。我们不清楚，阻碍性专利是否激励其他人设法在禁区周边开展发明创造活动，还是正如近期一项研究（Marsden and Smith，2005，第63页）显示的，此类专利事实上"加速了机械制造业的衰退"。后来，由于人们能够提交所谓的专利预告（caveats），专利制度助长了更具策略性的行为。专利申请人提交专利预告，表达以后将申请特定专利的意向，以此阻止其他人在同一领域申请专利。尽管理查德·罗伯茨支持专利制度，但他在1851年向一个议会委员会抱怨称，专利预告制度让"不讲道德的人"占其他发明家的便宜（Great Britain，1851，第182—183页）。竞争对手可以利用专利预告，拖延专利授权，开展工业间谍活动。其他人则认为整个专利制度有害无利。伊桑巴德·布鲁内尔等当时一些最为杰出的工程师认为，专利完全没有必要，且肯定百害无一利（同上，第246—257页）。达顿（Dutton，1984，第182—183页）指出，19世纪抢注专利现象属于竞争过程的一部分；至少在某些情况下，更准确地讲，专利竞争与广告活动等其他"逐底竞争"活动相似。在逐底竞争中，所有参与方最终处于不利于社会的均衡状态。

尽管如此，人们广泛认为专利是一种重要的激励手段。詹姆斯·瓦特在1785年写道："多年来，我们投入时间和金钱，不断改进和完善发明……如果我们被剥夺专利权，那么我们必然会放弃努力，不再投身这项事业，而是在私有财产得到更有效保护的领域开辟新的事业”（转引自 Dutton，1984，第 109 页）。当然，在专利问题上，瓦特的看法并不是最客观的。罗伯茨在 1851 年向委员会表示，如果没有专利制度，他不可能取得如此硕果累累的成就，他的发明成果可能会被束之高阁（Great Britain，1851，第 187 页）。得益于专利，独立的发明者能够找到制造商开展合作。制造商认购提议的发明，发明者保证不会过早出现竞争而导致制造商利润减少。正如亨利·贝塞麦在自传中写道，要不然“没有制造商愿意费钱费力将提议的发明变成现实……导致发明成果被束之高阁，最终失传于世”（Bessemer，1905，第 8 章）。

同样重要的是，专利激励人们披露新技术的技术规格。相比之下，如果加大保密力度来替代专利，这只会提高获取成本，降低有用知识的传播速度。这两点同等重要。当然，专利可能侵害一些领域，从而在一定程度上阻挠这些领域的创新活动。尽管如此，鉴于成功的专利提出有关什么奏效的通用原理，因此它们能够启发依赖类似原理的相关领域的创新活动（Thomson，2009，第 209—214 页）。我们可以看到一些集体发明的案例。在此类案例中，发明者没有保守秘密或者申请专利，以此排挤其他人，而是自愿分享和交流知识（MacLeod，1988，第 6 章；Nuvolari，2004）。不过这样的案例并不多。更常见的是类似于约翰·伦尼职业生涯的案例。1786 年，伦尼向所有人开放具有革命性的阿尔比恩磨坊（利用蒸汽机磨面粉），这让詹姆斯·瓦特深感不安。不过，伦尼此举显然是为了彰显自身能力，而不是出售特定的知识。他很快获得英国各地和欧洲大陆提供的咨询和生产制造的机会。同样，在海军的要求下（以国家安全为理由），制铁业者约翰·威尔金森的炮管镗孔专利（1774）失效，不过这并不妨碍他继续靠着生产军需品大发其财。

专利的影响因行业而异。当时，人们在专利问题上有着不小的分歧。正如达顿（1984，第 7 章）证明的，次级专利市场非常活跃。这一重要事实说明，1852 年之前的专利制度虽然有许多缺点，但仍取得了成功。尽管次级专利市场规模不大，且肯定无法代表专利权人群体，但是这一市场在 19 世纪上半叶取得的发展令人印象深刻。一些专利被全盘买下。亚麻纺纱工约翰·马歇尔出资 20 000 英镑，从法国发明家约苏·赫勒门手中购买了一台梳毛机。虽然在 1800 年之后，专利使用许可有所增加，但仍相当少见。理查德·罗伯茨认为，这是补偿发明家的最佳和最商业化的方式（Great Britain，1851，第 195 页）。在 1815 年之后，一项更引人注目的技术突破是詹姆斯·尼尔森的热鼓风（1829）。在整个英国，约 80 位生产商获得许可使用这一技术。当然，正如贝塞麦所指出的，对于专利权人和使用专利的企业家之间的合伙关系，我们可以将之视为隐性出售专利的行为。可能在一些情况下，“发明者出于经济需要，不得已建立合伙关系”（MacLeod，1988，第 90 页）。不过合伙关系也意味着与合伙人分摊风险，并为他们提供高能激励。在技能和能力方面，合伙人和发明者是互补的。

在评估专利制度对英国技术领袖地位产生何种影响时，我们应区分下列两种情况：英国历史上的专利制度产生的影响，以及一个设计更完善、执行更有利的专利制度理论上会产生的影响。正如我们看到的，英国专利制度存在严重缺陷。1852 年，它经历了大刀阔斧的改革，从而得到了实质性的改进。改革措施包括大幅削减申请费用、简化申请手续等。不过，它仍没有规定在授权专利之前进行全面的技术审查。虽然诺思及其追随者将知识产权视为英国技术创造力的基石，但是人们现在明白，知识产权无法充分解释为什么当时英国的技术创造力达到前所未有的水平（MacLeod and Nuvolari，2007）。显然，少数令人瞩目的成功案例激励许多立志成为发明家的人碰运气，希望能够像瓦特一样获得专利。顾名思义，每项发明成果都是独一无二的。因此，虽然先辈们的希望落空了，但并不会让后来者感到气馁，不愿再次尝试。虽然大多数发明家的希望破灭了，但是这一专利制度通过误导踌躇满志的专利权人，让整个经济受益无穷。总的说来，英国专利法律是积极的制度，但它们并没有让英国相对于欧洲竞争对手而言获得显著的优势，因此不足以解释为什么英国能够成为技术领袖。它是激励技术创新的一种方式，但只是众多方式之一。各种因素的相对重要性因行业而异。

* * *

为了确保投资活动的开展，产权应得到很好的执行，其中包括“法律和秩序”，这一点至关重要。不过，在现实的经济模型中，并非所有产权都是一样的。一些“特权”可能属于得到保障和明晰界定的产权。不过如果它们确立垄断权、创造排他性租金，或者对公共资源提出权利主张，导致资源配置效率低下，那么它们依然是进步道路上的障碍。涉及高度专用性资产的产权可能容易引发“要挟”问题，从而降低经济效率。正如旧制度下的法国那样，我们可以认为产权“执行得太好”了（Rosenthal，1992）。重商主义国家设立了一些制度，例如垄断、人为的市场进入壁垒、价格管制和贸易壁垒（这里仅举几个例子）。这些制度让一小撮精英受益，但损害了整个社会的利益。人们认识到此类制度造成不小的代价。这一认知很大程度上推动启蒙运动批评旧的经济秩序。在18世纪之前，英国人已经对垄断产生憎恶之情。不过在17世纪，英国人之所以憎恶垄断，主要是因为他们不希望国王用垄断权换钱，或者在未经议会同意的情况下向他们征税。在18世纪，启蒙运动学者说服其他人相信，排他性安排产生了不利影响，造成巨大的社会成本。人们对此类安排日益反感，它们的存在也变得岌岌可危。谢尔本伯爵公开宣称自己是亚当·斯密的追随者。1783年，他在下议院发言指出：“垄断势力受到了某种公正的惩罚。它们妨碍竞争，而竞争是贸易福利（well-being）的真正本质……我公开声明，垄断永远不会是明智的做法；不过如果天底下有哪个国家会率先摒弃垄断，那必然是英国。我们身处旧新世界之间、南北欧之间，我们所渴望的只是自由贸易和公正平等”（Ross，1998，第151页）。

国家理论是基于这样一种理念，即国家赋予自己合法使用暴力的垄断权力，从而具备保护产权的能力。国家维持一支军事力量，同时禁止其他人这样做，从而在必要时能够将自己的意志强加在本国公民身上。当然，国家因此面临的一个主要两难困境便是，公民如何才会相信国家不会滥用这一垄断权，为自己谋取过多的收入？此外，如果人们能够合理地预见最终会出现这样的局面，那么他们凭什么同意设立国家？如果他们对作为垄断者的国家心存疑虑，那么国家应该如何说服他们相信，它不会逾越约定的征税和利己（self-interested）立法的界限。为此，国家应向本国公民做出可信的承诺，说明国家应获得垄断权和征税权，并且不会滥用这些权力。在17世纪，这一承诺问题未能得到解决，从而导致英国爆发了两场大规模战争。一场战争是英国内战，另一场是光荣革命。正如之前提到的，诺思和温加斯特（1989）主张，光荣革命和1689年《权利法案》之后爆发的战争孕育出一种制度，在这一制度之下，英国民众促使国家向它的公民保证，在未经议会同意的情况之下不会擅自向他们征税。换言之，政府“预先承诺”接受议会的制约。这为公共财政和信用奠定了坚实的基础，确立了英国国家的可信度，允许英国能以相对较低的利息进行借贷。具有历史讽刺意味的是，正是因为英国公民的议会代表（当然这只是少数人）同意被征税，英国税率水平才能够远高于其他任何国家。

光荣革命还产生了其他影响。它意味着英国的政府治理和财政政策在一个世纪里受荷兰人的影响。1688年，威廉三世入主英国。大批荷兰和胡格诺派商人与金融家也随之来到英国，他们的经验和理念影响着英国的商业和金融实践。由外来商人、银行家和企业家组成的精英阶层在18世纪英国经济中发挥着中心作用。在1744年，542名商人签署了一份效忠乔治二世的声明，其中至少有1/3的商人并非英国人的后裔，许多人为胡格诺派教徒和荷兰人（Ormrod，2003，第92—93页）。英国在1688年之后采用了荷兰的公共财政模式，这一做法具有深远的意义。在英国，国家摒弃了包税、卖官鬻爵等税收来源，而是通过征税筹措资金，偿还债务。17世纪末的财政改革不仅仅制约了国王的权力。正如卡卢瑟斯（Carruthers，1996，第135页）提到的，下列因素帮助政府筹资，偿还债务：推行一系列制度变革，简化国家征税方式；日益倚重直接征税；公共和私人债务可转让性日益增强（非人格化的金融市场运行得更好）；股份公司占据重要的地位。正如斯塔萨维奇（Stasavage，

2003，第63页）所指出的，这场财政革命的重要性在于，它表明在当时的英国，国家不仅能够征税，而且承诺未来继续征税，从而向潜在的债权人保证它信誉可靠。1688年，英国爆发光荣革命，并与法国开始一场长达25年的战争。这场战争几乎未曾间断，其成本之高昂，远胜于英国之前经历的任何战争。除非王国政府大刀阔斧地改革筹资方式，否则它无法持续承担此类支出。在英国，政府保证自己信誉可靠，这本身意味着它能够以更优惠的条件举债，从而降低了其运行成本。在非专业人士看来，这一观点几乎不容置疑（Dam，2005，第85页）。

不过，诺思和温加斯特的英国历史观受到了专家的广泛批评，许多问题仍没有定论。英国政府支付的利息比荷兰政府低不了多少（Quinn，2001；Sussman and Yafeh，2006）。此外，英国制度的自我约束力不如一个世纪之后美国宪法约束行政部门的力度。尽管议会做出法律承诺，但是它仍保留了下列权力：修改它以前以简单多数票通过的任何法律。英国没有成文宪法，其他机构也不能废除议会通过的任何法律，或者宣告其无效。有鉴于此，认为政府希望公民纳税，不会反抗，并且购买政府统一公债，因此有意削弱自己，向公民做出承诺的观点远非确定无疑（Harris，2004）。我们须同样重视如下反对意见：即便议会控制征税，它也未能全面控制支出。事实上，议会经常发现很难评估各个部门的经费支出情况。这些部门账目混乱，只是汇集了各类采购和政府承包商信息。

依赖国家与个人之间关系的经济发展理论需要考虑下列事实：在18世纪的欧洲，国家并没有垄断政治权力，它不得不与一些非国家机构分享政治权力。此类非国家机构的许多特征与“国家组织”相似（Greif，2006）。英国东印度公司就是一个例证。它拥有一些类国家的特征，并行使着诸多政治权力（Stern，2008）。不过在1700年，欧洲各地存在着其他自治“法人”，英国的情况也是如此。这些法人行使一定程度的政治独立权，例如大学、行会和市政当局。在1700年之后的一个半世纪中，此类独立政治组织的自治权被大大削减。在1857年，东印度公司遭裁撤，当时该公司只是维多利亚女王政府的一个普通部门。

行会也失去了它们在1700年拥有一点自治权，且伦敦日益加大对地方政府的控制和监管力度，但这一过程缓慢、循序渐进。如果我们认为国家是1700年唯一值得关注的“制度”，因此只关注它的能力，就会严重误导人。

不过无论如何，正式制度和政治都很重要。经济学家承认，它们对经济变革至关重要（North，2005；Acemoglu、Robinson and Johnson，2005a；Rodrik et al.，2004）。然而，对于它们在英国工业革命期间发挥了什么作用，仍有待更详细的论述。应该指出的是，具备有益于经济发展的制度，以及允许制度随环境变化而变化的灵活性，这两个因素十分重要。鲜有制度特征能始终如一地适宜经济增长。一旦我们摆脱“法律和秩序好于混乱和犯罪”之类的陈词滥调，就会发现，经济增长对制度的要求取决于经济参数，并随着时间而变化。因此，我们应该判断一个经济体是否从过去继承了适恰的制度，使经济增长成为可能。同时，我们还应该判断它是否拥有灵活的制度，这些制度在必要时能够以相对较小的代价变化和调整。

在这一方面，政治体制使英国与众不同。英国存在一种元制度（meta-institution），能够修改和制定涉及其他制度运行的正式规则。这使英国有很强的能力实现内生的制度变革。议会承担了这一职能。布莱克斯通（Blackstone，1765—1769，第1卷，第2章，第Ⅲ节）明确表示：“它拥有至高无上、不受控制的权力，来制定、批准、扩充、限制、废除、撤销、恢复和解释涉及下列所有可能的宗派、教会，或者世俗、民事、军事、海事或刑事事务的法律”。英国议会在英国内战期间重新焕发活力，历经光荣革命和1689年《权利法案》后仍巍然屹立，并且在威廉三世和玛丽二世共同执政以及安妮女王执政时期，进一步巩固自身作为立法机构的地位。此类机构的存在是英国取得经济成就的重要制度因素。虽然光荣革命可能并不是诺思和温加斯特所说的突变点，却是这一发展势态的重要阶段。后来的法律废除了以法律形式确立下来的王室特权，并确立议会对政府支出和“王室年俸”的监管权。王室年俸明确了王室经费用途。议会确保定期举行会议，并掌控王室继承问题。1701年《王位继承法》还确立了独立的司法制度。在这一制度下，法官实行终身制，只有犯下重罪或被弹劾时才会被罢免。英国是否因此真正实现全面“法治”，这一问题仍存在争议。光荣革命是一个关键事件，这不仅仅是因为它为英国公共财政制度取得成功奠定了基础。英国公共财政制度后来发挥了重要作用，推动政治权力不断扩大。同样重要的是，光荣革命还让英国政体摆脱了规则制定面临的可竞争性问题，并设立了一个机构。这个机构愿意倾听和接受精英阶层不断变化的需要和意识形态，并赋予英国政体灵活性和适应能力，这两者正是经济变化所需的最重要的制度特征（Richardson and Bogart，2008）。

毫无疑问，从许多方面来讲，英国议会制度极不完善。它只代表着英国社会少数顶层群体，并且议员通常教育程度不高、腐败且懒惰。议会被地主把持：一直到1867年，下议院3/4的议员是地主精英阶层成员。不过，议会是一个审议机构；议员们需要和睦相处，并且对自己所在选区的选民和王国政府承担某种选举责任。这为英国提供了制度上的灵活性和适应性，使之有别于欧洲其他国家。在议会，不同利益群体聚集一堂，在预先制定的规则之内，进行商议、讨价还价和妥协。各方都学会尊重这些规则。正如霍比特（1996）提到的，外省精英能够接触到中央；各种法令也回应了地方的需要，以及个人或小团体的特别倡议。不过，此类地方变化日益取决于议会的正当性。在18世纪，议会目睹了特殊利益游说团体的激增和扩张。这些游说团体代表着特征明显、目标明确的利益集团；它们为了获取特定的经济利益（通常为地方利益），试图说服议会议员接受其立场。无数的陈情书涌入议会，请求议会通过或废除特定法案，取消税赋和法规，调整关税。游说团体通常被晦涩难解的议会规则束缚了手脚，只能隐蔽地与有影响力的议员接触，介绍情况，进行游说。游说议员这一政治进程本身没有对错，它完全取决于游说活动的结果。只要法案试图重新分配资源，偏向希望获得保护或保留排他性租金的既得利益集团，那么成功的游说活动就会造成损失，阻碍经济增长。不过，如果游说团体寻求废除法规，建立自由市场，鼓励和奖励创新活动，那么它们会产生有益的效果。

在18世纪的大部分时间里，游说团体以某种形式存在。例如，在18世纪40年代，一群爱丁堡商人雇用伦敦一位律师，就统一度量衡、修改破产法等迥然不同的政策开展游说活动（Colley，1992，第68页）。在18世纪的最后30多年中，新兴工业家成立了更加正规的游说组织。这些游说组织代表着工业革命孕育的制造业和商业利益集团。制造商总会等最重要的游说组织通常设有常设委员会，委员会成员包括最具影响力的业界人士。它们聘请律师和议会官员，生成和传播相关信息。如果他们认为下议院不赞同他们的看法，就会诉诸新闻媒体，试图左右公众舆论。制造商总会由铁器制造商塞缪尔·加伯特、陶瓷制造商乔赛亚·韦奇伍德成立。加伯特是苏格兰卡伦铁厂的创始人之一。事实上，我们可以将他视为最早的职业政治说客之一。最成功的说客努力与地位举足轻重的上院议员搞好关系，总的说来能够说服上院议员支持他们（McCahill，1976）。不过，尽管利益发挥着重要作用，但是我们不能完全忽视意识形态发挥的作用。伯明翰五金器具制造商获得许多上院议员的支持，其中包括达特茅斯伯爵二世，他是出于“强烈的地方责任感……和深厚的宗教热情”支持制造商（同上，第97页）。致力于经济发展的意识形态经常和物质利益交织在一起。高尔伯爵（格兰维尔·莱韦森）是斯塔福德郡制陶器厂最热忱的支持者。他本人与韦奇伍德私交甚好，而且他在斯塔福德郡的庄园极大受益于他本人的政治活动。

认为工业游说组织在意识形态方面秉持工业启蒙原则的观点是值得怀疑的。不足为奇的是，它们经常打着维护国家利益的幌子，而不是狭隘的行业利益，为自己的种种要求提供正当性（Norris，1958）。他们非常了解个中细节，并且就单一议题集中开展游说，因此其说服力不容小觑。他们并非始终如一地支持保护主义或者自由贸易，而是追逐狭隘、短期的行业利益。与此同时，不同行业和地区之间存在着利益分歧和冲突；没有人能够将它们团结起来，用同一个声音为新兴的制造业发声。商会内部因为1786年的《艾登条约》意见不一，四分五裂。此外，没有一个游说团体为它的利益发声。技术更加先进的行业倾向于支持自由贸易；传统制造商则希望获得更多的保护。有鉴于此，18世纪英国特殊利益游说团体和华盛顿 K 街* 在本质上相差无几，只是规模有所不同。引人注目的是，一些最成功的工业家同样拥有高超的政治手腕。《消防泵法》（1775）就是一个最鲜明的例证。该法令史无前例地将博尔顿—瓦特的专利延展了 25 年。在这 25 年当中，马修·博尔顿的本性暴露无遗，高明地操纵着政客（Robinson，1964）。

按照我们的标准，18 世纪的议会是一个腐败的机构。许多议员担任“闲职”，或者用当时的说法是“公职”。作为回报，他们需要听从政党的安排。在罗伯特·沃波尔掌权期间，这一恩庇制度得到了极大的发展。通过当时所说的“私法”，政客和法律修改实际上待价而沽。不过在某种意义上，这些法案证明 18 世纪英国经济重塑自我的能力与日俱增。这一时期一个令人震惊的现象是，议会在光荣革命之后通过的法案数量迅速增加。在查理二世和詹姆斯二世在位期间，英国通过的法案总数达到 564 部，年均 20 部。在议会通过《权利法案》到汉诺威选帝侯乔治一世继承英国王位的 25 年里（1689—1714 年），议会共通过 1 752 部法案，年均 70 部；在 1760 年至 1800 年间，这一数量达到 8 351 部，年均 209 部（Hoppit，1996，第 117 页）。英格兰最富有、最有权势的家族操控了大多数立法，以推进自身利益。立法仍主要是为特定个人和地区量身定做的。正如伟大的法律史学家梅特兰（Maitland，1911，第 383 页）描绘的，议会“害怕上升到一个一般性陈述的层次。它不会说‘所有的公用地都可以被圈占’……不，它处理的是这块公用地和那桩婚姻”**。他接着将 18 世纪称为“特别法的世纪”。

议会代表着英国少数的成年男性，且被地主所把持，毫无代表性，不过它也会顾及其他利益群体。英格兰农村，特别是南方农村地区在议会的代表人数比率过高。此外，决定选举的是地方习俗，而不是某种全国统一制度。君主和议会之间达成了权力均衡，且两者均成为寻租者游

---

* 美国华盛顿特区一条主要干道，被称为众多智库、游说集团的中心。——译者注

** 译文摘自中国政法大学出版社 2010 年出版的《英格兰宪政史》，译者李红梅。——译者注

说的对象。政客只要有心，就能够让自己和亲戚中饱私囊。如果这一现象没有恶化，那是因为掌握实权的政客家境富裕，或者淡泊金钱。尽管如此，议会在英国制度发展历程中发挥了独特的作用。重要的是，英国议会大约在1720年之后拥有了合法性，因此能够发挥作用。所有参与方承认议会是终极仲裁方和可信规则的制定者（可信规则指大多数人认为其他人都会遵守的规则）。依据共识，它承担的主要职责是，创制有益于整个社会而不是少数利益群体的各种法律和制度，并且在必要时对它们进行修正（Colley，1992，第50页、第52页）。虽然一些人未能得到充分代表，或者因为议会的决定而利益受损，但是仍会接受议会决定，视之为最终决定。与专制制度相比，在英国复杂的两院制度下，完成必要的变化和改革可能耗时更长；不过它们一旦得以通过，很少会受到挑战。此外，议会是地方和中央元素的结合体。虽然它在首都行使权力，却代表着地方选民，这确保它的决定能够体现外省的利益和看法。

不过正是因为如此，英国制度变得非常灵活，且适应力强，这一点至关重要。我们无法保证确立议会的地位，如布莱克斯通（1765—1769，第1卷，第2章，第Ⅲ节）在1765年所说的，“赋予它必须存在于所有政府某处的绝对专制权力”，便是经济进步的关键因素。毕竟，特殊利益立法为分利联盟撑腰，因此可能导致议会新获得的权力被滥用（现实情况大体就是如此）。“专门”立法是针对特定地方或机构的，它们占到1688年至1800年期间所有立法的2/3至3/4（Hoppit，1996，第117页）。不过，即使倡议来自下层，变革日益通过自上而下的方式得以实现。到了1750年时，统治精英阶层开始意识到，世界正在发生变化，新兴的利益集团不容小觑。老威廉·皮特1758年宣布，他更愿意成为伦敦市议员，而不是有资格成为上院议员的贵族。他的这番言论让许多上议院同僚感到震惊。一些最有势力的地主与工业阶级达成某种和解。“工业革命的先驱屡次求助于威斯敏斯特（即英国议会），修改现有政策，使之进一步满足经济增长产生的需要；地主阶层支配的各种制度一再对此类需要做出回应”（McCahill，1976，第102页）。在18世纪，有关什么真正符合英国利益的看法不断变化。在本书讨论的这段时期内，英国议会依据议员眼中的地方利益和英国需要，修改本国法律。议员对国家利益的看法日趋开明，且对旧的重商主义秩序持批判态度。一旦上层信念开始发生变化，就会影响整个国家，毕竟少数精英统治着英国。

议会通过了一整套圈地法案，让圈地运动在不服管的地区成为可能。它还通过了多部收费道路法案，以此解决了地方利益团体协作建造运河和道路时必然遇到的协调问题。按照当时的标准，这一进程相当高效。在当时，收费道路公司筹措的资金主要用于切实改善路况，而不是供贪婪的政客挥霍。后一种情况经常发生在对寻租和腐败问题习以为常的社会（Bogart，2005b）。议会支持企业家和创新者对抗技术保守的利益集团和保护自身租金的人。当发明家解决了对国家具有重要意义的问题时，例如海上测量经度、机械纺纱，议会为发明家颁发奖金和奖品。它缓慢但不可遏制地摒弃了 17 世纪重商主义强加于英国的保护主义和民族主义色彩浓厚的商业规则，转而支持自由市场。英国议会之所以如此行事，是因为统治精英阶层受一种新的意识形态的影响，改变了国家利益观。麦尔登（Melton，2001，第 38 页）指出，到了 18 世纪 80 年代，英国政治文化发生了根本性变化，许多议会议员前所未有地“对民意心存感激之情”。

18 世纪的英国政治和今天的情况颇有相似之处，是狭隘利益和意识形态信念的混合物。在 18 世纪 80 年代，新型意识形态的影响力转化为政策。当时查尔斯·达韦南特、沙夫茨伯里、大卫·休谟、乔赛亚·塔克、亚当·斯密等启蒙思想家在政治经济领域的自由主义思想影响着谢尔本、小威廉·皮特、威廉·艾登（奥克兰男爵）及其同僚。在这些理念的影响下，英国对爱尔兰和法国的贸易政策有了更浓厚的自由主义色彩，并与法国签署了 1786 年《通商条约》。这一通商条约是启蒙思想的典范。皮特在 1787 年 2 月 12 日致辞下议院时，明确提到自由国际贸易的非零和特性：“我们的确应该毫不迟疑地营造自由的环境。我们不应犹豫不决，因为这肯定对我们极为有益，同时也必然会给他们带来好处”。皮特还指出：“该条约能够让两国更密切地交流……这一联系让两国互惠互利……还创造更好的机会，让它们维持和睦的关系”（转引自 Ross，1998，第155 页）。

得益于议会制度，英国的各种制度能够顺利地适应不断变化的环境；同样重要的是，它们还能顺利地适应不断变化的理念。英国能够对政治制度进行改革，与此同时还不会引发暴力，造成过度浪费和破坏，或者因噎废食，在废除旧制度的同时抛弃启蒙思想成果。如果它认为局部侵犯产权的行为对公众利益而言是必要的，那么它也会参与其中。如果交通运输工程需要征地，或者一些产权被认为与启蒙观念不相容时，例如奴隶贸易（于1807 年废除）和奴隶制度（英国殖民地在1833 年废除该制度），议会就会做出合理的决定。当时，英国经济快速发展，城市化进程加速，且流动性日益增强。当基于声誉和内化规范的非正式制度日益不适应于英国经济时，议会借助专业法院和执法官员，扩大第三方执行合同的力度。虽然议会程序烦琐拖沓，并非一直高效运行，但是它的表现优于欧洲其他地区的议会。议会治国意味着，英国能够在不引发流血冲突的情况下，对现行制度进行必要的改造和改革；现行制度通常得以保留并“改革”许多旧的形式，使之更加适应时代的变迁。

信念和意识形态对政府政策的影响随环境的变化而变化。在法国大革命之后的艰难岁月中，许多人的立场发生了变化，转而奉行现代人认为绝不开明的理念。英国政府日益坚定地站在资本家和工业家一边，支持他们与工人就工作环境、工人抵制工作环境变化和机械化的权利等问题展开斗争。这一定程度上归因于启蒙运动正演变成为自由政治经济，以及自由市场本身是分配决策的最佳仲裁者这一观念不断得到强化。因此，政府采取更为咄咄逼人的明确立场，打压暴动工人和机器破坏者。1806 年，一个议会委员会被指派起草一份名为“英格兰毛织品制造商状况”的报告。它负责确认禁止毛纺业使用机器这一陈旧法令的效力或废除它，报告起草人不是别人，正是开明的奴隶制度反对者威廉·威尔伯福斯。该报告虔诚地一再表明自己的态度，即依循传统，认可“家庭包工制的优点和价值”。委员会还认为：“有人担心工厂制度将会彻底消灭家庭包工制，这一顾虑至少在当前并非毫无根据”（Great

Britain，1806，第 10 页）。最重要的是，威尔伯福斯和他的同事认为，“每个人都有权自行动用（自己的）资本……这是每个英国人与生俱来的一项基本的公民权利”（第 12 页）。不过与此同时，他们提道：“今天我们被文明强国包围，它们一心想培植自己的制造商，推动商业向前发展”。他们还明确提到了令人不安的例证，即巴黎正在建立这样的制度。

威尔伯福斯报告说明了工业启蒙时代最棘手的一个两难问题，也就是有关采用新技术带来的经济和社会效应的争议。在大多数社会，创新者并不受欢迎，经常受到敌视。技术创新面临两种阻力，且两者经常相互加强（Mokyr，1998b）。第一种阻力源自保护租金和既得利益的理性行为。这一行为是完全利己的。在大多数情况下，技术进步带来价廉物美的商品，社会可从中受益，不过一些设备或技能却因此过时或变得冗余。此类资源的所有者的利益因此受损，且损失肯定大于他们作为消费者从中获得的好处。他们有着强烈的意愿组成分利联盟，阻止这一市场进程，并且依靠政治力量，阻止或严重限制新技术的使用。这一现象的一个重要特征是人们普遍担心技术进步导致机器取代劳动力，造成大面积失业的问题，或者至少造成工人经济状况恶化。面对新技术，工人担忧实际收入减少，以及自己的生活方式、社会地位、自立和尊严受到影响。第二种阻力来自人们本能地对新事物的恐惧之情。人们本能地产生担忧之情，认为破坏和操纵自然的行为似乎有罪，可能引发危险。在我们当今时代，有人反对核能、转基因生物和克隆人。这正是此类担忧之情的例证。

18 世纪的英国虽然未能幸免于此类阻力，但在多数情况下能够抵挡这一阻力。各种团体和游说组织再三向议会请愿，要求议会执行旧的法律，或者通过新法案，阻挠使用机器。1776 年，工人向下议院请愿，要求取缔珍妮纺纱机，声称珍妮纺纱机威胁到他们所说的“勤奋的穷人”的生计，不过议会驳回了他们的请愿。1779 年，兰开夏郡和诺丁汉郡工人发生暴动，毁坏了阿克赖特位于兰开夏郡南部贝克尔的一家工厂。议会派出军队平息这一骚乱。当局由衷地认为，机械化符合英国的国家利益，对英国在世界纺织市场获得绝对优势非常关键。为了安抚工人，政府在惩罚暴动工人时手下留情，并拒绝为阿克赖特位于贝克尔的工厂提供补偿。议会必须证明自己说了算，并指明自己希望英国朝着哪个方向发展。不过与此同时，它明智行事，避免与工人全面对峙，毕竟英国工业需要工人。

显然，一系列旨在保护现状的政策可能导致工业革命减速。在位者企图阻止引进新机器，但在多数情况下无功而返。创新者遭遇暴民攻击和机器被砸的情况时有发生，但此类事件很少能够阻挠进步。据说，飞梭发明者约翰·凯为了躲避愤怒的纺织工，在1747年逃至法国。不过这一流传很广的故事是杜撰的。事实上，他是因为专利问题，再加上不愿意与他人分享自己掌握的知识而陷入麻烦（Wadsworth and Mann，1931，第456页）。虽然凯可能不受人们的欢迎，但是这并不妨碍飞梭很快普及。当羊毛制备业引进拉绒机和头道梳毛机时，工人们要求议会执行纸面上的陈旧法律，取缔这些机器。议会做出回应，称此类就业法律已经作废（1809，1814）。企图阻挠使用机器的违法活动以1802年威尔特郡骚乱告终。这些违法活动，特别是西部诸郡（威尔特郡、格洛斯特郡、萨默塞特郡）的阻挠，导致这一地区引进剪羊毛机器的时间推后，羊毛制备业被迫搬迁至约克郡，西部诸郡的工业基础也被摧毁（Randall，1986，1991）。无疑，在地方层面，工匠和家庭工人能够推迟机械化，并且赢得了数年喘息的时间。

其他行业也遇到了阻力，有时阻力来自意想不到的地方。例如，一个担心光污染问题的古怪联盟反对煤气照明。在城市地区，人们担心“烟雾危害问题”，反对使用蒸汽机。在早年间，铁路遭遇的阻力达到了极点。锯工担心就业问题，反对使用锯木机，并毁坏它们（Cooney，1991）。在医学技术领域，社会效益得到最广泛的扩散。不过即便在这一领域，既有势力也企图抵制牛痘接种等显而易见的医学进步，采用恐吓手段，暗示向人体注射提取自牛身上的脓包浆液会导致患者出现牛的特征（Mokyr，2002，第266页）。不过，英国政府对此不为所动。当詹纳发现牛痘接种疫苗法时，启蒙观念在医学领域不容置疑地战胜了愚昧观念。同样，麻醉药的发明也遭遇了阻力。麻醉药以可以忽略不计的成本，给人类带来了之前无法想象的巨大好处。有人认为，《圣经》规定女人生育必定经历一番痛苦；既然上帝将女人设计成这样，那么违背上帝的意愿肯定有罪。当然，此类观点并未占得上风。在英国，人们认为进步是可以实现的，并且渴望实现进步。此外，人们还认为，在开放型经济中，任何创新成果遭到摒弃后，只会流入英国的敌人和竞争对手手中。所有这一切为经济进步奠定了制度基础。

在1811年至1816年间，英国爆发了最引人注目的破坏机器的暴乱，其中包括一系列所谓的“卢德分子”暴动。卢德分子已经成为各种反技术活动的代名词。事实上，卢德分子暴动的情况非常复杂，它们不只是对机械化做出的回应。尽管卢德分子暴动广泛存在于各地，但是不同地区有着自己的不满，且此类运动并非协调一致。并非所有的暴动都可归因于暴乱者对机器设备持有根深蒂固的敌意。在许多袭击活动中，机器不过恰好成为愤怒的工人的目标而已。当时，工人们对行业状况恶化感到不满。在兰开夏郡，人们之所以打砸机器，并不是因为他们反对新技术本身，而更多是因为在劳资双方非传统的谈判博弈中，机器成为暴动者方便下手的目标。不管怎样，暴动以失败告终。英国政府立场坚定地支持创新，并在必要时毫不犹豫地出动大批军队，维持法律和秩序。同样，它动用武力，打压抵制制度变革的人。在18世纪中叶，当收费道路暴乱暴发时，政府无情地进行镇压。英国政府态度坚决，有时甚至严苛地推行支持创新的政策。不过，这并不完全归因于政府秉持启蒙信念，相信技术进步能够产生有益的影响。民族主义（特别是对法国的畏惧之心）也扮演了重要的角色。自由主义政治经济赋予政府明确的角色，而保护既得利益者的租金并不是政府的职责。

然而，除了保护创新者免受对手的侵害之外，政府还需履行其他职责。它需要解决协调问题。如果没有受人认可的权威，协调问题就有可能造成严重的后果，带来巨大的社会成本。一个例子是通用度量衡制度。在启蒙时代，这一问题是大批文献研究的主题。在当时的学者看来，度量衡制度“不合理”问题似乎极为重要。学者们渴望推行经济改革，减少不确定性和交易成本。18世纪中叶的一位学者表示：“它是一项商业准则。如果度量衡未能确立下来，任何一个王国不可能凭借自身商业，实现繁荣发展”（转引自Hoppit，1993，第91页）。尽管英国的度量衡制度不像欧洲大陆一样令人困惑和混乱，但是它（特别是容积度量）仍有很大的改进空间。当时，温彻斯特蒲式耳早已于1713年成为国家容积计量单位，其中1温彻斯特蒲式耳谷物为8加仑，而1温彻斯特蒲式耳煤炭为8.25加仑。此外，桶成为衡量饮料的国家度量单位。在1688年1桶等于34加仑，但在1803年又改为36加仑。此类做法让人难以理解（同上）。尽管大多数交易活动似乎采用了标准度量衡单位，但是仍有不少交易活动采用地方度量衡单位，这让同代人感到担忧，并促使议会展开调查。尽管英国不可能接受激进的（“共和制”）法国实施的公制度量衡改革，但是这一改革获得了一些人的支持。英国慎重地考虑了自己的选项，并于1824年通过一部有关标准化的法律。该法律将破坏降到最低，并且政治上容易为人接受。它允许人们使用地方度量单位和约定俗成的度量衡，不过前提条件是它们与标准度量衡单位之间的换算关系是众所周知的。它因此采取了明智审慎的中间路线，将交易成本降到最低，同时保留民众熟悉的习俗。这一做法与欧洲大陆更激进的方式大不相同。欧洲大陆采用全新的制度来全面取代旧制度，从而招致更大的阻力。启蒙运动意识形态的影响力是显而易见的（英国皇家学会一个特别委员会解决了许多技术问题；科学顾问戴维斯·吉尔伯特是确保这类法律得以通过的议员之一。吉尔伯特后来出任英国皇家学会会长）。1792年，格林尼治标准时间得以确立（Hoppit，1993，第104页）。显然，在时间测量领域，协调派上了用场。不过直到1840年，铁路部门才下令要求全国各地车站采用同一时间。英国制度改革为建设更高效的经济铺平了道路。尽管改革方式很少采取非常激进或者革命性的方式，但是从长期看，它比欧洲大陆的革命性改革更有效，破坏性更小。欧洲大陆的改革通常缺乏正当性，造成了严重的后果。

相比之下，在法国大革命爆发的前15年，杜尔哥曾力图改革法国制度，但遭遇顽抗，最终以失败告终。荷兰经历法国侵略以及伴随而来的极度贫困和危机之后，才推行制度改革。普鲁士 1806 年兵败于拿破仑手下之后，才推行一系列改革。在西班牙、俄罗斯等国家，保守势力最终占据上风，改革遭到搁延或开倒车，对长期经济发展造成破坏性的影响。正如欧洲大陆的经历证明的，一旦诉诸武力，制度可能陷入不均衡状态，并可能造成意外的后果，其中包括法国大革命恐怖统治、军事独裁和旷日持久的战争。在法国大革命期间，欧洲大陆出台种种改革措施，但是在 1815 年之后，许多措施遭废除。从长期看，启蒙运动这一精灵一旦获得释放，就不可能重新回到魔法瓶中。不过，欧洲大陆间歇性又具破坏力的制度变革进程经常伴随着流血冲突事件，其效果不如英国平稳、审慎的改革道路。

欧洲启蒙运动的悲剧在于，它因为法国大革命分裂成为两个敌对阵营。在充满希望的数年之后，法国抛弃了一批温和开明的政治家，转而选择日益激进的民族主义领导人，最终沦为军事独裁国家（不过它具有一些鲜明的启蒙特征）。英国人对法国雅各宾派激进主义和随后长达 20 年的战争做出了反应，导致英国启蒙计划在诸多方面倒退数 10 年。英吉利海峡两岸出现了某种形式的原始极权主义。一些保守的思想家甚至提出新重商主义思想体系。这一体系可以追溯到之前的时代，同时大致预示着一种未来，即恢复落后的“幼稚产业”和“以邻为壑”的政策，并且将自给自足和保护地主利益的政策结合在一起。同样，在这些年，从联络和沟通方面看，对经济长期发展具有重要意义的启蒙运动要素面临着重重困难。1795 年《煽动性聚会法》限制了小型组织的言论自由。人们害怕告密者，且涉嫌支持激进分子的人士遭到迫害，这一切限制了理念和知识的自由流通。尽管在滑铁卢战役之后，英国面临的威胁消失了，因此也取消了种种限制措施，但毋庸置疑的是，此类限制措施拖慢了工业启蒙运动开启的进程。

改革来之不易，英国的情况也是如此。不过，启蒙运动理念的力量变得非常强大，不可阻挡。在 1815 年之后，当欧洲战场尘埃落定，英国议会继续废除代表特殊利益集团和重商主义的陈旧制度。1801 年，爱尔兰被并入英国。自此以后，后者摒弃了针对爱尔兰的歧视性政策。

1829 年，爱尔兰完全成为英国经济的一部分。1829 年，英国废除了针对非圣公会教徒的歧视政策。此外，正如第四章指出的，一系列再分配和排斥性法令被削弱和废除，例如限制熟练工匠移民国外的法律、《泡沫法》、《航海条例》等。1832 年《改革法》扩大了选民基础，有钱有势的人因此发现更难保留剩下的闲职。《市政法人法》（1835 年）是辉格党改革的又一里程碑。它规范了城市章程，并且规定，市议会应由地方税纳税人选举产生，且必须公布财务账目情况。垄断和“特权”遭到削弱，并消失。到 1850 年，英国已经在最大程度上接近于“自由经济”，政府尽可能少地干预收入再分配活动。在英国，人们不再将国家视为通过再分配方式产生租金的工具，而是认为这一观点是历史残存物。1834 年《济贫法修正案》（又称为新济贫法）是另外一个例子。这一法律力图减少通过现金支付开展的再分配活动。此外，在新意识形态的帮助下，英国实现了欧洲和平状态。这一定程度上归因于它所谓的军事力量，同时也归因于大多数其他欧洲国家的领导人认同重商主义国家发动掠夺性战争，试图争夺殖民地和商业优势，结果却造成两败俱伤，这一做法再也不符合时代的要求。再加上不容置疑的技术创造力，英国至少在一段时间内实现了不列颠治下的和平和维多利亚盛世，从而确立了自身的经济和技术霸主地位。

英国政府的文化发生了变化。一个证据很能说明问题，那就是政府腐败问题减少了。依据我们现在的标准，18 世纪的英国仍是一个腐败的社会。当时，寻租活动呈现出最露骨粗鄙的形式：政府向身居要职的个人（即“禄虫”）直接提供养老金和津贴，政府提供报酬不菲且无须工作的闲职，官员能够向亲戚和扈从提供此类好处。这些特权经常被视为终身保有的财产；特权享有者获得的报酬是商定好的服务费，而不是固定薪金。在启蒙运动理念的影响下，这些做法在 18 世纪晚期受到了抨击。激进的批评家指出了腐败和特权损害王国福祉的问题。统治精英阶层因为面临来自批评家的压力（Harling，1996），或者受启蒙思想的影响，对政府进行改革。

以英国惨败告终的美国独立战争可能是这场运动的催化剂。不过无论如何，英国进行了一系列改革，以此减少陈规陋习（old corruption）问题。18 世纪 80 年代的许多改革建议出自政客和官员之手。正如我们在第四章看到的，他们的意识形态受启蒙思想的影响，其中包括埃德蒙·伯克（1783 年《印度改革法》的起草人）*、小威廉·皮特、谢尔本、查尔斯·米德尔顿（后来被册封为巴勒姆男爵）。米德尔顿本人是一个笃信宗教的福音派信徒，强烈反对奴隶制度。1805 年他率领的海军在特拉法尔加海战中大胜法兰西舰队*。18 世纪 80 年代，皮特出台了多项引人注目的政策，减少恩庇和肥差（Hilton，2006，第 113—117 页）。他开放公共合同进行竞标，在税收增加的情况下大幅减少税务官员人数，并且提高官员工资，以此减少受贿问题。在过去，政府利用公款，让议会听命于它。有鉴于此，他的政治成功似乎有点出人意料。皮特本人对官职分赃不感兴趣，并希望保护在位的精英免受批评，这是他取得成功的一个原因（Harling，1996，第 38 页、第 44 页）。从沃波尔到皮特，英国政治文化发生了显著的变化。18 世纪 80 年代和 90 年代，构成腐败和浪费来源（腐败官员的养老金、酬金和薪金）的政府支出至多占年度支出的 2%，不到法国的 1/4（Brewer，1988，第 73 页）。当然，这些数字不包括军费支出和官员任命造成的腐败和浪费。不过，它们仍能够说明，英国政府开始摒弃旧制度之下的政府寻租模式。法官不再收受礼物。1799 年，议会投票决定向法官支付养老金。

然而，在 1793 年至 1815 年的反法同盟战争期间，随着政府采购激增，贪腐机会增多。这很有可能是因为皮特说一套做一套，并非总是积极地执行自己的政策。事实上，战争和英国蓝水政策造成了不那么引人注目的后果，即战争增加了政府开支和采购，为官员贪赃枉法创造了几乎难以抵抗的机会，并且在一些情况下，导致建设一个理想的政府使之成为公正无私的公共服务部门的努力倒退（Harling，1996，第 56—88 页）。不过，即使在战争时期，改革运动也没有中断。例如，在 1812

* 原文为 India Reform Act，经查应为《改革英国东印度公司法》。——译者注

** 米德尔顿 1795 年出任第一海务大臣，1805 年 5 月被任命为英国海军大臣。——译者注

年，“继承权”被废止。这一权利允许闲职所有人将职位转给其他人，实质上让闲职变成了可交易资产。在反法同盟战争结束之后，威廉·科贝特、约翰·韦德等激进作家将揭发和谴责此类做法视为己任。不过事实上，在此前数十年中，此类做法已日渐式微。正如哈林（1995，1996）证明的，我们不能把揭露贪腐问题的文学作品太当真，否则可能会高估英国1815年之后的腐败程度。当时，英国已形成一种开明的共识，不再容忍恩庇、私下交易和其他形式的寻租活动。随着执政精英的态度发生转变，官员利用职务捞取好处的做法不再被容忍，肆意妄为的陈规陋习和恩庇制度被废除（Harling，1996，第138—139页）。用琳达·科利（1992，第192页）的话说，统治阶层已经转变成为服务型精英阶层，为政府树立了新风气，例如秉持专业精神、兢兢业业、坚持个人操守。这些新风气被证明颇具成效。利物浦伯爵、惠灵顿公爵等多年治理英国的温和派托利党“打造良好的执政方式，将政府建设成为公正无私的公共服务部门”（同上，第145页）。惠灵顿公爵表示，在1830之前，身为首相的他几乎从未下令要求提供恩庇（转引自Rubinstein，1983，第57页）。当然，个别害群之马依然存在。不过辉格党在1830年之后进行改革，整治贪腐官员，取得了不错的成效。在19世纪30年代中期之前，未改革的闲职产生的费用总额估计低于17 000英镑，少于20年前的200 000英镑。

事实上，在19世纪初，各种形式的寻租活动不为英国社会和政坛所接受。我们无法很好地解释寻租活动式微的现象，除非将它归因于启蒙思想的影响力。启蒙思想透过各种渠道，层层渗透，影响着英国两党政治精英。由于英国意识形态氛围彻底发生变化，再分配活动的相对收益急剧减少。这证明英国启蒙运动的独特性，其宗教和道德色彩远比法国浓厚。基督教或福音派关于道义和公平的信念令人难以置信地与有关什么有利于社会的激进启蒙运动观念融合在一起。对此，杰里米·边沁做出了最有力的阐述。他指出，中央政府是服务于大多数人的利益的工具。由此产生的最终结果是，经济激励因素得到调整，对英国和试图赶超英国的其他国家的经济发展产生了深远影响。正如鲍莫尔（Baumol，

1993）等现代经济学家指出的，制度对经济增长的核心意义在于，制度影响着激励因素，确保创造财富比财富再分配更具吸引力。不过，即使在这一方面，仍然存在模棱两可的问题。在19世纪很长一段时间里，英国制度也反映了一些人的认识，即在某些情况下，再分配活动是不可避免的，甚至有可能是可取的，因此继续尝试各种济贫计划也是不可避免的，甚至是可取的。然而，到了19世纪30年代，除了最吝啬的再分配之外，其他任何形式的再分配面临的阻力与日俱增，导致1834年通过《济贫法修正案》以及10年后爱尔兰饥荒期间英国提供的吝啬援助。

“发展型”制度能够推动经济发展，而“掠夺型”制度则阻碍经济发展。区分这两种制度非常有用，但是同时我们有必要深入研究为什么一种制度能够战胜另一种制度。思想信念是一个不错的着手点，但不太可能成为研究的落脚点。我们需要进一步了解人们如何形成对下列问题的看法，即一个良好、高效的社会是由什么构成的。尽管物质利益和惯性很重要，但劝导是一个极为重要的因素。我们应详尽地研究这些领域的文化信念和规范的演变情况。

在英国，启蒙运动并不意味着自由放任。这意味着人们认识到应该厘清公共部门和自由市场的边界，并推动政府只做最擅长的事情。当然，对于如何明确划分界线，仍是一个有争议的问题，且随着时间推移而变化。不过，除了相当有限的领域之外，英国就政府应做什么和不应做什么形成了多数意见，甚至达成共识。大多数人认同的一个观念是，公共部门应参与搜集和整理可靠且对公众有用的系统化信息，例如搜集人口、贸易和其他事务的数据。当民众对这些数据感兴趣时，政府为他们免费提供此类数据。自1801年起，英国每10年进行一次人口普查；地形测量局创立于1791年。议会调查报告为计量史学家提供了大量有用信息，例如济贫法委员会的大量报告（Great Britain，1834b）。

人们还认为，公共部门负责通过外交活动，并且必要时利用炮舰，为对外贸易的车轮提供润滑剂。著名的马戛尔尼伯爵访华使团（1792）就是一个绝佳的例子。使团希望打开中国市场，并了解中国市场能够为英国产品提供什么样的机会。英国政府派出的访华使团规模浩大，得到了东印度公司的资助。英国政府不满足于东印度公司早已实现的巨额贸易，希望与中国直接接触，进一步拓展英国商业活动。马戛尔尼访华时携带了乔治三世修给乾隆皇帝的国书（Berg，2006）。数十年之后，当清政府试图干预利润滚滚的鸦片贸易时，英国政府更加强硬地介入。英国人认为此类行为实际上促进了商贸的自由流通，并不认为它们与自由贸易的意识形态相悖。

各种制度组合在一起，竟然带来了非常不错的结果，乍一看似乎有点不可思议。科利（1992，第62页）指出，在18世纪的英国，商业活力与排外精英阶层的稳固统治能够有效地结合在一起。然而，英国的制度也被迫发展出了适应环境剧变的内在能力，并且每次适应都推动英国经济结构进一步发生变化。得益于这一发展态势，英国成功地增进了有用知识和技术创造力，为经济持续发展奠定了基础。

* * *

尽管英国的政治制度独一无二，或者说由于其独一无二的政治制度，英国人没有享受到低税政策，但现实情况恰恰相反。在18世纪，英国人的税率远高于除荷兰以外的其他国家。不过英国税负从未引发真正的重大政治危机。问题在于这些税基本上是间接税。在18世纪的大部分时间里，海关税收和消费税占国家税收的2/3左右。由于此类税收有很强的累退性，因此在议会得到代表的富贵阶层缴纳的税款相对较少，而且他们中的许多人显然是财政支出的受益者。但与法国和西班牙贵族不同的是，他们也要缴税，只不过他们缴纳的税额少于我们认为他们应当缴纳的数额。除了征税成本之外，政府支出主要用于军费和偿债。在战争期间，例如1776年至1783年，以及1793年至1815年，政府的正常支出模式大约是60%用于军事支出，30%用于偿还债务，不到10%用于民政。在和平时期，军费支出大大减少，民政支出（包括税收）从未超过20%，通常一般占政府总支出的15%左右（O’Brien，

1988，第2页）。鉴于偿还的大多数债务都是在战争期间产生的，从财政支出的角度看，英国政府管理着一个军事国家。

不过，这一结论可能有误导性。毕竟，英国政府的许多职能，例如济贫、地方公共产品和管理，都是由地方承担，并且依赖于无偿服务和济贫税等地方税。此外，政府承担着协调和规则制度的职能，其中不少职能对经济非常重要，但是所需的财政支出不多。一个例子是《学徒法》的一项条款。该条款规定，任何人只要完成正式的学徒培训，就能够在王国任何地方从业。这一规定并没有得到广泛执行（在18世纪更是如此），而欧洲大陆则根本不存在此类规定。在欧洲大陆，地方行会依然控制着各行各业，只不过控制范围不会超出其所在城市。这一涉及劳动力流动的协调规则产生的影响是显而易见的。它意味着，年轻人能够在其他地方接受培训，并且无须事先承诺学成之后会留在师傅所在城镇。此类法律合乎情理，并且成本低。

正如奥布莱恩（2002，2006）所说的，如果想将18世纪的税务制度和军费与随后的经济发展联系在一起，需要两阶段的论证。首先，我们必须证明，这些政策事实上推高了贸易额，进而增进了经济福利以及改善了经济表现，或者至少导致贸易条件发生了有利于英国商人的变化。其次，我们必须证明，这些变化通过增加资本积累，或者向有志成为创新者的人发出积极的信号，反哺了经济增长。有学者认为，侵略性的政策也许为外贸营造了更安全、更具吸引力的环境（Ormrod，2003）。这一论点看起来有些道理。在18世纪，商船在海上航行并不安全，而英国国旗背后的大棒政策有助于保护英国人的财产。在开展贸易活动时，英国做好应战准备，希望实现和平。不过，它并未得偿所愿。在战争期间，商业和航运受害于敌舰和私掠船。正如第八章指出的，英国激进的重商主义政策对贸易扩张（更不用说经济进步）产生净有利影响的说法不具有说服力。

如果有人认为，政府政策为商人营造了更加有利的氛围，从而发挥了积极作用，那么这一观点肯定不适用于税收政策。即便统计数据并不精确，但是基本事实争议不大。在光荣革命前夕，英国政府征收的税负占国民收入的3%~4%（O'Brien，1988，第3页）。到了1715年，这一比例增至约10%~11%，并维持在这一区间直至美国独立战争。到了1790年，这一比例超过12%；到了1810年，它超过18%。在1815年之后，这一比例才下降到13%。我们可以从其他角度考虑这一问题。从光荣革命到1815年，英国向居民征收的名义税收增加了16倍，在剔除通胀因素后增加了6倍多。如果我们考虑到人口增长、人均收入增加等因素，当时的税赋并非不能承受。不过这一时期的高税率依然是英国经济史的一个重要现象。

这一发展动态揭示了当时存在的“棘轮效应”，即在18世纪，每场战争导致税收显著增加；当英国恢复和平，税收虽然回落，但是通常达到更高的均衡值。这一情况表明，英国习惯借钱用于偿还大多数剧增的战争相关支出，并在战争结束之后不得不偿还更高的政府债务。任何经济体的税收制度不可能有足够的弹性来彻底偿还政府剧增的战争费用。有鉴于此，政府采取了“平滑”税收的做法；从政治和财政角度讲，这无疑是非常明智的策略。在汉诺威王朝时期，英国能够采取这一做法，这正是归功于它的征税机制非常可靠，债权人明白这一机制能够带来长期的财政收入。在1793年至1815年战争期间，皮特及其继任者的额外财政收入有58%来自税收，其他的则是通过借贷实现。18世纪的情况则大不相同。在当时，政府平均仅有20%的税收用于支付战争费用，其他的战争费用依靠举债。在19世纪，棘轮效应有所减轻。在1815年之后，由于英国未爆发费用浩大的战争，并且经济不断扩张，因此税率下降了。到了19世纪中叶的数十年，税收占国民生产总值的比例降到10%左右。这一时期的公共财政模式反映了新政治经济学的范式，即启蒙世界是一个和平、政府开支少且财政稳健的世界。无论如何，相比汉诺威王朝而言，维多利亚时代的英国政府对经济的影响力要小；如果根据税收与GDP之比计算，它的影响力要比德国或法国小。

英国财政制度的独特之处在于，它的大多数财政收入来自间接税。在整个18世纪，70%~75%的税收来自关税和消费税。到了1700年，英国政府认识到，它可以对庞大的中产阶级消费的商品征税。那时，中产阶级不再挣扎在生计的边缘；他们消费的商品并非生存必需品，因此可以对这些商品征税，例如烟草、食糖、含酒精的饮料、玻璃和纸张。在18世纪，英国开始对马车、骰子、扑克牌、报纸等商品征税。政府甚至向商业交易征收印花税。此类税收不是针对生活必需品或者技术最先进部门生产的商品。另一方面，沃波尔政府大幅削减土地税。当时，土地税的对象以富人为主，而沃波尔的选民主要是辉格党地主。18世纪40年代爆发了奥地利王位继承战争。虽然这场战争费用浩大，导致土地税增加，但是消费税仍是主要的财政收入来源。关税也是国家收入的重要来源，在18世纪占财政收入的20%~30%。在1785年之前，英国茶叶关税非常高，导致大多数进口茶叶都是走私货。为此，皮特大幅削减关税率，却发现财政收入几乎不受影响。这就是我们当今时代所说的“供给侧”财政效应的经典案例。尽管在整个18世纪，英国能够规避令人害怕的所得税，但是一些税收（例如窗户税和房屋税）事实上具备一般税的特征，完全可以被称为所得税。

在法国大革命战争和拿破仑战争期间，英国进入全国紧急状态，它举债支付战争费用的习惯也中断了。在拿破仑战争期间，皮特出于急切需要，于1799年不得不推出极不得民心的所得税，但在战争结束后不久将它废除。不过有关所得税的档案付之一炬，这让计量经济史学家懊恼不已。对他们而言，这些档案可能是了解当时收入分配情况的唯一资料来源。不过，英国人之所以痛恨所得税，并不是因为税额高（人们年收入超过150英镑时，才需支付10%的最高所得税税率），而更多是因为他们的隐私受到侵犯，这与18世纪哲学家宣扬民众有权享受的人身自由相矛盾（MacDonald，2006，第338页）。皮特的反恐运动已经侵犯了英国人的权利，本来就已经令人生厌。这并不是启蒙运动理念与现实或假定的国家安全需要最后一次发生冲突。

不过，和法国或荷兰不同的是，英国公共财政从未彻底垮掉。英国如何成功地避免了像欧洲大陆邻国一样出现财政灾难？这主要归因于英国在光荣革命之后的岁月里达成了商人阶层控制着公共财政，而社会其他决策基本上继续由农业利益集团负责的折中方案（并在1720年巩固了这一折中方案）。到了 18 世纪中叶，约 50 000 人持有英国国债，他们中有许多人居住在伦敦。这些人势力强大，能够很好地维护自身利益。不像绅士阶级或贫民，英国中产阶级承担着格外高的税负。在 1700 年，中产阶级规模已经不小，并且在整个 18 世纪不断发展壮大。当其他阶级决定开战时，规模庞大的中产阶级有能力承担极其高昂的战争费用。英国政府更多是先举债支付战争费用，然后再向中产阶级征税用于偿债，而不是直接向他们征税，用于支付战争费用。在 1715 年至 1793 年爆发的三场大规模战争中，英国政府主要通过举债支付战争费用（高达 70%~80%）。不过由于英国信用良好，因此这一财政平滑措施的成本相对较低。启蒙思想家注意到了这一现象，认为这为他们的观点提供了依据。孟德斯鸠最雄辩地表达了他们的观点，即“自然法则”决定了个人自由和财务稳健性紧密相关。尽管亚当·斯密和大卫·休谟担忧庞大的公债在长期内是否可行，以及“政府铺张浪费问题”（正如亚当·斯密所说的），但是他们认识到，精心设计、灵活变通的制度能够提升一个国家的生存能力。当举债不足以支付战争费用时，英国开始征税。1793 年至 1815 年，英国通过征税，支付反法同盟战争约一半的费用。当时，英格兰银行承担起新的角色，开动印钞机，在极端情况下提供流动性，防止爆发金融危机。

间接税对其他产品产生一般均衡效应（随着啤酒支出增加，棉织品开支就会相应减少），却丝毫没有影响最富有人群的实际收入。如果这些富有的地主和商人更多地投资到最具活力的经济部门，那肯定有助于经济发展。事实上，一些人交税相对较少，因此能够为运河、收费道路、矿井、港口等造价不菲的项目提供更多资金。另一方面，高科技制造业可能从这一政策受益不多。虽然富人有可能将更多的收入储蓄起来，但是他们将许多积蓄用于购置乔治王朝风格的乡间住宅或者庚斯博罗的油画，而这对经济发展贡献不大。此外，很大一部分积蓄最终用于购买政府债券，实质上抵消了战争造成的预算赤字，而战争不一定具有经济价值。与此同时，英国的财政制度也许对激励机制的形成非常重要。在激励机制的帮助之下，英国通过不作为的方式，最终实现了经济转型。如果大棉纺厂主和铁器制造商被迫将一大笔利润上交给政府，那么他们的努力程度和事业成就都会打折扣。

英国政府向公民征收重税，却没有引发抗税活动或者大规模的不服从行为。对此有很多合理的解释。一方面，议会避免对面包这一基本生活必需品征税。这一政策防止爆发更多的食物骚乱和动荡，并避免出现更糟糕的扭曲问题。在经济问题上，查尔斯·达韦南特是当时最具洞察力的学者之一。他在1695年评论道："在一场旷日持久的战争中，消费税似乎是支持政府的最好方式，原因在于消费税对所有人一视同仁，且能够筹措到与民众巨大需求相称的大笔资金……消费税即不会成为穷人的负担，也不会让富人缴纳过高的税负……当所有人根据自身意愿或能力消费时，在某种意义上是对自己征税，（这是）简单的事"（Davenant，1701，第116—120页）。同样有趣的是，依据当时的标准，英国税收征管制度是高效的。当时，英国征税工作由专业机构负责，不再外包给私营企业家。欧洲其他国家将征税工作外包给私营企业家，这激起了无尽的民愤。人们认为，英国人的税率之所以高，与专业税务机构的兴起密切相关，并且从很多方面讲，也和"国家官僚机构的兴起"有关。约翰·布鲁尔（Brewer，1988，第139页）认为，在1688年之后，下议院抑制违法行为，并对军费建立公共问责制。它虽未能制止腐败和浪费问题，但肯定施加了约束，并使之保持在相对其他国家而言较低的水平上。和法国不同的是，英国的税务部门不需要与半自治的管辖区域打交道，这些管辖区域拥有自己的税法、免税规定和司法系统。英国的间接税制度保持统一和一致，且在伦敦的牢牢控制之下。此外，英国的征税制度属于公共制度，账目和报表都呈交给议会审核。当时的人们认为，透明和公开能够增进民众对这一制度的信心和信任。雅克·内克（法国国王路易十六的财政总监）等外国人希望仿效他们眼中的英国榜样，改革本国的财政制度。用布鲁尔的话说，这一制度运行"极其顺畅，几乎不存在摩擦"（Brewer，1988，第131页）。

英国国家作为征税机器取得了成功，这与它1700年时的经济类型相符。当时，英国人不再生活在饥饿的边缘，也没有与市场绝缘。从这一角度看，英国不属于自然经济，而是繁荣活跃的市场经济。在市场经济中，人们购买消费品，而不是自己生产或种植。此外，人们消费着不是生存必需品的商品，例如烟草、苹果酒、肥皂、食糖、纸张、蜡烛、假发粉、扑克牌、赛马和丝线手套等。此类商品的销售网密布。这些"中产阶级商品"成为主要的征税对象。到了18世纪的最后25年，消费税部门管辖着近100 000家企业和营业场所。这些企业和营业场所为广大民众生产和/或销售商品。许多店铺肯定不大，有可能并非全日营业。据布鲁尔（1988，第263页）称，在18世纪60年代，英国苹果酒生产商达到103 000人，不过这似乎不太可能。然而，一个成熟的征税部门之所以可能，得益于英国是商业化市场经济（commercial market economy）。这一市场经济早已广泛深入地渗透到英国各个方面，英国的大多数家庭每天也都参与其中。消费税之所以可行，是因为英国中产阶级消费者足够多，他们有能力交纳消费税，并且顺从地交纳了消费税。总之，勤勉革命让这场财政革命成为可能。

当然，英国需要征税和管理国债，这带来了意外的后果，并且催生了最终可能对英国经济产生有益影响的机构。在这些机构中，人们首先会想到英格兰银行。英格兰银行成立于1694年，负责管理政府债务。18世纪建立的整个税务官僚制度可被视为英国成为现代国家的征兆。正如之前提到的，按照当时的标准，它行之有效，且相当清廉。尽管如此，18世纪的高税率本质上对经济发展贡献不大。高税率扭曲了英国经济配置资源时所需的相对价格，因此造成了很大的损失。至少在早期阶段，政府债务直接与寻租安排联系在一起。在威廉三世和玛丽二世共治时期，以及安妮女王在位时期，政府以低于市场利率的水平向大型股份贸易公司借款；作为回报，政府向后者提供贸易特权。在安妮女王时期，这一现象尤为突出。这种形式的政府财政就是典型的寻租行为。不过，在1720年之后，此类做法声誉尽失，并渐趋式微。这不能完全归因于启蒙思想：1719年南海公司提出购买政府债务；在南海公司破产前后，政府尝试各种方法，希望找到其他财源，其中包括各种彩票、年金，以及其他筹资方式。

不过最终，在18世纪，政府有序借款变得司空见惯。这是英国人1688年从其荷兰兄弟那里汲取的最大教训。我们今天所说的主权债务不再仅仅指君主债务，它是国家债务。一旦这一区别变得模糊，人们开始接受有关王国政府应对国家负责的启蒙理念。同样重要的是，国家自行征税这一制度行之有效，减少了君主对其他部门的依赖，否则君主可能会委托这些部门征税。在欧洲其他国家，类似的部门负责征税，导致经济付出了巨大的代价。在法国和其他国家，行会和包税商成为财税工具。它们负责征税，以此换取排他性租金，这正是启蒙运动者抨击的现象。正如麦克唐纳（MacDonald，2006，第232页）所说的，尽管18世纪的英国仍是一个地主贵族阶层管理的农业国家，却拥有了适合于“商业共和国”的公共财政制度。不过英国的制度之所以比荷兰优越，是因为英国国土面积更大，英格兰银行是灵活变通、颇具成效的工具，并且议会能够在国家层面做出可信决策。需再次指出的是，英国制度之所以有利于经济，并不是因为英国的制度在某种意义上“更优越”，而是因为它们灵活变通，能够根据形势的要求变化。

在这一时期英国出现了国债，这是经济学家非常关注的现象。英国国债从1700年的1 400万英镑增加到1784年美国独立战争结束时的2.43亿英镑，再到1815年的7.45亿英镑。自那以后，英国国债维持在8亿英镑左右，这一情况一直持续到1850年。不过，它在名义收入中的占比下降了。此类变化的确切意义更不容易评估。从某种意义上说，国债的增加似乎吸引储户购买非生产性的政府证券，而这些储户本来可以选择购买有形资本等生产资产。富人持有政府债务，作为投资组合中的一种资产，至少在一定程度上，它可能“挤占了”私人资产积累的空间，而后者本可以有益于经济发展。这一论点是基于无懈可击的经济逻辑，不过它的确切历史意义仍存在争议。如果储户没有购买政府证券，那么他们又会如何支配自己的资金呢？如果他们把钱用于消费或赌博，那么挤占一说没有说服力。更讲得通的解释是，政府债务是土地的替代物；许多投资组合包括政府债务，被视为一种安全可靠的财富。它并不是商业票据和贴现票据的近似替代物，更不用说制造设备了。因此，政府债务是否和生产资本构成竞争关系，以及政府债务扩张是否减少资本形成，都很难确定。发行国债事实上鼓励人们储蓄，甚至吸引大量的投资者（投资者认为政府债券是一种安全的投资方式，理论上非常适合用于平衡配置了高风险资产的投资组合）。从这一意义上看，国债不断增加有害于经济增长的观点进一步遭到削弱。此外，许多证券吸引了海外投资者，从而增加了可供英国支配的资财（Mokyr，1987）。

最重要的是，正如大卫·休谟（［1777］，1985，第353—354页）在《论公共信贷》中率先指出的，公共信贷带来了作为交易手段的流动资产，并且创造了交易此类证券的二级金融市场，从而有助于其他证券发挥媒介作用。现代史学家总体上认同他的观点。正如卡卢瑟斯（1996，第17页）所说的，一旦国家设立了财政机构借入巨额资金，这一机构可以用于其他用途。到了18世纪下半叶，每年注册登记的证券销售业务就超过20 000笔，为“建立证券市场奠定了基石”（Michie，2001，第19页）。在反法同盟战争期间，英国政府债务大幅扩张，这意味着经销商和证券交易商在伦敦证券交易所的活动大幅增加；当政府债务规模在1820年之后开始缩减时，这一市场需要新的出路。到了1820年，伦敦的资本市场颇具规模，一些企业家因此能够发行和出售债券，筹措所需的资金。新建成的运河、收费道路和后来的铁路都严重依赖资本市场，并从中受益。尼尔（Neal，2004）表示，这一理念构成整个18世纪英国政府财政的基础，不过此类观点似乎有点过分。然而，经济制度史由一系列意外结果组成，这也许就是一个恰当的例证。

在18世纪初到1815年期间，国债在GDP中的占比从35%左右增加到250%。当时的人们对国债增长感到惊慌，不知道这会对经济产生什么影响。事实上，政府债务管理可被视为18世纪英国制度取得的一项成就。现代经济学家理所当然地认为它是英国成功解决“承诺问题”的一个表现。当时，金融资本的所有人有足够的安全感，愿意借给政府大笔资金，不用过分担心政府违约。资产所有者已经掌控了统治者，将权力握在手里，因此产权，甚至是非常脆弱的流动资产产权也已变成无可争议的了。这可归功于掌管英格兰银行的官员和财政部官员的专业素质。在与法国国王路易十四的多次战争中，英国发行了五花八门的债务工具，其中包括短期债务，例如应付采购票据（procurement bills due）和国库券。在漫长的西班牙王位继承战争期间，这些证券如雨后春笋般迅速增加，导致信贷变得越来越难以获得。在1714年之后，英国政客将短期债务转变为长期债务。英国专门征税用于支付此类长期债务。其中颇受欢迎的是99年到期的债券或“永久型”债券。在1751年之后，政府发行了利率为3%的统一公债，此类公债日益受人欢迎。英国首相亨利·佩勒姆设法合并国债，发行了不偿还本金的债券。这种债券支付3%的利息，且能够随时在二级市场出售，因此容易变现。佩勒姆结束了代价高昂的奥地利王位继承战争（1740—1748年）。统一公债并不是完全没有风险的。它是永续年金，其市场价格与现行利率呈反向变动关系。不过统一公债容易变现，违约风险可以忽略不计。英国投资者钟爱统一公债。它成为后来所说的“国债”的核心组成部分。虽然英国政府身负债务，但是它可靠、值得信赖。政府债务（和土地）成为有产阶级的精选资产。有人于1748年写道：“公债是这一结构的组成部分，与各种财产交织在一起，除非毁灭这一结构，否则无法将公债分离出来……我们并不会因为相互欠债而变得更富裕或更贫穷”（*An Essay upon Public Credit*，1748）。

统一公债的票面利率维持在3%的水平，这成为英国经济的标配。正如白芝浩经常指出的：“约翰牛（指英国人）可以忍受很多东西，但就是没法忍受2%的利率。”1783年，英国重获和平。它希望减少国债，但是如果按票面价格赎回统一公债，可能会给债券持有人带来暴利，因此这一问题变得非常棘手。威廉·皮特受理查德·普赖斯的启发，建立一个减债基金（1786年），从而找到了解决问题的办法。理查德·普赖斯是一位激进的哲学家和开明的社会活动家。

减债基金旨在建立一个资产投资组合，用于冲销国债债务。在此之前，沃波尔曾尝试过这一方法，但是未能取得成功。皮特向减债基金拨款100万英镑，认为该基金凭借复利能够实现增长，从而冲销国债。尽管这一理念遭到了广泛的批评和奚落，但是在和平时期，这一基金非常可靠。虽然从财政的角度看，皮特成立这一基金并非明智之举，但是麦克唐纳（2006，第343页）认为，它提振了市场的士气。尽管如此，在1793年之后，皮特的基金计划无力应对战争造成的巨大财政压力，最终于1827年被废弃。显然，启蒙思想家提出的理念并不完全切合实际或合情合理。从许多方面来说，当时仍是一个实验的时代。

总之，英国税制和公共财政制度总体上出人意料地非常高效。据估计，在1788年，英国税收占国民生产总值的12.4%，相比之下法国仅为6.8%。当然，英国国债利息远低于法国，毕竟市场认可英国完善的财政制度。举债是公共财政不可避免的组成部分。1688年，政府债务估计占国民生产总值的5%，1815年这一比例上升到200%（随着英国结束了代价高昂的战争，政府债务比例不断下跌，这一情况一直持续到1914年一战爆发）。尽管如此，考虑到当时的政治环境，高债务和高税负对激励机制和经济活力的损害比预计的要小。相比投资而言，消费受创程度更严重；虽然这可能对当时的人不是一件好事，但有利于经济的长远发展。

不过，国债增长只是18世纪英国财政史的一个侧面。正如约翰·奈（2007）指出的，英国在汉诺威王朝时期之所以能够征收更多的税款，一定程度上是因为政府和一些有影响力的地方利益集团达成了交易，例如富有的啤酒制造商。啤酒制造商同意纳税（不管怎样，最终税负基本上都转嫁给了消费者），以此换取政府有力的保护，抵御来自法国红酒的竞争。在17世纪90年代，英国向法国红酒征收关税。此举意在削弱法国重商主义政策的一部分。除了腰缠万贯的富人和牛津大学一些老师之外，英国消费者受相对价格因素的影响，选择喝啤酒，而不是红酒。这一情况一直持续到19世纪的很长一段时间。不过事情并没有就此打住。由于向高度分散的行业征税的成本非常高，政府鼓励啤酒酿造业走向集中，并设置市场进入壁垒，从而减少了竞争。奈指出，英国啤酒酿造商同意交纳重税，以此换取高水平的保护。鉴于啤酒、酒花、麦芽及相关产品占所有消费税的75%左右，税务官和啤酒酿造业达成的这一隐性契约是英国消费税在1714年之后大获成功的主要原因。

此外，政府和啤酒酿造业有意维持高水平的市场集中度和寡头垄断。有鉴于此，政府征税变得更加容易，啤酒酿造业则可以操纵价格和减少竞争压力，只不过消费者因此遭受了双重剥削。

认为英国啤酒消费者的遭遇令人同情的观点可能有些夸张。考虑到18 世纪水质不佳，危害人体健康，啤酒可能是一种必需品。德·索绪尔在 1726 年提道："下层阶级，甚至是贫民都不知道他们可以饮水解渴。在这个国家，人们不喝别的，只喝啤酒。啤酒的产量很大"（[1726]，1902，第 157 页）。不过在 18 世纪，人均啤酒消耗量下跌了，金酒等其他烈性酒开始流行起来。在 18 世纪二三十年代，金酒风靡一时，这让政府极为担忧。如果啤酒更加便宜，就不会出现民众毫无节制喝金酒的情况。此外，啤酒价格居高不下，助长了自酿劣质啤酒的行为，走私和造假酒问题也变得非常猖獗。实际上，高税率必然扭曲市场运行方式。此外，征税侵扰了小企业的业务运营和生命力。以蜡烛制造商为例，政府对他们实施严格的管制，确保他们足额缴纳税款。蜡烛只能在指定场所出售，在指定时间生产，并且装货时必须遵守专门的规定（Brewer，1988，第 214—215 页）。1733 年《糖浆法》对法属加勒比海地区进口的廉价食糖征收高额关税，导致英国境内食糖远比欧洲大陆要贵。我们不确定这些限制性规定是否得到了严格的遵守。此外，在 18 世纪，走私业是最大的产业之一。当时的关税和现代税法很像，非常复杂且惩罚措施严厉，严重地阻碍了商业的发展。这些关税经过很长一段时间才被废除。开明的改革者将废除此类关税视为他们的首要目标。

如果说英国财政制度有什么优点，那么这一优点不会是该制度对英国经济产生了有益的净效应，而是它本可能更糟。其他国家的财政制度就是如此。在法国，两个上层阶级（贵族和教士）基本上拥有免税权，不同的地区有不同的税率和税收结构。相比英国而言，法国财政体制造成更严重的浪费，且运行成本更高。最终法国只能通过政治革命解决这一问题。不过这场政治革命导致整个欧洲大陆陷入长达 25 年的混乱之中。荷兰税收制度同样分散、不公平。在 1688 年至 1720 年期间，英国打造的财政国家十分稳定、组织有序，从而避免出现导致法国陷入浩劫的政治动荡。在1690年之后，随着消费税日益成为首选的税种，消费税局非常迅速地发展壮大。在1710年，消费税成为最大的税源。自1735年起，它平均占中央政府总税收的一半左右。毋庸置疑的是，消费税之所以成功，无疑主要归功于各种政治因素，同时也归因于消费税局这一中央政府部门聘请了能干的专业人士，高效开展征税工作。布鲁尔（1988，第112页）评估称，消费税局非同凡响，能够激励其官吏勤勉工作，同时又能够小心地防范管理弊端。18世纪的证据无可争辩地证明，许多职务仍属于闲职，落在裙带关系和恩庇关系的受益者头上，他们腐败无能。不过，相比其他国家而言，英国税务制度相当有效，腐败成本不足以产生很大的影响，且持续下降。

不过我们仍然未能解答一个历史问题：在某种意义上，一个相对有效的财政官僚机构能否与英国经济现代化，甚至工业革命联系起来。如果国家筹措的资金用于间接资本（overhead capital）、教育或者鼓励工业研究，那么情况会一目了然。而事实上这些资金都用于战争、购买军舰、招募雇佣兵、资助外国军队，以及支付为上述活动举债的借款利息。这些资金本来可以帮助英国打造一个更加辽阔的帝国，但是英国政府在国家支持的基础设施建设和公共产品方面投入甚少，而基础设施建设和公共产品可以带动其他地方的工业化。有人指出，帝国带来了经济和技术发展，但相反的情况似乎更能说得通。反向因果关系更容易得到证明。随着英国经济发展和人口增长，税赋收入水涨船高，政府能够在更多战争中取胜。随着技术向前发展，英国军队拥有更多有效的武器和设备。它们价格不贵，但是杀伤力惊人，可用于打击非欧洲人。英国政府并不重视公共产品投入或间接资本投资。直到1829年，在英国政府所有公务员中，税务官员比例将近90%；政府没有雇用教师，邮政工作人员或办事员也屈指可数。实际上，英国政府只是一台征税机器。1833年，自由知识分子和政客约翰·鲍林对托克维尔说：“我们有政府，却没有中央行政机构。每个城镇、郡县和教区照顾自己的利益……权力下放是我们取得进步的主要原因”（Tocqueville，1958，第61—62页）。鲍林是杰里米·边沁的朋友。

如果庞大的战争开支和由此产生的债息对经济产生了有害影响（且不说战争本身对商业造成的损害），这可能是因为战争挤占了其他项目的经费，政府本来可以将资金用于建设更有益的项目。其中最重要的项目无疑是道路、港口等基础设施，它们通常交由私营部门或资金紧张的当地政府承担。随着城镇化快速推进，英国无疑有必要投资于供水系统、交通运输、排水系统和建筑，不过此类工程通常开展得太少太迟（Williamson，1990）。英国执法系统经费也少，日常执法工作主要由志愿者和业余人员负责。英国政府在教育领域的投入少得可怜。尽管欧洲大陆各国政府开始认识到法国巴黎综合理工学院、德国和其他国家的工业大学和矿业学院等教育机构对社会做出的贡献，但是英国政府在教育领域无所作为。当然，我们很难说这是因为英国政府受经费限制，还是它认为许多领域不在政府职权范围之内。英国税率非常高，导致政府在1815年之前没有多少回旋的空间。按理，在1815年之后，它完全有能力将更多的资源投入到公共产品和社会间接资本项目上，但情况并非如此。

英国国家和作为最高立法机构的议会首先是一个服务于有钱人的政府。工人没有投票权。当劳资双方爆发冲突时，政府通常站在雇主一边。在18世纪90年代末，政府出台政策，严厉打压工会，这标志着政府在长达一个世纪里选择偏袒富人和权势集团的做法达到了顶点。政府诉诸法律和威权，处理工人挪用公款问题、工资和机器纠纷以及其他不满。当工人或消费者出于某种原因闹事时，政府会毫不犹豫地动用暴力。虽然有时会爆发恶性事件，例如1830年彼得卢屠杀事件以及斯温队长骚乱事件，但是总体而言此类事件在英国非常少见。人们经常提到，在欧洲各国首都中，只有伦敦和圣彼得堡未卷入1848年的暴力动荡中，不过显然个中原因大不相同。英国没有必要诉诸暴力来改变其制度。在俄罗斯，诉诸暴力的做法则不会奏效。

在1815年之后，这一态度开始发生变化。英国废除了《结社法》，工人又能够成立工会。人们开始关注工作条件问题，首先是儿童和妇女的工作条件，然后是其他人的工作条件。日益显而易见的是，在城市环境中，“外部性”危及自由市场的效率；自由市场并不一定总是保证人们的生活环境健康卫生。自由企业并不一定总是提供适量的教育和公共安全产品。人们日益认识到，自由企业无法提供可靠的饮用水和其他公共卫生产品。到了1840年，供水仍然主要由私营部门控制，不过消费者和供水公司开始认识到，在供水问题上，自由市场不怎么管用，市政供水更加可取（Hassan，1985）。人们对市场的智慧丧失信心，并认识到，在一些情况下，市场会失灵，需要政府干预。诚然，到了1851年，这一过程才刚刚起步，不过英国制度非常灵活，这对它非常有利。在19世纪下半叶，得益于良好的管理和一流技术，英国解决了数场最严重的危机。城市地区和工厂引领了这一过程，不过随着时间的流逝，它逐渐但不可阻挡地扩散到经济的其他领域。

如果问18世纪英国政体具有何种显著的独特特征，答案非《济贫法》莫属。当时的人们就《济贫法》撰写过大量文章。外国人的反应呈现两极化，要么对它印象很好，要么极为厌恶。相比其他国家而言，英国的《济贫法》覆盖面更广，而且更加慷慨。在1834年以前，富人和权势阶层的不少收入再分配给了王国最贫困的公民。不同于18世纪欧洲其他救济制度的是，它的经费来自济贫税，而不是自愿捐款。济贫税是一种地方税。《济贫法》得以出台，一定程度上归功于英国社会真心关心穷人，特别是那些显然并不是因自身过失而陷入贫困境地的人们，例如孤儿、病残者和老人。当然，还有其他人也成为这一救济制度的受益者，例如农场主。农场主在淡季利用《济贫法》为工人提供补助，以此确保收获季节的劳动力供应。从更高层面来讲，《济贫法》旨在防止赤贫阶层发生暴动或者在艰难时日饿死，毕竟这两种情况对于富裕阶层而言代价都是高昂的。

《济贫法》的执行权下放，执行工作在一定程度上缺乏通盘安排。不过，依据1660年《定居法》，英格兰贫民由其居住的教区负责养活。地方政府，也就是所谓《济贫法》的监督者负责管理济贫税和救济事务。监督者通常是不领薪水的地方要人。许多决策（包括养活贫民所需的费用）由地方自行做出。相对整个经济而言，这一项目的总体规模并不大，在巅峰时期可能只占国民生产总值的2%。不过受惠人群的生活却因此得到了改观。在 19 世纪初，这一项目进入鼎盛时期，覆盖英格兰高达 14% 的人口。一般情况下，它的覆盖率为 9%~10%。苏格兰有自己的济贫体系，爱尔兰直到 1838 年才建立济贫体系。即便处于贫困边缘的人没有领取过救济金，但是济贫制度影响了他们的决策。虽然英国那时绝不是福利国家，不过奇怪的是，济贫法官员开展的一些工作带有现代化色彩。例如，在处理不健全或破裂家庭的案件时，他们可以代替父母的位置，送贫民儿童接受学徒培训，将他们送到寄养家庭，甚至为他们支付牛痘接种费用（Snell，1985）。有时，此类安排遭到滥用，一些贫民学徒被贩卖给工厂主，遭受和奴隶差不多的待遇。不过这并非普遍现象。

英国尝试过另外两种制度，即现金和实物转移支付（即“院外救济”），以及院内救济。院内救济通过提供工作和住房、设立孤儿院和医院等方式，提供救济。除了现金转移支付之外，济贫法制度还经常向生活困难者提供衣物、医疗和学徒培训费用，并料理他们的后事。英国就像钟摆一样，来回摇摆在这两种制度之间。这两种制度并非完美无缺，当时也没有明确的标准可用于评判哪种制度更为可取。在 18 世纪初，英国济贫制度主要向穷人提供现金转移支付。不过自 1723 年起，议会允许地方教区设立济贫院，为体格健全的穷人（如果用当时古怪的说法，就是“二流子”）和其他人提供免费住房，保证他们实现就业，以此代替现金救济的方式。在 1776 年，英国此类机构数量达 2 000 家。大部分机构名声不佳，遭人厌恶，被收容者惨遭虐待并染上疾病。到了 1782 年，《吉尔伯特法》改弦更张，再次肯定了院外救济原则，授权教区设立济贫院。1795 年，由于物价高涨，且失业问题严重，英格兰南部地区建立了斯宾汉姆兰制度（Speenhamland system）。在这一制度之下，救济直接与面包价格及家庭规模挂钩。不过，并不是所有地区都推行这一制度。虽然一些郡县采用了这一制度，但也只是在物价高得离谱的年份才会严重依赖这一“津贴制度”。1815 年之后，随着食物价格下跌，人们不再强烈认为英国迫切需要开展济贫工作。“好逸恶劳”成为人们最关注的问题。保守的政治经济学家对这一问题表示担忧。这催生了1834年《济贫法修正案》。这一重要的立法废除了向体格健全的穷人提供院外救济的做法，并设立济贫院制度。济贫院为穷人提供吃住，但是它们的条件非常差，确保只有真正的贫民才会求助于这一制度。1834年的改革缩减了济贫费用支出，它在国民收入中的占比从2%左右下降到1%左右。不过这一新制度的管理成本更高，因此给穷人带来的净资源可能少了更多。到1850年，至少在当年1月1日和前一年的7月1日，英格兰共有123 000人次或者约0.7%的人口在救济院待过，同时还有955 000名“应当得到帮助的穷人”（5%）获得了某种形式的院外救济（Williams，1981，第158页）。1834年的改革代表着启蒙思想最不堪的一面，即认为体格健全的穷人懒惰放纵、目光短浅，他们落到如此境地完全是咎由自取。自由主义意识形态的建议是，将施舍的面包做成苦味的，这样只有最绝望的贫民才不会嫌弃（Hughes，1969，第533页）。英国当权者似乎还没有认识到，英国工业资本主义经济的商业周期和更快速的结构性变化会给人民带来严重的失业问题和沉重的苦难，民众唯一的过错就是他们出生在错误的年代和国家。不过，这一状况很快发生了变化。

英国典型的济贫法制度基本上是一种农村和地方性制度，在一定程度上旨在救助农闲季节的农业工人。它为固定的救济对象提供救助，还帮助临时救济对象渡过暂时的难关。英格兰东南部和中部地区郡县的救济对象比例最高。这些地区农业工资相对较低，因此向救济对象发放工资补助。虽然城市居民偶尔也能够获得救济，但是由于没有固定的济贫制度，城市里的乞丐、流浪汉和娼妓更常见。在发展迅速的北方工业城镇，当地政府同样无力解决失业、疾病等城市问题。1815年之后，工业化和城镇化得到了发展。“老的”《济贫法》（1601年通过的《伊丽莎白济贫法》）争议越来越大，地方和中央政府无力应对工业革命带来的新的社会问题。虽然这一制度花费不小，但许多人不认同马尔萨斯的看法，即全面废除这一制度。不过，决策者费了很大的力气，才达成共识，决定对《济贫法》进行改革。在这一问题上，启蒙意识形态未提供多少指导意见，政治经济学家的意见也不一致。马尔萨斯主义者和以边沁为首的功利主义者支持彻底改革旧的制度。不过，著名的经济学家约翰·雷姆赛·麦克库洛赫指出，老的《济贫法》可能与持续的经济发展相一致（Innis，2002，第 394 页）。矛盾的是，英国之所以增加院外救济，可能是因为在 18 世纪晚期，当局日益不愿意干预市场价格。一旦当局摒弃了管制谷物价格的做法，为了避免爆发粮食暴动，在饥荒年份采取现金形式的院外救济可能就是不可避免的。粮食价格在 19 世纪 20 年代急剧下降，从而降低了院外救济的必要性。

观察家在英国《济贫法》的净效应问题上存在分歧。启蒙思想显然关注社会贫困问题。18 世纪的思想家与社会总体观念一致，拒绝将贫困视为不可避免的罪恶。他们秉持社会向善论者的传统，提出各种解决方案。尽管人们提出的建议大不相同，但是大多数人都认为，应合理改革救济制度，应更好地了解贫困的根源，重新设计救济制度，消除贫困根源。对于“好逸恶劳”和“挥霍”造成的贫困问题，以及大多数贫民是否应当获得救济，人们展开了激烈的辩论。此外，当时人们尚不清楚该如何划定贫困线。依据格里高利·金的标准，1688 年共有 130 万人（40 万户家庭）为“茅舍农和贫民”，占到总人口的近一半（King，[1688]，1936，第 31 页）。当然，并非所有这些人都非常贫困，需要长期救济，不过很多人在遭遇不幸或年老之时有可能会申请救济。此外，据金统计，居无定所的“流浪汉”达 30 000 人。虽然他们同样过着贫困的生活，但是依然没有资格获得救济。许多启蒙思想家认为，应向穷人提供工作，这是解决乞丐和流浪汉问题的办法。他们认为，如果向穷人提供就业机会，他们能够也愿意工作；政府提供救济的重点应当是为穷人供工作机会。

最重要的是，启蒙思想家竭力解决始终存在的济贫两难问题，即如何把对不幸者的恻隐之心与经济学家所说的激励相容结合起来。德国杰出的哲学家黑格尔认为，由于不确定性无处不在，人们虚度光阴，寻欢作乐；相比之下，在英国，即使最贫困的人也拥有权利，更有保障，因此更加勤奋努力（转引自 Rothschild，2002，第 42 页）。其他人则持不同的看法。他们关注今天所说的道德风险问题，即保障制度可能助长一些行为，致使人们从一开始就需要救助。当时有一些人认为，《济贫法》导致英国一半的人口不得不抚养另一半的人口；这一法律纵容穷人多生孩子，或者如马尔萨斯所说的“没有长远打算”，更确切地说助长了高生育率。经济史学家发现，虽然英国济贫制度比当时一些直言不讳的反对者所说的要有用得多，但是它对经济增速的总体影响仍存在争议（Solar，1995）。它减少了风险和社会动荡，就此而言，它也许营造了一个更有利于创新的环境（Greif and Sasson，2009）。一些人将英国视为原始福利国家，至少为处于收入分配底层的人群提供了相当有效的保障。不管怎样，济贫法制度颇具英国特色，约束了地方自主权。它的确能够代表英国独有的公私权力界线分明，以及地方和中央政府相互妥协的特征。老的《济贫法》是为前工业社会设计的。在19世纪，当时的人们关注日益严重的城市“乞讨”问题，认为《济贫法》日益运转不良。不过，1834年出台的新法律也是妥协的产物。多数人认为，新法律并没有取得更好的成效。

当时的政治经济学家尖锐地批评了老的《济贫法》。近年来，经济史学家仔细地研究分析了这些学者的批评意见。过去，有人认为《济贫法》对工业革命产生了消极的影响，但是事实并非如此。另一方面，博耶（1990）的研究结果为马尔萨斯的人口危机论提供了依据。博耶采用多变量回归分析法，证明在1795年后发放子女津贴对出生率产生了显著的影响。据博耶（1990，第170页）估算，如果没有子女津贴，那么当时人口出生率可能要下降，降幅为6.4%~9.2%。他推断，工资补助性津贴一定程度上“催生了它们抚养的穷人”（第142页）。他提供的数据显示，如果没有《济贫法》，英格兰1826年的人口数量依然要比1781年多，但是人口增速在1795年之后会慢很多。经过粗略计算，我们发现，依据博耶的假定，如果没有《济贫法》，英格兰和威尔士人口数量在1826年可能是978万，而不是1 240万。目前仍不清楚老的《济贫法》是否在某种程度上催生了一支体格健全的贫民大军，这有待进一步的研究。也有人声称《济贫法》对劳动力流动产生了消极影响，不过这一说法未能经受住时间的考验。

马尔萨斯及其拥护者强调了工作激励效应。布劳格（1964）就此展开了研究，其研究成果得到波拉德（1978，第109—110页）和博耶（1990）研究成果的证实。其中的因果关系似乎基本上是反过来的。一些地区因为季节性失业和家庭手工业衰落，提供工资补助。这可以解释斯宾汉姆兰制度为什么存在于英格兰农业地区。博耶的多变量回归分析未能给院外救济导致自愿失业增加的假设提供依据。不过，我们无法直接评估两者之间的关系（Boyer，1990，第142—143页）。从统计角度看，济贫法中的各种变量对男性劳动力收入的影响微不足道。不过，如果将济贫视为劳动收入的替代，情况可能就有所不同。没有多少证据能够证明，废除老的《济贫法》后导致租金增加。如果老的《济贫法》真的严重扭曲了资源配置，那么租金可能会增加（Clark and Page，2008）。

我们尚不清楚，在18世纪，这一济贫制度为英国人的经济安全做出了多大贡献。由于市场不稳定，或者原材料或能源供应受天气状况和战争的影响，生活必需品价格每年波动很大，就业一直不稳定。除了这一济贫制度之外，人们还可以求助于个人关系网络（家人和邻居），或者当地慈善团体。不过它们只能救一时之急，或者在个人遭遇不幸时发挥作用，但是如果出现经济萧条或农作物歉收等普遍性问题，它们的作用就不大。不管怎样，数据显示，在18世纪，即便爆发此类周期性危机，也不会有大批民众因此丧生。粗死亡率大幅超过死亡率的年份寥寥可数。最值得注意的是，在18世纪20年代末到40年代初的艰难岁月，死亡率达到顶峰，与此同时粗死亡率从18世纪20年代初的31‰突增至1728年的39.8‰和1729年的44.7‰，然后下降到1742年的36.7‰（Wrigley and Schofield，1981，第533页）。不过在18世纪末，当粮食价格上涨，严重危及人们的健康和生命时，老的《济贫法》为劳动阶层提供了合乎需求的安全网（Post，1990，第59—60页）。有鉴于此，尽管当时粮食价格居高不下，但是对人口的影响很小。

在生活水平方面，现代欧洲（即1750年之后的欧洲）相对过去而言，取得了一项令人注目的成就，即对人口产生毁灭性影响的周期性大饥荒现象日益罕见。饥荒不再是影响英国人口的因素：在1756年至

1870 年期间，英格兰的死亡率变异系数（用于衡量人口死亡高峰造成的每年死亡人数波动情况）为 0.049，普鲁士为 0.229；英格兰在 1675 年至 1755 年期间为 0.101（Galloway，1988，第 281 页）。即便在 1801 年、1811/1812 年和 1816/1817 年，虽然当时粮食价格达到最高点，但是没有多少证据显示当时爆发了严重的人口死亡危机。

现代研究强调了贫困救济的重要性，因为随着 1790 年后农村贫困人口的生计越来越不稳定，贫困救济为他们提供安全网以实现更持久的变化。战争和恶劣气候严重地冲击着英国，加剧了家庭手工业长期以来存在的衰落问题。据估计，在 1801 年，有 1/3 的人口不定期地获得救济（K. Williams，1981，第 38 页）。当然，1801 年属于例外情况。不过在 19 世纪二三十年代，贝德福德郡两个村庄约 15% 的人获得了某种形式的救济（S. Williams，2005）。因此，在 19 世纪前 30 多年，用于救济穷人的支出骤增，且似乎没有因为 1815 年通胀结束而减少。在 1767 年至 1833 年期间，一个村庄留存于世的一系列相关记录表明，其济贫支出增加了 11 倍（S. Williams，2005，第 492 页）。

相比庞大的战争支出而言，《济贫法》给地方税纳税人带来的负担微不足道，而且战争只是服务于极少数人的利益。不过到了 19 世纪 30 年代，随着英国启蒙运动转向自由主义，人们日益怀疑国家干预个人决定和选择的做法。自由市场的意识形态影响着国家制度，促使政府越来越吝啬，并且减少政府支出。总的说来，政府减少干预这一政策有利于经济发展和提高效率。尽管如此，英国现代经济增长存在一个固有的矛盾，即随着英国经济日益成熟和富裕，当权者和他们背后的理论家开始认识到自由市场存在的种种局限性。政府需要摈弃收入再分配政策，与此同时同情应当得到帮助的穷人，并维护国内和平环境。这一任务比任何人想象的要艰难得多。

* * *

当时，英国是一个货币化经济体。作为一种记账单位和价值储存手段，它的货币体系运行良好。18 世纪的英国或多或少放弃将白银作为货币体系的一部分。这主要是因为时任皇家铸币厂厂长艾萨克·牛顿未能解决白银相对黄金估价过高的问题。因此，尽管当时先令或六便士残币仍在流通当中，但是白银基本上被囤积起来，或者流失到海外。这是一个典型的格雷欣法则（即劣币驱逐良币规律）案例。当时英国事实上采用了金本位制，而欧洲直到 1870 年之后才广泛采取这一制度。不过奇怪的是，当时英镑在形式上仍然与白银挂钩。在极端的对外危机期间，政府不得不在海外花费大笔资金。此时，如果坚持金本位制，将会危及整个货币供应。1797 年，英国政府不得不中断金本位，暂停黄金兑现的做法。在接下来的 25 年中，英国货币仅靠英格兰银行的担保作为支撑。毫无疑问，这使发行更多货币成为可能，最终导致英国遭遇自 16 世纪以来最严重的通胀问题，特别是当它允许各家银行再次发行小面额钞票（低于 5 英镑）时。随着法国大革命战争和拿破仑战争结束，英国采取了货币紧缩政策，到 1821 年才恢复黄金兑换。当时，18 世纪启蒙运动孕育出来的自由主义经济学在英国占有举足轻重的地位，并努力推动建立一种能够自我调节、自动运行的制度。威廉·赫斯基森恰当地将这一制度比作蒸汽机（Hilton，2006，第 324 页）。不过 1825 年和 1837 年爆发的金融危机让人们怀疑此类简单化方法是否一直是明智的。在更深的层面，19 世纪爆发的金融危机日益严重，人们严重关切放松监管的自由放任经济是否明智。21 世纪的读者可能会对此产生共鸣。

正如在所有先进的商业社会中一样，当时一些交换媒介也是金融体系的内部产物。18 世纪时，一种流通的交换媒介是国内汇票。1698 年和 1705 年出台法律之后，国内汇票变成“可转让的”，即见票即付持票人，因此它能够和货币一样，在愿意接受它的人们中间流通。它成为面额为 20 英镑及以上的重要兑换形式。银行印刷的钞票作为货币流通。不过这些钞票未能缓解“零钱这一大问题”——对于许多交易而言，金币和银行钞票金额太大，而小额（铜）硬币又不足。正如之前提到的，白银价值被高估，很大程度上丧失了作为流通手段的作用。在 18 世纪的英国，人们普遍抱怨小面额硬币太少，许多公司发行代币来解决这一问题。史学家普雷斯内尔（Pressnell，1956，第 15 页）叹息道："在整个工业革命期间，货币情况令人不满，甚至令人感到惋惜。"

当时英国是一个成熟的商业经济体，但它在数十年中未能拿出令人满意的方案解决小面额货币问题，这可能显得有些令人不解。1696 年，议会下令重新铸造所有银币（当时银币剪边和掺假问题非常严重），然后基本上不再发行小额硬币。尽管 18 世纪英国仍然铸造少量铜币，但是市面上流通的铜币大多数是假币。这些假币铭文为"英国女孩"（British Girl），而不是"不列颠尼亚"（Britannia），非常容易被人识破。在 1775 年后，铸币厂停止发行铜币。到了 1787 年，在所有流通的铜币中，仅有 8% "与'国王硬币'还算相似"，而大部分是假币（Sargent and Velde，2002，第 271 页）。零钱短缺问题严重威胁到货币化市场经济的发展，不少雇主不得不以实物的形式支付工人工资。他们迫使工人在职工商店购物（即实物工资制），或者向他们支付公司发行的"公司凭证"（Tommy notes）。他们这样做的原因很简单，那就是可接受的小额零钱不够（Selgin，2008，第 25—29 页）。

不过到了那时，得益于技术发展和英国制度的灵活性，这一问题得到解决。在 18 世纪 80 年代，私营公司帕里斯公司在霍利韦尔（威尔士北部）铸造大量铜币。残酷无情但高效的威尔士铜矿巨头托马斯·威廉斯拥有帕里斯公司。正如塞尔金（Selgin，2008，第 44 页）提到的，铸币官员只要能够不受打扰地"享受闲职生活"，非常乐意让私人企业铸造小额硬币。当时，铸币厂没有能力为大雇主提供足够的交易手段，用于支付工人工资。铁厂主约翰·威尔金森受够了这一状况，开始自己铸造铜币，然后将铜币发给工人。人们不得已而求其次之，于是在小型交易活动中，"威利币"（以威尔金森公司命名）成为一种广为接受的交易手段。马修·博尔顿和詹姆斯·瓦特对蒸汽机进行改装，用于快速铸造高品质的铜币。作为五金器具业中心的伯明翰开始发行小面额的私有货币。到了 18 世纪末，民间发行机构铸造了近 600 吨铜币，总价值超过 10 万几尼（Selgin，2008，第 124 页）。萨金特和维尔德（Sargent and Velde，2002，第 271 页）提道："代币可靠且可兑换。市场凭借这一代币制度供应零钱。”1797 年，在暂停铸币兑付之后，政府下令在博尔顿的索霍工厂铸造大量铜币。在拿破仑战争结束后，政府终于出手，于 1817 年取缔了私人铸币活动，这实际上相当于政府垄断了可兑换铜币的铸造活动（同上，第 303 页）。英国制度在屡屡犯错之后，终于找到了行之有效的解决方案。在此之前，英国将就着过。虽然这远非最佳对策，但是不管怎么样已经足够好了。

在伦敦地区，英格兰银行享受着正式的垄断地位，但在农村地区，地方银行发行的银行钞票像货币一样流通。显然，就货币总体发展而言，整个 18 世纪内生货币（即银行系统发行的货币）依然很少。此外，有关大多数货币供应为钞票的论断根本站不住脚。弗雷斯特·卡帕依（Capie，2004，第224 页）估计，到了1750 年，货币基数约为2 300 万英镑，其中1 800 万英镑为硬币，400 万英镑为英格兰银行发行的钞票。他估计，鉴于货币供应总量约为 3 000 万英镑，内生性货币占比仍然很小。到了 1790 年，货币供应增加到7 600 万英镑，其中4 400 万为硬币，另有 1 200 万为英格兰银行和其他银行的钞票。虽然这些数字只是约数，并且基于间接的计算，但是它们可以告诫我们不要轻易地认定货币发展是工业化的必要前提。

在 19 世纪，内生货币才变得举足轻重。到 1870 年，硬币约占货币供应总量的 18%，同时货币基数从 5 600 万英镑增至 1.41 亿英镑。到那时，货币供应总量增加到5.4 亿英镑，其中绝大多数是内生货币。卡帕依还计算了所谓的“契约密集型货币”（contract-intensive money），证明它相对于货币总量的比例在18 世纪鲜有变化，但在1790 年至1870 年间增加了两倍。“契约密集型货币”实质上是人们基于互信而接受的货币。在 1826 年之前，由于银行规模受限，合伙人不能超过 6 人，因此它们对金融发展的贡献相应有限。

1821 年，英国恢复了金本位，不过这并未解决流通手段问题。在某种程度上，流通手段问题在接下来的数十年甚至恶化了。当时，英格兰银行还不是中央银行。当爆发“经济恐慌”和银行“挤兑”问题时，它一开始并不认为自己是保证币值稳定的机构，需要向陷入麻烦的银行放款。不过，它几乎无奈地逐渐担负起这一职责。因此，在多次货币危机期间，例如1825年、1836/1837年和1847/1848年的货币危机，银行不得不暂停付款，率先陷入极大的麻烦，然后货币供应在本来应当扩张时紧缩。人们慢慢从中吸取教训。我们无法肯定地说，在19世纪末之前，英国货币制度健全，相关的监督机构有效地开展了工作。因此，毫不夸张地说，这一领域的政府政策对推动经济增长的作用至少是值得怀疑的。

第十八章
生活水平和不平等

英国经济发生的种种变化是否真正改善了当时人们的生活水平呢？这一问题的答案取决于如何定义“人们”一词。如果人们仅指英国大多数的劳动民众（包括各行各业的男女劳动者），那么情况相当混乱，而且会引发复杂甚至措辞激烈的争论。这一定程度上可归因于当时整个经济的状况。受进步和生产力发展影响的部门最初在英国经济中的占比甚小，因此在早期对整体经济的影响必然有限。这场争论最重要的见解是人们认识到当时的生活水平史并不等同于工业革命史。尽管技术变化和工业化本质上影响了生活水平，但它们并不是决定 1850 年之前人们生活水平的唯一因素，甚至算不上最重要的因素。

战争是影响生活水平的一个因素。在 1756 年至 1815 年间，国际贸易受到了严重干扰。这一时期与工业革命大致重合。在此期间，战争年份远远多过和平年份，两者比率将近二比一。战争对经济增长的净效应并不是那么的一目了然。别忘了，尽管政府的军事开支按理说没有对传统意义上的经济福祉做出重大贡献，但是我们衡量经济表现时采用的综合标准包含了这一开支。政府扩大了开支，但是税收增幅却小于开支增幅，从而给经济带来了通胀压力。凯恩斯理论显示，如果一个经济体拥有闲置资源，那么提高政府支出能够带来经济增长，就像 20 世纪 30 年代美国的情况一样。尽管一些学者（如 Anderson，1974）持这样的看法，但是没有证据证明在 18 世纪 90 年代初，英国经济存在着通过大规模政府支出能够得到缓解的失业问题。相反，英国经济通胀问题严重，这似乎又与凯恩斯理论有关“闲置”资源的假设相矛盾。无论如何，国际贸易受影响、海上保险剧增（这归因于私掠船巡航活动的增加），以及因封锁禁运而损失了国外市场和供应商，这一切加重了作物歉收效应，英国也因此在数年内面临着陷入灾难的严重风险，尤其是 1800 年至 1801 年以及 1811 年至 1812 年。

尽管在本书讨论的这一段时期内，英国本土未发生任何军事行动（爱尔兰发生了一些战斗），但战争扰乱了国际贸易，导致必需品价格上涨。与此同时，由于英国商品被拒于欧洲市场大门之外，英国出口产业蒙受损失，导致通胀时期出现了失业问题。政治担忧引发的信贷紧缩，以及高税率导致这种状况进一步恶化。特别是在 1795 年至 1812 年间，英国遭遇了多次危机（Mokyr and Savin，1976；Crouzet，1987）。鉴于上述情形，英国社会在这些年能够避免死亡率剧增，已是一项不小的成就。这一成就一定程度上应当归因于济贫制度。英国济贫制度防止社会最弱势群体跌到最低生活水平之下，特别是在危机年份。它成为英国富人抚养穷人的机制，虽然富人并不总是热心地缴纳济贫税。

另一种观点认为在反法同盟战争期间，英国提高了政府支出，挤占了投资资源；投资减少一定程度上导致工业革命这一关键时期经济增长放缓，从而可能导致生活水平提高的速度放慢（Williamson，1984）。不过，涉及挤占投资的证据正反参半。表 12.3 显示，尽管政府支出剧增，国内固定资本形成在这些年间并没有下降多少；与法国交战所需的额外资源来自消费减少和对外负投资（即国际收支逆差）。国王的政府在 1793 年至 1815 年支出的额外经费大部分来自新征收的所得税和间接税（特别是针对麦芽、茶叶、食糖、烈酒和烟草征收的消费税和关税）。因此，英国有财力与法国交战，可归因于三个因素，即英国人的消费支出因为可支配收入下降而减少、中上阶层和富人的储蓄增加，以及外国储蓄者（尤其是荷兰人）倾向于购买英国统一公债。事实上，在这一时期，只有在 1793 年至 1815 年爆发的战争中，用作战争经费的额外财政收入主要（比例为 58%）来自税收。在 18 世纪，这一比例在 20% 左右（O'Brien，1988，第 4 页）。我们重新核算这些年份的债务后可以看出，经过多次核算和经济调整（包括英国使用的一些资源由外国人出资支付这一事实），挤占资金的总额从2.936亿英镑（按1850年价格计算）减少到7 000万英镑至1亿英镑之间（Mokyr，1987）。这仍是一笔不小的数额（约占年度国民收入的3.1%），但是通过增加储蓄和向外国国民借贷，足以支付这一金额。检验挤占问题的另一种方法是观察政府借款是否推高了其他用户的资本成本。英国赤字状况最糟糕的年份也没有出现这一情况（Clark，2001）。不过挤占问题仍有可能因为信贷配给而出现。私营银行在拿破仑战争期间减少放贷，但尚不清楚这在多大程度上影响了国家的总体投资水平（Temin and Voth，2005）。

我们有很多理由相信，外部环境在工业革命期间对英国更加不利。在1750年之后天气条件变得更加糟糕。由于夏季温度降低且雨水更多，作物歉收问题更为常见。阿瑟·杨格在1790年提道："英格兰没有哪个雨水多的年份小麦大获丰收……没有哪个夏季出现对这种作物过于干旱的天气"（转引自Jones，1964，第65—66页）。小变化可能带来大影响：哪怕温度平均下降仅一度，或者降雨量增加10～20毫米，都有可能产生严重的影响。在1700年至1750年以及1750年至1800年期间，年均温度从9.26℃下降到9.06℃，同时冬季温度从3.71℃下降到3.36℃，不过这些平均值掩盖了相当大的气温波动。在18世纪30年代和80年代，气候异常寒冷，一些年份尤为艰难。降雨量数据只能追溯到1766年，不过从长期看，它们几乎没有显示出什么变化。但是，一些中期波动对英国经济而言可能非常重要。19世纪30年代的夏季降雨量要远大于19世纪10年代和40年代。在1830年至1839年，夏季平均降雨量为256毫米；相比之下，在1800年至1850年期间的平均降雨量为230毫米（Jones and Hulme，1997）。不过，我们不确定是否能将此作为一个重要因素，来解释为什么生活水平在1815年之后未能得到提高。1800年至1849年的总降雨量与1766年至1799年的情况差别不大，不过后一时期的夏季降雨量则要少很多。如果玉米和面包的价格居高不下，就有可能导致民不聊生。1816年的情况就是如此。在这一极其糟糕的年份，印尼坦博拉火山爆发，影响了整个欧洲地区。在1817年之后，物价高涨的年份非常罕见，这一情况一直持续到 19 世纪 40 年代中期，然后恶劣的气候和马铃薯疫病再一次扰乱了爱尔兰民众的生活，引发了大规模动荡。有学者称（例如 Voth and Leunig，1996），流行病环境在 19 世纪初极度恶化；不过这一观点是否属实，现在依然存在争议。城市化再加上与城市卫生和空气污染相关的一些疾病（其中霍乱是主要的新兴疾病，此外，斑疹伤寒和伤寒在此期间也到了泛滥的程度），可能足以对生物指标产生负面影响。

气候仍是影响生活成本乃至物质条件的一个因素。如果我们将实际工资视为衡量生活水平的指标，那么分子相对分母的变化则小得惊人。换而言之，名义工资变动很小，而实际工资则受生活成本变化的影响。尽管作物歉收只是直接影响农业国民收入，但是我们可以很容易就看到粮食价格居高不下如何影响名义工资，进而削弱制造业和服务业的盈利能力。此外，很多农产品，从用于酿造啤酒的大麦、用于饲养挽马的燕麦到制鞋业用到的皮革，都是对其他行业的直接投入。总之，作物歉收对整体经济的影响相当于石油突然短缺对现代经济的影响。

考虑到战争和恶劣气候导致英国经济遭受严重的供给冲击，英国人的生活水平在工业革命的关键年份没有下降是非常了不起的成就。我们很难判断这一成就多大程度上可归功于通常情况下与严格意义上的工业革命相关联的事件，而不是国内贸易持续增长和专业化持续提高等其他现象。不管怎么说，尽管英国经济经历了诸多危机，但是到了 1820 年时它的发展势头并没有减弱，并且在接下来的 40 年里增速加快。不过依据我们的标准，它直到 19 世纪中叶时的增长速度仍然相当缓慢。

* * *

启蒙思想家认为，如果制度建立和有用知识运用的方式发生了根本变化，那么英国经济和物质生活都能够得到改善。当然，这些变化的确切性质存在争议，但人们在进步观念上分歧非常少。极具历史讽刺意味的是，在1850年之前，英国生活水平改善速度非常快，只有研究21世纪的史学家才会认为这一速度令人失望。要说1850年的物质生活质量仍与1700年处于同一水平可能言过其实。不过，虽然人们希冀知识、投资和努力工作能够改善包括赤贫人群在内的大多数人的生活水平，但在1850年之前，这一希望并未能够化为现实。在20世纪下半叶，有两派人展开了长时间的激烈辩论。一派是所谓的悲观主义者，他们认为在工业革命期间，生活水平几乎没有得到改善。另一派是乐观主义者，他们提出理由说明，在1850年之前，生活水平得到非常显著的改善，特别是在1815年之后。其他学者（例如Mokyr，1988；Feinstein，1998a）指出，在1850年之前，生活水平改善不大，英国大多数工人的生活水平改善都非常迟缓。

这一辩论持续了很长时间，但没有得出明确的结论，这是因为数据很难解析，甚至不清楚哪些数据是正确的。经济学教导我们，从长期看，我们很难比较不同时期的生活水平，这是因为当人们用收入购买的"一篮子商品"不断发生变化时，我们没有好的方法衡量实际收入或支出。当商品质量得到改善，特别是它们的质量和种类是之前无法企及时，我们更难对不同时期的生活水平进行比较。此外，许多全新产品在市场上出现。在工业革命时代，钢笔（代替羽管笔）、牛痘接种、罐装食品（公认口感不佳）、煤气照明和电报相继出现。虽然许多新鲜事物相对不那么重要，但它们对经济福利的累积影响却很大。化学家约瑟夫·普利斯特里1767年发明的苏打水就是一个例子。这一新产品大为畅销，不仅是因为它口感更佳，还因为当时很多人相信泡沫腾涌的物质出于某种原因能够中和腐败物，而人们认为腐败物是主要的病因。这一新发明大获成功，不过靠它发家致富的不是普利斯特里本人，而是物欲更重的一位企业家。其他非常引人注目的产品创新案例在医学领域，例如19世纪40年代外科手术引进了麻醉术。如果放在从前，人们会愿意为这些新产品花多少钱呢？由于没有对应的老产品与新产品进行比较，所以我们很难准确地评估生活水平是否提高。由于产品质量得到改善，因此偏差总是朝着一个方向，即生活水平的改善情况要好于实际工资数据或实际消费数据所表明的情况。17 世纪的情况也是如此，当时英国人开始消费茶叶、咖啡和烟草（Hersch and Voth，2009）。商品种类增加了，这与价格下降、消费增加一样改善了经济福利。

我们还面临棘手的分配问题，即比较谁的生活水平。收入分配发生了实质性变化。从地理角度看，一些地区收入增加，而其他地区因为 19 世纪 40 年代末传统行业衰落和马铃薯歉收问题而陷入贫困。从阶层和职业角度而言，一些群体受益，而其他群体则相反。综合考虑所有因素和整体情况并不是一件易事，也不一定能够告诉我们希望了解的情况。我们还需要解答跨期分配这个更棘手的问题。即使悲观主义者关于 1850 年之前生活水平未能得到改善的观点是正确的，我们是否就应该认定工业革命失败了呢？毕竟，如果没有工业革命，那么 19 世纪中叶之后英国经济不容置疑的快速增长是不可能实现的。我们如何比较 1840 年之后出生的人与之前出生的人的福祉呢？

有大量非常有趣的文献关注这一时期的生活水平，并试图采取各种方式进行衡量。当然，实际人均 GDP、人均消费、实际工资等传统量化指标深受经济学家的欢迎，不过各有不足之处。正如表 12.1 和表 12.3 所示，实际人均国民收入或人均消费的增长情况受这些变量存在的标准衡量问题的影响，也就是说它是如何分配的，以及它对收入和消费衡量方式有多敏感？要想了解工人阶级（即大多数英国人）的生活水平状况，一种更好的方法是研究实际工资的增加情况。不过，这一方法存在统计数据方面的问题：如何处理工作时间、工作条件、参与率和失业变化问题，而这只是其中四个非常明显的问题而已。因此，经济学家研究了另外一组指标，涉及特定商品消费的变化。这些商品似乎能够代表大多数人可能需要的东西，例如住房、面包、其他食物来源、食糖、烟草、茶叶和啤酒等。虽然我们无法完全衡量收入，但是想必能够证实人们有能力购买更多的商品就意味着人们的生活水平发生了变化。不过，这一方法也面临许多问题，尤其是相对价格和产品质量不断变化，以及在衡量经济福利时，应考虑工作场所和住宅区的实际条件和不断变化的不便利性。第三种方式研究消费的“产出”情况。虽然我们无法轻而易举地衡量这一（或任何）时期的“效用”或“幸福”，但是人口的特定身体特征，例如死亡率、患病率和身高至少能够反映生活水平的一些方面。得益于近年的研究，我们进一步了解了各种变量，因此经济史学家有更多手段来评估大多数英国人物质条件的变化。

有必要强调的是，技术变革在当时只是影响民众经济福利的二阶因子。在21世纪，技术变革是影响人们生活水平的主要引擎。它就像一种期票，让人们隐约知道人类可以实现什么，不过技术给日常生活带来的大多数变化要到19世纪下半叶及之后才出现。第一次工业革命取得的诸多进步是在生产资料领域，而不是最终产品。这种说法也有一些重要的例外情况。棉纺织品得到了普及，其价格低廉，颜色和质地也丰富多样。到了1850年，即使穷人也能够乘坐快速廉价的火车。街道和公共场所，甚至工人阶级家中都采用煤气照明。纸张、玻璃、皮革、陶器和蜡烛等商品物美价廉。越来越多的消费者可以购买过去只有权贵阶层才能享用的奢侈品。当时，人们可以买到一些刚面世的生活消费品，只不过与我们时代的创新洪流相比，这些商品微不足道。最后，人口增长并没有导致人们的生活水平明显下降，这让当时的人们感到庆幸。总之，情况不算糟糕，但是可能不如乐观主义者希望的那样。

生活水平最显著的变化可能与城市化相关。显然，虽然城市的工资水平更高，但是生活质量从一些可衡量的方式来讲要更糟糕。正如我们在第十三章看到的那样，城市人口死亡率更高。在曼彻斯特、格拉斯哥等大型工业城市，人口出生预期寿命为25～27岁，这意味着这些城市的寿命比全国平均寿命至少要短15岁（因此比农村地区要短20岁）。近期的研究工作证实了这些数据（Huck，1995）。在城市里，人们需要花钱购买农村免费获得的商品（例如清洁饮水）。正如当时的人们指出的那样，由于城镇无力应对人口快速增长问题，城市住房条件差且价格贵。食品的情况也是如此。这正是数万人为了逃离马克思和恩格斯所说的“农村生活愚昧状态”而付出的高昂代价。不过，狄更斯笔下描述的恶劣状况是否又能够代表英国这一时期的城市生活呢？

制造业的变化以及工业工厂的兴起产生了更加深远和广泛的经济影

响，一个庞大的城市工资劳动者阶级应运而生，他们有时也被称为工业无产阶级。在1750年的英国，雇佣劳动并非完全新鲜的现象，也不仅仅存在于制造业部门，不过它的发展以损害自雇型家庭工人的利益为代价，这仍是那个时代的一个鲜明特征。由于工业革命，新兴工业城镇得到了前所未有的发展，曼彻斯特和格拉斯哥是最佳的例子。就连非马克思主义史学家也会认同下面这个观点：工业和城市工资劳动者阶级的诞生（无论人们使用“无产阶级”这一术语与否）是维多利亚社会得以形成的决定性因素。当时的学者在著作中以惊人的细节描绘了城市工人阶级的兴起。弗里德里希·恩格斯的著作《1844年英国工人阶级状况》名声最大，不过他的描述与当时观察新兴工业城镇生活的其他学者的描绘相一致（并且在一定程度上引自他们的描述），如彼得·加斯克尔、威廉·艾莉森和詹姆斯·凯－沙特尔沃思。这些作家描绘的状况无疑骇人听闻，不过我们应当正确判断这一问题的各个维度。他们描绘的城市环境很难代表工业英国的情况，更不用说整个英国工人阶级了。对于整个城市部门（包括新的城市中心、港口城市和环境受影响不大的城镇），死亡率的发展趋势要温和得多，完全可能在1850年之前已经稳定下来（Williamson，1990，第259页）。

尽管如此，城市部门在工业革命期间的惊人发展带来了社会与经济问题，这些问题和我们这个时代的墨西哥城或马尼拉等第三世界国家快速发展的大都市面临的难题十分相似。问题在于城市基础设施，如住房、供水和卫生设施，在短期内是不可改变的，而且扩大这些基础设施所需的费用不菲。“应对城市发展”（Williamson，1990）成为工业革命的一个中心问题。当时多数观察家再次认识到，一些困难无法通过自由市场得到解决；要想避免灾难，中央或地方政府必须直接干预。许多城市的基础设施投入不足，许多新兴城市中心的“都市不宜居性”不再只是烦人的事情，而是成为严重的社会和公共卫生问题。1830年和1831年英国霍乱肆行，这凸显了新兴城市地区引发的卫生健康问题。工业革命期间城镇化对公共卫生的影响让人们日益意识到，在因工厂而发展起来的新社会里，某些东西已经从根本上腐烂了。没有什么能像埃德温·查德威克的《大不列颠劳动人口卫生状况调查报告》那样清楚地阐述了这一事实。这份名不虚传的调查报告于1842年发表，详尽地介绍了新出现的城市劳动者面临的困境。查德威克是杰里米·边沁的忠实追随者和朋友，但绝不是边沁思想体系的拥护者。他是这样描绘自己目睹的状况的："在拥挤、不卫生的地区，疾病和死亡是家常便饭，这似乎再次加重了他们的悲惨和堕落状况。对于未来显而易见的不确定性，居民们视而不见，而是像战场上无所顾忌的普通士兵一样，在力所能及的范围内纵情享乐"（Chadwick，[1843]，1965，第198页）。他的用词能够给恩格斯增光。

然而，尽管在城市生活是有代价的，人们还是不断涌入。在1700年至1750年间，居民人口超过5 000人的城市的人口比例从17%增至21%，再到1800年的28%，然后到1850年的45%（Wrigley，1987，第162页；Bairoch，1988，第221页）。到了1850年，英国超越荷兰，成为欧洲城市化程度最高的国家。这带来了一个逻辑上的两难问题。如果工业中心的工人阶级的生活条件如此恶劣，那我们如何解释人们持续迁移到城镇这一现象？这一问题有三个层面。首先，城市工资相对较高，吸引了不少人，尽管高工资主要是对城市不宜居的补偿。偏好具有异质性。与留在家中的人相比，有些人不是很在意城市是否宜居，而是更在意收入。其次，正如迈克尔·托达罗等人指出的，移居城市就像彩票抽奖一样，存在碰运气的成分。一些新来的城市居住者在工厂找到不错的工作，最终发展不错，而其他人经历了一波波的失业，或者最终沦为半失业的流氓无产阶级。一些人之所以甘愿冒这一风险，是因为他们很乐观，高估了自身能力，认为自己能够打败命运，或者因为他们不是那么厌恶风险。最后，许多移居城市的人可能具有远见。从短期看，城市生活条件可能非常恶劣。但从长期看，农村（或者爱尔兰，当时许多新来的城市居民来自爱尔兰）的前景更加黯淡。虽然城市就业可能存在风险，但是农村就业前景对于无技能的穷人而言好不到哪里去。威廉森证明，移居城市的人（爱尔兰人除外）与未移居者的经历并没有太大不同；除了萧条期之外，"英国城市相当轻松地吸纳了大量移居者”（Williamson，1990，第123页）。

工业革命和工厂的兴起并不简单地意味着技术改进。技术改进只是提高了生产工序的效率。工厂生产的商品物美价廉，而之前这些商品大部分都是人们在家中或小作坊制造的。平均而言，没有多少证据证明工厂引发了技术性失业问题，它们对劳动力需求的影响不在于创造失业“大军”，尽管这是人们广泛惧怕的（Berg，1980）。不过，对于手工织布工、家庭草编工人、纺纱工和小五金商而言，面对工厂的竞争，他们越来越没有必要留在农村，而他们（在更多时候是他们的子女）搬到城市，仅仅是因为城市里才有工作。他们在工厂工作或者为工厂工人提供服务。家庭包工制衰落，这给那些技能和工具因为机器面世而变得过时的人们造成极大的痛苦，他们不得不住在拥挤的城市廉价公寓中。我们在计算工业革命福利时，必须考虑到此类创伤。

我们应当谨慎地将当时的实际工资数据作为衡量生活水平的指标。我出于两个原因提出这一告诫。第一个原因显而易见。从许多方面看，在“现代部门”工作非常令人不快，在家工作则不会出现这样的情况。在煤矿工人和搅炼工等职业，工作繁重且充满危险。对于其他职业，工作场所嘈杂、灰尘多、气味难闻、四面透风，工人相互不熟悉，工作通常单调乏味。工厂要求工人愿意遵守纪律。在许多情况下，工人上下班需要通勤（即步行），而在这方面工人没有获得直接报酬。经济分析显示，出于上述原因，工人应当获得更高工资，也就是补偿性工资差别或补偿不便问题的工资溢价（disamenities premium）。提高工资才能吸引工人从事令人不快的职业。经济史学家对这些溢价进行估算，发现它们大体上占到工资的15%~30%（Brown，1990；Williamson，1990）。这一发现具有双重意义。首先，它意味着悲观主义者认为恶劣的工作条件是工业革命期间劳动生活一部分的观点是正确的。不过，乐观主义者认为工人因为恶劣的工作条件获得补偿，获得更高工资的观点也是正确的。其次，这还意味着工厂的高工资不能被视为生活水平提高的初步证据，因为给工人“加薪”只是补偿他们遇到的各种不便，并没有真正改善他们的福利。

说到英国经济结构性变化为什么会影响对实际工资数据的解读，其中第二个原因更为微妙。当一个经济体经历如此大规模的转型时，劳动力市场不再处于均衡状态，经济学家基于竞争市场分析假定知道一个人的工资情况就能够知道所有人的工资情况可能是不正确的。家庭部门的工人，特别是手工织布工很少“挣取”工资；相反，他们只是小打小闹的独立经营者，或者为兼营批发的制造商干活，后者按件向他们支付工资。不管怎样，家庭部门的工资数据少见且不可靠。由于劳动力市场不再处于均衡状态，从这些人的工资推断工厂或建筑业工人的工资，这种做法很危险。工厂工资在 1815 年之后不断提高，与此同时大多数家庭工人和独立工匠的实际收入却不断减少（Allen，1992，第 255—256 页、第 296—297 页；Lyons，1989）。这一差别构成市场“信号”，即大部分家庭部门的丧钟已经敲响。对于当前主题而言，它意味着将正式工资作为衡量所有“劳动收入”的指标可能会误导人。实际工资数据没有充分反映家庭部门的收入下滑，因此存在向上偏误问题。休伯曼（1996，第 154—155 页）同样指出，在工业化英国的大部分地区，劳动力市场是“二元的”，“一级”大型纺织厂的工资决定情况不同于小企业；“二级”企业劳动力供给过度并不一定导致大工厂的工资下降，因此有必要修正即使在正规劳动力市场，工资也会同时变动的假定。

此外，决定人们物质生活水平的因素是总收入，而不是时薪资率或日薪资率。在 19 世纪三四十年代，家庭日益依赖男性收入，这意味着家庭收入增速不如男性工资。妇女和儿童在家庭收入中的比重在 1815 年或 1820 年之后下跌。我们可以从表 18.1b 显示的家庭收入和男性收入之间的差别推断出来。解释这一研究结果并非一件易事，因为理顺供给因素和需求因素绝非易事。随着男性收入增加，收入效应可能导致其他家庭工人在劳动大军的参与率下降，从而反映出生活水平不断提高。不过，如果这反映出对儿童和女性劳动力的需求减少，进而导致他们非自愿失业（或者工资下降），那就可能指向相反的方向。考虑到男性工资增幅不大，用劳动力需求解释这一现象可能更合理，至少在 1850 年之前是如此。最终，由于 18 世纪的雇主希望用实物支付一部分工资（这在一定程度归因于硬币短缺），但在 19 世纪这种做法逐渐减少，这一事实可能导致实际工资数据存在偏差。因此，衡量出来的一部分工资增加可能并不是真实的。

即便如此，实际工资哪怕得到很好的测量，仍呈现非常复杂的趋势。表 18.1（两部分）显示了一些两难问题。我们是否应该计入失业因素？我们是应该衡量大不列颠还是联合王国（包括爱尔兰）的工资？范斯坦（Feinstein）计算的数据显示，在法国大革命战争和拿破仑战争的艰难年代，名义工资赶上了通胀步伐。即使计入失业因素（失业一定程度上降低了名义工资水平），实际工资依然跟上了通胀。不过，一个引人注目的事实是，在 1815 年之后的 30 年里，随着工业革命作为一个限定在数个行业的局部现象扩散到生产经济的大多数领域，实际工资出现了上升。三个事实引人注目。首先，表 18.1 中的所有数列均显示，1815 年工资提高不多，在 1815 年至 1850 年之间有一些提高，但提高程度仍存在争议。其次，在此期间，生活成本波动对实际工资指数的影响非常大。例如，1851 年是丰产年，也是 19 世纪物价最低的一年。这一年的实际工资达到非常高的水平，直到 19 世纪 60 年代中期实际工资水平才长期维持在这样的高位。克拉克的生活成本指数显示，物价在 1815 年之后骤降；如果计入这一因素，这意味着实际工资增速更快。最后，如果我们考虑到男性收入和家庭收入之间的差异、失业问题以及爱尔兰正式并入英国这一事实，人们就不会这么乐观了。

消费的情况又是怎样的呢？有确凿甚至成体系的证据显示，在 18 世纪的大多数时间里，消费水平不断提高，至少日益壮大的中产阶级的消费就是如此（De Vries，2008）。到了 1750 年，许多瓷器、软体家具、镜子等奢侈品消费不再只是富人的专利，而是日益平民化。服务业的情况也是如此。地方研究显示，执业律师、医生和教师的人数在 18 世纪有所增加（例如，Smail，1994，第 93—113 页）。此类消费在一定程度上应被视为一种昂贵的信号传递方式。自认为属于中产阶级一员的人通过这一方式，表明他们有权从中产阶级其他成员那获得社会尊严和信任，他们可能希望在经济和社会层面与中产阶级的其他成员打交道。在18世纪，工人阶级的消费似乎增加了，这在一定程度上归因于越来越多的家庭成员外出工作，且工作时间更长（De Vries，2008）。另外一个原因是这些劳动力从低工资的农业部门转移到高工资的制造业和服务业岗位（Wrigley，2009，第116页）。不过引人注目的是，在工业革命期间和反法同盟战争期间及之后的艰难岁月里，工人阶级的消费似乎已经减速，然后停滞不前；相比之下，中产阶级家庭的消费持续得到实质性的改善（Horrell，1996）。

表18.1a　1770—1852年大不列颠和联合王国实际工资和实际收入估算结果（1778/1782年=100）

时期	工资率（全职实际收入，大不列颠）	剔除失业因素（大不列颠）	剔除失业因素（联合王国）
1770—1772	95	96	97
1773—1777	95	96	96
1778—1782	100	100	100
1783—1787	101	102	101
1788—1792	106	106	105
1793—1797	109	108	105
1798—1802	103	103	99
1803—1807	115	114	109
1808—1812	104	103	98
1813—1817	105	102	97
1818—1822	111	108	102
1823—1827	113	111	104
1828—1832	114	111	104
1833—1837	124	121	113
1838—1842	118	114	107
1842—1847	126	124	118
1847—1852	137	133	129

表 18.1b　1700—1850 年英国实际工资和收入

时期	克拉克：工匠的实际工资（1860s = 100）	克拉克：帮手的实际工资（1860s = 100）	范斯坦：大不列颠实际工资（1778/1782 = 100）	霍雷尔和汉弗莱斯：实际收入，仅计算男性收入，利用范斯坦的生活成本指数进行平减（1790/1799 = 100）	霍雷尔和汉弗莱斯：实际收入，仅计算男性收入，利用克拉克的生活成本指数进行平减（1790/1799 = 100）	霍雷尔和汉弗莱斯：实际收入，家庭住户，利用范斯坦的生活成本指数进行平减（1790/1799 = 100）	霍雷尔和汉弗莱斯：实际收入，家庭住户，利用克拉克的生活成本指数进行平减（1790/1799 = 100）
1700—1709	54.2	51.8					
1710—1719	54.1	50.8					
1720—1729	55.8	52.8					
1730—1739	61.1	57.7					
1740—1749	61.4	57.4					
1750—1759	57.8	56.4					
1760—1769	56.8	56.8					
1770—1779	54.1	56.1	96.2				
1780—1789	55.2	55.2	101.5				
1790—1799	55.0	56.0	108.9	100	100	100	100
1800—1809	54.3	55.2	108.0	n. a.	n. a.	n. a.	n. a.
1810—1819	60.1	62.5	103.7	79.2[a]	75.0[a]	84.5[a]	79.9[a]

（续表）

时期	克拉克：工匠的实际工资（1860s = 100）	克拉克：帮手的实际工资（1860s = 100）	范斯坦：大不列颠实际工资（1778/1782 = 100）	霍雷尔和汉弗莱斯：实际收入，仅计算男性收入，利用范斯坦的生活成本指数进行平减（1790/1799 = 100）	霍雷尔和汉弗莱斯：实际收入，仅计算男性收入，利用克拉克的生活成本指数进行平减（1790/1799 = 100）	霍雷尔和汉弗莱斯：实际收入，家庭住户，利用范斯坦的生活成本指数进行平减（1790/1799 = 100）	霍雷尔和汉弗莱斯：实际收入，家庭住户，利用克拉克的生活成本指数进行平减（1790/1799 = 100）
1820—1829	68.9	67.7	113.5	n. a.	n. a.	n. a.	n. a.
1830—1839	78.4	78.5	119.5	110.0	105.6	128.3	123.0
1840—1849	82.7	84.9	125.4	128.4	136.3	114.5	121.7

注：a. 仅涉及1816—1820年。

资料来源：Feinstein（1998a，第652—653页）；Clark（2005，第1324—1325页）；Horrell and Humphries（1992，第868—869页）。

其他大多数指标也揭示了这一趋势，尽管它们定义的生活水平可能不同于我们今天对生活水平的定义，并且可能采用了不同的研究方法。这些指标反映了一个共识，即工业革命期间英国人均食物消耗量并没有增加，直到19世纪40年代末（Helling，1977；Clark、Huberman and Lindert，1995）。奇怪的是，根据最新研究（Fogel、Floud and Harris，即将出版），在18世纪，英格兰和威尔士人均粮食供应增加了12%，从每天2 445卡路里增至2 740卡路里（了解类似的数据另参阅Fogel，2004，第9页）。这一半归功于是进口增长，另一半主要归功于马铃薯种植增加（不过马铃薯在膳食中的比例很小，仅提供不到6%的日常卡路里）。在1800年至1850年期间，粮食供给完全没有变化，而在这50年间，工业革命本应当产生影响（Fogel、Floud and Harris，表6，第35页）。

克拉克、休伯曼和林德特（Clark、Huberman and Lindert，1995）所说的“粮食谜题”在现实中根本算不上谜题。粮食谜题涉及为什么英国平均食物摄入在19世纪上半叶没有增加。在范斯坦（1998a，第652页）看来，实际工资在19世纪上半叶没有增加多少，因此工人食物购买力没有增加。此外，在1760年至1815年的大部分时间里，食品的相对价格上涨，因此食物消耗在这一期间没有增加是合情合理的。不过，在1815年之后食物消耗未能大幅增加，表明价格弹性很低。在同一时期，棉纺织品等制造品价格骤跌，消费量因此增加。由于我们缺乏数据，无法了解食物消耗的确切数量，因此这只能是一个暂时的结论。不过食糖、茶叶和烟草等其他商品消耗量与范斯坦的实际工资数据几乎完全相似。我们掌握了这些商品逐年消耗量的数据。分析这些产品的好处在于，它们属于大众消费品，但是当时大多数人对这些商品的消费还没有达到饱和点，而富人的消费达到了饱和点。因此消费对收入非常敏感。在没有收入数据的情况下，我们能够检视这些商品的消费数据，从而推断出收入情况（Mokyr，1988）。这些“人造”收入估算结果显示，收入保持稳定，一直持续到19世纪40年代中期，然后开始上升。当然，一些商品价格下跌了，因此工人阶级有能力购买，但这些供给变化产生的收入效应不足以影响决定生活质量的主要商品。换言之，如果工人阶级的实际工资总体上升了，为什么他们没有将工资花在他们明显希望购买的商品上呢?

考虑到这场生活水平之争会引起争议，我们应尽可能多地获取独立的信息来源来证实这些假设。在近几十年，研究工作聚焦于采取另外一种方式研究生活水平问题，那就是除了纯粹的经济指标之外，还分析与经济福利相关的生物指标。人们早就认识到，预期寿命、身体健康等指标与经济生活水平强相关。事实上，一些经济学家（特别是 Sen，1987）主张，此类生物指标就能够反映生活水平。因此，在缺乏衡量生活水平的明确经济指标的情况下，经济史学家越来越多地借助于生物指标，试图检验有关 1850 年之前经济福利不断增进的假设。总的来说，通过这些指标得出的结论与在 19 世纪中叶之前经济福利改善不大的研究结论一致。使用最广泛的指标是粗死亡率。在 1760 年左右，英格兰粗死亡率仍维持在 27.5‰左右，但这一比率持续下降（其间偶有反复），到了 1850 年为 22.5‰左右。不过，出于多个原因，粗死亡率是一个有缺陷的指标，其中的主要原因是它对人口年龄结构非常敏感。一个更好的指标是出生时预期寿命。正如我们在第十三章看到的那样，这一变量在 18 世纪有所好转，但它在 1820 年停止增长，然后基本维持在约 40 岁，这一情况一直持续到 1860 年（Wrigley and Schofield，1981，第 529 页）。婴儿死亡率数据的情况差不多。哈克（Huck，1994）以七个教区为样本，发现在 1813 年至 1836 年间婴儿死亡率上升，并且在 1845 年之前，这一比率没有明显下降。剑桥研究小组近期提供的数据显示，在 18 世纪最后 20 年，婴儿死亡率大幅下降，不过之后又略有上升，这一情况一直持续到 1837 年。这些数据基于家庭重构方法，因此更具代表性，能够说明整个英格兰的情况（Wrigley and Schofield，1997，第 215 页）。

近年来颇受关注的一项生物指标是身高。人体测量证据成为衡量生活水平的一项指标，这是因为成年人的身高取决于童年和青春期的净营养状况，即年轻人在减去劳动和疾病产生的食物需求之后摄入的食物数量（Steckel，2008）。在其他条件相同的情况下，生活水平更高的家庭的儿童相对身高更高。福格尔（Fogel，1983）和他的同事建议，可以利用测定的身高数据估算难以评估的生活水平。这一建议启发了一大批研究项目。弗拉德、瓦赫特和格里高利（Floud、Wachter and Gregory，1990），以及科莫洛斯（Komlos，1997）开展的研究工作与英国生活水平之争更具关联性。他们的研究结果发现，根据身高衡量的净营养状况在1760年至1820年间得到增加，然后在接下来的半个世纪里保持长期下降的趋势，这与我们所了解到的食物消耗情况差不多相一致。事实上，1850年至1854年期间出生的人们比19世纪出生的要矮。在19世纪90年代之前，10年代出生的人们比其他时间出生的要高（Floud、Wachter and Gregory，1990，第4章）。尽管弗拉德等人衡量的时间模式（temporal pattern）与科莫洛斯的略有不同，但是他们都认为，到1850年，男性的身高比1760年时要矮。基于这一证据，他们认为，涉及19世纪第二和第三个25年生活水平的争论仍然没有定论，“如果说在19世纪20年代至50年代工人阶级的实际收入显著增加了，那也是用巨大代价换来的”（同上，第305页）。科莫洛斯的数据甚至比弗拉德等人的数据还要悲观得多，他将身高数据称为经济史上的一个重大“难题”。钦尼雷拉（Cinnirella，2008）最近证实了科莫洛斯的计算结果。换言之，如果当时人们收入增加了，那为什么英国人的身体素质没有因此得到改善呢？

使用人口统计和人体测量信息，厘清生活水平之争，这一做法本身存在问题和不确定性。一个人的身高潜力一定程度上取决于其遗传基因（我们可以假定遗传基因一般不会随着时间变化）。此外，人们也认识到环境决定了身高潜力能够发掘到什么程度。人们现在认识到，过去的大多数人并没有完全发掘身高潜力，部分归因于人们在儿童期和青春期遭受疾病摧残，从而导致了一定程度的身体发育不良。不充分或不均衡的营养和环境条件（例如冬天家庭供暖不足）也是人们身体发育不良的一个原因。我们很难将营养和疾病分开，因为两者相互影响非常大。

决定人们最终身高的环境受经济福利的影响，但并不等同于它。文化和社会变迁不一定和收入变量相关，但同样发挥着重要作用。母乳喂养就是一个例子。母乳喂养的儿童比其他儿童更健康，个子更高。疾病严重损害儿童的身体，因疾病环境的某些自主变化而下降的儿童患病率也会影响健康和身高。预防天花接种是这一时期疾病环境最重大的变化，不过其他因素也值得一提，例如19世纪20年代末霍乱在欧洲城镇销声匿迹（Voth and Leunig，1996）。英国人的身高显著增加，这可归因于天花的销声匿迹。那么我们是不是应该进行修正，下调有关生活水平上升的估算结果呢？在18世纪末，人类在预防天花领域取得了突破性进步。尽管这一进步不能归因于经济增长本身，但在大体上属于医疗启蒙运动的一部分，因此也属于知识带来的社会进步的重要组成部分。从这层意义上看，人们可以将它视为这一进步时代的重要成果，而不是一个随机冲击。使用身高作为生活水平的衡量标准存在诸多矛盾。尽管以多数标准衡量，爱尔兰比英国要穷，但爱尔兰青年男子的身高比英国青年男子要高（Mokyr and Ó Gráda，1988，1996）。城市青年男子的身高一般比农村青年男子要矮，因此农村人口迁移到城市，这本身肯定压低了这一衡量标准（Steckel，1995；Mokyr and Ó Gráda，1996）。在爱尔兰和英国农村地区，人们的营养状况（从健康角度而言，而不一定从营养种类和满足的角度）（比城市居民）更好，这弥补了他们在其他方面生活水平更差的问题。总的来说，伦敦矮个子男性并不比农村高个子男性要穷，只是他们摄入的食物不同。这一不合情理的相关性表明，富人并不一定更健康。如果富人将余钱花在烟草等有损健康的商品以及酗酒上，那么即使其收入更高，身体健康状况也可能更差。在19世纪的不列颠群岛，最贫困的人以马铃薯为生，中产阶级以粗磨粉面包为生，而富人则享用细磨小麦面粉做成的（经常漂白和掺假）精制白面包。从营养成分的角度而言，这几种食物质量排序可能是从高到低，其中马铃薯有益健康且营养价值高，而白面包中经常掺杂着白矾等有害物质。

让情况进一步混淆不清的是，几乎所有身高数据都取自英国军队或东印度公司部队的新兵；这些样本虽然很大，但似乎不能充分代表富人阶层的情况。如果数据准确度随着时间提高，我们观察到的身高下降可能是假象。考虑到它本身的价值，身高和婴儿死亡率不同，并不是一个衡量生活水平的合意指标。当我们真的希望测定其他变量时，它作为这些变量的指标或相关因素才起作用。不过它以错误百出的扭曲方式反映出生活水平，并且受时滞的影响。这一时滞长度未知且变化不定。尽管如此，如果身高数据显示英国青年男性在这一时期长高了，那我们可以推断英国经济得到极大改观，正如 21 世纪西方世界出现的情况一样。不过，这一情况在 1850 年之前并没有出现，这一点是非常明确的。

有大量证据证明英国经济在 1750 年之前充满活力。我们如何将它和当时生活水平停滞不前这一事实协调起来呢？一个解释是工业革命史学重点关注英国经济充满活力的行业，经常对未取得技术进步的低迷行业含糊其词。人们因此误以为整个经济持续快速发展，从而预期生活水平早晚会得到改善。以煤矿开采和建筑业为例。它们是英国经济非常重要的行业，不过 1850 年使用的技术和 1700 年并没有显著的区别（也有一些例外）。一直到 1850 年，大多数英国人依然工作在生产力提高很慢或者生产力几乎不变的部门，全国范围的实际工资必定能反映出这一点。此外，正如我们看到的，在 1750 年至 1850 年间，人口数量剧增，需要养活的人口有可能超出英国经济提供必需品的能力范围。抚养比上升加重了这一效应。食物相对价格上涨并不意味着人们会挨饿。正如科莫洛斯（1998，第 785 页）提到的，此类价格变动通常导致消费者放弃蛋白质食物，选择更加便宜的淀粉类食物。从长期看，这一消费变化可能影响消费者的免疫系统和健康状况。“欧洲人基本上是素食者”（同上）这个说法可能言过其实，不过正如克拉克、休伯曼和林德特（1995，第 223 页）所说的，人均肉类消耗量肯定没有增加。城市化让事态变得更加复杂：农场主食乳制品和鸡蛋运输困难，且容易腐坏，因此在城市里卖得更昂贵。在城市，蔬果价格要远高于产地收购价格。不过与此同时，城市对富含蛋白质的食物需求不断增加，导致农民消费此类食物的成本增加。在一段时间内，人口增加和城市化导致各地的饮食都变差了。

此外，生物变量能够反映其他变化，尤其是城市化。就工业革命时期而言，一个值得注意的算术事实是，城市和农村地区物质生活水平很有可能（如果不确定的话）提高了，但是平均生活水平下降了。如果城市生活条件要比农村糟糕得多，且农村人口迁移到城市，城市人口比例因此上升，那么平均生活水平下降就有可能发生。衡量生活水平的生物指标可能对城市化特别敏感。尽管城市地区可能提供一些便利（例如娱乐和更多购物选择），但是肯定不包括有益健康的生活条件。当时观察力最敏锐的人们非常清楚这一点。查德威克（［1843］，1965，第423页）认为，城市通常“在有害的环境中”养育“年青一代……（他们的）体格和总体健康状况更差……他们成年后寿命更短并且……酗酒成性”。事实上，当时的人们对城市青年男子个子不高的现象发表看法（同上，第247页、第251页）。

对于1850年前英国生活水平史，一种说得过去的解释是技术进步、收入分配和人口增长朝着不同方向发展。在1850年之前，它们似乎相互抵消：生活水平并非像悲观主义者预测的那样，在人口增长的重压之下暴跌，也没有像社会向善论者所说的那样在1815年之后随着工业化而腾飞。除了这两个长期趋势之外，生活水平还受到战争、气候等中短期因素的影响。让解决这一问题变得更加复杂的是，即使美国似乎也存在这些身高和消费趋势。我们很难想象，在美国，人口对土地的压力可能有力地影响生活水平。

英国生活水平史因此充满矛盾。毋庸置疑，最大的矛盾是英国和爱尔兰之间的对比。如果一个成熟的工业化国家拥有可观的资本和储备，并且在粮食缺口很大时，能够在全球市场出资购买粮食，那么粮食歉收即便产生恶劣的经济影响，例如失业问题，通常也不会造成很多人死亡。爱尔兰因马铃薯疫病发生饥荒导致110万人丧生，因此陷入自17世纪以来西欧未曾经历过的灾难。这一事件是英国生活水平史的一个痛处和难点（Mokyr，1985；Ó Gráda，1999）。如果我们将爱尔兰视为英国经济的重要组成部分（从法律和正式层面而言，它属于英国的一部分)，那么我们有必要修改有关生活水平不明确的结论。这是因为在1845年之前的一个世纪里，英国经历了一场巨大灾难，严重影响生活水平。尽管爱尔兰大饥荒仅持续了五年，但从许多方面来说，它是19世纪爱尔兰历史的决定性时刻。这一时代的英国经济史学不愿正视这一问题，因此含蓄地承认爱尔兰实际上是不同的社会和自成一体的经济体，有着截然不同的经济发展和生活水平模式。

阿什顿（Ashton，1948，第111页）援引爱尔兰的案例，就如果没有工业化可能会出现什么状况提出警告。不过，我们显然无法从爱尔兰案例中汲取简单的教训。事实上，在爱尔兰爆发大饥荒之前，尽管收入分配问题尖锐化，但是平均生活水平并没有下降多少。如果爱尔兰发展现代化部门，实现经济多元化，多半能够极大地缓解甚至避免大饥荒问题。苏格兰就是一个例子。苏格兰南部地区实现工业化，当高地地区发生灾荒时，能够避免出现饿殍遍地的现象。如果爱尔兰没有遭遇马铃薯疫病，我们就不会对这个实现人口增长的非工业化国家得出如此严酷的结论。得益于工业化和结构性变化，英国在疾病面前不再那么不堪一击，这应当被视为一种进步。相比之下，爱尔兰、芬兰和俄罗斯三国在疾病面前不堪一击，这一情况一直持续到19世纪。

另外一个矛盾是收入和保障一定程度上是以减少闲暇为代价的。经济学家历来通过国民收入衡量经济成就，这一衡量方法通常没有考虑闲暇因素。这一做法原则上是错误的，因为闲暇应被视为经济福利的重要组成部分。对于经济学家为什么忽略闲暇因素，有人辩解说，对于大多数的短期国民收入比较方法而言，工作习惯变化相对不大。不过，如果我们比较不同的社会，例如今天的西欧和美国，或者1700年的英国和1850年的英国，显然必须考虑工作时长变化会影响经济福利。我们基于人均收入或者商品消费情况，评估当时的经济福利。不过现代研究结果显示，工业革命时期工作时间可能更长，因此我们有必要进一步调低对经济福利的估计。在工厂或工业厂房工作并非只是令人不快或使人筋疲力尽。它通常是一个“全赢或全输”的命题。相比之下，以前的自营家庭手工业劳动者时间灵活，可以同时做多件事情。工作时间问题再次变得含糊不清。年均工作时长增加，这一定程度上反映了机会更好，非自愿季节性失业减少，工作场所技术得到改进（例如照明条件更好），对女性工作的态度发生变化，以及对女性参与劳动的限制减少。因此，它未必取代自愿闲暇。正如我们看到的，在1700年至1850年的一个半世纪中，对童工和女工的需求波动很大。不过，对于增加劳动参与和工作时间是否总的说来意味着经济福利恶化，经济学没有明确的答案。这是因为我们很难知道在工业革命之前人们长期无所事事在多大程度上是出于自愿的。

现代研究者对生活水平问题采取更包容的研究方式，试图构建所谓的人类发展指数（HDI）。这一指数包括了实际工资和人均收入等纯经济衡量标准、预期寿命和人体测量数据等生物指标，以及读写能力、政治自由和公民权利等政治和社会指标。克拉夫茨（1997）率先采用这一指数，其他人则试图对它进行改进和调整（Voth，2004）。他们发现，依照这个指标，我们可以再次乐观地描绘英国当时的生活水平。有趣的是，尽管经济变量整体上表现不佳，但在1820年之后，政治氛围得到改善，从而拉动了这些变量。正如我们看到的，政治氛围改善是18世纪启蒙运动的结果。因此耐人寻味的是，我们可以观察到启蒙运动先是影响生活水平的政治维度，然后才改善民众的经济状况。对于政治自由、信息获取等变量是否应纳入经济学家认为的生活水平之中，这是一个见仁见智的问题。不过显然，制度完善、更加成熟的商业和交通，以及技术进步这三个因素并非以加总而是以相互强化的方式影响生活水平。

在分析这一时期的生活水平时，有必要区分两个独立的问题（Hartwell and Engerman，1975；von Tunzelmann，1985；Engerman，1994）。一个是基于事实的辩论：不论如何衡量，生活水平实际上发生了什么变化？另一个是反事实辩论：如果没有经济变化和技术进步，英国又会出现什么样的局面？英国最终会沿袭丹麦、保加利亚或拉丁美洲的经济发展轨迹吗？我们进行简单的计算（Mokyr，1998a，第114—115页）就可以证明，尽管在1850年现实状况并没有得到多大改善，但是工业革命期间前两代人的成就在于防止人口增加和外部负面冲击形成压力，导致生活水平大幅下降。尽管有这些冲击，但生活水平并没有下降，这足以显现出经济的强劲。如果没有工业革命和它带来的一切，我们无法想象英国能够在长期内同时保持人口增长和资本劳动比增长，在 1815 年之前参与一系列费用浩大的大规模战争，并在 1850 年之前让大多数人的生活水平保持不变或者实现缓慢增长。

在 18 世纪末叶，英国将启蒙时代的一些政治理念付诸实践。然后在 19 世纪二三十年代，主张改革的政府再次将启蒙时代的政治理念变为现实。旨在传播有用知识的培根计划是工业革命的核心。不过直到 1850 年之后，民众才享受到物质改善方面的全部成果。约翰·斯图亚特·穆勒在《政治经济学原理》（［1848］，1929，第 751 页）中写道："到目前为止（1848 年），所有机械发明是否都减轻了人类日常劳作负担，这一点是值得怀疑的。它们让更多人过着同样的苦役和禁锢的生活，让更多的制造商和其他人发家致富。它们为中产阶级提供更多奢侈品。不过，它们还尚未带来人类命运的巨变，天性决定它们在未来必将完成这一壮举"。这番话具有先见之明。如果我们从生活水平史得出什么结论，那就是改良和进步的果实需要过很长一段时间才能成熟。

* * *

经济史学家非常关注收入分配问题，他们这么做有充分的理由。基本的经济逻辑足以证明经济增长效应大不相同，且这取决于谁的蛋糕份额增长更快。对 18 世纪的估算结果只是初步的。但我们有理由相信，中产阶级与非技能工人及底层贫民之间的差距在 1750 年之后越来越大。在 1782 年的约克郡哈利法克斯，免交土地税的贫困人口比例为 83%，是 1664 年的两倍（Smail，1994，第 102 页）。当然，我们很难做出此类比较。不过，在 18 世纪最后几十年里，当局似乎日益重视贫困和济贫问题。

当时人均收入保持增长，但与此同时广大民众生活水平并没有得到明显的改善。如何协调统一这两个相互矛盾的现象呢？另外一种方式是考虑到收入不平等问题恶化，这意味着增加的大部分收入落到少数人的口袋中，这些人主要为商人、地主、专业人士，以及少数抢手且幸运的工匠和工人。那么，工业革命是如何影响收入分配的呢？现代增长经济学奠基人西蒙·库兹涅茨（Kuznets，1955）曾假定，在经济发展的初期阶段，收入分配日益不平等；在数代人之后，收入分配才开始变得稍微平等。这一现象被称为库兹涅茨曲线，一些计量史学家（Williamson，1985）付出不懈的努力，试图在这一时期的英国找到这一现象。不过，这证明是一件非常艰难的任务。由于现有的资料过于分散和不完整，我们无法估算任何能够可靠地被解读为一定程度的收入不平等的数据（Feinstein，1988）。其中一个难点是不平等被定义为工资劳动者之间（尤其是所谓的技能溢价，它决定着技能工人和非技能工人之间的工资差异），或者劳动和其他要素之间的不平等，例如资本和土地。第二种指标能够更好地衡量收入不平等，但远远不够理想，尤其是考虑到资本回报很难衡量。

一些不完整的间接证据证实了收入不平等在 1780 年至 1850 年间可能确实有所增加，尽管综合数据不充分（Allen，2006）。据估计，实际人均消费在 1770 年至 1820 年间停滞不前；此外，考虑到高收入人群，特别是地主在消费方面的表现亮眼，一个几乎不容忽视的现实是在这 50 年间不平等问题恶化了。研究农业问题的学者发现，农业组织变化和生产力提高的主要受益者是地主。这与近期的一项研究成果相一致，即在工业革命期间，租金猛涨，且这一势头一直持续到 1815 年。由于英国不动产所有权分配极度偏袒特定群体，且租金是农业人口向少数幸运地主支付的费用，因此租金剧增与不平等问题加重现象保持一致。在人口快速增长的情况下，我们应该预料到这一现象，并且不平等增加可以与人口增长联系起来。不过，这其中也涉及其他因素。在 1815 年之后，随着农产品相对其他产品的价格下跌，租金增长趋势戛然而止。由于进出口比价发生任何有利于非农业产品的变化都会让工人（他们消费农产品）受益，同时导致地主利益受损，因此在1815年之后的大部分时间里，地主和工人之间的差距并没有继续拉大。不过到了那时，非土地财产开始剧增。学者们一致认为，在1825年之后，人均收入开始增加，但实际工资并没有出现增加趋势，这一情况一直持续到18世纪中叶。因此，非工资劳动者的收入比重可能在1825年之后大幅增加，直到19世纪末工资骤增。

这一假设与这一时期资本形成急剧加速相一致，包括英国国内建造铁路网络，以及为海外铁路提供资金。如果我们假定工人的储蓄收入比为零或者很少，而以财产收益为生的人群储蓄很多，那么收入不平等程度加剧这一现象似乎符合事实（Allen，2006）。这种从宏观角度解释英国经济现象的方法表明，技术进步与生产资料相辅相成，并且大幅提高了资本边际产出，从而帮助推高了利润率。这些利润逐渐流入高储蓄率的富裕人群手中，并且通常会被再投资到工业和基础设施中，为它们提供运用新技术所需的资本。

有学者认真地研究了特定的行业。研究结果似乎也表明，经济变化有利于少数人，并未惠及广大民众。例如，艾伦（Allen，1992，第285页）认为，18世纪末叶和19世纪农业生产力提高了，但受益者是地主，而不是工人。萨拉·霍雷尔（Horrell，1996）的研究基于家庭微观数据，间接佐证了有关不平等问题在19世纪中叶之前加重的库兹涅茨曲线观点。她发现中产阶级家庭消费急剧增加，而工人阶级的消费几乎没有变化。当然，1834年的《济贫法》改革将提供给穷人的补助减少了一半，从而减少了最底层穷人的实际可支配收入。导致统计工作变复杂的因素相当多。例如，不同家庭之间以及个人之间的收入分配不平等是不同的。正如我们看到的，对工资和消费的研究似乎证明，英国穷人和工人可能没有享受到经济日益繁荣带来的好处。

这其中存在着非常复杂的因素。在1821年之后，英国接纳了大批爱尔兰移民。他们抵达英国时基本上身无分文。在计算收入不平等时，我们是否应该考虑这些移民，还是只应考虑之前生活在英国的民众？计量单位也存在棘手的问题：我们是关注个人收入分配还是家庭收入分配？在1780年至1840年间，英国的出生率非常高，尚未工作或收入很低的年轻人很多，这导致收入分配看上去很扭曲，即使这些年轻人预期会取得成功。尽管统计数据方面的证据过于脆弱，不能一锤定音，但是1780年至1850年间出现库兹涅茨曲线现象的可能性并非不合情理，不过仍无法得到证实。当前的状况是，我们根本无法确定整体人口的收入分配在1760年至1850年是否变得更加不平等。不过，这看起来是有可能的。我们尽最大努力，可能也只能做出此类避重就轻、存在限定条件的陈述了。

收入分配似乎还受经济短期波动的影响。我们必须记住的是，大地主的“祖传财富”价值相当稳定，工商业积累的许多财富非常不可靠，成为收入分配体系中的富人阶层的人是幸运儿，能够从经济危机和大萧条中挺过来。经济繁荣与萧条交替循环，这是当时经济生活的常见特征。人们能够强烈地感受到它们对工人和雇主的影响。我们很难确定“商业周期”或宏观经济波动现象真正开始的时间。在18世纪，英国经济不免经历起起落落，不过经济起落主要受两种现象的影响。一种是一眼就能识别出来的供给冲击，例如战争和作物歉收。其中一些危机很容易被识别，例如18世纪40年代初作物歉收严重，之后又是1744年英法战争带来的冲击，或者1799年至1800年之间的艰难时期。此类事件导致物价上涨，并且经常引发经济紧缩和失业问题，不过通常不会持续太长时间。

导致经济波动的另一个原因是资本市场。正因为大量信贷是短期性质的，而且由存在重叠的网络提供，再加上企业组织依赖于无限责任的合伙人，因此个人失败经常引发“多米诺效应”，在信贷圈产生广泛的消极影响，致使无辜的旁观者破产。在信贷紧缩和恐慌期间，短期贷款被收回。对于利用短期贷款投资生产者耐用品和设备的人而言，这可能意味着破产。事实上，伴随此类恐慌的是灾难性的破产潮。私人信贷通过汇票实现增长，地方银行激增，这导致在1765年之后破产增加带来的波动性加大。而在此之前，大多数经济混乱是战争或作物歉收等外生事件造成的。到了18世纪末叶，波动的性质发生变化，但我们很难认同这是经济发展的必然结果（Hoppit，1986b）。原因很简单，当时经济没有实现多少增长。不过，在经济实现增长之前，信贷得到市场扩张，对交通运输系统的间接投资增加，贸易也取得了发展。这一切均有赖于私人信贷。当时，现代工业部门的规模仍然很小，它们更有可能是这些危机的受害者，而不是始作俑者。例如，在1788年，曼彻斯特新兴的纺织业遭遇破产潮，制造商和商人相互把对方拉下水。在18世纪80年代，英格兰每年的企业破产数量平均达到496家，不过1793年爆发大恐慌时，这一数字达到了1 256家（Ashton，1955，第254页）。在19世纪，预示现代商业周期的经济波动出现了。信贷紧缩、经济恐慌和破产潮刺激了商业周期。1825年、1837年和1847年均出现了商业周期，大约每隔11年爆发一次。在经济危机期间，工人下岗，产出暂时大幅减少，信贷变得稀缺，大批银行和企业倒闭，物价和工资下跌。对于自谋职业者、工匠和农民，这意味着需求减少，在一段时间内几乎不可能获得信贷。对商人而言，它意味着高利率，以及资产所有权因为破产而快速变更。不过，经济衰退期持续的时间相对较短，经济通常很快复苏。因此，经济衰退的宏观经济效应是短暂和有限的。

此类恐慌导致的不稳定问题因为价格不稳定而进一步加剧，不过价格变动通常是其他类型的失调造成的。正如表18.2所示，价格的基本变动说明短期价格极不稳定，并且出现不少相当高的峰值。鉴于农产品价格仍然在消费价格指数中占大头，这些波峰值和波谷值显然与作物收成的波动情况相一致。价格波动似乎并没有随时间而减少。在1750年至1770年期间，农产品价格变异系数（cofficient of vaviation）为9.5%左右；在1830年至1850年期间，这一系数为8.9%。不过显而易见的是，在1760年至1815年期间，价格长期保持增长；在1815年之后，价格保持长期下跌的趋势，一直持续到19世纪40年代。此类通胀不可能发生在坚定执行金本位制的经济体中，而在本书讨论的时期，英国大部分时间实行金本位制。持续通胀问题只可能出现在政府或其他发行机构发行某种名义货币的经济体中，拿破仑战争期间就是如此。在18世纪和19世纪，大多数经济体采取金银复本位制，这大致意味着金银供

表 18.2 1749 年至 1850 年价格变动（1701 年 =100）

年份	消费价格指数	农产品价格	年份	消费价格指数	农产品价格	年份	消费价格指数	农产品价格	年份	消费价格指数	农产品价格
1749	96	102.3	1775	113	141.8	1801	228	291.6	1827	140.2	211.9
1750	95	101.0	1776	114	131.8	1802	174	213.0	1828	136.1	198.1
1751	90	104.2	1777	108	138.9	1803	156	205.6	1829	135.3	196.7
1752	93	110.9	1778	117	132.4	1804	161	206.9	1830	133.4	197.8
1753	90	109.4	1779	111	120.0	1805	187	244.3	1831	134.6	201.3
1754	90	109.6	1780	110	119.8	1806	184	226.2	1832	129.2	190.5
1755	92	101.6	1781	115	127.8	1807	186	234.5	1833	125.1	175.4
1756	92	107.9	1782	116	132.8	1808	204	247.1	1834	122.1	176.1
1757	109	129.9	1783	129	150.4	1809	212	264.9	1835	119.3	169.4
1758	106	122.9	1784	126	151.7	1810	207	281.2	1836	134.4	183.6
1759	100	106.2	1785	120	139.5	1811	206	273.9	1837	133.2	193.4
1760	98	104.3	1786	119	142.4	1812	237	314.4	1838	138.1	202.5
1761	94	98.4	1787	117	141.9	1813	243	301.4	1839	147.3	215.7
1762	94	106.3	1788	121	140.3	1814	209	253.1	1840	144.7	205.2
1763	100	117.3	1789	117	149.3	1815	191	227.8	1841	138.0	204.2
1764	102	119.0	1790	124	153.1	1816	172	227.0	1842	125.4	183.9

1765	106	126.0	1791	121	148.1	1817	189	251.3	1843	112.5	172.2
1766	107	129.0	1792	122	149.0	1818	194	268.7	1844	114.5	175.3
1767	109	133.7	1793	129	160.0	1819	182	257.2	1845	117.6	180.9
1768	108	127.8	1794	136	168.9	1820	162	215.7	1846	121.4	188.2
1769	99	116.6	1795	147	198.8	1821	139	186.6	1847	136.7	221.0
1770	100	119.0	1796	154	202.5	1822	125	165.4	1848	115.5	177.6
1771	107	134.1	1797	148	177.9	1823	128	186.6	1849	104.3	170.6
1772	117	144.6	1798	148	165.6	1824	144	215.2	1850	103.8	154.3
1773	119	149.8	1799	160	201.4	1825	160	231.8			
1774	116	146.6	1800	212	271.6	1826	141.2	211.0			

资料来源：消费价格指数：熊彼特—吉尔伯消费价格指数（1701—1823 年），并结合盖耶—罗斯托—施瓦茨国内和进口商品数据（1823—1850 年）。格里高利·克拉克提供的农产品价格数据来自 http：//www. econ. ucdavis. edufaculty/gclark/data. htm。

应制约着货币供应，并且这些贵金属被广泛接受为国际支付手段。正如大卫·休谟在 1752 年出版的《论贸易平衡》中指出的，金属货币的这两种职能意味着价格保持基本稳定：一个国家出于某种原因拥有“过多”黄金，它的物价会快速上涨（[1777]，1985）。不过，这可能意味着这个国家的商品在国际市场上更贵，出口随之减少，进口增加，它的一部分黄金流入海外，用于支付日益恶化的贸易逆差，这一情况会一直持续到价格稳定下来。这种价格—金属货币—贸易流动机制成为具有杀伤力的论据，削弱重商主义痴迷于国际收支顺差的立场，并且让人们相信，政府不会直接管理外贸的自由经济是安全可取的。这也属于启蒙计划的一部分。

第十九章
结论：1851 年的英国经济

在 1750 年之前，诸多束缚和障碍致使经济体无法实现永久性增长。不过，到了 19 世纪中叶，英国成为首个摆脱这些束缚和障碍的经济体，一举成为欧洲头号工业国家。维多利亚时代中期的人们也深谙这一点。1851 年，英国举办了水晶宫博览会。这一盛会不仅代表了英国在过去一个世纪里通过技术进步和经济发展实现的巅峰成就，而且展现了发达经济体日益融合和深入合作所取得的伟大成就。它是启蒙计划的化身。辉格党对弗朗西斯·培根的感激之情渗透进他们的必胜主义。他们认为自己实现了培根的愿景。作为辉格党要员的史学家和评论家 T. B. 麦考利于 1837 年发表了一篇评论培根的长文，淋漓尽致地表达了这个观点。麦考利认为，培根学说的重要性可以用“效用”和“进步”这两个词来概括。知识的用途在于成倍增加人类的乐事，并减轻他们的苦痛（Macaulay，［1837］，1880，第 409—410 页）。他毫不犹豫地将身边出现的技术奇迹归功于这一新兴哲学，例如蒸汽轮船、气球、避雷针、农业生产率提高和疾病绝迹等。但这些技术奇迹“不过是最初的成果……这门哲学永不停息，它的定律就是进步”（同上，第 431 页）。或许在今天的史学家听起来，这一番话天真幼稚，近乎荒唐可笑。不过，如果完全用“自以为是”和“扬扬自得”来描述此类想法，那么会忽视实际情况的一个重要部分。它们代表着当时人们真诚，甚至是纯朴的情绪，我们不应轻视它或对它不以为然。尽管浪漫主义批评家强烈反对工业革命，但也不得不承认这一点。托马斯·卡莱尔（Carlyle，1829）叹息称，他生活在“机械时代……从‘机器’一词的所有外在和内在含义而言，这都是机器的时代——它使出全部力量推动、传授和践行根据目的调整方法的伟大艺术……人们庆幸地认识到，现在一定数量的劳动力就能够改善人们的衣食住条件，并且从各方面讲，让他们得到更多的方便”。当然，他也有所怨言，认为“我们只注重能立刻产生效用的物质层面，而不是灵性和精神层面。美德本来是无法衡量的、绝对的，但已经退化成为有限的、有条件的；它不再尊崇美和善，而是盘算牟利”。他和麦考利一样充分认识到，自己之所以能够享受舒适的日常生活，很大程度上归功于启蒙运动。

由于启蒙运动，人们坚信务实型实利主义者的意识形态，同时在理论层面也秉承功利型个人主义者的人生哲学。正如波特（1981，第17页）所说：“就长期而言，启蒙思想已经深入人心”。卡莱尔的长篇檄文原本旨在批评；但在18世纪的作家或者维多利亚时代的开明人士看来，这反而成了溢美之词。维多利亚时代的人们认识到，他们所处的开明社会信奉的启蒙运动价值观，既合乎道义又带来了经济效益，想必他们因此沾沾自喜。在他们看来，他们坚持的意识形态同时解决了两个问题：“我们如何建设一个美好社会”和“我们如何建设一个幸福社会”。但他们很快就会醒悟过来。

大多数统计数据显示，到了1850年，英国成为世界上最发达的经济体。19世纪英国统计学家罗伯特·马尔霍尔（Robert Mulhall）汇编了众多回顾性比较统计数据后指出，到19世纪中叶，英国与西方世界其他国家在关键行业上拉开了相当大的距离。据估算，在19世纪40年代，英国用棉总量为230万吨，而法国和德国的用棉量分别为61万吨和41万吨。在1850年，英国的耗煤量为4 900万吨，而法国和德国的耗煤量分别为440万吨和670万吨。同年，英国、法国和德国的耗铁量分别为197万吨、60万吨和42万吨。它们的蒸汽动力分别为129万马力、37万马力和26万马力（Mulhall，1899，各页）。1850年，英国、法国和德国的人口分别为2 100万、3 500万和3 300万，所以如果按人均水平计算，它们之间的差距会进一步拉大。英国通车铁路里程数为10 000千米，而德国和法国的通车铁路里程数分别是6 600千米和3 200

千米（Mitchell，1975，第 582 页）。现代国民收入核算可以证实这一差距的存在，只不过从总量层面看，这一差距没这么大。麦迪森（1995，第 194—196 页）估算英国人均 GDP 为 2 362 美元，比当时的德国人均 GDP 高出近 65%，比美国和荷兰的人均 GDP 高出 30%。此外，在 1851 年之前，农业在英国劳动就业中的比重持续下滑，从 1801 年的 35% 下降到 1851 年的 22%；农业在国民收入中的比重也从 1801 年的 32% 下降到 1851 年的 20%（Deane and Cole，1969，第 143 页、第 167 页）。由于我们很难采用连贯统一的定义，因此难以拿这些数据与其他国家比较，不过 1856 年法国的人口普查显示，1850 年时，法国仍有 53% 的劳动力从事农业及相关活动，且 37% 的国民生产总值来自农业部门（Lévy-Leboyer and Bourguignon，1985，第 319 页）。依据保罗·巴洛克（1982）设计的“工业化指数”，英国的工业化指数为 64（1900 年英国的工业化指数为 100）；与它的工业化水平最接近的竞争对手是比利时和瑞士，其工业化指数分别为 28 和 26，而法国和德国的工业化指数分别是 20 和 15。这些数量级的差距证明了英国在长达一个世纪的时间里霸占着技术领袖的地位，并借此将自己打造成经济领袖。

1851 年的水晶宫博览会歌颂了英国经济取得的诸多成就。人们细致入微地描述了这一恢宏盛事。最近，本杰明·弗里德曼总结了该博览会对人类历史（而不仅仅是英国历史）的重大意义：“这场伟大的博览会……热情四射地颂扬了下列理念，即科学和随之而来的物质进步……以及社会、公民和道德进步”（Friedman，2005，第 20 页）。博览会展出了 14 000 位个人或公司送展的 10 万件展品，从原材料到工艺品应有尽有。此次博览会空前盛大，对不同学者来说意义不尽相同。这些学者从社会、技术或殖民层面对博览会做出评论。水晶宫的建造模式本身就是这个全新时代的象征。它由约瑟夫·帕克斯顿设计，是一座以预制钢条为骨架、玻璃为主要材料的建筑。在英国取消关税之后，玻璃的价格下跌不少。钱斯兄弟在斯梅西克（位于伯明翰市附近）的分公司颇具规模且相当成熟，有能力在短时间内完成突如其来的庞大订单，生产出了近 100 万平方英尺玻璃。博览会闭幕后，人们将水晶宫从海德公园的原址上逐件拆卸，然后在伦敦南部郊区的西德纳姆山上重新组装（并扩建）。由此，这预示了一个新时代的来临。在这个新时代里，原材料价廉物美，零部件可互换，批量生产逐步成形，这些特点在许多展品上都体现了出来。除了一些爱唱反调的批评家以外（如将水晶宫比喻成黄瓜架子的约翰·拉斯金），大多数观察家对水晶宫的革命性设计体现的现代化赞赏有加。

但最重要的是，博览会是一场颂扬有用知识的盛会。博览会的主要促成者阿尔伯特亲王和250年前的弗朗西斯·培根颇为相似，认为应该对知识进行整理和分类，以便于人们获取知识。他还设计出了一套产品分类体系（该体系有些烦琐）。博览会的影响力显然具有全球性和世界性，这正是18世纪的启蒙哲学家希冀的跨国文化现象。它将成为国际和平的象征。同时代的詹姆斯·沃德从这次博览会中得出一个结论，即“人类似乎心照不宣地同意竞相生产那些对互惠互利极为必要的商品……而不是生产用来相互摧毁的武器”（转引自Auerbach，1999，第162页）。法国自由派经济学家热罗姆－阿道夫·布朗基（1798—1854）发表了多封书信评论博览会，认为它是对比较优势理论和国际劳动分工的肯定。他写道，此次博览会将让很多人明白，国家之间相互依存度的提升为和平提供最有力的保障（Tallis，1852，第2卷，第16页）。对于弗里德曼等研究经济增长的现代经济学家而言，博览会首先意味着，“传播有用知识是可持续经济发展的核心所在”这一认知达到了巅峰。

不过，民族主义并未消亡。除了世博会代表的国际主义之外，人们处处能够感受到英国人的自豪之情。评论家在评论博览会时尽情嘲笑俄罗斯的农奴制度、美国的奴隶制度、德国的军国主义和法国的经济统制主义，更不用提他们对非欧洲人不屑一顾的态度了。尽管英国自豪地展示了自身的成就，特别是机械设备方面的累累硕果，但在展示美国的产品时，它也因为美国制造商在模块组件和零部件可互换方面的进步而流露出浓浓的嫉妒之情。启蒙运动的精神是改良概念的核心。博览会极其重视“新颖”和“改良”，对过去和未来进步的感触在展会上俯拾皆是。尽管博览会颁发了许多奖项，但它最重视的仍是市场结果，为人们提供了诸多选择，从批量生产的廉价商品到艺术家和熟练工匠创作的精美定制商品（Auerbach，1999，第 122—127 页）。不过，一些观察家批评自由市场催生了庸俗的商业主义。水晶宫博览会也反映了工业启蒙运动的矛盾性。尽管如此，当时的人认为它代表了为维多利亚时代经济发展奠定基础的理念的优越性。

那么，什么会出错呢？对维多利亚时代的人而言，英国的领袖地位似乎是水到渠成的结果，由此表明英国在制度和社会秩序方面的优越性。经济史学家日益清晰地看到，英国在工业革命期间的领袖地位只是暂时的，最终它的欧洲竞争对手和美国都将赶上它。如果驱动经济发展的引擎是一组与启蒙运动相关且不断变化的信念，那么受到启蒙运动影响的其他经济体赶上英国并与它不相上下不过是时间问题。英国的领袖地位是临时的。此外，到了 19 世纪中叶，英国非正式制度达到了极限，需要更正式的制度进行补充。英国取得的进步依赖于这些非正式制度，它们对英国帮助非常大。最重要的是，在随后的几十年里，非正式制度无法跟上时代的步伐。在非正式制度下，人们通过自学和拜师培育人力资本和胜任力，由此培养了一批杰出但受教育程度不高的技工，如乔治·史蒂芬森、亨利·莫兹利和理查德·罗伯茨。在工业革命期间，英国的技术进步主要归功于“不懂科学但受喜欢鼓捣小发明的人”以及心灵手巧的技工。纺织业和机械工程业在 1830 年之前取得的诸多进步归功于他们。显然，这些以信任和信息交换为核心，并培养出技能人才的非正式制度在 1850 年之后不再能满足发展的要求。化学家莱昂·普莱费尔是筹划水晶宫博览会的重要人物，他在博览会上发表演讲时警告：“工业正在快速转型……未来工业必须有赖于智力的竞争，而不是本地优势的竞争。除了英格兰之外，其他欧洲国家都认识到了这个事实”（Tallis，1852，第 2 卷，第 194 页）。莫兹利或者理查德·罗伯茨这类人的独创力并不逊于开尔文男爵，所以普莱费尔这番话似乎有失公允。不过，这属于另外一种才智。维多利亚时代晚期的英国并没有“失败”，但需要彻底自我改造。普莱费尔认为自己已经找到了答案。他对听众说，除了英国以外，各国政府都将发展科学作为基本国策，而且各国都有学校教授与制造活动相关的科学原理。工业大学传授“科学的入门知识，以正确地理解制造活动”。欧洲其他国家已经站在了科学的肩膀之上，“而我们只是徘徊在科学的裙摆附近”。他呼吁英国改革教育制度，致力于研究“上帝的成果”（即科技）。与“朱庇特或维纳斯的风流韵事”相比，科技更有可能增加国家财力。他抱怨说，尽管英国的成就归功于科学和工业，但它们未能在英国获得应有的尊重，这与20年前查尔斯·巴贝奇的怨言如出一辙（Tallis，第2卷，第195—202页）。在19世纪剩余的时间里，技术课程和教育改革问题一直困扰着英国。如果英国希望继续成为发达工业化国家的一员，那么技术课程和教育改革日益不可或缺。

此外，在19世纪中叶，英国开始认识到自由主义意识形态的局限性：自由贸易、流动性、市场门槛低及依赖竞争市场会遇上市场失灵和不平等的残酷现实。爱尔兰大饥荒的惨状向当时的人们显示，自由主义政治经济学在天灾面前是多么空洞无力。不过，即使在英国，它的局限性也显而易见。维多利亚时代早期两份最重要的历史文献证明这两个相伴相生的矛盾现象。其中一份是之前提到的埃德温·查德威克的《卫生状况调查报告》（[1843]，1965）。另一份是亨利·梅休长达五卷的《伦敦劳工与伦敦贫民》（Mayhew，[1861—1862]，1967），下文会进一步详细介绍这一文献。事实上，查德威克记录了一系列市场失灵问题或溢出效应。他和同时代其他心存忧患的人面临着一个困境，即自由市场无法解决城市拥堵、工作和生活场所有害健康、食物掺假等棘手问题，特别是公共卫生问题。水晶宫博览会举办之时，英国已经遭遇过两次霍乱流行病。第一次暴发于1831年至1832年，造成32 000人丧生。第二次则暴发于1848年至1849年，夺走了62 000人的生命。这一疾病造成的恐惧远远超出了死亡人数本身造成的影响，这是因为目睹这一切的人们大为骇然，更何况人们之前从未遭遇过这种状况。尽管英国的进步令人注目，但是它的卫生设施体系和公众卫生状况与这一进步不相称。显然，维多利亚女王治下的乐土有哪儿出了问题。

查德威克的著作销量高达10万册。他在书中有力地控诉了英国的状况，并提出了明确的改革方案。正如弗林（1965）强调的那样，查德威克的著作是最完整可靠的证据，能够证明自由主义政治经济从未像人们理解的那样，脱离空际地支持自由放任。弗林（同上，第 39 页）指出，当时的政治经济学家（包括边沁本人）极其聪慧且学识渊博，所以不会支持“一刀切”似的不干预原则。在 1834 年撰写《<济贫法>报告》至 1842 年完成《卫生状况调查报告》期间，查德威克经历了当时特有的学习过程，即不断探究和重新评估如何合理划分公私界线这一问题。公款能够也应该用于社会项目，但应合理地使用经费。他基于成本收益分析提出了这个观点，因此讲究逻辑，而不是感情用事，或者满口道义。从经济层面上讲，避免生活环境不卫生和不健康的做法是合情合理的。托马斯·索思伍德·史密斯是查德威克最忠诚的支持者之一。他在 1838 年写道：“暂不考虑所有更高层面的理由……预防弊病（而不是缓解它的严重程度）不仅是最有益，也是最实惠的”（转引自 Wohl，1983，第 146—147 页）。统计学家兼医师威廉·法尔于 1839 年供职户籍总署署长办公室，并投身于一个促进公共健康的项目。他提出，“我们有可能使英格兰和威尔士每年的死亡人数减少 3 万，同时提高 3 万人的活力（或许还能使这 3 万人更加勤奋和富有）。因为疾病是苦难的硬指标。随着死亡率下跌，苦难在力量、健康和幸福的面前渐渐消失”（Great Britain，1839，第 65 页）。法尔、查德威克和他们的同事比大多数人更加清楚地认识到，自由放任主义并不适用于这一领域。消除“公害”是政府的责任所在，因为公害危及公众，而市场根本没有能力清除公害。斯莱尼城镇健康委员会（Great Britain，1840）也得出了相同的结论，即只有地方和议会制定相关法规才能扭转这种局势。在 19 世纪 40 年代晚期，英国通过了一系列法律，开始落实查德威克及其追随者设想的方案。这其中包括 1846 年的《垃圾清理法》、1847 年的《都市改善法》、1848 年的《城市下水道委员会法》和《公共卫生法》。那时，地方政府可以起诉严重危害城市卫生的人，城市能够供水并建造污水工程系统，并且成立了卫生总局。在某些情况下，该机构可以强制要求各个城市设立地方卫生局。受到大力追捧的《公共卫生法》基本上只是列出一系列选择，而不是向地方政府下达指令。在最初几年里，并没有太多地方政府将它们付诸实施。不过，这方面的原则就此确立下来了。

有些人希望在此基础上更进一步。他们认为，公共卫生问题是社会条件和不平等造成的。爱丁堡医师威廉·阿利松（William Alison，1790—1859）的著作就是一个例子。阿利松是苏格兰启蒙运动后期的典型产物。与其他众多持相同意见的人一样，他本人深受杜格尔德·斯图尔特学说的影响。阿利松坚称，低工资是引发疾病的直接诱因。相较于查德威克及其亲密合作伙伴尼尔·阿诺特博士，阿利松更愿意将贫困和公共卫生直接联系在一起。身为医师，他一直使用药物治疗最贫困的同胞患上的疾病，但发现这些药物无效，因此“开始探究贫困这一大恶”就在所难免（Alison，1840，第Ⅶ页）。他认为，贫困、营养不良、失业和随之而来的精神抑郁并不是疾病的唯一诱因，但会加快疾病的传播速度（同上，第19页）。同其他人一样，阿利松深谙维多利亚时代的这一两难困境。政治经济学家已经说服当权者相信，“济贫最终会导致贫困问题死灰复燃且愈发严重”（同上，第173页），在解决公共健康卫生问题时，应致力于清理垃圾，而不是铲除贫困问题。阿利松非常反感这个结论。作为医生，他坚定地认为生活水平和公共健康之间存在着联系，而且只要贫困问题广泛存在，人民的健康状况就不可能好转。从这层意义上讲，他的理念更接近他的德国同事鲁道夫·菲尔绍（Rudolf Virchow），而不是查德威克及其同事（Hamlin，2006）。

查德威克对此持不同意见。他撰写的《卫生状况调查报告》并不算激进。这份报告的基调和目标也有别于恩格斯的《英国工人阶级状况》。恩格斯的著作就像一纸控诉，而查德威克的报告从表面上看属于技术性文件，列出了一系列有待改善的糟糕状况。和更加激进的思想家不同的是，查德威克这位边沁主义者并未得出“公共卫生隐患和城市不宜居问题是不平等和贫困的副产品”这种结论。阿利松认为贫困和疾病之间存在关联，这已经成了他的口头禅。对此，查德威克（[1843]，1965，第216页）简短地评论说，“‘贫困是造成热病的总体原因’这种错误观点……产生了广泛的灾难性影响。它阻碍了人们清除环境公害，而事实证明这么做会减少疾病传染”。对查德威克和他的圈子而言，公共卫生不是社会问题，而是工程问题。排水系统、街道和房屋清洁、城市设计、垃圾清理和清洁饮用水的供应都是急需的解决方法，而它们是自由市场无法提供的。因此，政府发挥的作用有限且受到制约，但是不容置疑。对于许多维多利亚时代的人而言，政府的作用必然会令他们感到安心，而不是让他们烦恼。换言之，穷人之所以生病，是因为他们生活在不利于健康的有害环境之中。在环境问题得到解决之后，穷人的健康就有了保障，19 世纪三四十年代涌现出来的城市不宜居问题和工业化的其他恶果也会在很大程度上随之烟消云散。

与童工、工厂条件等问题一样，人们对公共卫生的担忧也使他们认识到自由市场经济的局限性。启蒙经济显然不是自由放任主义经济，它既认识到自由市场的优点，也承认其局限性。这是采用启蒙思想必然得出的结论。它在自由市场的自由主义上并不教条武断，采用的方法实用且讲究功利性。对于维多利亚时代的英国而言，更棘手的问题在于，即使纠正了市场失灵问题，自由市场也无法带来令多数人满意的收入分配。换言之，启蒙经济并未解决贫困问题，而是从很多方面使贫困问题更引人注目，使政界对这一问题更加难以容忍，甚至导致这一问题恶化。在这一点上，将关注点放在水晶宫博览会前后几年或许并不是一个明智的选择，因为在之前的数年里，英国的穷人遭遇了一系列毫无关联的灾难：1847 年铁路繁荣结束后，金融危机随之而来，之后数年里经济一蹶不振，爱尔兰爆发饥荒，1847 年至 1848 年霍乱肆虐。在这几年里，亨利·梅休编纂了描绘伦敦穷人生活状况的巨著：城市中流落街头的无产阶级过着悲惨的生活，这正是工业革命创造出的繁华社会不堪的一面。

从许多方面看，埃德温·查德威克和亨利·梅休之间存在着巨大差距。查德威克是坚定的边沁主义者，拥有公务员的深刻本能，但由于他脾气暴躁，不够圆滑，所以屡屡受挫。梅休是一位社会激进人士，写作风格接近狄更斯，正义感强烈，但生活混乱无序，“这个小伙子无法完成论文，但在写论文的过程中创作了古怪的经典之作”（Hughes，1969，第 536 页）。不过这两个人都认识到，19 世纪中叶维多利亚时代的经济仍处在不断发展的过程中。对于一部分人而言，它取得了卓越的成就；而对另一部分人而言，它是彻头彻尾的失败。它需要开展大量工作，但这些工作在英国制度的能力范围之内是能够完成的。最重要的是，他们都认同“城市状况”造成的影响，也就是说，他们认识到那些由于经济增长而迅速发展起来的城市极不宜居，而且使贫困问题凸显出来，更加引人注目，更加直观，因此愈发难以被人们接受。

梅休（［1861—1862］，1967）细致入微地描绘了城市底层阶级悲惨的日常生活。他的描绘在许多方面让人们感到痛心。正如汤普森认为的那样，梅休的作品很可能是“本世纪中叶最令人印象深刻的贫困调查”（1967，第 46 页）。不过，梅休无意介绍具有代表性的消费者（甚至是劳工）的生活状况。他描述的是最贫困的穷人、爱尔兰大饥荒中绝望的难民，以及城市里那些与社会环境格格不入的人或被社会抛弃的人。这些人拒绝去维多利亚时代恐怖的济贫院，或者被拒之门外，而是努力在工业经济的边缘和夹缝中求生存（Hughes，1969；Himmelfarb，1971）。用梅休自己的话说（［1861—1862］，1967，第 1 卷，第 6 页），他描述的是处于收入分配最底层 2. 5% 的人群。只要我们不将梅休笔下的人群与英国有工作的穷人相混淆，那么仍然可以从中窥探到很多东西。梅休笔下的人们不仅像查德威克强调的那样生活在垃圾和污物之中，而且事实上他们以此为生，如拾骨者、专门收集破布的人、拾狗粪的人（制革厂需要狗粪）、拾烟头的人、收集船只垃圾的人等（同上，第 2 卷，第 136—181 页）。人数最多的是街道清扫工和拾荒者，他们的主要工作是保持街道干净（同上，第 253—273 页）。此类职业或许并不光鲜或不吸引人，但如果没有这些劳动者，公共卫生倡导者就不可能实现拥有整洁街道的愿望。

尽管这些人可能看起来很扎眼，但他们在伦敦绝非少数。这是之前数十年经济变迁造成的间接后果。梅休更像是一位微图画家，而非统计学家。他经计算得出，英格兰或许有高达 1/7 的人口通过救济、乞讨或犯罪苟延残喘（同上，第 3 卷，第 429 页），但这一计算是基于他对《济贫法》数据的误解以及其他错误做出的。以“流浪汉”问题为例，梅休将流浪汉描绘为不宜雇用的人员，称他们“未养成勤奋的习惯”而“不愿意工作”（同上，第 368 页）。他基本上靠猜测，计算出英格兰约有 15 万“恶名昭著的劫掠者”（同上，第 377 页）。其他流浪汉都是 17 岁及以下的年轻人、爱尔兰移民和“正在求职的过程中而暂时贫困的人”。这些分类基本上没有什么意义，而且相互重叠。他的书中充斥着穷苦儿童努力在伦敦街道上讨生活的各种描述。但真实情况是，1851 年的人口普查显示，伦敦的童工和青少年劳动力远远少于英格兰的其他地区。在 10 岁至 14 岁的人群中，伦敦仅有 23% 的该年龄段儿童处于“就业”状态，而在英格兰其他地区和威尔士，这一比例高达 41.6%（Kirby，2005b）。诚然，人口普查会少算或错算梅休笔下描述的许多儿童，因为街上卖花可能没有算作一项职业，但如果童工这个社会问题在伦敦的严重性更甚于其他地区，那么应该会在人口普查中得到体现。梅休在《伦敦劳工与伦敦贫民》第四卷中将人口分为有工作意愿、无工作能力、无工作意愿和无须工作这四类人，这种分类很奇怪。在他认定的在伦敦街头讨生活的人里，有很多“有工作意愿”的人，如乐师、舞者、各种艺人以及无数在街头叫卖炸鱼、狗项圈、宗教小册子等各种商品的小贩。“无工作意愿”的人群代表着英国经济的阴暗面，梅休用第 4 卷整整一卷描述这个群体。不过，当时很难找到一个没有流浪汉、乞丐、骗子、小偷和娼妓的社会。梅休毫不犹豫地将“有私情的女性”归类为娼妓，所谓“有私情的女性”包括有婚外情的已婚女性、偷情的未婚女性，以及“情夫”不会与之结婚的女性（第 4 卷，第 258 页）。

维多利亚时代的英国经济最令人厌恶的短板（也是当时有见识的人非常担忧的问题）涉及苏格兰、英格兰西北地区和中部地区的新兴工业化城镇。城市化不可阻挡地改变了公私活动范围的界线。早在 1833 年，曼彻斯特的外科医生彼得·加斯克尔（Peter Gaskell）就出版了一本书，介绍英国新兴城市从事制造业的人群。该书激发恩格斯创作出了其家喻户晓的著作，而且恩格斯还引用了加斯克尔书中的不少内容。加斯克尔并非革命者，但他能够看到技术进步和快速城市化对工业区劳动人民的身体和精神产生了何种影响，并将他们的生活状况与史前文明时代的野蛮人相提并论，对这位19世纪的作家来说，这可谓振聋发聩的起诉（Gaskell，1833，第132—133页）。加斯克尔、詹姆斯·凯-沙特尔沃思（查德威克的一位同事）和其他很多人描述了19世纪30年代和40年代初，英格兰和苏格兰工业区里工人的状况。他们的文章充满愤慨，文采飞扬，尽管不如梅休的作品细致入微，但或许更能说明问题。加斯克尔详尽地描绘了在工厂上班对工人的家庭生活、外貌体态和道德习惯产生的毁灭性影响，例如导致工人酗酒和宗教式微。不过，让加斯克尔感到最胆寒的是该人群的健康退化状况。与查德威克不同的是，他将这个问题归咎于工厂，而不是城镇基础设施。他大声谴责道："人们满满登登地挤在大型工业城镇里，暴露在很多严重抑制其生命活动的危险下……他们目光短浅，忽视家庭的抚慰，道德败坏比比皆是，饮食不足且缺乏营养，再加上他们工作的特点是关在闷热的环境里连续不断地工作12或14个小时"（同上，第226—227页）。他和凯-沙特尔沃思强调了工业化直接导致的慢性病和使人虚弱的疾病（同上，第213页；Kay-Shuttleworth，1832，第43页）。作为开明的内科医生，他们观察到症状，了解病因，并提出具体的治疗办法。与恩格斯不同的是，绝大多数忧心公共卫生和道德问题的英国作家认识到英国的政治体制具备改革的能力。尽管这样的改革运动可能需要付出努力和时间，但他们认为这能够对症下药，消除工业化和经济进步带来的可怕的副作用。他们要求现有制度消除技术变革带来的令人无法接受的副作用，并对此充满期待。人们对工业化带来的不良后果义愤填膺，并提出建议纠正这些问题，这一切都是受到启蒙运动和进步本身的启发。

查德威克和追随他的医师为城市卫生大声疾呼，另一位医师亚瑟·希尔·哈索尔同样为食品掺假问题殚精竭虑。1820年，人们就对出售给消费者的食品质量无法核查而满腹牢骚。哈索尔利用改进的显微镜和其他先进的实验室技术，揭露英国食品掺假问题有多严重。他发表了一系列文章，最终结集成书（Hassall，1855）。哈索尔在文章中无情地揭露了自由市场给英国缺乏防范意识的食品消费者带来的种种风险。哈索尔用让人感到折磨的细节绘声绘色地描述了各种食品如何掺假，人们如何利用劣质添加剂人为地提升食物的风味，甚至有时用有害物质达到这个目的，如使用马钱子碱、印度防己（用来给啤酒提鲜的有毒致幻剂）、普鲁士蓝（亚铁氰化物氯化铁）、铅、铜、砷和水银。在这场打击食品掺假的战争中，托马斯·威克利成为他不屈不挠的盟友。正如我们看到的，威克利兼具医学知识和深厚的社会意识。数年的努力促使议会对此展开调查（Great Britain，1856）。显然，在真正的启蒙经济中，当古老的“购者自负其责的原则”不再合乎情理时，政府应积极承担起保护消费者的责任。1860 年的《食品掺假法》开启了一系列改革，在 19 世纪末之前显著加大了对消费者的保护力度。

为什么这些改革措施推行得如此缓慢呢？哈索尔、查德威克和阿利松等人遇到的障碍在于，19 世纪中叶的英国仍是一个固守辉格党主义原则的国家。一些革新派思想家可能对不幸的同胞感到强烈的良心不安，但与此相矛盾的是，人们极不愿为此花费公款，而且普遍认为已经打造出一个成功的社会，并因此沾沾自喜。汤普森写道，梅休并未发现维多利亚时代的贫困问题。在一个短暂的时期里，他“穿透了波德斯纳普主义的护壳”（Thompson，1967，第 43 页）。城镇健康委员会出版的两份大型报告（Great Britain，1844a，1845）就卫生状况提供了海量信息，但没有建议政府全面提高相关支出。不过，汤普森认为，这个护壳很快会愈合。在短短几年之内，梅休就被看作一个异端人士而无人理会。人们认为，他为那些希望利用他人慷慨的人找到了借口。汤普森的观点过于简略。查德威克和协助他的医师以及许多议会报告指出的弊病相当严重，且令人不安，因此让人无法忽视。维多利亚时代的护壳被再次刺穿。尽管人们对社会和卫生改革的热情此消彼长，但这些改革在维多利亚时代后期的议程上仍然占据重要位置。在查德威克多年的努力之下，英国于 1848 年通过了《公共卫生法》。不过这一法令被“掺水”。尽管查德威克在卫生总局供职，但是实际上英国于 1854 年停止实施这一法令，查德威克作为改革者的生涯也由此告终。当年，在《公共卫生法》的呼吁之下，卫生总局应运而生。正如弗林（1965，第 73 页）所指出的，尽管如此，《公共卫生法》的“一只脚踏进了之前怎么努力也打不开的大门，国家职责的原则得以维护”。19 世纪下半叶，议会通过了新的法案，明确公共责任，以解决人们认定的众多市场失灵问题。贫困、失业、不宜雇佣和收入分配非常不公平等问题被纳入公共政策议程。然而，直到数十年之后，政府才尝试认真解决这些问题。

* * *

从长期看，英国的表现如何？在 1850 年之前的一个半世纪里，英国的正式制度已经证明了自己能够适应经济变迁。1850 年之后，虽然它必须克服政治和意识形态层面的阻力，但仍然展现出适应能力和灵活性。在 19 世纪二三十年代，英国推行了多项重大改革，且改革工作一直持续到维多利亚时代晚期。在 1850 年之后，英国改革了专利制度，提供免费教育，并一再扩大公民选举权。这是英国将议会作为元制度具备的优势。不过，非正式制度更难改变，更容易明确下来。工业革命带来了一系列全新的问题。曾经帮助英国摆脱重商主义和寻租问题的制度现在需要忙于应对社会问题、负外部性，以及它们帮助构建的工业经济遭受的技术反噬。这就要求我们重新审视它们的信念，即自由市场是经济博弈的最终决策者。

此外，在 19 世纪下半叶，英国需要构建一个全新的技术培训架构，既能培育完全不同类型的人力资本，还能够理解技术对形式科学及数学的紧密依赖，并与之竞争。开尔文男爵、查尔斯·帕森斯、威廉·兰金这样的杰出人才委实太少。前两位大师将数学和科学洞见与发明才能结合起来，而兰金则竭尽所能提升工程学的严谨性和实用性，并推动将它纳入大学的正式课程当中。英国需要利用自己在过去几个世纪里发展起来的内部机制重新审视自己的制度，并根据已然变化的环境调整制度。不过，没有哪一组制度格外合适，能够推动经济进步。虽然法国、德国、日本和美国的制度天壤之别，但是都成功地加入了工业化国家俱乐部。

正如熊彼特所说的，与经济增长息息相关的是创造性破坏，也就是技术和实践、人工制品和设计不断被淘汰。创造性破坏的理念可以拓展到制度领域。经济增长有赖于经济体的社会和政治适应能力。因此，一个经济体若想保持经济持续增长，那么制度灵活性是必不可少的。时至今日依然如此。这一观点也适用于文化信仰和意识形态等非正式制度。意识形态是经济变迁中不可或缺的组成部分。不过，就像世界上不存在一组固定的“好”制度，在任何情况下都适用于英国经济一样，也没有“合适的”意识形态能在所有情况下都推动经济进步。以各种形式呈现的启蒙运动倡导建立一批新制度，清除延续了几个世纪的重商主义政策、法规和社会控制，这些制度的主要目的原本是为了将资源重新分配给在政府有人脉的群体，并增进王国政府的利益（王国政府是人脉关系最强的群体）。这个崇尚重商主义的世界与美好的新世界格格不入。在新世界里，自由市场、企业家精神和旨在推动技术发展的国际协作驱动着技术持续进步。不过到了 19 世纪中叶，一些启蒙思想本身也在不断修正完善。

经历了这一切后得以幸存的一个信念是，尽管人们日益认识到有用知识蕴含着风险并对社会产生影响，但它很可能成为推动历史变革最重要且最有力的原动力。即使这个坚定的信念也需要克服各方的阻力和反对——反对者认为新技术的危险和成本超过了它们带来的好处。到了 19 世纪下半叶，约翰·拉斯金和威廉·莫里斯等人目睹新技术带来的危险后纷纷谴责这些技术，而且这种声音在英国甚嚣尘上。工业化被视为一股邪恶力量。它镇压和剥削工人，建造出丑陋且有害身心健康的城市，卖给消费者原本不需要的劣质廉价品。商业目标和具有经济生产力的职业在英国精英阶层的某些群体中受到冷落。不过，启蒙运动打造的世界对这类声音持抗拒的态度。原因很简单，那就是技术进步带来的好处显而易见，无法被人们忽视，甚至一开始拒绝接受启蒙运动的经济体最终也不得不顺应潮流。建立一个由开放经济体组成的体系，使各个经济体通过和平的市场体系展开竞争，意味着没有哪个国家能够单方面地拒绝启蒙运动释放的经济进步。英国也不例外。

本书定义的启蒙运动是英国工业革命的“起因”吗？当然不是。优越的地理位置、丰富的矿产资源、业已存在的中产阶级以及工匠技能等其他因素都在其中发挥了作用。各种情况交汇在一起促成了工业革命这个非凡的结果，引发了本书描述的各种事件。在研究工业革命时，经济史学家无法抑制的一种情绪是看到工业革命竟然变成现实时由衷发出的惊叹。然而启蒙运动就像现代经济增长这个房间里一头重达600磅的大猩猩，迄今为止没有人提过它。更不要说公认的启蒙运动时代结束后，它在19世纪产生真正的影响。如果颠覆康德的名言，滑铁卢战役结束之后的一个世纪并非启蒙时代，而是被启蒙的时代。被启蒙的时代是造就现代工业主义和繁荣时代的必要条件。从道德的角度讲，生活在这一时代的人并不比他们的先辈更“开明”，因为他们完全做得出残暴对待非欧洲人（有时相互施暴）的事情来。但对于经济史而言，重要的是这个被启蒙的时代有别于重商主义盛行的时代。被启蒙的时代注重积累、传播和运用有用知识，且它的经济制度注重创造财富，而不是重新分配财富。

信念和意识形态影响着经济成果。它们的影响力并非始终如一。不过，在一些历史事件中，信念变化产生的经济影响是有目共睹的。与穆罕默德、马克思或凯恩斯的新理念相比，启蒙运动对经济成果的影响可能更加微妙和渐进，但是更加持久（穆罕默德的教义是一个例外），带来的益处也更多。没有这些理念，我们无法想象1760年之后的技术创新浪潮如何转化成为我们今天所说的现代经济增长，即经济年复一年地持续发展，日益富足昌盛。碰巧的是，这个持续的进程一开始大获成功后，进入一个新的稳定状态。启蒙运动不是“引发”工业革命不可或缺的因素，却发挥了不可或缺的作用，将工业革命转化为经济发展的源泉。

不出意料，有人会反对这一论证方式，认为它用一个解释不清的事件（即启蒙运动）替换另一个解释不清的事件（即工业革命）（例如，

Clark，2007，第 183 页）。它只是将因果链向上推进了一步，而没有提供完整且令人满意的理论。为何除了欧洲以外，世界其他各地都没有出现启蒙运动？对于这一问题，经济史学家不具备比较优势，无法提出有说服力的论点。这也必然超出本书的范畴（不过相关情况可参阅 Mokyr，2006c，2007）。各种信念无处不在，这归因于以往的创新成果源源不断地被“推荐”给易接受的人群（主要指受过良好教育且从事脑力活动的精英阶层）。这些创新是供给要素（为什么出现了这些创新，而不是其他的?）和需求要素（为什么一些理念被人们接受，其他理念却没有?）共同作用的结果。在一定程度上，一些结果必须归因于历史偶然性。仅举两个例子，伊斯兰教和马克思列宁主义分别在 7 世纪和 20 世纪取得巨大成功，这有赖于历史机遇、历史风云人物和其他重要因素。同样，启蒙运动的兴起不能归因于个人，不过，它在欧洲一些地区取得的胜利主要归因于偶然因素，如反对改革的西班牙哈布斯堡王朝和奥斯曼帝国突厥人遭遇的军事挫败，特别是有能力压制新思想的各方势力未能相互协作（Mokyr，2007）。供给侧主要归功于之前的智识运动，如人文主义和宗教改革运动，而且培根哲学有着深厚的中世纪根源。与所有智识运动一样，它的成功取决于技术进步，如印刷机和更先进的通信技术。

上述事态发展并没有使启蒙运动的出现存在必然性。17 世纪的科学革命也没有做到这一点。在需求侧，我们可以提及的是重商主义在启蒙运动之前兴起、全球商业网络的发展、北大西洋沿岸港口城镇的中产阶级崛起、市场进一步渗透，以及识字率提高。不过需要重申的是，其他地方在其他时间里也出现过此类事态发展，却没有像 18 世纪那样发展出重要的意识形态。就像其他群体性行为一样，人们是否会广泛接受一些理念，这取决于人们是否会效仿和盲从他人，以及通常所说的“频率依赖”（frequency-dependence），即人们愿意接受其邻居接受的理念。此外，它还取决于启蒙运动领导人的语言技能，以及听众是否愿意接受劝导。在此类模式下，我们很难准确地预测结果。多重均衡可能占上风，而要解释清楚为什么一种理念而不是另外一种胜出，这就对经济史研究提出了挑战。

那么，英国在创造现代经济增长方面发挥了什么作用？虽然英国的启蒙之树比西方其他国家更早结出成熟的果实，但18世纪启蒙运动带来的关键变化并不是英国独有的。工业革命不是一些经济史学家所说的边缘现象，或者说棉花和蒸汽机偶然造就的繁荣，而是不管怎样都应该从各个纬度得到客观全面的看待。英国在1700年至1850年间的经济史多半与工业革命没有太大关系，很多尝试以失败告终，屡遭挫折。到了1850年，英国经济只有一部分（假定是经济迅速增长的那部分）受到机械化的影响，尽管当时英国的人均收入增长和城镇化火力全开，但英国的经济领袖地位早已受到威胁。

* * *

追随霍克海默和阿多诺（Horkheimer and Adorno，[1947]，2002）的现代知识分子坚称，我们应该用启蒙运动的实际成就而不是基于它的初衷评判它。无论人们是否接受这个方法论，显然启蒙运动给欧洲和世界留下的遗产喜忧参半，不能用“好”或“坏”一言以蔽之。如果对细节上做一些必要的修改，这个论断同样也适用于经济发展。但我们必须正视的问题是，启蒙运动对经济表现的影响并非中性。只要人们的信念会影响他们与其他人及与自然环境的互动方式，那么意识形态和态度方面的变化就会影响经济表现。有些观点采纳了极端历史唯物主义立场，即意识形态和信念完全是经济条件的产物。这些观点与那些完全不考虑经济条件的观点一样，都有可能离题太远。启蒙运动引导欧洲走上一条不同的道路，而后迈向了经济现代化。在1700年至1850年期间，英国在这方面扮演了开拓者的角色。就像命中注定一样，它既不是欧洲最富庶的国家，也不是最开明的国家，但它在这两方面的表现都可圈可点。如今英国和追随它的工业化世界的物质生活大为改善，远远超出了18世纪最激进、最乐观的启蒙哲学家的想象。尽管这个成果原本未曾预见到，但至少绝大多数经济学家都将它视为绝对的幸事。

参考文献

Acemoglu, Daron, Johnson, Simon, and Robinson James. 2005a. "Institutions as a Fundamental Cause of Economic Growth." In Philippe Aghion and Steven Durlauf, eds., *Handbook of Economic Growth*. Amsterdam: Elsevier, pp. 385–465.

———. 2005b. "The Rise of Europe: Atlantic Trade, Institutional Change, and Economic Growth." *American Economic Review*, Vol. 95, No. 3 (June), pp. 546–79.

Acemoglu, Daron and Robinson, James. 2006. *Economic Origins of Dictatorship and Democracy*. Cambridge: Cambridge University Press.

A'Hearn, Brian, Baten, Jörg, and Crayen, Dorothee. 2009. "Quantifying Quantitative Literacy: Age Heaping and the History of Human Capital." *Journal of Economic History*, Vol. 69, No. 3 (Sept.), pp. 783–808.

Alchian, Armen and Demsetz, Harold. 1972. "Production, Information Costs, and Economic Organization." *American Economic Review*, Vol. 62, No. 5 (Dec.), pp. 777–95.

Alison, William P. 1840. *Observations on the Management of the Poor in Scotland and its Effects on the Health of the Great Towns*. Edinburgh: W. Blackwood and Sons.

Allan, D.G.C. 1979. *William Shipley: Founder of the Royal Society of Arts*. Aldershot: Scolar Press.

Allen, Douglas W. and Barzel, Yoram. 2007. "Legal Institutions Supporting the Industrial Revolution." Unpublished ms., University of Washington.

Allen, Robert C. 1992. *Enclosure and the Yeoman: The Agricultural Development of the South Midlands, 1450–1850*. Oxford: Clarendon Press.

———. 1999. "Tracking the Agricultural Revolution in England." *Economic History Review*, Vol. 52, No. 2 (May), pp. 209–35.

———. 2001. "The Great Divergence in Wages and Prices from the Middle Ages to the First World War." *Explorations in Economic History*, Vol. 38, No. 4 (Oct.), pp. 411–47.

———. 2004. "Agriculture during the Industrial Revolution, 1700–1850." In Roderick C. Floud and Paul Johnson, eds., *The Cambridge Economic History of Britain, 1700–2000*, Vol. 1. Cambridge: Cambridge University Press, pp. 96–116.

———. 2006. "Capital Accumulation, Technological Change, and the Distribution of Income during the British Industrial Revolution." Unpublished ms., Nuffield College, Oxford University.

———. 2008. "The Nitrogen Hypothesis and the English Agricultural Revolution: A Biological Analysis." *Journal of Economic History*, Vol. 86, No. 1 (March), pp. 182–210.

———. 2009. *The British Industrial Revolution in Global Perspective*. Cambridge: Cambridge University Press.

Allen, Robert C. and Ó Gráda, Cormac. 1988. "On the Road Again with Arthur Young: English, Irish, and French Agriculture during the Industrial Revolution." *Journal of Economic History*, Vol. 38, No. 1 (March), pp. 93–116.

Anderson, B.L. 1982. "The Attorney and the Early Capital Market in Lancashire." In François Crouzet, ed., *Capital Formation in the Industrial Revolution*. London: Methuen, pp. 223–55.

Anderson, Gary M. and Tollison, Robert D. 1985. "Ideology, Interest Groups, and the Repeal of the Corn Laws." *Journal of Institutional and Theoretical Economics,* Vol. 141, No. 2 (June), pp. 197–212.

Anderson, J.L. 1974. "A Measure of the Effect of British Public Finance, 1793–1815." *Economic History Review,* New Series, Vol. 27, No. 4 (Nov.), pp. 610–19.

Anderson, James. 1777. *Observations on the Means of Exciting a Spirit of National Industry.* Edinburgh: Printed for T. Cadell.

———. 1782. *The Interest of Great Britain with Respect to the American Colonies.* London: Printed for T. Cadell.

Anderson, Michael. 1972. "Household Structure and the Industrial Revolution: Mid-Nineteenth-Century Preston in Comparative Perspective." In Peter Laslett and Richard Wall, eds., *Household and Family in Past Time.* Cambridge: Cambridge University Press, pp. 215–36.

Anton, James J. and Yao, Dennis A. 1994. "Expropriation and Inventions: Appropriable Rents in the Absence of Property Rights." *American Economic Review,* Vol. 84, No. 1 (March), pp. 190–209.

Antrás, Pol and Voth, Joachim. 2003. "Factor Prices and Productivity Growth during the British Industrial Revolution." *Explorations in Economic History,* Vol. 40, No. 1 (Jan.), pp. 52–77.

Armstrong, John. 1987. "The Role of Coastal Shipping in UK Transport: an Estimate of Comparative Traffic Movements in 1910." *Journal of Transport History,* Vol. 8, No. 2, pp. 164–78, repr. in Amstrong, 1996, pp. 148–62.

———.1996. "Introduction." In John Armstrong, ed., *Coastal and Short Sea Shipping.* Aldershot: Scolar Press, pp. ix–xxiv.

Ashton, T.S. 1924. *Iron and Steel in the Industrial Revolution.* Manchester: Manchester University Press.

———. 1948. *The Industrial Revolution, 1760–1830.* Oxford: Oxford University Press.

———. 1955. *An Economic History of England: The 18th Century.* London: Methuen.

Auerbach, Jeffrey A. 1999. *The Great Exhibition of 1851: A Nation on Display.* New Haven, CT and London: Yale University Press.

Austen, B. 1981. "The Impact of the Mail Coach on Public Coach Service in England and Wales, 1784–1840." *Journal of Transport History,* 3rd series, Vol. 2, No. 1, pp. 164–78, repr. in Gerhold, 1996b, pp. 207–19.

A.Z. 1754. *Some Thoughts relating to Trade in General and to the East India Trade in Particular.* London: printed for R. Baldwin.

Babbage, Charles. 1830. "Reflections on the Decline of Science in Britain and on Some of its Causes." *Quarterly Review* (London), Vol. 43 (May and Oct.), pp. 307–42, repr. New York: Augustus Kelley, 1970.

Bacon, Francis. 1850. *The Works of Francis Bacon,* ed. Basil Montagu. 3 vols. Philadelphia, PA: A. Hart.

———. 1996. *The Major Works,* ed. Brian Vickers. Oxford: Oxford University Press.

Bagwell, Philip S. 1974. *The Transport Revolution from 1770.* London: Batsford.

Baily, Francis. 1808. *The Doctrine of Interest and Annuities Analytically Investigated and Explained.* London: Sold by J. Richardson.

Baines, Edward. 1835. *History of the Cotton Manufacture in Great Britain.* London: H. Fisher.

Baines, Thomas. 1875. *Yorkshire Past & Present: A History and Description of the Three Ridings of the Great County of York,* London: William Mackenzie. http://freepages. genealogy. rootsweb.com/~wakefield/history/baines3.html

Bairoch, Paul. 1982. "International Industrialization Levels from 1750 to 1980." *Journal of European Economic History,* Vol. 11, No. 2 (Spring), pp. 269–333.

Bairoch, Paul. 1988. *Cities and Economic Development from the Dawn of History to the Present.* Chicago: University of Chicago Press.

———. 1989. "European Trade Policy, 1815–1914." In P. Mathias and S. Pollard, eds., *The Cambridge Economic History of Europe,* Vol. 8: *Industrial Economies: The Development of Economic and Social Policies.* Cambridge: Cambridge University Press, pp. 1–160.

Banta, James E. 1987. "Sir William Petty: Modern Epidemiologist." *Journal of Community Health,* Vol. 12, Nos. 2/3 (Summer/Fall), pp. 185–98.

Barbon, Nicholas [N.B., M.D.] 1690. *A Discourse of Trade.* London: Thomas Milbourn, for the author.

Barker, T.C. and Harris, John R. 1954. *A Merseyside Town in the Industrial Revolution: St. Helens, 1750–1900.* Liverpool: Liverpool University Press.

Baston, Thomas. 1728. *Thoughts on Trade, and a Publick Spirit, considered under the following heads, viz. I. Companies in trade. II. Stock–jobbers. III. Projectors ...* 2nd edn., with additions. London: Printed for the Author.

Baumol, William J. 1993. *Entrepreneurship, Management, and the Structure of Payoffs.* Cambridge, Mass.: MIT Press.

———. 2002. *The Free-Market Innovation Machine: Analyzing the Growth Miracle of Capitalism.* Princeton, NJ: Princeton University Press.

Baxby, Derrick. 2004. "Jenner, Edward (1749–1823)." *Oxford Dictionary of National Biography.* Oxford: Oxford University Press.

Beattie, J.M. 1974. "The Pattern of Crime in England, 1660–1800." *Past and Present,* No. 62 (Feb.), pp. 47–95.

———. 1986. *Crime and the Courts in England, 1660–1800.* Princeton, NJ: Princeton University Press.

Beckett, J.V. 1989. "Landownership and Estate Management." *The Agrarian History of England and Wales,* Vol. 6: *1750–1850*, ed. G.E. Mingay. Cambridge: Cambridge University Press, pp. 545–640.

Beckett, J.V. and Turner, Michael. 1990. "Taxation and Economic Growth in Eighteenth-century England." *Economic History Review*, Vol. 43, No. 3 (Aug.), pp. 377–403.

Beddoes, Thomas. 1793. *A Letter to Erasmus Darwin, M.D. on a New Method of Treating Pulmonary Consumption, and Some Other Diseases Hitherto found Incurable.* Bristol: Bulgin and Rosser.

Berg, Maxine. 1980. *The Machinery Question and the Making of Political Economy, 1815–1848.* Cambridge: Cambridge University Press.

———. 1993. "What Difference Did Women's Work Make to the Industrial Revolution?" *History Workshop Journal,* Vol. 35 (Spring), pp. 22–44.

———. 1994. *The Age of Manufactures.* London: Fontana Press. 2nd revised edition, London: Routledge.

———. 2005. *Luxury and Pleasure in Eighteenth-Century Britain.* Oxford: Oxford University Press.

———. 2006. "Britain, Industry and Perceptions of China: Matthew Boulton, 'Useful Knowledge' and the Macartney Embassy to China 1792–94." *Journal of Global History* Vol. 1, No. 2 (May), pp. 269–88

Berg, Maxine. 2007. "The Genesis of Useful Knowledge." *History of Science*, Vol. 45, pt. 2, No. 148 (June), pp. 123–34.

Berg, Maxine and Hudson, Pat. 1992. "Rehabilitating the Industrial Revolution." *Economic History Review*, Vol. 45, No. 1 (Feb), pp. 24–50.

Berlin, Michael. 2008. "Guilds in Decline? London Livery Companies and the Rise of a Liberal Economy." In S.R. Epstein and Maarten Prak, eds., *Guilds, Innovation, and the European Economy, 1400–1800*. Cambridge: Cambridge University Press, pp. 316–41.

Bessemer, Henry. 1905. *An Autobiography*. HTML version produced by Eric Hutton, available at http://www.history.rochester.edu/ehp–book/shb/start.ht

Birse, Ronald M. 1983. *Engineering at Edinburgh University: A Short History, 1673–1983*. Edinburgh: School of Engineering, University of Edinburgh.

Blackstone, William. 1765–69. *Commentaries on the Laws of England*. 1st edn. Oxford: Printed at the Clarendon Press. http://www.yale.edu/lawweb/avalon/blackstone/ blacksto.htm

Blanqui, Adolphe–Jérôme. 1824. *Voyage d'un jeune Français en Angleterre et en Ecosse, pendant l'automne de 1823*. Paris: Dondey–Dupré père et fils.

Blaug, Mark. 1964. "The Poor Law Report Reexamined," *The Journal of Economic History*, Vol. 24, No. 2. (June), pp. 229–45.

Bogart, Dan. 2005a. "Turnpike Trusts and the Transportation Revolution in 18th Century Britain." *Explorations in Economic History*, Vol. 42, No. 4 (Oct.), pp. 479–508.

———. 2005b. "Did Turnpike Trusts Increase Transportation Investment in Eighteenth-century England?" *Journal of Economic History*, Vol. 65, No. 2 (June), pp. 439–68.

Boldrin, Michele and Levine, David K. 2008. *Against Intellectual Monopoly*. Cambridge: Cambridge University Press.

Boot, H.M. 1995. "How Skilled Were Lancashire Cotton Factory Workers in 1833?" *Economic History Review*, Vol. 48, No. 2 (May), pp. 283–303.

Boswell, James. 1793. *The Life of Samuel Johnson, LL.D. Comprehending an Account of his Studies and Numerous Works*. London: Printed by Henry Baldwin.

Boussingault, J.B. 1821. "On the Presence of Silicia Platina and its Presence in Steel." *Repertory of Arts, Manufactures and Agriculture*, 2nd series, Vol. 39, pp. 366–73.

Bouyer, Reynold Gideon. 1789. *An account of the Origin, Proceedings, and Intentions of the Society for the Promotion of Industry*, 3rd edn. *To this Edition is also added, a Report of the Board of Trade to the Lords Justices, by Mr. John Locke, with Notes by the Editor*. Louth: R. Sheardown.

Bowler, Peter J. and Morus, Iwan Rhys. 2005. *Making Modern Science*. Chicago: University of Chicago Press.

Boyd, Robert and Richerson, Peter J. 1985. *Culture and the Evolutionary Process*. Chicago: University of Chicago Press.

———. 2005. *Not by Genes Alone: How Culture Transformed Human Evolution*. Chicago: University of Chicago Press.

Boyer, George R. 1990. *An Economic History of the English Poor Law, 1750–1850*. Cambridge: Cambridge University Press.

Boyle, Robert. 1744. *The Works of the Honourable Robert Boyle*, 5 vols. London: Printed for A. Millar.

Braggion, Fabio. 2006. "Credit Market Constraints and Financial Networks in Late Victorian Britain." Unpublished working paper, Northwestern University, July.

Brenner, Robert. 1985. "Agrarian Class Structure and Economic Development in Pre-Industrial Europe." In T.H. Aston and C.H.E. Philpin, eds., *The Brenner Debate.* Cambridge: Cambridge University Press, pp. 10–63.

Brewer, John. 1982. "Commercialization and Politics." In Neil McKendrick et al., eds, *The Birth of a Consumer Society: The Commercialization of Eighteenth-century England.* Bloomington: Indiana University Press, pp. 197–262.

———. 1988. *The Sinews of Power: War, Money and the English State, 1688–1783.* New York: Alfred A. Knopf.

Brewer, John and Styles, John, eds. 1980. *An Ungovernable People: The English and their Law in the Seventeenth and Eighteenth Centuries.* New Brunswick: Rutgers University Press.

Briggs, Asa. 1959. *The Age of Improvement.* London: Longman.

Broadberry, Stephen and Bishnupriya Gupta. 2009. "Lancashire, India, and Shifting Competitive Advantage in Cotton Textiles, 1700–1850: The Neglected Role of Factor Prices." *Economic History Review*, Vol. 62, No. 2 (May), pp. 279–305.

Brooks, C.W. 1989. "Interpersonal Conflict and Social Tension: Civil Litigation in England, 1640–1830." In A.L. Beier et al., eds., *The First Modern Society: Essays in English History in Honor of Lawrence Stone.* Cambridge: Cambridge University Press. Repr. in Brooks (1998), pp. 27–62.

———. 1998. *Lawyers, Litigation and English Society since 1450.* London: Hambledon Press.

Brown, John C. 1990. "The Condition of England and the Standard of Living: Cotton Textiles in the Northwest, 1806–1850." *Journal of Economic History*, Vol. 50, No. 3 (Sept.), pp. 591–614.

Brown, Jonathan, and Beecham, H.A. 1989. "The Breeding of Horses." In G.E. Mingay, ed., *The Agrarian History of England and Wales*: Vol. 6: *1750–1850.* Cambridge: Cambridge University Press, pp. 351–53.

Broz, J. Lawrence and Grossman, Richard S. 2004. "Paying for Privilege: The Political Economy of Bank of England Charters, 1694–1844." *Explorations in Economic History*, Vol. 41, No. 1 (Jan.), pp. 48–72.

Brunnermeier, Markus K. and Parker, Jonathan A. 2005. "Optimal Expectations." *American Economic Review*, Vol. 95, No. 4 (Sept.), pp. 1092–118.

Brunt, Liam. 2003. "Mechanical Innovation in the Industrial Revolution: The Case of Plough Design." *Economic History Review*, Vol. 56 No. 3 (Aug.), pp. 444–77.

———. 2006a. "Why Was England First: Agricultural Productivity Growth in England and France, 1700–1850." Unpublished ms.

———. 2006b. "Rediscovering Risk: Country Banks as Venture Capital Firms in the First Industrial Revolution." *Journal of Economic History*, Vol. 66, No. 1 (March), pp. 74–102.

———. 2007. "Where There's Muck, There's Brass: The Market for Manure in the Industrial Revolution." *Economic History Review*, Vol. 60, No. 2 (May), pp. 333–72.

Buchan, William. 1772. *Domestic Medicine: or, a Treatise on the Prevention and Cure of Diseases by Regimen and Simple Medicines.* 2nd edition, with considerable additions. London: W. Strahan.

Buchinsky, Moshe, and Polak, Ben. 1993. "The Emergence of a National Capital Market in England, 1710–1880." *Journal of Economic History*, Vol. 53, No. 1 (March), pp. 1–24.

Burke, Peter. 2000. *A Social History of Knowledge.* Cambridge: Polity Press.

Burnette, Joyce. 1997. "An Investigation of the Female–Male Wage Gap During the Industrial Revolution in Britain." *Economic History Review*, New Series, Vol. 50, No. 2 (May), pp. 257–81.

———. 1999. "Laborers at the Oakes: Changes in the Demand for Female Day Laborers at a Farm near Sheffield during the Agricultural Revolution." *Journal of Economic History,* Vol. 39, No. 1 (March), pp. 41–67.

———. 2004. "The Wages and Employment of Female Day Labourers in English Agriculture, 1740–1850." *Economic History Review,* Vol. 57, No. 4, pp. 664–90.

———. 2008. *Gender, Work, and Wages in Industrial Revolution Britain.* New York: Cambridge University Press.

Burton, Anthony. 2000. *Richard Trevithick: Giant of Steam.* London: Aurum Press.

Bythell, Duncan. 1978. *The Sweated Trades.* New York: St Martin's Press.

Cain, P.J. 2006. "Bentham and the Development of the British Critique of Colonialism." Unpublished ms. University of Geneva.

Cain, P. J. and Hopkins, Anthony G. 1980. "The Political Economy of British Expansion Overseas, 1750–1914." *Economic History Review*, New Series, Vol. 33, No. 4 (Nov.), pp. 463–90.

———. 1993. *British Imperialism: Innovation and Expansion.* Harlow, Essex: Longman.

Caird, James. [1852], 1967. *English Agriculture in 1850–51*, ed. with a new introduction by G.E. Mingay. London: Frank Cass.

Campbell, Bruce. 1983. "Arable Productivity in Medieval England: Some Evidence from Norfolk." *Journal of Economic History*, Vol. 43, No. 2 (June, 1983), pp. 379–404.

Campbell, Bruce and Overton, Mark. 1993. "A New Perspective on Medieval and Early Modern Agriculture: Six Centuries of Norfolk Farming c.1250–c.1850." *Past and Present,* No. 141, pp. 38–105.

Campbell, R.H. 1982. "The Enlightenment and the Economy." In R.H. Campbell and Andrew Skinner, eds., *The Origins and Nature of the Scottish Enlightenment.* Edinburgh: John Donald, pp. 8–25.

Capie, Forrest. 2004. "Money and Economic Development in Eighteenth-century England." In Leandro Prados de la Escosura, *Exceptionalism and Industrialization: Britain and its European Rivals, 1688–1815.* Cambridge: Cambridge University Press, pp. 216–34.

Cardwell, Donald S. L. 1972. *Turning Points in Western Technology.* New York: Neale Watson, Science History Publications.

———. 1994. *The Fontana History of Technology.* London: Fontana Press.

Carlyle, Thomas. 1829. "Sign of the Times," *Edinburgh Review* Vol. 49, available at http://www.victorianweb.org/authors/carlyle/signs1.html

Carnot, Sadi. 1824. *Reflections on the Motive Power of Heat.* At http://www.history. rochester. edu/steam/carnot/1943/

Carruthers, Bruce G. 1996. *City of Gold: Politics and Markets in the English Financial Revolution.* Princeton, NJ: Princeton University Press.

Carter, Philip. 2002. "Polite Persons: Character, Biography, and the Gentleman." *Trans actions of the Royal Historical Society.* Vol. 12, pp. 333–54.

Chadwick, Edwin. [1843], 1965. *Report on the Sanitary Condition of the Labouring Population of Great Britain.* London: Her Majesty's Stationery Office, ed. M.W. Flinn. Edinburgh: Edinburgh University Press.

Chaloner, W.H. 1963. *People and Industries*. London: Frank Cass.

Chambers, J.D. and Mingay, G.E. 1966. *The Agricultural Revolution, 1750–1880*. London: Batsford.

Chandler, J.A.C. 1934. "Jefferson and William and Mary." *The William and Mary Quarterly*, 2nd series, Vol. 14, No. 4 (Oct.), pp. 304–07.

Chapman, S.D. 1979. "Financial Restraints on the Growth of Firms in the Cotton Industry, 1790–1850." *Economic History Review*, Vol. 32, No. 1 (Feb.), pp. 50–69.

Chaptal, J.A. 1819. *De l'Industrie Française*. 2 vols. Paris: A.A. Renouard.

Chitnis, Anand. 1976. *The Scottish Enlightenment*. London: Croom Helm.

————. 1986. *The Scottish Enlightenment and Early Victorian English Society*. London: Croom Helm.

Chorley, G.P.H. 1981. "The Agricultural Revolution in Northern Europe, 1750–1880: Nitrogen, Legumes, and Crop Productivity." *Economic History Review*, New Series, Vol. 34, No. 1 (Feb.), pp. 71–93.

Church, Roy. 1984. *The History of the British Coal Industry, Vol. 3: 1830–1913: Victorian Pre–eminence*. Oxford: Clarendon Press.

Cinnirella, Francesco. 2008. "Optimists or Pessimists? A Reconsideration of Nutritional Status in Britain, 1740–1865." *European Review of Economic History*, Vol. 12, No. 3 (Dec.), pp. 325–54.

Clapham, John. 1916. "The Spitalfields Acts, 1773–1824." *Economic Journal*, Vol. 26, No. 104 (Dec.), p. 459–71.

Clark, Anna. 1995. *The Struggle for the Breeches: Gender and the Making of the British Working Class*. Berkeley: University of California Press.

Clark, Gregory. 2001. "Debt, Deficits, and Crowding Out: England, 1727–1840." *European Review of Economic History*, Vol. 5. No. 3 (Dec.), pp. 403–36.

————. 2005. "The Condition of the Working Class in England, 1209–2004." *Journal of Political Economy*, Vol. 113, No. 6 (Dec.), pp. 1307–340.

————. 2007. *A Farewell to Alms*. Princeton: Princeton University Press.

Clark, Gregory and Hamilton, Gillian, 2006. "Survival of the Richest: The Malthusian Mechanism in Pre-Industrial England." *Journal of Economic History*, Vol. 66, No. 3 (Sept.), pp. 707–36.

Clark, Gregory, Huberman, Michael, and Lindert , Peter. 1995. "A British Food Puzzle." *Economic History Review*, New Series, Vol. 48, No. 2 (May), pp. 215–37.

Clark, Gregory and Jacks, David. 2007. "Coal and the Industrial Revolution." *European Review of Economic History*, Vol. 11, No. 1 (April), pp. 39–72.

Clark, Gregory, O'Rourke, Kevin H., and Taylor, Alan M. 2008. "Made in America? The New World, the Old, and the Industrial Revolution." Presented to the session New Comparative Economic History, ASSA, New Orleans, January 5, 2008.

Clark, Gregory and Page, Marianne. 2008. "Welfare Reform, 1834." Unpublished ms., University of California, Davis.

Clark, Jonathan C.D. 1985. *English Society, 1688–1832*. Cambridge: Cambridge University Press.

Clark, Peter. 2000. *British Clubs and Societies, 1580–1800: The Origins of an Associational World*. Oxford: Clarendon Press.

Clark, William. 1991. "The Scientific Revolution in the German Nations." In Roy Porter and Mikuláš Teich, eds., *The Scientific Revolution in National Context.* Cambridge: Cambridge University Press, pp. 90–114.

Clarkson, Leslie A. 1985. *Proto-Industrialization: The First Phase of Industrialization*? London: Macmillan.

Clow, Archibald and Clow, Nan L. 1952. *The Chemical Revolution: A Contribution to Social Technology*. London: Batchworth, repr. New York: Gordon and Breach, 1992.

Cobbett, William. 1821. "Letter to Mr. Gooch." *Cobbett's Political Register*, Vol. 38, pp. 749ff.

Cockburn, Henry. 1856. *Memorials of His Time*. New York: D. Appleton.

Cohen, H. Floris. 2004. "Inside Newcomen's Fire Engine: The Scientific Revolution and the Rise of the Modern World." *History of Technology*, Vol. 25, pp. 111–32.

Cohen, Jay. 1982. "History of Imprisonment for Debt." *Journal of Legal History*, Vol. 3, No. 2 (Sept.), pp. 153–71.

Coleman, Donald C. 1958. *The British Paper Industry: A Study in Industrial Growth*. Oxford: Clarendon Press.

————. 1973. "Gentlemen and Players." *Economic History Review,* Vol. 26, No. 1 (Jan.), pp. 92–116.

————. 1983. "Proto–Industrialization: A Concept Too Many." *Economic History Review*, New Series, Vol. 36, No. 3 (Aug.), pp. 435–48.

Coleman, Donald C. and MacLeod, Christine. 1986. "Attitudes to New Techniques: British Businessmen, 1800–1950." *Economic History Review*, New Series, Vol. 39, No. 4 (Nov.), pp. 588–611.

Colley, Linda. 1992. *Britons: Forging the Nation, 1707–1837*. New Haven, CT: Yale University Press.

Collins, E.J.T. 1969. "Harvest Technology and Labour Supply in Britain, 1790–1870." *Economic History Review*, New Series, Vol. 22, No. 3 (Dec.), pp. 453–73.

Colquhoun, Patrick. 1797. *A Treatise on the Police of the Metropolis; Containing a Detail of the Various Crimes and Misdemeanors.* 5th edn. London: Printed by H. Fry, Finsbury-Place.

Cookson, Gillian. 1997. "Family Firms and Business Networks: Textile Engineering in Yorkshire, 1780–1830." *Business History*, Vol. 39, No. 1 (Jan.), pp. 1–20.

Cooney, E.W. 1991. "Eighteenth Century Britain's Missing Sawmills: A Blessing in Disguise?" *Construction History*, Vol. 7, pp. 29–46.

————. 1998. "Eighteenth-century Britain's Missing Sawmills: A Return Visit." *Construction History*, Vol. 14, pp. 83–88.

Corfield, Penelope. 1995. *Power and the Professions in Britain 1700–1850*. London and New York: Routledge.

Cottrell, P.L. 1980. *Industrial Finance, 1830–1914*. London: Methuen.

Cowan, Brian. 2005. *The Social Life of Coffee: The Emergence of the British Coffeehouse*. New Haven, CT. and London: Yale University Press.

Crafts, Nicholas. 1985. *British Economic Growth during the Industrial Revolution*. Oxford: Oxford University Press.

————. 1997. "Some Dimensions of the 'Quality of Life' during the British Industrial Revolution." *Economic History Review*, Vol. 50, No. 4 (Nov.), pp. 617–39.

————. 2004. "Steam as a General Purpose Technology: A Growth Accounting Perspective." *Economic Journal,* Vol. 114 (April), pp. 338–51.

Crafts, Nicholas and Harley, C. Knick. 1992. "Output Growth and the Industrial Revolution: A Restatement of the Crafts–Harley View." *Economic History Review*, New Series, Vol. 45, No. 4 (Nov.), pp. 703–30.

———. 2004. "Precocious British Industrialization: A General-Equilibrium Perspective." In Leandro Prados de la Escosura, ed., *Exceptionalism and Industrialization: Britain and its European Rivals, 1688–1815*. Cambridge: Cambridge University Press, pp. 86–107.

Crafts, Nicholas and Mills, Terence C. 1997. "Endogenous Innovation, Trend Growth, and the British Industrial Revolution." *Journal of Economic History*, Vol. 57, No. 4 (Dec.), pp. 950–56.

Croarken, Mary. 2002. "Providing Longitude for All: The Eighteenth-century Computers of the Nautical Almanac." *Journal for Maritime Research*, Sept., pp. 1–22.

Crouzet, François. 1965. "Capital Formation in Great Britain During the Industrial Revolution." In *The Proceedings of the Second International Conference of Economic History*. The Hague. Reprinted in Crouzet, ed. 1972, pp. 162–222.

———. ed. 1972. *Capital Formation in the Industrial Revolution*. London: Methuen.

———. 1985. *The First Industrialists: The Problems of Origins*. Cambridge: Cambridge University Press.

———. 1987. *L'Economie Britannique et le blocus continental*. 2nd edn. Paris: Economica.

Crowhurst, Patrick. 1977. *The Defence of British Trade: 1689–1815*. Folkestone: Dawson.

Crowley, John E. 1990. "Neo–mercantilism and the Wealth of Nations: British Commercial Policy after the American Revolution." *The Historical Journal*, Vol. 33, No. 2 (June), pp. 339–60.

Cuenca Esteban, Javier. 1994. "British Textile Prices, 1770–1831: Are British Growth Rates Worth Revising Again?" *Economic History Review*, New Series, Vol. 47, No. 1 (Feb.), pp. 66–105.

———. 1997. "The Rising Share of British Industrial Exports in Industrial Output, 1723–1851." *Journal of Economic History*, Vol. 57, No. 4 (Dec.), pp. 879–906.

———. 2004. "Comparative Patterns of Colonial Trade: Britain and its Rivals." In Leandro Prados de la Escosura, ed., *Exceptionalism and Industrialization: Britain and its European Rivals, 1688–1815*. Cambridge: Cambridge University Press, pp. 35–66.

Cullen, M.J. 1975. *The Statistical Movement in Early Victorian Britain*. New York: Barnes and Noble.

Cunningham, Hugh. 1990. "The Employment and Unemployment of Children in England, c. 1680–1851." *Past and Present*, No. 126 (Feb.), pp. 115–50.

Dam, Kenneth W. 2005. *The Law-Growth Nexus: The Rule of Law and Economic Development*. Washington: Brookings Institution Press.

Darwin, Erasmus. 1794–96. *Zoonomia; or, the Laws of Organic Life*. London: Printed for J. Johnson.

Daston, Lorraine. 1988. *Classical Probability in the Enlightenment*. Princeton, NJ: Princeton University Press.

Daunton, Martin J. 1989. "Gentlemanly Capitalism and British Industry 1820–1914." *Past and Present*, No. 122 (Feb.), pp. 119–58.

Davenant, Charles. [1698], 1771. "Discourses on the Public Revenues, and on the Trade of England." Repr. in Davenant, Charles, *The Political and Commercial Works of that Celebrated Writer Charles D'avenant, LL.D.*, collected and revised by Sir Charles Whitworth, Vol. 1, pp. 150–67. London: Printed for A. Horsfield.

Davenant, Charles.[1699], 1771. *Essay upon the Probable Methods of Making a People Gainers in the Balance of Trade.* London: Printed for J. Knapton. Repr. in Davenant, Charles, *The Political and Commercial Works of that Celebrated Writer Charles D'avenant,* collected and revised by Sir Charles Whitworth, Vol. 2, pp. 168–382. London: Printed for A. Horsfield.

———. 1701. *An Essay upon Ways and Means of Supplying the War*, 3rd edn. London: Jacob Tonson.

David, Paul A. 1975a. "Labor Scarcity and the Problem of Technological Practice and Progress in Nineteenth-century America." In David, *Technical Choice, Innovation and Economic Growth.* Cambridge: Cambridge University Press, pp. 19–91.

———. 1975b. "The Landscape and the Machine." In David, *Technical Choice, Innovation, and Economic Growth.* Cambridge: Cambridge University Press, pp. 233–75.

———. 2004. "Patronage, Reputation, and Common Agency Contracting in the Scientific Revolution." unpub. ms., Stanford University, Aug.

Davidoff, Leonore. 1995. "The Role of Gender in the 'First Industrial Nation': Farming and the Countryside in England, 1780–1850." In Davidoff, *Worlds Between: Historical Perspectives on Gender and Class.* New York: Routledge, pp. 180–205.

Davidoff, Leonore and Hall, Catherine. 1987. *Family Fortunes: Men and Women of the English Middle Class, 1780–1850.* London: Routledge.

Davies, Glyn. 2002. *History of Money from Ancient Times to the Present Day.* Cardiff: University of Wales Press.

Davis, Ralph. 1979. *The Industrial Revolution and British Overseas Trade.* Leicester: Leicester University Press.

Davy, Humphry. [1802], 1840. "A Discourse, Introductory to a Course of Lectures on Chemistry." In *The Collected Works of Sir Humphry Davy,* ed. John Davy, Vol. 2. London: Smith, Elder & Co.

Day, Lance and McNeil, Ian. 1996. *Biographical Dictionary of the History of Technology.* London and New York: Routledge.

Deane, Phyllis and Cole, W.A. 1969. *British Economic Growth, 1688–1959.* 2nd edn. Cambridge: Cambridge University Press.

Defoe, Daniel. 1703. *A Collection of the Writings of the Author of The true-born English-man.* London [no publisher listed].

———. 1704–1713. *Defoe's Review.* Reproduced from the original editions, with an introduction and bibliographical notes by Arthur Wellesley Secord. New York: Published for the Facsimile Text Society by Columbia University Press.

———. 1710. *An Essay upon Publick Credit.* London: Printed and Sold by the Booksellers.

———. [1726–27], 2001. *A General History of Discoveries and Improvement.* Repr. in W.R. Owens and P.N. Furbank, eds., *Writings on Travel, Discovery, and History by Daniel Defoe.* London: Pickering & Chatto.

———. 1727. *The Compleat English Tradesman.* 1st edn. 2 vols. London: C. Rivington.

———. 1728. *A Plan of the English Commerce.* London: Charles Rivington.

———. 1738. *The Complete English Tradesman.* 4th edn. 2 vols. London: C. Rivington.

De Moivre, Abraham. 1725. *Annuities upon Lives: Or, the Valuation of Annuities upon any Number of Lives; as also, of Reversions.* London: Printed by Francis Fayram.

Deng, Kenneth. 2004. "Why the Chinese Failed to Develop a Steam Engine." *History of Technology*, Vol. 25, pp. 151–71.

Desaguliers, John T. 1734–44. *A Course of Experimental Philosophy,* 2 vols. London: printed for John Senex.

———. 1763. *A Course of Experimental Philosophy*, 3rd edn., 2 vols. London: Printed for A. Millar.

De Vries, Jan. 1984. *European Urbanization, 1500–1800*. London: Methuen.

———. 1993. "Between Purchasing Power and the World of Goods: Understanding the Household Economy in Early Modern Europe." In John Brewer and Roy Porter, eds., *Consumption and the World of Goods.* London: Routledge, pp. 85–132.

———. 1994. "The Industrial Revolution and the Industrious Revolution." *Journal of Economic History*, Vol. 54, No. 2 (June), pp. 249–70.

———. 2008. *The Industrious Revolution: Consumer Behavior and the Household Economy, 1650 to the Present.* Cambridge: Cambridge University Press.

d'Holbach, Paul Henri Thiry, Baron. 1786. *Le Bon-sens, ou idées naturelles opposées aux idées surnaturelles.* London: n.p.

Diamond, Jared. 1997. *Guns, Germs and Steel: The Fates of Human Societies.* New York: Norton.

Dickinson, G.C. 1959. "Stage-coach Services in the West Riding of Yorkshire between 1830 and 1840." *Journal of Transport History*, Vol. 4, No. 1, pp. 1–12.

Dickinson, H.W. and Jenkins, Rhys. [1927], 1969. *James Watt and the Steam Engine.* London: Encore Editions, repr. edn.

Doepke, Matthias and Zilibotti, Fabrizio. 2008. "Occupational Choice and the Spirit of Capitalism." *Quarterly Journal of Economics*, Vol. 123, No. 2 (May), pp. 747–93.

Donovan, Arthur L. 1982. "William Cullen and the Research Tradition of Eighteenth-Century Scottish Chemistry." In R.H. Campbell and Andrew Skinner, eds., *The Origins and Nature of the Scottish Enlightenment.* Edinburgh: John Donald, pp. 98–114.

Dubois, A.B. 1938. *The English Business Company after the Bubble Act 1720–1800.* New York and London: Oxford University Press.

Dupin, Charles. 1825. *The Commercial Power of Great Britain: Exhibiting a Complete View of the Public Works of this Country.* London: Printed for C. Knight, 2 vols.

Dutton, H.I. 1984. *The Patent System and Inventive Activity during the Industrial Revolution 1750–1852.* Manchester: Manchester University Press.

Earle, Peter. 1977. *The World of Defoe.* New York: Atheneum.

———. 1989. "The Female Labour Market in London in the Late Seventeenth and Early Eighteenth Centuries." *Economic History Review*, Vol. 42, No. 3 (Aug.), pp. 328–53.

Eastwood, David. 1994. *Governing Rural England: Tradition and Transformation in Local Government 1780–1840.* New York: Oxford University Press.

Eden, Frederick Morton. 1797. *The State of the Poor: or, an History of the Labouring Classes in England,* 3 vols. London: J. Davis.

———. 1801. *Observations on Friendly Societies, for the Maintenance of the Industrious Classes, during Sickness, Infirmity, Old Age, and other Exigencies.* London: Printed for J. White.

Ekelund, Robert B. Jr. and Tollison, Robert D. 1981. *Mercantilism as a Rent-Seeking Society.* College Station: Texas A&M University Press.

———. 1997. *Politicized Economies: Monarchy, Monopoly, and Mercantilism.* College Station: Texas A&M University Press.

Elias, Norbert. 1978. *The Civilizing Process, Vol. I: The History of Manners.* New York: Pantheon Books.

Elliott, Paul. 2000. "The Birth of Public Science in the English Provinces: Natural Philosophy in Derby, c. 1690–1760." *Annals of Science*, Vol. 57, No. 4 (Oct.), pp. 61–101.

———. 2003. "The Origins of the 'Creative Class': Provincial Urban Society, Scientific Culture, and Socio-political marginality in Britain in the Eighteenth and Nineteenth Centuries." *Social History*, Vol. 28, No. 3, pp. 361–87.

Ellis, William. 1750. *The Modern Husbandman*, 8 vols. London: Printed for D. Browne, C. Davis, J. Shuckburgh, J. Whiston, and L. Davis, and J. Ward.

Eltis, David and Engerman, Stanley L. 2000. "The Importance of Slavery and the Slave Trade to Industrializing Britain." *Journal of Economic History*, Vol. 60, No. 1 (March), pp. 123–44.

Emerson, Roger. 2003. "The Contexts of the Scottish Enlightenment." In Alexander Broadie, ed., *The Cambridge Companion to the Scottish Enlightenment.* Cambridge: Cambridge University Press, pp. 9–30.

Emsley, Clive. 2005. *Crime and Society in England, 1750–1900*. 3rd edn., Harlow, Essex: Pearson Longman.

Engels, Friedrich. [1845]. 1958. *The Condition of the Working Class in England.* Ed. and trans. by W.O. Henderson and W.H. Chaloner. Stanford, Calif.: Stanford University Press.

Engerman, Stanley L. 1994. "Reflections on the 'Standard of Living Debate': New Arguments and New Evidence." In John A. James and Mark Thomas, eds., *Capitalism in Context: Essays on Economic Development and Cultural Change in Honor of* R.M. *Hartwell.* Chicago: University of Chicago Press, pp. 50–79.

———. 2004. "Institutional Change and British Supremacy, 1650–1850: Some Reflections." In Leandro Prados de la Escosura, ed., *Exceptionalism and Industrialization: Britain and its European Rivals, 1688–1815*. Cambridge: Cambridge University Press, pp. 261–82.

Erickson, Amy Louise. 2005. "Coverture and Capitalism." *History Workshop Journal*, Vol. 59, No. 1, pp. 1–16.

An Essay upon Public Credit, in a Letter to a Friend. Occasioned by the Fall of Stocks, 3rd edn. London: H. Carpenter, 1748.

Evelyn, John. [1661], 1772. *Fumifugium: or, the Inconvenience of the Aer, and Smoake of London Dissipated. Together with some Remedies Humbly Proposed.* London: Printed by W. Godbid.

Falkus, M.E. 1967. "The British Gas Industry before 1850." *Economic History Review*, Vol. 20, No. 3 (Dec.), pp. 494–508.

———. 1982. "The Early Development of the British Gas Industry, 1790–1815." *Economic History Review*, Vol. 35, pp. 217–34.

Farey, John. 1827. *A Treatise on the Steam Engine, Historical, Practical and Descriptive, Vol. I.* London: Longman.

———. 1971. *A Treatise on the Steam Engine, Historical, Practical and Descriptive, Vol. II.* Newton Abbot: David and Charles.

Feinstein, Charles. 1978. "Capital Formation in Great Britain." In P. Mathias and M. M. Postan, eds., *The Cambridge Economic History of Europe*, Vol. 7. Cambridge: Cambridge University Press, pp. 28–96.

———. 1981. "Capital Accumulation and the Industrial Revolution." In Roderick C. Floud and D.N. McCloskey, eds., *The Economic History of Britain since 1700. Vol. 1.* Cambridge: Cambridge University Press, pp. 128–42.

Feinstein, Charles. 1988. "The Rise and Fall of the Williamson Curve." *Journal of Economic History*, Vol. 48, No. 3 (Sept.), pp. 699–729.

————. 1998a. "Pessimism Perpetuated: Real Wages and the Standard of Living in Britain During and After the Industrial Revolution." *Journal of Economic History*, Vol. 58, No. 3 (Sept.), pp. 625–58.

————. 1998b. "Wage-earnings in Great Britain during the Industrial Revolution." In Iain Begg and S.G.B. Henry, eds., *Applied Economics and Public Policy*. Cambridge: Cambridge University Press, pp. 181–208.

Ferguson, Adam. 1767. *An Essay on the History of Civil Society*. Dublin: Boulter Grierson.

Ferguson, Eugene S. 1971. "The Measurement of the 'Man-Day'." *Scientific American*, Vol. 225 (Oct.), pp. 96–103.

Fildes, Valerie A. 1986. *Breasts, Bottles and Babies: A History of Infant Feeding*. Edinburgh: Edinburgh University Press.

Findlay, Ron and O'Rourke, Kevin. 2007. *Power and Plenty: Trade, War, and the World Economy in the Second Millennium*. Princeton, NJ: Princeton University Press.

Finn, Margot. 2003. *The Character of Credit: Personal Debt in English Culture, 1740–1914*. Cambridge: Cambridge University Press.

Flinn, Michael W. 1959. "Timber and the Advance of Technology: A Reconsideration." *Annals of Science* Vol. 15, pp. 109–20.

————. 1962. *Men of Iron: The Crowleys in the Early Iron Industry*. Edinburgh: Edinburgh University Press.

————. 1965. "Introduction" to Chadwick [1843], 1965.

————. 1978. "Technical Change as an Escape from Resource Scarcity: England in the Seventeenth and Eighteenth Centuries." In William N. Parker and Antoni Maczak, eds., *Natural Resources in European History*. Washington, D.C.: Resources for the Future.

————. 1981. *The European Demographic System, 1500–1820*. Baltimore, MD.: Johns Hopkins University Press.

————. 1984. *The History of the British Coal Industry, Vol. 2: 1700–1830, The Industrial Revolution*. Oxford: Clarendon Press.

Floud, Roderick C., Wachter, Kenneth, and Gregory, Annabel. 1990. *Height, Health, and History: Nutritional Status in the United Kingdom, 1750–1980*. Cambridge: Cambridge University Press.

Fogel, Robert W. 1983. "Scientific History and Traditional History." In Robert W. Fogel and G.R. Elton, eds., *Which Road to the Past?* New Haven, CT and London: Yale University Press, pp. 5–70.

————. 2004. *The Escape from Hunger and Premature Death: Europe, America, and the Third World*. Cambridge: Cambridge University Press.

Fogel, Robert W., Floud, Roderick C., and Harris, B. forthcoming. "A Treatise on Technophysio Evolution and Consumption." In progress.

Ford, Richard. 1926. "Imprisonment for Debt." *Michigan Law Review*, Vol. 25, No. 1 (Nov.), pp. 24–49.

Foreman-Peck James. 1991. "Railways and Late Victorian Economic Growth." In James Foreman-Peck, ed. *New Perspectives on the Late Victorian Economy: Essays in Quantitative Economic History, 1860–1914*. Cambridge: Cambridge University Press, pp. 73–95.

Fouquet, Roger and Pearson, Peter J.G. 2006. "Seven Centuries of Energy Services: The Price and Use of Light in the United Kingdom, 1300–2000." *The Energy Journal*, Vol. 27, No. 1, pp. 139–77.

Frank, Johann Peter. [1786], 1976. *A System of Complete Medical Police*, selected and edited by Erna Lesky. Baltimore, MD.: Johns Hopkins University Press.

Franklin, Benjamin. 1760. *New Experiments and Observations on Electricity. Made at Philadelphia in America. By Benjamin Franklin, Esq; and Communicated in Several Letters to Peter Collinson, Esq; of London, F.R.S.* Part I. 3rd edn. London: D. Henry and R. Cave at St. John's Gate.

———. [1783], 1907. *The Writings of Benjamin Franklin*, edited by Albert Henry Smyth. New York: Macmillan.

———. 1887. *The Works of Benjamin Franklin* edited by John Bigelow. New York: Putnam's Sons.

Freeman, Michael. 1980. "Transporting Methods in the British Cotton Industry during the Industrial Revolution." *Journal of Transport History*, 3rd Series, No. 1, Col. 1 (Sept.), pp. 59–73.

Friedman, Benjamin M. 2005. *The Moral Consequences of Economic Growth*. New York: Alfred Knopf.

Gale, K.W.V. 1961–62. "Wrought Iron: A Valediction." *Transactions of the Newcomen Society*, Vol. 36, pp. 1–11.

Galloway, Patrick R. 1988. "Basic Patterns in Annual Variations in Fertility, Nuptiality, Mortality, and Prices in Pre-industrial Europe." *Population Studies*, Vol. 42, No. 2 (July), pp. 275–302.

Galor, Oded. 2005. "From Stagnation to Growth: Unified Growth Theory." In Philippe Aghion and Steven N. Durlauf, eds., *Handbook of Economic Growth*, Vol. 1A, pp. 171–293.

Galor, Oded and Moav, Omer. 2002. "Natural Selection and the Origins of Economic Growth." *Quarterly Journal of Economics*, Vol. 117, No. 4 (Nov.), pp. 1133–91.

———. 2006. "Das Human Kapital: A Theory of the Demise of the Class Structure." *Review of Economic Studies*, Vol. 73, No. 1 (Jan.), pp. 85–117.

Galor Oded and Weil, David N. 2000. "Population, Technology, and Growth: From Malthusian Stagnation to the Demographic Transition and Beyond." *American Economic Review*, Vol. 90, No. 4 (Sept.), pp. 806–28.

Garrison, Fielding H. 1929. *Introduction to the History of Medicine*. 4th edn., Philadelphia, PA: W. B. Saunders.

Gaskell, Peter. 1833. *The Manufacturing Population of England, its Moral, Social and Physical Conditions*. London: Baldwin and Cradock.

Gay, Peter. 1966. *The Enlightenment*. Vol 1: *The Rise of Modern Paganism*. New York: Norton.

———. 1969. *The Enlightenment*. Vol. 2: *The Science of Freedom*. New York: Norton.

George, M. Dorothy. 1966. *London Life in the Eighteenth Century*. 2nd edn., Harmondsworth: Penguin Books.

Geraghty, Thomas M. 2007. "The Factory System in the British Industrial Revolution: A Complementarity Thesis." *European Economic Review*, Vol. 51, No. 6 (Aug.), pp. 1329–50.

Gerhold, Dorian. 1996a. "Productivity Change in Road Transport before and after Turnpiking, 1690–1840." *Economic History Review*, Vol. 49, No. 3 (Aug.), pp. 491–515.

———. ed. 1996b. *Road Transport in the Horse-Drawn Era (Studies in Transport History)*. Aldershot: Scolar Press.

Gillispie, Charles C. 1960. *The Edge of Objectivity*. Princeton, NJ: Princeton University Press.

Gillispie, Charles C. 1980. *Science and Polity in France at the End of the Old Regime*. Princeton, NJ: Princeton University Press.

Godwin, William. 1798. *Enquiry Concerning Political Justice and its Influence on Morals and Happiness*. 3rd edn., corrected. London: Paternoster Row, printed for G.G. and J. Robinson.

Goldstone, Jack A. 1991. "The Cause of Long Waves in Early Modern Economic History." In Joel Mokyr, ed., *The Vital One: Essays in Honor of J.R.T. Hughes*. Greenwich, CT: JAI Press, pp. 51–92.

————. 1996. "Gender, Work, and Culture: Why the Industrial Revolution came Early to England but Late to China." *Sociological Perspectives*, Vol. 39, No. 1 (spring), pp. 1–21.

Golinski, Jan. 1992. *Science as Public Culture: Chemistry and Enlightenment in Britain, 1760–1820*. Cambridge: Cambridge University Press.

————. 2004. "Nicholson, William (1753–1815)." *Oxford Dictionary of National Biography*. Oxford: Oxford University Press.

Gourvish, T.R. 1980. *Railways and the British Economy*. London: Macmillan.

————. 1988. "Railways 1830–1870: The Formative Years." In Michael J. Freeman and Derek H. Aldcroft, eds., *Transport in Victorian Britain*. Manchester and New York: Manchester University Press, pp. 58–91.

Grabiner, Judith. 1998. "'Some Disputes of Consequence': MacLaurin among the Molasses Barrels." *Social Studies of Science*, Vol. 28, No. 1, pp. 139–68.

————. 2004. "Newton, Maclaurin, and the Authority of Mathematics." *American Mathematical Monthly*, Vol. 111, no. 10 (Dec.), pp. 841–52.

Grampp, William D. 1987a. "How Britain Turned to Free Trade." *Business History Review*, Vol. 61, No. 1 (spring), pp. 86–112.

————. 1987b. "Britain and Free Trade: In Whose Interest?" *Public Choice*, Vol. 55, No. 3, pp. 245–56.

Great Britain, B.P.P. 1806. Vol. III, No. 268 ("Select Committee on the State of the Woollen Manufacture of England").

————. B.P.P. 1808. Vol. II, No. 177 ("Select Committee on Petitions of Cotton Manufacturers and Journeymen Cotton Weavers").

————. B.P.P. 1818. Vol. VI, No. 376 ("Report from the Select Committee on the Usury Laws").

————. B.P.P. 1829. Vol. III, No. 332 ("Select Committee on State of Law and Practice relative to Granting of Patents for Inventions").

————. B.P.P. 1831–32. Vol. XXVI, No. 90 (" Return of Number of Friendly Societies filed by Clerks of Peace in Great Britain and Ireland, 1793–1831").

————. B.P.P. 1833. Vol. VI, No. 690 ("Select Committee on the State of Manufactures, Commerce and Shipping").

————. B.P.P. 1834a. Vol. XIX, No. 167 ("Royal Commission on Employment of Children in Factories, Supplementary Reports, Parts I and II").

————. B.P.P. 1834b. Vols. XXVII–XXXIX ("Report from His Majesty's Commissioners for Inquiry into the Administration and Practical Operation of the Poor Laws").

Great Britain. B.P.P. 1839. Vol. XVI, No. 187 ("First Annual Report of the Registrar General").

———. B.P.P. 1840. Vol. XI, No. 384 ("Report of the Select Committee on Health of Towns").

———. B.P.P. 1841. Vol. VII, No. 201 ("Select Committee on Operation of Laws Affecting the Exportation of Machinery, first report").

———. B.P.P. 1842. Vols. XV–XVII, Nos. 380–382 ("First Report of the Royal Commission on Children's Employment in Mines and Manufactories").

———. B.P.P. 1843. Vol. XII, No. 510 ("Reports of Special Assistant Poor Law Commissioners on Employment of Women and Children in Agriculture").

———. B.P.P. 1844a. Vol. XVII, No. 572 ("First Report of Royal Commission for inquiring into State of Large Towns and Populous Districts").

———. B.P.P. 1844b. Vol. XXVII, No. 587 ("Abstract of the Answers ... for Taking an Account of the Population of Great Britain," [1841 Census]).

———. B.P.P. 1845. Vol. XVIII, Nos. 602, 610. ("Second Report of Royal Commission for inquiring into State of Large Towns and Populous Districts").

———. B.P.P. 1851. Vol. XVIII, No. (486) ("Select Committee of House of Lords to consider Bills for Amendment of Law touching Letters Patent for Inventions").

———. B.P.P. 1852–53a. Vols. LXXXV–LXXXVIII, Nos. 163–66 ("Census of Great Britain: Population Tables").

———. B.P.P. 1852–53b. Vol. LXXXVIII, Pts 1–2, Nos. 1691–I–II ("Population Tables, 1851, Part II. Ages and Occupations").

———. B.P.P. 1856. Vol. VIII, No. 379 ("Select Committee to Inquire into Adulteration of Food, Drinks and Drugs").

———. B.P.P. 1864. Vol. XXIX, No. 3419 ("Royal Commision to Inquire into Working of Law Relating to Letters Patent for Inventions").

Green, David R. and Owens, Alastair. 2003. "Gentlewomanly Capitalism? Spinsters, Widows and Wealth Holding in England and Wales, c. 1800–1960." *Economic History Review*, Vol. 56, No. 3 (Aug.), pp. 510–36.

Greif, Avner. 2005. *Institutions and the Path to the Modern Economy: Lessons from Medieval Trade.* Cambridge: Cambridge University Press.

———. 2006. "Family Structure, Institutions, and Growth: The Origins and Implications of Western Corporations." *American Economic Review*, Vol. 96, No. 2 (May), pp. 308–12.

Greif, Avner and Sasson, Diego. 2009. "Risk, Institutions and Growth: Why England and Not China?" Unpublished ms., Stanford University.

Griffiths, John. 1992. *The Third Man: The Life and Times of William Murdoch.* London: André Deutsch.

Grosley, Pierre Jean. 1772. *A Tour to London; or, New Observations on England, and its Inhabitants,* translated from the French by Thomas Nugent. London: Printed for Lockyer Davis.

Grossman, Richard S. 2009. *The Evolution of Commercial Banking in the Industrialized World since 1800.* Unpublished ms., Wesleyan University.

Habakkuk, H.J. 1962. *American and British Technology in the Nineteenth Century: The Search for Labor-saving Inventions.* Cambridge: Cambridge University Press.

Habermas, Jürgen. 1991. *The Structural Transformation of the Public Sphere: An Inquiry into a Category of Bourgeois Society.* Cambridge, MA: MIT Press.

Halstead, P.E. 1961–62. "The Early History of Portland Cement." *Transactions of the Newcomen Society*, Vol. 34, pp. 37–54.

Hamlin, Christopher. 2006. "William Pulteney Alison, the Scottish Philosophy, and the Making of a Political Medicine." *Journal of the History of Medicine and Allied Sciences*, Vol. 61, No. 2, April 2006, pp. 144–86.

Hammersley, G. 1973. "The Charcoal Iron Industry and its Fuel, 1540–1750." *Economic History Review*, Vol. 24, pp. 593–613.

Hampson, Norman. 1968. *The Enlightenment: An Evaluation of its Assumptions, Attitudes and Values*. Harmondsworth: Penguin Books.

Harley, C. Knick. 1988. "Ocean Freight Rates and Productivity, 1740–1913: The Primacy of Mechanical Invention Reaffirmed." *Journal of Economic History*, Vol. 48, No. 4 (Dec.), pp. 851–76.

————. 1994. "Foreign Trade: Comparative Advantage and Performance." In Roderick C. Floud and D.N. McCloskey, eds., *The Economic History of Britain Since 1700*, Vol. 1. Cambridge: Cambridge University Press, pp. 300–31.

————. 1998. "Re-assessing the Industrial Revolution: A Macro View." In Joel Mokyr, ed., The British Industrial Revolution: An Economic Perspective. Boulder, CO: Westview Press, pp. 160–205.

————. 2004. "Trade: Discovery, Mercantilism and Technology." In Roderick C. Floud and Paul Johnson, eds., *The Cambridge Economic History of Britain, 1700–2000*, Vol. 1. Cambridge: Cambridge University Press, pp. 175–203.

Harling, Philip. 1995. "Rethinking 'Old Corruption'." *Past and Present*, No. 147 (May), pp. 127–58.

————. 1996. *The Waning of 'Old Corruption': The Politics of Economical Reform in Britain, 1779–1846*. Oxford: Clarendon Press.

Harris, John R. 1956. "Liverpool Canal Controversies." *Journal of Transport History*, Vol. 2, No. 3, pp. 158–74.

————. 1966. "Copper and Shipping in the Eighteenth Century." *Economic History Review*, New Series, Vol. 19, No. 3 (Aug.), pp. 550–68.

————. 1988. *The British Iron Industry, 1700–1850*. Houndsmill and London: Macmillan Education.

————. 1992. "Skills, Coal and British Industry in the Eighteenth Century." In J.R. Harris, *Essays in Industry and Technology in the Eighteenth Century*. Aldershot: Ashgate/Variorum.

————. 1998. *Industrial Espionage and Technology Transfer: Britain and France in the Eighteenth Century*. Aldershot: Ashgate.

————. 2004. "Williams, Thomas (1737–1802)", *Oxford Dictionary of National Biography*, Oxford: Oxford University Press.

Harris, Ron. 2000. *Industrializing English Law: Entrepreneurship and Business Organization, 1720–1844*. Cambridge: Cambridge University Press.

————. 2004. "Government and the Economy, 1688–1850." In Roderick C. Floud and Paul Johnson, eds., *The Cambridge Economic History of Modern Britain*, Vol. 1. Cambridge: Cambridge University Press, pp. 204–37.

Harrison, Paul. 2003. "The Economic Effects of Innovation, Regulation, and Reputation on Derivatives Trading: Some Historical Analysis of Early 18th Century Stock Markets." Unpublished, Federal Reserve Board, Washington, D.C.

Hart, Ivor Blashka. 1949. *James Watt and the History of Steam Power.* New York: Henry Schuman.

Hartwell, R.M. 1971. *The Industrial Revolution and Economic Growth.* London: Methuen.

Hartwell, R.M. and Engerman, S.L. 1975. "Models of Immiseration: The Theoretical Basis of Pessimism." In Arthur J. Taylor, ed., *The Standard of Living in Britain During the Industrial Revolution.* London: Methuen, pp. 189–213.

Hassall, Arthur Hill. 1855. *Food and its Adulterations.* London: Longman, Brown, Green and Longmans.

Hassan, J.A. 1985. "The Growth and Impact of the British Water Industry in the Nineteenth Century." *Economic History Review*, Vol. 38, No. 4 (Nov.), pp. 531–547.

Hawke, G.R. 1970. *Railways and Economic Growth in England and Wales, 1840–1870.* Oxford: Oxford University Press.

Hawke, Gary and Higgins, J.P.P. 1981. "Transport and Social Overhead Capital." In Roderick C. Floud and D.N. McCloskey, eds., *The Economic History of Britain Since 1700*, Vol. 1, 1st edn., pp. 227–52.

Hawkins, Francis Bisset. [1829], 1973. *Elements of Medical Statistics.* Repr. edition, Farnborough, Hants.: Gregg, International.

Hay, Douglas et al., eds. 1976. *Albion's Fatal Tree: Crime and Society in Eighteenth–Century England.* New York: Pantheon Books.

Headrick, Daniel. 2000. *When Information Came of Age: Technologies of Knowledge in the Age of Reason and Revolution, 1700–1850.* New York: Oxford University Press.

Heaton, Herbert. 1946. "A Merchant Adventurer in Brazil." *Journal of Economic History*, Vol. 6, No. 1 (May), pp. 1–23.

Heesom, A.J. 2004. "Buddle, John (1773–1843)." *Oxford Dictionary of National Biography.* Oxford: Oxford University Press.

Heilbron, J.L. 1990. "Introductory Essay." In *The Quantifying Spirit in the 18th Century*, ed. by Tore Frängsmyr, J.L. Heilbron, and Robin E. Rider. Berkeley: University of California Press, pp. 1–23.

Helling, Gertrud. 1977. *Nahrungsmittel-Produktion und Weltaussenhandel seit Anfang des 19. Jahrhunderts.* Berlin: Akademie Verlag.

Henderson, W.O. 1954. *Britain and Industrial Europe, 1750–1870; Studies in British Influence on the Industrial Revolution in Western Europe.* Liverpool: Liverpool University Press.

Herman, Arthur. 2001. *How the Scots Invented the Modern World.* New York: Crown.

Hersch, Jonathan and Voth, Joachim. 2009. "Sweet Diversity: Colonial Goods and the Rise of European Living Standards after 1492." Unpublished ms., University Pompeu Fabreu.

Hilaire–Pérez, Liliane. 2000. *L'Invention technique au siècle des lumières.* Paris: Albin Michel.

————. 2007. "Technology as Public Culture." *History of Science*, Vol. 45, pt. 2, No. 148 (June), pp. 135–53.

Hills, Richard L. 1970. *Power in the Industrial Revolution.* Manchester: Manchester University Press.

————. 1989. *Power from Steam: A History of the Stationary Steam Engine.* Cambridge: Cambridge University Press.

————. 1994. *Power from Wind.* Cambridge: Cambridge University Press.

Hilton, Boyd. 1977. *Corn, Cash, Commerce: The Economic Policies of the Tory Governments 1815–1830.* Oxford: Oxford University Press.

Hilton, Boyd. 1979. "Peel: A Reappraisal." *Historical Journal*, Vol. 22, No. 3 (Sept.), pp. 585–614.

———. 2006. *A Mad, Bad and Dangerous People? England, 1783–1846.* Oxford: Clarendon Press.

Himmelfarb, Gertrude. 1971. "Mayhew's Poor: A Problem of Identity." *Victorian Studies*, Vol. 14, No. 3 (March), pp. 307–20.

———. 2004. *The Roads to Modernity: The British, French, and American Enlightenments.* New York: Vintage Books.

Hirsch, Fred. 1976. *Social Limits to Growth.* Cambridge, Mass.: Harvard University Press.

Hirschman, Albert O. 1977. *The Passions and the Interests: Political Arguments for Capitalism before its Triumph.* Princeton, NJ: Princeton University Press.

Hobsbawm, Eric. 1968. *Industry and Empire.* Harmondsworth: Penguin Books.

———. 1997. "Barbarism: A User's Guide." In Hobsbawm, *On History.* New York: New Press, pp. 253–65.

Hobson, John M. 2004. *The Eastern Origins of Western Civilisation.* Cambridge: Cambridge University Press.

Hodgskin, Thomas. 1825. *Labour Defended against the Claims of Capital.* 2nd edn. London: Knight and Lacey.

Hodgson, R.A. 1976. "The Economics of English Country Banking." *The Banker*, Vol. 126, Part 1. London: Banker Division of the *Financial Times.*

Hohenberg, Paul M. and Lees, Lynne Hollen. 1985. *The Making of Urban Europe, 1000–1950.* Cambridge, Mass.: Harvard University Press.

Hollingsworth, T.H. 1977. "Mortality in the British Peerage Families Since 1600." *Population* (French edn.), Vol. 32, special issue (Sept.), pp. 323–52.

Home, Francis. 1756. *The Principles of Agriculture and Vegetation.* Edinburgh: Sands, Donaldson, Murray, and Cochran for A. Kincaid and A. Donaldson.

Home, R.W. 2003. "Electricity." In J.L. Heilbron, ed., *The Oxford Companion to the History of Modern Science.* Oxford: Oxford University Press, pp. 234–36.

Honeyman, Katrina. 2000. *Women, Gender and Industrialisation in England, 1780–1870.* New York: St Martin's Press.

Hont, Istvan. 2005. *Jealousy of Trade: International Competition and the Nation-State in Historical Perspective.* Cambridge, Mass.: Harvard University Press.

Hopkins, Donald R. 1983. *Princes and Peasants: Smallpox in History.* Chicago: University of Chicago Press.

Hopkins, Eric. 1989. *Birmingham: The First Manufacturing Town in the World, 1760–1840.* London: Weidenfeld and Nicolson.

Hoppit, Julian. 1986a. "The Use and Abuse of Credit in Eighteenth-century England." In Neil McKendrick and R.B. Outhwaite, eds., *Business Life and Public Policy: Essays in Honour of D.C. Coleman.* Cambridge: Cambridge University Press, pp. 64–78.

———. 1986b. "Financial Crises in Eighteenth-century England." *Economic History Review*, Vol. 39, No. 1 (Feb.), pp. 39–58.

———. 1987. *Risk and Failure in English Business, 1700–1800.* Cambridge: Cambridge University Press.

———. 1990. "Attitudes to Credit in Britain, 1680–1790." *Economic History Review*, Vol. 33, No. 2 (July), pp. 305–22.

———. 1993. "Reforming Britain's Weights and Measures, 1660–1824." *English Historical Review*, Vol. 108, No. 426 (Jan.), pp. 82–104.

Hoppit, Julian. 1996. "Patterns of Parliamentary Legislation, 1660–1800." *The Historical Journal*, Vol. 39, No. 1 (March), pp. 109–31.

———. 2000. *A Land of Liberty? England, 1689–1720*. Oxford: Oxford University Press.

Horkheimer, Max and Adorno, Theodor W. [1947], 2002. *Dialectic of Enlightenment*, ed. by Gunzelin Schmid Noerr. Stanford, Calif.: Stanford University Press.

Horrell, Sara. 1996. "Home Demand and British Industrialization." *Journal of Economic History*, Vol. 56, No. 3 (Sept.), pp. 561–604.

Horrell, Sara and Humphries, Jane. 1992. "Old Questions, New Data, and Alternative Perspectives: Families' Living Standards in the Industrial Revolution." *Journal of Economic History*, Vol. 52, No. 4 (Dec.), pp. 849–80.

———. 1995a. "Women's Labor Force Participation and the Transition to the Male-Breadwinner Family, 1790–1865." *Economic History Review*, New Series, Vol. 48, No. 1 (Feb.), pp. 89–117.

———. 1995b. "'The Exploitation of Little Children': Child Labor and the Family Economy in the Industrial Revolution." *Explorations in Economic History*, Vol. 32, No. 4 (Oct.), pp. 485–516.

Houghton, Walter E. Jr. 1941. "The History of Trades: Its Relation to Seventeenth-Century Thought As Seen in Bacon, Petty, Evelyn, and Boyle." *Journal of the History of Ideas*, Vol. 2, No. 1 (Jan.), pp. 33–60.

Howe, Anthony. 2002. "Restoring Free Trade: The British Experience, 1776–1873." In Donald Winch and Patrick O'Brien, eds., *The Political Economy of the British Historical Experience, 1688–1914*. Oxford: Oxford University Press, pp. 193–213.

Hubbard, Philippa. 2009. "The Art of Advertising: Trade Cards in Eighteenth-Century Consumer Cultures." PhD diss., University of Warwick.

Huberman, Michael. 1996. *Escape from the Market: Negotiating Work in Lancashire*. Cambridge: Cambridge University Press.

Huck, Paul F. 1994. "Infant Mortality in Nine Industrial Parishes in Northern England, 1813–1836." *Population Studies*, Vol. 43, No. 3 (Nov.), pp. 513–26.

———. 1995. "Infant Mortality and Living Standards of English Workers During the Industrial Revolution." *Journal of Economic History*, Vol. 55, No. 3 (Sept.), pp. 528–50.

Hudson, Pat. 1986. *The Genesis of Industrial Capital: A Study of West Riding Wool Textile Industry, c. 1750–1850*. Cambridge: Cambridge University Press.

Hughes, Jonathan R.T. 1969. "Henry Mayhew's London." *Journal of Economic History*, Vol. 29, No. 3 (Sept.), pp. 526–36.

———. 1970. *Industrialization and Economic History*. New York: McGraw-Hill.

Hume, David. 1758. *Essays and Treatises on Several Subjects*. London: Printed for A. Millar.

———. 1773. *Dialogues concerning Natural Religion*, 2nd edn. London: n.p.

———. [1777], 1985. *Essays: Moral, Political, and Literary*. Ed. by Eugene F. Miller. Indianapolis: Liberty Fund.

Humphries, Jane. 1981. "Protective Legislation, the Capitalist State, and Working Class Men: The Case of the 1842 Mines Regulation Act." *Feminist Review*, No. 7 (spring), pp. 1–33.

———. 1990. "Enclosures, Common Rights, and Women: The Proletarianization of Families in the Late Eighteenth and Early Nineteenth Centuries." *Journal of Economic History*, Vol. 50, No. 1 (March), pp. 17–42.

Humphries, Jane. 2003. "English Apprenticeships: A Neglected Factor in the first Industrial Revolution." In Paul A. David and Mark Thomas, eds., *The Economic Future in Historical Perspective*. Oxford: Oxford University Press, pp. 73–102.

————. 2004. "Household Economy," In Roderick C. Floud and Paul Johnson, eds., *The Cambridge Economic History of Modern Britain*, Vol. 1. Cambridge: Cambridge University Press, pp. 238–67.

————. 2009. *Through the Mill: Child Labour and the British Industrial Revolution*. Cambridge University Press, in press.

Hutchinson, Terence. 1988. *Before Adam Smith: The Emergence of Political Economy, 1662–1776*. Oxford: Blackwell.

Hutton, William. 1795. *An History of Birmingham* 3rd edn. Birmingham: Thomas Pearson.

Hyde, Charles. 1977. *Technological Change and the British Iron Industry*. Princeton, NJ: Princeton University Press.

Inikori, Joseph. 2002. *Africans and the Industrial Revolution in England: A Study in International Trade and Economic Development*. New York: Cambridge University Press.

Inkster, Ian. 1976. "Science and the Mechanics' Institutes, 1820–1850: The Case of Sheffield." *Annals of Science*, Vol. 32, pp. 451–74.

————. 1991. *Science and Technology in History: An Approach to Industrial Development*. New Brunswick, NJ: Rutgers University Press.

Innis, Joanna. 2002. "The Distinctiveness of the English Poor Laws, 1750–1850." In Donald Winch and Patrick O'Brien, eds., *The Political Economy of the British Historical Experience, 1688–1914*. Oxford: Oxford University Press, pp. 381–407.

Irwin, Douglas A. 1988. "Welfare Effects of British Free Trade: Debate and Evidence from the 1840s." *Journal of Political Economy*, Vol. 96, No. 6 (Dec.), pp. 1142–64.

————. 1989. "Political Economy and Peel's Repeal of the Corn Laws." *Economics and Politics*, Vol. 1, No. 1 (spring), pp. 41–59.

————. 1996. *Against the Tide: An Intellectual History of Free Trade*. Princeton, NJ: Princeton University Press.

Isichei, Elizabeth. 1970. *Victorian Quakers*. Oxford: Oxford University Press.

Jablonka, Eva and Lamb, Marion J. 2005. *Evolution in Four Dimensions*. Cambridge, Mass.: MIT Press.

Jackman, W.T. [1916], 1962. *The Development of Transportation in Modern England*, with a new introduction by W.H. Chaloner. London: Frank Cass.

Jacob, Margaret C. 1997. *Scientific Culture and the Making of the Industrial West*. 2nd edn., New York: Oxford University Press.

————. 2000. "Commerce, Industry, and the Laws of Newtonian Science: Weber Revisited and Revised." *Canadian Journal of History*, Vol. 35, No. 2 (Aug.), pp. 275–92.

————. 2007. "Mechanical Science of the Factory Floor." *History of Science*, Vol. 45, part 2, No. 148 (June), pp. 197–221.

————. forthcoming. *Scientific Culture and the Making of the Industrial West*, 3rd revised edn.

Jacob, Margaret C. and Reid, David. 2001. "Technical Knowledge and the Mental Universe of Manchester's Early Cotton Manufacturers." *Canadian Journal of History*, Vol. 36, No. 2 (Aug.), pp. 283–304.

Jacob, Margaret C. and Stewart, Larry. 2004. *Practical Matter: Newton's Science in the Service of Industry and Empire, 1687–1851*. Cambridge, Mass.: Harvard University Press.

James, Frank A.J.L. 2005. "How Big a Hole?: The Problems of the Practical Application of Science in the Invention of the Miners' Safety Lamp by Humphry Davy and George Stephenson in Late Regency England." *Transactions of the Newcomen Society*, Vol. 75, pp. 175–227.

Janis, Mark D. 2002. "Patent Abolitionism." *Berkeley Technology Law Journal*, Vol. 17, No. 2, pp. 899–952.

Jeremy, David I. 1977. "Damming the Flood: British Government Efforts to Check the Outflow of Technicians and Machinery, 1780–1843." *Business History Review*, Vol. 51, No. 1 (spring), pp. 1–34.

Jewkes, John, Sawers, David, and Stillerman, Richard. 1969. *The Sources of Invention.* 2nd edn. New York: Norton.

Johnson, Dr Samuel. [1759]. 1800. *The Idler. With Additional Essays.* Vol. 1. London: Printed for the proprietors, by J. Cathnach, Alnwick.

Jones, E.L. 1964. *Seasons and Prices: The Role of the Weather in English Agricultural History.* London: George Allen and Unwin.

Jones, Peter M. 2008. *Industrial Enlightenment: Science, Technology, and Culture in Birmingham and the West Midlands, 1760–1820.* Manchester and New York: Manchester University Press.

Jones, Phil and Hulme, Mike. 1997. "The Changing Temperature of 'Central England'." In Mike Hulme and Elaine Barrow, eds., *Climates of the British Isles: Present, Past and Future.* London: Routledge. pp. 173–96.

Jones, Phil et al. 1997. "Precipitation Variability and Drought." In Mike Hulme and Elaine Barrow, eds., *Climates of the British Isles: Present, Past and Future.* London: Routledge, pp. 197–219.

Kames, Henry Home, Lord. 1776. *The Gentleman Farmer. Being an Attempt to Improve Agriculture, by Subjecting it to the Test of Rational Principles.* Edinburgh: Printed for W. Creech.

———. 1788. *Sketches of the History of Man. Considerably Enlarged by the last Additions and Corrections of the Author.* 4 vols. Edinburgh: A. Strahan and T. Caddell.

Kant, Immanuel. 1784. "An Answer to the Question: 'What is Enlightenment?'" http://philosophy.eserver.org/kant/what–is–enlightenment.txt, last accessed 8/9/2008.

Karakacili, Eona. 2004. "English Agrarian Labor Productivity Rates Before the Black Death: A Case Study." *Journal of Economic History*, Vol. 64, No. 1 (March), pp. 24–60.

Kay-Shuttleworth, Sir James. 1832. *The Moral and Physical Condition of the Working Classes Employed in the Cotton Manufacture in Manchester.* London: J. Ridgway.

Keynes, John Maynard. [1936], 1964. *The General Theory of Employment, Interest, and Money.* New York: Harcourt Brace and World.

Keyser, Barbara Whitney. 1990. "Between Science and Craft: The Case of Berthollet and Dyeing." *Annals of Science*, Vol. 47, No. 3 (May), pp. 213–60.

Khan, B. Zorina. 2006. "The Evolution of Useful Knowledge: Great Inventors, Science and Technology in British Economic Development, 1750–1930." Unpublished paper, Bowdoin College.

Khan, B. Zorina and Sokoloff, K.L. 1998. "Patent Institutions, Industrial Organization, and Early Technological Change: Britain and the United States, 1790–1850." In Maxine

Berg and Kristin Bruland, eds., *Technological Revolutions in Europe*, pp. 292–313. Cheltenham: Edward Elgar.

———. 2005. "Of Patents and Prizes: Great Inventors and the Evolution of Useful Knowledge in Britain and the United States, 1750–1930." Unpublished paper, Bowdoin College.

King, Gregory. [1688], 1936. *Two Tracts*. Baltimore, MD.: Johns Hopkins University Press.

Kirby, Peter. 2003. *Child Labour in Britain, 1750–1870*. Houndmills, Basingstoke: Palgrave Macmillan.

———. 2005a. "How Many Children were 'Unemployed' in Eighteenth- and Nineteenth-century England? A Comment." *Past and Present,* No. 187 (May), pp. 187–202.

———. 2005b. "A Brief Statistical Sketch of the Child-labour Market in Mid-nineteenth Century London." *Continuity and Change*, Vol. 20, No. 2 (Aug.), pp. 229–45.

Klemm, Friedrich. 1964. *A History of Western Technology*. Cambridge, Mass.: MIT Press.

Knack, Stephen and Keefer, Philip. 1997. "Does Social Capital Have an Economic Payoff? A Cross-Country Investigation." *Quarterly Journal of Economics*, Vol. 112, No. 4 (Nov.), pp. 1251–88.

Komlos, John. 1997. "Modern Economic Growth and the Biological Standard of Living." Unpublished paper, University of Munich.

———. 1998. "Shrinking in a Growing Economy? The Mystery of Physical Stature during the Industrial Revolution." *Journal of Economic History*, Vol. 58, No. 3 (Sept.), pp. 779–802.

Kremer, Michael. 1993. "Population Growth and Technological Change: One Million B.C. to 1990." *Quarterly Journal of Economics*, Vol. 108, No. 3 (Aug.), pp. 681–716.

Kuhn, Thomas S. 1977. *The Essential Tension: Selected Studies in Scientific Tradition and Change*. Chicago: University of Chicago Press.

Kunitz, Stephen and Engerman, Stanley. 1992. "The Ranks of Death: Secular Trends in Income and Mortality." *Health Transition Review*, Vol. 2 (special issue), pp. 29–46.

Kuznets, Simon. 1955. "Economic Growth and Income Inequality." *American Economic Review*, Vol. 45, No. 1 (March), pp. 1–28.

Landau, Norma. 1990. "The Regulation of Immigration, Economic Structures and Definitions of the Poor in Eighteenth–Century England." *The Historical Journal*, Vol. 33, No. 3 (Sept.), pp. 541–71.

Landes, David S. 1969. *The Unbound Prometheus*. Cambridge: Cambridge University Press.

———. 1983. *Revolution in Time: Clocks and the Making of the Modern World*. Cambridge, Mass.: Harvard University Press.

Langbein John H. 1983a. "Albion's Fatal Flaws." *Past and Present,* No. 98 (Feb.), pp. 96–120.

———. 1983b. "Shaping the Eighteenth-Century Criminal Trial: A View from the Ryder Sources." *University of Chicago Law Review*, Vol. 50, No. 1 (winter), pp. 1–136.

Langford, Paul. 1989. *A Polite and Commercial People: England 1727–1783*. Oxford and New York: Oxford University Press.

———. 1991. *Public Life and the Propertied Englishman, 1689–1798*, Oxford: Clarendon Press.

———. 2000. *Englishness Identified: Manners and Character, 1650–1850*. Oxford: Oxford University Press.

Langford, Paul. 2002. "The Uses of Eighteenth-Century Politeness." *Transactions of the Royal Historical Society*, Vol. 12, pp. 311–31.

Langton, John. 1984. "The Industrial Revolution and the Regional Geography of England." *Transactions of the Institute of British Geographers*, New Series, Vol. 9, No. 2, pp. 145–67.

Laudan, Rachel. 1990. "The History of Geology, 1780–1840." In R.C. Olby et al., eds., *Companion to the History of Science*. London: Routledge, pp. 314–25.

Lauderdale, James Maitland, Earl of. 1804. *An Inquiry into the Nature and Origin of Public Wealth, and into the Means and Causes of its Increase*. Edinburgh: Printed for A. Constable and Co.

Lee, C.H. 1986. *The British Economy since 1700: A Macroeconomic Perspective*. Cambridge: Cambridge University Press.

Lemire, Beverly. 1991. *Fashion's Favourite: The Cotton Trade and the Consumer in Britain, 1660–1800*. Oxford: Oxford University Press.

———. 1997. *Dress, Culture, and Commerce: The English Clothing Trade before the Factory, 1660–1800*. Houndmills, Basingstoke: Macmillan.

Leunig, Timothy. 2006. "Time is Money: A Reassessment of the Passenger Social Savings from Victorian British Railways." *Journal of Economic History*, Vol. 66, No. 3 (Sept.), pp 635–73.

Leunig, Timothy and Voth, Hans-Joachim. 2003. "Height and the High Life: What Future for a Tall Story?" In Paul A. David and Mark Thomas, eds., *The Economic Future in Historical Perspective*. Oxford: Oxford University Press, pp. 419–38.

Levine, David. 1977. *Family Formation in an Age of Nascent Capitalism*. New York: Academic Press.

Lévy–Leboyer, Maurice and Bourguignon, François. 1985. *L'Économie française au XIXe siècle*. Paris: Economica.

Lewis, Brian. 2001. *The Middlemost and the Milltowns: Bourgeois Culture and Politics in Early Industrial England*. Stanford, Calif.: Stanford University Press.

Lewis, William. 1763. *Commercium Philosophico-technicum, or the Philosophical Commerce of the Arts*. London: H. Baldwin.

Lin, Justin Yifu. 1995. "The Needham Puzzle: Why the Industrial Revolution Did Not Originate in China." *Economic Development and Cultural Change*, Vol. 43, No. 2 (Jan.), pp. 269–92.

Lindert, Peter H. 1980. "English Occupations, 1670–1811." *Journal of Economic History*. Vol. 40, No. 4 (Dec.), pp. 685–712.

———. 2004. *Growing Public: Social Spending and Economic Growth Since the Eighteenth Century*. Cambridge: Cambridge University Press.

Lindert, Peter H. and Williamson, Jeffrey G. 1982. "Revising England's Social Tables 1688–1812." *Explorations in Economic History*, Vol. 19, No. 4 (Oct.), pp. 385–408.

Lipkowitz, Elise. 2008. "Scientific Letters and Political Power: The Geography and Content of Cosmopolitan Scientific Correspondence during the French Revolution and the Napoleonic Wars." Unpublished paper, Northwestern University, Department of History.

Lipsey, Richard G., Carlaw, Kenneth I., and Bekar, Clifford T. 2005. *Economic Transformations: General Purpose Technologies and Long-term Economic Growth*. Oxford: Oxford University Press.

Locke, John. [1693], 1732. *Some Thoughts Concerning Education.* 9th edn., London: Printed for A. Bettesworth.

———. 1976. *The Correspondence of John Locke,* ed. E.S. De Beer. Oxford: Clarendon Press.

Long, Jason. 2006. "The Socioeconomic Return to Primary Schooling in Victorian England." *Journal of Economic History*, Vol. 66, No. 4 (Dec.), pp. 1026–53.

Long, Jason and Ferrie, Joseph P. 2010. "Intergenerational Occupational Mobility in Britain and the U.S. Since 1850." *American Economic Review,* in press.

Lucas, Robert E. 2002. *Lectures on Economic Growth.* Cambridge, Mass.: Harvard University Press.

Lyons, Henry George. 1944. *The Royal Society, 1660–1940, A History of its Administration under its Charters.* Cambridge: Cambridge University Press.

Lyons, John S. 1989. "Family Response to Economic Decline: Handloom Weavers in Early Nineteenth-Century Lancashire." *Research in Economic History*, Vol. 12, pp. 45–91.

Macaulay, Thomas Babington. 1864. *The History of England from the Accession of James II*, Vol. 1. London: Longman, Brown, Green, and Longmans.

———. [1837] 1880. "Lord Bacon." In Lady Trevelyan, ed., *Miscellaneous Works of Lord Macaulay*, Vol. 2. New York: Harper and Brothers, pp. 330–458.

Macdonald, Fiona. 2000. "The Infirmary of the Glasgow Town's Hospital Care: Patient Care, 1733–1800." In Paul Wood, ed., *The Scottish Enlightenment: A Reinterpretation.* Rochester, NY: University of Rochester Press, pp. 199–238.

MacDonald, James. 2006. *A Free Nation Deep in Debt: The Financial Roots of Democracy.* Princeton, NJ: Princeton University Press.

MacFarlane, Alan. 1997. *The Savage Wars of Peace.* Oxford: Blackwell.

Machlup, Fritz and Penrose, Edith. 1950. "The Patent Controversy in the Nineteenth Century." *Journal of Economic History*, Vol. 10, No. 1 (May), pp. 1–29.

MacLaurin, Colin. 1750. *An Account of Sir Isaac Newton's Philosophical Discoveries.* London: Printed for A. Millar.

MacLeod, Christine. 1988. *Inventing the Industrial Revolution: The English Patent System, 1660–1880.* Cambridge: Cambridge University Press.

———. 2007. *Heroes of Invention: Technology, Liberalism and British Identity.* Cambridge: Cambridge University Press.

MacLeod, Christine and Nuvolari, Alessandro. 2006. "The Pitfalls of Prosopography: Inventors in the *Dictionary of National Biography.*" *Technology and Culture*, Vol 47, No. 4 (Oct.), pp. 757–76.

———. 2007. "Inventive Activities, Patents, and Early Industrialization: A Synthesis of Research Issues." Unpublished ms.

———. 2009. "Glorious Times: The Emergence of Mechanical Engineering in Early Industrial Britain, c. 1700–1850." *Brussels Economic Review*, forthcoming.

MacLeod, Christine et al. 2003. "Evaluating Inventive Activity: The Cost of Nineteenth-century UK patents and the Fallibility of Renewal Data." *Economic History Review*, Vol. 56, No. 3 (Aug.), pp. 537–62.

Maddison, Angus. 1995. *Monitoring the World Economy.* Paris: OECD.

———. 2002. *The World Economy: A Millennial Perspective.* Paris: OECD.

———. 2007. *Historical Statistics: World Population, GDP and Per Capita GDP, 1–2003 AD* (last update: August 2007), available at http://www.ggdc.net/maddison/

Mair, John. 1786. *Book-keeping Modernised: or, Merchant-accounts by Double Entry*, 4th edn. Edinburgh: Printed for John Bell and William Creech.

Maitland, F.W. 1911. *The Constitutional History of England*. Cambridge: Cambridge University Press.

Malanima, Paolo. 2003. "Energy Systems in Agrarian Societies: The European Deviation." In Simonetta Cavaciocchi, ed., *Economia e Energia secc. XIII–XVIII*. Florence: Le Monnier, pp. 61–99.

———. 2006. "Energy Crisis and Growth 1650–1850. The European Deviation in a Comparative Perspective." *The Journal of Global History*, Vol. I, No. 1 (March), pp. 101–21.

Malthus, Thomas Robert. [1798], 1914. *An Essay on the Principle of Population*. London: Dent Everyman's Library.

———. 1820. *Principles of Political Economy*. London: J. Murray.

Mandeville, Bernard de. [1724], 1755. *The Fable of the Bees; Or, Private Vices, Public Benefits, Part II*. Edinburgh: Printed for W. Gray and W. Peter.

Mantoux, Paul. [1905], 1961. *The Industrial Revolution in the Eighteenth Century*. New York: Harper Torchbooks.

Marglin, S.A. 1974–75. "What Do Bosses Do?" *Review of Radical Political Economy*, 6, (1974) and 7, (1975). Repr. in A. Gorz, ed. *The Division of Labour: The Labour Process and Class Struggle in Modern Capitalism*. Hassocks: Harvester Press. 1976, pp. 13–54.

Marsden, Ben and Smith, Crosbie. 2005. *Engineering Empires: A Cultural History of Technology in Nineteenth-century Britain*. Houndmills, Basingstoke: Palgrave Macmillan.

Marshall, William. 1785. *Planting and Ornamental Gardening: A Practical Treatise*. London: Printed for J. Dodsley.

Mason, Perry. 1933. "Illustrations of the Early Treatment of Depreciation." *Accounting Review*, Vol. 8, No. 3 (Sept.), pp. 209–18.

Massey, Edmund. 1722. *A Letter to Mr. Maitland, in Vindication of the Sermon against Inoculation*. Norwich: Repr. by order of S. Mascott.

Mathias, Peter. 1959. *The Brewing Industry in England, 1700–1830*. Cambridge: Cambridge University Press.

———. 1979. *The Transformation of England*. New York: Columbia University Press.

Matsuyama, Kiminori. 1992. "Agricultural Productivity, Comparative Advantage, and Economic Growth." *Journal of Economic Theory*, Vol. 58, pp. 317–34.

Mayhew, Henry. [1861–62]. 1967. *London Labour and the London Poor: A Cyclopaedia of the Condition and Earnings of Those that Will Work, Those that Cannot Work, and Those that Will not Work*. Repr. edn., London: Frank Cass.

McCahill, Michael W. 1976. "Peers, Patronage, and the Industrial Revolution, 1760–1800." *Journal of British Studies*, Vol. 16, No. 1 (autumn), pp. 84–107.

McCloskey, Deirdre N. 1972. "The Enclosure of Open Fields." *Journal of Economic History*, Vol. 32, No. 1 (March), pp. 15–35.

———. 1980. "Magnanimous Albion: Free Trade and British National Income, 1841–1881." *Explorations in Economic History*, Vol. 17, No. 3 (July), pp. 303–20.

———. 1981. "The Industrial Revolution: A Survey." In Roderick C. Floud and D.N. McCloskey, eds., *The Economic History of Britain Since 1700*, 1st edn., Vol. 1. Cambridge: Cambridge University Press, pp. 103–27.

McCloskey, Deirdre. 1994. "1780–1860: A Survey." In Roderick C. Floud and D.N. McCloskey, eds., *The Economic History of Britain Since 1700*, 2nd edn., Vol. 1. Cambridge: Cambridge University Press, pp. 242–70.

———. 2006. *The Bourgeois Virtues: Ethics for an Age of Commerce.* Chicago: University of Chicago Press.

McCulloch, J.R. 1864. *The Principles of Political Economy.* Edinburgh: Adam and Charles Black.

McCusker, John J. 2005. "The Demise of Distance: The Business Press and the Origins of the Information Revolution in the Early Modern Atlantic World." *American Historical Review*, Vol. 110, No. 2 (April), pp. 295–319.

McKendrick, Neil. 1982. "Commercialization and the Economy." In Neil McKendrick, John Brewer, and J.H. Plumb, eds., *The Birth of a Consumer Society.* Bloomington: Indiana University Press, pp. 9–194.

McKeown, Timothy J. 1989. "The Politics of Corn Law Repeal and Theories of Commercial Policy." *British Journal of Political Science*, Vol. 19 (July), pp. 353–80.

McLaren, Angus. 1990. *A History of Contraception from Antiquity to the Present.* Oxford: Blackwell.

McMurry, Sally. 1992. "Women's Work in Agriculture: Divergent Trends in England and America, 1800 to 1930." *Comparative Studies in Society and History*, Vol. 34, No. 2 (April), pp. 248–70.

McNeil, Maureen. 1987. *Under the Banner of Science: Erasmus Darwin and his Age.* Manchester: Manchester University Press, 1987.

Melton, James Van Horn. 2001. *The Rise of the Public in Enlightenment Europe.* Cambridge: Cambridge University Press.

Mendels, Franklin. 1972. "Proto-Industrialization: The First Phase of the Industrialization Process." *Journal of Economic History*, Vol. 32, No. 1 (March), pp. 241–61.

Mercer, Alex. 1990. *Disease, Mortality, and Population in Transition.* Leicester: Leicester University Press.

Mérimée, Prosper. 1930. "Études Anglo-Americaines." In *Oeuvres complètes*, eds. Pierre Trahard and Édouard Champion, Vol. 8. Paris: Librairie Ancienne Honoré Champion.

Michie, Ranald. 2001. *The London Stock Exchange: A History.* Oxford: Oxford University Press.

Miège, Guy. [1701], 1748. *The Present State of Great Britain, and Ireland,* 11th edn., completed, improved, and revised by S. Bolton. London: J. Brotherton and others.

Mill, John Stuart. [1848], 1929. *Principles of Political Economy* ed. W.J. Ashley. London: Longmans, Green and Co.

———. [1869]. 1970. "The Subjection of Women." In *Essays on Sex Equality*, ed. A.S. Rossi, Chicago: University of Chicago Press, pp. 123–250.

Miller, David Philip. 1999. "The Usefulness of Natural Philosophy: The Royal Society and the Culture of Practical Utility in the Later Eighteenth Century." *British Journal for the History of Science*, Vol. 32, No. 2 (June), pp. 185–201.

Mingay, G.E., ed. 1989. *The Agrarian History of England and Wales,* Vol. 6: *1750–1850*, Cambridge: Cambridge University Press.

Mitch, David. 1992. *The Rise of Popular Literacy in Victorian England.* Philadelphia, PA: University of Pennsylvania Press.

Mitch, David. 1999. "The Role of Education and Skill in the British Industrial Revolution." In Joel Mokyr, ed., *The British Industrial Revolution: An Economic Perspective,* 2nd edn. Boulder, CO: Westview Press, pp. 241–79.

———. 2004. "Education and the Skill of the British Labor Force." In Roderick C. Floud and Paul Johnson, eds., *The Cambridge Economic History of Britain, 1700–2000*, Vol. 1. Cambridge: Cambridge University Press, pp. 332–56.

Mitchell B. R. 1964. "The Coming of the Railway and United Kingdom Economic Growth." *Journal of Economic History*, Vol. 24, No. 3 (Sept.), pp. 315–36.

———. 1975. *European Historical Statistics, 1750–1970.* London: Macmillan.

———. 1988. *British Historical Statistics.* Cambridge: Cambridge University Press.

Moher, James. 1988. "From Suppression to Containment: Roots of Trade Union Law to 1825." In John Rule, ed., *British Trade Unionism, 1750–1850: The Formative Years*, London: Longman, pp. 74–97.

Mokyr, Joel. 1976. *Industrialization in the Low Countries, 1795–1850.* New Haven, CT: Yale University Press.

———. 1985. *Why Ireland Starved: An Analytical and Quantitative Study of Irish Poverty, 1800–1851.* Revised paperback edition, London and Boston: George Allen and Unwin.

———. 1987. "Has the Industrial Revolution Been Crowded Out? Some Reflections on Crafts and Williamson." *Explorations in Economic History*, Vol. 24, No. 3 (July), pp. 293–319.

———. 1988. "Is There Still Life in the Pessimist Case? Consumption During the Industrial Revolution, 1790–1850." *Journal of Economic History*, Vol. 48, No. 1 (March), pp. 69–92.

———. 1990a. *The Lever of Riches: Technological Creativity and Economic Progress.* Oxford and New York: Oxford University Press.

———. 1990b. "Was There a British Industrial Evolution?" In Joel Mokyr, ed., *The Vital One: Essays Presented to Jonathan R.T. Hughes*, Greenwich, CT: JAI Press, pp. 253-86.

———. 1998a. "Editor's Introduction: The New Economic History and the Industrial Revolution." In Joel Mokyr, ed., *The British Industrial Revolution: An Economic Perspective.* Boulder, CO: Westview Press, pp. 1-127.

———. 1998b. "The Political Economy of Technological Change: Resistance and Innovation in Economic History." In Maxine Berg and Kristin Bruland, eds., *Technological Revolutions in Europe*, Cheltenham: Edward Elgar, pp. 39–64.

———. 2001. "The Rise and Fall of the Factory System: Technology, Firms, and Households since the Industrial Revolution." *Carnegie–Rochester Conference Series on Public Policy*, Vol. 55 (December), pp. 1–45.

———. 2002. *The Gifts of Athena: Historical Origins of the Knowledge Economy.* Princeton, NJ: Princeton University Press.

———. 2004. "Accounting for the Industrial Revolution." In Roderick C. Floud and Paul Johnson, eds., *The Cambridge Economic History of Britain, 1700–2000*, Vol. 1. Cambridge: Cambridge University Press, pp. 1–27.

———. 2005a. "The Intellectual Origins of Modern Economic Growth." [Presidential address]. *Journal of Economic History,* Vol. 65, No. 2 (June), pp. 285–351.

Mokyr, Joel. 2005b. "Long–term Economic Growth and the History of Technology." In Philippe Aghion and Steven Durlauf eds., *Handbook of Economic Growth*. Amsterdam: Elsevier, pp. 1113–80.

———. 2006a. "Mercantilism, the Enlightenment, and the Industrial Revolution." In Ronald Findlay et al., eds., *Eli Heckscher, International Trade, and Economic History*. Cambridge, Mass.: MIT Press, pp. 269–303.

———. 2006b. "The Great Synergy: The European Enlightenment as a Factor in Modern Economic Growth." In Wilfred Dolfsma and Luc Soete, eds., *Understanding the Dynamics of a Knowledge Economy*. Cheltenham: Edward Elgar, pp. 7–41.

———. 2006c. "Mobility, Creativity, and Technological Development: David Hume, Immanuel Kant and the Economic Development of Europe." In G. Abel, ed., *Kolloquiumsband of the XX. Deutschen Kongresses für Philosophie*, Berlin, pp. 1131–61.

———. 2007. "The Market for Ideas and the Origins of Economic Growth in Eighteenth Century Europe." [Heineken Lecture]. *Tijdschrift voor Sociale en Economische Geschiedenis*, Vol. 4, No. 1, pp. 3–38.

———. 2008. "The Institutional Origins of the Industrial Revolution." In Elhanan Helpman, ed., *Institutions and Economic Performance*. Cambridge, Mass.: Harvard University Press, pp. 64–119.

Mokyr, Joel, and Ó Gráda, Cormac. 1988. "Poor and Getting Poorer? Living Standards in Ireland Before the Famine." *Economic History Review*, New Series, Vol. 41, No. 2 (May), pp. 209–35.

———. 1996. "Height and Health in the United Kingdom, 1815–1860: Evidence from the East India Company Army." *Explorations in Economic History*, Vol. 33, No. 2 (April), pp. 141–69.

Mokyr, Joel and Savin, N.E. 1976. "Stagflation in Historical Perspective: The Napoleonic Wars Revisited." In P. Uselding, ed., *Research in Economic History*, Vol. 1. Greenwich, CT: JAI Press, pp. 198–259.

Montesquieu, Charles de Secondat. 1768. *De l'esprit des lois*. New revised edn., 4 vols. London: n.p.

Morgan, Kenneth. 2002. "Mercantilism and the British Empire, 1688–1815." In Donald Winch and Patrick O'Brien, eds., *The Political Economy of the British Historical Experience, 1688–1914*. Oxford: Oxford University Press, pp. 165–92.

Morrell, Jack and Thackray, Arnold. 1981. *Gentlemen of Science: Early Years of the British Association for the Advancement of Science*. Oxford: Oxford University Press.

Moser, Petra. 2005. "How Do Patent Laws Influence Innovation?" *American Economic Review*, Vol. 94, No. 4 (Sept.), pp. 1214–36.

———. 2007. "Why Don't Inventors Patent?" *NBER* working paper 13294.

Mowery, David C. and Rosenberg, Nathan. 1998. *Paths of Innovation*. Cambridge: Cambridge University Press.

Moxon, Joseph. [1677], 1703. *Mechanick Exercises: or the Doctrine of Handy-works. Applied to the Arts of Smithing Joinery Carpentry Turning Bricklayery*, 3rd edn. London: Dan Midwinter and Thomas Leigh.

Muldrew, Craig. 1998. *The Economy of Obligation*. New York: St. Martin's Press.

Mulhall, Michael. 1899. *The Dictionary of Statistics*. London: George Routledge and Sons.

Multhauf, Robert P. 1978. *Neptune's Gift: A History of Common Salt*. Baltimore, MD: Johns Hopkins University Press.

Musson, A.E. 1975. "Joseph Whitworth and the Growth of Mass-Production Engineering." *Business History*, Vol. 17, No. 2 (July), pp. 109–49.

————. 1980. "The Engineering Industry." In Roy Church, ed., *The Dynamics of Victorian Business: Problems and Perspectives*. London: George Allen and Unwin, pp. 87–106.

Musson, A.E. and Robinson, Eric. 1969. *Science and Technology in the Industrial Revolution*. Manchester: Manchester University Press.

Nardinelli, Clark. 1980. "Child Labor and the Factory Acts." *Journal of Economic History*, Vol. 40, No. 4 (Dec.), pp. 739–55.

————. 1985. "The Successful Prosecution of the Factory Acts: A Suggested Explan ation." *Economic History Review*, New Series, Vol. 38, No. 3 (Aug.), pp. 428–30.

————. 1986. "Technology and Unemployment: The Case of the Handloom Weavers." *Southern Economic Journal*, Vol. 53, No. 1 (July), pp. 87–94.

Nasmyth, James. 1841. "Remarks on the Introduction of the Slide Principle in Tools and Machines Employed in the Production of Machines." Appendix B in Robertson Buchanan, *Practical Essays on Mill work and other Machinery*. 3rd edn., with additions by George Rennie. Vol. 2. London: J. Weale.

Neal, Larry. 1982. "Efficient Markets in the Eighteenth Century? Stock Exchanges in Amsterdam and London." *Business and Economic History*, Vol. 11, pp. 81–101.

————. 1990. *The Rise of Financial Capitalism: International Capital Markets in the Age of Reason*. Cambridge: Cambridge University Press.

————. 2004. "The Monetary, Financial and Political Architecture of Europe, 1648–1815." In Leandro Prados de la Escosura, ed., *Exceptionalism and Industrialization: Britain and its European Rivals, 1688–1815*. Cambridge: Cambridge University Press, pp. 173–90.

Needham, Joseph. 1970. *Clerks and Craftsmen in China and the West*. Cambridge: Cambridge University Press.

Nef, John U. 1933. *The Rise of the British Coal Industry*. 2 vols. London: G. Routledge and Sons.

Nelson, Richard R. 1973. "Recent Exercises in Growth Accounting: New Understanding or Dead End." *American Economic Review*, Vol. 63, No. 3 (June), pp. 462–68.

Nicholas, Stephen J. and Nicholas, Jacqueline M. 1992. "Male Literacy, 'Deskilling', and the Industrial Revolution." *Journal of Interdisciplinary History*, Vol. 23, No. 1 (summer), pp. 1–18.

Nicolini, Esteban A. 2007. "Was Malthus Right? A VAR Analysis of Economic and Demographic Interactions in Pre-industrial England." *European Review of Economic History*, Vol. 11, Part 1 (April), pp. 99–121.

Nordhaus, William D. 1997. "Do Real-Output and Real-Wage Measures Capture Reality? The History of Lighting Suggests Not." In Robert J. Gordon and Timothy Bresnahan, eds., *The Economics of New Goods*. Chicago: University of Chicago Press and NBER, pp. 29–65.

————. 2004. "Schumpeterian Profits in the American Economy: Theory and Measurement." Yale University, Cowles Foundation Discussion Paper No. 1457, April.

Norris, J.M. 1958. "Samuel Garbett and the Early Development of Industrial Lobbying in Great Britain." *Economic History Review*, Vol. 10, No. 3 (Aug.), pp. 450–60.

North, Douglass C. 1981. *Structure and Change in Economic History*. New York: Norton.

North, Douglass C. 2005. *Understanding the Process of Economic Change*. Princeton, NJ: Princeton University Press.

North, Douglass C. and Thomas, Robert P. 1973. *The Rise of the Western World: A New Economic History*. Cambridge: Cambridge University Press.

North, Douglass C. and Weingast, Barry. 1989. "Constitutions and Commitment: Evolution of Institutions Governing Public Choice in Seventeenth Century England." *Journal of Economic History*, Vol. 49, No. 4 (Dec.), pp. 803–32.

Nougaret, Pierre J-B. 1816. *Londres: La cour et les provinces d'Angleterre*. 2 vols. Paris: Chez Briand.

Nuvolari, Alessandro. 2004. "Collective Invention during the British Industrial Revolution: The Case of the Cornish Pumping Engine." *Cambridge Journal of Economics*, Vol. 28, No. 3 (May), pp. 347–63.

Nuvolari, Alessandro and Verspagen, Bart. 2008. "Technical Choice, Innovation and British Steam Engineering, 1800–1850." Unpublished ms., Eindhoven University of Technology.

Nye, John Vincent. 1991. "Lucky Fools and Cautious Businessmen: On Entrepreneurship and the Measurement of Entrepreneurial Failure." In Joel Mokyr, ed., *The Vital One: Essays in Honor of Jonathan R.T. Hughes. Research in Economic History*, Vol. 6, pp. 131–52.

———. 2007. *War, Wine, and Taxes: The Political Economy of Anglo-French Trade 1689–1900*. Princeton, NJ: Princeton University Press.

O'Brien, Patrick. K. 1988. "The Political Economy of British Taxation, 1660–1815." *Economic History Review*, Vol. 41, No. 1 (Feb.), pp. 1–32.

———. 1991. "The Mainsprings of Technological Progress in Europe, 1750–1850." In Peter Mathias and J.A. Davies, eds., *Innovation and Technology in Europe from the Eighteenth Century to the Present Day*. Oxford: Oxford University Press, pp. 6–17.

———. 1993a. "Modern Conceptions of the Industrial Revolution." In Patrick O'Brien and Roland Quinault, eds., *The Industrial Revolution and British Society*. Cambridge: Cambridge University Press, pp. 1–30.

———. 1993b. "Political Preconditions for the Industrial Revolution." In Patrick O'Brien and Roland Quinault, eds., *The Industrial Revolution and British Society*. Cambridge: Cambridge University Press, pp. 124–55.

———. 1994. "Central Government and the Economy." In Roderick C. Floud and D.N. McCloskey, eds., *The Economic History of Britain Since 1700*, 2nd edn. Cambridge: Cambridge University Press, Vol. 1, pp. 203–41.

———. 2002. "Fiscal Exceptionalism: Great Britain and its European Rivals from Civil War to Triumph at Trafalgar and Waterloo." In Donald Winch and Patrick O'Brien, eds., *The Political Economy of the British Historical Experience, 1688–1914*. Oxford: Oxford University Press, pp. 245–65.

———. 2006. "The Hanoverian State and the Defeat of the Continental System." In Ronald Findlay et al., eds., *Eli Heckscher, International Trade, and Economic History*. Cambridge, Mass.: MIT Press, pp. 373–406.

O'Brien, Patrick, Griffiths, Trevor, and Hunt, Philip. 1991. "Political Components of the Industrial Revolution: Parliament and the English Cotton Textile Industry, 1660–1774." *Economic History Review*, New Series, Vol. 44, No. 3 (Aug.), pp. 395–423.

O'Day, Rosemary. 1982. *Education and Society, 1500–1800*. London: Longmans.

Ó Gráda, Cormac. 1999. *Black '47 and Beyond: the Irish Famine in History, Economy, and Memory.* Princeton, NJ: Princeton University Press.

Oldham, James. 2004. "Murray, William, First Earl of Mansfield (1705–1793)." *Oxford Dictionary of National Biography.* Oxford: Oxford University Press.

Olson, Mancur. 1982. *The Rise and Decline of Nations.* New Haven, CT: Yale University Press.

Ormrod, David. 2003. *The Rise of Commercial Empires.* Cambridge: Cambridge University Press.

O'Rourke, Kevin, Rahman, Ahmed S. and Taylor, Alan M. 2007. "Trade, Knowledge, and the Industrial Revolution." Unpublished ms., University of California, Davis.

O'Rourke, Kevin and Williamson, Jeffrey G. 2002a. "After Columbus: Explaining Europe's Overseas Trade Boom, 1500–1820." *Journal of Economic History*, Vol. 62, No. 2 (June), pp. 417–56.

———. 2002b. "When did Globalization Begin?" *European Review of Economic History*, Vol. 6, No. 1 (April), pp. 23–50.

Overton, Mark. 1996a. "Re-establishing the English Agricultural Revolution." *Agricultural History Review*, Vol. 44, Part 1, pp. 1–20.

———. 1996b. *Agricultural Revolution in England: The Transformation of the Agrarian Economy, 1500–1850.* Cambridge: Cambridge University Press.

Owen, Robert. [1815], 1927. "Observations on the Effects of the Manufacturing System." In Robert Owen, *A New View of Society and Other Writings*, G.D.H. Cole, ed. London: Everyman's Library, pp. 93–104.

Palmer, Sarah. 1978. "Experience, Experiment and Economics: Factors in the Construction of Early Merchant Steamships." In Keith Matthews and Gerald Panting, eds., *Ships and Shipbuilding in the North Atlantic Regions.* St. John: Memorial University of Newfoundland, pp. 233–47.

Payne, Peter. 1978. "Industrial Entrepreneurship and Management in Great Britain." In Peter Mathias and M.M. Postan, eds., *The Cambridge Economic History of Europe.* Cambridge: Cambridge University Press, pp. 180–229.

Peacock, A.E. 1984. "The Successful Prosecution of the Factory Acts, 1833–55." *Economic History Review*, Vol. 37, No. 2 (May), pp. 197–210.

Pearson, Robin. 1990. "Thrift or Dissipation? The Business of Life Assurance in the Early Nineteenth Century." *Economic History Review*, Vol. 43, No. 2 (May), pp. 236–54.

———. 1991. "Collective Diversification: Manchester Cotton Merchants and the Insurance Business in the Early Nineteenth Century." *Business History Review*, Vol. 65, No. 2 (summer), pp. 379–414.

———. 1997. "Towards an Historical Model of Services Innovation: The Case of the Insurance Industry, 1700–1914." *Economic History Review*, Vol. 50, No. 2 (May), pp. 235–56.

———. 2005. *Insuring the Industrial Revolution.* Aldershot: Ashgate.

Pearson, Robin and Richardson, David. 2001. "Business Networking in the Industrial Revolution." *Economic History Review*, Vol. 54, No. 4 (Nov.), pp. 657–79.

Perkin, Harold J. 1969. *The Origins of Modern English Society, 1780–1880.* London: Routledge and Kegan Paul.

Persson, Gunnar. 2000. *Grain Markets in Europe, 1500–1900: Integration and Deregulation.* Cambridge: Cambridge University Press.

Petty, William. 1679. *A Treatise of Taxes and Contributions.* London: Obadiah Blagrave.

Philips, David. 1993. "Crime, Law, and Punishment in the Industrial Revolution." In Patrick O'Brien and Roland Quinault, eds., *The Industrial Revolution and British Society.* Cambridge: Cambridge University Press, pp. 156–82.

Phillips, Nicola. 2006. *Women in Business, 1700–1850.* Woodbridge, Suffolk: Boydell Press.

Pitt, William. 1808. *Speeches of the Right Honourable William Pitt in the House of Commons.* London: Printed for Longman, Hurst, Rees, and Orme.

Plumb, J.H. 1982. "The Acceptance of Modernity." In Neil McKendrick, John Brewer, and J.H. Plumb, eds., *The Birth of a Consumer Society: The Commercialization of Eighteenth-Century England.* Bloomington: Indiana University Press, pp. 316–34.

Polanyi, Karl. [1944], 1985. *The Great Transformation.* Boston: Beacon Press.

Polanyi, Michael. 1962. *Personal Knowledge: Towards a Post-Critical Philosophy.* Chicago: University of Chicago Press.

Pollard, Sidney. [1965], 1968. *The Genesis of Modern Management.* London: Penguin Books.

————. 1978. "Labour in Great Britain." In Peter Mathias and M.M. Postan, eds., *The Cambridge Economic History of Europe*, Vol. 6. Cambridge: Cambridge University Press, pp. 97–163.

Pollexfen, Henry. 1697. *A Discourse of Trade, Coyn, and Paper Credit.* London: Brabazon Aylmer.

Pomeranz, Kenneth. 2000. *The Great Divergence: China, Europe, and the Making of the Modern World Economy.* Princeton, NJ: Princeton University Press.

Porter, Roy. 1981. "The Enlightenment in England." In Roy Porter and Mikuláš Teich, eds., *The Enlightenment in National Context.* Cambridge: Cambridge University Press, pp. 1–18.

————. 1982. "Was There a Medical Enlightenment?" *British Journal for Eighteenth Century Studies*, Vol. 5, pp. 49–63.

————. 1990a. *English Society in the 18th Century*, 2nd edn. London: Penguin Books.

————. 1990b. *The Enlightenment.* Atlantic Highlands, NJ: Humanities Press International.

————. 1991. "Cleaning up the Great Wen: Public Health in Eighteenth-century London." In Roy Porter and W.F. Bynum, eds., *Living and Dying in London.* London: Wellcome Institute.

————. 1997. *The Greatest Benefit to Mankind: A Medical History of Humanity.* New York and London: W.W. Norton.

————. 2000. *The Creation of the Modern World: The Untold Story of the British Enlightenment.* New York: W.W. Norton.

Porter, Roy and Teich, Mikuláš. 1981. *The Enlightenment in National Context.* Cambridge: Cambridge University Press.

Posner, Eric A. 2000. *Law and Social Norms.* Cambridge, Mass.: Harvard University Press.

Post, John D. 1990. "The Mortality Crises of the Early 1770s and European Demographic Trends." *Journal of Interdisciplinary History*, Vol. 21, No. 1 (summer), pp. 29–62.

Postan, M.M. [1935], 1972. "Recent Trends in the Accumulation of Capital." *Economic History Review*, Vol. 6, No. 1 (Oct.). Reprinted in F. Crouzet, ed. 1972. *Capital Formation in the Industrial Revolution.* London: Methuen, pp. 70–83.

Postlethwayt, Malachy. 1774. *The Universal Dictionary of Trade and Commerce* [expanded translation of Jacques Savary des Brûlons' *Dictionnaire universel de commerce*], 4th edn. London: Printed for W. Strahan and others.

Pressnell, L.S. 1956. *Country Banking in the Industrial Revolution.* Oxford: Clarendon Press.
Price, Richard. 1785. *Observations on the Importance of the American Revolution, and the Means of Making it a Benefit to the World.* Dublin: Printed for L. White.
Priestley, Joseph. 1768. *An Essay on a Course of Liberal Education for Civil and Active Life.* London: J. Johnson.
———. 1769. *The History and Present State of Electricity, with Original Experiments,* 2nd edn, corrected and enlarged. London: J. Dodsley.
———. 1771. *An Essay on the First Principles of Government.* 2nd edn. London: J. Johnson.
———. 1787. *A Letter to the Right Honourable William Pitt, ... on the Subjects of Toleration and Church Establishments.* London: Printed for J. Johnson.
Puffert, Douglas J. 2009. *Tracks Across Continents, Paths through History: The Economic Dynamics of Standardization in Railway Gauge.* Chicago: University of Chicago Press.
Quinn, Stephen. 2001. "The Glorious Revolution's Effect on English Private Finance: A Microhistory, 1680–1705." *Journal of Economic History,* Vol. 61, No. 3 (Sept.), pp. 593–615.
Randall, Adrian J. 1986. "The Philosophy of Luddism: The Case of the West of England Workers, ca. 1790–1809." *Technology and Culture,* Vol. 27, No. 1 (Jan.), pp. 1–17.
———. 1989. "Work, Culture and Resistance to Machinery in the West of England Woollen Industry." In Pat Hudson, ed., *Regions and Industries: A Perspective on the Industrial Revolution in Britain.* Cambridge: Cambridge University Press, pp. 175–98.
———. 1991. *Before the Luddites.* Cambridge: Cambridge University Press.
Redford, Arthur. [1926], 1964. *Labour Migration in England, 1800–1850.* Manchester: Manchester University Press.
Reed, M.C. 1975. *Investment in Railways in Britain, 1820–1844.* Oxford: Oxford University Press.
Rees, Gareth. 1971. "Copper Sheathing: An Example of Technological Diffusion in the English Merchant Fleet." *Journal of Transport History,* 2nd Series, Vol. 1, No. 2 (Sept.), pp. 85–94.
Reid, Alastair J. 2004. *United We Stand: A History of British Trade Unions.* London: Penguin Books.
Reid, David. 2006. "For the Benefit of Knowledge: Charity, Access Costs, and Education in Pre-industrial Britain." Paper presented for the workshop on History, Technology, Economy. Appalachian State University.
Reilly, Robin. 1992. *Josiah Wedgwood.* London: Macmillan.
Reis, Jaime. 2005. "Economic Growth, Human Capital Formation and Consumption in Western Europe before 1800." In Robert C. Allen, Tommy Bengtsson, and Martin Dribe, eds., *Living Standards in the Past: New Perspectives on Well-being in Asia and Europe.* Oxford: Oxford University Press, pp. 195–225.
Repton, Humphry. 1840. *The Landscape Gardening and Landscape Architecture of the Late Humphry Repton,* ed. J.C. Loudon. London: Longman and Co.
Reynolds, Terry S. 1983. *Stronger than a Hundred Men: A History of the Vertical Water Wheel.* Baltimore MD.: Johns Hopkins University Press.
Richards, Eric. 1974. "Women in the British Economy Since About 1700: An Interpretation." *History,* Vol. 59, Issue 197 (Oct.), pp. 337–57.

Richardson, Gary and Bogart, Dan. 2008. "Institutional Adaptability and Economic Development: The Property Rights Revolution in Britain, 1700–1830." NBER Working Papers, 13757.

Riley, James C. 1987. *The Eighteenth-century Campaign to Avoid Disease.* New York: St. Martin's Press.

Robertson, John. 1997. "The Enlightenment above National Context: Political Economy in Eighteenth-century Scotland and Naples." *Historical Journal*, Vol. 40, No. 3, pp. 667–97.

———. 2000a. "Unenlightened England: A Review." *Prospect*, Dec. 21.

———. 2000b. "The Scottish Contribution to the Enlightenment." In Paul Wood, ed., *The Scottish Enlightenment: A Reinterpretation.* Rochester, NY: University of Rochester Press, pp. 37–62.

Robinson, Eric. 1962. "The Profession of Civil Engineer in the Eighteenth Century: A Portrait of Thomas Yeoman, F.R.S., 1704 (?)–1781." *Annals of Science*, Vol. 18, No. 4 (Dec.), pp. 195–215.

———. 1963. "Eighteenth-century Commerce and Fashion: Matthew Boulton's Marketing Techniques." *Economic History Review*, New Series, Vol. 16, No. 1 (Feb.), pp. 39–60.

———. 1964. "Matthew Boulton and the Art of Parliamentary Lobbying." *Historical Journal*, Vol. 7, No. 2, pp. 209–29.

———. 1972. "James Watt and the Law of Patents." *Technology and Culture*, Vol. 13, No. 2 (April), pp. 115–39.

Rochefoucauld, François, duc de la. [1784], 1988. *A Frenchman's Year in Suffolk: French Impressions of Suffolk Life in 1784,* trans. and ed. Norman Scarfe. Suffolk: Boydell Press.

Rodrik, Dani, Subramanian, Arvind, and Trebbi, Francesco. 2004. "Institutions Rule: The Primacy of Institutions over Geography and Integration in Economic Development." *Journal of Economic Growth*, Vol. 9, No. 2 (June), pp. 131–65.

Roll, Eric [1930], 1968. *An Early Experiment in Industrial Organization.* Reprint ed., New York: Augustus Kelley.

Rolt, L.T.C. 1970. *Victorian Engineering.* Stroud, Gloucestershire: Sutton Publishing.

Rorty, Richard. 2001. "The Continuity between the Enlightenment and 'Postmodernism'." In Keith Michael Baker and Peter Hanns Reill, eds., *What's Left of the Enlightenment?* Stanford, Calif.: Stanford University Press, pp. 19–36.

Rose, Mark. 1993. *Authors and Owners: The Invention of Copyright.* Cambridge, Mass.: Harvard University Press.

———. 2003. "Nine-tenths of the Law: The English Copyright Debates and the Rhetoric of the Public Domain." *Law and Contemporary Problems*, Vol. 66 (winter/spring), pp. 75–86.

Rosenberg, Nathan. 1976. *Perspectives on Technology.* Cambridge: Cambridge University Press.

Rosenthal, Jean-Laurent. 1992. *The Fruits of Revolution, Property Rights, Litigation and French Agriculture (1700–1860).* New York: Cambridge University Press.

Ross, Ian Simpson. 1995. *The Life of Adam Smith.* Oxford: Clarendon Press.

———. 1998. *On the Wealth of Nations: Contemporary Responses to Adam Smith.* Bristol: Thoemmes Press.

Rothschild, Emma. 2001. *Economic Sentiments: Adam Smith, Condorcet, and the Enlightenment.* Cambridge, Mass.: Harvard University Press.

Rothschild, Emma. 2002. "The English *Kopf.* " In Donald Winch and Patrick O'Brien, eds., *The Political Economy of the British Historical Experience, 1688–1914*. Oxford: Oxford University Press, pp. 31–60.

Rowning, John. 1779. *A Compendious System of Natural Philosophy*, 8th edn., corrected, with additions. London: John Rivington, Jr.

Rubinstein, W.D. 1983. "The End of 'Old Corruption' in Britain 1780–1860." *Past and Present*, No. 101 (Nov.), pp. 55–86.

Ruggles, Steven. 1987. *Prolonged Connections: The Rise of the Extended Family in Nineteenth-century England and America.* Madison: University of Wisconsin Press.

Rule, John. 1988. "The Formative Years of British Trade Unionism." In John Rule, ed., *British Trade Unionism, 1750–1850: The Formative Years.* London: Longman, pp. 1–28.

Rumford, Count (William Thompson). 1876. *The Complete Works of Count Rumford.* London: The American Academy of Arts and Sciences and Macmillan.

Rushton, Peter. 1991. "The Matter in Variance: Adolescents and Domestic Conflict in the Pre–industrial Economy of Northeast England, 1600–1800." *Journal of Social History*, Vol. 25, No. 1 (autumn), pp. 89–107.

Rusnock, Andrea. 2002. *Vital Accounts: Quantifying Health and Population in Eighteenth-century England and France.* Cambridge: Cambridge University Press.

Ruttan, Vernon W. 2001. *Technology, Growth and Development: An Induced Innovation Perspective.* New York and Oxford: Oxford University Press.

Ryan-Johansson, Sheila. 2006. "Medics, Monarchs and the Knowledge Driven Health Transition in Europe, 1600–1800." Unpublished ms., Cambridge University.

Sargent Thomas J. and Velde, François R. 2002. *The Big Problem of Small Change.* Princeton, NJ: Princeton University Press.

Saussure, César de. [1726], 1902. *A Foreign View of England in the Reigns of George I. & George II. The Letters of Monsieur César de Saussure to his Family,* trans. and ed. Madame Van Muyden. London: J. Murray.

Say, Jean-Baptiste. [1803], 1821. *A Treatise on Political Economy.* 4th edn., Boston: Wells and Lilly.

Schmiechen, James A. 1984. *Sweated Industries and Sweated Labor.* Urbana: University of Illinois Press.

Schofield, Robert E. 1963. *The Lunar Society of Birmingham.* Oxford: Clarendon Press.

———. 1997. *The Enlightenment of Joseph Priestley.* Philadelphia, PA: University of Pennsylvania Press.

Schofield, Roger S. 1973. "Dimensions of Illiteracy, 1750–1850." *Explorations in Economic History*, Vol. 10, No. 4, pp. 437–54.

Schonhardt-Bailey, Cheryl. 1996. *Free Trade: The Repeal of the Corn Laws.* Bristol: Thoemmes Press.

Schumpeter, Joseph A. 1934. *The Theory of Economic Development.* Oxford: Oxford University Press.

Schwarz, L.D. 1992. *London in the Age of Industrialization: Entrepreneurs, Labour Force, and Living Conditions, 1700–1850.* Cambridge: Cambridge University Press.

Scott, H.M., ed. 1990. *Enlightened Absolutism: Reform and Reformers in Later Eighteenth-Century Europe.* Houndmills, Basingstoke: Palgrave Macmillan.

Selgin, George. 2008. *Good Money: Birmingham Button Makers, the Royal Mint, and the Beginnings of Modern Coinage, 1775–1821.* Ann Arbor: University of Michigan Press.

Sen, Amartya. 1987. *The Standard of Living*. Cambridge: Cambridge University Press.

Shammas, Carole. 1990. *The Pre-Industrial Consumer in England and America*. Oxford: Clarendon Press.

Shapin, Steven. 1994. *A Social History of Truth*. Chicago: University of Chicago Press.

Sharpe, Pamela. 1991. "Literally Spinsters: A New Interpretation of Local Economy and Demography in Colyton in the Seventeenth and Eighteenth Centuries." *Economic History Review*, New Series, Vol. 44, No. 1 (Feb.), pp. 46–65.

Shavell, Steven and Van Ypersele, Tanguy. 2001. "Rewards vs. Intellectual Property Rights." *Journal of Law and Economics*, Vol. 44, No. 2 (Oct.), pp. 525–47.

Sher, Richard B. 2000. "Science and Medicine in the Scottish Enlightenment: The Lessons of Book History." In Paul Wood, ed., *The Scottish Enlightenment: A Reinterpretation*. Rochester, NY: University of Rochester Press, pp. 99–156.

Sherwood, Joan. 1993. "The Milk Factor: The Ideology of Breast-feeding and Post-partum Illnesses, 1750–1850." *Canadian Bulletin of Medical History*, Vol. 10, No. 1, pp. 25–47.

Shleifer, Andrei and Vishny, Robert. 1998. *The Grabbing Hand: Government Pathologies and their Cures*. Cambridge, Mass.: Harvard University Press.

Shoemaker, Robert B. 1998. *Gender in English Society, 1650–1850: The Emergence of Separate Spheres*. Harlow, Essex: Pearson.

Shorter, Edward. 1971. "Illegitimacy, Sexual Revolution, and Social Change in Modern Europe." In Theodore K. Rabb and Robert I. Rotberg, eds., *The Family in History: Interdisciplinary Essays*. New York: Harper and Row, pp. 48–84.

Siddall, William R. 1969. "Railroad Gauges and Spatial Interaction." *Geographical Review*, Vol. 59, No. 1 (Jan.), pp. 29–57.

Simond, Louis. [1815], 1968. *An American in Regency England: The Journal of a Tour in 1810–1811*, ed. Christopher Hibbert. London: The History Book Club.

Skempton, A.W. et al., eds. 2002. *A Biographical Dictionary of Civil Engineers in Great Britain and Ireland, Vol. 1: 1500–1830*. London: Thomas Telford for the Institution of Civil Engineers.

Smail, John. 1994. *The Origins of Middle-class Culture: Halifax, Yorkshire, 1660–1780*. Ithaca, NY and London: Cornell University Press.

Smelser, Neil J. 1959. *Social Change in the Industrial Revolution*. Chicago: University of Chicago Press.

Smiles, Samuel. 1859. *Self Help*. Available on http://www.emotionalliteracyeducation.com/classic_books_online/selfh10.html

———. 1865. *Lives of Boulton and Watt*. Philadelphia, PA: J.B. Lippincott.

———. 1884. *Men of Invention and Industry*. London: J. Murray.

———. [1889], 1901. *Industrial Biography: Iron-workers and Tool Makers*. London: John Murray. Available at http://www.fullbooks.com/Industrial–Biography6.html

Smith, Adam. [1757], 1978. *Lectures on Jurisprudence*, eds. Ronald Meek et al. Oxford: Clarendon Press.

———. 1759. *Theory of Moral Sentiments*. London: A. Millar.

———. [1776], 1976. *The Wealth of Nations*, ed. Edwin Cannan. Chicago: University of Chicago Press.

Smith, Cyril Stanley. 1964. "The Discovery of Carbon in Steel." *Technology and Culture*, Vol. 5, No. 2 (spring, 1964), pp. 149–75.

Smout, T.C. 1969. *A History of the Scottish People, 1560–1830*. New York: Charles Scribner's and Sons.

Snell, K.D.M. 1985. *Annals of the Labouring Poor: Social Change and Agrarian England, 1660–1900*. Cambridge: Cambridge University Press.

———. 1991. "Pauper Settlement and the Right to Poor Relief in England and Wales." *Continuity and Change*, Vol. 6, No. 3, pp. 375–415.

Snooks, Graeme D. 1994. "New Perspectives on the Industrial Revolution." In Graeme Donald Snooks, ed., *Was the Industrial Revolution Necessary?* London: Routledge, pp. 1–26.

Sokoloff, Kenneth L. and Dollar, David. 1997. "Agricultural Seasonality and the Organization of Manufacturing in Early Industrial Economies: The Contrast Between England and the United States." *Journal of Economic History*, Vol. 57, No. 2 (June), pp. 288–321.

Solar, Peter. 1995. "Poor Relief and English Economic Development Before the Industrial Revolution." *Economic History Review*, New Series, Vol. 48, No. 1 (Feb.), pp. 1–22.

Souligné, M. de. 1706. *A Comparison between Old Rome in its Glory, as to the Extent and Populousness, and London as it is at Present. By a Person of Quality, a Native of France*. London: Printed and sold by John Nutt.

Spackman, William Frederick. 1845. *An Analysis of the Railway Interest of the United Kingdom*. London: Longman.

Spadafora, David. 1990. *The Idea of Progress in Eighteenth-century Britain*. New Haven, CT: Yale University Press.

Spagnolo, Giancarlo. 1999. "Social Relations and Cooperations in Organizations." *Journal of Economic Behavior and Organizations*, Vol. 38, No. 1 (Jan.), pp. 1–25.

Sprat, Thomas. [1667], 1702. *The History of the Royal Society of London, for the Improving of Natural Knowledge*. London: Printed for Rob. Scot, Ri. Chiswell, Tho. Chapman, and Geo. Sawbridge.

Stasavage, David. 2003. *Public Debt and the Birth of the Democratic State: France and Great Britain, 1688–1789*. Cambridge: Cambridge University Press.

Steckel, Richard. 1995. "Stature and the Standard of Living." *Journal of Economic Literature*, Vol. 33, No. 4 (Dec.), pp. 1903–40.

———. 2008. " Biological Measures of the Standard of Living." *Journal of Economic Perspectives*, Vol. 22, No. 1 (winter), pp. 129–52.

Stern, Philip. 2008. "'A Politie of Civil & Military Power': Political Thought and the Late Seventeenth-Century Foundations of the East India Company State." *Journal of British Studies*, Vol. 47, No. 2 (April), pp. 253–83.

Stewart, Dugald. 1854. *The Collected Works of Dugald Stewart*, ed. Sir William Hamilton, 11 vols. Edinburgh: Thomas Constable.

Stewart, Larry. 1992. *The Rise of Public Science*. Cambridge: Cambridge University Press.

———. 1998. "A Meaning for Machines: Modernity, Utility, and the Eighteenth-century British Public." *Journal of Modern History*, Vol. 70, No. 2 (June), pp. 259–94.

———. 2007. "Experimental Spaces and the Knowledge Economy." *History of Science*, Vol. 45, No. 148 (June), pp. 155–77.

Stewart, Larry. 2008. "Assistants to Enlightenment: William Lewis, Alexander Chisholm, and Invisible Technicians in the Industrial Revolution." *Notes and Records of the Royal Society*, Vol. 62, pp. 17–29.

Stone, Lawrence. 1983. "Interpersonal Violence in English Society 1300–1980." *Past and Present*, No. 101 (Nov.), pp. 22–33.

———. 1985. "The History of Violence in England: Some Observations—Rejoinder." *Past and Present*, No. 108 (August), pp. 216–24.

Styles, John. 1993. "Manufacturing, Consumption and Design in Eighteenth Century England." In John Brewer and Roy Porter, eds., *Consumption and the World of Goods*. London: Routledge, pp. 527–54.

Styles, P. 1963. "The Evolution of the Law of Settlement." *University of Birmingham Historical Journal*, Vol. 9, pp. 33–63.

Sullivan, Richard J. 1989. "England's 'Age of Invention': The Acceleration of Patents and Patentable Invention During the Industrial Revolution." *Explorations in Economic History*, Vol. 26, No. 4 (Oct.), pp. 424–52.

Sunderland, David. 2007. *Social Capital, Trust and the Industrial Revolution, 1780–1880*. London and New York: Routledge.

Sussman, Nathan and Yafeh, Yishay. 2006. "Institutional Reforms, Financial Development and Sovereign Debt: Britain 1690–1790." *Journal of Economic History*, Vol. 66, No. 4 (Dec.), pp. 906–35.

Szostak, Rick. 1989. "The Organization of Work: The Emergence of the Factory Revisited." *Journal of Economic Behavior and Organization*, Vol. 11, No. 3 (May), pp. 343–58.

———. 1991. *The Role of Transportation in the Industrial Revolution*. Montreal: McGill's-Queen's University Press.

Szreter, Simon and Mooney, G. 1998. "Urbanization, Mortality, and the Standard of Living Debate: New Estimates of the Expectation of Life at Birth in Nineteenth-century British Cities." *Economic History Review*, Vol. 51, No. 1 (Feb.), pp. 84–112.

Taine, Hippolyte. [1872], 1958. *Notes on England*, trans. with an introduction by Edward Hyams. Fair Lawn, NJ: Essential Books.

Tallis, John. 1852. *Tallis's History and Description of the Crystal Palace, and the Exhibition of the World's Industry in 1851*. London and New York: J. Tallis.

Taylor, Barbara. 1983. *Eve and the New Jerusalem*. New York: Pantheon Books.

Teich, Mikuláš and Porter, Roy, eds. 1996. *The Industrial Revolution in National Context*. Cambridge: Cambridge University Press.

Temin, Peter. 1997. "Two Views of the British Industrial Revolution." *Journal of Economic History*, Vol. 57, No. 1 (March), pp. 63–82.

Temin, Peter and Voth, Hans-Joachim. 2005. "Credit Rationing and Crowding out during the Industrial Revolution: Evidence from Hoare's Bank, 1702–1862." *Explorations in Economic History*, Vol. 41, No. 3 (July), pp. 325–48.

———. 2008a. "Interest Rate Restrictions in a Natural Experiment: Loan Allocations and the Change in the Usury Laws in 1714." *Economic Journal*, Vol. 118, Issue 528 (March), pp. 1–16.

———. 2008b. "Private Borrowing during the Financial Revolution: Hoare's Bank and its Customers, 1702–24." *Economic History Review*, Vol. 61, No. 3 (Aug.), pp. 541–64.

Thackray, Arnold. 1974. "Natural Knowledge in Cultural Context: The Manchester Model." *American Historical Review*, Vol. 79, No. 3 (June), pp. 672–709.

Thomas, Brinley. 1985. "Food Supply in the United Kingdom during the Industrial Revolution." In Joel Mokyr, ed., *The Economics of the Industrial Revolution*. Totowa, NJ: Rowman and Allanheld, pp. 137–50.

Thompson, E.P. 1963. *The Making of the English Working Class*. New York: Vintage Books.

———. 1967. "The Political Education of Henry Mayhew." *Victorian Studies*, Vol. 11, No. 1 (Sept.), pp. 41–62.

Thomson, Ross. 2009. *Structures of Change in the Mechanical Age*. Baltimore, MD: Johns Hopkins University Press.

Timmins, Geoffrey. 1998. *Made in Lancashire: A History of Regional Industrialization*. Manchester: Manchester University Press.

Tocqueville de, Alexis. 1958. *Journeys to England and Ireland*, trans. George Lawrence and K.P. Mayer. New Haven, CT: Yale University Press.

The Tradesman's Director or the London and Country Shopkeeper's Useful Companion. 1756. London: Printed for W. Owen. Tröhler, Ulrich. 2000. *"To Improve the Evidence of Medicine": The 18th Century British Origins of a Critical Approach*. Edinburgh: Royal College of Physicians of Edinburgh.

Tucker, Josiah. 1758. *Instructions for Travellers*. Dublin: Printed for William Watson at the Poets Head in Carpel Street.

———. 1763. *The Case of Going to War, for the Sake of Procuring, Enlarging, or Securing of Trade, Considered in a New Light*. London: printed for R. and J. Dodsley; and L. Hawes, W. Clarke, and R. Collins.

Turnbull, Gerard. 1987. "Canals, Coal and Regional Growth during the Industrial Revolution." *Economic History Review*, Vol. 40, No. 4 (Nov.), pp. 537–60.

Turner, Michael E. 1986. "English Open Fields and Enclosures: Retardation or Productivity Improvement?" *Journal of Economic History*, Vol. 46, No. 3 (Sept.), pp. 669–92.

Turner, Michael E. Beckett, J.V., and Afton B. 1997. *Agricultural Rent in England, 1690–1914*. Cambridge: Cambridge University Press.

———. 2001. *Farm Production in England 1700–1914*. Oxford: Oxford University Press.

Tuttle, Carolyn. 1999. *Hard at Work in Factories and Mines: The Economics of Child Labor during the British Industrial Revolution*. Boulder, Colo.: Westview Press.

Uglow, Jenny. 2002. *The Lunar Men: Five Friends whose Curiosity Changed the World*. New York: Farrar, Strauss and Giroux.

Ure, Andrew. 1835. *The Philosophy of Manufactures; or, An Exposition of the Scientific, Moral, and Commercial Economy of the Factory System of Great Britain*. London: C. Knight.

Van Bochove, Christiaan. 2008. *The Economic Consequences of the Dutch: Economic Integration around the North Sea, 1500–1800*. Ph. D. thesis, University of Utrecht.

Vanderlint, Jacob. 1734. *Money Answers all Things or, an Essay to Make Money Sufficiently Plentiful amongst all ranks of People, and Increase our Foreign and Domestick Trade*. London: Printed for T. Cox.

Van Zanden, Jan Luiten. 2009. *The Road to the Industrial Revolution: Institutions and Human Capital Formation in Europe in Global Perspective, 1000–1800*. Leiden: Brill.

Veneer, Leucha. 2006. "Provincial Geology and the Industrial Revolution." *Endeavour*, Vol. 30, No. 2 (June), pp. 76–80.

Vickery, Amanda. 1993. "Golden Age to Separate Spheres? A Review of the Categories and Chronology of English Women's History." *Historical Journal*, Vol. 36, No. 2 (June), pp. 383–414.

Voltaire. 1816. *Dictionnaire philosophique: dans lequel sont réunis les questions sur l'encylcopédie, l'opinion en alphabet, les articles insérés dans l'encyclopédie.* Paris: Didot.

Von Archenholz, Johann Wilhelm. [1785], 1797. *A Picture of England: Containing a Description of the Laws, Customs, and Manners of England.* London: Printed for the booksellers.

Von Tunzelmann, G. Nicholas. 1978. *Steam Power and British Industrialization to 1860.* Oxford: Oxford University Press.

————. 1985. "The Standard of Living Debate and Optimal Economic Growth." In Joel Mokyr, ed., *The Economics of the Industrial Revolution.* Totowa, NJ: Rowman and Allanheld, pp. 207–26.

————. 1994. "Technology in the Early Nineteenth Century." In Roderick C. Floud and D.N McCloskey, eds., *The Economic History of Britain since 1700.* 2nd edn., Vol. 1. Cambridge: Cambridge University Press, pp. 271–99.

Voth, Hans-Joachim. 1998. "Time and Work in Eighteenth Century London." *Journal of Economic History*, Vol. 58, No. 1 (March), pp. 29–58.

————. 2000. *Time and Work in England, 1750–1830.* Oxford: Oxford University Press.

————. 2004. "Living Standards and the Urban Environment." In Roderick C. Floud and Paul Johnson, eds., *The Cambridge Economic History of Britain, 1700–2000*, Vol. 1. Cambridge: Cambridge University Press, pp. 268–94.

Voth, Hans-Joachim and Leunig, Timothy. 1996. "Did Smallpox Reduce Height? Stature and the Standard of Living in London, 1770–1873." *Economic History Review*, New Series, Vol. 49, No. 3 (Aug.), pp. 541–60.

Wadsworth, A. P. and Mann, J. De Lacy. 1931. *The Cotton Trade and Industrial Lancashire.* Manchester: Manchester University Press.

Wahrman, Dror. 1995. *Imagining the Middle Class: The Political Representation of Class in Britain, c. 1780–1840.* Cambridge: Cambridge University Press.

Wallerstein, Immanuel. 1976. *The Modern World System: Capitalism, Agriculture and the Origins of the European World Economy in the Sixteenth Century.* New York: Academic Press.

————. 1980. *The Modern World System II: Mercantilism and the Consolidation of the European World-Economy, 1600–1750.* New York: Academic Press.

Wallis, Patrick. 2008. "Apprenticeship and Training in Premodern England." *Journal of Economic History*, Vol. 68, No. 3 (Sept.), pp. 832–61.

Wallis, P.J. 1963. "An Early Best-seller: Francis Walkingame's 'Tutor's Assistant'." *Mathematical Gazette*, Vol. 47, No. 361 (Oct.), pp. 199–208.

Walton, John R. 1984. "The Diffusion of the Improved Shorthorn Breed of Cattle in Britain during the Eighteenth and Nineteenth Centuries." *Transactions of the Institute of British Geographers*, New Series, Vol. 9, No. 1, pp. 22–36.

Ward, J.T. 1962. *The Factory Movement, 1830–1855.* London: Macmillan.

Wear, Andrew. 1993. "A History of Personal Hygiene." In W.F. Bynum and Roy Porter, eds., *Companion Encyclopedia of the History of Medicine*, Vol. 2. London: Routledge, pp. 1283–308.

Weatherill, Lorna. 1988. *Consumer Behaviour and Material Culture in Britain, 1660–1760.* New York: Routledge.

Weber, Max. [1923], 1961. *General Economic History.* New York: Collier Books.

Wedgwood, Josiah. 1973. *Letters of Josiah Wedgwood*, ed. Katherine Euphemia, [Lady Farrer], 3 vols. Manchester : E.J. Morten [for] the Trustees of the Wedgwood Museum.

Whatley, Christopher A. 1997. *The Industrial Revolution in Scotland*. Cambridge: Cambridge University Press.

White, Lynn. 1968. *Dynamo and Virgin Reconsidered*. Cambridge, Mass.: MIT Press.

Williams, Eric. 1944. *Capitalism and Slavery*. Chapel Hill: University of North Carolina Press.

Williams, Karel. 1981. *From Pauperism to Poverty*. London: Routledge and Kegan Paul.

Williams, Samantha. 2005. "Poor Relief, Labourers' Households, and Living Standards in Rural England, c. 1770–1834: A Bedfordshire Case Study." *Economic History Review*, Vol. 58, No. 3 (Aug.), pp. 485–519.

Williamson, Jeffrey G. 1984. "Why Was British Growth So Slow During the Industrial Revolution?" *Journal of Economic History*, Vol. 44, No. 3 (Sept.), pp. 687–712.

———. 1985. *Did British Capitalism Breed Inequality?* London: Allen and Unwin.

———. 1990. *Coping with City Growth During the British Industrial Revolution*. Cambridge: Cambridge University Press.

Williamson, Oliver. 1980. "The Organization of Work: A Comparative Institutional Assessment." *Journal of Economic Behavior and Organization*, Vol. 1, No. 1 (March), pp. 5–38.

Winchester, Simon. 2001. *The Map That Changed the World*. New York: Harper Collins.

Withers, Charles W.J. 2007. *Placing the Enlightenment: Thinking Geographically about the Age of Reason*. Chicago: University of Chicago Press.

Wohl, Anthony S. 1983. *Endangered Lives: Public Health in Victorian Britain*. Cambridge, Mass.: Harvard University Press.

Wood, Paul. 2003. "Science in the Scottish Enlightenment." In Alexander Broadie, ed., *The Cambridge Companion to the Scottish Enlightenment*. Cambridge: Cambridge University Press, pp. 94–116.

———. 2006. "Candide in Caledonia: The Culture of Science in the Scottish Universities, 1690–1805." In Mordechai Feingold and Victor Navarro-Brotons, eds., *Universities and Science in the Early Modern Period*. Dordrecht: Springer, pp. 183–99.

Wood, William. 1718. *A Survey of Trade. In Four Parts ... Together with Considerations on our Money and Bullion*. London: W. Wilkins for W. Hinchliffe.

Woods, Robert. 1985. "The Effects of Population Redistribution on the Level of Mortality in Nineteenth Century England and Wales." *Journal of Economic History*, Vol. 45, No. 3 (Sept.), pp. 645–51.

———. 2000. *The Demography of Victorian England and Wales*. New York: Cambridge University Press.

———. 2003. "Urban–Rural Mortality Differentials: An Unresolved Debate." *Population and Development Review*, Vol. 29, No. 1 (March), pp. 29–46.

Wrigley, E.A. 1967. "A Simple Model of London's Importance in Changing English Society and Economy, 1650–1750." *Past and Present*, No. 37, pp. 44–70.

———. 1987. *People, Cities, and Wealth*. Oxford: Blackwell.

———. 1988. *Continuity, Chance and Change: The Character of the Industrial Revolution in England*. New York: Cambridge University Press.

———. 2004a. "The Quest for the Industrial Revolution." In E.A. Wrigley, *Poverty, Progress, and Population*. Cambridge: Cambridge University Press, pp. 17–43.

Wrigley, E.A. 2004b. "The Divergence of England: The Growth of the English Economy in the Seventeenth and Eighteenth Centuries." In E. A. Wrigley, *Poverty, Progress, and Population.* Cambridge: Cambridge University Press, pp. 44–67.

———. 2009. *Opening Pandora's Box: Production and Reproduction between the Reigns of Elizabeth and Victoria.* Unpublished ms., Cambridge University.

Wrigley, E. A. and Schofield, Roger S. 1981. *The Population History of England, 1541–1871: A Reconstruction.* Cambridge: Cambridge University Press.

———. 1997. *English Population History from Family Reconstitution, 1580–1837.* Cambridge: Cambridge University Press.

Young, Arthur. 1771. *The Farmer's Kalendar, or, A Monthly Directory for All Sorts of Country Business.* London: Printed for Robinson and Roberts, and J. Knox.

———. 1772. *Political Essays concerning the Present State of the British Empire.* London: Printed for W. Strahan and T. Cadell.

———. [1790], 1929. *Travels in France During the Years 1787, 1788, and 1789*, ed. Constantia Maxwell. Cambridge: Cambridge University Press.

———. 1793. *The Example of France a Warning to Britain*, 2nd edn. London: Bury St. Edmund's.

———. 1794. *Travels during the Years 1787, 1788, & 1789.* 2nd edn. London: Printed for W. Richardson.

Zagorin, Perez. 1998. *Francis Bacon.* Princeton, NJ: Princeton University Press.